Nazi Looted Art

Handbuch Kunstrestitution weltweit

Gunnar Schnabel
Monika Tatzkow

Nazi Looted Art

Handbuch
Kunstrestitution weltweit

proprietas-verlag
2007

Das Buch entstand unter Mitarbeit
von Wilfried Henze und Hans-Joachim Hinz.

Impressum

Deutsche Bibliothek – CIP-Einheitsaufnahme
Gunnar Schnabel und Monika Tatzkow.
Nazi Looted Art, Handbuch Kunstrestitution weltweit
Herausgeber proprietas-verlag
1. Auflage. – proprietas-verlag, 2007
ISBN 978-3-00-019368-2

www.nazilootedart.de

Gesamtrealisierung: LINIE DREI, Berlin

ERSTER TEIL

Zivilrechtliche Ansprüche und Verfahren **1. Kapitel**

Einleitung

„Kunst wird zum Zeugnis für das Vermögen der Menschheit zur Transzendierung Ihres Hier und Jetzt und wird damit – tendenziell – zum Eigentum der Menschheit schlechthin.“[1]

Seit fast zehn Jahren findet weltweit die Auseinandersetzung über die Rückgabe bzw. Entschädigung von Kunstwerken statt, die Alteigentümern in der Zeit zwischen Januar 1933 und dem Ende des 2. Weltkrieges im Mai 1945 aufgrund der gegen sie gerichteten nationalsozialistischen Verfolgung abhanden kamen. Höhepunkte im Jahre 2006 waren die Rückführung von fünf herausragenden Klimt-Werken an die Bloch-Bauer-Erben, eines Kirchner-Bildes an die Hess-Erben und die Entscheidung, den Goudstikker-Erben mehrere hundert bedeutende Altmeister-Gemälde zurückzugeben. In bisher einmaliger Weise gab es hierzu eine internationale Berichterstattung, in deren Vordergrund nicht das Verfolgungsschicksal der Sammler und der Weg der Bilder stand, sondern die Höhe der nach der Rückgabe erzielten Erlöse. „Adele I" von Gustav Klimt wurde für 135 Millionen US-Dollar verkauft, dem bis dahin in der Geschichte des internationalen Kunsthandels höchsten Kaufpreis. Die anderen vier Klimt-Bilder wurden ebenso wie der Kirchner in der Auktion bei Christie's in New York am 8. November 2006 versteigert und erziehlten zweistellige Millionenbeträge.

Beklagt wird von den Kritikern der Rückgabe, dass die bisher jahrzehntelang der Öffentlichkeit zugänglichen Kunstwerke zukünftig in Privatbesitz verschwinden könnten. Die derzeit am internationalen Kunstmarkt erzielbaren Preise lassen es regelmäßig ausgeschlossen erscheinen, dass die mit beschränkten Ankaufetats versehenen öffentlichen Museen und Sammlungen in der Lage sind, diese Kunstwerke zu ersteigern und für die Öffentlichkeit zu sichern.

Die einseitige Berichterstattung über die Kaufpreise vernebelt, worum es bei der weltweiten Kunstrestitution geht. Plötzlich ist die Höhe eines erzielbaren Kaufpreises für ein Kunstwerk Maßstab für eine moralisch-ethische Beurteilung, ob zukünftig noch NS-verfolgungsbedingte Kunstverluste rückgängig gemacht werden sollen oder die geschädigten Alteigentümer bzw. deren Erben mit ihren Rückgabeansprüchen ausgeschlossen sind. Wenn man die schwierigen Fragen, ob heute noch die weltweite Kunstrestitution eine Berechtigung hat, und wenn ja, wie sie gehandhabt werden soll, beantworten oder sich zumindest einen Überblick verschaffen will, muss man wissen, was ab 1933 in Nazi-Deutschland und im 2. Weltkrieg bis in die Nachkriegszeit in Europa mit den Kunstwerken geschah. Die Geschichte der Bilder, ihre Provenienz, und die Geschichte ihrer Sammler, der Alteigentümer, beantwortet viele der zu diesem Thema gestellten Fragen.

Kunstrestitution – warum noch heute?

Eine der ersten immer wieder gestellten Fragen lautet: Warum werden heute, mehr als 70 Jahre nach Beginn der Verfolgungsmaßnahmen und mehr als 60 Jahre nach Ende des 2. Weltkrieges noch Ansprüche geltend gemacht? Schließlich ist die Geschichte des Diebstahls und Raubes, der Beschlagnahme oder Zerstörung von Kunstgegenständen so alt wie die Menschheitsgeschichte. Der Sammlungsbestand großer Museen dieser Welt besteht aus einer Vielzahl von Kunstwerken, die über Jahrhunderte überall auf der Welt weggeschafft und in den Kunstmetropolen, zumeist der westlichen Welt, zusammengetragen wurden.

Die Plünderungen und Wegnahmen von im Staats- und insbesondere Privatbesitz stehenden Kunstwerken während der zwölfjährigen NS-Herrschaft in weiten Teilen Europas sind allerdings einmalig und führten zu den größten Kulturgutverlusten aller Zeiten. Erstmals wurden nicht nur die Kunstwerke beschlagnahmt, gestohlen und enteignet, sondern auch ihre Sammler verfolgt, erpresst und ermordet. Diese NS-verfolgungsbedingten Kunstverluste, die Nazi Looted Art, werden anhand von über hundert Praxisfällen beispielhaft erläutert und in Kurzform das Schicksal der Alteigentümer und ihrer Kunstwerke dokumentiert. Sie erzählen in eindringlicher Weise, wie mit dem Zugriff auf das Privateigentum der Betroffenen bereits die persönliche Verfolgung begann.

Kunstwerke hatten immer schon eine besondere, identitätsstiftende Bedeutung für ihre Besitzer. Mit ihrem Erwerb verdeutlichte das seit Mitte des 19. Jahrhunderts entstehende Bürgertum seine selbstbewusste und herausragende Stellung in der Gesellschaft. Der Zugriff auf diese Kunstwerke stellte stets auch einen Angriff auf den Besitzer dar und den Versuch, dessen Identität zu beschädigen, in letzter Konsequenz ihn zu vernichten. Diese einzigartigen Verfolgungsumstände lassen es unabdingbar erscheinen, die zwischen 1933 und 1945 eingetretenen Kulturgutverluste auch heute noch zu überprüfen.

Auch wir, die Autoren dieses Buches, Mitte der 50er und Anfang der 60er Jahre geboren, wissen, dass den Opfern der Verfolgungsmaßnahmen Wiedergutmachung geleistet wurde. Dies ist millionenfach unter zum Teil schwierigen wirtschaftlichen Bedingungen, die im zerstörten Nachkriegseuropa bestanden, geschehen. Die erfolgte Wiedergutmachung ließ uns jedoch nicht erahnen, dass in vielen Fällen das NS-Unrecht nicht rückgängig gemacht und Kunstwerke nicht an die Alteigentümer zurückgegeben wurden.

Mit Verblüffung, Scham und nicht selten Entsetzen musste Anfang der 90er Jahre aufgrund von Veröffentlichungen engagierter Historiker und Journalisten festgestellt werden, dass offensichtlich tausende NS-verfolgungsbedingte Kunstverluste unaufgeklärt waren. Eine Rückgabe war seitens der staatlichen Museen, denen die sichergestellten Kunstwerke treuhänderisch von den Alliierten übergeben worden waren, unterblieben. Alteigentümer waren nicht ermittelt und in Kenntnis gesetzt worden, wo sich ihr Eigentum befindet. Jahrzehntelang blieben Kunstwerke in Depots, für die Öffentlichkeit unerkannt, verschlossen oder in Privatsammlungen verborgen, so dass die Möglichkeit der Kenntnisnahme und Rückforderung durch die Alteigentümer ausgeschlossen war. Ein Mantel des Schweigens und Vergessens senkte sich über die Geschehnisse.

Erst nach dem Zusammenbruch der kommunistischen Regims in Osteuropa Anfang der 90er Jahre, dem Ende des Kalten Krieges und im Zusammenhang mit den spektakulären Veröffentlichungen zum sog. Schweizer Gold und den namenlosen Konten, den Sammelklagen der früheren Zwangsarbeiter und den nicht erfüllten

Lebensversicherungsverträgen von Holocaust-Opfern richtete sich der Focus auch auf die beispiellosen Kulturgutverluste während der NS-Herrschaft. Es wurde bekannt, dass Kunstwerke als Museumsbesitz präsentiert wurden, die Alteigentümern in der Nazi-Zeit verfolgungsbedingt abhanden gekommen waren und die für diesen Verlust bislang keine Wiedergutmachung oder Entschädigung erhalten hatten.

Vorreiter war in gewisser Weise das wiedervereinigte Deutschland, wo es seit 1990 mit dem Vermögensgesetz eine Regelung gab, die anordnete, dass alle NS-verfolgungsbedingten Vermögensverluste auf Antrag der Alteigentümer bzw. deren Erben rückgängig gemacht werden sollten. Völkerrechtlich hatte Deutschland gegenüber den ehemaligen Siegermächten die Verpflichtung übernommen, die bisher in der DDR unterlassene Wiedergutmachung von verfolgungsbedingten Vermögensverlusten – so auch von Kunstwerken – nunmehr zu regeln. Die Anspruchsbegründung erforderte die Prüfung und Erforschung längst weggelegter Akten aus der NS- und Nachkriegszeit, in denen diese Verluste dokumentiert waren. Die notwendigen Ermittlungen führten zu weltweiten Querverbindungen, die aufzeigten, wo, wann und an wen geraubte Kunstwerke gelangt waren. Der erstmalig mögliche Zugang zu Archiven in osteuropäischen, aber auch in bisher verschlossene westeuropäischer Staaten einschließlich den USA ermöglichte es, das tatsächliche Ausmaß der Kulturgutverluste während der NS-Herrschaft in Europa festzustellen und im öffentlichen Bewusstsein zu thematisieren. Es wurde deutlich, dass Nazi Looted Art im Museumsbesitz nicht ausschließlich in Osteuropa präsentiert wurde, sondern gleichermaßen in der westlichen Welt. Die den Fesseln des Kalten Krieges entkleidete Diskussion und auch die seither zugänglichen Archivquellen brachten zu Tage, in welchem Ausmaß systematisch insbesondere Privatsammlungen und vormals international tätige Kunsthandelsfirmen geplündert, deren Bestände durch Weiterveräußerungen weltweit zerstreut wurden und wer daran beteiligt war. Erst jetzt begannen öffentliche Museen und auch private Sammlungen, durch Forschungsprojekte ihre Bestände hinsichtlich der Herkunft der Kunstwerke zu untersuchen.

„Die Rückerstattung ist kein ermutigendes Beispiel für die Rolle der Zivilgesellschaft als Motor der Diktaturbewältigung. Entweder wird die Enteignung als normaler Geschäftsvorgang oder als Wirkung (Recht) staatlicher Maßnahmen eingeordnet."[2]

Die historischen Rückblicke in diesem Buch zu den wichtigsten europäischen Staaten zeigen, wie unterschiedlich die Rückgabe bzw. Wiedergutmachung gehandhabt wurde. Von den als interessengerecht anzusehenden alliierten Rückerstattungsbestimmungen über die österreichische und niederländische Rückgabepraxis des „zwei Bilder geben wir zurück, ein Bild behalten wir" bis zu dem mehr vom Ausland erzwungenen als freiwillig verabschiedeten Raubkunstbeschluss der Schweiz belegen, dass nach dem Ende des 2. Weltkrieges die Regelung von Verfolgungsverlusten zügig, jedoch unvollkommen angegangen worden war, aber ansonsten baldmöglichst wieder zum Alltagsgeschäft übergegangen wurde. Mit Verblüffung ist heute festzustellen, wie damals von den Beteiligten agiert und auf die Rückgabeforderungen reagiert wurde.

„Die Verteidigung war viel schlimmer als das Verbrechen selber". [3]

Es bestand ein geringes Unrechtsbewusstsein darüber, dass nach 1933 Erwerbe von Verfolgten des NS-Regimes anstößig sind. Das schlechte Gewissen, Raub- und Diebesware von politisch und rassisch Verfolgten erworben zu haben, wurde unter Berufung auf gesetzliche Bestimmungen, die dies erlaubt hätten, verdrängt.

Heute, wo das System des NS-Herrschafts- und Verfolgungsapparates und seiner Ausbeutungs- und Plünderungsmechanismen erforscht und eine präzise Bewertung der Erwerbsvorgänge möglich sind, muten die Begründungen einzelner Nachkriegsgerichtsentscheidungen und die Verteidigungsargumente der Beklagten skandalös und unhaltbar an. Profiteure, Nutznießer und Günstlinge wurden regelmäßig als gutgläubige Kunsthändler, redlicher Erwerber und Nichtwissende eingeordnet.

Der verfolgte Alteigentümer, soweit er überhaupt überlebt hatte, nicht selten physisch und psychisch beschädigt, meist wirtschaftlich ruiniert, sollte nunmehr lückenlose Eigentumsnachweise über seine abhanden gekommenen Kunstwerke erbringen und bei Rückgabe die damaligen Kaufpreise zurückerstatten, die er entweder niemals erhalten oder wegen der Flucht und zum Überleben verbraucht hatte. Bei Anerkennung seines Anspruchs zwangen ihn Ausfuhrbeschränkungen, auf Teile seines Kunstbesitzes durch Schenkung zu verzichten, um damit wenigstens für einige der zurückerhaltenen Kunstwerke die Ausfuhrgenehmigung (!) zu erkaufen. Die ermordeten oder auf der Flucht bzw. in der Emigration verstorbenen Alteigentümer konnten keine Rückgabeanträge mehr stellen. Ihre Erben hatten oftmals keine ausreichende Kenntnis über die ehemals vorhandenen Kunstwerke und über die Umstände des Verlustes. Mangels diesen Wissens scheiterten sie oft an den kurzen gesetzlichen Anmeldefristen. Soweit es gelang, diese Fristen einzuhalten, konnten sie eine Wiedergutmachung oder Entschädigung nur erreichen, wenn ein direkter Vermögensverlust zugunsten Nazi-Deutschlands vorlag. Bei Verlusten gegenüber Privaten musste ermittelt werden, wo sich die Kunstwerke befanden und wem gegenüber bzw. an welchem Ort sie zurückzufordern waren. Ein schier unmögliches Unterfangen unter den damaligen Bedingungen, denn die Sammlungsbestände waren nicht selten weltweit verstreut worden. Die unvollständige, lückenhafte und oftmals den Raubkunsterwerber, nicht den verfolgten Alteigentümer schützende Rückgabepraxis der Nachkriegszeit hat dazu geführt, dass bis heute hin NS-verfolgungsbedingte Kunstverluste zu klären und zu regeln sind. Dies ist nach Kriegsende nicht vollständig erledigt worden.

Wo sind die Bilder geblieben?

Bedeutende Kunstwerke, Altmeister ebenso wie Meisterwerke des Impressionismus, Expressionismus und der Klassischen Moderne, die sich heute im Bestand öffentlicher Museen und in privaten Sammlungen auf allen Kontinenten der Welt befinden, gehörten Alteigentümern, die diesen während der NS-Herrschaft 1933 bis 1945 abhanden kamen.

Zu dem wirtschaftlich und kulturell erfolgreichen, seit Mitte des 19. Jahrhunderts aufstrebenden Bürgertum gehörten viele europäische Juden. Namhafte jüdische Sammler, Mäzene und Kunsthändler unterstützten insbesondere die moderne Kunst und gehörten zu ihren Wegbereitern. Exemplarisch lässt sich dies auf der einmaligen Ausstellung im Berliner Kronprinzenpalais Unter den Linden im April 1928 erkennen, als „Neuere deutsche Kunst aus Berliner Privatbesitz" gezeigt wurde. Mehr als die Hälfte der Leihgeber waren jüdischer Herkunft, während der Anteil der Juden an der deutschen Gesamtbevölkerung damals gering war. Ähnlich mag es sich in den anderen europäischen Kunstmetropolen von Wien bis Paris verhalten haben. Die systematische Verfolgung und Ausplünderung dieser Personengruppe durch das NS-Regime, erst in Deutschland, später überall im besetzten Europa, erklärt, warum auch von den Nazis verfemte Kunstwerke der Klassischen Moderne NS-verfolgungsbedingt abhanden kamen und heute noch Gegenstand von Rückforderungen sind.

Soweit sich die besonders favorisierten Altmeister oder Werke des 19. Jahrhunderts in jüdischem Besitz befanden, gab es kaum eine Möglichkeit, sie ins Exil mitzunehmen. Die Sammelwut namhafter NS-Größen, allen voran Hitler und Göring, und der Größenwahn der Errichtung eines sog. Führermuseums im österreichischen Linz, in dessen Bestand die weltbesten Altmeister gezeigt werden sollten, führte insbesondere in den besetzten Ländern, im angeschlossenen Österreich und auf der Kunsthandelsdrehschreibe Schweiz zu einem Handelsboom, den es seit der Zeit vor der Weltwirtschaftskrise nicht mehr gegeben hatte. Die zusammengerafften Kunstwerke wurden in der Nachkriegszeit nicht vollständig zurückgeführt. Eine Vielzahl von ihnen gelangte auf vielfältigen Wegen in die Bestände europäischer und amerikanischer Museen, aber auch privater Sammlungen.

Besonders tragisch sind die mehrfachen Vermögensverluste. Dies betrifft Fälle, in denen Kunstwerke als sog. Raubkunst zunächst NS-verfolgungsbedingt abhanden kamen und in fremden Besitz, insbesondere des NS-Regimes, gelangten. Nach dem Zusammenbruch wurden sie dann als sog. Beutekunst von sowjetischen Truppen beschlagnahmt und in die UdSSR geschafft oder von alliierten Soldaten gestohlen. Tausende in den ehemals besetzten Ländern oder dem ehemaligen deutschen Staatsgebiet, späteren Teilen Polens und der Tschechoslowakei, zurückgelassene oder dorthin ausgelagerte Kunstwerke wurden von diesen Staaten als Eigentum des Deutschen Reiches angesehen und entschädigungslos enteignet – darunter zahlreiche Kunstwerke, die Privatpersonen verfolgungsbedingt abhanden kamen und sich heute in staatlichen Museen befinden. Hinsichtlich dieser Kunstwerke ist oftmals bis zum heutigen Tage kein Rückgabeanspruch gestellt worden, denn diese nach dem Krieg als verschwunden geltenden Kunstwerke konnten von den Alteigentümern nicht ermittelt werden. Dies erklärt, warum nach Ende des Kalten Krieges seit Beginn der 90er Jahre erstmalig von Alteigentümern bzw. ihren Erben auch gegenüber osteuropäischen Sammlungsbeständen einschließlich jenen in der früheren DDR und Ostberlin Rückgabeforderungen geltend gemacht werden.

„Alle Fristen sind abgelaufen" [4]

Soweit in der Vergangenheit Ansprüche auf Rückgabe oder Entschädigung gegenüber den aktuellen Besitzern, zumeist Museen und öffentliche Sammlungen, aber auch Privatpersonen und Stiftungen, gestellt wurden, reagieren die Betroffenen nahezu reflexartig gleichlautend und behaupten, alle Fristen seien längst abgelaufen, d.h. ein juristisch durchsetzbarer Anspruch auf Rückgabe bestünde nicht. Diese nicht selten als Schutzbehauptung bzw. Ablehnungsbegründung vorgetragene These ist falsch. Richtig ist, dass die im Nachkriegseuropa erlassenen öffentlich-rechtlichen Rückgabebestimmungen nur einige wenige Jahre galten. Die Alteigentümer waren innerhalb der kurzen gesetzlichen Ausschlussfristen gezwungen, ihre abhanden gekommenen Kunstwerke zu identifizieren, Eigentums- und Verlustnachweise beizubringen und ihre Ansprüche form- und fristgemäß in den jeweiligen Ländern anzumelden. Dies ist vielen Verfolgten seinerzeit nicht möglich gewesen. Nach diesen Rückerstattungs- und Wiedergutmachungsgesetzen können heute regelmäßig keine öffentlich-rechtlichen Rückgabeansprüche mehr gestellt werden. Insoweit sind alle Fristen abgelaufen.

Völlig anders stellt sich die Rechtslage dar, wenn man die Eigentumsherausgabeansprüche prüft, die im Zivilrechtsweg gegenüber dem aktuellen Besitzer geltend gemacht werden können. Deshalb haben wir für die von der Kunstrestitution am meisten betroffenen Länder die maßgeblichen zivilrechtlichen Bestimmungen dargestellt, damit der Leser selbst feststellen kann, ob auch heute noch entsprechende Ansprüche gestellt werden können. Die undifferenziert und pauschal gegenüber Rückgabeforderungen von Alteigentümern vorgebrachte These des Fristablaufs ist unzutreffend. Jahrzehntelang wurden allgemeine zivilrechtliche Rechtsgrundsätze beim An- und Verkauf von NS-verfolgungsbedingt abhanden gekommenen Kunstwerken missachtet. Zu diesen gehören so fundamentale Grundsätze wie:

- Nur der Eigentümer eines Kunstwerkes kann das Eigentum auf einen Erwerber rechtswirksam übertragen.
- An abhanden gekommenen Kunstwerken, also solchen, die gegen oder ohne den Willen des Eigentümers diesem weggenommen wurden, kann ein Dritter, der sog. Nichtberechtigte, nicht wirksam Eigentum erwerben.
- Nur ausnahmsweise kann auch von einem Nichtberechtigten Eigentum an einem Kunstwerk erworben werden, wenn der Erwerber gutgläubig gewesen ist. Bei Gutgläubigkeit ist ein Eigentumserwerb vom Nichtberechtigten möglich. Bei Bösgläubigkeit der Eigentumserwerb ausgeschlossen.
- In den angelsächsischen Rechtssystemen ist der Eigentumsherausgabeanspruch grundsätzlich unverjährbar. Gleiches gilt für zahlreiche europäische Länder.
- Soweit dort Verjährungsfristen existieren, beginnen diese erst zu laufen, wenn der Alteigentümer Kenntnis davon erhält, wo sich sein abhanden gekommenes Kunstwerk befindet und für ihn die Möglichkeit besteht, die Rückgabe zu verlangen. Diese Verjährungskenntnisfristen sind regelmäßig noch nicht abgelaufen.

Deshalb kann bei jahrzehntelang verschollenen, versteckten und der Öffentlichkeit vorenthaltenen Kunstwerken heute noch die Rückgabe verlangt werden. In den Praxisfällen wird daher bei Schilderung der Rechtslage erläutert, nach welcher Rechtsordnung die Rückgabe zu beurteilen ist und ob Ansprüche gerichtlich durchsetzbar sind.

„Wir sind es aber auch den gestohlenen Werken schuldig, denn wir sind es schließlich uns selbst schuldig, der endgültigen Überwindung der Regression des Sehens, der Adjustierung der Maßstäbe des Schönen in unseren Augen."[5]

Als das NS-Regime die „entartete" Kunst aus den Museen entfernte, darunter auch zahlreiche Leihgaben von Privatpersonen, sie in den berüchtigten Ausstellungen zeigte, entschädigungslos enteignete und zum Teil durch autorisierte Händler an internationale Kundschaft veräußern ließ, hatten die wenigsten Käufer rechtliche oder moralische Bedenken. Die einmalige Gelegenheit, zu niedrigen Preisen an moderne Kunst zu kommen, beflügelte viele Interessenten, diese Chance zu nutzen. Für andere war „die Rettung der Moderne" vor der Zerstörungswut der Nazis mitursächlich, den Pakt mit dem Teufel zu schließen und den Kaufpreis in den vom NS-Regime dringend benötigten Devisen zu zahlen.

Auch die zahlreichen Ankäufe vor dem Kriege, insbesondere auf sog. Judenauktionen im Deutschen Reich oder auf Emigranten- oder Flüchtlingsauktionen im Ausland, wo verfolgte Sammler Kunstwerke veräußerten, um die Emigration und ihren Lebensunterhalt zu finanzieren, sind Rechtsgeschäfte, die heute regelmäßig zivilrechtlich unangreifbar sind, die aber aus moralisch-ethischen Gründen als fragwürdig beurteilt werden.

Soll es hingenommen werden, dass Käufer die NS-bedingten Zwangssituationen von Verkäufern ausnutzten und eine Erwerbschance erhielten, die sie so zu diesem Zeitpunkt und zu dem gezahlten Kaufpreis ohne das Bestehen des NS-Regimes nicht gehabt hätten? Können Kunstwerke, die aus Beschlagnahme- und Plünderungsaktionen der Nazis stammten und später in den Sammlungsbesitz von Museen und Sammlern gelangten, als wohl erworben und die Besitzer als redlich und in gutem Glauben angesehen werden? Die 44 Teilnehmerstaaten der Washingtoner Konferenz sind einheitlich der Auffassung, dass unter diesen Voraussetzungen erworbene Kunstwerke nicht unbenommen in öffentlichen Museen und Sammlungen verbleiben können und grundsätzlich eine Rückgabe an die Alteigentümer geboten ist oder, wie der zentrale Artikel besagt, „ein fairer und gerechter Ausgleich" gesucht wird.

Wenn zivilrechtliche Rückgabeansprüche gegenüber den aktuellen Besitzern nicht mehr geltend gemacht werden können, weil diese gutgläubig erwarben oder die Rückgabeansprüche verjährt sind oder wenn der Alteigentümer tatsächlich nicht in der Lage ist, die kostspielige Rechtsverfolgung zu finanzieren oder wenn ihm diese Verfahren als zu langwierig erscheinen, muss geprüft werden, ob aufgrund gesetzlicher Sonderregelungen in einzelnen Ländern eine vereinfachte Rückgabe- oder Entschädigungsregelung vorgesehen ist. Für die wichtigsten Staaten werden diese Bestimmungen erläutert. Teilweise ist rasches Handeln erforderlich, da in den Niederlanden bis April 2007 und in Tschechien vermutlich bis Ende 2007 Ansprüche geltend gemacht werden müssen. Dann enden in diesen Ländern die Antragsfristen. Schließlich ist von allen Staaten, die die Washingtoner Prinzipien verabschiedeten, zu klären, wie und auf welche Weise in diesen Ländern ein fairer und gerechter Interessenausgleich tatsächlich zu praktizieren ist. Die übernommene Selbstverpflichtung der Unterzeichnerstaaten begründet keinen direkten, gerichtlich durchsetzbaren Anspruch. Die Rückgabe- und Entschädigungsstandards sind in den einzelnen Ländern unterschiedlich. Eine einheitliche Anwendungspraxis fehlt. Deshalb mussten auch insoweit die länderspezifischen Regelungen erläutert werden. Die Praxisfälle und ihre rechtliche Erörterung ermöglichen eine Einschätzung, ob und unter welchen Voraussetzungen die Washingtoner Prinzipien in den einzelnen Ländern umgesetzt werden und ob ein Anspruch für den Betroffenen in seinem speziellen Fall in Betracht kommt.

Viele namhafte Museen, teilweise auch private Sammlungen und Stiftungen haben sich in Erklärungen verpflichtet, die Washingtoner Prinzipien anzuerkennen und umzusetzen. Dadurch ist ihr Anwendungsbereich, bisher auf staatliche Sammlungen und Museen beschränkt, erheblich erweitert worden. In welchem Umfang Ansprüche gegenüber Privatbesitzern geltend gemacht und Regelungen derzeit getroffen werden, bleibt weitgehend unbekannt. Einige veröffentlichte Fälle sind in den Praxisbeispielen erläutert worden. Regelmäßig vereinbaren die Beteiligten jedoch Stillschweigen über den Inhalt ihrer Übereinkünfte. Diese Fallgruppe wird zukünftig mit Sicherheit an Bedeutung gewinnen.

„Zu den Usancen im internationalen Kunsthandel zählte stets, dass bei jedem Kauf nach der Provenienz gefragt wurde. Es war üblich, für hochwertige Bilder Stammbäume, sog. Pedigrees, zu erstellen.“ [6]

Die aktuellen Rückgabeforderungen beleuchten das bisher weitgehend unbekannte Kapitel über die (Un-)Sitten und Gebräuche des Kunsthandels in den letzten siebzig Jahren. Man ist erstaunt und verwundert, dass die Beteiligten noch bis Mitte der 90er Jahre – einige bis heute – mit Kunstwerken handelten, die aus ungeklärten NS-verfolgungsbedingten Vermögensverlusten stammten. Man kann zwei Phasen erkennen:

Die erste Phase begann mit der Machtübernahme der Nationalsozialisten im Deutschen Reich ab Januar 1933 und endete mit dem Kriegsende in Europa im Mai 1945.

Bis zum Beginn des 2. Weltkriegs ging es mit den Handelssitten und -gebräuchen bergab. Bislang unbekannte Kommissionäre, Händler und Glücksritter bevölkerten zunehmend den Kunstmarkt. Kunsthändler mit Rang und Namen schlugen sich in Erwartung bester Geschäfte auf die Seite der braunen Machthaber. Staatlich beschlagnahmte, enteignete oder unter Zwang von den Alteigentümern verkaufte Kunstwerke waren normale Handelsware geworden, ohne dass der Erwerber prüfte, ob der Verkäufer berechtigt war, die Kunstwerke zu veräußern. Das Nazi-Regime gab sich von Anbeginn als Diktatur und Unrechtsregime zu erkennen. Seine diskriminierende Gesetzgebung war spätestens seit den sog. Nürnberger Rassegesetzen vom September 1935 offenkundig, die brutale Verfolgung und Ausplünderung ganzer Personengruppen aus rassischen Gründen war seit den Novemberpogromen 1938 weltweit bekannt. Dennoch blühte der Handel mit Kunstwerken von NS-Verfolgten. Nur wenige international renommierte Kunsthändler engagierten sich, ihre Verbindungen zum Schutz von Verfolgtenvermögen zu nutzen und Kunstwerke ins Ausland zu retten.

Die Barbarei, die das NS-Regime mit der Entfesselung des 2. Weltkrieges über Europa brachte, bewirkte auch die Verrohung der Sitten im Kunsthandel. Sie begann bereits mit dem „Anschluss“ Österreichs im März 1938 und der Besetzung von Teilen der Tschechoslowakei im selben Jahr. Erstmals wurde in gezielten Verfolgungsmaßnahmen der Sammlungsbestand der rassisch Verfolgten geplündert. Die sich pogromartig entladenden Exzesse gegen jüdische Bürger und ihr Vermögen im Frühjahr 1938 in Wien erreichten bereits die Intensität und Brutalität der späteren systematischen Plünderungen in den besetzten Ländern Europas.

Zu diesem Zeitpunkt war ein moralischer Tiefpunkt des Erwerbsverhaltens staatlicher Museen im Deutschen Reich und in den angeschlossenen Gebieten erreicht. Waren die Museen 1933/34 an den aus rassischen und politischen Gründen einsetzenden Privatverkäufen noch nicht besonders beteiligt, änderte sich dies zusehends mit der Intensivierung der Verfolgung gegenüber den Sammlern und der flächendeckenden Beschlagnahme ihrer Bestände. Die wenige Zeit zuvor noch in Museumsbeiräten sitzenden, hochgeschätzten Sammler und Mäzene wurden zu Unpersonen. Ihr Privatvermögen galt als Beute, die zur Vervollständigung des Sammlungsbesitzes von Museen einverleibt wurde. Sachverständige Museumsmitarbeiter waren an der bürokratischen Abwicklung der Ausreiseformalitäten von Verfolgten beteiligt und konnten dadurch Zugriff auf deren Sammlungsbesitz nehmen. Nicht selten haben sich Museen durch fingierte Ankäufe oder scheinlegale Verwertungen in Versteigerungen bereichert. Ein dunkler Abschnitt der Museumsgeschichte, der erst langsam bekannt und öffentlich wird.

Die Ausplünderung der Privatsammlungen rassisch Verfolgter in den besetzten Ländern Europas und die Verwertung ihrer Kunstwerke durch die beteiligten Akteure ist ein weiteres unrühmliches Kapitel des internationalen Kunsthandels. Europäische Kunsthändler, namhafte Auktionshäuser, soweit sie nicht selbst vom NS-Regime verfolgt wurden, beteiligten sich an dem seit 1940 einsetzenden Kunsthandelsboom, der erst 1943 einen Dämpfer erhielt, als die Alliierten in ihrer Londoner Erklärung öffentlich darauf hinwiesen, dass von ihnen der skandalöse Handel mit geraubten Kunstwerken, der seit drei Jahren in Europa stattfand, nicht anerkannt und nach Kriegsende dagegen vorgegangen werden würde. Aber selbst diese bisher einmalige Erklärung, die jedem am internationalen Kunsthandel beteiligten Akteur unmissverständlich vor Augen führte, dass der Raubkunsthandel auch rechtlich keinen Bestand haben würde, führte zwar zu einer Verringerung dieses Kunsthandelgeschehens, nicht aber zu seinem völligen Erliegen. Zu lukrativ waren die Gewinnspannen, die beispielsweise beim Ankauf hochkarätiger Impressionisten aus geplünderten französischen Beständen und anschließendem Weiterverkauf über die Kunsthandelsdrehscheibe Schweiz bei europäischen und amerikanischen Käufern erzielt werden konnten.

Der Tanz auf dem Vulkan endete nicht zu Kriegsende im Mai 1945. Es begann die zweite Phase des Handels mit Raubkunst. Nun tauchten zusätzlich zahlreiche Kunstwerke aus den geplünderten Depots des NS-Regimes auf dem Schwarzmarkt auf und wurden als Kriegssouvenir oder persönliche Beute von alliierten Soldaten mit nach Hause genommen. Signifikant ist eine Vielzahl von Raubkunstverkäufen Ende der 40er Jahre in New York, wo ein Großteil der aus dem Dienst entlassenen amerikanischen Soldaten anlandete und die mitgebrachten Trophäen verkaufte. Namhafte New Yorker Galerien, die sich heute Schadensersatzforderungen der aktuellen Besitzer ausgesetzt sehen, hatten offensichtlich keinerlei Bedenken, bedeutende Altmeistergemälde von Lucas Cranach bis Franz Hals von aus dem Kriegsdienst entlassenen GI's zu erwerben. Dass diese Kunstwerke nicht aus ordnungsgemäßen Rechtsgeschäften stammen konnten, war eindeutig. Aber auch führende Museen kauften in der Nachkriegszeit Kunstwerke von ehemaligen Militärangehörigen, die aus staatlichem oder privatem Besitz stammten und den Alteigentümern abhanden gekommen waren.

Die nach Kriegsende in den betroffenen Ländern entstandenen offiziellen Verlustregister deklarierten ausdrücklich NS-verfolgungsbedingt verloren gegangene Kunstwerke. Diese Register wurden von Kunsthändlern und Auktionshäusern offensichtlich ignoriert. Die ersten zivilgerichtlichen Prozesse in den USA in den 60er Jahren, verstärkt seit Anfang der 90er Jahre, zeigten schlaglichtartig, dass der internationale Kunsthandel jahrzehntelang Kunstwerke an- und verkaufte, denen der NS-verfolgungsbedingte Vermögensverlust „auf die Stirn" geschrieben stand. Mitunter wurde dieser Verlust sogar in den entsprechenden Auktionskatalogen erwähnt. Ein exemplarischer Höhepunkt dieses sorglosen Verhaltens ist die mehrfache Versteigerung eines Franz Hals-Porträts, bei dem im Katalog der jüdische Alteigentümer als besonderes Qualitätsmerkmal vermerkt wurde, ohne dass dies Veranlassung gewesen wäre, die Provenienz zu prüfen und das Kunstwerk ggf. nicht zu versteigern. Die Odyssee dieses Raubkunstgemäldes endete mit der Rückgabe an die Alteigentümer, der strafrechtlichen Verurteilung des letzten Erwerbers und der Rückzahlung des in der Auktion gezahlten Kaufpreises durch das Auktionshaus an den Käufer.

Die von dem renommierten französischen Kunsthändler Paul Rosenberg reklamierten „Usancen im Kunsthandel", die bis zum Beginn der NS-Herrschaft selbstverständlich waren, wurden danach international jahrzehntelang weitgehend missachtet. Erst die spektakulären Beschlagnahmen, Rückgabeprozesse und strafrechtlichen Verurteilungen im Zusammenhang mit NS-verfolgungsbedingten Kulturgutverlusten veranlassten den internationalen Kunsthandel, die angebotene Ware nicht mehr nur auf ihre Echtheit, sondern auch auf ihre Herkunftsgeschichte genauestens zu überprüfen. Zunehmend wird angestrebt, ausschließlich Kunstwerke zum Handel zuzulassen, bei denen zweifelsfrei klar ist, dass es sich nicht um NS-verfolgungsbedingte und bisher nicht „wieder gut gemachte" Kulturgutverluste handelt. Diese hohen Standards sind seit Anfang der 90er Jahre unabdingbar geworden und gelten nunmehr für jedes Kunstwerk, das gehandelt wird.

Insoweit hat die Nazi Looted Art zu einer internationalen Professionalisierung des Kunsthandels geführt. Heute ist der Handel mit Raubkunst fast nur noch auf dem sog. grauen Markt möglich und jeder Veräußerer und Erwerber muss damit rechnen, dass – soweit inkriminierte Kunstwerke der Öffentlichkeit bekannt werden – Rückgabeforderungen geltend gemacht werden. Zukünftig können Kunstwerke nur erfolgreich verkauft werden, wenn ihre Stammbäume oder Pedigrees, wie Paul Rosenberg es fast zärtlich formulierte, lückenlos nachgewiesen sind. Das Internet-Zeitalter hat eine Öffentlichkeit geschaffen, die es erlaubt, blitzschnell Klärung herbeizuführen, ob ein Kunstwerk in einem Verlustregister aufgeführt ist und zumindest der Verdacht besteht, dass es sich um Raubkunst handeln könnte.

„Die Museen werden allein gelassen." [7]

Die Umsetzung der Washingtoner Prinzipien muss durch die öffentlichen Museen erfolgen, die aufgerufen sind, ihre Sammlungsbestände zu überprüfen. Ohne ausreichende finanzielle Mittel kann dies nicht gelingen. In Deutschland fühlen sich die Museen allein gelassen und beklagen, dass der Bund feierlich Selbstverpflichtungserklärungen abgab, deren Realisierung wegen der Kulturhoheit der Länder aber weitgehend von sich weist und sich somit über die Finanzierung der Anforderungen keine ernsthaften Gedanken macht. Kleinere Länder wie Österreich und die Niederlande konnten demgegenüber aufgrund großzügiger staatlicher Unterstützung bereits nahezu vollständig zumindest den im bundesstaatlichen Eigentum stehenden Sammlungsbesitz überprüfen. Die aus diesen Forschungen resultierenden Veröffentlichungen gehören zu den detailliertesten und genauesten Arbeitsberichten. Deutschland hat zwar für Alteigentümer bzw. deren Erben mit der sog. Gemeinsamen Erklärung von 1999 Großzügigkeit bekundet, aber die praktische Umsetzung verzögert sich, weil nur wenig Unterstützung von Seiten der Bundesregierung und den jeweils betroffenen Bundesländern erfolgt. Ohne ausreichende finanzielle Ausstattung der Museen kann jedoch die erforderliche Provenienzforschung nicht durchgeführt werden. In den Vereinigten Staaten existieren bisher nur an einigen großen Museen Forschungsprojekte. Jedoch sind alle Museen nach den Leitlinien der amerikanischen Museumsvereinigung aufgerufen, ihre Sammlungsbestände hinsichtlich sämtlicher Kunstwerke, die vor 1946 entstanden waren, aufzuklären. Für diese Mammutprojekte wurden bisher an den großen Museen ein bis zwei befristete Anstellungsverhältnisse eingerichtet. In vielen anderen Ländern sieht es mit der Umsetzung der Washingtoner Prinzipien viel schlechter aus. Museumsleute beklagen, dass angesichts ihrer finanziellen und personellen Ausstattung frühestens in hundert Jahren die erforderliche Überprüfung abgeschlossen sei.

Neben diesen Problemen bereitet es vielen Museen erhebliche Schwierigkeiten, ihre Sammlungsbestände einer kritischen Beobachtung durch die Weltöffentlichkeit ausgesetzt zu sehen. Symptomatisch hierfür ist die Reaktion führender Museumsmitarbeiter des Louvre Anfang der 90er Jahre. Damals war aufgrund von Presseveröffentlichungen bekannt geworden, dass jahrzehntelang französische Museen in ihren Sammlungsbeständen Kunstwerke geführt hatten, die aus ehemals NS-geplünderten jüdischen Sammlungen stammten. Nach deren Sicherstellung durch die Alliierten waren sie den Museen treuhänderisch übergeben worden mit dem Ersuchen, die Alteigentümer ausfindig zu machen. Die erste Reaktion auf die Presseveröffentlichungen war nicht Scham und Reue über das jahrzehntelange Nichtstun und Verschweigen, sondern eine förmliche Anfrage an das Justizministerium, ob die Ansprüche denn nicht verjährt seien und aus diesem Grunde zurückgewiesen werden könnten. Museen tun sich offensichtlich generell schwer damit zu realisieren, dass ihre Sammlungsbestände keiner Ewigkeitsgarantie unterliegen und es berechtigte Gründe geben kann, Kunstwerke herauszugeben. Umso ermutigender sind Beispiele namhafter europäischer und amerikanischer Museen, die unmissverständlich erklärten, NS-verfolgungsbedingte Kunstverluste rückgängig zu machen und die durch ihre Forschungsarbeiten einschließlich der Suche nach den Alteigentümern bzw. deren Erben aktiv tätig sind. Die Länderübersichten und Praxisbeispiele zeigen, wie unterschiedlich sich die Einigungs- und Rückgabepraxis darstellt.

„We don't grill our donors" oder über den Umgang mit infizierten Sammlungen [8]

Ein Sonderproblem innerhalb der Sammlungsbestände von Museen stellt deren mögliche Infizierung mit Kunstwerken aus Schenkungen, Erbschaften und Dauerleihgaben dar. Mag heute bei Übernahmen durch Museen Sorgfalt bei der Prüfung der Herkunftsgeschichte der Kunstwerke Standard geworden sein, so ist festzustellen, dass dies bis Ende der 80er Jahre regelmäßig nicht der Fall war. Diesbezügliche Erwerbe bis zu diesem Zeitpunkt betreffen auch immer wieder Kunstwerke, die aus NS-verfolgungsbedingten Vermögensverlusten stammen. Auffallend ist dies in den angelsächsischen Staaten, wo oftmals aus erbschaftssteuerlichen Gründen Vermögen, soweit es aus Kunstwerken besteht, Museen übereignet wird. Diese Kunstwerke, nicht selten zu Lebzeiten der Schenker als Dauerleihgaben überlassen, wurden dann nach deren Tod in das Museumseigentum übergegangene gern genommene Geschenke. Jahrzehntelang haben Museen sich nie Gedanken darüber gemacht, woher diese Kunstgeschenke stammten. Fragen nach der Person des Schenkers waren ausgeschlossen. Als in den USA die zweifelhafte Herkunft einer schenkweise überlassenen Privatsammlung eines ehemaligen NS-belasteten deutschen Rechtsanwalts bekannt wurde, konnte die zuständige Museumsleitung nur fatalistisch anmerken, „we don't grill our donors". Den Museen bleibt zukünftig nicht erspart, die Provenienz des Geschenks und die Person des Schenkers zu überprüfen. Heikel ist auch die Fallkonstellation, wenn der aktuelle Besitzer seine Sammlung als Dauerleihgabe einem Museum zur Verfügung stellt, das die laufenden Kosten der Verwahrung, Restaurierung und Versicherung übernimmt. Damit werden öffentliche Mittel für provenienzproblematische Kunstwerke aufgewendet – abgesehen von ihrer Präsentation im öffentlichen Raum. Auch in dieser Weise begünstigte Museen können sich nicht ihrer Verantwortung entziehen.

Nicht weniger problematisch ist es, wenn ein Besitzer seine Sammlung in eine Stiftung einbringt und sie dann in einem Museum, das mitunter zu diesem Zweck mit öffentlichen Mitteln überhaupt erst errichtet und als Ausstellungsort zur Verfügung gestellt wurde, dauerhaft zeigt. Unter öffentlicher Schirmherrschaft wird ein privatrechtlich organisierter Sammlungsbestand präsentiert, der Kunstwerke enthält, die Alteigentümern NS-verfolgungsbedingt abhanden kamen. Diese Häuser geraten dadurch in eine widersprüchliche Situation. Obwohl für sie die Washingtoner Prinzipen gleichermaßen gelten, kann der privatrechtlich organisierte Stifter, in dessen Eigentum die Kunstwerke stehen, deren Umsetzung ablehnen. Dieser Zustand ist auf Dauer nicht aufrechtzuerhalten. Es ist eine Frage der Zeit, wann Rückforderungen auf NS-verfolgungsbedingt verlorene Kunstwerke öffentlich werden, die bisher unter dem zweifelhaften Schutz des Privatbesitzes stehen, jedoch in mit öffentlichen Mitteln errichteten und geförderten Museen gezeigt werden.

„Derzeit wird gezielt Raubkunst ausfindig gemacht,
die Politik weich gekocht bis man einknickt.
Es geht nur noch um Spekulation und Geld." [9]

Im Sommer 2006 ist im Zusammenhang mit der Rückgabeentscheidung des Landes Berlin in Sachen Kirchner-Gemälde die Kunstrestitution mit der vorstehenden Einschätzung pauschal kritisiert und in Frage gestellt worden. Sie stammt von einem besorgten Museumsdirektor, der um seinen Sammlungsbestand fürchtet. Seine Meinung scheint von anderen Betroffenen geteilt zu werden. Als spontane Gefühlsreaktion vielleicht verständlich, sind dieserart Behauptungen nicht nur sachlich unrichtig, sondern nähren die ungeheuerliche Auffassung über spekulative jüdische Interessen.

44 zivilisierte Staaten, darunter alle vom 2. Weltkrieg betroffenen Länder, entschieden auf der Washingtoner Konferenz, dass für Kunstverluste von Holocaust-Opfern, die bisher nicht rückgängig gemacht wurden, ein „fairer und gerechter" Ausgleich gefunden werden muss. Diese Kunstwerke können nicht fortgesetzt und unbenommen im öffentlichen Raum präsentiert werden. Die Teilnehmerstaaten sind sämtlichst der Meinung, dies sei angesichts der Einzigartigkeit der Vermögensverluste und der damit verbundenen persönlichen Verfolgung der Alteigentümer geboten. Einige von ihnen haben inzwischen in Gesetzen, Verordnungen, Dekreten, Richtlinien und Selbstverpflichtungserklärungen mit der Umsetzung der Washingtoner Prinzipien begonnen. In manchem Land geschieht dies zügig und engagiert, andere stehen noch am Anfang. Betrachtet man die auf den Washingtoner Prinzipien basierende internationale Rückgabepraxis, die in unseren Fallbeispielen exemplarisch dargestellt wird, ist bei aller Unterschiedlichkeit eine einheitliche Handhabung erkennbar, die sich am NS-verfolgungsbedingten Vermögensverlust und an der bisher ausgebliebenen Wiedergutmachung orientiert.

Danach erfolgen Rückgaben von Kunstwerken aus Museen und Sammlungsbeständen überall auf der Welt. Den Schwerpunkt bildeten bisher die besonders betroffenen Länder Europas und die USA. Auch in der Bundesrepublik Deutschland wurden ausschließlich Rückgaben entsprechend der internationalen Kriterien des NS-verfolgungsbedingten Vermögensverlustes vorgenommen. Die aus der eingangs zitierten Behauptung ableitbare Unterstellung, es werden unbegründete Rückgabeansprüche mittels unter Druck gesetzter Politiker durchgesetzt, ist falsch. Richtig ist, dass sich in einigen Fällen diesbezügliche Ansprüche nach genauer Prüfung als nicht haltbar herausstellen. Manche Museen fühlen sich zu Unrecht genötigt und unter Druck gesetzt. Anderen gelingt es, in kooperativer Zusammenarbeit Aufklärung zu erlangen und für alle Beteiligten akzeptable Entscheidungen zu fällen.

Auch die als Vorwurf formulierte Feststellung, es würden gezielt in Museen Ermittlungen nach Raubkunst durchgeführt und dann Rückgabeforderungen gestellt, geht an den Erfordernissen der Washingtoner Prinzipien vorbei. Die Museen selbst hatten sich mit diesen Prinzipien verpflichtet, in ihren Sammlungsbeständen NS-verfolgungsbedingt abhanden gekommene Kunstwerke zu ermitteln und die Alteigentümer bzw. ihre Erben festzustellen. Dies geschieht in Deutschland wie auch international nur in Ausnahmefällen. Wiederum droht die Gefahr, dass eine abschließende Klärung vereitelt wird – sei es durch Ausschlussfristen oder aufgrund anderer Umstände. Wieso also soll es anstößig sein, dass Alteigentümer bzw. deren Erben selbst oder von ihnen beauftragte Sachverständige Nachforschungen anstellen, um das Schicksal abhanden gekommener Kunstwerke aufzuklären? Warum sollen diese Überprüfungen ausschließlich Museen und öffentlichen Sammlungen vorbehalten bleiben? Dass auch auf der Alteigentümerseite ermittelt wird, ist zulässig und nicht zu beanstanden. Symptomatisch ist im Übrigen, dass in der Mehrzahl der bisher weltweit mit fairem und gerechtem Ausgleich geregelten Fälle die notwendigen Ermittlungen auf die Initiative der Alteigentümer bzw. deren Erben zurückgeht. Auch wenn sich Museen wegen gezielter Alteigentümer-Ermittlungen abschotten, enthebt sie dies nicht den von ihnen selbst (!) übernommenen Verpflichtungen. Nach Kenntnis der Autoren ging bislang einzig die Stiftung Preußischer Kulturbesitz in Berlin ihrerseits auf die berechtigten Alteigentümer zu. Ansonsten wird zunehmend von Museen das immerhin hilfreiche Instrument der Fundmeldungen in digital zugänglichen Datenbänken praktiziert, also Verdachtsfälle aus den Sammlungsbeständen publik gemacht.

Schlussendlich stellt auch der Vorwurf, es ginge nur noch um Geld und Spekulation eine unzulässige Bewertung der Entscheidungsfreiheit jedes Einzelnen dar. Liegt ein anerkannter Rückgabeanspruch vor und wird ein Kunstwerk an den Alteigentümer, in der Regel wegen der langen Zeitdauer an seine Erben, zurückgegeben, ist es ausschließlich Sache des Berechtigten, was mit dem Kunstwerk geschieht. Ein Kunstwerk ist keine „res extra commercium". In manchen Fällen räumte die Alteigentümer-Seite Museen angemessene Rückkaufmöglichkeiten ein oder beließ Kunstwerke als Leihgaben in den Museen. Es steht jedoch niemandem zu, Entscheidungen der Berechtigten verächtlich zu machen oder gar moralisch zu verdammen. Die Freiheit, über sein Eigentum zu verfügen, ist neben der persönlichen Freiheit die wichtigste Errungenschaft der französischen Revolution und in allen Verfassungen zivilisierter Staaten garantiert. Sie kann bei Kunstwerken grundsätzlich nicht außer Kraft gesetzt werden.

Worüber ernsthaft nachgedacht und offen diskutiert werden sollte, ist die Frage, wie zukünftig bei Rückgabeverpflichtungen für herausragende Kunstwerke und das berechtigte Interesse der Öffentlichkeit, dass diese auch weiterhin frei zugänglich sind, in Übereinstimmung gebracht werden kann.

In jedem Einzelfall ist sorgfältig zu prüfen, ob und wie ein fairer und interessengerechter Ausgleich gefunden werden kann. Die Beurteilungs- und Entscheidungsgrundlagen kann sich der Leser aus dieser ersten Darstellung zivil- und öffentlich-rechtlicher Anspruchsgrundlagen selbst bilden. Die über hundert Praxisfälle ermöglichen einen Einblick in die Verfolgungsschicksale. Daraus kann man erkennen, dass es nicht um Spekulation und Geld, sondern um eine längst überfällige, bislang versäumte Wiedergutmachung geht.

Fundstellen:

1 Jan Philipp Reemtsma, „Museen im Zwielicht", herausgegeben von der Koordinierungsstelle für Kulturgutverluste Magdeburg, 2002, S. 472
2 Constantin Goschler, „Arisierung" und Restitution, herausgegeben von Constantin Goschler und Jürgen Lillteicher, Göttingen 2002, S. 124
3 Lynn H. Nicholas, „Der Raub der Europa": Das Schicksal europäischer Kunstwerke im Dritten Reich, München 1995, S. 551
4 Direktor am Bundesamt für Kultur/Schweiz zur Forderung auf Rückgabe eines Manet-Gemäldes aus der Stiftung Sammlung E. G. Bührle, zitiert aus Facts, Heft 3/1999, S. 53
5 Jan Philipp Reemtsma, S. 473 a.a.0.
6 Paul Rosenberg, französischer Kunsthändler, 1947 im Verfahren vor dem schweizerischen Bundesgericht auf Rückgabe seiner vom NS-Regime geplünderten und von Schweizer Sammlern erworbenen Kunstwerke, zitiert aus „Fluchtgut-Raubgut", von Esther Thisa-Francini, Anja Heuss, Georg Kreis, herausgegeben von der UEK Schweiz – Zweiter Weltkrieg, S. 381, FN 259 bis 261, Zürich 2001
7 Ute Haug, Provenienzforscherin in der Kunsthalle Hamburg, zitiert aus „Die Zeit", 31.08.2006, S. 44
8 Museumsdirektor Jack Reynolds der Yale University Art Gallery, zitiert aus Boston Globe, 1/22/2001
9 Martin Roth, Generaldirektor der Staatlichen Kunstsammlungen Dresden, zitiert aus „Die Zeit" vom 24.08.2006, S. 41

Lesehinweise

Dieses Handbuch ist für die von der weltweiten Kunstrestitution Betroffenen (Alteigentümer und Besitzer) und daran Interessierten (Kunsthandel, Museen, Sammler) bestimmt. Die Autoren haben den Anspruch, das komplizierte und vielfältige Thema des Buches so umfassend und aktuell (Redaktionsschluss November 2006) wie möglich, aber auch so allgemeinverständlich, kurz und prägnant wie nötig zu erläutern. Die jahrelangen Praxiserfahrungen beider Autoren (Jurist und Historikerin) sind erstmals in einer gemeinsamen Schnittmenge zusammengefasst und gebündelt worden. Entstanden ist eine juristische, historische und provenienzgeschichtliche Arbeit – ein Praktikerhandbuch, das jedem Betroffenen/Interessierten die Möglichkeit gibt, Lösungen für seinen Fall zu finden.

ERSTER TEIL

Der erste Teil des Buches folgt mit seiner Gliederung in fünf Kapitel einem sinnvollen Prüfungsschema, das dem Leser hilft, seine Fragestellung zuzuordnen und Antworten zu finden. Je nach konkreter Konstellation besteht die Ausgangsfrage: Habe ich das Eigentum an dem abhanden gekommenen Kunstwerk verloren bzw. habe ich Eigentum daran erlangt?

1. Kapitel: Im 1. Kapitel wird für jedes der neun wichtigsten Länder erläutert, wann und unter welchen Voraussetzungen während der NS-Zeit (30.01.1933 bis 08.05.1945) der Eigentumsverlust an Kunstwerken bzw. der wirksame Eigentumserwerb eintrat. Ist es auch heute noch möglich Eigentumsherausgabeansprüche gegenüber dem aktuellen Besitzer gerichtlich geltend zu machen und die Herausgabe zu erzwingen? Sind Rückgabeansprüche vor Zivilgerichten durchsetzbar oder nicht? Diese und andere Fragen werden im Kapitel „Zivilrechtliche Ansprüche und Verfahren" beantwortet.

2. Kapitel: „Öffentlich-rechtliche Ansprüche und Verfahren" von Alteigentümern gegenüber Staaten und staatlichen Einrichtungen werden im 2. Kapitel erläutert. Die wichtigsten Länder mit ihren spezifischen, z.T. gesetzlichen Regelungen werden dargestellt, damit geklärt werden kann, ob und unter welchen Voraussetzungen gegenüber diesen Staaten Ansprüche geltend gemacht und durchgesetzt werden können oder wann diese ausgeschlossen sind.

3. Kapitel: 44 Staaten, darunter zahlreiche Länder, die in den 2. Weltkrieg verwickelt waren, haben sich in der Washingtoner Erklärung vom Dezember 1998 verpflichtet, NS-verfolgungsbedingte Vermögensverluste rückgängig zu machen und mit den Alteigentümern einen „fairen und gerechten" Ausgleich zu finden. Die Washingtoner Prinzipien stehen im Mittelpunkt des 3. Kapitels, das relevante internationale Konventionen und Absichtserklärungen behandelt und u. a. Antwort auf die Frage gibt, ob und wann überhaupt Ansprüche nach den Washingtoner Prinzipien bestehen oder ausgeschlossen sind.

4. Kapitel: Kunstwerke, die während der NS-Zeit verfolgungsbedingt den Besitzer wechselten, wurden in der Vergangenheit, werden heute und auch in Zukunft gehandelt. Die Geschichte der NS-Raubkunst ist eng verbunden mit jener des Kunsthandels, seiner „Sitten und Gebräuche". Im 4. Kapitel werden in gebotener Knappheit sieben Jahrzehnte internationaler Kunsthandel mit NS-Raubkunst beleuchtet. Die aktuellen Kunsthandelsstandards werden ebenso erläutert wie Regress- und Schadensersatzforderungen bis hin zu möglichen strafrechtlichen Maßnahmen, mit denen der Kunsthandel rechnen muss, wenn er Raubkunst an- und verkauft.

5. Kapitel: Das letzte 5. Kapitel zeigt schlaglichtartig die aktuellen Möglichkeiten von Sammelklagen Betroffener auf.

ZWEITER TEIL

Dem zweiten Teil des Handbuches vorangestellt ist die Übersicht der Einzelfälle mit Stichworten zu jedem Fall und Querverweisen auf die entsprechenden Textpassagen in den Kapiteln.

Im zweiten Teil des Handbuches werden mehr als hundert Einzelfälle (Praxisfälle) in einer Fallsammlung dargestellt – erstmals die wichtigsten und unterschiedlichsten internationalen Streitfälle seit 1945 bis heute. Sie erzählen sowohl die Geschichte der Bilder und ihrer Sammler als auch jene der nationalen und internationalen Rechtspraxis und veranschaulichen den in den Kapiteln 1 bis 5 zusammengefassten Textteil.

Die Falldarstellungen informieren über den Zugriff auf Kunstwerke und die Verfolgung ihrer Besitzer sowie darüber, wohin die Kunstwerke seither gelangt sind. Jeder Enzelfall (Praxisfall) wird auch in rechtlicher Hinsicht erläutert und gibt dem Leser die Möglichkeit, die jeweilige Entscheidung zu problematisieren und Schlussfolgerungen für seinen eigenen Fall zu ziehen.

ANHANG

Fachbegriffe sind unvermeidbar. Sie dienen der Prägnanz und Allgemeinverständlichkeit und erfassen in einem Wort komplexe Sachverhalte. Die wichtigsten im Text verwandten Termini werden im A-B-C der Fachbegriffe für den Leser erläutert.

Das Künstlerverzeichnis und der Namensindex ermöglicht einen direkten Zugriff des Lesers auf die gesuchte Information.

Auf Fundstellenangaben im Text wurde verzichtet. Die verwendeten Quellen enthält der Literaturüberblick, der alle maßgeblichen und einbezogenen Veröffentlichungen umfasst.

ERSTER TEIL

1. Kapitel
Zivilrechtliche Ansprüche und Verfahren

1.1. Eigentumsverlust/Eigentumserwerb in Deutschland

1.1.1. Rückblick: Eigentumsverluste während der NS-Zeit und im 2. Weltkrieg

1.1.1.1. Eigentumsverlust durch Verkauf oder Schenkung

Als die Nationalsozialisten in Deutschland die Macht übernahmen, traten sie mit einem Programm an, das die Verdrängung und Verfolgung von Personen aus rassischen, politischen oder weltanschaulichen Gründen unmissverständlich zum Inhalt hatte. Die Verfolgung begann unmittelbar nach dem 30.01.1933.

Die wirtschaftliche Ausgrenzung der jüdischen Bevölkerung aus der Gesellschaft begann mit den Boykottaktionen und setzten sich fort im „Gesetz zur Wiederherstellung des Berufsbeamtentums" vom April 1933 mit dem berüchtigten „Arierparagraphen". Beamte und Angestellte jüdischen Glaubens wurden aus dem öffentlichen Dienst entlassen, Rechtsanwälte, Ärzte und Lehrer mit Berufsverbot belegt. Weitere im Juli 1933 verabschiedete Gesetze u. a. über die Aberkennung der deutschen Staatsangehörigkeit dienten als juristische Grundlage für die wirtschaftliche Enteignung zahlreicher jüdischer Bürger. Die sog. Nürnberger Rassegesetze von 1935 und das Gesetz zur „Arisierung jüdischen Besitzes" mündeten nach der Reichsprogromnacht am 09.11.1938 in die Bestrebungen einer „Endlösung" der Judenfrage.

Der extreme Eingriff in die bisherigen Lebensumstände zwang viele Deutschland zu verlassen, ihr Eigentum zu verkaufen, zu verschenken oder gar im Stich zu lassen. Die Finanzierung der Auswanderung erforderte erhebliche Kosten. Bereits die Zahlung der Reichsfluchtsteuer – der Freibetrag war 1934 drastisch gesenkt worden – und immer neuer, diskriminierender Abgaben führten zu erheblichen Vermögensverlusten. Hinzu kam die bei der Auswanderung zu leistende Abgabe für Devisen. Sie betrug im August 1934 bereits 65% der transferierten Geldsumme und stieg bis Juni 1938 auf 90%.

Die mit den Eingriffen in die Lebensverhältnisse der Verfolgten einhergehenden Eigentumsverluste betrafen von Anbeginn an auch Kunstwerke.

In den 30er Jahren wurde der Kunstmarkt im Deutschen Reich mit einer Vielzahl von Gemälden, Zeichnungen, Grafiken, Skulpturen, Büchern usw. überschwemmt, die aus aufgelösten oder sich in Auflösung befindlichen, insbesondere jüdischen Sammlungen stammten. Der Kunsthandel, der aufgrund der Weltwirtschaftskrise Ende der 20er Jahre international einen historischen Tiefstand erreicht hatte, konsolidierte sich in den 30er Jahren. Insbesondere das Berliner Auktionswesen erlebe eine Blüte. Beispielhaft sind die beiden Versteigerungen im Berliner Auktionshaus Paul Graupe im Januar und April 1935. Auf ihnen wurden annähernd 1.500 Werke aus allen Kunstbereichen, darunter auch vom NS-Regime verfemte Moderne Kunst, zu Preisen veräußert, die zuletzt vor Beginn der Weltwirtschaftskrise erzielt worden waren. Bei den Erwerbern handelte es sich meist um deutsche Sammler oder Händler.

Andererseits bewirkte das Überangebot auf dem Kunstmarkt einen Preisverfall. Verfolgte Kunstsammler konnten unter dem Druck der Auswanderung oft nur einen Bruchteil des Wertes ihrer Werke erzielen.

Fall 1
Leo Bendel-Erben vs. Deutschland (Bundespräsidialamt)
wegen Gemälde von Carl Spitzweg

Es gibt Fälle, in denen sich Kunstobjekte bei der Machtergreifung im Jahre 1933 aufgrund von Leihgaben, Verwahrungen usw. im Ausland befanden. Teilweise muss-ten diese zum Zwecke der Regelung der Vermögensverhältnisse, die vor der erlaubten Emigration staatlicherseits gefordert wurde oder aus finanziellen Gründen in das Deutsche Reich zurückgeholt und dort veräußert werden. Auch bei diesen Verkäufen handelt es sich um verfolgungsbedingte Vermögensverluste, weil der Eigentumsverlust im Deutschen Reich eintrat.

Fall 2
Alfred Hess-Erben vs. Brücke Museum Berlin
wegen Gemälde von Ernst Ludwig Kirchner

Die Besonderheit dieser Fallgruppe ist, dass sie nach deutschem Zivilrecht Eigentumsübertragungen von Kunstwerken durch die Alteigentümer selbst oder von diesen beauftragte Kommissionäre darstellten. Es fand keine unmittelbare Einflussnahme staatlicher Stellen statt.

1.1.1.2. Sonderfall: Versteigerungen

Nach der NS-Machtübernahme gelangten zunehmend Kunstwerke aus Verfolgtensammlungen in die Auktionen, insbesondere in den Kunsthandelszentren Berlin und München. Bis Mitte der 30er Jahre (in Ausnahmefällen länger) war es auch jüdischen Kunsthändlern, z. B. Paul Graupe oder Max Perl, erlaubt, Versteigerungen abzuhalten. Häufig lieferten insbesondere dort rassisch Verfolgte Kunstwerke ein, um diese verwerten zu lassen. Schlagwortartig wurde von sog. Judenauktionen gesprochen.

Fall 3
Ismar Littmann-Erben vs.Stiftung Wilhelm Lehmbruck Museum,
Stadt Duisburg
wegen Gemälde von Emil Nolde

Auffallend ist, dass in den ersten Jahren des NS-Regimes Eigentumsnachweise in den Versteigerungskatalogen und Vorankündigungen bei rassisch Verfolgten knapp gehalten wurden und es nur Kunstkennern ohne Weiteres möglich war, den einliefernden Eigentümer zu identifizieren.

Fall 4
Rosa und Jacob Oppenheimer-Erben (Galerie van Diemen) vs.
1. *San Diego Museum of Art*
   wegen Gemälde von Peter Paul Rubens
2. *Staatliche Kunsthalle Karlsruhe und Staatsgalerie Stuttgart*
   wegen Gemälden von Peter Paul Rubens

Dies änderte sich mit den Nürnberger Rassegesetzen im September 1935, woraufhin in Auktionen Kunstwerke, die von Juden eingeliefert wurden oder aus beschlagnahmtem jüdischen Besitz stammten, als solche kenntlich gemacht wurden und somit den Erwerbern genauestens bekannt war, von wem das Kunstwerk stammte.

Auktionen, die öffentlich abgehalten werden, begründen im deutschen Zivilrecht einen besonderen Verkehrsschutz für den Erwerber. Der Käufer kann bei Erwerbungen in einer Auktion auch Eigentümer von Kunstwerken werden, die dem Eigentümer gegen oder ohne seinen Willen abhanden gekommen sind. Vorausgesetzt, er war bei Erwerb gutgläubig. Deshalb sind bei Rückgabefällen von in öffentlichen Versteigerungen erworbenen Kunstwerken die Verkaufsumstände genauestens aufzuklären.

1.1.1.3. Sonderproblem: Fluchtgut und Emigrantenverkäufe im Ausland

Soweit Kunstwerke mitgenommen werden konnten oder sich bereits vor der Machtübernahme der Nationalsozialisten im sicheren Ausland befanden und dort von Emigranten im freien Verkauf oder auf Auktionen verwertet wurden, ist zu prüfen, ob diese Veräußerungen als NS-verfolgungsbedingte Vermögensverluste anzusehen sind. Es ist aufzuklären, ob Emigranten aus Existenznot (als Resultat aus den Verfolgungsmaßnahmen des NS-Regimes) gezwungen waren, Kunstwerke zu verkaufen.

Fall 5
Max Emden-Erben vs.
1. *National Gallery of Victoria*
   wegen Gemälde von Gerard ter Borch
2. *Bundespräsidialamt*
   wegen Gemälde von Bernardo Bellotto, genannt Canaletto

Ob NS-verfolgungsbedingte Vermögensverluste vorliegen, wenn der Alteigentümer im Ausland ohne erkennbaren durch die Emigration verursachten wirtschaftlichen Grund dort zu Marktpreisen Verkäufe tätigte, die er zudem selbst jahrzehntelang nach Ende der NS-Zeit niemals angefochten hatte, wird besonders kontrovers und mit unterschiedlichen Argumenten diskutiert. Die Vertreter der „engen Kausalität", in der Regel rückgabeverpflichtete Besitzer, meinen, allein die Tatsache, dass Kunstwerke während der NS-Herrschaft außerhalb deren Machtbereiches veräußert wurden, genüge nicht, einen die Rückgabe begründenden Anspruch geltend zu machen. Vertreter der „weiten Kausalität", in der Regel die Alteigentümer bzw. deren Erben, erklären, ohne die NS-Herrschaft sei es nicht zu den Verkäufen, zumindest nicht zu den tatsächlich erzielten Kaufpreisen, gekommen. Wo die Grenze zu ziehen ist, kann angesichts der Vielgestaltigkeit der Sachverhalte nicht pauschal festgelegt werden. Orientiert man sich an den alliierten Rückerstattungsgesetzen, erscheinen NS-verfolgungsbedingte Vermögensverluste außerhalb des Deutschen Reiches bzw. seines Herrschaftsgebietes nur ausnahmsweise möglich, wenn der Alteigentümer belegt, er hätte sich infolge der Emigration in erheblichen wirtschaftlichen Schwierigkeiten befunden und war deshalb gezwungen, Kunstwerke für seine Existenzsicherung zu verwerten. Ein solcher Ausnahmefall ist in dem Rückgabevotum der Gemeinsamen Kommission der Bundesrepublik Deutschland in Sachen Clara Freund-Erben (s. Fall 96) bejaht worden. In einem vergleichbaren Fall in Sachen Max Emden-Erben (s. Fall 5) hat das Bundespräsidialamt die Rückgabe zweier hochkarätiger Canaletto-Gemälde allerdings abgelehnt. Ob vergleichbare Verlustumstände in Sachen Nathan-Erben (s. Fall 6) vorlagen, kann nur eine eindeutige Sachverhaltsaufklärung beantworten.

Fall 6
Martha Nathan-Erben vs.
1. *Detroit Institute of Arts*
   wegen Gemälde von Vincent van Gogh,
2. *Toledo Museum of Art*
   wegen Gemälde von Paul Gauguin

1.1.1.4. Eigentumsverlust durch staatlich-hoheitliches Handeln

Von den in Nazi-Deutschland eingetretenen privatrechtlichen Eigentumsverlusten zu unterscheiden sind die Eigentumsverluste aufgrund staatlichen, d.h. hoheitlichen Handelns, die durch Beschlagnahmen bzw. Enteignungsakte oder aufgrund von Enteignungsverordnungen und -gesetzen durch das Deutsche Reich und seine Hoheitsträger bewirkt wurden.

Eine Vielzahl gesetzlicher Handlungsanweisungen regelte die Anmeldung, Beschlagnahme und Verwertung jüdischen Vermögens. Bei Entzug sog. staatsfeindlichen Vermögens erfolgte der Eigentumsverlust entschädigungslos und unmittelbar mit der staatlichen Anordnung. Gleiches galt für den Vermögensverfall zugunsten des Deutschen Reiches, wenn Juden wegen der Auswanderung ihre deutsche Staatsbürgerschaft verloren.

Der Verlust trat hier also nicht durch den Eigentümer selbst infolge einer Vermögensübertragung – so auch von Kunstwerken – auf Dritte ein, sondern ohne oder gegen dessen Willen aufgrund staatlicher Anordnungen. Dies schließt gleichermaßen beschlagnahmte Kunstwerke ein, die als gepfändete Sachen in Auktionen versteigert oder an Dritte veräußert wurden, um diskriminierende staatliche Forderungen zu befriedigen. Auch bei dieser, auf öffentlich-rechtliche Veranlassung erfolgten Verwertung von Kunstwerken ist der Eigentumsverlust ohne oder gegen den Willen der Alteigentümer bewirkt worden.

Fall 7
Lucie Mayer-Fuld vs.
1. *Karl Haberstock*
   wegen Gemälde von Jacopo Tintoretto
2. *Fürst von Liechtenstein*
   wegen antiquarischem Schreibtisch

1.1.1.5. Exkurs: Verfolgung sog. entarteter Kunst

Die Nazis führten schon vor ihrer Machtübernahme in der politischen Auseinandersetzung den Kampf gegen „undeutsche zersetzende" Kunst, insbesondere gegen die zeitgenössische moderne Kunst, die ohne klare Definition als kulturbolschewistisch und entartet gebrandmarkt und die Künstler als jüdisch bzw. bolschewistisch stigmatisiert wurden, obwohl jüdische Kunstschaffende nur einen Bruchteil der damals die moderne Kunst repräsentierenden Kunstschaffenden darstellten. Überproportional war allerdings der Anteil jüdischer Sammler moderner Kunst, was sich z.B. dokumentiert in der 1928 durchgeführten Ausstellung im Berliner Kronprinzenpalais, bei der ca. die Hälfte der Leihgeber jüdischer Herkunft war. Die weitgehend konturlosen Begriffe der entarteten bzw. bolschewistischen Kunst machten es noch 1933 möglich, dass Emil Nolde, seit 1920 NSDAP-Mitglied, Karl Schmidt-Rottluff und der Norweger Edvard Munch von den Nationalsozialisten als „kraftvolle, dem Geisteserbe nordi-scher Natur verhafteter Kunst auf der Grundlage völkischen Kunstschaffens" gerühmt wurden. Aber bereits ab September 1933 wurde sog. entartete, Verfalls- bzw. Regierungskunst 1919 bis 1933 in verschiedenen deutschen Städten wie München, Karlsruhe oder Dresden auf Ausstellungen gebrandmarkt. Maler wie Karl Hofer und Oskar Schlemmer erläuterten vergeblich in Zeitungsartikeln das Wesen der deutschen, expressionistischen Kunst im „neuen Staat" und warben für eine Einbindung. Alois Schardt, der Nachfolger des strafversetzten Direktors der Nationalgalerie Ludwig Justi, versuchte durch eine Neuordnung der Sammlung moderner Kunst im Berliner Kronprinzenpalais ihre Akzeptanz in der NS-Kulturbürokratie zu erreichen. Diese, eine der weltweit führenden öffentlichen Sammlungen moderner Kunst, wurde im Juli 1937 endgültig geschlossen. Einen Höhepunkt des NS-Bildersturms bildete die vom Propagandaministerium direkt initiierte Ausstellung „Entartete Kunst" im Juli 1937 in München, die mehr als zwei Millionen Besucher hatte. Anlässlich ihrer Eröffnung geißelte Adolf Hitler die expressionistische Kunst und ihre Künstler aufs Schärfste. Ernst Ludwig Kirchner sah durch das propagandistische Getöse und die Beschlagnahme vieler seiner Werke sein Lebenswerk bedroht und beging im Juni 1938 in seinem Schweizer Exil Selbstmord.

Die „Säuberungsmaßnahmen" erstreckten sich auf mehr als hundert Museen in 74 deutschen Städten und betrafen annähernd 1.400 Künstler mit über 20.000 Kunstwerken. Lediglich 136 der nach dem Einziehungsgesetz vom 31.05.1938 beschlagnahmten bzw. enteigneten Kunstwerke wurden nach der sog. Härtefallregelung an Künstler oder Eigentümer zurückgegeben. Eine zu diesem Zweck eingerichtete Kommission beauftragte vier Kunsthändler (Karl Buchholz, Ferdinand Möller, Bernhard Boehmer und Hildebrand Gurlitt) mit der Verwertung der beschlagnahmten Kunstwerke. 126 beschlagnahmte Bilder kamen am 30.06.1939 in Luzern auf der berühmt-berüchtigten Auktion durch den Schweizer Kunsthändler Fischer zum Verkauf. Erwerber waren ausländische Kunsthändler und Sammler, nur vereinzelt Museen. Die Auktionsergebnisse blieben hinter den Erwartungen zurück, so dass weitere Auktionen nicht mehr stattfanden. Stattdessen erfolgten die Verkäufe im Verborgenen durch die beauftragten Kunsthändler und ihre ausländischen Helfershelfer. Gesichert scheint, dass ca. 10.000 der in dieser Aktion staatlicherseits sichergestellten Kunstwerke von den vier offiziell beauftragten Kunsthändlern ins Ausland, insbesondere Paris, London und New York, veräußert wurden.

Der als unverwertbar eingeordnete Restbestand tausender Gemälde, Aquarelle, Zeichnungen und grafischer Blätter soll im März 1939 vernichtet worden sein. Bis heute ist der Wahrheitsgehalt dieser Angaben umstritten.

Als „entartet" in Nazi-Deutschland aus Museumsbesitz (Staatseigentum) und dort als Leihgaben (Privateigentum) beschlagnahmte Kunstwerke, die seinerzeit zu den weltweit führenden Beständen moderner Kunst gehörten, befinden sich heute überwiegend in namhaften Museen und Sammlungen der USA und Westeuropas. Nur ein Bruchteil gelangte nach 1945 durch Rückkäufe, Schenkungen oder auf sonstige Weise nach Deutschland zurück. Hunderte nach wie vor als verschollen geltender Kunstwerke werden noch in Privatsammlungen und öffentlichen, derzeit nicht zugänglichen Sammlungsbeständen, insbesondere osteuropäischer Staaten, vermutet.

1.1.1.6. Sonderfall: Entschädigungslose Enteignung sog. entarteter Kunst

Erst aufgrund der massenhaften Beschlagnahme von Kunstwerken zur Vorbereitung der Ausstellung im Juli 1937 in München sahen sich die Nationalsozialisten veranlasst, für diese Vorgänge eine gesetzliche Regelung zu erlassen. Mit dem am 31.05.1938 erlassenen „Gesetz über die Einziehung von Erzeugnissen entarteter Kunst" wurde erstmals eine Vorschrift geschaffen, aufgrund derer Kunstwerke allein wegen ihrer „künstlerischen Qualität" entschädigungslos enteignet werden konnten. Betroffen waren alle Erzeugnisse sog. entarteter Kunst, die vor Inkrafttreten des Gesetzes am 31.05.1938 in Museen oder der Öffentlichkeit zugänglichen Sammlungen sichergestellt worden waren. Unterschiedslos eingeschlossen waren Kunstgegenstände, die bei Sicherstellung im

Eigentum von Reichsangehörigen oder inländischen juristischen Personen standen – sei es als Museumsleihgaben oder -depositum. Mit dem Akt der Sicherstellung und Feststellung, dass das Kunstwerk als entartet anzusehen sei, trat der Eigentumsverlust durch Enteignung ein. Formal nicht betroffen von dem Gesetz waren Kunstwerke, die im Eigentum von Ausländern standen oder die nicht als entartete Kunst festgestellt und beschlagnahmt worden waren oder die sich im Privatbesitz befanden. Offensichtlich erfolgte jedoch keine buchstabengerechte Anwendung des Gesetzes, so dass auch Kunstobjekte ausländischer Eigentümer faktisch gleichfalls unter Bezugnahme auf das Einziehungsgesetz beschlagnahmt und verwertet wurden.

1.1.1.7. Generelle Unwirksamkeit von Vermögensverlusten während der NS-Zeit?

1.1.1.7.1. Keine generelle Nichtigkeit

Überlegungen alliierter und deutscher Stellen nach Ende des 2. Weltkrieges, sämtliche von rassisch oder politisch verfolgte Personen während der NS-Zeit getätigten rechtsgeschäftlichen Vermögensübertragungen generell als zivilrechtlich unwirksam und nichtig anzusehen, wurden nicht verwirklicht. In den von Nazi-Deutschland besetzten Ländern wurden zeitlich befristete generelle Nichtigkeitsregelungen eingeführt, die es den Alteigentümern ermöglichten, Rückgabeforderungen geltend zu machen. In den vier Besatzungszonen Deutschlands sowie in der BRD und DDR unterblieb dies. Deshalb bietet bei Eigentumsübertragungen zwischen Privatpersonen während der NS-Zeit der deutsche Zivilrechtsweg nur ausnahmsweise eine erfolgreiche Möglichkeit für die Rückgabe. Eine gesetzliche Sonderregelung wurde nicht geschaffen. Zum Schutz des „allgemeinen Rechtsverkehrs" sollten die Vermögensübertragungen grundsätzlich wirksam sein. Nur soweit Eigentumsverschiebungen zwischen Privatpersonen unter Zwang, Drohung oder Täuschung erfolgt waren, bestand die Möglichkeit, aufgrund der im deutschen Zivilrecht, dem Bürgerlichen Gesetzbuch, festgelegten allgemeinen Anfechtungs- und Unwirksamkeitsbestimmungen feststellen zu lassen, dass die Eigentumsübertragung unwirksam ist. Nach den allgemeinen prozessualen Regelungen trifft den Alteigentümer die Beweislast. Dies war im Einzelfall aber für die Betroffenen äußerst schwierig, weil die seinerzeitigen Umstände nicht mehr aufzuklären, in Betracht kommende Zeugen nicht mehr erreichbar oder ermordet waren oder Vermögensübertragungen zum Schutz vor NS-Zugriff verdeckt, zum Teil unter Angabe falscher Kaufpreise abgewickelt werden mussten. Mühselige Ermittlungen scheiterten regelmäßig auch an den kurzen Fristen des deutschen Zivilrechts.

Wesentlich schwieriger zu beurteilen sind Sachverhalte, bei denen Alteigentümer Kunstwerke aufgrund wirtschaftlicher Schwierigkeiten, die Folge der Zwangsmaßnahmen waren, „freiwillig" veräußerten. Gleiches gilt für die zahlreichen Versteigerungen („Judenauktionen") in den 30er Jahren. Hier besteht grundsätzlich eine Kausalität zwischen Vermögensverlust und Unrechtsmaßnahmen des NS-Regimes. Bei zivilrechtlicher Betrachtung wird die Frage dennoch äußerst zurückhaltend beantwortet, ob diese Eigentumsübertragungen unwirksam sind. Im Regelfall dürfte dies zu verneinen sein. Nur im Ausnahmefall kommt die Anfechtung früherer Erklärungen des Alteigentümers in Betracht. Erst Recht dürfte eine zivilrechtliche Unwirksamkeit der Eigentumsübertragungen dann zu verneinen sein, wenn Kunstwerke mit Zustimmung und Billigung des Alteigentümers im Deutschen Reich oder im Ausland veräußert wurden und sich dieser außerhalb des Deutschen Reichs im sicheren Ausland befand. Er mag aus wirtschaftlichen Gründen gezwungen gewesen sein, die Kunstwerke zu verkaufen, weil er aufgrund der Verfolgung durch das NS-Regime Deutschland verlassen musste und im Ausland in eine wirtschaftliche Notlage geraten war. Diese Lebenssituation, mitverursacht durch die Verfolgungsmaßnahmen des NS-Regimes, bildet aber keine ausreichende, unmittelbare Kausalität, die nach deutschem Zivilrecht die Unwirksamkeit der Eigentumsübertragung begründet. Es erscheint auch hier eine nachträgliche Anfechtbarkeit der damaligen Erklärungen ausgeschlossen. Im Übrigen sind die kurzen Fristen („unverzüglich") längst abgelaufen, die zivilrechtlichen Ansprüche insoweit längst verjährt.

1.1.1.7.2. Unwirksamkeit wegen „gesetzlichen Unrechts"

Grundsätzlich sind nach deutschem Zivilrecht Eigentumsverluste aufgrund gesetzlicher Regelungen wirksam. Hinsichtlich der von den Nationalsozialisten erlassenen gesetzlichen Bestimmungen wird allerdings von der Rechtswissenschaft überwiegend angenommen, dass die durch staatliches Handeln gegen Personen aufgrund ihrer Rasse, Religionszugehörigkeit oder politischen Einstellung gerichteten Vermögensverluste rechtswidrig und unwirksam sind. So sollen Eigentumsverluste, die unmittelbar durch staatlichen Hoheitsakt oder gesetzliche Anordnung eintraten, wegen ihres sog. legislativen Unrechts als unrichtiges Recht der Gerechtigkeit weichen. Eigentumsverluste wären ohne dieses (unrichtige) Recht nicht eingetreten.

Überwiegend anerkannt ist, dass das „Gesetz über die Einziehung von Erzeugnissen entarteter Kunst" vom 31.05.1938 als rechtswidrig und unwirksam anzusehen ist. Dies soll allerdings nur gelten, wenn sich die entschädigungslose Enteignung gegen im Privateigentum stehende Kunstwerke richtete. Davon zu trennen sind entsprechende Eigentumsverluste staatlicher Museen und öffentlicher Sammlungen. Gleiches gilt für Landesmuseen, weil aufgrund der Abschaffung der Länder die Eigentumsrechte an deren Vermögenswerten dem Deutschen Reich zugeordnet wurden. Der NS-Staat als Eigentümer konnte mit seinem Eigentum beliebig verfahren. Im Staatsbesitz stehende Kunstwerke konnte das Deutsche Reich rechtswirksam an Dritte veräußern. Deshalb werden die Verluste der sog. entarteten Kunst von deutschen Museen nicht geltend gemacht. Bereits im September 1948 hatte sich der Denkmal- und Museumsrat Nordwestdeutschlands in einem Beschluss dafür ausgesprochen, diesen aus deutschen Museen und Sammlungen entfernten früheren Museumsbesitz sinnvoll zu ersetzen, nicht jedoch auf dem Zivilrechtsweg zurückzufordern.

Fall 8
Deutsche Museen und Privatbesitzer vs. Thomas Olsen-Erben wegen Gemälde von Edvard Munch

1.1.2. Eigentumserwerb nach deutschem Recht

1.1.2.1. Wann ist deutsches Recht anwendbar?

Gewohnheitsrechtlich wurde von der deutschen Rechtsprechung in der Vergangenheit die Situs-Regel angewendet. Mit Wirkung Mai 1995 ist nunmehr auch ausdrücklich das internationale Sachenrecht geregelt. Danach gilt Folgendes:

- Befindet sich das Kunstobjekt auf dem Hoheitsgebiet der Bundesrepublik Deutschland, so ist deutsches Recht für den Eigentumserwerb maßgeblich.
- Gelangt das Kunstobjekt von einem anderen Staat nach Deutschland und ist Eigentum daran im Ausland erworben worden, so ist das ausländische Recht nach der Prägungstheorie in Deutschland nur zu beachten, wenn der Eigentumserwerb nicht im Widerspruch zur deutschen Rechtsordnung bzw. dem ordre public steht.
- Ist ein Eigentumserwerb im Ausland noch nicht eingetreten und gelangt das Kunstobjekt nach Deutschland, so sind bei dem nach deutschem Recht zu beurteilenden Eigentumserwerb tatsächliche Vorgänge (z.B. Ersitzung, gutgläubiger Erwerb usw.), die im Ausland stattgefunden haben, zu berücksichtigen.
- Befindet sich das Kunstobjekt vom Ausland im Wege des Transportes über Deutschland wieder auf dem Weg in das Ausland kann grundsätzlich während des Aufenthaltes des Kulturwerkes in Deutschland nach deutschem Recht Eigentum erworben werden. Ausnahmsweise ist aufgrund der gesetzlichen Neuregelung allerdings das Recht des Absendelandes, d.h. des Staates, aus dem das Kunstwerk nach Deutschland geschafft wird, maßgeblich, wenn mit dem Recht des Auslandes eine wesentlich engere Verbindung besteht als mit dem deutschen Recht (sog. res in transito-Grundsatz).

Fall 9
Kölner Münzhändler vs. Bundesland Schleswig-Holstein wegen Münzen

1.1.2.2. Grundsatz: Wirksamer Eigentumserwerb nur vom Eigentümer

Grundsätzlich kann nach deutschem Recht Eigentum an beweglichen Sachen, so auch Kunstgegenständen, von einem Dritten nur erworben werden, wenn der Veräußerer Eigentümer ist und die Eigentumsübertragung nach deutschem Recht als wirksam anzusehen ist. Ausnahmsweise ist aber auch der Eigentumserwerb von einem sog. Nichtberechtigten, d.h. demjenigen, der nicht Eigentümer der Sache ist, diese aber an einen Dritten überträgt, im Interesse des Verkehrsschutzes und der Rechtssicherheit möglich. In den nachfolgend darzustellenden Fallgruppen des

- rechtsgeschäftlichen Erwerbs als Verkehrsgeschäft
- Erwerbs in der öffentlichen Versteigerung
- Erwerbs durch Ersitzung

werden die Voraussetzungen für den Eigentumserwerb vom Nichtberechtigten dargelegt. Nach deutschem Recht ist der Herausgabeanspruch im Verhältnis des Alteigentümers zum Besitzer geltend zu machen. Der Alteigentümer muss beweisen, dass er nach wie vor Eigentümer der herauszugebenden Sache ist. Grundsätzlich wird nämlich vermutet, dass der Besitzer auch Eigentümer der Sache ist.

Entgegnet der Besitzer, er sei Eigentümer der Sache geworden, muss er nicht seine Gutgläubigkeit beweisen, sondern derjenige, der das Kunstwerk zurückverlangt muss beweisen, dass der aktuelle Besitzer bei Erwerb des Kunstwerkes bösgläubig und kein Eigentumserwerb zu seinen Gunsten eingetreten war.

1.1.2.3. Gutgläubiger Erwerb

Überträgt der Veräußerer das Eigentum an einer beweglichen Sache auf einen Erwerber und ist der Veräußerer nicht Eigentümer der Sache, so kann der Erwerber ausnahmsweise Eigentum erwerben, wenn er bei Erwerb gutgläubig gewesen ist. Der sog. gutgläubige Erwerb vom Nichtberechtigten setzt die Besitzübergabe durch den Veräußerer voraus und das Eigentum muss bei einem sog. Verkehrsgeschäft übertragen worden sein, d.h. bei wirtschaftlicher Betrachtung müssen Veräußerer und Erwerber personenverschieden sein.

Der Begriff des gutgläubigen Erwerbs ist gesetzlich ausdrücklich geregelt. Er besagt, dass der Erwerber nicht im guten Glauben ist, wenn ihm bekannt ist, dass die Sache nicht dem Veräußerer gehört. Bösgläubig ist also derjenige, der weiß, dass der Veräußerer nicht Eigentümer der Sache ist. Diesem positiven Wissen wird die grob fahrlässige Unkenntnis gleichgestellt. Der Erwerber muss die im Geschäftsverkehr erforderliche Sorgfalt in ungewöhnlich hohem Maße verletzt und Erkenntnisse unbeachtet gelassen haben, die sich jedem im konkreten Fall aufgedrängt hätten.

Im Einzelnen sind folgende Kriterien heranzuziehen:

- die Art und Gestaltung des Erwerbsgeschäfts; der Preis und die Marktlage können das Geschäft als normal oder ungewöhnlich erscheinen lassen;
- die Veräußerungssituation, wo und zu welchen Bedingungen wird das Kunstwerk veräußert, wie sind die Besitzverhältnisse und die Besitzdauer beim Veräußerer;
- die verkehrsübliche Abwicklung des Geschäfts, d. h. ob z. B. Kunstwerke quasi „unter der Hand" oder im Rahmen eines allgemeinen, öffentlichen Geschäftsbetriebes veräußert werden;
- die Person und die soziale Stellung des Veräußerers, soweit sie die Erwerbssituation bestimmt. So ist bei Kaufleuten, Rechtsanwälten und fachlich spezia-

lisierten Personen, bspw. Kunsthändlern, Kunstsammlern usw. als ein wichtiges Kriterium zur Vermeidbarkeit von Fehleinschätzungen die Person des Erwerbers von Bedeutung;
- die Verkehrsauffassung über die erforderliche Legitimation des Veräußerers, insbesondere ob er befugt und berechtigt ist, Kunstwerke zu veräußern;
- die Erklärungen des Veräußerers und die von ihm vorgelegten Urkunde. Bei erfahrenen und kundigen Erwerbern besteht die Verpflichtung, Informationen des Veräußerers über Anlass und Bedingungen des Verkaufs kritisch zu würdigen. Soweit Urkunden vorgelegt werden, aus denen sich die Eigentumslage ergeben soll, besteht eine Prüfungspflicht. Soweit Ungereimtheiten und Widersprüche in Urkunden und Erläuterungen des Veräußerers auftreten, müssen diese ggf. durch Nachfragen ausgeräumt werden. Es ist zu hinterfragen, ob die Erklärungen des Veräußerers auf eigener Beobachtung und Kenntnis beruhen oder von Dritten mitgeteilt wurden;
- die Vermögenslage und das geschäftliche Verhalten des Veräußerers sind wesentliche Indizien, die den Erwerber veranlassen können, sich über die Verfügungsbefugnis des Veräußerers Klarheit zu verschaffen;
- sonstige erkennbare Umstände in der Person des Veräußerers.

Fall 10
unbekannter Eigentümer vs. unbekannten Erwerber
wegen Kykladenidol

Zwar besteht keine allgemeine Nachforschungspflicht, ob dem Veräußerer die Sache gehört. Jedoch ist anerkannt, dass bei besonderen Umständen des Einzelfalls Nachfragen erforderlich sind. Im Kunsthandel, insbesondere bei Geschäften mit außergewöhnlichen Kunstwerken zu hohen Preisen, müssen strenge Anforderungen an die Gutgläubigkeit des Erwerbers gestellt werden. Dies gilt vor allem, wenn es sich um Kunsthändler, Museen und Kunstsammler mit erhöhtem Sachverstand handelt. Den Kunsthandel treffen dann besondere Nachforschungs(obliegenheits)pflichten. Bisher noch nicht höchstrichterlich entschieden ist die Streitfrage, ob der gutgläubige Erwerb auch voraussetzt, dass der Erwerber ausreichende Erkundigungen bei Instituten, in Registern, Behörden usw. eingeholt haben muss, um die Frage zu klären, ob dort das Kunstwerk als Verlust gemeldet ist. Bei professionell Tätigen dürfte es zukünftig erforderlich sein, sich in den einschlägigen, über das Internet zugänglichen Registern zu informieren, ob dort das zu erwerbende Kunstobjekt aufgeführt ist. Ist dies der Fall, muss der Erwerber weitere Nachforschungen anstellen und aufklären, ob die Verlustanzeige zutreffend ist oder durch weitere Nachforschungen die Berechtigung des Veräußerers geklärt werden kann.

1.1.2.4. Sonderfall: Gutgläubiger Erwerb von sog. entarteter Kunst?

Der von den Nationalsozialisten betriebene Bildersturm gegen sog. entartete Kunst war allgemein bekannt. Zumindest kunstinteressierte Kreise wussten, dass Teile dieser beschlagnahmten und geplünderten Sammlungsbestände durch Veräußerungen, Versteigerungen und Tauschgeschäfte verwertet wurden. Soweit durch den Alteigentümer selbst keine Veräußerungen des Kunstwerkes vorgenommen worden war, sondern diese durch Dritte, Kunsthändler oder in Auktionen erfolgte, ist aufzuklären, ob der Erwerber wusste oder hätte wissen müssen, dass diese Kunstwerke dem Alteigentümer abhanden kamen und der Eigentumserwerb deshalb ausgeschlossen ist.

Eine Nachforschungsobliegenheit muss zumindest für mit Fachwissen ausgestattete Kunsthändler und Kunstsammler der damaligen Zeit angenommen werden, insbesondere wenn diesen bekannt war oder hätte bekannt sein müssen, dass die Kunstwerke aus ehemaligem Privatbesitz stammten und Personen gehörten, die Verfolgungsmaßnahmen des NS-Regimes unterlagen.

Der Bundesgerichtshof hat in seiner sog. Jawlensky-Entscheidung besondere Nachforschungspflichten des Erwerbers und/oder des Auktionators (dort allerdings hinsichtlich der Echtheit des Bildes) verneint, weil mehr als vier Jahrzehnte nach dem Vermögensverlust und zwischenzeitlich eingetretener mehrfacher Besitz- bzw. Eigentümerwechsel dem Auktionator nicht zugemutet werden könne, bis ins letzte Detail den Werdegang des Kunstobjektes aufzuklären. Er könne sich vielmehr darauf verlassen, dass die Provenienzangaben des Verkäufers bzw. Einlieferers für die Auktion zutreffend seien, insbesondere wenn die Angaben auf einem Gutachten eines ausgewiesenen Experten beruhten. Die bloße Tatsache, der Alteigentümer habe Unterdrückungs- und Verfolgungsmaßnahmen des NS-Regimes unterlegen, begründet – allein – keine ausreichende Bösgläubigkeit des Erwerbers. Hier ist jeder Sachverhalt besonders zu prüfen und aufzuklären, ob in der konkreten Erwerbssituation Kenntnis von den Verlustumständen bestand oder sich der Erwerber hätte Kenntnis darüber verschaffen können.

Fall 11
Ersteigerer vs. Auktionshaus
wegen Gemälde, Alexej Jawlensky zugeschrieben

Die Erkenntnismöglichkeiten, insbesondere für professionelle Kunsthändler, Sammler und Auktionshäuser haben sich durch das Internet und die darüber verfügbaren Datenbanken, die Angaben zu verfolgungsbedingt verloren gegangenen Kunstwerken enthalten, seit Mitte der 90er Jahre dramatisch verändert. Es ist damit zu rechnen, dass zukünftig auch die Rechtsprechung diese „Erkenntnismöglichkeiten" im Rahmen der Bösgläubigkeitsprüfung berücksichtigt. Dann ist zumindest eine grob fahrlässige Unkenntnis, die die Bösgläubigkeit beim Erwerber begründet, festzustellen, weil das Kunstwerk zum Zeitpunkt des Erwerbes in einem der maßgeblichen Internet-Verlustregister aufgeführt war.

Eine wesentlich kompliziertere Fallgruppe betrifft Kunstwerke aus Privateigentum, die aufgrund hoheitlichen Handelns enteignet wurden. Dies trat sowohl nach dem Einziehungsgesetz von 1938 für sog. entartete Kunst ein als insbesondere auch nach den gesetzlichen Bestimmungen, die den Vermögensverfall zugunsten des Deutschen Reiches vorsahen. Bei Verkäufen durch das Deutsche

Reich können die Erwerber regelmäßig darauf vertrauen, dass der gesetzlich angeordnete Vermögensverlust rechtswirksam ist, weil die Veräußerungen durch das Deutsche Reich als „Berechtigten" erfolgten. Seinerzeit musste ein Erwerber nicht wissen, dass staatlich angeordnete Eigentumsverluste, insbesondere gegen jüdische Bürger, später generell als nichtig beurteilt werden und das Deutsche Reich als „Nichtberechtigter" über die Kunstobjekte verfügte.

1.1.2.5. Ausschluss des gutgläubigen Erwerbs bei „abhanden gekommenen" Sachen

Für den Eigentumsherausgabeanspruch, so auch wegen Vermögensverlusten in der NS-Zeit, sind die gesetzlichen Regelungen für abhanden gekommene Sachen besonders wichtig. Abhanden gekommen ist eine Sache, wenn der Eigentümer den Besitz an dieser Sache ohne oder gegen seinen Willen verloren hat.

Drei Fallgruppen fallen jedoch nicht darunter:

- Der Verkauf unter wirtschaftlichem oder persönlichem Druck stellt grundsätzlich kein Abhandenkommen dar, weil die Besitzaufgabe nicht unfreiwillig erfolgte.
- Wenn der Besitzer der Sache (z.B. Treuhänder, Verwahrer, Kommissionär) diese vom Eigentümer ausgehändigt erhielt und sie ohne oder gegen dessen Willen veräußert.
- Wenn die Veräußerung aufgrund einer allgemeinen wirtschaftlichen Zwangssituation des Eigentümers erfolgte, weil z. B. private Gläubiger wegen begründeter Forderungen gegen den Eigentümer die Zwangsvollstreckung in dessen Vermögen betrieben, Kunstwerke pfändeten und zwangsversteigern ließen oder soweit Kunstwerke an Gläubiger sicherungsübereignet wurden und diese eine Verwertung vornahmen. Hier kann regelmäßig kein Abhandenkommen festgestellt werden, weil ein rechtlich begründeter Eigentumsentzug vorliegt.

Abhanden gekommen sind allerdings Kunstwerke, die durch gesetzliche Bestimmungen beschlagnahmt, entschädigungslos enteignet oder durch Staatsbedienstete aufgrund ihrer hoheitlichen Befugnisse entzogen wurden, wenn sich dieser Entzug aus rassischen, politischen oder weltanschaulichen Gründen gegen die Person des Alteigentümers oder, wie bei der sog. entarteten Kunst, gegen die Kunstwerke selbst richtete (s. dazu Fall 55). Schon 1947 hatte ein Berliner Zivilgericht die Beschlagnahme eines Kunstwerkes eines rassisch Verfolgten als abhanden gekommen im Sinne des deutschen Zivilrechts festgestellt und einen gutgläubigen Eigentumserwerb verneint.

1.1.2.6. Eigentumserwerb von „abhanden gekommenen" Sachen in öffentlicher Versteigerung

Zum Schutz des Rechtsverkehrs ist ausnahmsweise auch der Eigentumserwerb an abhanden gekommenen Gegenständen möglich, wenn diese bei einer freiwilligen, für jedermann zugänglichen und öffentlich bekannt gemachten Versteigerung erworben werden. Nach deutschem Recht muss die Auktion grundsätzlich öffentlich, für jedermann zugänglich und der Auktionator von der jeweils zuständigen Landesbehörde öffentlich bestellt worden sein oder die Versteigerungen durch einen Beamten oder Gerichtsvollzieher durchgeführt werden. Die Voraussetzungen der Bestellung eines Auktionators sind in der Versteigerungs- und Gewerbeordnung geregelt.

Schließlich ist für den wirksamen Eigentumserwerb die Gutgläubigkeit des Erwerbers erforderlich, d.h. dieser darf weder gewusst haben, dass der Veräußerer nicht Eigentümer ist, noch darf ihm infolge grober Fahrlässigkeit unbekannt gewesen sein, dass die Sache nicht dem Veräußerer gehört. Bei Versteigerungen besteht insbesondere bei wertvollen Kunstwerken eine Nachforschungspflicht des Erwerbers und des Auktionators, die sich Gewissheit über die Herkunft, Eigentumslage und die Umstände des Erwerbs durch den Verkäufer verschaffen müssen. Allerdings hat der Bundesgerichtshof in der sog. Jawlensky-Entscheidung (s. Fall 11) angenommen, dass sich der Händler bzw. Auktionator bei häufigen Eigentumswechseln, insbesondere durch Kriegswirren und staatliche Unterdrückungsmaßnahmen, auf die Angaben des Verkäufers und die von diesem vorgelegte Expertise eines anerkannten Kunstsachverständigen verlassen könne, ohne weitere Nachforschungen anstellen zu müssen. Deshalb wurden darüber hinausgehende Nachforschungspflichten des Käufers verneint. Ob diese aus dem Jahre 1975 stammende Entscheidung angesichts des heutigen Wissens- und Forschungsstandes über Kunstverluste während der NS-Zeit noch Geltung beanspruchen kann, erscheint zweifelhaft. Denn die Rechtsprechung hat anerkannt, dass die Sorgfaltspflichten des Erwerbers, aber auch des Auktionators, von dem im fremden Namen Kunstwerke veräußert bzw. versteigert werden, wachsen, je höher der Verkehrswert der gehandelten Kunstwerke ist.

Fall 12
Stadt Hamburg vs. private Besitzer
wegen Hamburger Stadtsiegel

1.1.2.7. Eigentumserwerb von „abhanden gekommenen" Sachen durch Ersitzung

1.1.2.7.1. Voraussetzungen

Wer eine bewegliche Sache zehn Jahre im Eigenbesitz hat, erwirbt das Eigentum, wenn er bei Eigentumserwerb im guten Glauben war (keine Kenntnis oder grob fahrlässige Unkenntnis von der fehlenden Eigentümerstellung des Veräußerers) und auch während der zehnjährigen Besitzzeit keine positive Kenntnis erhalten hat, dass ihm das Eigentum nicht zusteht. Der Eigentümer glaubt also, er habe von dem Verkäufer wirksam das Eigentum erworben und besitzt den Vermögensgegenstand als sein „Eigenes", d.h. mit Eigentümer- und Eigenbesitzerwillen.

1.1.2.7.2. Unterbrechung des Ersitzungszeitraums

Die 10 Jahre Ersitzungsfrist wird grundsätzlich unterbrochen, wenn der Ersitzer den Eigenbesitz verliert. Dies gilt nur dann nicht, wenn er den Eigenbesitz binnen Jahresfrist wiedererlangt oder innerhalb dieser Frist eine Klage auf Wiedererlangung des Eigenbesitzes erhoben hat.

Daneben wird die Ersitzungsfrist gehemmt, wenn der Alteigentümer seinen Herausgabeanspruch nicht geltend machen kann, weil er objektiv an der Rechtsverfolgung gehindert war. Dies dürfte für Verfolgte des NS-Regimes anzunehmen sein, so dass bei dieser Personengruppe frühestens ab 08.05.1945 die Ersitzungsfrist zugunsten des Eigenbesitzers begann, weil bis dahin die Durchsetzbarkeit der Eigentumsherausgabe für den Alteigentümer ausgeschlossen war.

Die Ersitzungsfrist wird allerdings nicht dadurch gehemmt, dass der Alteigentümer keine Kenntnis vom Bestehen seines Anspruches (z. B. Unkenntnis über seine Eigentümerstellung) hat oder nicht weiß, wo sich die Sache befindet. Auf seine persönlichen Umstände kommt es somit nicht an.

1.1.2.7.3. Anrechnung von Besitzzeiten

Gelangt die Sache durch ein Erwerbsgeschäft unter Lebenden (Schenkung, Verkauf) in den Eigenbesitz eines Dritten, so kommt die während des Besitzes des Rechtsvorgängers verstrichene Ersitzungszeit dem Dritten zugute. Die Anrechnung der Ersitzungszeit des Rechtsvorgängers setzt allerdings voraus, dass dieser den Eigenbesitz gutgläubig erworben hatte.

Tritt die Rechtsnachfolge gesetzlich oder aufgrund testamentarischer Anordnung ein, wird also der Erwerber Erbe oder ist Vermächtnisnehmer des Verstorbenen, liegt kein Erwerbsgeschäft vor. Der Begünstigte muss sich die Bösgläubigkeit des Verstorbenen anrechnen lassen. Ihm nutzt es nicht, dass er selbst mehr als zehn Jahre die Sache gutgläubig besessen hat. Die Bösgläubigkeit des Verstorbenen wird also dem Erwerber hier angerechnet.

Bei Gutgläubigkeit des Verstorbenen kann auch der Erbe sich dessen Besitzzeiten anrechnen lassen.

Fall 13
Deutschland vs. private Besitzer
wegen Bernstein Mosaik

1.1.2.7.4. Beweislast beim Besitzer

Beruft sich der Besitzer auf Eigentumserwerb durch Ersitzung, muss er beweisen, dass er bei Besitzerwerb und während des zehnjährigen Ersitzungszeitraumes gutgläubig war. Hat der Eigenbesitzer eine Sache am Anfang des Erwerbes und im Zeitpunkt, in dem vom Alteigentümer Rückgabeansprüche geltend gemacht werden, in Eigenbesitz gehabt, so wird gesetzlich vermutet, dass sein Eigenbesitz ununterbrochen in der Zwischenzeit bestand. Dann muss der Alteigentümer beweisen, dass der Ersitzungszeitraum unterbrochen war.

1.1.2.8. Verjährung des Herausgabeanspruchs

1.1.2.8.1. Voraussetzungen

Hat der Besitzer eines abhanden gekommenen Kunstwerkes weder durch öffentliche Versteigerung noch durch Ersitzung Eigentum erlangt, kann er gleichwohl den Anspruch des Alteigentümers auf Herausgabe zurückweisen, wenn er sich auf die Verjährung dieses Anspruches beruft. Der Verjährungseinwand muss selbst geltend gemacht werden und wird nicht von Amts wegen berücksichtigt. Nach deutschem Recht verjährt der Herausgabeanspruch innerhalb einer Frist von dreißig Jahren. Die Frist beginnt mit dem Besitzverlust, unabhängig davon, ob der Alteigentümer von diesem Verlust Kenntnis erlangt hat. Nach deutschem Recht tritt jedoch trotz Verjährung des Herausgabeanspruches nach dreißig Jahren kein Eigentumserwerb zugunsten des Besitzers ein.

Die Rechtsfolgen, dass
- der Alteigentümer sein Eigentum nicht verloren hat, es aber vom Besitzer nicht herausverlangen kann;
- der Besitzer nicht Eigentümer wurde, die Sache aber behalten kann und sie nicht an den Alteigentümer herausgeben muss,

sind insbesondere in den angelsächsischen Rechtsordnungen (Großbritannien, USA, Australien usw.), aber auch dem schweizerischen, französischen, italienischen, österreichischen oder dem modernen Zivilrecht der Russischen Föderation unbekannt.

In diesen Rechtsordnungen ist auch generell der (dingliche) Herausgabeanspruch unverjährbar. Das deutsche Verjährungsrecht ist hinsichtlich der Verjährbarkeit des Eigentumsherausgabeanspruches einmalig. Nur in den Niederlanden gibt es ähnliche Verjährungsregelungen, allerdings mit dem Unterschied, dass dort der Besitzer nach Ablauf der Verjährungsfrist sogar Eigentum erwirbt.

Deutschland und die Niederlande haben daher als „Paradies der Diebe" zu gelten, weil hier der Verbrecher 30 bzw. 20 Jahre das Kunstwerk verstecken muss und danach gegen ihn keine Herausgabe mehr geltend gemacht werden kann.

1.1.2.8.2. Verwirkung des Verjährungseinwandes

Eine Lösungsmöglichkeit im deutschen Recht, die Unverjährbarkeit des Eigentumsherausgabeanspruches zu erreichen, besteht darin, dass sich der Besitzer nicht auf die Verjährung berufen kann. Es ist gerichtlich anerkannt, dass der Einwand der Verjährung (Verjährungseinrede) rechtsmissbräuchlich und unbeachtlich ist, wenn der Besitzer durch sein Verhalten den Alteigentümer von einer rechtzeitigen Herausgabeklage abgehalten hat. Ist der Besitzer bösgläubig, weil er weiß, dass er nicht Eigentümer der Sache ist und das Kunstwerk unter Verschluss hält, so dass der Alteigentümer während der dreißigjährigen Verjährungsfrist keine Kenntnis von den Besitzverhältnissen erlangen konnte, erscheint das Berufen des Besitzers auf die Verjährung zum Zwecke der Vereitelung der Eigentumsherausgabe rechtsmissbräuchlich. Aufgrund der besonderen Umstände des Einzelfalles ist zu beurteilen, ob die Verjährungseinrede unbeachtlich ist.

Bei Herausgabeverlangen gegenüber deutschen öffentlichen Museen und Sammlungen, welche die Gemeinsame Erklärung vom 14.12.1999 unterzeichneten und deren Anwendung bestätigten, dürfte in Zivilrechtsstreitigkeiten der Einwand der Verjährung bei Herausgabeklagen nicht erhoben werden, weil sich die beteiligten Institutionen in diesen Erklärungen verpflichten, keine Verjährungseinrede bei NS-verfolgungsbedingt verloren gegangenen Kunstobjekten zu erheben.

1.1.2.8.3. Unbeachtlichkeit deutschen Verjährungsrechts im Ausland

Ausländische Gerichte erkennen nicht ohne Weiteres die dreißigjährige Verjährung nach deutschem Recht an. So hat der englische High Court in der Entscheidung Stadt Gotha vs. Bundesrepublik Deutschland, Sotheby's und Corbert SA zwar grundsätzlich deutsches Recht angewandt. Die Verjährung des nach deutschem Recht zu beurteilenden Eigentumsherausgabeanspruches wurde allerdings verneint, weil sie gegen wesentliche Grundsätze des zivilisierten, angelsächsischen Rechts verstoße. Wird also der Herausgabeanspruch des Alteigentümers außerhalb Deutschlands geltend gemacht, weil sich die Sache dort befindet, besteht dennoch die Möglichkeit der Rückforderung, selbst wenn aufgrund der Situs-Regelung von ausländischen Gerichten deutsches Recht anzuwenden ist, dies aber hinsichtlich der Verjährungsregelung unbeachtlich bleibt.

Fall 14
Stadt Gotha, Deutschland vs. Sotheby's u. Cobert Finance SA
wegen Gemälde von Joachim Wtewael

1.1.2.8.4. Anrechnung oder Ausschluss von Besitzzeiten

Hat der aktuelle Besitzer sein Besitzrecht von einem Rechtsvorgänger erworben, kann zu seinen Gunsten dessen Besitzzeit angerechnet werden. Dies gilt auch bei mehrfachen Vorbesitzern, deren jeweilige Besitzzeiten bei der Verjährungsfrist des Herausgabeanspruches zu berücksichtigen sind. Eine Anrechnung der Besitzzeit ist allerdings dann ausgeschlossen, wenn der Besitz nicht im Wege eines Rechtsgeschäfts oder im Erbwege erlangt worden ist, sondern durch eine Straftat (Diebstahl, Unterschlagung usw.). Der aktuelle Besitzer kann sich die Besitzzeit dann nicht anrechnen lassen. In dem Fall Nr. 14 war das Kunstwerk bei seinen verschiedenen Besitzwechseln von einem der Besitzer durch eine Straftat unterschlagen worden. Dann ist nach deutschem Recht allgemein anerkannt, dass die bisherigen Besitzzeiten der Vorbesitzer zugunsten dieses neuen Besitzers nicht angerechnet werden und die Verjährungsfrist von neuem beginnt.

Strittig ist, ob bei Besitzwechseln von Deutschland ins Ausland und wieder zurück die jeweiligen Besitzzeiten in Deutschland für den letzten (deutschen) Besitzer anzurechnen sind. Dies ist insbesondere bei Kunstobjekten von maßgeblicher Bedeutung, die ständigen Besitzwechseln und Verbringung in unterschiedliche Rechtsordnungen unterlagen.

Fall 15
Sophie Lissitzky-Küppers-Erben vs. Städtische Galerie im Lenbachhaus, München wegen Gemälde von Paul Klee

1.1.2.8.5. Hemmung der Verjährung

Sind während der NS-Herrschaft Kunstwerke unter Zwang abhanden gekommen, begann die Verjährungsfrist ab dem Zeitpunkt der schädigenden Handlung. Regelmäßig bestand für die geschädigten Alteigentümer während der NS-Zeit keine Möglichkeit, vor deutschen Gerichten ihre Ansprüche geltend zu machen. Deshalb wird überwiegend angenommen, dass wegen des Stillstandes der Rechtspflege die Verjährungsfristen solange gehemmt waren, bis ein wiederhergestelltes rechtsstaatliches Gerichtswesen zur Verfolgung von Ansprüchen zur Verfügung stand. Gesetzliche Sonderregelungen ordneten an, dass Verjährungsfristen generell ab 1944 bis Ende 1948 gehemmt waren. Deshalb kann regelmäßig bei zivilrechtlichen Ansprüchen von NS-Verfolgten von einem Verjährungsbeginn ab Anfang 1949 ausgegangen werden. Dies würde für entsprechende Eigentumsherausgabeansprüche bedeuten, dass diese mit Ablauf des 31.12.1979 verjährten. Subjektive Umstände, wie die fehlende Kenntnis der Anspruchsberechtigung oder das Nichtwissen über den Verbleib des Kunstwerkes, begründen keine Hemmungs- oder Unterbrechungswirkung.

1.1.2.8.6. Sonderverjährungsrecht für Kunstwerke?

Im Rahmen der Neuregelungen im deutschen Zivilrecht, die zum 01.01.2002 in Kraft traten, wurden im Vorfeld Forderungen laut, die im BGB seit 1900 geltende dreißigjährige Verjährungsfrist abzuschaffen, zumindest für während der NS-Zeit verfolgungsbedingt entzogene Kulturgüter. So forderte der Bundesrat in seiner Entschließung vom November 2001, der Gesetzgeber möge eine Sonderregelung schaffen, wenn die Verjährung zu unangemessenen Ergebnissen führt, insbesondere wenn es sich um in der NS-Zeit verfolgungsbedingt entzogene oder kriegsbedingt verlagerte Kulturgüter handelt. Dennoch ist im deutschen Zivilrecht bisher die dreißigjährige Verjährungsfrist beibehalten worden. Bei der Durchsetzung von Eigentumsrückgabeansprüchen im Zivilrechtsweg ist also weiterhin mit einer Abweisung dieser Ansprüche zu rechnen, wenn sich der Besitzer erfolgreich auf die dreißigjährige Verjährungsfrist berufen kann.

Soweit deutsche Museen und Sammlungen in der Gemeinsamen Erklärung vom Dezember 1999 die Selbstverpflichtung übernahmen, sich bei NS-verfolgungsbedingten Vermögensverlusten nicht auf Verjährungsbestimmungen zu berufen, kann diesen gegenüber die Unanwendbarkeit der Verjährungsregelungen geltend gemacht werden. Insoweit kann man bei Kunstwerken von einer Unverjährbarkeit von Eigentumsrückgabeansprüchen sprechen. Dies gilt jedoch nicht für Rückgabeforderungen gegenüber Privatpersonen oder Privatstiftungen, welche die Selbstverpflichtung in der Gemeinsamen Erklärung vom 14.12.1999 nicht anerkannten. Hier ist die Verwirkung der Verjährungseinrede besonders zu prüfen.

1.1.2.9. Erlösherausgabeansprüche

Ist der Herausgabeanspruch des Alteigentümers gegenüber dem Besitzer verjährt, so bedeutet dies nicht, dass er sein Eigentum verloren hat. Er kann von dem Besitzer zwar nicht die Rückgabe verlangen, aber bei entgeltlichen Verfügungen des Besitzers über die Sache den Erlös beanspruchen. Veräußert der Besitzer also an einen Dritten die Sache weiter, kann der Dritte Eigentümer der Sache werden, während der Veräußerer dem Alteigentümer den Kaufpreis herauszugeben hat (s. Fall 112). Der Alteigentümer eines abhanden gekommenen Kunstwerkes kann also auch nach Ablauf von dreißig Jahren im Falle einer rechtswirksamen Weiterveräußerung an einen Dritten vom Veräußerer ersatzweise die Herausgabe des erlangten Erlöses verlangen. Die Verjährungsfrist für diesen Ersatzanspruch beträgt drei Jahre beginnend ab Anspruchsentstehung und Kenntnis des Alteigentümers von den Umständen, die den Anspruch begründen, und der Person des Veräußerers. Der Anspruch verjährt spätestens zehn Jahre nach seiner Entstehung.

1.2. Eigentumsverlust/Eigentumserwerb in der Schweiz

1.2.1. Rückblick: Eigentumsverluste während der NS-Zeit und im 2. Weltkrieg

1.2.1.1. Eigentumsverlust durch Verkauf, Schenkung und Versteigerung

Die Schweiz war ein wichtiges Einwanderungsland für Personen, die aus rassischen, politischen oder weltanschaulichen Gründen in Nazi-Deutschland verfolgt wurden. Dies betraf auch zahlreiche jüdische Kunstsammler. Manche von ihnen hatten vor oder zu Beginn der NS-Zeit Teile ihrer Kunstsammlungen, z.B. als Leihgabe oder Depositum in Schweizer Museen in Zürich, Basel, Winterthur oder St. Gallen in Sicherheit gebracht. Sie verließen Nazi-Deutschland oft nur mit den staatlicherseits zugebilligten zehn RM. Ihre in das Ausland verbrachten Kunstwerke werden als Fluchtgut bezeichnet.

Rassisch verfolgte Kunsthändler verließen das Deutsche Reich und wanderten gleichfalls in die Schweiz aus. Manchen gelang es, dort ihre Geschäftstätigkeit wieder aufzunehmen.

Oft waren Emigranten aus wirtschaftlichen Gründen gezwungen, Kunstwerke in der Schweiz zu veräußern, um die von den dortigen Behörden geforderte Weiterreise in Drittländer zu finanzieren oder ihren Aufenthalt in der Schweiz, soweit geduldet, zu finanzieren, da ihnen im Regelfall eine Erwerbsmöglichkeit aufgrund ihres Emigrantenstatus verweigert wurde.

Daneben hatten vermögende deutsche Staatsbürger schon vor 1933 einen „Zweitwohnsitz" in der Schweiz, einen Teil ihrer Sammlungen dort verwahrt oder nach 1933 dorthin geschafft. Bei Verkäufen in der Schweiz von dort lebenden Ausländern ist besonders zu prüfen, ob diese Vermögensverluste überhaupt NS-verfolgungsbedingt waren oder nicht vielmehr als allgemein übliche Veräußerungsgeschäfte anzusehen sind (s. Fall 5).

Auch Werke der von den Nazis verfemten sog. entarteten Kunst gelangten in die Schweiz. So sollen sich zu Kriegsbeginn bis zu 1.000 dieser Kunstwerke aus 25 Privatsammlungen dort befunden haben. Sie verblieben in der Schweiz oder wurden in andere Länder, z.B. in die USA verbracht.

Der Schweizerische Kunsthandel hatte zum Ende des Ersten Weltkrieges durch Gründung zahlreicher, insbesondere mit moderner Kunst handelnder Galerien eine erste Blüte erlebt. Ausländische Dependancen eröffneten ab den zwanziger Jahren schweizerische Zweigniederlassungen. Während der NS-Herrschaft war die Schweiz die Hauptdrehscheibe für den Verkauf oder die Versteigerung von aus dem Deutschen Reich stammenden Kunstwerken. Einige der kampagnenartig in Nazi-Deutschland beschlagnahmten sog. entarteten Kunstwerke wurden am 30.06.1939 in der Galerie Fischer in Luzern in einer internationalen Aufsehen erregenden Auktion versteigert. Darüber hinaus sollen bis zu 1.500 der als entartet enteigneten Kunstwerke in der Schweiz von den vier autorisierten Kunsthändlern veräußert worden sein.

Während des 2. Weltkrieges gelangte Raubkunst aus von Deutschland besetzten Staaten in die Schweiz. Dortige Kunsthändler und Sammler erwarben in dieser Zeit herausragende Impressionisten und Expressionisten, insbesondere aus französischen Beständen. Die zentrale Figur war wiederum der Luzerner Kunsthändler Theodor Fischer sowie der in Paris ansässige deutsche Kunsthändler Gustav Rochlitz und der gleichfalls mit beschlagnahmter Kunst handelnde Hans Wendland. Rochlitz vermittelte durch Tauschgeschäfte aus den im Jeu de Paume in Paris zusammengezogenen beschlagnahmten französischen Sammlungen eine Vielzahl von Kunstwerken. So gelangten z. B. Gemälde aus der Sammlung Paul Rosenberg an Fischer. Nachweislich waren mindestens sechzehn Schweizer Kunsthändler mit dem An- und Verkauf von Raubkunst beschäftigt. Gleiches gilt für die am Schweizer Markt ebenfalls begehrten Werke Alter Meister, die aus von Nazi-Deutschland besetzten Ländern, insbesondere Frankreich und den Niederlanden, bezogen wurden.

Schweizerische Museen tätigten in dieser Zeit nur vereinzelt Ankäufe. Privatsammler, wie z.B. der mit dem Deutschen Reich wegen umfangreicher Rüstungsgeschäfte verbundene Industrielle Emil G. Bührle, kauften hingegen, vermittelt durch Schweizer und NS-Kunsthändler, im großen Stil Impressionisten und Alte Meister an, vorwiegend aus geplünderten Privatsammlungen. Darunter befanden sich bedeutende Gemälde von Manet, Degas, Corot, Sisley und Pissarro aus den Sammlungen von Alphonse Kann, Levi de Benzion und Paul Rosenberg. Über Schenkungen und Erbschaften gelangten NS-verfolgungsbedingt verloren gegangene Kunstwerke in der Nachkriegszeit in öffentliche Museen und Sammlungen und haben deren Bestände mit diesen abhanden gekommenen Kunstwerken „infiziert".

1.2.1.2. Generelle Unwirksamkeit von Vermögensverlusten während des 2. Weltkrieges

1.2.1.2.1. Zeitlich befristete Außerkraftsetzung des Schweizer Zivilrechts

Im Ausland war die Schweiz als Drehscheibe des internationalen Kunsthandels mit Nazi-Deutschland, ab Beginn des 2. Weltkrieges mit Kulturgütern aus den von Deutschen besetzten und geplünderten Ländern, bekannt. In der Londoner Erklärung vom Januar 1943 wurde die Schweizer Regierung auch förmlich von den Westalliierten gewarnt, sog. Feindesgut zu übernehmen. Sie war darauf hingewiesen worden, dass Raub und Zwangsverkauf von Kunstwerken nicht anerkannt werden würde.

Von da an wurde es für den Schweizer Kunsthandel wesentlich schwieriger, Raubgut aus den besetzten Ländern in der Schweiz zu verkaufen. Die Beteiligten versuchten, das Problem zu lösen. So wurden ab diesem Zeitpunkt oftmals Blankobestätigungen der Verkäufer vorgelegt, die eine Versicherung enthielten, dass das Kunstwerk rechtmäßig erworben worden war und nicht aus geplünderten Sammlungen stamme.

Bereits ab Februar 1945 waren alliierte Kunstschutzoffiziere, maßgeblich der britische Kunsthistoriker Douglas Cooper, in der Schweiz tätig, um dort Raubkunst aufzufinden. Infolge der Recherchen und Erkenntnisse und der Tatsache, dass einer breiten Öffentlichkeit die Rolle der Schweiz im Kunsthandel mit Nazi-Deutschland bekannt wurde, und sich mutmaßlich dort noch ein großer Teil von Kunstgegenständen befand, die den Eigentümern unfreiwillig abhanden kamen, sah sich der schweizerische Bundesrat auf Druck der Alliierten veranlasst, eine Rückgaberegelung zu schaffen.

Der Kunsthandelsverband der Schweiz hatte versucht, diese Sonderregelung zu verhindern. Er erklärte, der Kunsthandel in der Schweiz in der Vorkriegs- und Kriegszeit sei normal und üblich verlaufen, Kunstgegenstände seien grundsätzlich von Makel frei importiert und gutgläubig von Kunsthändlern erworben und/oder an ebenso gutgläubige Erwerber weiterverkauft worden. Diese Erklärungen sind durch die nunmehr vorliegenden Forschungsergebnisse als weitgehend unzutreffend bzw. widerlegt anzusehen. In der Schweiz wurde mit dem NS-Regime und dessen autorisierten Kunsthändlern eine Vielzahl von Geschäften mit Raubkunst abgewickelt. Moralische oder rechtliche Skrupel fehlten.

Der Schweizer Bundesrat folgte jedenfalls in engen Grenzen den Forderungen der Alliierten und erließ den Bundesratsbeschluss vom 10.12.1945 betreffend die Klagen auf Rückgabe von in kriegsbesetzten Gebieten weggenommenen Vermögenswerten, umgangssprachlich als Raubgutbeschluss bezeichnet. Darin wurden zeitlich befristet Bestimmungen des Schweizer Zivilrechts über den gutgläubigen Erwerb von beweglichen Sachen außer Kraft gesetzt. Der Beschluss hatte folgende zentrale Regelungen:

1.2.1.2.2. Voraussetzungen des zeitlich befristeten Sonderrechts

Hatte ein Eigentümer im Zeitraum vom 01.09.1939 bis 08.05.1945 (Dauer des 2. Weltkrieges in Europa) sein Eigentum bzw. Besitz an Kunstgegenständen in einem von deutschen Truppen besetzten Gebiet oder ausnahmsweise auch in der Schweiz verloren, konnte er innerhalb der Ausschlussfrist bis 31.12.1947 Klage auf Rückgabe der Kulturgüter gegenüber dem (Schweizer) Besitzer erheben, ohne dass sich dieser Besitzer auf die Gutglaubensvorschriften des schweizerischen Zivilrechts berufen konnte.

Kulturgutverluste in Nazi-Deutschland und Österreich vor dem 01.09.1939 waren von der Regelung nicht erfasst, weil es sich nicht um kriegsbesetzte Staaten handelte. Auch die zahlreichen Verkäufe sog. entarteter Kunst in der Schweiz waren generell im Raubgutbeschluss ausgeschlossen. Somit lief die ohnehin zeitlich befristete Sonderregelung hinsichtlich der im Deutschen Reich und in Österreich erfolgten Verluste weitgehend leer. Gleichfalls nicht erfasst waren Verkäufe von sog. Fluchtgut, d.h. von Kunstwerken, die wegen wirtschaftlicher Notlage, die durch die NS-Verfolgung eingetreten war, von den Eigentümern in der Schweiz veräußert werden mussten.

Im Nachgang zu dem Bundesratsbeschluss vom 10.12.1945 wurde ergänzend in dem Beschluss vom 22.02.1946, dem sog. Nachforschungsbeschluss, festgelegt, dass jeder, der aktuell oder zu einem vorherigen Zeitpunkt mit Raubgut in Berührung stand, sei es durch Besitz, Verwahrung, Verwaltung oder Beaufsichtigung, dies der schweizerischen Verrechnungsstelle zu melden hatte und sich bei vorsätzlicher Verletzung der Meldepflicht strafbar machte. Offensichtlich führte diese strafbewehrte Aufforderung zu keinen nennenswerten Mitteilungen. Viele Besitzer von Raubkunst meldeten sich nicht oder schafften ihre Kunstwerke kurzfristig, bis die Verjährung Ende 1947 eintrat, außer Landes.

Infolge des Raubgut- und des Nachforschungsbeschlusses, deren Regelungen zum 31.12.1947 ausliefen, wurden lediglich 77 Kunstwerke, davon 70 in gerichtlichen Verfahren der Raubgutkammer des Bundesgerichts, zurückgegeben. Spektakulär war u.a. die Herausgabeklage von Paul Rosenberg auf Rückgabe von Teilen seiner Sammlung impressionistischer Kunst, die von den Nazis in Paris beschlagnahmt und dann in der Galerie Theodor Fischer und bei dem Kunstsammler Emil G. Bührle gelandet waren.

Im Rahmen der Entschädigungsfeststellungen gelangte das Bundesgericht allerdings zu der Ansicht, der Erwerb von Raubkunst in einer öffentlichen Auktion sei gutgläubig und der Erwerber hätte sich keine Gedanken über die Herkunft diesbezüglicher Bilder machen müssen. In einem Regressverfahren Bührle vs. Galerie Fischer wurde diese zur Zahlung einer Entschädigung in Höhe des Verkehrswertes der Bilder verurteilt. Erstaunlich ist die Tatsache, dass die Galerie Fischer gegenüber der schweizerischen Eidgenossenschaft gleichfalls einen Entschädigungsanspruch zugesprochen erhielt, obwohl ihr aufgrund ihrer engen Verflechtung mit dem NS-Kunstraub bereits seit Ende der 30er Jahre die Herkunft der fraglichen Kunstwerke bekannt war oder zumindest hätte bekannt gewesen sein müssen.

Die infolge der Rückgabe von Kunstwerken (Besitzer an den Alteigentümer) in der Regel von Schweizer Kunsthändler an ihre Käufer gezahlten Entschädigungen, die sich insgesamt auf 300.000 SFR beliefen, wurden im vollen Umfang von der Bundesrepublik Deutschland gezahlt, so dass die damaligen Hehler des Raubkunstgeschäfts ihrerseits auch entschädigt wurden und keine finanziellen Verluste erlitten.

1.2.2. Eigentumserwerb nach schweizerischem Recht

1.2.2.1. Wann ist Schweizer Recht anwendbar?

Im Bundesgesetz über das internationale Privatrecht hat die Schweiz mit Wirkung ab 01.01.1989 ausdrücklich geregelt, welches Recht wessen Landes bei der Herausgabe von Sachen Anwendung findet.

Die Herausgabeklage des Alteigentümers muss vor dem Schweizer Gericht erhoben werden, in dessen Gerichtsbezirk sich der Wohn- oder Geschäftssitz des aktuellen Besitzers des Kulturgutes befindet. Hat der Besitzer keinen Wohnsitz oder gewöhnlichen Aufenthalt in der Schweiz, so ist das Schweizer Gericht zuständig, an dessen Ort sich die Sache befindet.

Die Situs-Regel ist ausdrücklich gesetzlich geregelt. Danach findet auf den Erwerb des Eigentums an einem Kunstwerk das Recht des Staates Anwendung, in dem sich die Sache im Zeitpunkt des Eigentumserwerbs befand. Wird vom Besitzer ein Eigentumserwerb in der Schweiz behauptet, findet Schweizer Recht Anwendung.

Trat der Eigentumserwerb bereits in einem anderen Land ein und gelangte das Kulturgut danach in die Schweiz, gilt im Hinblick auf den Eigentumserwerb grundsätzlich das ausländische Recht, das von dem Schweizer Gericht zu beachten ist. Es muss also eine sorgfältige Prüfung der jeweiligen Rechtsordnungen erfolgen. Nur so kann geklärt werden, ob der Alteigentümer sein Eigentum bereits verloren hat oder die Rückgabe erfolgreich geltend gemacht werden kann.

Die Streitparteien haben das Schweizer Gericht mit den nötigen Erkenntnisunterlagen über dieses Recht zu informieren.

Kann die Anwendung ausländischen Rechts nicht festgestellt werden, kommt ersatzweise für den im Ausland erfolgten Eigentumserwerb das Schweizer Recht zur Anwendung.

Fall 16
Türkei vs. Antikenmuseum Basel und Sammlung Ludwig
wegen Antiker Stelen

Gelangt eine bewegliche Sache in die Schweiz und ist der Eigentumserwerb nicht bereits im Ausland erfolgt, so beurteilt er sich ausschließlich nach Schweizer Recht.

Sind Kulturgüter lediglich im Transitwege – res in transito – in die Schweiz gelangt, beurteilt sich der Eigentumsverlust bzw. -erwerb nicht nach Schweizer Recht, sondern nach dem Recht des Staates, in den der Gegenstand endgültig gelangen soll.

1.2.2.2. Grundsätze

Zur Übertragung des Eigentums an einer beweglichen Sache muss grundsätzlich der Eigentümer dem Erwerber den Besitz an der Sache übertragen. Ausnahmsweise kann das Eigentum an einer beweglichen Sache auch von jemandem übertragen werden, der selbst nicht Eigentümer der Sache ist. Voraussetzung nach schweizerischem Recht ist immer, dass der Erwerber in gutem Glauben das Eigentum vom Veräußerer erwirbt.

Dem Alteigentümer abhanden gekommene Sachen, die gutgläubig von Dritten erworben wurden, sind binnen einer Fünfjahresfrist ab Besitzverlust an diesen gegen Rückzahlung des Kaufpreises zurückzugeben. Nach Ablauf dieser Frist erwirbt der gutgläubige Erwerber Eigentum an der abhanden gekommenen Sache.

Der Eigentümer kann von einem bösgläubigen Besitzer/Erwerber jederzeit die Herausgabe seines Eigentums verlangen. Insoweit gilt für den Eigentumsherausgabeanspruch, anders als nach deutschem Recht, keine Verjährungsfrist.

Fall 17
Jakob Goldschmidt-Erben vs. Jakob Koerfer und Erben wegen zwei Gemälden von Henri de Toulouse-Lautrec

1.2.2.3. Gutgläubiger Käufer/Erwerber

Der wirksame Eigentumserwerb von einem Nichtberechtigten, also jemanden, der selbst nicht Eigentümer der Sache ist, kann nach schweizerischem Recht nur aufgrund der Sonderregelungen über die Ersitzung bzw. den Kauf anvertrauter Sachen bzw. den Erwerb abhanden gekommener Sachen, insbesondere in der Versteigerung oder von einem Kaufmann, erfolgen, wenn der Erwerber gutgläubig war. Zentraler Prüfungsgegenstand ist somit bei Verkauf, Ersitzung, Schenkung oder Versteigerung von Kunstobjekten, die dem Eigentümer abhanden kamen, ob der Erwerber im guten Glauben erwarb.

1.2.2.3.1. Zeitpunkt des gutgläubigen Erwerbs

Maßgeblich ist der Zeitpunkt, in dem die bewegliche Sache erworben, d.h. dem Erwerber der Besitz der Sache übertragen wurde. Es bedarf jedoch nicht der de facto Übergabe. Anders als nach deutschem genügt nach schweizerischem Recht für den gutgläubigen Erwerb die Vereinbarung eines sog. Besitzkonstitutes. Danach kann der Veräußerer unmittelbarer Besitzer der Sache bleiben. Die tatsächliche Übergabe der Sache an den Erwerber ist nicht Wirksamkeitsvoraussetzung für den gutgläubigen Erwerb.

1.2.2.3.2. Böser Glaube bei Kenntnis

Weiß der Erwerber, dass der Veräußerer nicht Eigentümer der Sache ist, ist er bösgläubig und kann kein Eigentum erwerben: „Bösgläubig ist der Wissende".

1.2.2.3.3. Bösgläubigkeit bei Kennen müssen

Bösgläubig ist auch derjenige, der in fahrlässiger Unkenntnis von der Eigentümerstellung des Veräußerers ausging. Grundsätzlich gilt ein von der Rechtsprechung aufgestellter objektiver Fahrlässigkeitsbegriff. Klärungsbedürftig ist, ob der Erwerber aufgrund eines Durchschnittsmaßes von Aufmerksamkeit, die der Redliche unter den gegebenen Umständen aufzuwenden pflegt, als gutgläubig oder als bösgläubig anzusehen ist. Der Fahrlässigkeitsmaßstab wird von der Rechtsprechung je nach Sachverhalt, Erwerbsart und konkreten Umstände unterschiedlich definiert. Anders als nach deutschem Recht, das eine grobe Fahrlässigkeit verlangt und somit den gutgläubigen Erwerb erleichtert, genügt nach Schweizer Recht die einfache Fahrlässigkeit, um die Bösgläubigkeit zu begründen.

Strenge Maßstäbe und hohe Voraussetzungen an den gutgläubigen Erwerb hat die neuere Schweizer Rechtsprechung seit 1998 insbesondere für die Geschäftszweige aufgestellt, bei denen ein erhöhtes Risiko besteht, dass Waren mit

Rechtsmängeln behaftet sind. Zu solchen Geschäftszweigen gehört der Handel mit Automobilen der Luxusklasse, aber auch der Antiquitäten- und Kunsthandel. In diesen Geschäftszweigen besteht eine qualifizierte Sorgfalts- und Erkundigungspflicht des Erwerbers, sich darüber zu informieren, dass der Veräußerer Eigentümer ist. Diese Pflicht gilt nicht nur für den kaufmännischen Verkehr, sondern auch bei Erwerben von Privatpersonen. Der gutgläubige Erwerb ist z. B. ausgeschlossen, wenn

- sich aus dem Zustand der Sache Zweifel an der Berechtigung des Veräußerers ergeben, z.B. wenn diese mit dem Eigentumsnachweis eines Dritten gestempelt ist. Nur ausnahmsweise kann dann der gute Glaube „wiederhergestellt" werden, wenn sich der Erwerber erkundigt hat oder sich aus sonstigen Umständen ergibt, dass der Eigentumsvermerk überholt ist;
- ein auffallend niedriger Preis gefordert wird, ohne dass dieser aufgrund besonderer Umstände als verständlich erscheint;
- ein Veräußerer mit Waren der betreffenden Art oder in der offerierten Menge handelt, die von diesem bisher noch nicht angeboten worden sind. Der Erwerber muss bei Zweifeln über die Berechtigung des Veräußerers Erkundigungen einholen und ggf. den Nachweis der Berechtigung verlangen. Diese Nachforschungs- und Auskunftseinholungspflicht besteht nur dann nicht, wenn z. B. ein Bild von einem hoch angesehenen und als absolut zuverlässig bekannten Kunsthändler angeboten wird;
- sich aus einem Register mit positiver Publizitätswirkung ergibt, dass der Veräußerer nicht berechtigt ist und er z.B. unter den konkreten Umständen Veranlassung gehabt hätte, das fragliche Register zu konsultieren. Es kann z. B. bei Kunsthändlern und Sammlern, die sog. entartete Kunst erwerben, verlangt werden, dass diese in die allgemein zugänglichen und bekannten Verlustregister vorher Einsicht nehmen.

Fall 18
Sophie Lissitzky-Küppers-Erben vs. Fondation Beyeler
wegen Gemälde von Wassily Kandinsky

1.2.2.4. Eigentumserwerb von anvertrauten Sachen

Verkauft jemand eine bewegliche Sache, die ihm nicht gehört, an einen Dritten, so wird der Erwerber Eigentümer, wenn

- er im guten Glauben an die Berechtigung des Veräußerers die Sache erworben hat und
- dem Veräußerer die Sache vom Eigentümer anvertraut wurde. Anvertrauen bedeutet die freiwillige und bewusste Übergabe der Sache an einen Dritten (z.B. durch Leihe, Miete, Verwahrungsvertrag o.ä.).

Gesetzlich wird dann vermutet, dass der Besitzer der Sache auch Eigentümer ist und der Erwerber darauf vertrauen kann, im guten Glauben die Sache von dem Veräußerer zu erwerben. Diese im deutschen Recht nicht ausdrücklich geregelte

Fallgruppe dürfte Fallkonstellationen betreffen, bei denen Verfolgte des Nazi-Regimes Kunstobjekte an Treuhänder übergaben, damit diese die Kunstobjekte in die Schweiz schaffen oder dort für die Eigentümer aufbewahren und dann von ihnen ohne Zustimmung des Eigentümers an Dritte veräußert worden sind. Soweit der Erwerber gutgläubig war, erwirbt er Eigentum an dem Kunstwerk.

Fall 19
Fritz Grünbaum-Erben vs. David Bakalar
wegen Zeichnung von Egon Schiele

1.2.2.5. Fünf Jahre Herausgabeanspruch bei „abhanden gekommenen" Sachen

Verliert der Alteigentümer ohne oder gegen seinen Willen den Besitz an der Sache, wird diese z. B. gestohlen, unterschlagen, geraubt oder das Eigentum staatlicherseits entzogen durch Beschlagnahme oder Enteignung, kann er innerhalb einer Frist von fünf Jahren ab dem Besitzverlust die Herausgabe seines Eigentums verlangen. Die Fünf-Jahres-(Verwirkungs-)Frist beginnt mit Verlust des Besitzes und nicht erst mit Kenntnis des Alteigentümers von seinem Besitzverlust. Unbeachtlich ist, ob der Erwerber gutgläubig war, weil bei abhanden gekommenen Sachen für die Dauer von fünf Jahren der gutgläubige Erwerb ausgeschlossen ist.

Nach Ablauf der Fünf-Jahres-Frist erwirbt der gutgläubige Besitzer Eigentum an der abhanden gekommenen Sache. Die Besitzzeit von Vorbesitzern kann angerechnet werden zugunsten des aktuellen Besitzers. Der Erwerber muss nicht selbst fünf Jahre ununterbrochen im Besitz der Sache gewesen und während des gesamten Zeitraums gutgläubig gewesen sein. Es genügt vielmehr, anders als bei der Ersitzung, dass der letzte Erwerber hinsichtlich des Erwerbes gutgläubig war und im Zeitpunkt des Herausgabeverlangens der Sache fünf Jahre seit dem Besitzverlust verstrichen sind. Somit läuft die fünfjährige Ersitzungsfrist auch bei bösgläubigen Vorbesitzern und ist anzurechnen für den letzten gutgläubigen Besitzer.

1.2.2.6. Besonderheit öffentliche Versteigerung und Verkauf durch einen Kaufmann

Wird eine Sache öffentlich versteigert oder von einem Kaufmann im Rahmen seines Geschäftsbetriebes veräußert, kann der gutgläubige Erwerber erst fünf Jahre nach Besitzverlust durch den Alteigentümer das Eigentum erwerben. Anders nach dem deutschen Recht, wonach der gutgläubige Erwerb abhanden gekommener Gegenstände, die in einer öffentlichen Versteigerung erworben werden, sofort eintritt.

Während der Fünf-Jahres-Frist ist der gutgläubige Erwerber allerdings gegenüber dem Alteigentümer nur verpflichtet die Sache herauszugeben, wenn dieser ihm den Kaufpreis erstattet. Dazu gehören auch die Kosten des Vertrages, z. B. in einer Auktion die Provision bzw. der Aufschlag des Auktionators.

1.2.2.7. Herausgabeanspruch gegenüber dem bösgläubigen Besitzer

Der Anspruch des Alteigentümers auf Herausgabe seiner Sache ist unverjährbar gegenüber dem bösgläubigen Besitzer. Das ist vom höchsten Schweizer Zivilgericht schon 1928 festgestellt worden, ohne dass diese „Unverjährbarkeit des Eigentumsherausgabeanspruches" ausdrücklich gesetzlich geregelt wurde.

Anders als nach deutschem Recht, bei dem der Eigentumsherausgabeanspruch dreißig Jahre nach Besitzverlust nicht mehr geltend gemacht werden kann, garantiert das Schweizer Recht einen unbefristeten Rückgabeanspruch des Alteigentümers, soweit der Besitzer bösgläubig ist und noch kein (gutgläubiger) Eigentumserwerb eingetreten ist.

1.2.2.8. Neuregelung für Kulturgüter

Mit Wirkung ab 01.06.2005 wurde eine Sonderregelung für Kulturgüter erlassen. Danach kann der Alteigentümer von abhanden gekommenen Kulturgütern, soweit sie gegen seinen Willen abhanden kamen, binnen einer Frist von dreißig Jahren seit dem Abhandenkommen den Eigentumsherausgabeanspruch auch gegenüber gutgläubigen Erwerbern geltend machen. Bedingung ist, dass er innerhalb einer Frist von einem Jahr, nachdem er Kenntnis von dem Besitzverlust und dem aktuellen Standort und Besitzer des abhanden gekommenen Kulturgutes hat, diesen Anspruch geltend macht.

Diese Sonderregelung gilt allerdings erst, wenn der Besitzverlust ab 01.07.2005, d.h. mit Inkrafttreten dieser Bestimmung, eintrat.

1.2.2.9. Ersitzung

1.2.2.9.1. Erwerbsvoraussetzungen

Eigentümer einer Sache wird derjenige, der eine bewegliche Sache ununterbrochen und unangefochten mit einer Gesamtdauer von fünf Jahren im guten Glauben als Eigentümer im Eigenbesitz hatte.

Verliert der Eigenbesitzer innerhalb der Fünf-Jahres-Frist unfreiwillig den Besitz, wird die fünfjährige Ersitzungsfrist nicht unterbrochen, wenn er innerhalb eines Jahres die Sache wiedererlangt oder die Klage auf Herausgabe der Sache erhoben hat. Unangefochten ist der Besitz, wenn innerhalb der Fünf-Jahres-Frist keine Klage des Eigentümers erhoben worden ist. Außergerichtliche Rückgabeforderungen führen nicht zur Unterbrechung der Ersitzungsfrist.

Die fünfjährige Ersitzungsfrist wird unterbrochen, wenn es dem Alteigentümer unmöglich ist, seinen Anspruch vor einem schweizerischen Gericht geltend zu machen. Allein maßgeblich ist eine objektive Unmöglichkeit. Ist der Alteigentümer aus subjektiven Gründen nicht in der Lage dazu, scheidet eine Unterbrechung der Ersitzungsfrist aus. Bei dem im Vergleichswege erledigten Fall Lissitzky vs. Beyeler (s. Fall 18) wäre aber möglicherweise zu klären gewesen, ob eine Fristunterbrechung zugunsten von Jen Lissitzky hätte angenommen werden können, solange dieser in der Sowjetunion lebte und es ihm objektiv unmöglich war, Eigentumsherausgabeansprüche geltend zu machen. Die Ersitzungsfrist hat möglicherweise erst begonnen, als Jen Lissitzky die Sowjetunion verlassen konnte und erstmalig in der Lage war, nach Schweizer Recht Ansprüche zu verfolgen. Nach Ablauf des Tages, an dem die gerichtliche Geltendmachung möglich ist, beginnt der Fristablauf für die fünfjährige Ersitzung. Der zur Ersitzung berechtigte Besitzer darf sich die Besitzzeit seines Vorgängers anrechnen lassen, wenn auch dieser als Eigenbesitzer die Sache gutgläubig besessen hat. Der Besitz muss von dem Vorgänger mit dessen Zustimmung oder im Erbwege erlangt worden sein. Voraussetzung ist aber stets, dass der Vorbesitzer, also auch der Erblasser, während seiner anzurechnenden Besitzzeit selbst gutgläubig war. Auch die Anrechnung weiterer Besitzzeiten mehrerer Vorbesitzer kommt dann in Betracht.

1.2.2.9.2. Besitzzeit im Ausland

Ist bereits während der Besitzzeit in einem anderen Staat nach dem dortigen Recht Eigentum durch Ersitzung entstanden (z.B. in Österreich nach drei Jahren, in Italien und Deutschland nach zehn Jahren), wird der Eigentumserwerb nach ausländischem Recht nach der sog. Situs-Regelung auch in der Schweiz anerkannt.

Ist nach ausländischem Recht die Ersitzungsfrist noch nicht abgelaufen und gelangt die Sache in die Schweiz, muss nach dem jeweiligen Recht des Auslandes geprüft werden, ob die Ersitzungszeit auch für den in der Schweiz fortgesetzten Besitz angerechnet werden kann.

1.2.2.9.3. Neuregelung Ersitzungsfrist bei Kulturgütern

Beginnt die Ersitzungsfrist ab 01.06.2005, weil ab diesem Zeitpunkt der gutgläubige Eigenbesitz erlangt wurde, können Kulturgüter erst innerhalb einer Frist von dreißig Jahren gutgläubig ersessen werden.

1.3. Eigentumsverlust/Eigentumserwerb in Österreich

1.3.1. Rückblick: Eigentumsverluste seit dem sog. Anschluss im März 1938

1.3.1.1. Privatrechtliche und hoheitliche Eigentumsverluste

Mit dem Einmarsch deutscher Truppen am 13. März 1938 in Österreich begannen unverzüglich die Verfolgung von Personen aus rassischen, religiösen oder weltanschaulichen Gründen und der Zugriff auf ihr Vermögen. Binnen weniger Tage wurden die bedeutenden Kunstsammlungen der Rothschilds, Bondys, Gutmanns, Thorschs, Goldmanns, Kornfelds, Pollacks usw. beschlagnahmt und in dem zu diesem Zweck eingerichteten Zentraldepot in der Wiener Hofburg eingelagert. Im Herbst 1938 befanden sich dort bereits 10.000 inventarisierte Kunstwerke. Hitler besuchte das Depot mindestens zweimal und ließ hunderte von Werken von seinem Beauftragten Dr. Hans Posse für sein Führermuseum in Linz aussuchen.

Insbesondere in Wien, wo rund 176.000 der mehr als 200.000 österreichischen Juden wohnten, gab es seit dem Einmarsch deutscher Truppen Plünderungen und pogromartige Ausschreitungen, auch durch Privatpersonen und selbst ernannte Polizeikräfte, die bis Ende April 1938 andauerten und erst von da an in staatlich organisierte Bahnen gelenkt wurden. Mit der Anmeldeverordnung vom 26.04.1938 wurden in Österreich lebende Juden verpflichtet, ihren gesamten Besitz anzuzeigen, der dann für die Belange der deutschen Wirtschaft sichergestellt werden konnte. Weitere Verschärfungen erfolgten mit Verordnungen vom November und Dezember 1938, aufgrund derer die Möglichkeit bestand, entschädigungslos sog. volks- und staatsfeindliches sowie jüdisches Vermögen einzuziehen.

Die Versuche führender NS-Chargen, Kunstobjekte aus Österreich in das Deutsche Reich zu überführen, scheiterten am sog. Führer-Vorbehalt, der Adolf Hitler vor Verteilung der sichergestellten Kunstobjekte das erstrangige Auswahl- und Aneignungsrecht zugestand.

Die nicht von Hitler beanspruchten Kunstobjekte, tausende von Gemälden, Zeichnungen, Münzen, Handschriften und Buchsammlungen, antike Möbel usw., wurden auf verschiedene österreichische Museen verteilt. Herausragende Kunstwerke gelangten so in das Kunsthistorische Museum, die Österreichische Galerie und das Kunstgewerbemuseum, alle in Wien beheimatet. Es entbrannte ein Verteilungskampf zwischen den Wiener und anderen österreichischen Landesmuseen, die einen Anteil an den sichergestellten Kunstgegenständen verlangten und sich vehement über die Bevorzugung und den ersten Zugriff der Wiener Museen beklagten.

Zum Zwecke der Emigration von Verfolgten waren diese gezwungen, auf ihre Kunstwerke zu verzichten. So ist ein Mitglied der österreichischen Rothschild-

Familie solange in Wien inhaftiert und von höchsten SS-Chargen unter Druck gesetzt worden, bis er sämtlichen Kunstbesitz der gesamten österreichischen Familie der Rothschilds unentgeltlich auf das Deutsche Reich übertrug.

Fall 20
Rothschild vs. Republik Österreich
wegen umfangreicher Kunstsammlung

Anderen wurde verboten, Teile ihrer Kunstsammlung auszuführen. Vertreter namhafter österreichischer Museen überprüften systematisch die Sammlungsbestände und wählten beanspruchte Kunstwerke aus. Zu staatlich festgesetzten Preisen wurden die Alteigentümer gezwungen, ihre Kunstwerke zu verkaufen oder gegen andere, minderwertige Kunst einzutauschen.

Fall 21
Kuffner-Erben vs. Republik Österreich (Albertina Wien)
wegen mehrerer Zeichnungen

Auch rassisch oder politisch nicht verfolgte Sammler, deren Kunstwerke vom NS-Regime unbedingt erworben werden sollten, wurden unter Druck gesetzt, ihre Kunstwerke, regelmäßig allerdings zu marktüblichen Preisen, zu veräußern.

Fall 22
Jaromir Graf Czernin vs. Republik Österreich (Kunsthistorisches Museum Wien)
wegen Gemälde Jan Vermeer van Delft

Daneben entwickelte sich ein „freier Handel" mit Schwerpunkt in Wien, wo eine Vielzahl von Kunstobjekten erworben wurde, die aus zweifelhaftem Besitz stammten. Kunsthändler und insbesondere das Dorotheum, ein staatliches Auktionshaus, spezialisierten sich darauf, Kunstobjekte, die vom NS-Regime in der „Verwaltungsstelle für jüdisches Umzugsgut der Geheimen Staatspolizei" zusammengetragen worden waren, zu verwerten. In den Handel gelangten Kunstwerke aus beschlagnahmten Sammlungen, die wegen Unverwertbarkeit für das NS-Regime zum Verkauf freigegeben worden waren, darunter Werke von Künstlern der sog. entarteten Kunst wie Oskar Kokoschka und Vertretern der modernen österreichischen Malerei wie Klimt und Schiele. Versteigerungen des Dorotheum, z. B. von Schiele-Bildern aus beschlagnahmten jüdischen Sammlungen, sind noch bis 1943 nachweisbar.

Das von der Gestapo mit der Verwertung ganzer Wohnungseinrichtungen beauftragte Dorotheum führte eine Vielzahl von „Hausauktionen" durch und gab dafür mit unter bebilderte Kataloge über die in den Villen und Wohnungen vorhandenen Gegenstände heraus. Einen weiteren lukrativen Schwerpunkt stellte der Verkauf von Altmeister-Gemälden dar, die zwischen 1941 und 1943 aus den Niederlanden nach Österreich gelangten und dort zu Spitzenpreisen veräußert wurden. Einige stammten aus dem Eigentum von NS-Verfolgten. So gelangte niederländische Raubkunst über Veräußerungen durch das Dorotheum in den Besitz österreichischer und ausländischer Sammler. Für mehrere Jahre war Wien zudem das Zentrum der Verwertung von Sammlungsbeständen Verfolgter des NS-Regimes aus Süd- und Osteuropa. Auch hier führte das Dorotheum im Auftrag der Gestapo die Veräußerungen durch. Dieses dunkle Kapitel des Dorotheums ist anlässlich seines 300jährigen Jubiläums im Jahre 2007 erstmals wissenschaftlich untersucht und seine NS-Verstrickungen öffentlich dokumentiert worden. Es besteht nunmehr die Möglichkeit, Geschäftsunterlagen des Auktionshauses aus der NS-Zeit einzusehen.

Fall 23
Daisy Hellmann-Erben vs. Stadt Linz (Sammlung Gurlitt)
wegen Gemälde von Egon Schiele

Strenge Ausfuhrregelungen bewirkten, dass der größte Teil der geplünderten Kunstsammlungen in Österreich verblieb. Zu Kriegsende stellten die Westalliierten diese in den ausgelagerten Depots sicher und übergaben sie an die österreichischen Behörden als „Treuhänder". Im sowjetisch besetzten Teil Österreichs aufgefundene Kunstwerke, wie z. B. die beschlagnahmte Sammlung von Alexandrine de Rothschild, die in Schloss Nikolsburg in Südmären eingelagert war, gelangten als sog. Beutekunst in die UdSSR.

1.3.1.2. Sonderproblem: Verwertung sog. entarteter Kunst

Ein systematischer „Bildersturm" gegen die sog. entartete Kunst fand nach dem Anschluss Österreichs dort nicht statt. Zwar wurde umgehend zu Ende März 1938 die Moderne Galerie geschlossen, weil sich dort umfangreiche Bestände dieser „Verfallskunst" befanden. Dies führte allerdings nicht dazu, dass sie wie im Deutschen Reich auf der Grundlage des Einziehungsgesetzes beschlagnahmt, entschädigungslos enteignet und verwertet bzw. vernichtet wurde. Direktiven, Werke jüdischer Maler, insbesondere von Max Liebermann, zu entfernen, wurden ignoriert. Anfragen ausländischer Kunsthändler, ob im Bestand befindliche Bilder von Munch, Matisse, van Gogh, Cézanne, Gauguin, Renoir, Picasso oder Toulouse-Lautrec wie einige Jahre zuvor im Deutschen Reich nun auch in Österreich zum Verkauf stünden, wurden abschlägig beantwortet. Die im Deutschen Reich konzipierte Wanderausstellung „Entartete Kunst" wurde zwar auch im Mai und Juni 1939 im Wiener Künstlerhaus gezeigt, allerdings ohne Leihgaben österreichischer Museen. Nur vereinzelt sind österreichische Künstler, wie Oskar Kokoschka, als „entartet" stigmatisiert worden. Der Reichsstatthalter von Wien, Baldur von Schirach, duldete sogar eine gemäßigte Kulturpolitik, die es ermöglichte, dass noch 1943 im Wiener Sezessions-Gebäude eine große Klimt-Retrospektive gezeigt wurde, die auf reges Publikumsinteresse stieß. Der leitende Direktor der Staatlichen Kunstsammlung in Wien, Dr. Grimschitz, kaufte für sein Haus moderne Kunst an, wie z. B. das Gemälde „Liegender weiblicher Akt auf weißem Tuch" von Egon Schiele oder das „Porträt des Schneiders Wolff" von Oskar Kokoschka. Grimschitz bewertete die Werke Schieles als „künstlerisch positiv" und wies ihre Einordnung als „entartet" vehement zurück. Die österreichische Staatsgalerie in Wien erwarb von 1938 bis zum Kriegsende ca. 200 bedeutende Kunstwerke, die nicht den NS-Kunstkriterien entsprachen, darunter Bilder von Corinth und Munch.

Die in Österreich unterlassene Stigmatisierung der modernen Kunst ermöglichte es, auch diese Werke auf dem Kunstmarkt und in Versteigerungen wie jenen des Wiener Dorotheum zu verwerten.

1.3.2. Eigentumserwerb nach österreichischem Zivilrecht

1.3.2.1. Wann ist österreichisches Recht anwendbar?

In Österreich ist spezialgesetzlich geregelt, dass sich der Verlust und der Erwerb von Eigentum an Kunstgegenständen nach dem Recht des Landes richtet, in dem sich die Sachen bei Vollendung des Eigentumsverlustes oder -erwerbs befinden.

1.3.2.2. Grundsätze

Der Alteigentümer kann jederzeit vom aktuellen Besitzer des Kunstwerkes die Herausgabe verlangen. Anders als im deutschen Recht, wonach der Herausgabeanspruch nach dreißig Jahren ab Besitzverlust verjährt, ist der Eigentumsherausgabeanspruch in Österreich unverjährbar. Der Alteigentümer muss bei seinem Herausgabeverlangen allerdings beweisen, dass er oder sein Rechtsvorgänger Eigentümer der Sache war. Zugunsten des Besitzers wird vermutet, dass dieser die Sache zu Recht besitzt. Die Beweislast trifft den zurückfordernden Alteigentümer.

Eigentum kann von Dritten auch an abhanden gekommenen Sachen, d.h. solchen, die dem Alteigentümer gegen oder ohne seinen Willen abhanden kamen, unter den besonderen Voraussetzungen der Gutgläubigkeit erworben werden. Die Voraussetzungen sind hier ähnlich wie im deutschen und schweizerischen Recht. Der gutgläubige bzw. redliche Erwerber hat zu beweisen, dass die besonderen Voraussetzungen des sog. gutgläubigen Erwerbs bei ihm vorgelegen haben und dadurch ein wirksamer Eigentumsverlust beim Alteigentümer und ein wirksamer Eigentumserwerb (vom Nichtberechtigten) durch den aktuellen Besitzer stattfand. Anders im deutschen und schweizerischen Recht, wo der Alteigentümer die Bösgläubigkeit des Besitzers nachweisen muss.

1.3.2.3. Gutgläubiger/redlicher Käufer/Erwerber

Im österreichischen Zivilgesetzbuch, dem ABGB, ist gesetzlich ausdrücklich festgelegt worden, unter welchen Voraussetzungen jemand wirksam Eigentum vom Nichtberechtigten erwerben kann. Das österreichische Recht spricht hier vom redlichen Besitzer. Der Begriff ist identisch mit dem im schweizerischen und deutschen Recht verwendeten Begriff des „gutgläubigen Erwerbs". Von zentraler Bedeutung ist auch hier der Maßstab, unter welchen Voraussetzungen ein gutgläubiger bzw. redlicher Erwerb möglich ist.

Der positiven Kenntnis gleichgestellt wird die fahrlässige Unkenntnis des Erwerbers. In gesetzlichen Regelbeispielen ist festgelegt, wann ein gutgläubiger Erwerb ausgeschlossen ist. Bösgläubig ist, wer

- eine Sache zu einem auffallend geringen Preis erwirbt oder
- wenn sich aus der Natur der an sich gebrachten Sache ergibt, dass der Veräußerer nicht Eigentümer sein kann oder
- persönliche Eigenschaften des Veräußerers Zweifel aufkommen lassen oder
- aus dem vom Veräußerer betriebenen Gewerbe der Verdacht begründet ist, dass dieser nicht Eigentümer ist oder
- aus anderen Umständen des Erwerbsgeschäftes sich Zweifel über die Veräußerungsberechtigung ergeben.

Stets ist bei diesen Merkmalen zu ermitteln, ob ein objektiver Verdacht besteht, dass der Veräußerer nicht Eigentümer ist. Die Voraussetzungen und Fallgruppen dürften vergleichbar denen des deutschen und Schweizer Rechts sein. Wobei nach österreichischem Recht genauso wie nach Schweizer Recht bereits die leichte Fahrlässigkeit Haftungsmaßstab ist, während nach deutschem Recht die grob fahrlässige Unkenntnis verlangt wird. Die Erwerbsvoraussetzungen gehen hier also schärfer zu Lasten des Erwerbers als nach deutschem Recht.

Fall 24
Adele Bloch-Bauer-Erben vs. Republik Österreich
wegen Gemälden von Gustav Klimt

1.3.2.4. Eigentumserwerb von anvertrauten Sachen

Ähnlich wie im Schweizer Recht kann der gutgläubige/redliche Erwerber auch nach österreichischem Recht Eigentum an einer Sache von einem Dritten erwerben, wenn diesem vom Alteigentümer die Sache anvertraut worden ist. Der Veräußerer hat also die Sache nicht gegen oder ohne Willen des Alteigentümers im Besitz, sondern mit seiner Zustimmung. Dies gilt insbesondere bei treuhänderischer Verwahrung und Verwaltung von Kunstwerken durch einen Dritten. Hier wird der Erwerber in seinem guten Glauben besonders geschützt.

1.3.2.5. Eigentumserwerb in öffentlicher Versteigerung

Voraussetzung für einen redlichen/gutgläubigen Erwerb in der öffentlichen Versteigerung ist auch nach österreichischem Recht, dass die gesetzlichen Bestimmungen einer öffentlichen Versteigerung (z.B. Auktionator muss zugelassener Gewerbetreibender sein) erfüllt sind und die Versteigerung ordnungsgemäß angekündigt ist und durch ein funktionell zuständiges Organ nach den gesetzlichen Bestimmungen durchgeführt wird.

1.3.2.6. Erwerb vom Gewerbsmann

Eine besondere, im deutschen Recht unbekannte Fallgruppe der Gutgläubigkeit/Redlichkeit betrifft den Erwerb vom befugten Gewerbsmann. Dies ist eine Person, die zur Veräußerung von Gegenständen gesetzlich befugt ist, z. B. weil eine Gewerbeerlaubnis für diese Art von Geschäften erteilt wurde. Gewerbsmann kann auch der Kaufmann i.S.d. Handelsrechtes sein, wenn die besonderen weiteren Voraussetzungen der Kaufmannseigenschaft gegeben sind. Bei Erwerb von einem Kaufmann i.S.d. Handelsrechtes gilt dann ein erleichterter Haftungsmaßstab. Hier kann der Erwerber vom Nichtberechtigten Eigentum erwerben, wenn er keine Kenntnis hatte oder nicht infolge grob fahrlässiger Unkenntnis hätte wissen müssen, dass der Veräußerer nicht Eigentümer oder nicht verfügungsbefugt war, die Sache zu veräußern.

1.3.2.7. Ersitzung

Der Besitzer, der die Sache als eigene, also eigentümergleich besitzt, kann diese nach Ablauf von drei Jahren zu Eigentum erwerben. Die Ersitzungszeit beginnt mit dem Besitzerwerb. Grundsätzlich wird zugunsten des Besitzers vermutet, dass dieser den Besitz während der gesamten Zeitdauer ausübte, soweit er den Besitzbeginn und das Besitzende beweisen kann.

Neben dem ununterbrochenen Eigenbesitz ist stets Voraussetzung für einen Eigentumserwerb durch Ersitzen, dass der Besitzer während des gesamten Ersitzungszeitraums redlich bzw. im guten Glauben war. Auch hier gilt der Haftungsmaßstab, dass der Eigenbesitzer keine Kenntnis oder fahrlässige Unkenntnis gehabt haben darf, dass der Veräußerer nicht verfügungsbefugt war.

Die Ersitzungsfrist von drei Jahren bei beweglichen Gegenständen ist bei unfreiwilliger Abwesenheit des Alteigentümers gehemmt, z. B. wenn dieser wegen der Verfolgung durch das NS-Regime Österreich verlassen oder dort untertauchen musste.

Grundsätzlich ist die Besitzzeit des Besitzvorgängers, insbesondere bei Einzel- oder Gesamtrechtsnachfolgen durch den aktuellen Besitzer, anrechenbar. Voraussetzung ist aber auch hier, dass der Vorbesitzer redlich bzw. gutgläubig bei Erwerb war. Soweit dieser unredlich war, beginnt die Ersitzungsfrist beim aktuellen Besitzer von neuem und verdoppelt sich für diesen. Sie beträgt mithin dann sechs Jahre.

1.4. Eigentumsverlust/Eigentumserwerb in den USA

1.4.1. Rückblick: Kunsthandel während und nach Ende des 2. Weltkrieges in den USA

Bisher ist wissenschaftlich nicht hinreichend erforscht worden, in welchem Umfang im Zeitraum von 1933 bis 1945 Kunstwerke in die USA gelangten, die Personen gehörten, die aus rassischen, politischen oder weltanschaulichen Gründen im Deutschen Reich oder in den von Nazi-Deutschland besetzten Ländern verfolgt wurden. Europäische und auch amerikanische Kunsthändler erwarben auf Auktionen im Einflussgebiet der Nationalsozialisten oder durch freihändigen Verkauf Kunstwerke aller Stilrichtungen, die von den Eigentümern NS-verfolgungsbedingt veräußert werden mussten, und transferierten sie in die USA.

Der vom NS-Regime betriebene Ausverkauf der sog. entarteten Kunst führte zu zahlreichen Ankäufen durch amerikanische Kunstsammler und Händler. Einige amerikanische Museen, insbesondere das 1929 gegründete Museum of Modern Art in New York, lehnten wegen der Umstände, unter denen die Kunstwerke am Markt veräußert wurden (Beschlagnahme von Sammlungen und vom NS-Regime bewirkter Zwangsverkauf) generell den Ankauf in der berüchtigten Luzerner Auktion von Theodor Fischer im Sommer 1939 ab; andere erwarben bewusst diese Kunstwerke, um sie vor der Vernichtung zu bewahren. Doch auch in das Museum of Modern Art und insbesondere in das Guggenheim Museum in New York gelangten über Schweizer Zwischenhändler zahlreiche Kunstwerke, die aus NS-Beschlagnahme-Aktionen "entarteter Kunst" stammten. Der Versuch, über die Schweizer Kunsthandlung Gutekunst & Klipstein 500 Gemälde aus deutschen Museen der sog. entarteten Kunst en bloc für eine Million RM anzukaufen, scheiterte allerdings aus ungeklärten Gründen.

Der in Nazi-Deutschland unumschränkt tätige Berliner Kunsthändler Karl Buchholz ließ über seine New Yorker Buchholz-Gallery zahlreiche Kunstwerke an Museen und Sammler veräußern, die zuvor z. B. auf der Auktion von Fischer versteigert worden waren. Für Buchholz in New York war der in Akten des NS-Regimes als halbjüdisch bezeichnete Kunsthändler Curt Valentin tätig, der selbst einige Kunstwerke in Luzern bei Fischer ersteigert und dann an Museen weiterveräußert hatte. Das Museum of Modern Art erwarb von Valentin z. B. einige Kirchner-, Klee-, Lehmbruck- und Beckmann-Werke, die aus ehemals beschlagnahmten Beständen deutscher Museen stammten. Somit praktizierten amerikanische Museen und Kunstsammler oftmals nicht einen direkten Erwerb vom Deutschen Reich, sondern bedienten sich Zwischenhändlern, die selbst direkt oder über Gewährsleute in Europa den Handel mit dem NS-Regime betrieben.

Die 1939 und 1940 in New York und Chicago veranstalteten Ausstellungen moderner deutscher Kunst, aber auch die Pionierarbeit emigrierter europäischer Kunsthändler, wie z.B. Otto Kallir in New York, bewirkten ein großes Interesse des amerikanischen Kunsthandels an diesen Werken. So ist es zu erklären, dass zahlreiche, während des 2. Weltkrieges weiterhin am europäischen Kunstmarkt angebotene Werke in die USA gelangten.

Fall 25
Hans Peter Neumann-Erben vs. Metropolitan Museum of Art
wegen Gemälde von Claude Monet

Es sind Erwerbsvorgänge aus Emigrantenbesitz z. B. in den Niederlanden und in Frankreich bis zur Besetzung und dort noch bis zum Kriegseintritt der Vereinigten Staaten Ende 1941 festzustellen. Insbesondere über die Kunsthandelsdrehscheibe Schweiz wurde auch während des 2. Weltkrieges der Export von Kunstwerken in die USA aufrechterhalten. Von dort gelangten sie in den amerikanischen Museums- und privaten Sammlerbestand. Einige stammten aus Beschlagnahme- und Verwertungsaktionen des NS-Regimes. Für Emigranten bestand die Möglichkeit, ihren in der Schweiz deponierten Kunstbesitz in die Vereinigten Staaten zu transferieren und dort ggf. zu veräußern. Es gibt zahlreiche Fälle, bei denen diese Veräußerungen wegen der wirtschaftlichen Schwierigkeiten der Alteigentümer, die infolge ihrer Emigration aus dem Deutschen Reich eingetreten waren, erfolgen mussten. Im Einzelfall sind hier die Umstände des Eigentumsverlustes genau zu ermitteln, um aufzuklären, ob NS-verfolgungsbedingte Vermögensverluste vorliegen (s. Fall 6).

Nach dem Ende des 2. Weltkrieges gelangten Kunstwerke in den von den Westalliierten besetzten Ländern in die Hände alliierter Militärangehöriger und wurden als Kriegssouvenirs im Handgepäck mitgenommen oder per Post in die USA verschickt. Quantitative Angaben über diese Art des Kunsttransfers sind nicht vorhanden. Soweit er später in einem Museum endete, fehlen entsprechende Provenienzangaben völlig.

Fall 26
Kulturstiftung der Länder vs. Joe T. Meador-Erben
wegen Kunstwerken aus dem Quedlinburger Domschatz

Es fällt auf, dass bei Rückgabeforderungen von Alteigentümern bzw. deren Erben wiederholt festzustellen ist, dass die Kunstwerke bis Anfang der 50er Jahre auf dem amerikanischen Kunstmarkt, hauptsächlich in New York auftauchten und dort für zum Teil geringe Kaufpreise veräußert wurden. Für eine Vielzahl dieser Kunstwerke ist das jüdische Alteigentum nachweisbar und unschwer zu ermitteln, dass der jeweilige Alteigentümer unter Zahlung hoher diskriminierender Abgaben auswanderte oder deportiert und getötet wurde.

Neuere Forschungen belegen, dass alliierte Militärangehörige bei ihrem Vormarsch in Europa und nach Kriegsende zahlreiche Kunstwerke widerrechtlich wegnahmen. Allein auf dem von den Westalliierten besetzten Territorium des Deutschen Reiches wurden über 1.800 Depots sichergestellt, in denen sich Millionen Kunstwerke befanden. Für zahlreiche dieser Depots, die oft nur unzureichend bewacht wurden, sind Kunstdiebstähle durch alliierte Soldaten nachweisbar. Es kam zu Exzesshandlungen von Soldaten, die den Oberbefehlshaber der US-amerikanischen Streitkräfte, General Eisenhower, im März 1945 veranlassten, in einem Tagesbefehl auf die Verhinderung von Diebstählen und Vandalismus besonders hinzuweisen. Bereits im April 1945 wurde in Untersuchungsberichten festgehalten, dass Soldaten geraubte Kunstgegenstände mit der Armeepost nach Hause schickten oder in Militärflugzeugen als Privateigentum deklariert außer Landes brachten. Stichprobenartige Überprüfungen der Paketsendungen beförderten zahlreiche geplünderte Kunstwerke zutage. In einer Anweisung vom September 1946 wurde festgelegt, dass Postsendungen des Militärpersonals ausschließlich legal erworbene Gegenstände bis zu einem Wert von 50 US-Dollar enthalten dürfen. Bereits 1944 war das Gesetz der Militärregierung Nr. 52 erlassen worden, das Import und Weiterverkauf von Kunstwerken verbot oder von einem Genehmigungserfordernis abhängig machte, wenn der Wert 50 US-Dollar überschritt. Alles dies konnte allerdings nicht verhindern, dass offensichtlich hunderte geraubte Kunstwerke von Militärangehörigen in die USA geschafft wurden, oftmals kleine und handliche Altmeister.

Fall 27

Unbekannte Eigentümer vs. National Gallery, London
wegen Gemälde von Lucas Cranach d. Ä.

Zahlreiche Kunstwerke gelangten nach Kriegsende auch über Schwarzmarktkäufe, die von Soldaten im befreiten Europa getätigt wurden, in die USA. Das Gesetz der Militärregierung Nr. 52 wurde 1946 dahingehend geändert, dass Kunstankäufe in einem Wert bis zu 10.000 RM erlaubt wurden. Nun konnten US-Soldaten mit gutem Gewissen auf dem Schwarzmarkt Kunstwerke erwerben, von denen sie glaubten oder glauben konnten, dass sie lediglich bis zu 10.000 RM wert waren. Durch Tauschgeschäfte mit Zigaretten und Lebensmitteln gelangten zum Teil herausragende Kunstwerke in den Besitz der Soldaten, die zuvor aus Plünderungen von sichergestellten Depots stammten. Auch unter diesen befanden sich zahlreiche Raubkunstwerke, die den Alteigentümern NS-verfolgungsbedingt abhanden gekommen waren. Nach Jahrzehnten tauchen sie jetzt aus teilweise unbekannten Quellen erstmalig wieder in der Öffentlichkeit auf. Oftmals geschieht dies, wenn die damaligen Soldaten nunmehr verstorben sind und deren Nachlass gesichtet wird.

Es bestand selbst bei namhaften Kunsthändlern und Auktionshäusern, vorwiegend in New York, kaum ein Unrechtsbewusstsein, bedeutende Kunstwerke zu handeln, obwohl ohne Weiteres aufklärbar war, dass sie aus ehemals jüdischem Privatbesitz oder aus staatlichem Besitz stammten, der offensichtlich während der NS-Zeit geplündert worden war. So sind Kunstwerke von amerikanischen Sammlern erworben worden, die nicht selten Jahrzehnte später durch Schenkungen oder Einbringung des privaten Sammlungsbestandes in Stiftungen in öffentliche Museen gelangten und dort zur „Infizierung" mit NS-verfolgungsbedingt verlorenen Kunstwerken führten. Diese Schenkungen aus Privatbesitz dürften zukünftig ein Schwerpunkt der Provenienzforschung in Museen und öffentlichen Sammlungen bilden.

1.4.2. Eigentumserwerb in den USA

1.4.2.1. Wann ist amerikanisches Recht anwendbar?

Ist erstmalig Eigentum in den Vereinigten Staaten erworben worden, findet das Recht des jeweiligen amerikanischen Bundesstaates Anwendung, in dem sich das Kunstwerk befindet und vom Besitzer erworben wurde.

Auch in den USA gilt der Situs-Grundsatz, dass sich der Eigentumserwerb einer Sache nach dem Recht des Staates richtet, in dem sich die Sache zum Zeitpunkt des Eigentumserwerbs befand. Davon macht das US-amerikanische Recht dann eine Ausnahme, wenn die Umstände des Einzelfalls auf eine engere Beziehung zu einem anderen Recht als dem des Ortes, wo das Eigentum ursprünglich erworben wurde, hinweisen (most significant relationship).

Fall 28
Republik Zypern vs. Peggy L. Goldberg
wegen Mosaiken

1.4.2.2. Allgemeine Rechtsgrundsätze

In den Vereinigten Staaten können gegen oder ohne den Willen des Eigentümers bzw. Besitzers abhanden gekommene Gegenstände grundsätzlich nicht erworben werden. Der Besitzer kann grundsätzlich nicht Eigentümer, auch nicht durch Zeitablauf, werden. Die im angelsächsischen Rechtskreis geltende, auf das römische Recht zurückgehende nemo dat-Regel (nemo plus juris ad alium tranfere pot est quam ipse habet) bedeutet, dass niemand mehr Rechte an einer Sache übertragen kann, als er selbst innehat. Wer also nicht Eigentümer einer Sache ist, kann das Eigentum auch nicht auf einen Erwerber übertragen.

Ausgehend von diesem Rechtsgrundsatz ist im angelsächsischen Recht auch das Rechtsinstitut der Ersitzung, d.h. Eigentumserwerb des gutgläubigen Besitzers nach Ablauf einer bestimmten Besitzzeit, unbekannt.

Die in Deutschland geltende Verjährung von Eigentumsherausgabeansprüchen nach dreißig Jahren (beginnend ab Verlust der Sache) ist im angelsächsischen Recht gleichfalls unbekannt.

Diese Rechtsgrundsätze bedeuten, dass Herausgabeverlangen von Alteigentümern gegenüber aktuellen Besitzern in den USA, z.T. auch noch viele Jahrzehnte seit dem Besitzverlust, erfolgreich geltend gemacht werden können. Zu beachten ist allerdings, dass auch bei Herausgabeklagen in den USA das amerikanische Recht nicht angewendet wird, sondern ausländisches Recht, z. B. deutsches Recht, wenn der Eigentumsverlust bzw. -erwerb bereits nach dem ausländischen Recht eintrat.

Fall 29
Museum Weimar vs. Edward I. Elicofon
wegen Gemälde von Albrecht Dürer

1.4.2.3. Herausgabe- bzw. Rückgabeansprüche

Anders als in einer Anzahl europäischer Rechtssysteme, in denen eine Alteigentümer(herausgabe)klage gegen den aktuellen Besitzer erfolgen muss, ist eine solche dingliche Klage auf Herausgabe beweglicher Sachen in den USA nicht bekannt. Mit der Besitzherausgabeklage – action in replevin – kann der Kläger hier das Recht zum sofortigen Besitz (right to present possession) an einer Sache geltend machen, die ihm rechtswidrig entzogen wurde und die der Beklagte unrechtmäßig in Besitz hat. Diese Klage kann der Beklagte unter den Voraussetzungen von „adverse possession" abwehren, wenn er beweist, dass er aktueller, ausschließlicher, sichtbarer, offener und ununterbrochener Besitzer der Sache ist.

Fall 30
Erna Menzel vs. Albert List
wegen Gouache von Marc Chagall

Fall 31
Georgia O'Keeffe vs. Barry Snyder
wegen drei Gemälden von Georgia O'Keeffe

Fall 32
Gerda Dorothea de Weerth vs. Edith Marks Baldinger
wegen Gemälde von Claude Monet

Die Erfordernisse des „sichtbaren und offenen Besitzes" konnten in den Fällen Menzel vs. List (s. Fall 30), O'Keeffe vs. Snyder (s. Fall 31) und de Weerth vs. Baldinger (s. Fall 32) nicht nachgewiesen werden. List hatte die Chagall-Gouache annähernd zwei Jahrzehnte ausschließlich im Privatbesitz, desgleichen Snyder, der die drei O'Keeffe-Bilder nur einmal für eine eintägige lokale Kunstausstellung auslieh. Baldinger hatte das Monet-Gemälde nur in zwei öffentlichen Ausstellungen, einmal vier Tage und einmal einen Monat, ausgeliehen.

Liegen im Einzelfall die Voraussetzungen von „adverse posession" vor, weil das Kunstwerk über mehrere Jahre in öffentlichen Sammlungen, Verzeichnissen, Katalogen oder anderer der Öffentlichkeit zugänglicher Weise, z. B. auch durch Veröffentlichung im Internet, dem Alteigentümer bekannt gewesen war oder hätte bekannt sein können, müsste die Herausgabeklage abgewiesen werden. Bei Vorliegen der Voraussetzungen von „adverse possession" zugunsten des aktuellen Besitzers ist dann auch anerkannt, dass der Eigentumserwerb des Besitzers an den abhanden gekommenen Kunstwerken möglich ist.

Fall 33
Margarete Mauthner-Erben vs. Elizabeth Taylor
wegen Gemälde von Vincent van Gogh

Im Herausgabeverfahren gegen die Schauspielerin Elizabeth Taylor stellte das kalifornische Gericht fest, dass spätestens seit dem Erwerb 1963 allgemein bekannt war, bei wem sich das Gemälde befindet. Der Alteigentümer hätte ohne Weiteres den Besitzer ermitteln und Herausgabe verlangen können. Dies ist nahezu vier Jahrzehnte unterlassen worden und schließt daher einen begründeten Rückgabeanspruch aus.

1.4.2.4. Eigentumserwerb bei Verjährung oder Verwirkung des Rückgabeanspruches

1.4.2.4.1. Discovery rule

Der Grundsatz, dass kein Eigentumserwerb vom Nichtberechtigten möglich ist, wird durchbrochen und ein Eigentumserwerb möglich, wenn der Rückgabeanspruch verjährt ist oder der Alteigentümer durch sein (schuldhaftes) Verhalten den Rückgabeanspruch verwirkt hat. In den einzelnen Bundesstaaten der Vereinigten Staaten gelten unterschiedliche Verjährungsfristen für die Herausgabe von beweglichen Sachen zwischen zwei und zehn Jahren. Entscheidend ist bei Rückgabeverlangen von beweglichen Sachen oftmals aber nicht die Dauer der Verjährungsfristen, sondern die Klärung der Frage, welche Voraussetzungen für den Beginn der Verjährungsfrist gelten.

Fall 34
Guggenheim Museum vs. Rachael Lubell
wegen Gouache von Marc Chagall

In den meisten USA-Bundesstaaten richtet sich der Verjährungsbeginn nach der discovery rule, so z. B. in Texas, Indiana (s. Fall 28) und New Jersey (s. Fall 31). Allgemein ist anerkannt, dass auf Besitzherausgabeklagen (action in replevin) für die Frage des Verjährungsbeginns grundsätzlich die discovery rule anwendbar ist.

Die discorery rule besagt, dass die Verjährungsfrist für den Rückgabeanspruch erst beginnt, wenn der unrechtmäßige, aktuelle Besitzer der Sache ermittelt wurde und der Alteigentümer nach Verlust der Sache, die unter den gegebenen Umständen von ihm zu erwartende Sorgfalt (due diligence), den (unrechtmäßigen) Besitzer der Sache ausfindig zu machen, aufgewandt hat.

In der Sache Zypern vs. Goldberg (s. Fall 28) wurde die Sorgfaltspflicht des Staates Zypern als ausreichend angesehen, weil nach Bekannt werden des Diebstahls zahlreiche internationale Organisationen sowie europäische und amerikanische Museen und Auktionshäuser darüber informiert worden waren.

In dem Fall O'Keeffe vs. Snyder (s. Fall 31) wurde der Herausgabeanspruch der Malerin Georgia O'Keeffe gegen den Kunsthändler Barry Snyder abgewiesen, weil sie bei der Suche nach dem Verbleib der ihr 1946 entwendeten Bilder nicht die erforderliche Sorgfalt (due diligence) aufbrachte. Den 1946er Verlust hatte die Malerin erst 1972 der Art Dealers Association of America gemeldet, die Polizei oder die Öffentlichkeit aber nicht informiert.

In den amerikanischen Bundesstaaten, die bei Besitzherausgabeklagen die discovery rule anwenden, ist also zunächst zu ermitteln, wann der Eigentümer Kenntnis vom aktuellen Besitzer und dem Kunstwerk erhalten hat, wann er das Kunstwerk also entdeckt (discovered) hat, weil ab diesem Zeitpunkt die jeweils geltenden Verjährungsfristen beginnen.

Der Verjährungsbeginn ab Kenntnis wird nicht anerkannt, wenn der Alteigentümer selbstverschuldet nicht das erforderliche tat, das Kunstwerk aufzufinden. Ausnahmsweise ist Fristbeginn für die Verjährung dann nicht erst die Kenntnis des Alteigentümers über den aktuellen Besitzer und Standort des Kunstwerkes, sondern bereits der Zeitpunkt des Besitzverlustes selbst. Aus der Entscheidung Zypern vs. Goldberg (s. Fall 28) ist die Tendenz der Rechtsprechung ableitbar, dass der Alteigentümer zumutbare Anstrengungen unternehmen muss, um zum einen den Verlust des Kunstwerkes bekannt zu machen und zum anderen Nachforschungen über den Verbleib durchzuführen. Unterlässt er diese Nachforschungs- und Bekanntmachungspflicht, kann er sich nicht auf den Verjährungsbeginn erst ab Kenntnis über den aktuellen Besitzer und Standort des Kunstwerkes berufen.

1.4.2.4.2. Demand and refusal rule

Für den internationalen Kunsthandel sind die Bundesstaaten New York und Kalifornien besonders wichtig (s. Fälle 19 und 33). Hier beträgt die Verjährungsfrist grundsätzlich drei Jahre. Für den Verjährungsbeginn ist die demand and refusal rule maßgeblich, die besagt, dass die Verjährungsfrist grundsätzlich erst beginnt, wenn der Kläger die Sache von dem Besitzer herausverlangt (demand) und der Besitzer die Forderung zurückgewiesen hat (refusal) – s. Fälle 19 und 31.

Ob dem Alteigentümer eine mangelnde Sorgfalt bei dem Wiederauffinden der abhanden gekommenen Sache vorgeworfen werden kann, hat, anders als bei der discovery rule, nach der demand and refusal rule keinen Einfluss auf den Verjährungsbeginn. Eine ausreichende Sorgfalt und gebotene Aktivitäten zur Wiedererlangung des Besitzes sind jedoch im Rahmen des Verwirkungseinwandes (defense of laches) zu prüfen. Er muss beweisen, dass er nach den jeweiligen Umständen des Einzelfalls sorgfältig genug nach den abhanden gekommenen Kunstobjekten suchte.

Die erforderliche Nachforschungspflicht verneinte das kalifornische Gericht in Sachen Mauthner-Erben vs. Elizabeth Taylor, weil offensichtlich vier Jahrzehnte lang keine nennenswerten Ermittlungen über den Verbleib des Kunstwerkes angestellt wurden, obwohl der allgemein bekannte und öffentliche Besitz durch Elizabeth Taylor ohne Weiteres hätte geklärt werden können (s. Fall 33).

Der beklagte aktuelle Besitzer kann auch einwenden, dass der Alteigentümer den Herausgabeanspruch unbegründet spät (unreasonable delay) erhoben hat und dass sich die späte bzw. verzögerte Besitzherausgabe für den Beklagten nachteilig (prejudicial) auswirkt. Ein solcher Nachteil kann z. B. gegeben sein, wenn durch die lange Zeitverzögerung Zeugen oder Dokumente, die einen gutgläubigen Besitz (adverse possession) beweisen, nicht mehr zur Verfügung stehen.

Fall 35
Türkei vs. Metropolitan Museum of Art
wegen kleinformatiger Gold- und Silberobjekte

Der Besitzer kann auch selbst als Kläger feststellen lassen, dass ein Herausgabeanspruch zu spät geltend gemacht wird. In dem unter Fall 19 geschilderten Sachverhalt macht in einem sog. negativen Feststellungsverfahren [der aktuelle Besitzer] geltend, sein Erwerb in einer Auktion liege Jahrzehnte zurück. Die rechtlich entscheidungserheblichen Umstände der Veräußerung im Jahre 1956 durch die Schwiegertochter des Alteigentümers an einen Schweizer Kunsthändler könnten wegen der langen Zeitdauer und dem Tod der Zeugen nicht mehr ermittelt werden. Deshalb sei die Rückgabe verspätet und könne nicht mehr geltend gemacht werden.

1.5. Eigentumsverlust/Eigentumserwerb in Frankreich

1.5.1. Rückblick: Eigentumsverluste während der Besetzung Frankreichs von 1940 bis 1944

1.5.1.1. Privatrechtliche und hoheitliche Eigentumsverluste

Vor und nach der Wende vom 19. zum 20. Jahrhundert war Frankreich, insbesondere Paris, das weltweit führende Kunsthandelszentrum. In Paris befanden sich international renommierte Galerien, die insbesondere die französischen Impressionisten anboten. Aufgrund der Weltwirtschaftskrise ab 1929 schwächelte wie überall der französische Kunsthandel. Zu Beginn der 30er Jahre soll ca. ein Drittel der französischen Kunsthändler finanziell bankrott gewesen sein. Gleichwohl blieb Paris die Metropole des internationalen Kunsthandels, wo sich nach 1933 auch geflüchtete deutsche und später österreichische Kunsthändler niederließen.

Bis zur Niederlage Frankreichs im Juni 1940 wurde dort eine Vielzahl von Kunstwerken veräußert, die aus dem Besitz von Emigranten stammten. Ein reger Kunsthandel bestand mit allen europäischen Staaten, mit den USA noch bis zu deren Kriegseintritt im Dezember 1941.

Nach der Besetzung Frankreichs einschließlich Paris durch deutsche Truppen begann die systematische Plünderung französischer Kunstsammlungen durch den Einsatzstab Reichsleiter Rosenberg (ERR), der mit der Einziehung des Eigentums von Juden, Freimaurern und „unerwünschter Personen" sowie der Beschlagnahme sog. entarteter Kunst beauftragt war.

Bereits mit der Anordnung vom 30.06.1940 war der Befehl gegeben worden, sämtliche privaten französischen Kunstsammlungen, insbesondere die jüdischen, „sicherzustellen". Betroffen waren etwa 200 jüdische Sammlungen, unter ihnen so herausragende wie jene der Rothschilds, von David-Weill, Alphonse Kann, Levi de Benzion, Gentili di Giuseppe, der Schloss und Seligmann.

Fall 36
Alphonse Kann-Erben vs. Menil Collection, Houston/Texas
wegen Gemälde von Henri Matisse

Fall 37
André Jean Seligmann-Erben vs. Utah Museum of Fine Arts
wegen Gemälde von François Boucher

Soweit sich Sammlungen im unbesetzten Vichy-Frankreich befanden, bewirkten deutsche Stellen dort ihre Beschlagnahme und ließen sie nach Paris schaffen.

Fall 38
Adolphe Schloss-Erben vs. Carnegie Museum of Art, Pittsburgh
wegen Gemälde, Rembrandt Harmensz van Rijn zugeschrieben

Kunstwerke aus Nazi-Deutschland emigrierter jüdischer Kunstsammler, wie z. B. der Bankiers Hans Arnhold, Hans Fürstenberg und Hugo Simon oder der Kunsthändler Hugo Perls, Hugo Ball und Paul Graupe, wurden gleichfalls beschlagnahmt.

Betroffen waren auch Sammlungen nichtjüdischer, ausländischer Bürger aus sog. Feindstaaten, wie z. B. jene in Nizza von John und Anna Jaffé oder in Paris von Peter Watson und Edward James.

Bedeutende französische Galerien, wie in Paris Wildenstein und Bernheim-Jeune, wurden arisiert, die Bestände des Kunsthändlers Paul Rosenberg oder David David-Weill gepfändet, beschlagnahmt und verkauft.

Fall 39
Paul Rosenberg-Erben vs. Seattle Art Museum
wegen Gemälde von Henri Matisse

Fall 40
Paul Rosenberg-Erben vs. Unbekannt
wegen Zeichnung von Edgar Degas

Der ERR ließ ab Oktober 1940 alle Kunstobjekte in einem Nebengebäude des Louvre, dem Jeu de Paume in den Tuillerien, zusammentragen. Nach einem unvollständigen Ergebnisbericht des Sonderstabs Bildende Kunst des ERR von 1944 wurden mehr als 21.000 Gegenstände, davon etwa die Hälfte Ölgemälde, Aquarelle, Zeichnungen und Pastelle sowie Grafiken, im Übrigen Möbel, Plastiken, Textilien usw. allein von dieser deutschen Dienststelle eingezogen. Aufgrund des sog. Führervorbehalts stand Adolf Hitler an all diesen Kunstwerken ein Ersterwerbsrecht zu. Erst danach erfolgte der Abtransport des Raubgutes nach Deutschland. Göring soll mindestens zwanzig Mal die Sammlungen im Jeu de Paume besichtigt und dabei hunderte Kunstwerke für seine Privatsammlung ausgesucht haben.

Der französische Kunstmarkt erlebte in der Besatzungszeit zwischen 1940 und 1944 einen Boom. Im Juni 1941 mussten sogar gesetzliche Bestimmungen erlassen werden, die ein Exportverbot für nationale Kulturgüter regelten, um einen Ausverkauf zu verhindern. Die von staatlichen deutschen Stellen nicht ins Deutsche Reich verbrachten Kunstwerke, insbesondere sog. moderne Kunst, die vom NS-Regime abgelehnt wurde, konnten aus dem Bestand des Jeu de Paume angekauft werden.

Im großen Stil erwarb der seit 1933 in Frankreich lebende deutsche Kunsthändler Gustav Rochlitz Kunstwerke.

Fall 41
Leonce Rosenberg-Erben vs. Musée Nationale d'Art Moderne
(Centre Georges Pompidou)
wegen Gemälde von Fernand Léger

Dabei war es ihm möglich, im Tausch gegen von den Nazis besonders geschätzte sog. Altmeister-Gemälde dutzende hochrangiger Impressionisten aus beschlagnahmten jüdischen Sammlungen zu erlangen.

Von mindestens achtundzwanzig Tauschaktionen des Jeu de Paume war Rochlitz an achtzehn beteiligt und erwarb dort mindestens zweiundachtzig Gemälde, die er selbst oder seine französischen bzw. deutschen Mittelsmänner im Ausland, insbesondere der Schweiz, veräußerten.

Fall 42
Alexander u. Richard Ball vs. Hans Wendland u. Hans Fritz Fankhauser wegen zweier antiker Schränke

Im Jeu de Paume bedienten sich auch zahlreiche französische Privatpersonen.

Fall 43
Paul Rosenberg-Erben vs. Madame de Chambrun wegen Gemälde von Georges Braque

Französische Kunsthändler, wie Etienne Bignon, Alice Monreau, Martin Fabiani, Roger Dequoy, André Schoeller, Paul Cailliux, um nur einige zu nennen, machten lebhafte und einträgliche Geschäfte mit den deutschen Besatzern. Bei Verkäufen französischer Impressionisten, wie Seurat, Cézanne, Monet, Renoir, Corot, Courbet, aber auch für Bilder von Matisse, Picasso und Modigliani z. B. im Pariser Auktionshaus Drouot wurden Preise erzielt, die weit über dem Vorkriegsniveau lagen. Allein in Paris führten mehr als 70 namhafte Kunsthändler einen schwunghaften Handel. Zu den zahlungskräftigen Käufern gehörten auch deutsche Militärangehörge, Händler und Touristen, die aufgrund der zwangsweise festgesetzten Abwertung des Franc gegenüber der Reichsmark erhebliche Kunstankäufe tätigen konnten.

Aus den Speditions- und Beförderungslisten der deutschen Firma Schindler ergeben sich zahlreiche Kunstankäufe durch Museen und Sammlungen im Rheinland und Ruhrgebiet, in der Schweiz, den Niederlanden und Belgien. Auch staatliche französische Museen, voran der Pariser Louvre, profitierten von dem „Angebot" und erwarben bedeutende Kunstwerke zur Vervollständigung ihrer Sammlung.

Schließlich kam es wie in allen besetzten Gebieten zu unkontrollierten Wegnahmen durch diverse staatliche Dienststellen und Einzelpersonen, die sich nur noch im Einzelfall rekonstruieren lassen.

Fall 44
Pierre David Weill-Erben vs. Museo Nacional Centro de Arte Reina Sofia, Madrid wegen Gemälde von André Masson

Nachkriegsschätzungen gehen davon aus, dass annähernd ein Drittel der im französischen Privatbesitz befindlichen Kunstwerke den Beschlagnahme- und Verwertungsaktionen zum Opfer fielen und dadurch französische Privatpersonen von allen im 2. Weltkrieg betroffenen Staatsangehörigen die größten NS-verfolgungsbedingten Kulturgutverluste erlitten.

Der französische Geheimdienst führte nach der Befreiung von Paris im August 1944 umfangreiche Ermittlungen und Verhöre von Kunsthändlern durch. In der Folgezeit wurden gegen einige Kunsthändler Strafverfahren angestrengt. Die meisten endeten mit niedrigen Strafen oder wurden niedergeschlagen. Sie sollten den französischen Kunstmarkt nicht noch mehr schwächen. Denn Frankreich und insbesondere Paris hatten infolge des 2. Weltkrieges die erstrangige Stellung als Kunsthandelsplatz an London und insbesondere New York verloren.

Die zwielichtigen Geschäfte der Besatzungszeit sind bis heute nicht vollständig aufgeklärt. Hier steht die historische Forschung erst am Anfang. Die strafgerichtlichen Ermittlungsakten und die Verhörprotokolle des Geheimdienstes sind nach wie vor nicht öffentlich zugänglich, obwohl zu vermuten ist, dass sich aus ihnen eine Vielzahl von Transaktionen mit NS-verfolgungsbedingt verlorenen Kunstwerken rekonstruieren ließe, die es Alteigentümern erstmalig ermöglichen würde, den konkreten Besitzverlust und den damaligen und möglicherweise auch noch heutigen Besitzer des Kunstwerkes festzustellen.

1.5.1.2. Gesetzliche Sonderregelungen für Vermögensverluste während der Besatzungszeit

Bereits in der Londoner Erklärung vom 05.01.1943 hatten sich die Alliierten, unter ihnen die Exilregierung Frankreichs, verpflichtet, das durch Plünderungen und Enteignungen unrechtmäßig übertragene Eigentum zu restituieren. Die Londoner Erklärung ist durch die Verordnung des nationalen Befreiungskomitees der französischen Exilregierung vom 12.11.1943 in nationales Recht transformiert worden.

Drei Restitutionsverordnungen, die zwischen November 1944 und Juni 1945 erlassen wurden, legten fest, dass Personen, deren Eigentum durch antisemitische Gesetze der Vichy-Regierung oder durch die deutsche Besatzung konfisziert wurde, die Nichtigkeit dieser Rechtshandlungen feststellen lassen konnten. Auch Vermögensverluste, die aufgrund von Kaufverträgen oder anderen Rechtsakten eingetreten waren, konnten nach diesen Verordnungen für nichtig erklärt werden. Die Möglichkeit der Nichtigkeitserklärung war bis 31.12.1949 befristet.

Es handelt sich hier jedoch um keine starre, absolute Ausschlussfrist. Die Verjährung kann gerichtlich außer Kraft gesetzt werden, wenn der geschädigte Alteigentümer bzw. seine Erben den Nachweis erbringen, dass er nicht in der Lage war, die Ausschlussfrist einzuhalten. Es besteht dann die Möglichkeit, den unwirksamen Vermögensverlust gerichtlich festzustellen und die Rückgabe von Kunstobjekten vom Besitzer zu verlangen.

Fall 45

Frederico Gentili di Giuseppe-Erben vs.Musée de *Louvre*
wegen fünf Altmeister-Gemälden

Die fortgesetzte Geltung der 1945/1946 erlassenen Verordnungen zur Nichtigkeitsfeststellung von Vermögensverlusten und daraus resultierender Herausgabeansprüche des Alteigentümers gegenüber Dritten stellt eine einmalige Regelung dar. Dadurch kann der geschädigte Alteigentümer bzw. seine Erben Herausgabeansprüche auch noch heute geltend machen, ohne dass sich der Erwerber auf gutgläubigen Erwerb, Ersitzung oder Verjährung berufen kann. So wurden sowohl der Pariser Louvre als auch ein öffentliches Museum in Strasbourg von Zivilgerichten zur Herausgabe verurteilt, weil beide im Besitz von Kunstwerken waren, die Alteigentümern NS-verfolgungsbedingt abhanden kamen.

Fall 46
Karl Grünwald-Erben vs. Musée d'Art Moderne et Contemporain Strasbourg wegen Gouache von Gustav Klimt

1.5.2. Eigentumserwerb nach französischem Zivilrecht

1.5.2.1. Wann ist französisches Recht anwendbar?

Auch in Frankreich gilt die Situs-Regel, wonach bei Eigentumserwerben in Frankreich französisches Recht gilt und ansonsten ausländisches Recht anzuwenden ist, wenn schon nach dem Recht des ausländischen Staates Eigentum an dem Kunstwerk erworben wurde.

Fall 47
Hessisches Landesmuseum Darmstadt vs. private Erwerber wegen fünf mittelalterlichen Elfenbeinfiguren

1.5.2.2. Grundsatz

Im französischen Code Civil ist grundsätzlich Besitz und Eigentum an einer beweglichen Sache gleichgestellt, d.h. der Besitzerwerb wirkt als Eigentumserwerb qua Gesetz. Kann der Besitz-/Eigentumserwerb nicht durch Dokumente bewiesen werden, gilt gleichwohl die Vermutung, dass der Eigenbesitzer aufgrund der Ausübung der tatsächlichen Sachherrschaft Eigentümer und Besitzer ist. Diese Eigentumsvermutung kann allerdings vom Alteigentümer widerlegt werden, wenn er beweist, dass der Besitzer kein Eigentum erworben hat. Anders als im deutschen Recht unterliegt die Eigentums-/Besitzherausgabeklage keiner Verjährung und kann jederzeit geltend gemacht werden. Unter besonderen Voraussetzungen ist allerdings auch der gutgläubige Erwerb vom Nichtberechtigten möglich. In besonderen Fällen ist auch der Eigentumserwerb durch Ersitzung möglich, sowohl vom gutgläubigen als auch dem bösgläubigen (!) Besitzer.

1.5.2.3. Redlicher Käufer/Erwerber

Auch im Code Civil ist der gutgläubige Erwerb vom Nichtberechtigten gesetzlich geregelt worden. Die Rechtsprechung verlangt bei Besitzerlangung den guten Glauben des Besitzers, d.h. der Erwerber muss der Auffassung sein, der Veräußerer sei der wirkliche Eigentümer. Aus den Umständen des Erwerbsgeschäfts darf sich nicht der Verdacht aufdrängen, dass der Veräußerer nicht berechtigt ist. Damit hat die französische Rechtsprechung ein ähnliches Erfordernis des gutgläubigen Erwerbs wie im deutschen, österreichischen oder Schweizer Recht aufgestellt. Der gutgläubige Eigentumserwerb ist also generell bei Wissen des Erwerbers oder Unkenntnis infolge grober Fahrlässigkeit bzgl. der Eigentümerstellung des Veräußerers ausgeschlossen. Daneben muss durch den Besitzerwerb die unmittelbare Sachherrschaft des Erwerbers begründet werden und der Besitz „friedlich, offenkundig und unzweideutig" ausgeübt werden.

1.5.2.4. Drei Jahre Herausgabeanspruch bei „abhanden gekommenen" Sachen

Ist die Sache dem Eigentümer gestohlen oder auf sonstige Weise ohne oder gegen seinen Willen, d.h. durch unfreiwilligen Besitzverlust, abhanden gekommen, kann der Alteigentümer binnen einer dreijährigen Ausschlussfrist von jedem Besitzer der Sache, auch dem gutgläubigen Erwerber, die Herausgabe verlangen. Die Beweislast für das Abhandenkommen trägt der Alteigentümer. Grundsätzlich hat der gutgläubige Erwerber binnen der Dreijahresfrist die Sache entschädigungslos zurückzugeben. Ausnahmsweise wird dem gutgläubigen Erwerber die Möglichkeit der Rückforderung des Kaufpreises eingeräumt, wenn er die Sache auf einer Messe, einem Markt, in einer öffentlichen Versteigerung oder von einem Kaufmann, der gewöhnlich derartige Sachen verkauft, gutgläubig erworben hat. Nach Ablauf der Dreijahresfrist kann sich der gutgläubige Besitzer auf den Besitz- bzw. Eigentumserwerb berufen und die Herausgabe verweigern. Wie in der Schweiz (dort fünf Jahre) ist der gutgläubige Erwerb auch an abhanden gekommenen Sachen nach Ablauf von drei Jahren möglich.

1.5.2.5. Unverjährbarkeit des Herausgabeanspruches gegen bösgläubigen Erwerber

Der Alteigentümer kann nach dem Code Civil als „besser berechtigter Besitzer" die sog. Revindikationsklage gegenüber dem aktuellen Besitzer geltend machen. Der Herausgabeanspruch ist gegenüber bösgläubigen Erwerbern unverjährbar.

Gegenüber gutgläubigen Erwerbern von abhanden gekommenen Sachen ist die Herausgabe nur binnen einer Frist von drei Jahren ab Besitzverlust möglich. Danach ist sie gegenüber gutgläubigen Erwerbern generell ausgeschlossen.

1.5.2.6. Eigentumserwerb durch Ersitzung

Eigentum durch Ersitzung kann sowohl der bösgläubige als auch der gutgläubige Besitzer erwerben. Gegenüber bösgläubigen Besitzern, von denen ununterbrochen der Besitz mehr als dreißig Jahre ausgeübt wurde, ist die Herausgabeklage nach Ablauf dieser Frist ausgeschlossen, wenn während dieses Zeitraumes der (bösgläubige) Besitz friedlich, offenkundig und unzweideutig ausgeübt wurde. Es muss für den Alteigentümer dreißig Jahre lang die Möglichkeit der Kenntnisnahme und Rückforderung bestanden haben. Der Besitz darf nicht versteckt gewesen sein.

Bei gutgläubigen Besitzern, von denen der Besitz im guten Glauben dreißig Jahre ausgeübt wurde, ist der Eigentumserwerb nach Ablauf dieser Frist möglich, ohne dass der Besitz offenkundig und unzweideutig ausgeübt wurde. Der Alteigentümer muss also nicht die Möglichkeit der Kenntnisnahme und Rückforderung besessen haben. Der Besitzer konnte die Sache auch während der Besitzzeit verstecken.

Fall 48
Alphonse Kann-Erben vs. Musée Nationale d'Art Moderne
(Centre Georges Pompidou)
wegen Gemälde von Georges Braque

1.5.2.7. Strafrechtlicher Einziehungsanspruch

Nach dem französischen Strafrecht ist der „wissentliche Handel mit gestohlenen Kulturgütern" verboten und strafbar. Durch die Strafverfolgungsbehörden ist von Amts wegen oder auf Antrag gegen Personen vorzugehen, die in Frankreich mit gestohlenen Kunstwerken handeln. In dem Strafurteil gegen die Person kann dann auch die Einziehung des Kunstwerkes angeordnet und die Rückgabe an den früheren Eigentümer bewirkt werden.

Fall 49
Adolphe Schloss-Erben vs. Adam Williams
wegen Gemälde von Franz Hals

1.6. Eigentumsverlust/Eigentumserwerb in Italien

1.6.1. Rückblick: Eigentumsverluste während des 2. Weltkrieges

1.6.1.1. Privatrechtliche und hoheitliche Eigentumsverluste

Bis zum 03.09.1943 war das faschistische Italien Verbündeter des Deutschen Reiches. Vermögensverluste, insbesondere aufgrund rassischer Verfolgung, waren bis zu diesem Zeitpunkt nicht in nennenswerter Weise erfolgt. Erst mit der Besetzung Italiens durch deutsche Truppen im Herbst 1943 begann der Zugriff auf tausende Kunstgegenstände aus italienischem Besitz. Die einsetzenden Verfolgungsmaßnahmen gegenüber italienischen Juden führten auch zur Beschlag- und Wegnahme ihres Besitzes, wobei der Umfang und das Ausmaß, insbesondere hinsichtlich von Kunstgegenständen, bisher kaum erforscht oder dokumentiert sind. Einzelne Rückgabefälle zeigen, dass offensichtlich von alliierten Soldaten im befreiten Italien Raubkunst erworben oder sichergestellte Kunstwerke entwendet worden sind.

Fall 50
Cino Vitta-Erben vs. Dunedin Public Art Gallery
wegen italienischer Impressionisten der Macchiaioli-Schule

1.6.1.2. Gesetzliche Rückgaberegelungen nach Ende des 2. Weltkrieges

Bereits Ende 1943 wurde im befreiten Teil Süditaliens eine Organisation gegründet, deren Aufgabe es war, die von den Nazis während der Besetzung Italiens ab 03.09.1943 gestohlenen oder beschlagnahmten Kunstwerke wieder zu beschaffen. Eine vom Alliierten Oberkommando in Zusammenarbeit mit der italienischen Regierung eingesetzte Sonderabteilung war gleichfalls mit der Wiederbeschaffung dieser Kulturgüter betraut worden.

1946 richtete die italienische Regierung die erste Rückerstattungskommission ein, welche die Rückerstattung von Kunstwerken durchführen sollte, die nach dem 03.09.1943 aus Italien herausgeschafft worden waren. Die Alliierten gaben mehr als 250.000 Kunstwerke, die in Deutschland aufgefunden wurden, an den italienischen Staat zurück, ohne dass im Einzelfall zuvor ermittelt werden konnte, ob diese aus Staats- oder Privatbesitz stammten.

Im italienischen Gesetz Nr. 77 vom 14.01.1950 wurde festgelegt, dass alle aus Deutschland nach Italien zurückgeführten Kunstwerke Eigentum des italienischen Staates sind. Von diesem Verstaatlichungsgesetz dürften auch Kunstwerke aus ehemaligem Privatbesitz betroffen gewesen und damit erneut enteignet worden sein. In einer zwischenstaatlichen Vereinbarung von 1953, dem Adenauer-De Gasperi-Abkommen, war die Rückgabe aller während der NS-Zeit „illegal" aus Italien ausgeführten Kulturgüter beschlossen worden und hatte zu weiteren Rückgaben bedeutender Gemälde geführt.

Bisher ist nicht erforscht worden, welche der in der Besatzungszeit aus Italien ausgeführten und von den Alliierten und der Bundesrepublik Deutschland zurückgegebenen Kunstwerke ursprünglich im Eigentum italienischer Juden oder anderer Verfolgter des NS-Regimes standen. Es ist davon auszugehen, dass ein Teil der zurückgegebenen Kunstwerke, die seinerzeit auf verschiedene öffentliche italienische Museen und Sammlungen verteilt wurden, Privateigentümern gehörten.

1.6.2. Eigentumserwerb nach italienischem Zivilrecht

1.6.2.1. Wann gilt italienisches Recht?

In dem 1942 neu gefassten italienischen Zivilrecht (Codice civile) ist ausdrücklich geregelt worden, dass grundsätzlich das Recht des Landes maßgeblich ist, in dem der Eigentumserwerb stattfand (sog. Situs-Regel). So ist auch differenzierend in dem bekannten Fall Republik Ecuador vs. Danusso das ecuadorianische Recht angewandt worden, soweit Kunstgegenstände in Ecuador erworben wurden. Das italienische Recht fand Anwendung, soweit der Kauf von Kunstgegenständen erst in Italien vollzogen worden ist.

Fall 51
Republik Ecuador vs. Danusso
wegen präkolumbianischer Grabungsfunde

1.6.2.2. Grundsätze

Auch nach italienischem Zivilrecht kann grundsätzlich das Eigentum an Kunstwerken nur vom Eigentümer selbst erworben werden. Bei Besitzverlust kann der Alteigentümer grundsätzlich unbefristet seinen Eigentumsrückgabeanspruch geltend machen.

Die Ausnahmen des sog. gutgläubigen Erwerbs vom Nichtberechtigten sind allerdings zugunsten des Erwerbers besonders weit geregelt worden. Auch an abhanden gekommenen Kunstwerken ist ein sofortiger gutgläubiger Erwerb in Italien möglich.

Gleiches gilt für den Eigentumserwerb durch Ersitzung nach Ablauf des gesetzlichen Besitzzeitraumes.

1.6.2.3. Gutgläubiger Eigentumserwerb

Der gutgläubige Eigentumserwerb vom Nichtberechtigten ist möglich, wenn dem Erwerber der Besitz an der Sache übergeben wird und dieser bei Erwerb gutgläubig ist. Die Gutgläubigkeit ist ausgeschlossen, wenn der Erwerber positive Kenntnis davon hatte, dass er vom Nichtberechtigten erwirbt. Befindet er sich in grob fahrlässiger Unkenntnis über die mangelnde Verfügungsbefugnis des Veräußerers, ist der gutgläubige Erwerb gleichfalls ausgeschlossen. Es gilt der gleiche Fahrlässigkeitsmaßstab wie in Deutschland. Somit führt grob fahrlässige Unkenntnis beim

Erwerb zur Bösgläubigkeit und zum Ausschluss des rechtswirksamen Eigentumserwerbs.

Aufgrund einer Neuregelung aus dem Jahre 1942 kann nach dem italienischen Zivilrecht seither an beweglichen Gegenständen auch gutgläubig Eigentum erworben werden, wenn diese dem Alteigentümer abhanden kamen. Dies ist insbesondere bei gestohlenen bzw. gegen oder ohne den Willen des Eigentümers verloren gegangenen Kunstwerken der Fall. Mithin ist bei NS-verfolgungsbedingt abhanden gekommenen Kunstwerken ein wirksamer Eigentumserwerb möglich. Voraussetzung ist aber auch hier die Gutgläubigkeit des Erwerbers.

1.6.2.4. Eigentumserwerb durch Ersitzung

Hatte jemand eine bewegliche Sache zehn Jahre ununterbrochen im Eigenbesitz und den Besitz offenkundig ausgeübt und war er bei Besitzerwerb und während der zehnjährigen Ersitzungsdauer gutgläubig, erwirbt er nach Ablauf dieser Frist Eigentum an der Sache.

Wurde der Eigenbesitz gewaltsam oder heimlich erworben, beginnt die zehnjährige Ersitzungsfrist allerdings erst, wenn der Besitz für Dritte offenkundig geworden ist, also nicht mehr verheimlicht wird.

1.7. Eigentumsverlust/Eigentumserwerb in den Niederlanden

1.7.1. Rückblick: Eigentumsverluste während der deutschen Besetzung von 1940 bis 1944

1.7.1.1. Privatrechtliche und hoheitliche Eigentumsverluste

Besonders kompliziert sind mehrfache, grenzüberschreitende verfolgungsbedingte Vermögensverluste in den Niederlanden. Neuere Forschungen belegen, dass niederländische Museen und Kunsthändler in den 30er Jahren eine Vielzahl von Kunstobjekten bei Versteigerungen in Nazi-Deutschland und aus Not- bzw. Zwangsverkäufen von Emigranten erwarben. So befinden sich noch heute Kunstwerke in holländischen Museen, die in den 30er Jahren bei Versteigerungen deutscher jüdischer Sammlungen von Kunsthändlern oder Privatleuten erworben wurden – z. B. auf den sog. Judenauktionen der Sammlungen Guggenheim, Oppenheim und Budge 1936/37 in Berlin bzw. München. Zu erneuten Schädigungen kam es, als nach der Besetzung der Niederlande dort aus dem Bestand jüdischer Kunsthändler und Sammler von deutschen Stellen Kunstwerke beschlagnahmt oder erworben wurden. Hier liegt der nicht selten anzutreffende Fall der „Mehrfachschädigung" Verfolgter des NS-Regimes vor.

Sofort nach der Besetzung der Niederlande begann der Zugriff auf Vermögenswerte niederländischer Juden und Freimaurer. Da es dort anders als in Österreich oder Frankreich nur wenige bedeutende jüdische Kunstsammlungen gab, sollen nur einige tausend Gemälde beschlagnahmt und verwertet worden sein. Eine wesentliche Rolle spielte jedoch der scheinlegale Erwerb von Kunstsammlungen, wie z.B. jener von Franz Koenigs und die Arisierungen jüdischer Kunsthandlungen, wie z. B. der Amsterdamer Firma von Jacques Goudstikker. Exemplarisch werden die verschiedenen Erwerbsgeschäfte und Vermögensverluste bei der mehrfachen Verwertung der Koenigs-Sammlung deutlich:

Die aus 2671 Zeichnungen und 47 Gemälden bestehende Sammlung Koenigs, alte Meister aus allen bekannten Schulen verschiedener Jahrhunderte, war zur Sicherung eines Bankkredites an das jüdische Bankhaus Lisser & Rosenkranz verpfändet worden. Angesichts der drohenden Kriegs- und Verfolgungsgefahr lösten die jüdischen Besitzer Lisser & Rosenkranz ihre Bank auf und verwerteten die Pfandgegenstände des jüdischen Sammlers Franz Koenigs dergestalt, dass sämtliche Zeichnungen und 12 Gemälde an den niederländischen Kunstmäzen van Breuningen und der größte Teil (47 Gemälde) an den jüdischen Kunsthändler Goudstikker in Amsterdam veräußert wurden. Auf Druck von NS-Dienststellen verkaufte dann van Breuningen im Dezember 1940 hunderte von Zeichnungen an das NS-Regime zum Aufbau des Führer-Museums in Linz. Die übrigen, von ihm zunächst dem Rotterdamer Museum Boymans schenkungsweise überlassenen Zeichnungen wurden im Mai 1941 beschlagnahmt und nach Deutschland verbracht. Nahezu sämtliche Zeichnungen aus der vormaligen Sammlung Koenigs gelangten 1945 als Beutegut in die Sowjetunion.

Die scheinbar legale rechtsgeschäftliche Übertragung einer arisierten Kunsthandlung verdeutlicht exemplarisch der Goudstikker-Fall:

Eine der bedeutendsten niederländischen Kunsthandlungen, die Jacques Goudstikker N.V. Kunsthandel, Amsterdam, wurde im Juli 1940 nach der Flucht des Inhabers arisiert. Der in Holland verbliebene Direktor der Kunsthandlung musste zwangsweise ca. 1.300 der dort verwahrten Werke zu einem Preis von 2 Millionen Gulden an Hermann Göring veräußern. Der gleichfalls im Auftrag von Göring tätige deutsche Kunsthändler Alois Miedl übernahm die Kunsthandlung unter dem bisherigen Namen und führte sie bis Kriegsende weiter. Hunderte von Göring erworbene Kunstwerke aus dem Bestand Goudstikkers wurden von Miedl zurückgekauft oder getauscht und weiterveräußert. Einen Teil deponierte Miedl in der Schweiz, seinem späteren Exil, andere Kunstwerke verschob er nach Spanien, wo allein zwölf Gemälde im Hafen von Bilbao durch den amerikanischen Geheimdienst OSS aufgespürt wurden, für die sich offensichtlich wegen ihrer besonderen Bedeutung der Prado in Madrid interessierte. Durch diese geschäftlichen Aktivitäten wurden hunderte Kunstwerke aus dem Altbesitz Goudstikker weltweit zerstreut. Die von Göring „erworbenen" Altmeister gelangten in das Deutsche Reich. Mehrere hundert Kunstwerke wurden nach 1945 von den Alliierten dort aufgefunden und an die Niederlande zurückgegeben. Die wertvollsten Meister erhielten verschiedene niederländische Museen, ca. 300 zurückgegebene Kunstwerke wurden staatlicherseits versteigert.

Aufgrund des großen Interesses der NS-Führung an Alten Meistern fand in der Zeit von 1940 bis 1944 ein umfangreicher An- und Verkauf von Kunstgegenständen statt, die, wie auch in Frankreich und dem angeschlossenen Österreich, zu einem boomenden Kunstmarkt führten. Bei Ankauf bedeutender Kunstsammlungen, z. B. jener des verstorbenen jüdischen Bankiers Mannheimer, übten NS-Dienststellen solange Druck aus, bis sie weit unter dem Marktwert veräußert und zugunsten des zukünftigen Führer-Museums in Linz vereinnahmt wurden.

Emigranten in Holland waren aus finanziellen Gründen gezwungen, Kunstwerke „zu versilbern" oder ihr Besitz wurde beschlagnahmt, versteigert und verkauft.

Die staatlichen Kunstbestände der Niederlande hingegen blieben weitgehend von NS-Plünderungen verschont, u.a. deshalb, weil namhafte Bestände bereits zu Kriegsbeginn ausgelagert und die entsprechenden Orte den deutschen Besatzern nicht bekannt waren.

Die Vermögensverluste während der Besatzungszeit in Holland traten im Wesentlichen durch Zwangsverkäufe, Arisierungen und Plünderungen jüdischen und sonstigen privaten Kunstbesitzes ein. Innerhalb weniger Jahre fanden sog. Mehrfachschädigungen (erster Vermögensverlust im Deutschen Reich, zweiter Vermögensverlust des Erwerbers in den Niederlanden) statt. Daraufhin in das Deutsche Reich gelangte Kunstwerke wurden nach 1945 entweder von den Alliierten an die Niederlande zurückgegeben oder als Beutekunst in die UdSSR verbracht.

Da die Niederlande bis zum Beginn des 2. Weltkrieges eine internationale Drehscheibe für den An- und Verkauf von Kunstwerken von zur Emigration gezwungenen Juden waren und während der Besatzung der niederländische Kunsthandel in lebhafter Weise mit dem NS-Staat stattfand, dürfte der ursprüngliche, verfolgungsbedingte Vermögensverlust hinsichtlich zahlreicher in niederländischen Museen und Privatsammlungen befindlicher Kunstwerke noch nicht aufgeklärt sein.

Den Alliierten war die vielschichtige Problematik der zum Teil mehrfachen verfolgungsbedingten Vermögensverluste zu Kriegsende nicht bewusst. Deshalb gaben sie zunächst undifferenziert in Deutschland aufgefundene Kunstwerke aus „niederländischem Besitz" an den niederländischen Staat zurück. Bis Mitte der 90er Jahre befanden sich noch immer ca. 3.700 Kunstobjekte, die von den Alliierten damals sichergestellt und an die Niederlande zurückgegeben worden waren, im Besitz von Museen, weil eine Übergabe an die früheren Eigentümer infolge ungeklärter Besitzverhältnisse bisher nicht möglich war.

1.7.1.2. Generelle Unwirksamkeitsregelungen

1.7.1.2.1. Nichtigkeitserlass vom 07.06.1940

Die nach England geflohene niederländische Exilregierung hatte bereits während des Krieges die Unwirksamkeit von zwangsweisen Vermögensübertragungen angeordnet. So enthält das königliche Dekret vom 07.06.1940 eine Bestimmung, wonach jeder Vertrag oder jedes Rechtsgeschäft mit dem Feind oder einem Staatsangehörigen des Feindeslandes auf dem besetzten Gebiet null und nichtig ist, es sei denn, das Rechtsgeschäft wurde von dem eingesetzten Sonderkomitee genehmigt. Mit dieser Nichtigkeitsregelung sollte die Verlagerung von Kulturgütern durch „den Feind" so weit wie möglich verhindert werden.

Seit der Besetzung Frankreichs im Sommer 1940 war in der internationalen, westlichen Presse über willkürliche Beschlagnahmen, Wegnahmen und Plünderungen von Kunstgegenständen berichtet worden. Auf maßgebliche Initiative der in London beheimateten Exilregierungen verschiedener besetzter Länder, so auch der Exilregierung der Niederlande, wurde allerdings erst im Januar 1943 eine Deklaration veröffentlicht, die als völkerrechtliche Erklärung gegenüber den Feindstaaten, aber auch neutralen Ländern, wie der Kunsthandelsdrehscheibe Schweiz, verstanden werden sollte. Die Erklärung besagte, dass jede Wegnahme von Kulturgut durch die Besatzer, sei es durch Beschlagnahme oder formal wirksames Rechtsgeschäft, als Verminderung des nationalen Kulturgutes angesehen und als Raub betrachtet werde.

Sämtliche Zwangsveräußerungen, so der Erwerb der Goudstikker-Sammlung durch Göring und der Sammlungen Koenigs für das Führermuseum in Linz, waren nach dem Nichtigkeitsdekret von 1940 unwirksam.

Die königlichen Dekrete und Regelungen haben Rechtswirkung wie Parlamentsbeschlüsse und wurden vom Obersten Gerichtshof der Niederlande nach dem Krieg als rechtsgültig bestätigt. Bei heutigen Rückgabeverlangen ist somit zu prüfen, ob insbesondere aufgrund des königlichen Dekretes vom 07.06.1940 seinerzeit erfolgte Eigentumsübertragungen als nichtig anzusehen sind mit der Folge, dass der Alteigentümer sein Eigentum an den Kunstobjekten nicht verloren hat, und soweit kein gutgläubiger Erwerb, Ersitzung oder Verjährungseinwände des Erwerbers durchgreifen, noch heute die Rückgabe aufgrund fortbestehenden Eigentumsrechts verlangt werden kann.

1.7.1.2.2. Rechtswiederherstellung und Stiftung für niederländischen Kunstbesitz – SNK

In Ergänzung des Nichtigkeitserlasses vom 07.06.1940 und der Londoner Erklärung vom 05.01.1943 wurden mit der Verfügung vom 21.09.1944 gesetzliche Regelungen zur Wiederherstellung des Rechtsverkehrs verabschiedet. Im August 1945 wurde zudem der „Rat zur Rechtswiederherstellung" gegründet, dessen Aufgabe darin bestand, die Vorkriegsrechtsordnung so weit wie möglich wiederherzustellen. Nach den gesetzlichen Bestimmungen konnte bis zur Ausschlussfrist 01.07.1951 ein Antrag auf Rechtswiederherstellung gestellt werden, wenn der Eigentümer oder sein Rechtsnachfolger geltend machte, durch kriegsbedingte Umstände seinen Besitz verloren zu haben. Eine Verwaltungsabteilung des Rates, das niederländische Verwaltungsinstitut NBI, war mit der Ermittlung, Verwaltung und Liquidierung des Feindvermögens oder des Vermögens von Landesverrätern sowie von Personen betraut, die abwesend oder unbekannt waren.

Außerdem wurde vom niederländischen Staat 1945 die Stiftung für Niederländischen Kunstbesitz – SNK gegründet, die damit beauftragt war, die Rückführung bzw. Wiedererlangung der in den Niederlanden geraubten und ins Ausland verbrachten Kunstgegenstände zu erreichen und die Rückgabe an die berechtigten Eigentümer durchzuführen. Die SNK verwaltete die insbesondere von den Westalliierten an die Niederlande zurückgegebenen Kunstwerke und verteilte diese auf verschiedene staatliche Museen und Sammlungen.

Nach den Richtlinien der Stiftung war Restitutionsanträgen nur stattzugeben, wenn die Antragsteller beweisen konnten, dass der Besitzverlust erzwungen worden war. Dies bildete für Überlebende oftmals ein aussichtsloses Unterfangen, weil Zeitzeugen ermordet oder im Nachkriegschaos nicht mehr auffindbar waren. Soweit, wie z. B. bei der Kunstsammlung Goudstikker, Veräußerungen durch eingesetzte Verwalter stattgefunden hatten, war der Beweis der Verlustumstände noch komplizierter. Daneben wurde die Rückgabe daran gebunden, dass der seinerzeit gezahlte Kaufpreis an die SNK erstattet werden musste. Soweit Kosten der SNK aus der Wiedererlangung bzw. Rückführung von Kunstwerken entstanden waren, mussten diese gleichfalls als quasi Aufwendungsersatz erstattet werden. Viele Geschädigte lehnten die Zahlung der Kaufpreise ab. Entweder hatten sie diese niemals erhalten oder sie waren aus finanziellen Gründen nicht (mehr) in der Lage, die seinerzeitigen Kaufpreise zurückzuzahlen.

Bis zum Ablauf der kurzen Antragsfrist am 01.07.1951 konnten wegen der hohen juristischen Anforderungen und der staatlicherseits erhobenen „Gegenforderungen" geschädigte Alteigentümer bzw. deren Erben nur teilweise ihre Rückgabeansprüche durchsetzen. Nach Ablauf der Antragsfrist wurden deshalb in mehreren Versteigerungen von der SNK verwaltete Kunstgegenstände veräußert. Annähernd 4.000 Kunstgegenstände blieben als „Sammlung Niederländischer Kunstbesitz", im Allgemeinen als NK-Sammlung bezeichnet, im Besitz des niederländischen Staates, der sie als Leihgaben auf staatliche Museen und Sammlungen verteilte. Auf Kunstwerke u. a. aus diesem Sammlungsbesitz werden heute Rückgabeansprüche von Alteigentümern bzw. deren Rechtsnachfolgern geltend gemacht.

1.7.2. Eigentumserwerb nach niederländischem Zivilrecht

1.7.2.1. Wann gilt niederländisches Recht?

Tritt der Eigentumserwerb in den Niederlanden ein, ist ausschließlich niederländisches Recht maßgeblich (sog. Situs-Regel). Ist eine Rechtsstreitigkeit in den Niederlanden anhängig, weil sich dort das Kunstwerk befindet, muss allerdings auch ausländisches Recht angewandt werden, wenn der Eigentumserwerb nach den Bestimmungen des anderen Landes eintrat. Ausländisches Recht wird insoweit aber nur angewandt und in den Niederlanden berücksichtigt, wenn es nicht gegen allgemeine Rechtsgrundsätze des niederländischen ordre public verstößt.

1.7.2.2. Grundsätze

Eigentum an Kunstwerken kann grundsätzlich nur vom Eigentümer erworben werden. Ausnahmsweise kann es auch vom Nichtberechtigten erworben werden, wenn der Erwerber gutgläubig ist.

Auch an abhanden gekommenen Kunstwerken ist gutgläubiger Erwerb möglich. Der Alteigentümer kann nur in einem Zeitraum von drei Jahren ab Besitzverlust vom Erwerber die Rückgabe der Sache verlangen.

Gutgläubiger Erwerb durch Ersitzung ist nach Ablauf eines Zeitraumes von drei Jahren möglich.

Eigentumsherausgabeansprüche, auch gegenüber dem bösgläubigen Besitzer, können nach Ablauf von zwanzig Jahren, bei Kulturgütern, für die gesetzliche Sonderregelungen bestehen, nach Ablauf von dreißig Jahren, nicht mehr geltend gemacht werden. Nach Ablauf der Verjährungsfrist erwirbt auch der bösgläubige Besitzer Eigentum.

1.7.2.3. Gutgläubiger Erwerb

Der Käufer kann auch von einem Nichtberechtigten Eigentum an einer beweglichen Sache erwerben, wenn ein entgeltlicher Kaufvertrag abgeschlossen und dem Käufer die Sache übergeben wird und er bei Erwerb gutgläubig ist. Gutgläubig ist, wer keine positive Kenntnis davon hat, dass der Veräußerer nicht Eigentümer der Sache ist oder diesem keine fahrlässige Unkenntnis vorgeworfen werden kann.

1.7.2.4. Drei Jahre Herausgabeanspruch bei „abhanden gekommenen" Sachen

Vergleichbar den Bestimmungen in der Schweiz und in Frankreich kann auch in den Niederlanden an abhanden gekommenen Kunstwerken bei Gutgläubigkeit Eigentum vom Nichtberechtigten erworben werden. In einem Zeitraum von drei Jahren ab Besitzverlust kann allerdings der Alteigentümer jederzeit auch vom gutgläubigen Besitzer die Herausgabe des Kunstwerkes verlangen. Der gutgläubige Besitzer erwirbt dann nach Ablauf von drei Jahren auch an abhanden gekommenen Kunstwerken Eigentum.

1.7.2.5. Ersitzung

Eigentumserwerb durch Ersitzung ist möglich, wenn der Besitzer mindestens drei Jahre den Eigenbesitz ausgeübt und bei Besitzerwerb gutgläubig war. Besitzzeiten des vorherigen gutgläubigen Eigenbesitzers sind anrechenbar, wenn der Besitz im Wege der Gesamtrechtsnachfolge (z.B. durch Erbschaft) oder durch Einzelrechtsnachfolge (z.B. durch vertragliche Überlassung) übertragen wurde. Nach niederländischem Recht wird der gute Glaube des Eigenbesitzers vermutet. Die Bösgläubigkeit des Eigenbesitzerwerbes hat der Alteigentümer zu beweisen.

1.7.2.6. Verjährung des Eigentumsherausgabeanspruches

Grundsätzlich verjährt der Eigentumsherausgabeanspruch gegenüber dem Besitzer spätestens nach Ablauf von zwanzig Jahren. Fristbeginn ist der Verlust der Sache. Nach Ablauf der Verjährungsfrist verliert der Alteigentümer sein Eigentum. Auch der bösgläubige Besitzer kann dann Eigentum an der Sache erwerben. Diese einmalige Rechtslage hat den Niederlanden (neben Deutschland) den Titel „Paradies der Diebe" eingebracht. In einem Fall musste das höchste niederländische Gericht eine Eigentumsherausgabeklage eines deutschen Museums abweisen, weil der möglicherweise sogar bösgläubige Besitzer das gestohlene Kunstwerk mehr als zwanzig bzw. dreißig Jahre in seinem Besitz hatte. Es kommt noch nicht einmal darauf an, dass der Besitzer einen offenen Besitz ausgeübt hat. Auch an versteckten Kunstwerken kann nach Fristablauf Eigentum vom bösgläubigen Besitzer erworben werden.

Fall 52
Staatliche Kunstsammlungen Dresden vs. unbekannte Besitzer wegen Gemälde von Jan van der Heyden

Die zwanzigjährige Regelverjährungsfrist verlängert sich auf 30 Jahre, wenn es sich um ein Kulturgut handelt, das von einem Staat der europäischen Union herausverlangt wird, aus dessen Hoheitsgebiet es rechtswidrig ausgeführt wurde. Kulturgüter erhalten über diese verlängerte Verjährungsregelung also einen erweiterten Schutz. Aber auch hier kann ein bösgläubiger Besitzer, der das Kunstwerk, z.B. durch eine Straftat, erlangte, nach Ablauf von dreißig Jahren Eigentümer werden.

1.8. Eigentumsverlust/Eigentumserwerb in Großbritannien

1.8.1. Rückblick: Eigentumsverluste während der NS-Zeit und des 2. Weltkrieges

1.8.1.1. Rechtsgeschäftliche Eigentumsverluste

Transfers von verfolgungsbedingt verloren gegangenen Kunstwerken nach Großbritannien sind bisher wissenschaftlich nicht untersucht worden. In Großbritannien befanden sich Niederlassungen deutscher Kunsthändler, z. B. des NS-Kunsthändlers Karl Haberstock, der über sein Londoner Büro An- und Verkäufe abwickelte.

Eine Vielzahl rassisch, politisch und weltanschaulich verfolgter deutscher und österreichischer Staatsbürger emigrierte in der Vorkriegszeit und während des 2. Weltkrieges nach Großbritannien. In Einzelfällen ist bei dieser Personengruppe dokumentiert, dass in die Emigration mitgenommene Kunstwerke oder solche, die sich bereits zuvor in Großbritannien befanden bzw. auf Umwegen dorthin nachgeholt wurden, auf dem Kunstmarkt zur Veräußerung kamen. Bei diesen Eigentumsübertragungen ist zu klären, ob es sich um Verluste aufgrund wirtschaftlicher Notlage infolge der Flucht aus dem Herrschaftsgebiet des NS-Regimes handelte.

In welcher Größenordnung britische Kunsthändler, Sammler oder staatliche Museen in den 30er Jahren Kunstwerke aus dem Deutschen Reich und Österreich ankauften, ist bislang unbekannt.

Das Vereinigte Königreich war in den 30er Jahren ein Zentrum der Emigranten und Verfolgten des NS-Regimes, oftmals aber auch nur Durchgangsstation für diese auf dem Weg in andere Länder, um dort dauerhaftes Asyl zu erlangen. Die vor Beginn des 2. Weltkrieges in Großbritannien betriebene Appeasement-Politik, die im Interesse des Weltfriedens eine direkte Konfrontation mit dem Deutschen Reich vermeiden wollte, führte auch dazu, dass die auf maßgebliche Initiative von Emigranten in London im Juli 1938 organisierte Ausstellung, die als Protest und Gegenausstellung zu der im Juli 1937 in München stattgefundenen Ausstellung „Entartete Kunst" geplant war, nicht unter ihrem Titel „Banned Art", sondern unter dem unpolitischen Titel „Twenty Century German Art" realisiert werden musste. Zu dieser Ausstellung liehen Personen aus westeuropäischen Staaten, die selbst nach der Besetzung ihres Landes durch das NS-Regime ab 1940 verfolgt wurden, zahlreiche Kunstwerke. Mehr als 270 Kunstwerke der modernen deutschen sog. entarteten Kunst sind in London gezeigt und nach Ende der Ausstellung ein großer Teil für eine in den USA geplante, dort aber so nicht mehr realisierte Folgeausstellung verschickt worden. Aus diesem Bestand soll es auch zu zahlreichen Weiterveräußerungen gekommen sein.

1.8.1.2. Interalliierte Londoner Erklärung vom 05.01.1943

Nach Beginn des 2. Weltkrieges, insbesondere nach der Besetzung der Beneluxstaaten und Frankreich, wurde bekannt, in welchem Ausmaß das Deutsche Reich Kunstwerke aus öffentlichem und Privatbesitz beschlagnahmte und verwertete. Die insbesondere bei den Exilregierungen der Niederlande und dem französischen Nationalkommitee eingehenden Informationen bewirkten, dass diese die britische Regierung aufforderten, öffentlich zu den Kunstraubexzessen des NS-Regimes Stellung zu nehmen. Erst am 05.01.1943 verlautbarten zwanzig Staaten, darunter Großbritannien, die USA, Belgien, die Tschechoslowakei, Luxemburg, die Niederlande, Polen, Norwegen, die UdSSR und das französische Nationalkomitee eine öffentliche Erklärung. Darin wurde darauf hingewiesen, dass sämtliche, durch die sog. Achsenmächte (das Deutsche Reich, Italien, Japan und deren verbündete Satellitenstaaten) verursachten Beschlagnahmen und Enteignungen, aber auch verdeckte und fingierte Zivilrechtsgeschäfte als unwirksam angesehen und nicht respektiert werden. Neutrale Staaten wie die Schweiz wurden gewarnt, dass dortige rechtsgeschäftliche Übertragungen von Gegenständen, die NS-verfolgungsbedingt abhanden kamen, nicht anerkannt würden.

Die Londoner Erklärung war die erste offizielle Verlautbarung über die Nichtanerkennung von Eigentumsveränderungen aufgrund NS-verfolgungsbedingter Vermögensverluste durch diese Staatengemeinschaft. Durch diese Erklärung sind allerdings die in den besetzten Gebieten erfolgten Eigentums- bzw. Besitzübertragungen nicht als nichtig deklariert worden. Dazu bedurfte es länderspezifischer gesetzlicher Regelungen, die z. B. von der niederländischen Exilregierung und dem französischen Nationalkomitee noch während des 2. Weltkrieges erlassen wurden. Basierend auf der Londoner Erklärung sah sich nach 1945 auch die Schweizer Regierung gezwungen, mit einem sog. Nichtigkeitsbeschluss gesetzliche Regelungen zu treffen. Großbritannien hat für sein Hoheitsgebiet keine gesetzlichen Sonderbestimmungen erlassen.

1.8.2. Eigentumserwerb in Großbritannien

1.8.2.1. Wann gilt britisches Recht?

Auch im britischen Recht findet die Situs-Regel Anwendung und wurde vom High Court z. B. 1980 in der Entscheidung Winkworth vs. Christie's angewandt. Dort waren durch einen Italiener in Italien die abhanden gekommenen Gegenstände nach italienischem Recht gutgläubig erworben und zur Versteigerung in London eingereicht worden. Für die Herausgabeklage in England hat das dortige Gericht den Eigentumserwerb nach italienischem Recht beurteilt.

Fall 53
William Wilberforce Winkworth vs. Christie's
wegen diverser japanischer Kunstgegenstände

Ausländisches Recht wird ausnahmsweise nicht angewandt, wenn aufgrund der besonderen Umstände des Einzelfalles den Exceptionell Facts of the Case das ausländische Recht verdrängt wird. Solche gravierenden Anknüpfungstatsachen sind z. B. die Umstände des Erwerbes, der Wohnsitz des Alteigentümers und des aktuellen Besitzers, das Verbringen der Sache von einem Land in das andere usw. Im Fall Winkworth vs. Christie's (s. Fall 53) genügten der Diebstahl in England, die Verbringung nach Italien, der dortige Erwerb durch einen gutgläubigen Käufer und die anschließende Versteigerung in London nicht die Anwendung englischen Rechts zu begründen.

Des Weiteren ist die Anwendung ausländischen Rechts ausgeschlossen, wenn es gegen die public policy verstößt. Dies wäre dann der Fall, wenn das ausländische Recht mit wesentlichen Grundsätzen des englischen Rechts unvereinbar ist. Da das englische Recht, wie alle anderen Rechtsordnungen auch, ständigen Änderungen unterliegt, kann sich der Maßstab der Unvereinbarkeit ändern. Insoweit ist bei Anwendung ausländischen Rechts zunächst stets zu prüfen, ob vergleichbare gesetzliche Regelungen in England existieren. Ist dies der Fall, kommt grundsätzlich die Anwendung ausländischen Rechts in Betracht. Nur soweit ausländisches Recht angewandt wird, für das es im englischen Recht keine vergleichbaren Regelungen gibt, stellt sich die Frage, ob die ausländischen Regelungen so gravierend und fundamental vom englischen Rechtssystem abweichen, dass ihre Berücksichtigung ausgeschlossen ist. Das deutsche Verjährungsrecht (Ausschluss der Rückgabe 30 Jahre nach Verlust) ist vom High Court in der Entscheidung Stadt Gotha vs. Sotheby's (s. Fall 14) wegen Verstoßes gegen wesentliche Grundsätze des englischen Rechts nicht angewandt worden.

1.8.2.2. Grundsätze

Im englischen Zivilrecht gilt der Grundsatz „Nemo dat quot non habet". Diese aus dem römischen Recht abgeleitete Grundregel besagt, dass ein Käufer nicht mehr Rechte erwerben kann als der Verkäufer selbst hat. Danach ist grundsätzlich ein gutgläubiger Erwerb vom Nichteigentümer ausgeschlossen. Auch der Eigentumserwerb durch Ersitzung ist dem englischen Recht grundsätzlich fremd.

Der Eigentumsherausgabeanspruch ist unverjährbar und kann jederzeit geltend gemacht werden.

1.8.2.3. Ausnahmen des gutgläubigen Erwerbs

Zwar gilt im englischen wie auch im US-amerikanischen Recht der Grundsatz, dass ein Eigentumserwerb vom Nichtberechtigten ausgeschlossen ist, aber es haben sich in der Rechtsprechung Rechtsinstitute herausgebildet, die im Einzelfall einen Eigentumserwerb ermöglichen. Gesetzlich ausdrücklich wurde geregelt, dass bei Verkäufen von Personen, die nicht Eigentümer, aber Besitzer der Sache sind und bei denen der Alteigentümer den Anschein erweckt, er sei mit dem Verkauf einverstanden, ein wirksamer Eigentumserwerb vom Nichtberechtigten möglich ist. Darunter fallen Personen, denen das Kunstwerk vom Eigentümer anvertraut worden ist, d.h. solche, die mit seiner Zustimmung im Besitz der Sache waren.

Hat der Alteigentümer in vorwerfbarer Weise jahrzehntelang einen Rückgabeanspruch gegenüber dem Besitzer nicht geltend gemacht oder hat er es unterlassen, erforderliche und zumutbare Nachforschungen über den Verbleib des Kunstwerkes anzustellen, kann der Herausgabeanspruch verwirkt sein.

Eine 1979 eingeführte gesetzliche Regelung, wonach ein gutgläubiger Erwerb bei abhanden gekommenen bzw. gestohlenen Sachen möglich war, wenn das Erwerbsgeschäft „auf offenem Mark" erfolgte, ist 1994 abgeschafft worden. Bei Erwerbsgeschäften bis 1979 und ab 1994 ist also der gutgläubige Erwerb, insbesondere auch an abhanden gekommenen Kunstwerken, grundsätzlich ausgeschlossen.

1.8.2.4. Verjährung von Herausgabeansprüchen

Herausgabeansprüche gegen Diebe oder bösgläubige Besitzer, insbesondere bei abhanden gekommenen Kunstwerken, sind grundsätzlich unverjährbar. Die auf der Grundlage der Washingtoner Prinzipien vom Spoliation Advisery Panel verhandelten Rückforderungsfälle gegenüber der Tate Gallery, dem Britischen Museum und der British Library betrafen sämtlichst Sachverhalte, in denen die Kunstwerke gestohlen wurden bzw. aus Plünderungen stammten, also im Rechtssinne als abhanden gekommen anzusehen sind. Die Rückgabeforderungen der Alteigentümer hätten hier auch im Zivilrechtsweg wegen der Unverjährbarkeit von Herausgabeansprüchen geltend gemacht werden können.

1.9. Eigentumsverlust/Eigentumserwerb in der Russischen Föderation

1.9.1. Rückblick: Eigentumsverluste während der NS-Zeit und des 2. Weltkrieges

Ob und in welchem Umfang Kunstwerke, die NS-verfolgungsbedingt verloren gingen, bis zum Beginn des 2. Weltkrieges in die UdSSR gelangten, ist bis heute nicht erforscht. Es dürfte hier jedoch zu keinen nennenswerten Ausfuhren gekommen sein, weil das kommunistische Regime vom allgemeinen Kunsthandel weitgehend abgeschottet war.

Dramatische Ausmaße nahmen Kulturgutverluste und Verschiebungen von Kunstwerken mit dem Einmarsch der UdSSR in Teilen von Polen 1939 und insbesondere seit dem Überfall deutscher Truppen auf die UdSSR im Sommer 1941 an.

Bei der Bewertung des Handelns der russischen Regierung, russischer Behörden und Gerichte sowie der Museen und Sammlungen, in denen sich Kunstgegenstände befinden, die zurückverlangt werden, muss sich jeder stets vor Augen halten, mit welcher Brutalität deutsche Besatzer in der UdSSR, insbesondere in der Ukraine und in Weißrussland, gewütet haben. Darauf weisen regelmäßig Historiker, Museumsmitarbeiter und andere Personen hin, die sich zu der aktuellen Restitutionspolitik der Russischen Föderation äußern.

Ohne Anspruch auf Vollständigkeit zeigen ermittelte Schäden in über 400 Museen und tausenden Kirchen, an über hundert Millionen Büchern und mehr als der Hälfte des Bestandes des russischen Archivgutes, an tausenden Kulturdenkmälern durch systematische Zerstörung wie z. B. der Zarenschlösser bei St. Petersburg, dass auf dem Gebiet der UdSSR die größten Kulturgutverluste während des 2. Weltkrieges in Europa eintraten. Den weitaus größten Teil dieser Verluste beklagen Staaten, die nach dem Zerfall der UdSSR nicht mehr zur Russischen Föderation gehören, insbesondere die Ukraine und Weißrussland.

Nach Kriegsende wurden allein aus der amerikanischen Besatzungszone über eine halbe Million Kulturgüter, die der UdSSR gehörten, aufgefunden und an diese zurückgegeben. Allerdings listete 1948 noch eine sowjetischen Sonderkommission bisher nicht restituierte Museumsexponate und Kunstgegenstände, tausende zum Teil herausragende Gemälde, Grafiken, Zeichnungen, Ikonen und hunderttausende anderer Kulturgüter auf, deren Verbleib entweder nicht aufgeklärt oder deren Rückführung aufgrund des Ende der 40er Jahre beginnenden Kalten Krieges nunmehr von den westlichen Ländern abgelehnt wurden. Die wechselseitige Rückgabe von Kulturgütern zwischen den ehemaligen Alliierten des 2. Weltkrieges fand Ende der 40er Jahre ein vorläufiges Ende.

1.9.2. Eigentumserwerb in der Russischen Föderation

1.9.2.1. Wann gilt russländisches Recht?

Im dritten Teil des russischen Zivilgesetzbuches (ZGB) ist das internationale Privatrecht kodifiziert. Es enthält auch die sog. Situs-Regel, wonach sich der Erwerb an einer Sache nach dem Recht des Landes richtet, in dem die Sache rechtswirksam erworben wurde. Die russische Gerichtsbarkeit hat also gleichfalls ausländisches Recht in Übereinstimmung mit der offiziellen Auslegung des ausländischen Staates anzuwenden. In Ausnahmefällen kommt die Anwendung ausländischer Rechtsnormen dann nicht in Betracht, wenn die Rechtsfolgen in ihrer Anwendung offen den Grundlagen der Rechtsordnung der Russischen Föderation entgegenstehen, d.h. gegen den russischen Ordre public verstoßen.

1.9.2.2. Allgemeine Rechtsgrundsätze

Die Russische Föderation hat ein modernes, an die Rechtsordnung westlicher Staaten angelehntes Zivilrecht zwischen Januar 1995 und März 2002 in Kraft gesetzt. Im ersten Teil befinden sich Bestimmungen über den gutgläubigen Erwerb von beweglichen Sachen vom Nichtberechtigten. Im zweiten Teil ist u.a. das Verjährungsrecht und im dritten Teil das internationale Privatrecht geregelt.

Das russische Zivilgesetzbuch hat sich für weitgehend gleichlautende Rechtsgrundsätze, wie sie im Privatrecht westeuropäischer Staaten, wie Deutschland, Österreich und der Schweiz, geregelt sind, entschieden. Wie in diesen Rechtsordnungen muss der Alteigentümer auch nach Maßgabe des russischen Rechts gegenüber dem aktuellen Besitzer seinen Herausgabeanspruch geltend machen und beweisen, dass er die Besitzherausgabe verlangen kann. Der Herausgabeanspruch ist gerichtlich geltend zu machen an dem Ort, an dem sich der Gegenstand befindet.

Fall 54
Baron Mor Lipot Herzog-Erben (Martha Nierenberg) vs. Russische Föderation wegen Gemälde des Baron Mor Lipot Herzog

1.9.2.3. Gutgläubiger Erwerb

Wie in anderen, insbesondere westeuropäischen, Rechtsordnungen auch, ist ausnahmsweise der Eigentumserwerb von demjenigen, der nicht Eigentümer der Sache ist (Nichtberechtigter) möglich, wenn im Zeitpunkt des Vollzuges des entgeltlichen Geschäfts

- der Käufer vom Eigentumsanspruch Dritter nichts wusste oder
- aufgrund der besonderen Umstände des Erwerbsfalls von der fehlenden Berechtigung des Verkäufers nichts wissen konnte (Ausschluss der fahrlässigen Unkenntnis).

1.9.2.4. Rückforderung von „abhanden gekommenen" Sachen

Der Erwerb an Sachen, die dem Alteigentümer gestohlen wurden, verloren gingen oder auf andere Weise gegen oder ohne seinen Willen abhanden kamen, ist unter den engen Voraussetzungen des gutgläubigen Erwerbs möglich. Generell ausgeschlossen ist er in zwei Fallgruppen:

1.9.2.4.1. Eigentum staatlicher Einrichtungen und religiöser Vereinigungen

Ist der Eigentümer ein staatliches Museum, Archiv, Bibliothek oder staatliches Magazin oder stand der Vermögenswert im Eigentum einer religiösen Vereinigung und kam dieser abhanden, so kann der jeweilige Eigentümer auch vom gutgläubigen Erwerber ohne Zahlung einer Entschädigung die Sache zurückverlangen.

1.9.2.4.2. Illegal nach Russland eingeführte, „abhanden gekommene" Kulturgüter

Seit dem Gesetz vom 15.04.1993 über die Aus- und Einfuhr von Kulturgütern kann der Alteigentümer auch gegenüber gutgläubigen Erwerbern von Kulturgütern die Herausgabe verlangen, wenn

- die Sache dem Eigentümer gestohlen wurde, verloren ging oder gegen bzw. ohne seinen Willen abhanden kam,
- die Sache illegal in die Russische Föderation eingeführt wurde,
- die Rückgabeforderung von einem anderen Staat geltend gemacht wird und
- dieser Staat Unterzeichner internationaler Abkommen ist, die für die Russische Föderation gelten, wonach eine Zahlung bei Rückgabe vorgesehen ist oder die Zahlung auf der Basis der Gegenseitigkeit tatsächlich erfolgt.

1.9.2.5. Ersitzung durch gutgläubigen Besitzer

Auch an abhanden gekommenen Sachen ist der Eigentumserwerb möglich, wenn die bewegliche Sache von dem Besitzer mindestens fünf Jahre ununterbrochen als eigene besessen wurde, d.h. der Besitzer glaubte und glauben durfte, dass er gutgläubiger Eigenbesitzer der Sache ist. Ein besonderes rechtliches Erfordernis hat der russische Verfassungsgerichtshof in seinem Urteil vom 20.07.1999, insbesondere für Kulturgutverluste während und nach dem Ende des 2. Weltkrieges, aufgestellt (s. Fall 54). Voraussetzung für die Ersitzung ist, dass der gutgläubige Besitzer während des gesamten Besitzzeitraums einen offenen Besitz ausübte, so dass die Möglichkeit der Kenntnisnahme seines Besitzes durch Dritte bestand. Verneint hat der russische Verfassungsgerichtshof dies insbesondere bei Kulturgütern, die zum Teil seit Jahrzehnten in Depots verwahrt werden und insoweit kein „offener Besitz" ausgeübt wurde. Erst wenn allgemein bekannt wird, wo sich die Sache befindet, beginnt überhaupt erst die Ersitzungsfrist.

1.9.2.6. Verjährung von Herausgabeansprüchen

Die Verjährungsfrist beträgt generell drei Jahre. Sie beginnt, wenn der Alteigentümer von der Verletzung seines Rechts, z. B. bei abhanden gekommenen Kunstgegenständen vom Besitzverlust, erfahren hat oder hätte erfahren müssen. Ist dem Eigentümer nicht bekannt, von wem die Sache weggenommen wurde und wo sie sich befindet, kommt in Ausnahmefällen eine gerichtliche Befreiung von der Verjährung in Betracht. Ist die Verjährungsfrist vom Kläger aufgrund ihn betreffender persönlicher Umstände versäumt worden und sind diese Gründe in den letzten sechs Monaten vor Ablauf der Verjährungsfrist eingetreten, kann der Anspruch auf Herausgabe noch geltend gemacht werden. Ähnlich wie im deutschen Zivilrecht ist nicht von Amts wegen durch das Gericht die Verjährung zu berücksichtigen, sondern nur, wenn der Beklagte sich auf die Verjährung beruft und aus diesem Grunde die Zurückweisung der Klage verlangt.

Sonderregelungen hat der russische Verfassungsgerichtshof in seinem Urteil vom 20.07.1999 (s. Fall 54) für Kulturgüter aufgestellt, die während und nach Ende des 2. Weltkrieges in die UdSSR geschafft wurden. Er hat als Erfordernis für den Verjährungsbeginn aufgestellt, dass die Möglichkeit der Kenntnisnahme, wo sich das Kulturgut befindet, für den Alteigentümer bestehen muss, d.h. insbesondere bei Verwahrung in nicht frei zugänglichen Depots die Verjährungsfrist erst beginnt, wenn der Verbleib bekannt geworden ist (Verjährungskenntnisfrist). Danach dürften zahlreiche Rückgabeansprüche noch nicht verjährt sein, weil die Alteigentümer bis heute nicht wissen, wo sich ihre Kunstwerke befinden. Erst langsam werden Besitzer, überwiegend Moskauer und Petersburger Museen, bekannt, in deren Depots Raubkunst lagert, die zu Kriegsende von sowjetischen Trophäenbrigaden beschlagnahmt und in die UdSSR geschafft wurden.

1.9.2.7. Gerichtskostenvorschuss oder Gerichtskostenbefreiung

Grundsätzlich beträgt die Gerichtsgebühr, die bei Erhebung einer Zivilrechtsklage bei den entsprechenden Gerichten zu zahlen ist, 1,5% des Streitwertes der Klage. Streitwert ist grundsätzlich der aktuelle Verkehrswert der herausverlangten Gegenstände. Dieser lässt sich bei Kunstwerken, insbesondere aufgrund ihrer dauerhaften Abwesenheit vom Kunstmarkt schwer ermitteln, weil sich kein verlässliches Preisgefüge herausbilden konnte.

In der als Pilotverfahren anzusehenden Klage von Martha Nierenberg auf Rückgabe der ursprünglich im Eigentum der ungarischen Familie Herzog stehenden Gemäldesammlung (s. Fall 54) ist durch Beschluss des Obersten Gerichts der Russischen Föderation unter Aufhebung ablehnender Instanzentscheidungen festgestellt worden, dass Martha Nierenberg das zivilgerichtliche Herausgabeverfahren gerichtskostenfrei durchführen kann. Das Oberste Gericht stellte zunächst klar, dass die Verfassung der Russischen Föderation, die auch die Rechtsweggarantie regelt, gleichermaßen ausländischen Bürgern und Staatenlosen zusteht. Deshalb finden auch die Gerichtskostenbefreiungsregelungen, wie sie beispielsweise im Gesetz der Russischen Föderation über die Einzahlung von Gerichtsgebühren geregelt sind, zugunsten von Ausländern Anwendung. Da die Klägerin Ansprüche an Gemälden geltend machte, die ihrer Mutter aufgrund ungesetzlicher Handlungen verloren gingen (NS-verfolgungsbedingte Vermögensverluste) und es sich um Vermögenswerte handelt, denen ein historischer und künstlerischer Wert zukommt, ist sie von der Zahlung der Gerichtskosten zu befreien gewesen.

Diese Entscheidung folgt der Deklaration der Hauptprinzipien der Rechtsprechung für Opfer von Verbrechen und Missbrauch seitens der Staatsmacht, die auf der UN-Vollversammlung am 29.11.1985 auch von der UdSSR angenommen wurde. Die Deklaration fordert, dass in den jeweiligen Staaten gesetzliche Regelungen zu erlassen sind, die es Opfern erlauben, ihren Anspruch besonders kostengünstig geltend zu machen, um ihnen den Zugang zu Gerichten nicht aus finanziellen Gründen zu verwehren. Unter Berufung auf diese Deklaration und die Rechtsweggarantie in der russischen Verfassung ist der Beschluss auch vom Präsidium des Obersten Gerichts der Russischen Föderation bestätigt und endgültig rechtskräftig geworden. In vergleichbaren Fällen kann er grundsätzlich herangezogen werden, um Zivilrechtsklagen von Verfolgten des NS-Regimes bei den Zivilgerichten der Russischen Föderation unter gleichzeitiger Gerichtskostenbefreiung zu erheben.

2. Kapitel
Öffentlich-rechtliche Ansprüche und Verfahren

2.1. Ansprüche in der Bundesrepublik Deutschland

Die Antragsfristen für die im Überblick nachfolgend dargestellten Rückerstattungsbestimmungen sind zum Teil schon seit mehreren Jahrzehnten abgelaufen, sowohl die als primäre Rückerstattungsgesetze/Verordnungen geltenden Regelungen der Alliierten als auch die von der Bundesrepublik Deutschland erlassenen und als sekundäre Rückerstattungsgesetze (Bundesentschädigungs- und Bundesrückerstattungsgesetz) bezeichneten Bestimmungen.

Deren inhaltliche Prinzipien, insbesondere die Voraussetzungen für die Anerkennung von Schädigungstatbeständen, bilden jedoch noch heute eine maßgebliche Auslegungshilfe bei der Anwendung des Vermögensgesetzes, das Vermögensverluste regelt, die während der NS-Zeit auf dem Gebiet der späteren DDR und Ostberlins stattfanden.

Schließlich sind die früheren alliierten und bundesrepublikanischen Rückerstattungsregelungen von größter Bedeutung für die Anwendung und Auslegung der Washingtoner Prinzipien von 1998. Gleiches gilt für die Gemeinsame Erklärung vom 14.12.1999, weil sie die Anwendung der früheren Rückerstattungsregeln als maßgeblich festlegt. Diese Selbstbindung öffentlicher Einrichtungen stellt eine gesetzesgleiche Richtschnur dar, die bei der Entscheidung über Rückgabe oder Entschädigung von Kunstwerken zu beachten ist. Exemplarisch wird dies im Fall der Rückgabe eines Kirchner-Gemäldes durch das Berliner Brücke Museum deutlich (s. Fall 2). Die nachfolgend dargestellten „allgemeinen Restitutionsgrundsätze" basieren auf den von den drei Westalliierten aufgestellten Kriterien. Diesen dürften zukünftig auch in anderen Ländern größere Bedeutung zukommen, wenn sich allgemeine Rückgabegrundsätze nach den Washingtoner Prinzipien herausbilden sollten (s. Fall 6).

2.1.1. Alliierte Rückerstattungsverordnungen

2.1.1.1. Rückblick: Art und Inhalt von Rückerstattungsbestimmungen

Von den westlichen Alliierten wurden bei ihrem Vormarsch in Europa und ab Kriegsende nach dem 08.05.1945 mehrere Millionen Kunstwerke sichergestellt und in Sammelstellen, sog. Central Collecting Points, CCP, zusammengeführt. Der Hauptsammelpunkt der US-Amerikaner befand sich in München, wo ab Juni 1945 eine zentrale Erfassung, Registrierung und Rückgabe von sichergestellten Kunstwerken erfolgte. Grundsätzlich konnten Privatpersonen keine Rückgabeansprüche geltend machen, sondern ausschließlich Staaten. Ab August 1945 wurde deshalb zunächst eine Vielzahl dieser Kunstwerke nicht an die Alteigentümer, sondern „treuhänderisch" an Staaten herausgegeben, deren Staatsangehörigkeit der vormalige Besitzer hatte. Im Einzelfall ist es auch zur Rückgabe an die bereits ermittelten Alteigentümer bzw. deren Erben gekommen. Die 1952 in der Bundesrepublik Deutschland noch vorhandenen Bestände wurden der „Treuhandverwaltung für Kulturgut" übergeben, die ca. eine Million Kunstwerke an Berechtigte zurückgab. Es verblieb ein Restbestand, der in den 60er Jahren in den Besitz des Bundesschatzministeriums überging und sich heute im Besitz der Bundesvermögensverwaltung befindet. Er ist im Internet in der Lost Art Database veröffentlicht.

Einige (westdeutsche) Landesverwaltungen hatten nach 1945 in Referentenentwürfen gesetzliche Regelungen über die Rückgabe von vormaligem jüdischem Eigentum ausgearbeitet. Danach war grundsätzlich nur eine Rückgabe von Vermögenswerten vorgesehen, die durch staatliche Hoheitsakte entzogen worden waren, so dass sämtliche Eigentumserwerbe, die zugunsten von Privatpersonen eintraten, nicht betroffen sein sollten. Im Übrigen sollten die allgemeinen zivilrechtlichen Grundsätze des Bürgerlichen Gesetzbuches, insbesondere des gutgläubigen Erwerbs, weiter gelten, was im Ergebnis bedeutete, dass die Erwerber vor den Rückgabebegehren geschützt werden sollten.

Anders als z. B. in Frankreich, den Niederlanden, Österreich und der Schweiz, wo sog. Nichtigkeitsgesetze und Verordnungen generell regelten, dass Rechtsgeschäfte während der Besatzungszeit unwirksam sind, soweit sie Personengruppen betrafen, die einer Verfolgung unterlagen, konnte sich das „Land der Täter" zu einer vergleichbaren generellen Unwirksamkeitsbestimmung nicht durchringen. In der deutschen Administration und wohl auch in der Öffentlichkeit herrschte die Auffassung vor, die Vermögensverluste durch „Arisierung" wären aufgrund von Gesetzen und Verordnungen und somit formaljuristisch korrekt erfolgt und es bedürfe nur im absoluten Ausnahmefall einer Abänderung.

Insbesondere die Finanzbehörden, die in der NS-Zeit maßgeblich die diskriminierenden Vorschriften umgesetzt hatten und als Schaltstellen des Vermögensentzugs dienten, setzten nach 1945 häufig mit unveränderter personeller Besetzung ihre Tätigkeit fort – auch bei der Umsetzung der Entschädigungs- und Wiedergutmachungsgesetze. Exemplarisch wird die Geisteshaltung deutscher Behörden in der entlarvenden Einschätzung der Reichsfluchtsteuer deutlich. Sie argumentierten, diese Steuer wäre kein Kriterium der Verfolgung, weil sie 1931 von der Regierung Brüning in der Weimarer Republik eingeführt worden war, um dem Schutz des deutschen Staates vor Kapitalflucht zu dienen. Verschwiegen wurde allerdings, dass das NS-Regime die Reichsfluchtsteuer bereits im Mai 1934 erheblich verschärfte und sie sich wegen der erzwungenen Emigration in ihrer Anwendung faktisch nahezu ausschließlich auf Verfolgte beschränkte. Regelmäßig vorgebrachte Behauptungen, es bestünde kein Handlungsbedarf für Rückabwicklungen, weil Gesetze und Verordnungen formaljuristisch korrekt und Rechtsgeschäfte während der NS-Zeit unangreifbar rechtswirksam abgeschlossen worden wären, zeigt, dass weder bei den politisch Verantwortlichen noch in der deutschen Verwaltungsbürokratie und der Bevölkerung der uneingeschränkte Wille bestand, das begangene Unrecht zu beseitigen.

Deshalb oblag es den westlichen Alliierten, die Grundlagen für angemessene gesetzliche Rückerstattungsregelungen zu schaffen. Federführend waren die Vereinigten Staaten, da die Franzosen und Briten aufgrund eigener politischer Interessen nicht an einer umgehenden und schnellen Rückabwicklung interessiert waren. Der Versuch der Amerikaner, bis 1947 im Alliierten Kontrollrat eine einheitliche gesetzliche Regelung für sämtliche Besatzungszonen durchzusetzen, scheiterte. Daraufhin setzten sie im Alleingang am 10.11.1947 das Gesetz Nr. 59 über die Rückerstattung feststellbarer Vermögensgegenstände an Opfer der nationalsozialistischen Unterdrückungsmaßnahmen im amerikanischen Besatzungsgebiet in Kraft. Darin wurde eine umfassende Rückerstattung des aus rassischen, religiösen oder politischen Gründen entzogenen Vermögens geregelt. Am selben Tage erließ auch die französische Militärregierung für ihr Besatzungsgebiet die Rückerstattungsverordnung Nr. 120. Die Briten folgten zwei Jahre später mit dem Gesetz vom 12.05.1949. Lediglich für das Gebiet von Groß-Berlin gab es mit der Anordnung BKO (49) 180 vom 26.07.1949 über die Rückerstattung feststellbarer Vermögensgegenstände an Opfer nationalsozialistischer Unterdrückungsmaßnahmen eine einheitliche gesetzliche Regelung aller westlichen Alliierten. Sie wird bei Rückgaben nach dem Vermögensgesetz und auch bei der Umsetzung der Washingtoner Prinzipien und der Gemeinsamen Erklärung vom 14.12.1999 herangezogen und bildet einen zentralen Maßstab auch für die Beurteilung der Rückgabefähigkeit von Kunstwerken.

Die zentralen Eckpunkte der Rückerstattungsregelungen sind:

- Die gesetzliche Vermutung des verfolgungsbedingten Vermögensverlustes, so dass der aktuelle Besitzer nachzuweisen hatte, dass ausnahmsweise kein verfolgungsbedingter Vermögensverlust eingetreten war, sondern es sich um ein Rechtsgeschäft handelte, das unter marktüblichen Bedingungen erfolgte.
- Die Gutglaubens-Vorschriften des deutschen Bürgerlichen Gesetzbuches waren außer Kraft gesetzt.
- Der Vermögensverlust musste aufgrund rassischer, politischer oder religiöser oder weltanschaulicher Verfolgung während der NS-Zeit (30.01.1933 bis 08.05.1945) eingetreten sein.
- Die Betroffenen unterlagen einer individuellen Verfolgungsmaßnahme oder wurden vom NS-Regime aus rassischen, politischen, religiösen oder weltanschaulichen Gründen kollektiv verfolgt, wie z.B. Juden, Freimaurer, Sozialdemokraten und Kommunisten.

In den Rückerstattungsregelungen der amerikanischen, britischen und französischen Zone galt jeweils eine Anmeldefrist von zwölf Monaten ab Inkrafttreten. Diese gesetzliche Ausschlussfrist bedeutete, dass nach ihrem Ablauf Anmeldungen nicht mehr erfolgen konnten, auch wenn der Betroffene schuldlos daran gehindert war, innerhalb der Frist seine Ansprüche geltend zu machen. Die Ausschlussfrist von zwölf Monaten begann nicht erst ab Kenntnis des Betroffenen über die Schädigung und darüber, wo sich der Vermögensgegenstand befand (sog. Kenntnisfrist), sondern bereits ab Inkrafttreten der Gesetze. Allein aufgrund dieser kurzen Ausschlussfrist konnte ein großer Teil geschädigter Alteigentümer Ansprüche nach den alliierten Rückerstattungsgesetzen nicht fristgemäß geltend machen.

Für das sowjetische Besatzungsgebiet waren entsprechende Rückerstattungsregelungen nicht erlassen worden. Es gab einzelne Rückgaben auf Betreiben von Betroffenen. Eine generelle gesetzliche Regelung existierte nicht. Ausschließlich in Thüringen galt für kurze Zeit ein „Wiedergutmachungsgesetz", das allerdings nur zu einigen wenigen Rückgaben führte.

2.1.1.2. Umsetzung der Rückerstattungsregelungen

Die Bearbeitung von Anträgen nach den Alliierten Rückerstattungsregelungen erfolgte bei den Wiedergutmachungsämtern (WGÄ), die bei den jeweiligen Landgerichten eingerichtet wurden. Die WGÄ mussten den Sachverhalt binnen einer Frist von zwei Monaten aufklären, und soweit der Rückgabeverpflichtete seinerseits keine Erklärungen abgab, dem Antrag des Rückerstattungsberechtigten stattgeben. Gegen den Beschluss des Wiedergutmachungsamtes konnte Einspruch erhoben werden, woraufhin sich ein dreistufiges Gerichtsverfahren anschloss. Erstinstanzlich war ein ausschließlich von deutschen Juristen besetztes Landgericht zuständig, das im Amtsermittlungswege den Sachverhalt prüfte und nach mündlicher Verhandlung durch Beschluss entschied. Gegen diesen Beschluss war Widerspruch beim nächsthöheren Oberlandesgericht im Wege der Rechtsbeschwerde möglich, das wiederum ausschließlich mit deutschen Richtern besetzt war. Die Alliierten bestanden darauf, dass die letztinstanzliche Entscheidung durch den „Obersten Gerichtshof" erfolgte, der mit Richtern der Alliierten besetzt war. So entstand in der britischen Zone das Board of Review (BOR), in der amerikanischen Zone der Court of Restituton Appeals (CORA) und in der französischen Zone der Court Superieure pour le Restitutions (CSR). Für die Westsektoren von Groß-Berlin entstand ein gemeinschaftlicher alliierter Gerichtshof.

Die Kontrolle durch alliierte Richter in der obersten Revisionsinstanz war erforderlich, weil sich zeigte, dass in den unteren Instanzen entweder NS-belastete Richter tätig waren oder in der Richterschaft der Wille vorherrschte, formaljuristisch und spitzfindig die Bestimmungen „im Zweifel gegen den Antragsteller" auszulegen. Die alliierten Obergerichte sahen sich mit zahlreichen Grundsatzurteilen veranlasst, korrigierend einzugreifen. Nach der Wiederherstellung der Souveränität der Bundesrepublik Deutschland wurde im Überleitungsvertrag vom Mai 1952 die Besetzung der obersten Rückerstattungsgerichte verändert, so dass nunmehr in den fünfköpfigen Senaten zwei deutsche Richter tätig waren.

Bis Mitte der 70er Jahre gab es in der Bundesrepublik Deutschland einschließlich Westberlin 1,2 Millionen Einzelverfahren, davon 500.000 nach den Alliierten Rückerstattungsregelungen und 700.000 nach dem bundesrepublikanischen Rückerstattungsgesetz vom Juli 1957. Zwei Drittel der Verfahren wurden durch Wiedergutmachungsämter entschieden und ein Drittel durch erstinstanzliche Gerichte. Lediglich 80.000 Fälle gelangten vor die Oberlandesgerichte und insgesamt nur 1%, d.h. ca. 10.000 Fälle vor die mit Richtern der Alliierten besetzten Revisionsgerichte.

Bei der heutigen Heranziehung damaliger Gerichtsentscheidungen ist daher besonderes Augenmerk auf die entsprechende Gerichtsinstanz zu legen und insbesondere darauf zu achten, ob anders lautende Feststellungen der alliierten Obersten Gerichtshöfe existieren. Soweit dies nicht der Fall ist, muss geprüft werden, ob die Beschlüsse der Landes- und Oberlandesgerichte in unzulässiger Weise von den Grundprinzipien des Rückerstattungsrechts, die von den obersten alliierten Gerichten aufgestellt wurden, abweichen und deshalb unbeachtlich sind.

2.1.1.3. Rückerstattungsausschluss bei bloßem Zugriff auf Kunstobjekte?

Kaum, dass die Nazis am 30.01.1933 an die Macht gekommen waren, begannen sie ihren Feldzug gegen die sog. entartete Kunst. Mit dem „Gesetz über die Einziehung von Erzeugnissen entarteter Kunst" vom 31.05.1938 legitimierten sie den Zugriff auf sämtliche in öffentlichen Museen und der Öffentlichkeit zugänglichen Sammlungen befindliche diesbezügliche Kunstwerke. Hiervon war auch Privateigentum betroffen, soweit es sich bei Sicherstellung im Eigentum von Reichsangehörigen oder inländischen juristischen Personen und als Leihgabe oder Depositum in öffentlichen Sammlungen befand.
In Anwendung der Alliierten Rückerstattungsregelungen lehnten die deutschen Behörden und Gerichte eine Rückübertragung von Kunstwerken der sog. entarteten Kunst an private Alteigentümer ab, weil ihr Verlust nicht im Zusammenhang stand mit deren persönlicher Verfolgung aus rassischen, religiösen oder politischen Gründen. Auch wenn der Eigentumsverlust aufgrund des Einziehungsgesetzes vom 31.05.1938 eintrat, wurde die Rückgabe ausdrücklich verneint, wenn der Alteigentümer selbst von Verfolgungsmaßnahmen verschont geblieben war. Die deutschen Wiedergutmachungskammern, Landgerichte und Oberlandesgerichte entschieden, dass in diesen Fällen die Kausalität zwischen persönlicher Verfolgung und Eigentumsverlust nicht gegeben wäre. Die politische oder weltanschauliche Einstellung des Alteigentümers zu Künstlern oder Kunstobjekten sog. entarteter Kunst genüge nicht für einen verfolgungsbedingten Vermögensverlust i. S. d. Alliierten Rückerstattungsbestimmungen. Erst wenn eine zielgerichtete persönliche Verfolgung vorlag und im Zusammenhang damit Kunstobjekte entzogen wurden, konnte dies einen Rückgabeanspruch begründen. Hier zeigt sich das formaljuristische Argumentieren deutscher Juristen, die am Wortlaut haftend die restriktive und im Zweifel gegen den Antragsteller gerichtete Auslegung wählten. Ob die obersten, mit Richtern der Alliierten besetzten Gerichtshöfe diese Rechtsauffassung als zutreffend beurteilten und gleichfalls eine Rückgabe verweigert hätten, bleibt unaufgeklärt.

Fall 55
Frieda Doering-Erben vs. Deutsches Reich/Bundesrepublik Deutschland wegen Sammlung „entarteter" und sonstiger Kunst

Es bleibt festzustellen, dass eine Beseitigung dieses NS-Unrechts, das gleichermaßen ohne oder gegen den Willen des Alteigentümers erfolgte, zumindest nach der Rechtsprechung der deutschen Rückerstattungsgerichte ausgeschlossen war, weil der Eigentumsentzug nicht außerdem noch (!) im Zusammenhang mit der persönlichen Verfolgung des Alteigentümers stand.

Ein Rückgabeanspruch auf diese zwangsweise durch NS-Unrecht verlorenen Kunstwerke könnte nur im Zivilrechtsweg durchgesetzt werden, denn die entschädigungslose Enteignung ist unwirksam. Der private Alteigentümer hat sein Eigentum nicht verloren. Er kann grundsätzlich die Rückgabe verlangen. In jedem Einzelfall ist allerdings zu prüfen, ob Dritte gutgläubig Eigentum am Kunstwerk erwarben oder ob der Herausgabeanspruch verjährte. Wegen der Kosten wurde im Nachkriegsdeutschland von diesen Zivilrechtsverfahren oftmals abgesehen, auch weil zunächst in jahrelangem Bemühen, im Ergebnis erfolglos, versucht wurde, eine kostenfreie öffentlich-rechtliche Rückgabe zu erreichen.

Bei der Geltendmachung von Rückgabeansprüchen unter Bezugnahme auf die Washingtoner Prinzipien und die Gemeinsame Erklärung vom 14.12.1999 ist – wenn auf Gerichtsentscheidungen von Rückerstattungsgerichten Bezug genommen wird – besonders darauf zu achten, ob darin die allgemeinen Rückerstattungsgrundsätze der alliierten obersten Gerichtshöfe ausreichend Berücksichtigung fanden.

2.1.2. Bundesrückerstattungsgesetz

Bei Beendigung des alliierten Besatzungsregimes verpflichtete sich die Bundesrepublik Deutschland im Überleitungsvertrag vom 26.05.1952, die bisher nach alliierten Vorschriften erfolgte Rückerstattung fortzusetzen. Sie hat im Bundesrückerstattungsgesetz (BRüG) vom 19.07.1957 Rückgaben zugunsten von Verfolgten eingeräumt, die in dem Zeitraum zwischen 30.01.1933 bis 08.05.1945 ihr Eigentum verloren hatten. Die gesetzliche Frist zur Geltendmachung entsprechender Ansprüche endete am 31.03.1959.

Das BRüG war auf das Gebiet der Besatzungszonen der Westalliierten (Bundesrepublik Deutschland vor der Wiedervereinigung) beschränkt und wurde auch in den westlichen Besatzungszonen von Berlin (Westberlin) angewandt. Der Rückerstattungsanspruch nach dem BRüG setzte voraus, dass sich der Vermögenswert auf dem Gebiet der Bundesrepublik Deutschland bzw. Westberlin befand und damit die Möglichkeit bestand, das Kunstwerk zurückzugeben. Im Einzelfall sind kurzerhand von Betroffenen Kunstwerke ins Ausland geschafft und dadurch die selbst gerichtlich festgestellte Rückgabeverpflichtung vereitelt worden (s. Fall 4).

Unter Zwang verlorene Vermögenswerte, die außerhalb der Grenzen des früheren Deutschen Reiches entzogen wurden, fielen grundsätzlich nicht in den Geltungsbereich des BRüG. Eine Ausnahme war in § 5 BRüG geregelt, wonach auch für diese Vermögensgegenstände die Rückerstattung zu erfolgen hatte, wenn ihr Verlust zwar außerhalb des Deutschen Reiches erfolgte, sie aber später in den Geltungsbereich des BRüG „zurückgelangt“ waren. Dies ist bei den sog. Fluchtgutfällen, wo Kunstwerke im Ausland erworben wurden und in das Deutsche Reich zurückgelangten der Fall.

Das Gesamtvolumen des BRüG war zunächst auf 1,5 Mrd. DM begrenzt, so dass Ansprüche im Werte von über 20.000,00 DM nur in Höhe von 50% befriedigt wurden. Korrekturen im zweiten und dritten Rückerstattungsgesetz führten im Ergebnis zu einer Ausweitung der Leistungsansprüche und einer Gesamtzahlung von ca. vier Mrd. DM. Der Anspruch nach dem BRüG richtete sich als öffentlich-rechtlicher Anspruch gegen die Bundesrepublik Deutschland. Damit wurde eine vereinfachte Durchsetzbarkeit der Forderung bewirkt. Ansonsten konnte auch zivilrechtlich gegenüber dem Besitzer eine Rückgabe geltend gemacht werden, wenn die Schädigung durch das Deutsche Reich oder Privatpersonen verursacht worden war. Soweit Anträge nach dem Wiedergutmachungsgesetz beschieden wurden oder wegen Verfristung und unterlassener Antragstellung keine Entschädigungszahlung erfolgte, ist für die Betroffenen die Geltendmachung von Ansprüchen im Zivilrechtsweg weiterhin möglich. Die öffentlich-rechtlichen Bestimmungen schließt die Verfolgung von Ansprüchen auf gesetzlich anderem Wege, insbesondere auf zivilrechtlichem, nicht aus.

2.1.3. Bundesentschädigungsgesetz

Im Bundesentschädigungsgesetz (BEG) von 1953 bzw. 1956 war geregelt, dass für Schäden an Leben, Körper, Gesundheit, Freiheit, beruflichem Fortkommen und Vermögen sowie für während der NS-Zeit erlittene Abgabeschäden, z. B. durch Reichsfluchtsteuer und Judenvermögensabgabe, eine Entschädigung in Geld gewährt werden sollte. Anspruchsberechtigt war jeder, der im Sinne der NS-Ideologie rassisch verfolgt wurde und ab 30.01.1933 gezwungen war, das Deutsche Reich zu verlassen oder unterzutauchen. Nach dem BEG waren ihm als Folgeschäden die Auswanderungs-, Weiterwanderungs- oder Rückwanderungskosten zu erstatten. Soweit zum Zwecke der Ausreise Not- bzw. Zwangsverkäufe oder Vermögensübertragungen anderer Art erfolgten oder durch die Transferierung von Vermögenswerten Umtausch- bzw. Transferverluste eintraten, waren auch diese zu entschädigen. Schließlich kam auch die Entschädigung für erlittene Existenz-, Ausbildungs-, Berufs- und Versorgungsschäden sowie verlustig gegangene Renten- und Versicherungsleistungen in Betracht.

Neben der Verfolgteneigenschaft war erforderlich, dass die Vermögensschäden in einer räumlichen Beziehung zum Gebiet des damaligen Deutschen Reichs stattgefunden hatten und insoweit eine Kausalität zwischen Verfolgung und Vermögensverlust bestand. Die Rechtsprechung hat diese Kausalität auch bejaht, wenn die Vermögensschäden im Ausland eintraten und die Ursache dafür im NS-Staat gesetzt wurde. Welcher Grad der Kausalität erforderlich ist, wird unterschiedlich beantwortet.

Das Problem der engen oder weiten Kausalität spielt bei der Einordnung von Vermögensverlusten als verfolgungsbedingt eine maßgebliche Rolle. Bei aktuellen Rückgabeanträgen auf der Grundlage der Washingtoner Prinzipien bevorzugen die zuständigen Behörden, Museen und Sammlungen die enge Auslegung (s. Fall 96).

Fall 56
Elisabeth Gotthilf-Erben vs. Bayerische Staatsgemäldesammlungen wegen Gemälde von Leopold von Kalckreuth

Die Geldzahlung soll rd. 53 Mrd. DM umfasst haben – davon 50% für Schäden an Körper- und Gesundheit, 25% wegen beruflicher Benachteiligung und 25% wegen Eigentums- und Vermögensverlusten, also auch für Kunstwerke. Die seinerzeitigen Wertermittlungen waren wegen der Massenverfahren und von allen Beteiligten gewünschten raschen Abwicklung formalisiert.

2.1.4. Vermögensgesetz

2.1.4.1. Entstehungsgeschichte des Vermögensgesetzes (VermG)

Nach dem Fall der Mauer am 09.11.1989 und den ersten freien Wahlen in der DDR im März 1990 erließ das dortige Parlament das VermG mit dem Ziel, unrechtmäßige Eigentumsverluste rückgängig zu machen. Vermögensverluste in der NS-Zeit waren zunächst ausgeschlossen.

Die DDR hatte für diese Verluste keine Entschädigungs- oder Rückerstattungsgesetze erlassen, da sie sich offensichtlich wegen ihres Geschichtsverständnisses für das NS-Unrecht keine Verantwortung übernahm. Auch die erste Fassung des VermG, noch als DDR-Gesetz am 29.09.1990 in Kraft getreten, sah Regelungen nur für Eigentumsverluste ab dem 08.05.1945 vor. Auf maßgeblichen Druck jüdischer Organisationen und westdeutscher Gewerkschaften wurde das VermG um § 1 Abs. 6 ergänzt, wonach nunmehr auch die Eigentumsverluste zwischen dem 30.01.1933 bis 08.05.1945, die aus rassischen, politischen, religiösen oder weltanschaulichen Gründen eingetreten waren, rückgängig zu machen waren. Eine weitere erhebliche Verbesserung wurde durch das 2. Vermögensrechtsänderungsgesetz mit Wirkung vom 22.07.1992 eingeführt, das für verfolgungsbedingte Eigentumsverluste zwischen dem 30.01.1933 und 08.05.1945 generell einen gutgläubigen Erwerb Dritter ausschloss. Für die Prüfung dieser Verluste wurden zugunsten des Alteigentümers die erleichterten Vermutungsregelungen der früheren alliierten Rückerstattungsverordnung für Groß-Berlin vom 26.07.1949 für anwendbar erklärt. Danach gilt unter bestimmten Voraussetzungen jeder Vermögensverlust während der NS-Zeit als „verfolgungsbedingt", es sei denn, der aktuelle Besitzer kann zweifelsfrei das Gegenteil beweisen.

Die Bundesrepublik Deutschland hatte in der Vereinbarung vom 27. und 28.09.1990 (Vertrag über die Beziehung zwischen der Bundesrepublik Deutschland und den drei Mächten) die völkerrechtliche Verpflichtung übernommen, das frühere alliierte Rückerstattungsrecht im Beitrittsgebiet und die darin niedergelegten Grundsätze anzuwenden. Deshalb erfolgt bis heute bei der Auslegung des § 1 Abs. 6 VermG bei Verfolgtenansprüchen oftmals ein Rückgriff auf die frühere alliierte Rückerstattungsrechtsprechung.

2.1.4.2. Die Schädigungstatbestände

Zentraler Prüfungsmaßstab für einen NS-verfolgungsbedingten Vermögensverlust ist Art. 3 der Anordnung BK/O (49) 180 der Alliierten Kommandantur vom 26.07.1949, deren gesetzliche Regelungen im VermG sinngemäß weiter angewendet werden.

Zu unterscheiden sind zunächst zwei Arten der Verfolgung:

2.1.4.2.1. Persönliche Verfolgung

Wurden natürliche oder juristische Personen, das Gesetz spricht von Vereinigungen, in der Zeit vom 30.01.1933 bis 08.05.1945 aus rassischen, politischen, religiösen oder weltanschaulichen Gründen persönlich verfolgt (Individualverfolgung gemäß Art. 3 Nr. 1 lit. a) und kamen ihnen infolge dessen Vermögensgegenstände durch Verkäufe, Schenkungen, Beschlagnahmen, Versteigerungen, Enteignungen oder auf sonstige Weise abhanden, ist ihnen grundsätzlich das verloren gegangene Vermögen zurückzugeben. Der Antragsteller musste seine persönliche Verfolgung darlegen und beweisen.

2.1.4.2.2. Kollektive Verfolgung

Handelt es sich um einen Personenkreis, der in seiner Gesamtheit in Nazi-Deutschland vom kulturellen und wirtschaftlichen Leben ausgeschlossen war, wird dieser Personenkreis vom Gesetz generell als verfolgt eingeordnet. Dazu gehören insbesondere aus rassischen Gründen verfolgte Personen einschließlich sog. Mischlinge und nichtjüdischer Ehepartner sowie Glaubensgemeinschaften, Vereinigungen usw. Gehörte der Antragsteller zu diesem Personenkreis, wird die Kollektivverfolgung vermutet.

2.1.4.2.3. Gesetzliche Vermutung des verfolgungsbedingten Vermögensverlustes

Ist die kollektive oder persönliche Verfolgung festgestellt worden, wird gesetzlich vermutet, dass alle Vermögensverluste zwischen 30.01.1933 bis 08.05.1945 NS-verfolgungsbedingt erfolgten.

2.1.4.2.4. Voraussetzungen für die Widerlegung des NS-verfolgungsbedingten Vermögensverlustes

Der Prüfmaßstab für Vermögensverluste während der NS-Zeit unterscheidet sich im Hinblick auf die Zeit vor bzw. nach Erlass der sog. Nürnberger Rassegesetze am 14.09.1935.

Danach kann ein NS-verfolgungsbedingter Vermögensverlust vom aktuellen Besitzer widerlegt werden.

Für den Zeitraum 30.01.1933 bis 14.09.1935 ist der Rückgabeanspruch abzulehnen, wenn

- der Vermögensgegenstand zu einem seinerzeit angemessenen Kaufpreis veräußert wurde (aktueller Verkehrswert muss erzielt worden sein) und
- der Verkäufer über diesen Kaufpreis frei verfügen konnte.

Fall 57
Otto Ollendorff-Erben vs. Städtische Sammlungen für Geschichte und Kultur Görlitz (Kulturhistorisches Museum) wegen Gemälde von Lovis Corinth

Für den Zeitraum 15.09.1935 bis 08.05.1945 ist der Anspruch nur abzulehnen, wenn zudem

- der Erwerber darüber hinaus beweisen kann, dass das Veräußerungsgeschäft auch ohne die Herrschaft des Nationalsozialismus abgeschlossen worden wäre oder
- der Erwerber in besonderer Weise und mit wesentlichem Erfolg den Schutz der Vermögensinteressen des Veräußerers oder seines Rechtsvorgängers wahrnahm. Dies ist der Fall, wenn der Verkäufer bei der Vermögensübertragung ins Ausland mitgewirkt hat.

Alle Widerlegungsvoraussetzungen müssen zweifelsfrei gegeben sein. Kann der Erwerber des Vermögenswertes bzw. der jetzige Besitzer nicht zweifelsfrei belegen, dass die gesetzlichen Voraussetzungen vorliegen, so geht die sog. Nichterweislichkeit (non liquit-Situation) zu seinen Lasten. Dann bleibt es bei der gesetzlichen Vermutung, dass der Vermögenswert verfolgungsbedingt verloren ging. Die alliierten Rückerstattungsregelungen sehen für den Alteigentümer eine Beweislastumkehr zu Lasten der Erwerber bzw. aktuellen Besitzer vor. Diese müssen ihren unangreifbaren Erwerb zweifelsfrei beweisen, weil der Vermögensverlust aufgrund der persönlichen oder kollektiven Verfolgung des Alteigentümers als NS-verfolgungsbedingt unterstellt wird (s. Fall 2).

2.1.4.3. Räumlicher Geltungsbereich

Der räumliche Geltungsbereich des VermG ist auf das Beitrittsgebiet (DDR und Ostberlin) begrenzt. Bei Verlust von Grundstücken ist die Rechtslage eindeutig. Befindet sich das Grundstück im Beitrittsgebiet und liegt ein verfolgungsbedingter Vermögensverlust vor, so ist es grundsätzlich rückzuübertragen. Dieser Grundsatz gilt auch bei beweglichen Gegenständen, d.h. diese müssen sich bis 03.10.1990 im Beitrittsgebiet befunden haben.

Im Einzelfall ist allerdings auch folgende Fallkonstellation denkbar: Das Kunstwerk befand sich in einem Museum oder im Privatbesitz im Beitrittsgebiet und wurde während der DDR-Zeit auf staatliche Veranlassung hin, z.B. zum Zwecke der Devisenbeschaffung durch den Bereich kommerzielle Koordinierung ins Ausland verkauft und befand sich am 03.10.1990 außerhalb der DDR bzw. Ostberlin. Hier ist klärungsbedürftig, ob das VermG gilt.

Die Rückgabebestimmungen im VermG für verfolgungsbedingte Vermögensverluste sollen die Lücke schließen, die dadurch entstanden war, dass es in der DDR für die Verfolgtenansprüche keine Rückgabegesetze gab.

Von diesem Ansatz ausgehend fällt ein NS-Kunstverlust ausschließlich dann unter den Anwendungsbereich des VermG, wenn sich das Kunstwerk in der Zeit vom 08.05.1945 bis zum 03.10.1990 im Beitrittsgebiet befand, denn in diesem Zeitraum konnte es der Alteigentümer mangels gesetzlicher Bestimmungen nicht herausverlangen. Entscheidend ist also nicht, wo der Verlust der Sache eintrat, sondern wo sie sich vom 08.05.1945 bis 03.10.1990 befand. Insoweit gilt das gleiche wie bei Grundstücken, d.h. allein maßgeblich ist der Belegenheitsort der Sache im Beitrittsgebiet.

Befand sich das Kunstwerk spätestens ab 08.05.1945 auf dem Gebiet der DDR bzw. Ostberlins und ist es in der Folgezeit mit Billigung staatlicher Stellen aus der DDR ausgeführt worden, kommt ausnahmsweise auch die Anwendung des VermG in Betracht. Das Bundesverwaltungsgericht hat in seinem Urteil vom 09.12.2004 zu einem durch Gebietsaustausch von Ost- nach Westberlin „gelangten" Grundstück (Lenné-Dreieck) entschieden, dass dieses zwar seit Juli 1988 als Westberliner Grundstück einzuordnen sei. Dennoch gelte in analoger Anwendung § 1 Abs. 6 VermG und die Rückgabe sei grundsätzlich möglich. Ziel des § 1 Abs. 6 VermG sei, so das Bundesverwaltungsgericht, die im Beitrittsgebiet unterlassene Wiedergutmachung nationalsozialistischen Unrechts nachzuholen. Dies dürfe nicht z. B. durch einen vor Erlass des VermG erfolgten Gebietsaustausch verhindert werden, zumal die Bundesrepublik Deutschland auch völkerrechtliche Verpflichtungen übernommen habe, das nationalsozialistische Unrecht zu beseitigen. Nach Sinn und Zweck des VermG müssen dann aber auch sämtliche Eigentumsverluste von Kunstwerken berücksichtigt werden, die ohne Zustimmung oder Kenntnis des Geschädigten im Zeitraum zwischen 08.05.1945 bis 03.10.1990 aus dem Beitrittsgebiet ausgeführt wurden.

2.1.4.4. Zeitliche Befristung

Ein Anspruch nach dem VermG auf Rückgabe beweglicher Gegenstände kann nur geltend gemacht werden, wenn bis spätestens 30.06.1993 in Deutschland bei einem Vermögensamt ein entsprechender Antrag eingereicht wurde. Dieses gesetzlich festgelegte Datum ist, wie schon bei den alliierten Rückerstattungsgesetzen und dem deutschen Wiedergutmachungsgesetz, eine Ausschlussfrist. Es kommt nicht darauf an, ob der Berechtigte Kenntnis über das Bestehen seines Anspruches hatte oder ob er ohne eigenes Verschulden gehindert war, die Frist einzuhalten.

Oftmals haben Alteigentümer und insbesondere deren Erben keine Kenntnis von den Eigentumsverlusten an Kunstwerken und wissen nichts über deren aktuellen Verbleib in Deutschland. Deshalb ist – anders als bei Grundstücken, wo oftmals noch gewisse Kenntnisse vorhanden waren und so ein Anspruch rechtzeitig geltend gemacht wurde – diese Anmeldung bei Kunstwerken unterblieben. Die Berechtigten wären nach Fristablauf mit ihren Rückgabeansprüchen ausgeschlossen.

Fall 58
Gustav Kirstein-Erben vs. Museum der bildenden Künste Leipzig wegen 105 Kunstgegenständen

Das unverschuldete Verstreichen der gesetzlichen Ausschlussfrist mit der Folge des Rückgabeausschlusses wird als nicht interessengerecht angesehen. Deshalb haben sich die deutschen öffentlichen Museen und Sammlungen in der Gemeinsamen Erklärung vom 14.12.1999 verpflichtet, sich nicht auf die Verjährung berufen zu wollen und allein aus diesen formalen Gründen Ansprüche abzulehnen.

2.1.4.5. Spätere Konkretisierung durch die JCC

Hilfsweise ist zu prüfen, ob zumindest durch die Conference on Jewish Material Claims against Germany Inc. (JCC) eine fristgemäße Anmeldung bis 30.06.1993 erfolgte. Der JCC ist im VermG eine Universalrechtsnachfolge von NS-Geschädigten eingeräumt worden, soweit jüdische Berechtigten selbst keine Ansprüche anmeldeten oder es sich um sog. erbenloses Vermögen handelt. Voraussetzung ist auch hier, dass von der JCC fristgemäß bis 30.06.1993 Rückgabeansprüche – so für in der NS-Zeit verloren gegangene Kunstwerke – angemeldet wurden.

Basierend auf der alliierten Rückerstattungsrechtsprechung gelten allerdings hier Sonderregelungen zugunsten der JCC. Höchstrichterlich ist anerkannt, dass eine fristgemäße Anmeldung der JCC vorliegt, wenn der konkrete Vermögensgegenstand erst nach Fristablauf genau bezeichnet wird. Dies kann auch heute noch erfolgen. Bedingung ist aber, dass aus bis 30.06.1993 eingereichten Unterlagen, die dem – fristgemäßen – Rückgabeantrag beigefügt waren, in individualisierbarer Weise hervorgeht, um welchen Vermögensgegenstand es sich handelt. In der globalen sog. Anspruchsanmeldung Nr. 3 der JCC war Bezug genommen worden auf eine Vielzahl von Unterlagen, Archiven, Adressbüchern usw. Kann aus diesen Unterlagen „zielführend" der Vermögenswert ermittelt werden, liegt eine fristgemäße Anmeldung vor. Dies dürfte bei Kunstwerken nur im Einzelfall gegeben sein. Anders bei Hinweisen auf Wiedergutmachungsakten des Altei-gentümers. Hier hat das Bundesverwaltungsgericht klargestellt, dass die von der JCC erfolgte Global-Anmeldung Nr. 3 in Verbindung mit den dazu eingereichten Unterlagen im Einzelfall eine ausreichende Konkretisierung darstellt, wenn sich aus der bei der Oberfinanzdirektion Berlin geführten Kartei früherer Wiedergutmachungsanträge und den dazu gehörigen Sachakten ein Hinweis auf den beanspruchten Vermögenswert ergibt. Hatte der Alteigentümer Entschädigungsansprüche wegen Kulturgutverlusten geltend gemacht und die Kunstwerke seinerzeit benannt, kann die Bezugnahme auf den damaligen Antrag heute noch zu einer fristgerechten Anmeldung führen.

Fall 59
Estella Meyer-Erben vs. Staatliche Kunstsammlungen Dresden wegen Gemälde von Adolf von Menzel

2.1.4.6. Ausschluss der Rückübertragung wegen redlichen Erwerbs ab 08.05.1945

Der aktuelle Besitzer hat das Kunstwerk an den Alteigentümer bzw. dessen Rechtsnachfolger herauszugeben, wenn der Vermögensverlust in der Nazi-Zeit, d.h. 30.01.1933 bis 08.05.1945, erfolgte. Hat er das Kunstwerk erst nach dem 08.05.1945 erworben, ist eine Rückgabe ausgeschlossen, wenn er sich in redlicher Weise das Eigentum an dem Kunstwerk verschaffte.

Das VermG regelte dazu gesetzliche Tatbestände. Der redliche Erwerb ist grundsätzlich möglich, wenn er bis 18.10.1989 vollzogen wurde oder bis zu diesem Zeitpunkt angebahnt worden war. Unredlich ist, wer das Eigentum an dem Kunstwerk unter Verstoß gegen DDR-Rechtsvorschriften oder eine ordnungsgemäße Verwaltungspraxis erwarb, wenn er von diesem Verstoß wusste oder hätte wissen müssen, d.h. sich in fahrlässiger Unkenntnis befand. Gleiches gilt, wenn der Erwerber durch Korruption oder Ausnutzung einer persönlichen Machtstellung auf den Zeitpunkt oder die Bedingungen des Erwerbs oder auf die Auswahl des Erwerbsgegenstandes einwirkte oder wenn er eine von ihm selbst oder von dritter Seite herbeigeführte Zwangslage oder Täuschung des Alteigentümers ausnutzte. Solche Eigentumserwerbe Dritter dürften eher die Ausnahme sein, weil es in der DDR keinen nennenswerten Handel mit Kunstwerken gab, die während der NS-Herrschaft abhanden kamen.

2.1.4.7. Entschädigung in Geld anstelle Rückgabe

Besteht grundsätzlich ein Rückgabeanspruch nach dem VermG und ist der Anspruch ausnahmsweise wegen eines redlichen Erwerbs, der nach dem 08.05.1945 erfolgt war, ausgeschlossen, steht dem Berechtigten ein Entschädigungsanspruch nach dem NS-Verfolgtenentschädigungsgesetz (NS-VEntschG) zu. Hier ist zu beachten, dass sich der Alteigentümer bei der zu gewährenden Entschädigung in Geld die nach anderen Wiedergutmachungsgesetzen bereits gezahlten Geldentschädigungen anrechnen lassen muss (gesetzliches Verbot der Doppelentschädigung).

2.2. Ansprüche in der Russischen Föderation

2.2.1. Rückblick: Die sog. sowjetische Beutekunst

2.2.1.1. Beschlagnahme und Plünderung deutscher Kulturgüter

2.2.1.1.1. Staatlich organisiertes Handeln

Kunstobjekte deutscher Herkunft, d.h. solche, die im Eigentum des Deutschen Reiches standen (Staatseigentum) oder deutschen Staatsbürgern gehörten (Privateigentum), die sich in den Grenzen des ehemaligen Deutschen Reichs befanden oder auch ausgelagert waren in von Deutschen besetzte Gebiete (z.B. Polen, Ungarn, Tschechoslowakei), sind von sowjetischen Dienststellen, sog. Trophäenbrigaden, insbesondere zwischen 1945 und 1948 in großem Stil in die UdSSR gebracht worden. Bereits ab 1943 erstellten sowjetische Kunstsachverständige Listen, die Kulturgüter aus deutschen Museen, öffentlichen, aber auch Privatsammlungen, Bibliotheken usw. erfassten. Die von Joseph W. Stalin höchst selbst eingesetzte Trophäenkommission war beauftragt, diese Kulturgüter aufzuspüren, zu beschlagnahmen und in die UdSSR zu transportieren. Es soll sich nach einem Geheimbeschluss der KPdSU um mehr als 2,6 Millionen Kunstwerke gehandelt haben, weitere in Kisten gelagerte und zahlenmäßig noch nicht erfasste Gegenstände sowie noch nicht bezifferte Bibliotheksbestände. Stalin hatte die Idee, in Moskau ein Beutemuseum zu errichten, das größer als der Louvre oder der Prado sein sollte. Diese Idee wurde jedoch bald aufgegeben.

Als die Listen mit den erwünschten Äquivalenten für den Ersatz sowjetischer Kulturgutverluste aufgestellt wurden, umfassten diese zunächst ausschließlich Kunstwerke aus staatlichen Museen und Sammlungen des Deutschen Reichs und dessen damaligen Verbündeten. Im Vordergrund stand also nicht die Wegnahme von Privateigentum, sondern von Kulturgütern im Eigentum des Feindstaates. In der praktischen Tätigkeit der sog. Trophäenbrigaden spielte die Unterscheidung zwischen privatem und öffentlichem Eigentum jedoch keine Rolle. Sie hatten im Übrigen von oberster Stelle die Direktive erhalten, „ständig an der Aufspürung von Sammlungen der Faschisten, der Großbourgeoisie und der Antiquare zu arbeiten". Nunmehr galten nicht nur Kulturgüter des Deutschen Reichs als Kompensation für die Kulturgutverluste der UdSSR, sondern gleichermaßen der gesamte Sammlungsbestand der „Großbourgeoisie". Mitarbeiter der beauftragten Dienststellen hatten mit dieser Art der Liquidierung von Vermögenswerten des Bürgertums bereits nach der russischen Revolution Erfahrungen gesammelt und später in der UdSSR an der entschädigungslosen Enteignung und Verwertung von Kunstgegenständen aus Privatbesitz mitgewirkt.

Die völlig undifferenzierten Wegnahmen führten logischerweise zu sog. Mehrfachschädigungen. Sie betrafen Kunstgegenstände im Besitz des Deutschen Reichs oder von Privatpersonen, die zuvor NS-Verfolgten widerrechtlich abhanden gekommen waren.

2.2.1.1.2. Plünderung durch Einzelpersonen

Diebstahl, Raub oder sonstige Plünderung durch Einzelpersonen, insbesondere Militärangehörige sind von den staatlich gelenkten oder zumindest gebilligten Wegnahmen zu unterscheiden. Kunstgegenstände wurden als private Trophäen entwendet, noch in Deutschland verkauft oder getauscht bzw. nach Rückkehr in die Heimat in der UdSSR veräußert oder befinden sich noch im Besitz der damaligen „Ersterwerber" oder ihrer Rechtsnachfolger. Durch Veräußerungsgeschäfte gelangen sie auch heute und morgen ins westliche Ausland.

Seit Öffnung des Eisernen Vorhanges in Osteuropa ab Anfang der 90er Jahre tauchen auf dem internationalen Kunstmarkt als Kriegsverlust registrierte Kunstwerke auf, die zum Teil offensichtlich aus Museums- oder Privatbeständen stammten und nun versilbert werden sollen.

2.2.1.2. Einlagerung und Rückgabe

Auf dem Gebiet der sowjetischen Besatzungszone und zunächst auch in ganz Berlin festgestellte Kunstwerke wurden in die UdSSR geschafft, darunter mehr als eine halbe Million in das Puschkin Museum in Moskau und über achthunderttausend in die Petersburger Eremitage. Damalige Mitarbeiter der staatlichen Museen und Kunstsammlungen berichten von vollständig überfüllten Depots, in denen nur unter großen Schwierigkeiten notdürftige Konservierung und adäquate Aufbewahrung gewährleistet war. Über die in die UdSSR ausgeführten Kunstgegenstände erfuhr die Weltöffentlichkeit nichts mehr. Sie verschwanden in Depots.

Völlig unerwartet verkündete im März 1955 der Ministerrat der UdSSR, dass 750 Kunstwerke der Dresdner Gemäldesammlung, darunter Raffael's Sixtinische Madonna, zurückgegeben werden. In propagandistisch inszenierten Ausstellungen in Moskau und Ostberlin wurde unter großer Publikumsbeteiligung eine Auswahl von mehr als fünfhundert Altmeister-Gemälden gezeigt, bevor diese nach Dresden zurückkehrten. In einer weiteren Vereinbarung von 1957 wurde die wechselseitige Rückgabe von Kulturgütern beschlossen. Zwischen 1957 und 1959 erhielt die DDR von der UdSSR 1.870.000 Kunstgegenstände. Nicht zurückgegeben wurden nachweislich aus Privateigentum stammende Kunstwerke. Deshalb kann davon ausgegangen werden, dass sich der größte Teil dieser Kulturgüter, die ab 1945 in die UdSSR gelangten, dort noch befindet.

In nicht bekannter Zahl gehörten zu den in die UdSSR verbrachten Kunstwerke auch solche, die in der NS-Zeit den damaligen Alteigentümern widerrechtlich entzogen worden waren.

Zwischen der Bundesrepublik Deutschland und der UdSSR fand bis zum Zerfall der kommunistischen Systeme Anfang der 90er Jahre ein Austausch von Kunstgegenständen generell nicht statt. Das Thema Kunst- und Kulturgüterrückgabe wurde erstmalig nach Abschluss des deutsch-sowjetischen Staatsvertrages vom November 1990 zwischenstaatlich erörtert und dann erneut im Dezember 1992 im Zusammenhang mit dem Kulturabkommen mit der gerade erst entstandenen Russischen Föderation.

1994 übergab die Bundesregierung der russischen Regierung eine Liste mit etwa 40.000 Kulturgütern, deren Rückgabe verlangt wird. Außerdem wurden von der Bundesrepublik Deutschland 200.000 Kunstobjekte aus Museen, privaten und öffentlichen Sammlungen, zwei Millionen Bücher und mindestens drei Kilometer Archivgut beziffert und benannt. Der größte Teil der aufgeführten Gemälde und Zeichnungen dürfte sich in den Moskauer und St. Petersburger Museen bzw. Depots befinden. Unklar ist allerdings, in welchem Umfang sich nach 1945 in die UdSSR gelangte Kunstwerke heute in deren Nachfolgestaaten befinden, z. B. der Ukraine und in Weißrussland. Nachforschungen in diesen Staaten haben ergeben, dass offensichtlich der größte Teil der fraglichen Kunstwerke auf dem Gebiet der Russischen Föderation verblieb.

2.2.2. Rückgabeansprüche aufgrund zwischenstaatlicher Vereinbarungen

Erstmalig haben die Bundesrepublik Deutschland und die UdSSR im Staatsvertrag vom 09.11.1990 in Art. 16 vereinbart, „dass verschollene oder unrechtmäßig verbrachte Kunstschätze, die sich auf ihrem Territorium befinden, an den Eigentümer oder seinen Rechtsnachfolger zurückgegeben werden".

Diese wechselseitige Rückgabeverpflichtung ist in Art. 15 des Kulturabkommens vom 16.12.1992 zwischen der Bundesrepublik Deutschland und der Russischen Föderation, einem der Nachfolgestaaten der UdSSR, wiederholt worden, in dem es heißt: „Die Vertragsparteien stimmen darin überein, dass verschollene oder unrechtmäßig verbrachte Kulturgüter, die sich in ihrem Hoheitsgebiet befinden, an den Eigentümer oder seinen Rechtsnachfolger zurückgegeben werden."

Diese zwischenstaatlichen Vereinbarungen begründen ausschließlich wechselseitige Ansprüche der jeweiligen Staaten, nicht aber von Einzelpersonen gegenüber dem jeweiligen Staat. Es besteht also nur die Möglichkeit, die Bundesregierung unter Bezugnahme auf den Staatsvertrag bzw. das Kulturabkommen zu ersuchen, auf die Russische Föderation einzuwirken, privatrechtliche Rückgabeansprüche zuzulassen. Unmöglich ist es, die Russische Föderation zu zwingen, die in den Vereinbarungen von 1990 und 1992 übernommenen Verpflichtungen zu erfüllen. Auf der Grundlage dieser Vereinbarungen kam es bisher vereinzelt zu wechselseitigen Rückgaben einzelner Kunstgegenstände.

2.2.3. KulturgutG II. WeltK

Anfang der 90er Jahre hatten die UdSSR und später deren Nachfolgestaaten, wie die Russische Föderation, untereinander und auch mit westeuropäischen Ländern wie z. B. der Bundesrepublik Deutschland in Nachbarschaftsverträgen und Kulturabkommen die Bereitschaft erklärt, wechselseitig aus dem jeweiligen Hoheitsgebiet unrechtmäßig verbrachte Kulturgüter zurückzugeben.

Inzwischen war das ungefähre Ausmaß der nach 1945 in die UdSSR gelangten Kunstwerke bekannt geworden. Die UdSSR bzw. ihre Nachfolgestaaten sahen sich erstmalig tausendfachen Rückgabeforderungen ausländischer Staaten, Museen und Privatpersonen ausgesetzt. Insbesondere die vom früheren Kriegsgegner und Aggressor Deutschland unter Hinweis auf völkerrechtliche Normen, wie z. B. die Haager Landkriegsordnung von 1907, erhobenen Forderungen auf tausende, zum Teil herausragende Kunstwerke führten in der russischen Öffentlichkeit zu wachsendem Widerstand und Verbitterung.

Die als formaljuristische Spitzfindigkeiten angesehenen Rückgabeforderungen beschleunigten die Verabschiedung des föderalen Gesetzes vom 15.04.1998 über die infolge des 2. Weltkrieges in die UdSSR verbrachten und sich auf dem Gebiet der Russischen Föderation befindenden Kulturgüter. Einzelne Regelungen dieses Gesetzes sind vom damaligen Präsidenten Jelzin als verfassungswidrig beurteilt worden, woraufhin sich der russische Verfassungsgerichtshof in seinem Urteil vom 20.07.1999 mit dessen Einwendungen auseinandersetzte. Er bestätigte im Wesentlichen das Gesetz als verfassungsgemäß, beurteilte es jedoch in einigen wichtigen Punkten auch als verfassungswidrig. Daraufhin wurde das Gesetz in einer geänderten Fassung am 25.05.2000 neu beschlossen und zwei Tage später in Kraft gesetzt.

Ergänzend wurden in der Verordnung der Russischen Föderation vom 11.03.2001 Regelungen zur Anwendung und Realisierung dieses Gesetzes getroffen. Schon mit Inkrafttreten der ersten Fassung des Gesetzes am 21.04.1998 rügten westliche Staaten, darunter die Bundesrepublik Deutschland, die Verfassungswidrigkeit und Nichtigkeit dieses Gesetzes. In der umfangreichen rechtswissenschaftlichen Literatur, die gleichfalls überwiegend von einem verfassungswidrigen Enteignungsgesetz ausgeht, bildete sich umgangssprachlich schnell der Begriff des „Beutekunstgesetzes" heraus. Dieser Begriff beschreibt die Gesetzesregelungen unzureichend und nimmt eine einseitige, wertende und negative Interpretation vor. Langsam setzt sich jedoch ein Umdenken bei einzelnen Rechtswissenschaftlern und insbesondere bei Museumsleuten durch, die eine differenziertere Auseinandersetzung mit dem Gesetz fordern und es nicht generell als unanwendbar ansehen. Nachfolgend wird der Versuch unternommen, die gesetzlichen Bestimmungen wertfrei zu erläutern, um dem Leser die Möglichkeit zu geben, sich einen Überblick über die zum Teil komplizierten Bestimmungen zu verschaffen. Da auch die Autoren den Begriff „Beutekunstgesetz" ablehnen, bezeichnen sie das Gesetz vom 15.04.1998 in der Fassung vom 25.05.2000 als Kulturgutgesetz II. Weltkrieg (KulturgutG II. WeltK).

Das KulturgutG II. WeltK enthält folgende grundlegende Regelungen:

- In der Russischen Föderation befindliche Kulturgüter, die während des 2. Weltkrieges und in der Folgezeit in die UdSSR gelangten, sind staatliches Eigentum. Diese Bestimmung ist erstmalig in der russischen Rechtsgeschichte. Es ist also aufklärbar, welcher Sammlungsbestand von der Russischen Föderation, spätestens seit Inkrafttreten der ersten Fassung des Gesetzes am 21.04.1998 konstitutiv Staatseigentum wurde. Das Gesetz geht von einer sog. kompensatorischen Restitution der verbrachten Kulturgüter als Ausgleich für die von der UdSSR während des 2. Weltkrieges erlittenen eigenen

Kulturgüterverluste aus und erklärte sie deshalb zu Staatseigentum der Russischen Föderation.

- In verschiedenen Ausnahmeregelungen wird klargestellt, welche Kulturgüter nicht Staatseigentum der Russischen Föderation wurden.
- In Sondervorschriften ist sodann geregelt, unter welchen Voraussetzungen andere Staaten, insbesondere die Nachfolgestaaten der UdSSR, sog. interessierte Staaten, d.h. von Deutschland okkupierte und besetzte Länder und ehemaligen Feindstaaten, insbesondere Deutschland, die Rückgabe von Kulturgütern verlangen können.
- Die geänderte Fassung des Gesetzes stellt in Umsetzung des Verfassungsgerichtsurteils vom 20.07.1999 klar, dass auch ausländische Privatpersonen und Vereinigungen in Russland Ansprüche auf Rückgabe im Zivilrechtsverfahren geltend machen können, wenn nach diesem Gesetz kein Eigentumsverlust eintrat.

2.2.4. Gesetzlicher Rückgabeausschluss und Eigentumserwerb der Russischen Föderation

Aus § 3 der Präambel, den Legaldefinitionen in § 4 und insbesondere § 5 sowie der zentralen Eigentumszuordnungsregelung in § 6 des KulturgutG II. WeltK ergibt sich der Eigentumserwerb, die kompensatorische Restitution, zugunsten der Russischen Föderation. Im Sinne der Definition des § 4-3 KulturgutG II. WeltK sind Kulturgüter betroffen, die

- vom Territorium Deutschlands und seiner früheren militärischen Verbündeten Bulgarien, Ungarn, Italien, Rumänien und Finnland auf das Territorium der damaligen UdSSR verbracht wurden und
- sich gegenwärtig auf dem Territorium der Russischen Föderation befinden und die
- aufgrund von Befehlen, Anordnungen und Verfügungen des militärischen Kommandos der Sowjetarmee, der sowjetischen Militäradministration in Deutschland (SMAD) und anderer zuständiger Organe der UdSSR, also auf staatliche Anordnung hin, in die UdSSR geschafft wurden und
- diese Kulturgüter im Eigentum früherer Feindstaaten standen.

Der Eigentumserwerb der Russischen Föderation trat nach der Systematik des Gesetzes erst mit dessen Inkrafttreten, also am 21.04.1998, ein. In der geänderten Fassung des KulturgutG II. WeltK vom 25.05.2000 wird erstmalig klargestellt, dass sich der Eigentumserwerb zugunsten der Russischen Föderation ausschließlich auf das Eigentum früherer Feindstaaten erstreckt, d.h. auf Gegenstände, die im Eigentum dieser Staaten und nicht von Privatpersonen und Vereinigungen standen. Im Umkehrschluss ergibt sich aus § 4-4, dass das Feindstaateneigentum nicht generell Eigentum der Russischen Föderation wurde, sondern nur dann, wenn der Zugriff und die Überführung in die UdSSR durch staatliches hoheitliches Handeln legitimiert war. Damit wird klargestellt, dass Diebstahl, Raub oder sonstige Wegnahmen von Gegenständen durch Einzelpersonen zu keinem Eigentumserwerb der Russischen Föderation führten.

2.2.5. Genereller Ausschluss des Eigentumserwerbs zugunsten der Russischen Föderation

Mit unterschiedlichen Voraussetzungen wurden die Ausnahmen vom gesetzlichen Eigentumserwerb zugunsten der Russischen Föderation im KulturgutG II. WeltK geregelt.

2.2.5.1. Eigentum ehemaliger sowjetischer Unionsrepubliken

Kulturgüter, die nationales Gut sowjetischer Unionsrepubliken waren und im 2. Weltkrieg von Nazi-Deutschland und seinen Verbündeten aus diesen Republiken geraubt und ausgeführt wurden und sich derzeit auf dem Gebiet der Russischen Föderation befinden, sind kein Staatseigentum der Russischen Föderation geworden. Die Nachfolgestaaten der Unionsrepubliken können bei Abschluss eines Gegenseitigkeitsvertrages, der auch die Rückführung von Kulturgütern der Russischen Föderation gewährleisten muss, die Rückgabe verlangen.

2.2.5.2. Eigentum interessierter Staaten

Die Russische Föderation erwirbt kein Staatseigentum an Gegenständen, die im Eigentum sog. interessierter Staaten standen und gewaltsam eingezogen sowie illegal aus deren Staatsgebiet ausgeführt wurden. Interessierte Staaten sind die von dem Deutschen Reich besetzten Länder. Aus der gesetzlichen Legaldefinition „Feindstaaten" ergibt sich, dass es sich um Länder handelt, die nicht als militärischer Verbündeter des Deutschen Reiches anzusehen sind. „Freundstaaten" sind Bulgarien, Ungarn, Italien, Rumänien und Finnland. Zu den interessierten und als okkupiert und besetzt geltenden Ländern zählt also auch Österreich, weil es nicht als Feindstaat definiert wird.

2.2.5.3. Eigentum von Privatpersonen, Vereinigungen und juristischen Personen

Aus der Klarstellung in § 5 der geänderten Fassung des KulturgutG II. WeltK vom 25.05.2000 ergibt sich eindeutig, dass Staatseigentum nur an verbrachten Kulturgütern entsteht, wenn diese im Eigentum früherer Feindstaaten standen. Damit ist der staatliche Eigentumserwerb generell ausgeschlossen an

- Eigentum von Privatpersonen,
- Vereinigungen und religiösen Einrichtungen,
- jede Art von juristischen Personen und Rechtssubjekten des Privatrechts.

Bei diesen Eigentümergruppen ist gesetzlich keine Unterscheidung vorgenommen worden zwischen Personen, die die Staatsangehörigkeit von ehemaligen Feindstaaten, interessierten Staaten oder sowjetischen Unionsrepubliken innehatten. Vielmehr definiert das KulturgutG II. WeltK eindeutig, dass generell Privateigentum nicht staatliches Eigentum wurde.

2.2.5.4. Rechtswidrige Maßnahmen ohne staatliche Befugnis

Aus der gesetzlichen Definition ergibt sich im Umkehrschluss, dass verbrachte Kulturgüter, die von Personen ohne staatliche oder hoheitliche Befugnis weggenommen wurden, nicht Staatseigentum der Russischen Föderation wurden.

2.2.5.5. Herrenlose Gegenstände

In Abänderung der ursprünglichen Fassung des KulturgutG II. WeltK, in der noch eine Eigentumszuordnung für herrenlose Sachen zugunsten der Russischen Föderation festgelegt worden war, enthält die geänderte Fassung vom 25.05.2000 in Umsetzung der Maßgaben des Verfassungsgerichts-Urteils keine Regelung mehr, wonach Kulturgüter, deren staatliche Zugehörigkeit nicht festzustellen war (herrenlose Sachen), Staatseigentum der Russischen Föderation wurden. Staatseigentum kann also ausschließlich an Kulturgütern entstehen, die zweifelsfrei Eigentum früherer Feindstaaten waren.

2.2.6. Fallgruppe Privateigentum

Die in § 8 Ziff. 2. und 3. KulturgutG II. WeltK geregelten Fallgruppen stellen grundsätzlich nur eine Klarstellung der Eigentumslage dar. Denn seit der geänderten Fassung des KulturgutG II. WeltK vom 25.05.2000 ist ausdrücklich geregelt worden, dass ausschließlich das Eigentum früherer Feindstaaten (also nicht das Eigentum von Privatpersonen) von dem konstitutiven Eigentumserwerb durch die Russische Föderation erfasst ist.

Bei den Personen und Vereinigungen in § 8 Ziff. 2. und 3. handelt es sich stets um Kulturgüter, die im Privateigentum von Personen und Vereinigungen, also nicht im Eigentum früherer Feindstaaten standen und somit generell nicht unter die Eigentumszuordnung zugunsten der Russischen Föderation fallen. Die in § 8 Ziff. 1. KulturgutG II. WeltK geregelte Fallgruppe bedeutet eine Klarstellung zugunsten sog. interessierter Staaten. Auch für deren Staatseigentum ist ausgeschlossen, da es im Wege der kompensatorischen Restitution Eigentum der Russischen Föderation wurde.

Diese drei Fallgruppen sind deshalb von rechtlichem Interesse, weil ein Anspruch auf Rückgabe nach dem KulturgutG II. WeltK geltend gemacht werden kann. Der § 8 des Gesetzes ist insoweit noch von Bedeutung, als dass andere Staaten direkt gegenüber der Russischen Föderation, vertreten durch die russische Regierung, öffentlich-rechtliche Rückgabeansprüche geltend machen können. Daneben besteht unverändert die Möglichkeit für Personen und Vereinigungen, im Zivilrechtsweg ihre Ansprüche zu titulieren.

Eine erstmalige Rückgaberegelung beinhaltet § 8 Ziff. 3. KulturgutG II. WeltK, soweit Kulturgüter Widerstandskämpfern oder rassisch, religiös oder national verfolgten Personen entzogen wurden und sie ihr Eigentum daran verloren. Hier kommt eine Eigentumsrückgabe im Zivilrechtsweg nicht mehr in Betracht, sondern ausschließlich aufgrund des Anspruchs gemäß § 8 Ziff. 3. KulturgutG II.

WeltK. Bei diesen Entziehungen ist in jedem Einzelfall genauestens zu prüfen, ob tatsächlich ein Eigentumsverlust vorliegt.

Im Einzelnen gilt für die beiden Fallgruppen Folgendes:

2.2.6.1. Eigentum religiöser oder karitativer Einrichtungen

§ 8 Ziff. 2. KulturgutG II. WeltK besagt, dass Kulturgüter, die im Eigentum religiöser Organisationen oder privater karitativen Einrichtungen standen, für deren Zwecke genutzt wurden und nicht den Interessen des Militarismus oder Nazismus (Faschismus) dienten, kein Eigentum der Russischen Föderation wurden.

2.2.6.2. Eigentum aktiver Widerstandskämpfer

§ 8 Ziff. 3., 1. Halbsatz KulturgutG II. WeltK stellt klar, dass Kulturgüter, die im Eigentum von Personen standen und die diesen in Verbindung mit ihrem aktiven Kampf gegen den Nazismus (Faschismus) oder ihrer Teilnahme am nationalen Widerstand gegen das Besatzungsregime der früheren Feindstaaten oder deren Kollaborationsregime verloren gingen, kein Eigentum der Russischen Föderation wurden.

2.2.6.3. Eigentum rassisch, religiös oder nationalistisch Verfolgter

In § 8 Ziff. 3., 2. Halbsatz KulturgutG II. WeltK ist geregelt, dass Kulturgüter, die Personen aufgrund ihrer Rasse, Religion oder Nationalität entzogen wurden, nicht Eigentum der Russischen Föderation wurden. Dies betrifft insbesondere Eigentumsverluste von Personen jüdischen Glaubens und von Holocaust-Opfern.

2.2.7. Fallgruppe Staatseigentum

2.2.7.1. Ansprüche interessierter Staaten

§ 8 Ziff. 1. des KulturgutG II. WeltK stellt klar, dass Kulturgüter sog. interessierter Staaten, soweit sie durch frühere Feindstaaten gewaltsam entzogen und illegal aus deren Territorium ausgeführt wurden und später in die UdSSR und das heutige Staatsgebiet der Russischen Föderation gelangten, grundsätzlich nicht Eigentum der Russischen Föderation sein können (keine kompensatorische Restitution). Allerdings haben die interessierten Staaten ausgehend von dieser zu ihren Gunsten bestätigten Eigentumslage keine Befugnis, ohne Weiteres die Rückgabe zu verlangen. Dies wurde von einer Vielzahl einschränkender Voraussetzungen abhängig gemacht, die in §§ 9 und 18 KulturgutG II. WeltK geregelt sind. Im Einzelnen gilt Folgendes:

- Die Anmeldung der Rückgabe von Kulturgütern, die im Eigentum des interessierten Staates standen, gegenüber der russischen Regierung, darf ausschließlich durch die Regierung des interessierten Staates vorgenommen werden (staatliches Antragserfordernis).

- Der interessierte Staat muss seine Eigentümerstellung beweisen sowie die gewaltsame Entziehung durch frühere Feindstaaten und die illegale Ausfuhr aus dem interessierten Staat (Eigentums- und Verfolgungsnachweis).
- Hinsichtlich der zurückgeforderten Kulturgüter darf der interessierte Staat in der Vergangenheit nicht bereits einen pauschalen Ersatz von Deutschland oder einem anderen früheren Feindstaat erhalten haben (Verbot der Doppelentschädigung).
- Der Antrag muss spätestens mit Ablauf von 18 Monaten von dem Tag an angemeldet worden sein, an dem die zuständige russische Behörde Angaben über das beanspruchte Kulturgut und dessen Aufbewahrungsort allgemein veröffentlicht hat (Verjährungsfrist).
- Die Rückgabe setzt den Abschluss eines Staatsvertrages zwischen dem interessierten Staat und der Russischen Föderation voraus, in dem der interessierte Staat die Verpflichtung übernimmt, auf der Grundlage des Prinzips der Gegenseitigkeit die auf seinem Territorium befindlichen, der Russischen Föderation zustehenden Kulturgüter gleichfalls zurückzugeben (wechselseitige Rückgabeverpflichtung).
- Die Rückgabe setzt schließlich den Abschluss einer Entschädigungsvereinbarung mit der russischen Kultureinrichtung voraus, in deren Verwaltung sich das verbrachte Kulturgut bislang befand. Diese Vereinbarung muss die Erstattung von Aufwendungen für Identifizierung, Expertisen, Aufbewahrung und Restaurierung sowie die Kosten für den Transport und die Übergabe des Kulturgutes beinhalten (Aufwandsentschädigung).

Bisher kam ausschließlich mit den Niederlanden hinsichtlich einzelner Kulturgüter eine Rückgaberegelung zustande.

Fall 60
Niederlande vs. Russische Föderation
wegen Aktenbeständen jüdischer und nichtjüdischer Organisationen

2.2.7.2. Ansprüche ehemaliger Feindstaaten grundsätzlich ausgeschlossen

Kulturgüter, die im Eigentum des Deutschen Reiches und der mit ihm verbündeten sog. Feindstaaten standen, in die UdSSR gelangten und sich heute in der Russischen Föderation befinden, wurden konstitutiv Eigentum der Russischen Föderation. Deshalb kommt schon dem Grunde nach keinerlei Rückgabeanspruch der Bundesrepublik Deutschland auf vormals dem Deutschen Reich gehörende Kulturgüter in Betracht. Dies gilt auch für Kunstwerke, die im Eigentum deutscher Museen und öffentlicher Sammlungen standen, weil es sich insoweit um Staatseigentum handelt.

2.2.7.3. Voraussetzungen für Ausnahmen

Soweit Kulturgüter im Eigentum religiöser Organisationen oder privater karitativer Einrichtungen i.S. § 8 Ziff. 2. KulturgutG II. WeltK oder von aktiven Widerstandskämpfern bzw. rassisch, religiös oder nationalistisch verfolgten Personen standen und ihnen in Verbindung mit ihrem Kampf gegen den Nazismus oder aufgrund der NS-Verfolgung entzogen wurden, können die ehemaligen Feindstaaten stellvertretend für diese Gruppen bzw. Personen unter folgenden Voraussetzungen Rückgabeanträge stellen:

- Die Regierung des ehemaligen Feindstaates muss den Antrag bei der Regierung der Russischen Föderation stellen. Die Anspruchsgeltendmachung direkt durch die religiösen Organisationen, karitativen Einrichtungen, aktiven Widerstandskämpfer oder rassisch, religiös und national verfolgten Personen ist ausgeschlossen (Antragserfordernis).
- Es muss der Nachweis über die Eigentümerstellung der religiösen Organisation, karitativen Einrichtung, des Widerstandskämpfers oder der rassisch, religiös oder nationalistisch verfolgten Person und über den verfolgungsbedingten Vermögensverlust erbracht werden (Eigentums- und Verfolgungsnachweis).
- Der Antrag muss spätestens bis zum Ablauf von 18 Monaten gestellt werden, berechnet von dem Tag, an dem das föderale russische Vollzugsorgan Angaben über das zurückverlangte Kulturgut und dessen Standort veröffentlichte (Verjährungsfrist).
- Der frühere Feindstaat muss selbst gesetzgeberische Maßnahmen erlassen haben, die gewährleisten, dass bei ihm aufgefundene und im Eigentum der Russischen Föderation stehende Kulturgüter unentgeltlich an sie zurückgegeben werden (äquivalentes Rückgabegesetz des Antragstellerstaates).
- Die Übergabe des Kulturgutes setzt den vorherigen Abschluss einer Vereinbarung mit der Kultureinrichtung voraus, in deren Verwaltung es sich bislang befand. Die Vereinbarung muss die Erstattung von Aufwendungen für Identifizierung, Expertise, Aufbewahrung und Restaurierung ebenso verbindlich einschließen wie die Kosten für die Übergabe (Aufwandsentschädigung).

2.2.8. Rückgabeverfahren

Liegt ein fristgemäßer und die Voraussetzungen des § 8 KulturgutG II. WeltK erfüllender Antrag eines Staates gegenüber der Regierung der Russischen Föderation vor, bedeutet dies noch nicht, dass der formal nach dem Gesetz bestehende Rückgabeanspruch auch erfüllt wird. Dazu bedarf es einer ausdrücklichen gesetzlichen Bestätigung oder Freigabe im Verordnungswege. Zwei Fallgruppen sind zu beachten:

2.2.8.1. Übergabe auf der Grundlage eines Gesetzes

Handelt es sich bei dem zur Rückgabe beantragten Kulturgut um ein Einzelstück mit „einzigartigem Charakter" mit besonderer historischer, künstlerischer, wissenschaftlicher oder sonstiger kultureller Bedeutung, kann die Rückgabe nur aufgrund eines föderalen Gesetzes erfolgen. Das Gesetz muss durch die Regierung der Russischen Föderation zur Abstimmung in das russische Parlament (Staatsduma) eingereicht und vom Parlament verabschiedet werden. Lehnt das Parlament das Gesetz ab, kann der nach dem KulturgutG II. WeltK bestehende Anspruch nicht durchgesetzt werden. Das Gesetzeserfordernis kann nur dann verneint werden, wenn die Regierung der Russischen Föderation dem Kulturgut keine „besonders große" Bedeutung zuerkennt und den „einzigartigen Charakter" verneint. Die Festlegung eines Kulturgutes als „von besonders großer Bedeutung" trifft allein die russische Regierung.

Fall 61
Niederlande vs. Russische Föderation
wegen Altmeister-Sammlung Franz Koenigs

2.2.8.2. Rückgabe im Verordnungswege

Kulturgüter, deren Rückgabe von ausländischen Staaten verlangt wird, können aufgrund einer von der Regierung der Russischen Föderation zu erlassenden Rechtsverordnung zurückgegeben werden, wenn ihnen kein „einzigartiger Charakter" oder keine besonders große Bedeutung in historischer, künstlerischer, wissenschaftlicher oder sonstiger kultureller Hinsicht zuerkannt wird. Die Entscheidung über die Rückgabe trifft allein die russische Regierung, allerdings in Abstimmung mit der Einrichtung, bei der sich das Kulturgut befindet (s. Fall 60).

2.2.9. Entscheidungsgremien – Föderales Organ und Interministerieller Rat

Entscheidungen über Anträge auf Rückgabe von Kulturgütern trifft das russische Kulturministerium, das sog. Föderale Organ im Sinne des § 16 KulturgutG II. WeltK. Gemäß § 16 Ziff. 3. Satz 1 können sie auf dem Verwaltungsrechtswege angefochten und gerichtlich überprüft werden. Die Regierung der Russischen Föderation kann allerdings jederzeit Entscheidungen des Föderalen Organs aufheben oder deren Ausführung aussetzen.

Der Interministerielle Rat bereitet die Entscheidungen des Föderalen Organs vor. Die Verordnung der Russischen Föderation vom 11.03.2001 legte die Arbeitsordnung über den Tätigkeitsumfang und die Zusammensetzung des Interministeriellen Rates fest. Die zuvor tätige staatliche Kommission für die Restitution von Kulturgütern wurde mit der Bildung des Interministeriellen Rates aufgelöst. Die Mitglieder der staatlichen Kommission arbeiteten dann im Interministeriellen Rat, der aus Wissenschaftlern, Kulturschaffenden, Juristen und Repräsentanten von Kultureinrichtungen besteht. Seine konkrete Zusammensetzung kann beim russischen Kulturministerium erfragt werden. Der Interministerielle Rat prüft die Anträge und übergibt den Entscheidungsvorschlag, der empfehlenden Charakter trägt, dem Föderalen Organ, das regelmäßig den Empfehlungen folgt.

Abschließend entscheidet allein die russische Regierung, ob sie dem Vorschlag des Föderalen Organs und der Empfehlung des Interministeriellen Rates folgt. Ist die Rückgabe vorgesehen, hat sie bei einem „einzigartigen Charakter" des Kulturgutes ein Rückgabegesetz zur Beschlussfassung im russischen Parlament einzureichen oder, soweit dieser „einzigartige Charakter" verneint wird, die Rückgabe anzuordnen.

2.2.10. Sonderfall Familienreliquien - Antragsrecht des Alteigentümers

Eine besondere Rückgaberegelung wurde in § 12 KulturgutG II. WeltK für Familienreliquien geregelt. Diese Reliquien sind z. B. Familienarchive, Fotografien, Briefe, Orden, Medaillen und Porträts von Familienmitgliedern oder Vorfahren. Wird festgestellt, dass diese Gegenstände nach dem KulturgutG II. WeltK Eigentum der Russischen Föderation wurden, kann eine Eigentumsrückgabe aus humanitären Gründen direkt an die Familienangehörigen bzw. den früheren Rechtsinhaber erfolgen. Gemäß § 19 Ziff. 1. KulturgutG II. WeltK kann hier ausnahmsweise ein Rückgabeantrag durch Einzelpersonen, und nicht nur durch einen anderen Staat, direkt beim Föderalen Organ, d.h. dem Kulturministerium der Russischen Föderation, gestellt werden. In einem wesentlich vereinfachten Verfahren kann dann direkt das Föderale Organ einen Beschluss über die Rückgabe der Familienreliquien treffen unter gleichzeitiger Festlegung, ob und in welcher Höhe eine Kostenerstattung zu leisten ist (Aufwandsentschädigung). Der Antragsteller hat mit der Kultureinrichtung, in dem sich der zurückzugebende Gegenstand befindet, einen Vertrag zu schließen, indem er sich verpflichtet, den Verkehrswert des Gegenstandes zu zahlen (Verkehrswerterstattung).

Fall 62
Viktor von Klemperer-Erben vs. Russische Föderation
wegen Inkunabel-Sammlung

Von dieser Rückgaberegelung sind ausdrücklich Familienreliquien ausgeschlossen, die aktiven Vertretern militaristischer und/oder nazistischer (faschistischer) Regimes gehörten.

2.2.11. Überführung von Kulturgütern in den Tauschfonds der Russischen Föderation

Das Kulturgütereigentum interessierter Staaten, religiöser Organisationen, privater und karitativer Einrichtungen, früherer aktiver Widerstandskämpfer oder rassisch, religiös oder wegen ihrer Nationalität verfolgter Personen, das von diesen grundsätzlich zurückverlangt werden könnte, wird in einen Tauschfonds der Russischen Föderation überführt, wenn Ansprüche nicht geltend gemacht wurden. Mit Überführung in diesen Tauschfonds soll offensichtlich das Eigentumsrecht der möglichen Anspruchsteller erlöschen und die Russische Föderation

Eigentümer werden. Diese Objekte sollen dann mit Kulturgütern getauscht werden, die während des 2. Weltkrieges von den früheren Feindstaaten geraubt worden waren, sich dort befinden und von der Russischen Föderation zurückverlangt werden.

Bisher ist nicht bekannt, dass anspruchsfreie Kulturgüter bereits verwertet wurden. Das KulturgutG II. WeltK enthält für die Geltendmachung von Ansprüchen Berechtigter keine Ausschlussfrist. Deshalb bleibt unklar, wann die Verwertung von Kulturgüter, auf die keine Ansprüche erhoben wurden, überhaupt beginnen soll. Dies dürfte logischerweise erst der Fall sein, wenn eine Ausschlussfrist für Ansprüche nach dem KulturgutG II. WeltK eingeführt wird und nach Ablauf dieser Frist die anspruchsfreien Kulturgüter feststellbar sind. Die aktuell bestehende Regelung eröffnet für die Überführung in den Tauschfonds derzeit keinen Anwendungsbereich.

2.3. Ansprüche in der Republik Österreich

2.3.1. Rückblick: Gesetzliche Sonderregelungen nach 1945

2.3.1.1. Erste Phase: Individuelle Rückgabe 1945 bis 1956

2.3.1.1.1. Nichtigkeitsgesetz

Zur Regelung der Vermögensverluste, die in Österreich ab dem Anschluss an das Deutsche Reich, 13.03.1938, bis zum Kriegsende, 08.05.1945, eintraten, schuf die Republik Österreich mit dem Nichtigkeitsgesetz vom 15.05.1946 und sieben sog. Rückstellungsgesetzen in der Zeit zwischen Juli 1946 und Juli 1949 Rückabwicklungsregelungen.

Die Zentrale Bestimmung im Nichtigkeitsgesetz vom 15.05.1946 lautet: „Entgeltlich und unentgeltliche Rechtsgeschäfte und sonstige Rechtshandlungen während der deutschen Besetzung Österreichs sind null und nichtig, wenn sie im Zuge einer durch das Deutsche Reich erfolgten politischen oder wirtschaftlichen Durchdringung vorgenommen worden sind, um natürlichen oder juristischen Personen Vermögensschaften oder Vermögensrechte zu entziehen, die ihnen am 13.03.1938 zugestanden sind".

Nach diesem Gesetz hätte somit jeder frühere Eigentümer bzw. deren Rechtsnachfolger ohne Einhaltung von Fristen jederzeit die Rückgabe von Vermögensgegenständen verlangen können, wenn die Vermögensverluste bei Personen aufgrund politischer, rassischer oder wirtschaftlicher Verfolgung eintraten. Dieses weit gefasste Gesetz wurde durch die kurze Zeit später erlassenen sog. Rückstellungsgesetze sowohl zeitlich als auch hinsichtlich des Berechtigtenkreises erheblich eingeschränkt.

2.3.1.1.2. Rückstellungsgesetze

Das erste Rückstellungsgesetz vom 26.07.1946 regelte die Rückgabe von durch Dienststellen des Bundes oder der Bundesländer verwalteten Vermögenswerten. Der Rückstellungsanspruch verjährte, wenn er nicht binnen Jahresfrist ab Inkrafttreten des Gesetzes geltend gemacht worden war. Bei gesetzlicher Erbfolge waren nur Ehegatten, Vorfahren und Nachkommen des Verstorbenen sowie die Geschwister und deren Kinder und sonstige gesetzliche Erben antragsberechtigt, allerdings nur, soweit sie in der Hausgemeinschaft mit dem Erblasser gelebt hatten.

Das zweite Rückstellungsgesetz vom 06.02.1947 regelte die Rückgabe nunmehr im Eigentum der Republik Österreich stehender Vermögenswerte. Die Antragsfrist und die Beschränkung des Personenkreises waren dem ersten Rückstellungsgesetz inhaltsgleich (s. Fall 22).

Das dritte Rückstellungsgesetz vom 06.02.1947 betraf die Rückgabe von Vermögenswerten, die seit dem 13.03.1938 dem Eigentümer im Zusammenhang mit der nationalsozialistischen Machtübernahme eigenmächtig, sei es aufgrund von Gesetzen oder Anordnungen oder durch Rechtsgeschäfte und sonstige Rechtshandlungen, entzogen worden waren. Ähnlich wie bei alliierten Rückerstattungsbestimmungen wurde die zwangsweise Vermögensentziehung bei politischer oder rassischer Verfolgung vermutet und musste von dem Erwerber im Einzelfall widerlegt werden. Ansonsten war aber der Schutz zugunsten der aktuellen Besitzer erheblich verbessert und zu Lasten der Alteigentümer verschlechtert worden.

Für bewegliche Sachen wurden für den Erwerber günstige Ausnahmebestimmungen getroffen. Danach wurde der gutgläubige Erwerb einer Sache anerkannt, wenn sie in einer öffentlichen Versteigerung von einem im Rahmen seines Gewerbebetriebes tätigen Gewerbsmann oder von einer Person, der die Sache vom Eigentümer anvertraut worden war, veräußert worden ist und wenn der Erwerber nicht wusste oder nicht wissen konnte, dass es sich um entzogenes Vermögen handelte. Diese Bestimmung ist den Regelungen im österreichischen Zivilgesetzbuch inhaltsgleich und bedeutete, dass die österreichischen Zivilrechtsregelungen zum gutgläubigen/redlichen Erwerb auch auf NS-verfolgungsbedingt abhanden gekommene Gegenstände anwendbar waren.

Sie stellte somit zugunsten der Erwerber sicher, dass für den größten Teil der durch diese Rechtsgeschäfte verlorenen Kunstgegenstände die Rückgabe durch das dritte Rückstellungsgesetz ausgeschlossen war. Die Gerichte urteilten äußerst großzügig zugunsten öffentlicher Museen (s. Fall 24) oder zugunsten NS-Kunsthändlern (s. Fall 23).

Die ursprüngliche Vermutung des NS-verfolgungsbedingten Vermögensverlustes im sog. Nichtigkeitsgesetz von 1946 kehrte sich durch die folgenden Gesetze in ihr Gegenteil. Nun mussten die Opfer beweisen, dass der Vermögensverlust verfolgungsbedingt war. Erwerber, darunter zahlreiche NS-Kunsthändler, Privatsammler und öffentliche Einrichtungen, wogen sich in Sicherheit und konnten Verfolgtenansprüche vereiteln.

Nach heutigen Maßstäben der Gutglaubens- bzw. redlicher Erwerbsvoraussetzungen sind die damaligen Feststellungen unhaltbar. Sie basierten auf der seinerzeit üblichen verharmlosenden Beurteilung des NS-Unrechts. In manchen Fällen (s. Fälle 23 und 24) widerfährt den Alteigentümern bzw. ihren Erben nach mehr als 60 Jahren doch noch Gerechtigkeit.

Die Antragsfristen einiger Rückstellungsgesetze wurden bis 31.07.1956 verlängert. Es wurden antragsgemäß ca. 13.000 Kunstwerke zurückgegeben. Bis Ende der 60er Jahre gab es bei den österreichischen Verwaltungsbehörden und Gerichten mehr als 42.000 Verfahren. Statistiken über die Anzahl positiv entschiedener Anträge und die Art der Vermögenswerte sind bisher unbekannt.

Das ursprüngliche Nichtigkeitsgesetz vom 15.05.1946, das eine generelle Unwirksamkeit von während der NS-Zeit erfolgten zwangsweisen Vermögensverlusten anordnete, wurde durch die nachfolgenden Rückstellungsgesetze gravierend eingeschränkt und den Erwerbern, insbesondere bei formal rechtsgeschäftlichen Vermögensverlusten, regelmäßig wirksam Eigentum zuerkannt. Selbst mit Spezialwissen ausgestattete Kunstsammler und Kunsthändler, die selbstverständlich wussten oder zumindest hätten wissen müssen, welche Kunstwerke vormals aus jüdischem Besitz stammten, wurden von den Rückerstattungskammern als redlich und gutgläubig qualifiziert. Im Ergebnis dienten die Rückstellungsgesetze und die Spruchpraxis der Ämter und Gerichte eindeutig dem Erwerberschutz zu Lasten des Opferschutzes. Die insoweit unterlassene oder vereitelte Wiedergutmachung soll nunmehr durch das Kunstrückgabegesetz von 1998 korrigiert werden.

Fall 63
Alma Mahler-Werfel-Erben vs. Republik Österreich (Österreichische Galerie) wegen Gemälde von Edvard Munch

2.3.1.1.3. Ausfuhrverbotsgesetz

Die tatsächliche Rückgabe von Kunstwerken wurde oftmals durch das weiterhin geltende Ausfuhrverbotsgesetz von 1918 i.d.F. von 1923 vereitelt. Es war für die unter die Rückstellungsgesetze fallenden Objekte nicht außer Kraft gesetzt worden. Konnte nach dem Nichtigkeitsgesetz oder den diversen Rückstellungsgesetzen der Anspruch erfolgreich festgestellt werden, scheiterte die Rückgabe am Ausfuhrverbot. Die Berechtigten konnten die Kunstwerke nicht aus Österreich ausführen oder mussten bei Ausfuhrgenehmigung eine bis zu 10%ige Steuer gemessen am Verkehrswert zahlen. Dies hatte zur Folge, dass im Rückgabefall oftmals Vereinbarungen getroffen werden mussten, in denen die Ausfuhr einiger Kunstwerke aus Österreich von der Übereignung anderer zugunsten österreichischer Museen und Sammlungen abhängig gemacht wurde. Im Ergebnis gelangte nur ein Teil der Kunstwerke tatsächlich in die Verfügung der Berechtigten (s. Fall 20).

Die Rückgabeverpflichteten, insbesondere die Museen, nutzten das Ausfuhrverbotsgesetz, um bedeutende Kunstwerke in ihrem Besitz zu behalten. Diese beschämende Verhaltensweise damaliger österreichischer Stellen soll eine Sonderregelung des KunstRG von 1998 entgegenwirken und zügige Rückgaben ermöglichen.

2.3.1.2. Zweite Phase: Kollektive Entschädigung 1955 bis 1995

Soweit Rückgabeansprüche nicht fristgemäß geltend gemacht wurden, sollten die Vermögensgegenstände, die sich eindeutig im Alteigentum Verfolgter befunden hatten und diesen zwangsweise entzogen worden waren, verwertet werden. Die Erlöse sollten Organisationen zugute kommen, die Hilfe und Unterstützung von Opfern der Verfolgung organisierten. Diese Absicht war schon im Motivbericht zum ersten Rückstellungsgesetz vom 26.07.1946 formuliert und ausdrücklich im dritten Rückstellungsgesetz festgehalten worden. Im österreichischen Staatsvertrag vom 25.05.1955 hatte die Republik Österreich darüber hinaus die Verpflichtung übernommen, die nicht (fristgemäß) zurückgeforderten Vermögenswerte für die Wiedergutmachung zu verwenden.

In Sammelstellen wurden Ansprüche von Personen, die am 31.12.1937 der israelitischen Religionsgemeinschaft angehört hatten und die bisher keine Rückgabeansprüche geltend gemacht oder nach deren Ermordung ihr Vermögen erbenlos geblieben ist, erfasst. Parallel dazu erfolgte ab 1966 die Zusammenführung der in verschiedenen Depots lagernden Kunstgutbestände in dem an der Stadtgrenze Wiens gelegenen Karthäuserkloster Mauerbach. Dort wurden Kunstgegenstände aus dem Central-Collecting Point (CCP) München, dem früheren SS-Depot Schloss Fischhorn in Bruck, dem Salzbergwerk Alt-Aussee, aus Depots in Wien, Linz und Salzburg und sonstige Objekte, die die Besatzungstruppen vorfanden, eingelagert. Dieser gesamte Bestand wurde archiviert und in öffentlich zugänglichen Listen erfasst.

Zur endgültigen Bereinigung der Eigentumsverhältnisse wurde das Gesetz vom 27.06.1969 erlassen. Bis dahin nicht festgestellte Eigentümer von im Gewahrsam des Bundesdenkmalamtes befindlichen Kunst- und Kulturgüter wurden darin aufgefordert, ihre Ansprüche geltend zu machen. Die Anmeldefrist endete nach einmaliger Verlängerung am 31.12.1972. Entgegen den Annahmen des Gesetzgebers wurde nur eine äußerst geringe Rückgabequote erreicht, weil vielen Anspruchsberechtigten der Nachweis ihrer früheren Eigentümerstellung fehlte oder sie keine Kenntnis von diesem Gesetz hatten. In der Konsequenz ging nach Erledigung der fristgemäß gestellten Anträge der größte Teil der verbliebenen Gegenstände entschädigungslos in das Eigentum der Republik Österreich über.

Ab 1979 wurden Überlegungen angestellt diese Kunstgegenstände zu versteigern und den Erlös jüdischen Organisationen zur Verfügung zu stellen. Das zweite Kunst- und Kulturgutbereinigungsgesetz räumte zunächst nochmals die Möglichkeit ein, bis zum 30.09.1986 Rückforderungen geltend zu machen. Der Bundesminister für Finanzen wurde ermächtigt, die noch verbliebenen Kunst- und Kulturgüter öffentlich versteigern zu lassen und den Verwertungserlös für bedürftige Personen zu verwenden, die aus rassischen, religiösen oder politischen Gründen durch das NS-Regime verfolgt worden waren. Eine Ergänzung des zweiten Kunst- und Kulturgutbereinigungsgesetzes vom 11.07.1995 übereignete sämtliche Gegenstände dem Bundesverband der israelitischen Kultusgemeinde Österreichs zum Zwecke der Verwertung und Verteilung des Erlöses und setzte für sie die Ausfuhrbeschränkungen des Denkmalschutzgesetzes außer Kraft. 1996 erfolgte bei Christie's in London die als Mauerbach-Auktion bekannt gewordene Verwertung.

2.3.1.3. Jahrzehntelanges Verschweigen der Herkunftsgeschichte

Trotz zahlreicher Erwerbsvorgänge öffentlicher Museen und Sammlungen zwischen März 1938 und Kriegsende 1945, die eine Vielzahl von Alteigentümern verfolgungsbedingt entzogenen Kunstgegenständen betrafen, kam es später nicht zu einer systematischen Provenienzermittlung, Erfassung und Rückgabe. Zwar war in einem Vermögensentziehungs-Erfassungsgesetz im Mai 1945 und einer dazu ergangenen Anmeldeverordnung Ende September 1946 geregelt worden, dass entzogene Vermögenswerte anzumelden waren. Jedoch kamen offensichtlich insbesondere öffentliche Museen und Sammlungen dieser Anmeldepflicht kaum nach. Sie legten ihre inkriminierten Erwerbe nicht offen und versuchten Jahrzehnte unter dem Deckmantel des Verschweigens von Erwerbsgeschichten, die Angelegenheit auszusitzen. Ab 1966 begonnene Nachforschungen der gesetzlich eingerichteten sog. Sammelstellen scheiterten an der Verweigerung der Mitarbeit öffentlicher Museen und Sammlungen.

Erst die politische Befassung mit dem Thema Kunst- und Kulturgutrückgabe in Zusammenhang mit der Verwertung der Mauerbach-Kunstgegenstände und den Versuchen einzelner Eigentümer, mit Klagen im Ausland ihre Eigentumsrechte gegenüber der Republik Österreich geltend zu machen (s. Fälle 24 und 66), führte zu einem Umdenken.

2.3.2. Kunstrückgabegesetz vom 04.12.1998 (KunstRG)

2.3.2.1. Vorgeschichte

Das Bundesgesetz über die Rückgabe von Kunstgegenständen aus österreichischen Bundesmuseen und Sammlungen (Kunstrückgabegesetz genannt) vom 04.12.1998 konnte im Zeitpunkt seines Inkrafttretens im Hinblick auf die Auswirkung, die es auf die Sammlungsbestände der österreichischen Bundesmuseen hat, noch gar nicht abgeschätzt werden.

Inzwischen ist bekannt, dass während der NS-Herrschaft in Österreich namhafte Sammlungen aus jüdischem Besitz geplündert wurden und Teile davon in österreichische Museen und Sammlungen gelangten. In öffentlichen Versteigerungen wurden, z. B. noch 1943 im Dorotheum in Wien, vormals verfolgungsbedingt veräußerte oder beschlagnahmte Kunstwerke auch von sog. entarteter Kunst zugunsten des NS-Staates verwertet, ohne dass nach Ende des 2. Weltkrieges nennenswerte Anstrengungen unternommen worden wären, diese „zweifelhaften Erwerbungen" aufzuklären und rückabzuwickeln.

Die Beschlagnahme zweier Schiele-Bilder am Neujahrstag 1998 in New York (s. Fall 66) beförderte das Umdenken. In einer mehrteiligen Berichterstattung im Februar und März 1998 beleuchtete „Der Standard" die skandalöse Rückgabe(verweigerungs)praxis im Nachkriegsösterreich. Der Druck auf Österreich wuchs und die zuständige Ministerin wies die Bundesmuseen und -sammlungen an, ihre Bestände zu überprüfen. Bereits Anfang November 1998 verabschiedete das österreichische Parlament einstimmig das KunstRG. Einen Monat später bekräftigte Österreich in Washington die Bereitschaft zur zügigen Ermittlung und Regelung NS-verfolgungsbedingter Kunstverluste. Bereits nach der ersten konstituierenden Sitzung des Kunstbeirates Anfang Dezember 1998, der Anträge auf Rückgabe zu prüfen und eine Entscheidung vorzuschlagen hat, wurden im Frühjahr 1999 mehrere hundert Kunstobjekte an die österreichische Linie der Rothschild-Familie (s. Fall 20) und Kreidezeichnungen von Klimt an die Bloch-Bauer-Erben zurückgegeben.

Die in den österreichischen Museen und Sammlungen 1998 betriebenen Provenienzforschungen dauern an. Sie konnten hinsichtlich des Sammlungsbestandes der Bundesmuseen weitgehend abgeschlossen werden, nachdem fünf Jahre bis zu 32 Vollzeitbeschäftigte an den Forschungen beteiligt waren.

2.3.2.2. Rechtsgrundsätze

Das KunstRG vom 04.12.1998 räumt keinen gesetzlich durchsetzbaren bzw. einklagbaren Anspruch auf Rückgabe von Kunstgegenständen gegenüber dem aktuellen Besitzer ein. Es schließt die Möglichkeit, dass der Anspruchsteller seine Eigentumsrechte im Zivilrechtsweg geltend macht, nicht aus. Die Durchsetzung dieser Rechte nach dem österreichischen Zivilrecht erscheint durchaus möglich und wäre auch bei den Klimt-Bildern der Bloch-Bauer-Erben erfolgreich gewesen (s. Fall 24).

Dort ist auch keine Rückgabeentscheidung nach dem KunstRG ergangen, sondern die Streitparteien, die einen jahrelangen zivilgerichtlichen Prozess in den USA geführt hatten, einigten sich auf eine außergerichtliche Streitentscheidung durch ein unabhängiges Schiedsgericht.

Das KunstRG ist verfahrensrechtlich ein „stumpfes Schwert" für den Anspruchsteller, weil die jeweiligen Fachminister, in deren Besitz die Kunstobjekte sind, lediglich ermächtigt wurden, diese unentgeltlich an die früheren Eigentümer bzw. deren Rechtsnachfolger rückzuübereignen, wenn die im Gesetz genannten Voraussetzungen gegeben sind. Ermächtigung bedeutet jedoch nicht Verpflichtung. Das weltweite Echo zu Rückgabeentscheidungen nach dem KunstRG macht allerdings deutlich, dass die internationale Öffentlichkeit ein großes Interesse an diesen Entscheidungen hat und dass es derzeit politisch unmöglich sein dürfte, Rückgaben zu verweigern, wenn die im KunstRG genannten Tatbestandsvoraussetzungen vorliegen.

Die Fälle Bloch-Bauer (s. Fall 24) und Mahler-Werfel (s. Fall 63) zeigen aber, dass staatliche Stellen auch nach Erlass des Gesetzes Versuche unternehmen, Verfahren zu verzögern und Rückgaben solange wie möglich hinauszuschieben und mit unhaltbaren Begründungen zunächst die Rückgabe abzulehnen. Erst die in Sachen Bloch-Bauer in Amerika anhängig gemachte Klage gegen die Republik Österreich, die dem Grunde nach prozessual als zulässig angesehen wurde, und die 2006 drohende Hauptsacheentscheidung, führte offensichtlich zu der Bereitschaft der Streitparteien, einem Schiedsgerichtsverfahren zuzustimmen. Die Verurteilung der Republik Österreich durch ein amerikanisches Gericht wäre außenpolitisch einer Katastrophe gleichgekommen. In Österreich scheint, wie in anderen Staaten auch, die Durchsetzung von Rückgabeansprüchen oftmals nur flankiert von gerichtlichen Klagen möglich zu sein. In Sachen Mahler-Werfel (s. Fall 63) ist die rechtswidrige Ablehnungsentscheidung aus dem Jahre 1999 am 09.11.2006 korrigiert und die Rückgabe angeordnet worden.

Seit Inkrafttreten des KunstRG und der landesrechtlichen Regelungen sollen bis Ende 2005 ca. 4.500 Kunstwerke rückübereignet worden sein. Die Dokumentation dieser zugunsten der Alteigentümer entschiedenen Fälle wird fortlaufend im Internet aktualisiert und ist dort einsehbar. Derzeit existieren sechs Restitutionsberichte.

2.3.2.3. Rückgabetatbestände

2.3.2.3.1. § 1 Abs. 1 Nr. 1 – Vermögensverluste aufgrund von Ausfuhrverbotsgesetzen

Nach dem Ausfuhrverbotsgesetz von 1918 i.d.F. des Bundesgesetzes vom 24.01.1923 durften Kunstwerke lebender sowie vor nicht mehr als 20 Jahren verstorbener Künstler grundsätzlich ausgeführt werden. Die Ausfuhr war mit einer Steuer von bis zu 10% des Verkehrswertes belastet, die vorab zu entrichten war. Bestimmte Kunstwerke unterlagen einem generellen Ausfuhrverbot. Die nach Kriegsende zurückgeforderten Kunstwerke hätten nach den Rückstellungsgesetzen zurückgegeben werden müssen. Dies scheiterte aber häufig an dem weiterhin geltenden Ausfuhrverbotsgesetz und wäre nur möglich gewesen durch Rückkehr nach Österreich. Da Verfolgte des Nazi-Regimes allerdings kein Interesse hatten, ihren Wohnsitz wieder in Österreich zu begründen und deshalb eine Ausfuhr der ihnen zurückgegebenen Kunstgegenstände wünschten, kam es regelmäßig zu Vereinbarungen, in denen die Erteilung einer Ausfuhrgenehmigung für einen Teil der Kunstgegenstände abhängig gemacht wurde von der Übereignung eines anderen Teils an den österreichischen Staat.
Diese Praxis, die NS-Verfolgte erneut „enteignete" und die während der NS-Zeit erfolgten Erwerbe legalisierte, wurde als unerträglich und interessenwidrig erkannt und eine gesetzliche Sonderregelung erlassen. Nunmehr sind Alteigentümer bzw. deren Erben berechtigt, Kunstgegenstände zurückzuerhalten, die Gegenstand von Rückstellungen nach dem 08.05.1945 waren, aber aufgrund des Ausfuhrverbotsgesetzes und zum Zwecke der Ausfuhrgenehmigungen für andere Kunstwerke nicht herausgegeben, sondern unentgeltlich Eigentum des Bundes wurden (s. Fall 20).

2.3.2.3.2. § 1 Nr. 2 – Vermögensverluste, die unter das Nichtigkeitsgesetz vom 15.05.1946 fallen

Dieser Fallgruppe, für die Eigentumsrückgaben unter den Voraussetzungen des sog. Nichtigkeitsgesetzes vom 15.05.1946 möglich sind, dürfte eine zentrale Bedeutung im KunstRG zukommen. Es gilt Folgendes: Entgeltliche und unentgeltliche Rechtsgeschäfte oder sonstige Rechtshandlungen, die während des Zeitraumes vom 13.03.1938 bis 08.05.1945 in Österreich erfolgten und bei natürlichen oder juristischen Personen aufgrund der durch das Deutsche Reich bewirkten politischen und wirtschaftlichen Durchdringung zu Eigentumsverlusten führten, sind nichtig.

Der Begriff „politische oder wirtschaftliche Durchdringung" muss wohl gemäß den Alliierten Rückerstattungsbestimmungen so verstanden werden, dass der Eigentumsverlust wegen der Verfolgung des Eigentümers aus rassischen, politischen oder weltanschaulichen und nicht aus allgemeinen wirtschaftlichen Gründen eintrat, d.h. zumindest eine Mitursächlichkeit zwischen Eigentumsverlust und Verfolgung in Österreich bestand. Liegen diese Voraussetzungen vor, kann ein Rückgabebegehren geltend gemacht werden. Die Tatbestandsmerkmale werden im Einzelfall willkürlich ausgelegt. Ein unter Zwang besorgtes Tauschgeschäft zwischen Alteigentümer und österreichischem Museum wurde als verfolgungsfreies Rechtsgeschäft beurteilt (s. Fall 21).

Der Verlust von Kunstwerken außerhalb Österreichs wird generell als nicht einschlägiger Rückgabetatbestand angesehen und die Herausgabe abgelehnt.

Fall 64
George Grosz-Erben vs. Republik Österreich (Mumok)
wegen Gemälde von George Grosz

Problematisch ist auch die Fallgruppe, in der eindeutig ein NS-verfolgungsbedingter Vermögensverlust vorliegt, aber wegen der freundschaftlichen Verbindung des Käufers zum Verkäufer und tatsächlicher Zahlung eines Kaufpreises dieser Erwerb als Unterstützungshandlung zugunsten des Verfolgten bewertet und deshalb die Rückgabe abgelehnt wird.

Fall 65
Amalie Zuckerkandl-Erben vs. Republik Österreich (Österreichische Galerie)
wegen Gemälde von Gustav Klimt

Verkannt wird hier, dass es nicht auf eine Redlichkeit oder Gutgläubigkeit des Erwerbers ankommt, sondern allein maßgeblich ist, ob der Verkäufer aufgrund einer durch das NS-Regime bewirkten Zwangslage den Verkauf getätigt hat. Dies war in dem Fall des Klimt-Gemäldes „Amalie Zuckerkandl" eindeutig der Fall, so dass die Rückgabe nicht mit dem Hinweis auf die besonders vertrauensvolle und unterstützende Tätigkeit des Erwerbers hätte abgelehnt werden dürfen.

2.3.2.3.3. § 1 Nr. 3 - bisher nicht zurückgegebene, herrenlose Kunstgegenstände

Kunstwerke im Bundeseigentum, die nach Abschluss der Rückstellungs- bzw. Rückgabeverfahren der Nachkriegszeit nicht an die Alteigentümer oder deren Rechtsnachfolger übergeben wurden und seinerzeit herrenlos blieben, sind zurückzugeben, wenn Alteigentümer ermittelt werden oder diese ihre Ansprüche selbst geltend machen. Bislang ist unbekannt, ob herrenloses Gut ermittelt und rückerstattet wurde.

2.3.2.4. Verfahren

2.3.2.4.1. Fristenlose Geltendmachung

Anders als bei den früheren Rückgabegesetzen können Antragsteller nunmehr ihre Forderungen geltend machen, ohne eine Frist beachten zu müssen. Indirekt ist aus § 4 des KunstRG, mit dem die Bestimmungen des Ausfuhrverbotsgesetzes für fünfundzwanzig Jahre außer Kraft gesetzt wurden, erkennbar, dass der

Gesetzgeber davon ausgeht, dass in diesem Zeitraum das Gesetz abschließend umgesetzt wird.

Nicht ausdrücklich ist geregelt, wo die Ansprüche geltend zu machen sind. Da sowohl der Finanzminister als auch der Kultur-, Wirtschafts- und Verteidigungsminister in dem Gesetz ermächtigt werden, ermittelte Kunstwerke zu übereignen, dürfte theoretisch bei jedem dieser Ministerien der Rückgabeantrag gestellt werden können. In der Praxis hat sich herausgestellt, dass er sinnvollerweise beim Ministerium für Bildung, Wissenschaft und Kultur (vormals für Unterricht und kulturelle Angelegenheiten) eingereicht werden soll.

Das KunstRG enthält keine sonstigen Ausschlussbestimmungen. D.h., dass Ansprüche nach diesem Gesetz auch geltend gemacht werden können, wenn sie in der Vergangenheit, z. B. in gerichtlichen Verfahren nach den jeweiligen Rückstellungsgesetzen oder im Zivilrechtsweg abgewiesen wurden. Anspruchsteller können heute also „noch einmal" den Versuch unternehmen, ihr Alteigentum an Kunstwerken allein unter den Voraussetzungen des KunstRG zurückzuerlangen.

2.3.2.4.2. Anhörung und Entscheidungsvorschlag des Kunstbeirates

Vor einer Rückgabeentscheidung ist das Votum des aufgrund des KunstRG installierten Beirates einzuholen. Dieser Beirat besteht aus sechs Personen und einem Vorsitzenden, wobei die Bestellung und Abberufung ausschließlich dem Kulturminister obliegt. Vier Mitglieder stellen die Ministerien der Wirtschaft, Justiz, Kultur und Verteidigung, ein Mitglied die Finanzverwaltung. Lediglich je ein Mitglied soll Experte auf dem Gebiet der Geschichte bzw. Kunstgeschichte sein. Sämtliche Mitglieder sind Staatsbedienstete, d.h. Beamte, was hinsichtlich ihrer zu fordernden „Überparteilichkeit" problematisch erscheint. Entscheidungen werden bei mindestens 50%iger Anwesenheit der Mitglieder (also mindestens vier Beiratsmitglieder) und durch Mehrheitsbeschluss getroffen. In den nicht öffentlichen Sitzungen werden die Ergebnisse der Provenienzforschung geprüft und Empfehlungen ausgesprochen.

Der Kulturminister ist nicht an das Votum des Beirates gebunden. Gegen die Entscheidung des Beirates ist kein Rechtsbehelf eingeräumt worden. Sie ist endgültig und kann nur im Ermessen des Kulturministers abgeändert werden. Bisher ist der Minister stets sowohl den stattgebenden als auch den ablehnenden Empfehlungen des Beirates gefolgt.

Die Rückgabesachen Bloch-Bauer und Mahler-Werfel zeigen exemplarisch, dass hier zunächst die Rückgabeanträge vom Beirat abgelehnt wurden. Einige Jahre später gaben anders besetzte Kommissionen statt (s. Fall 63). In Sachen Bloch-Bauer hatten bei der positiven Rückgabeentscheidung im Frühjahr 2006 ausschließlich drei unabhängige Juristen die Rechtslage geprüft und festgestellt, dass eindeutig und unzweifelhaft ein zivilrechtlicher Rückgabeanspruch besteht. Anders eine noch wenige Jahre vorher ergangene Ablehnungsentscheidung, in der in einem Gutachten eines leitenden Finanzbeamten die Eigentumslage verkannt und zugunsten Österreichs ein wirksamer Eigentumsübergang unterstellt wurde. Genauso problematisch war auch die nach dem KunstRG erfolgte erstmalige Ablehnung 1999 in Sachen Mahler-Werfel, die im November 2006 durch eine erneute Entscheidung, nunmehr zugunsten der Antragstellerin entschieden wurde (s. Fall 63).

2.3.2.4.3. Befreiungen von Steuern und Abgaben

Wie schon in den Rückstellungsgesetzen ist die Übereignung von Kunstwerken an die Anspruchsteller von Abgaben befreit, insbesondere ist die in Betracht kommende Schenkungssteuer ausgeschlossen. Der Berechtigte erhält das Kunstwerk abgaben- und lastenfrei zurück.

Anders als in den früheren Rückstellungsgesetzen wurde erstmalig das Ausfuhrverbotsgesetz für fünfundzwanzig Jahre seit Inkrafttreten des KunstRG aufgehoben. Dadurch wird sichergestellt, dass grundsätzlich jedes Kunstwerk von dem Berechtigten aus Österreich ausgeführt werden kann. Diese Regelung ist von zentraler Bedeutung, weil ansonsten nahezu sämtliche in Betracht kommenden Kunstwerke unter die Ausfuhrverbotsregelungen fallen würden und in Österreich verbleiben müssten.

2.3.2.4.4. Ermittlung der Eigentümer, hilfsweise Verwertung

§ 2 Abs. 1 des KunstRG legt fest, dass die Minister für Kultur, Wirtschaft und Verteidigung ermächtigt sind, Alteigentümer oder deren Rechtsnachfolger festzustellen. Es besteht somit keine Pflicht zur Eigentümer- bzw. Erbenermittlung, sondern nur die Möglichkeit dafür. Ob dies im nennenswerten Umfang geschieht und eine Art Amtsermittlung erfolgt, ist unbekannt.

In Anlehnung an die Abwicklung des sog. Mauerbach-Schatzes ist geregelt worden, dass Kunstwerke, die grundsätzlich unter die Rückgaberegelungen des KunstRG fallen und wo die Alteigentümer oder Rechtsnachfolger nicht festzustellen sind, an den Nationalfonds der Republik Österreich für Opfer des Nationalsozialismus zur Verwertung zu übereignen sind. Der Verwertungserlös soll für Opfer des Nationalsozialismus verwendet werden. Wann mit dieser Verwertung begonnen wird, bleibt offen. Das KunstRG enthält keine Fristenregelung. Die Bestimmung dürfte derzeit weitgehend leer laufen, es sei denn, für jeden einzelnen Kunstgegenstand lässt sich zweifelsfrei ermitteln, dass Erben nicht vorhanden sind.

Zur Aufklärung der Eigentümersituation soll nunmehr ab Frühjahr 2006 eine vom Nationalfonds initiierte und betreute und von den Museen des Bundes und der Stadt Wien mit Daten versehene, im Internet zugängliche Datenbank installiert werden. Dadurch soll Opfern des NS-Kunstraubes bzw. deren Rechtsvertretern ermöglicht werden, gezielt entzogene und zur Rückgabe vorgesehene Kunstobjekte zu recherchieren. In der Datenbank sollen die Kunstwerke mit den vorhandenen Angaben (Beschaffenheit, Größe, Provenienz usw.) beschrieben werden. Dadurch wird der Nationalfonds zukünftig die erste Anlaufstelle für Anspruchsteller auf Kunstrestitution in Österreich.

2.3.2.4.5. Kein Rechtsanspruch, keine gerichtliche Überprüfungsmöglichkeit

Eine wichtige Bestimmung des KunstRG ist in § 2 Abs. 2 Satz 2 „versteckt". Sie besagt, dass Antragsteller keinen rechtlich durchsetzbaren Anspruch auf Rückgabe von Kunstwerken bzw. Rückübereignung haben, selbst wenn die Tatbestände gemäß § 1 vorliegen. Ausdrücklich wird klar gestellt, dass der Bundesfinanzminister ebenso wie die anderen in § 2 genannten Bundesminister zwar berechtigt bzw. ermächtigt sind, Kunstwerke zurückzugeben, dazu jedoch keine Verpflichtung besteht. Es liegt also ohne Rechtspflicht ausschließlich in ihrem Ermessen. Die Minister sind nicht an das Votum des Beirates gebunden und können darüber hinweggehend abweichend oder zustimmend entscheiden. Die Überprüfung sowohl der Beiratsentscheidungen als auch der Entscheidung des jeweiligen Bundesministers ist gerichtlich nicht möglich.

Bisher war feststellbar, dass die jeweils zuständigen Bundesminister dem Votum des Beirates folgten und keine abweichenden Entscheidungen trafen. Für die Beteiligten wäre es sicher hilfreich, wenn das jeweilige Votum des Beirates veröffentlicht werden würde, weil dadurch die Umsetzung des KunstRG transparent und nachvollziehbar werden könnte. Dies ist z. B. im 3. Restitutionsbericht zu den Ablehnungen in Sachen Klimt-Bilder und dem Munch-Gemälde (s. Fälle 24 und 63) nur rudimentär erfolgt. Interessierten Personen, insbesondere potentielle Antragstellern, bleibt unklar, aus welchen Gründen Stattgaben oder Ablehnungen ergingen.

2.3.2.5. Ausnahme Leopold-Stiftung?

Im Besitz das Wiener Leopold Museums Privatstiftung befinden sich mehr als 5.000 Kunstwerke, insbesondere expressionistische Bilder, darunter auch „Tote Stadt III" und das Bildnis „Wally" von Egon Schiele.

Fall 66
Fritz Grünbaum-Erben und Lea Bondi-Jaray-Erben vs. Leopold-Stiftung wegen Gemälden von Egon Schiele

Der bekannte österreichische Kunstsammler Rudolf Leopold war im Zeitpunkt des Anschlusses Österreichs an das Deutsche Reich im März 1938 dreizehn Jahre alt. Er begann erst nach dem 2. Weltkrieg damit, seine Sammlung aufzubauen. 1994 brachte er seine Sammlung in eine zu diesem Zwecke gegründete Privatstiftung ein, die seinen Namen trägt. Als Gegenleistung erhält Rudolf Leopold in Raten Zahlungen in Höhe von 28% des Schätzwertes der Sammlung (Stichtag 1994). Eine Hälfte zahlt die Republik Österreich, die andere die österreichische Nationalbank. Beide sind Stiftungsgründer. In einem von der Stiftung finanzierten Museumsneubau sind die Kunstwerke der Öffentlichkeit zugänglich. Eigentümer der privatrechtlichen Leopold-Stiftung ist die Republik Österreich und die österreichische Nationalbank.

Nach den spektakulären Beschlagnahmen der beiden Schiele-Bilder am Neujahrstag 1998 in New York richtete sich das öffentliche Interesse auf den Sammlungsbestand der Leopold-Stiftung. Als erstes österreichisches Museum veröffentlichte die Leopold-Stiftung seit Mai 2001 ihr gesamtes Inventar im Internet und lässt durch zwei hauptamtlich beschäftigte Experten die Provenienzen der Bilder erforschen. Dies ist bisher weltweit einmalig.

Im Februar 2006 startete u.a. die Sozialdemokratische Partei Österreichs eine Gesetzesinitiative, die eine Ergänzung des KunstRG vorsieht. Sie zielt darauf ab, durch spezielle Regelungen den Anwendungsbereich des Gesetzes auf Stiftungen mit staatlicher Beteiligung zu erweitern. Sollte das KunstRG insoweit modifiziert werden, käme eine Rückgabe zumindest eines der Schiele-Bilder nach dem KunstRG in Betracht (s. Fall 66).

2.3.3. Landesrechtliche Regelungen österreichischer Bundesländer

2.3.3.1. Gemeinderatsbeschluss der Stadt Wien von 1999

Die Bundeshauptstadt Wien regelte im Gemeinderatsbeschluss vom 29.04.1999 die Rückgabe von im Eigentum der Stadt Wien befindlichen Kunstwerken. Anders als im KunstRG hat sich die Stadt Wien bei Vorliegen der Anspruchsvoraussetzungen zur Rückgabe verpflichtet. Die Entscheidungen trifft die Wiener Rückstellungskommission, die dem Stadtrat die Rückgabe an eine anspruchsberechtigte Person oder, soweit erbenloses Vermögen festgestellt wird, die Übereignung an den Nationalfonds bzw., wenn die Anspruchsvoraussetzungen verneint werden, den Verbleib in den Kunstbeständen der Stadt Wien vorschlägt. Parallel dazu erfolgt die Recherche der Provenienz des Sammlungsbestandes. Zu überprüfen sind 18.000 (!) Erwerbungen während der NS-Zeit.

Die bisherige Entscheidungspraxis der Wiener Rückstellungskommission zeigt, dass zunächst und vorrangig geklärt wird, ob zweifelhafte Kunstgegenstände dem Grunde nach restitutionsfähig sind, also eine Schädigungshandlung zum seinerzeitigen Vermögensverlust führte. Wenn diese „Restitutionsfähigkeit" festgestellt ist, erfolgt die Suche nach möglichen Anspruchsberechtigten bzw. Alteigentümern. Rückgaben und Begründungen sind in der von der Stadt Wien eingerichteten Internetadresse nachlesbar. Bisher sind dutzende Kunstwerke zurückgegeben worden.

2.3.3.2. Landesgesetzliche Rückgabegesetze

Von verschiedenen österreichischen Bundesländern sind für im Eigentum dieser Bundesländer stehende Kunstwerke Rückgabegesetze erlassen worden, z. B. in der Steiermark im Jahre 2000, in Oberösterreich im Jahre 2002 und in Kärnten im Jahre 2003. Diese Gesetze sind weitgehend inhaltsgleich mit dem KunstRG der Republik Österreich vom Dezember 1998.

In der Steiermark und in Oberösterreich wurden wissenschaftliche Mitarbeiter mit Provenienzrecherchen beauftragt. Deren Forschungsergebnisse sind zum Teil im Internet abrufbar, wie z. B. auf der Homepage des Landesmuseums Joanneum. Nennenswerte Provenienzrecherchen im Bundesland Kärnten konnten bislang nicht festgestellt werden.

Fall 67
Melanie Schwarz -Erben vs. Stadt Lienz, Tirol, Österreich wegen Gemälde von Albin Egger-Lienz

Andere österreichische Bundesländer, wie z. B. Niederösterreich, Vorarlberg, Salzburg und das Burgenland, sehen in weitgehend gleichlautenden Regierungsbeschlüssen eine dem KunstRG entsprechende Rückgaberegelung vor. Auch in diesen Bundesländern finden zum Teil nachhaltigere Provenienzrecherchen in den Museumsbeständen statt. Z. B. hat die Landesregierung Salzburg in einer Datenbank mehrere hundert ermittelte Kunstwerke mit ungeklärten bzw. lückenhaften Provenienzen im Internet veröffentlicht.

Einen Sonderfall stellt der Kunstbesitz der Stadt Linz in Niederösterreich dar. Dort werden erhebliche Bestände an Kunstwerken vermutet, die während der NS-Zeit für das in Linz vorgesehene sog. Führermuseum zusammengetragen wurden. Außerdem bedarf die der Stadt Linz übereignete und in ihrer Neuen Galerie befindliche Sammlung des Kunsthändlers Wolfgang Gurlitt der Überprüfung, weil dieser nahezu uneingeschränkt während der NS-Zeit mit sog. entarteten sowie verfolgungsbedingt verloren gegangenen Kunstwerken einen schwunghaften Handel führte. Ein Gemälde aus dem Bestand Gurlitt wurde durch Gemeinderatsbeschluss der Landeshauptstadt Linz im Jahre 2003 an die Erben der Alteigentümer zurückgegeben (s. Fall 23).

2.4. Ansprüche in Frankreich

2.4.1. Gesetzliche Sonderregelungen ab 1943

Den Inhalt der Londoner Erklärung der Alliierten vom 05.01.1943 über die Verpflichtung, unrechtmäßig durch die NS-Besatzer und ihre Verbündeten verloren gegangenes oder übertragenes Eigentum an die Berechtigten zu restituieren, hatte das Nationale Befreiungskomitee der französischen Exilregierung bereits mit der Verordnung vom 12.11.1943 als nationales Recht übernommen.

Als alliierte Besatzungsmacht anerkannt, unterbreitete die französische Seite in Zusammenarbeit mit belgischen, luxemburgischen und niederländischen Stellen den Alliierten ab Mai 1945 Vorschläge über das Auffinden, Identifizieren und die Rückgabe von Kulturgütern. Ihre Empfehlung, für vernichtete Kulturgüter von Deutschland einen vergleichbaren Ersatz zu erhalten (völkerrechtlich hat sich der Begriff der „restitution in kind" herausgebildet), wurde jedoch von den anderen Alliierten, insbesondere den Amerikanern, strikt abgelehnt. Erst Ende 1945 erzielten die Alliierten Übereinstimmung hinsichtlich der Identifizierung und Sicherstellung von geraubten Kulturgütern.

Mit der Rückführung der widerrechtlich aus Frankreich verbrachten Kulturgüter wurde ab November 1944 die Kommission für die Rückgabe von Kunstgegenständen, CRA, betraut. Sie erstellte ab Ende 1947 ein Verzeichnis geraubter Güter, das bis 1949 in zehn Bänden vom Zentralen Restitutionsbüro des französischen Oberkommandos in Deutschland veröffentlicht wurde („Repertoire des biens spolies en France durant la guerre"). Darin waren nicht nur die in Frankreich entzogenen Kulturgüter französischer Einrichtungen und französischer Bürger aufgeführt, sondern auch Sammlungen, z. B. deutsch-jüdischer Emigranten, die auf dem Territorium Frankreichs unrechtmäßig entzogen worden waren. Dieses Verzeichnis wurde bis zum Abschluss der Restitutionsverfahren 1964 regelmäßig ergänzt und aktualisiert.

Von den mehr als 61.000 sichergestellten Gegenständen konnten bis 1950 ca. 45.000 an die Berechtigten restituiert werden. Die verbliebenen annähernd 16.000 Objekte wurden von einer Kommission im Hinblick auf ihre Bedeutsamkeit als nationales Kulturerbe überprüft und 2.000 ausgewählte Gegenstände an verschiedene Nationalmuseen übergeben. Sie sind dort in Inventaren noch heute durch das Kürzel MNR (Musées Nationaux Recuperation) identifizierbar. Annähernd 12.500 weniger bedeutsame Kunstwerke wurden verkauft bzw. versteigert, die übrigen Kulturgüter einem Unterstützungsfonds für Künstler zugeführt.

Mehr als 40 Jahre später wurde die Problematik der verfolgungsbedingten Vermögensverluste in Frankreich während der NS-Besatzungszeit erneut thematisiert. Die Öffentlichkeit nahm zur Kenntnis, dass sich nach wie vor tausende Kunstgegenstände, die aus unfreiwilligen Vermögensverlusten der von den Nazis oder dem Vichy-Regime bewirkten Verfolgungsmaßnahmen stammten, heute „treuhänderisch" in französischen Museen befinden.

Als französische Museen Anfang der 90er Jahre um Aufklärung über NS-verfolgungsbedingt verlorene Kunstwerke gebeten und konkrete Rückgabeforderungen aus dem sog. MNR-Bestand geltend gemacht wurden, versuchten einzelne Museumsdirektoren, juristisch lediglich zu klären, ob die Herausgabeansprüche nicht längst verjährt seien und zurückgewiesen werden könnten. Nach rechtlicher Prüfung bestätigte das französische Justizministerium aber bereits 1992, dass diese Ansprüche nicht verjährt seien und die Bilder grundsätzlich herauszugeben sind. Der französische Rechnungshof stellte in einem Bericht vom Januar 1996 fest, dass die Museen jahrzehntelang positive Kenntnis über die Herkunft der Kunstwerke besaßen und keinerlei Anstrengungen unternommen hatten, sie an die Alteigentümer zurückzugeben. Unter dem innenpolitischen Druck weiterer Veröffentlichungen fand im November 1996 ein Symposium im Louvre statt, dass sich erstmalig mit der Rückgabeproblematik beschäftigte und dazu führte, dass im April 1997 in fünf Nationalmuseen über 1.000 der sog. MNR-Bilder der Öffentlichkeit präsentiert wurden.

Der innenpolitische Druck führte im Februar 1997 auf Direktive des Premierministers Juppé zur Einsetzung der Kommission zur Erforschung der Beraubung der Juden Frankreichs unter dem Vorsitz von Jean Mattéoli (umgangssprachlich Mattéoli-Kommission genannt). Sie sollte sowohl die unfreiwilligen Vermögensverluste während der NS-Besatzung als auch jene durch die Vichy-Behörden im sog. freien Teil Frankreichs verursachten erforschen. Die Mattéoli-Kommission installierte per Erlass vom 10.09.1999 die Kommission zur Entschädigung von Opfern, die aufgrund der antisemitischen Gesetzte während der Besatzung durch Plünderungen geschädigt worden waren (CIVS). Eine von neun eingerichteten Arbeitsgruppen untersuchte die Kunstverluste in Frankreich während der Besatzungszeit. Mitglieder dieser Arbeitsgruppe waren u.a. der Direktor des Louvre und ein französischer Botschafter im Ruhestand sowie fünfzehn vollzeitangestellte Referenten.

2.4.2. Ansprüche gegenüber der Entschädigungskommission

Der 5. Tätigkeitsbericht der CIVS aus dem Jahre 2005 informiert darüber, dass seit Gründung der Kommission ca. 15.000 Anträge wegen der Entziehung materieller Güter gestellt wurden, die nach einer Prioritätenliste abgearbeitet werden. Die Hälfte der Anträge wird binnen zwei Jahren entschieden. Bis Ende 2005 bezog sich ca. ein Prozent der Anträge (ca. 200 Fälle) auf Kunstwerke, die zu 64 Entschädigungen und 22 Ablehnungen führten. Bis Ende 2006 ist lediglich in vier Fällen die Rückgabe von Kunstwerken durch die Kommission angeordnet worden – darunter das Gemälde „Bataille contre les Turcs" von Jacques Courtois und das 2002 im Museum Calvet in Avignon aufgefundene Werk von Joseph Vernet „Marine clair de lune" sowie 2003 „Tête de femme" von Pablo Picasso.

Fall 68
Alphonse Kann-Erben vs. Musée Nationale d'Art Moderne
(Centre Georges Pompidou)
wegen Gemälde von Pablo Picasso

Die Entscheidungen der CIVS werden von Berichterstattern vorbereitet. In dringenden aber auch in als einfach eingestuften Fällen kann die Bearbeitung durch „Einzelrichter-Verfahren" erfolgen, wenn der Präsident der Kommission, derzeit Prefet Kalfun, dies anordnet. Die Empfehlung der Kommission über die Restitution, Entschädigung oder Ablehnung des Antrages wird in einer im engen Kreis tagenden Kommission ausgesprochen. Gegen ihre Entscheidung kann seit dem Erlass vom 10.09.1999 Widerspruch erhoben und die erneute Überprüfung des Falles durch Plenarsitzung beantragt werden. Der Widerspruch ist beim Präsidenten der Kommission einzulegen. Er muss mit neuen Beweisen und Fakten begründet werden und Hinweise enthalten, dass die ursprüngliche Empfehlung sachliche Fehler aufweist. Der Präsident der Kommission kann dem Widerspruch abhelfen, woraufhin in einer Plenarsitzung eine erneute Prüfung durch die Kommission zu erfolgen hat.

Gerichtliche Überprüfungsmöglichkeiten gegen Empfehlungen der Kommission bestehen nicht. Der zuständige Generalsekretär der französischen Regierung entscheidet sodann in eigener unabhängiger Verantwortung, ob er den Empfehlungen der Entschädigungskommission stattgibt. Gerichtlich ist mithin eine Durchsetzung von Ansprüchen nicht möglich.

Der Erlass vom 10.09.1999 und die Tätigkeit der CIVS sind, soweit sie Kunstobjekte betreffen, vollkommen unzureichend und bedürfen dringend detaillierter Regelungen, z. B. auf der Grundlage der auch von Frankreich unterzeichneten Washingtoner Prinzipien. Angesichts der mangelhaften öffentlich-rechtlichen Rückgabemöglichkeiten kommt dem Zivilrechtsweg große Bedeutung zu, weil hier auch heute noch die Nichtigkeit der Vermögensübertragung festgestellt werden kann.

2.4.3. Hilfsweise Zivilrechtsweg

Die Rückgabeanordnungen von fünf Gemälden aus dem Louvre (s. Fall 45), einem Gemälde aus dem Centre Georges Pompidou (s. Fall 48) und einem Gemälde aus dem Museum in Strasbourg (s. Fall 46) zeigen, dass die Möglichkeit besteht, Restitutionsansprüche im Zivilrechtsweg zu verwirklichen.

Angesichts der zahlenmäßig äußerst geringen Rückgaben von bisher lediglich vier Gemälden durch die CIVS scheint für die Antragsteller die Möglichkeit, den Zivilrechtsweg zu beschreiten und darüber die Rückgabe von Kunstwerken zu erreichen, Erfolg versprechender. Jedenfalls sind bislang in zivilgerichtlichen Verfahren mehr Kunstwerke von den Alteigentümern zurückerlangt worden als durch Stattgabeentscheidungen der CIVS.

Bei der Aufklärung unwirksamer Verkäufe kommt dem Kunsthandel während der deutschen Besatzung zentrale Bedeutung zu. Aus bis zu siebzig zum Teil namhaften Pariser Galerien und französischen Sammlungen wurden beschlagnahmte Kunstwerke nicht nur an Repräsentanten des Deutschen Reiches, sondern auch an Personen in Drittländern veräußert. Nachkriegsprozesse gegen französische Kunsthändler führten zu Feststellungen über die Art und Weise und den Umfang dieses Kunsthandels. Die Mattéoli-Kommission konnte die entsprechenden Strafakten auswerten. Bedauerlicherweise ist bis zum heutigen Tage das Ergebnis dieser Auswertungen nicht veröffentlicht worden. Hier bedarf es dringend einer Überprüfung der damaligen Strafprozessakten und Möglichkeit der Kenntnisnahme durch Dritte. Es besteht dann in Verfolgungsfällen begründete Hoffnung, erfolgreich Rückforderungen geltend zu machen.

Gleiches gilt für die Gerichts- und Verwaltungsakten zu Versteigerungen während der Besatzungszeit, die der Öffentlichkeit bisher nicht zugänglich sind. Aus ihnen könnten im Einzelfall die Umstände der Verkäufe und Namen der Erwerber ermittelt werden – Voraussetzungen für eine erfolgreiche Anspruchstellung gegenüber den heutigen Besitzern.

Es drängt sich für die Betroffenen der Eindruck auf, dass die CIVS zwar maßgebliche Unterlagen auswertet. Wegen der möglicherweise brisanten Informationen, die sie enthalten, wird ihnen die Einsichtnahmemöglichkeit jedoch bisher verweigert. Staatliche Stellen hatten nach Ende des 2. Weltkrieges zunächst begonnen, in zahlreichen strafgerichtlichen Verfahren die Beteiligung französischer Kunsthändler an der Arisierung jüdischer Sammlungen und Kunsthandlungen aufzuklären. Aus Gründen der Staatsraison und zum Schutz des französischen Kunsthandels sahen sie jedoch offensichtlich vielfach von gebotenen strafrechtlichen Verurteilungen einzelner Kunsthändler ab. Die Verweigerung der Einsichtnahme in diese Unterlagen verhindert die Ermittlung wichtiger historischer Sachverhalte und stellt sich in letzter Konsequenz als ein Versuch der Vereitelung von Ansprüchen wegen begründeter NS-verfolgungsbedingter Kunstverluste dar.

2.5. Ansprüche in den Niederlanden

2.5.1. Untersuchungskommission seit 1997

Jahrzehntelang erfolgten keine Nachforschungen über den Bestand von verfolgungsbedingt verloren gegangenen Kunstgegenständen, die sich im Besitz niederländischer Museen und Stiftungen befinden. Erst Mitte der 90er Jahre wurde auch in den Niederlanden aufgrund von Presseveröffentlichungen der politische Druck so groß, dass sich die Regierung im Oktober 1997 veranlasst sah, eine Überprüfung des staatlichen Museumsbesitzes im Hinblick auf verfolgungsbedingt verloren gegangene Kunstgegenstände in Auftrag zu geben.

Im März 1998 vereinbarten verschiedene niederländische Museen eine Initiative zur Erforschung der Provenienzen von Kunstwerken, die in der Zeit von 1940 bis 1948 erworben wurden. Aufgrund des „1940-1948 Museum Acquisitions Project" wurden Richtlinien verabschiedet, die von den 382 assoziierten Museen angewendet werden sollen. Maßgeblich für die Aufklärungsarbeit war u.a. das 1998 erhobene Rückgabeersuchen der Schwiegertochter des früheren Kunsthändlers Jacques Goudstikker. Die mit der Überprüfung beauftragte sog. Ekkart-Kommission, benannt nach ihrem Vorsitzenden, dem Kunstsachverständigen Dr. Ekkart, untersuchte die Herkunft aller Gegenstände, die sich in der „Sammlung Niederländischer Kunstbesitz" (NK-Sammlung) befanden. Die Untersuchung wurde durch das im September 1998 eigens dafür eingerichtete Projektbüro „Herkomst Gezocht" durchgeführt. Die Ekkart-Kommission gab abschließend drei Empfehlungen, und zwar

- im April 2001 betreffend den Kunstbesitz von Privatpersonen,
- im Januar 2003 zur Restitution der Kunstwerke von Kunsthändlern,
- im Dezember 2004 über die Bearbeitung und Erledigung von Restitutionsanträgen (Schlussempfehlung).

Sämtliche Empfehlungen sehen eine vereinfachte Verfahrensweise bei der Rückgabe vor und wurden von der niederländischen Regierung nahezu vollständig bestätigt.

2.5.2. Die Restitutionskommission

Bereits aufgrund der ersten Empfehlung der Ekkart-Kommission wurde mit Erlass des Kulturstaatssekretärs vom 16.11.2001 die „Beratende Kommission (Advisory Restitution-Commitee unter dem Vorsitz von J. M. Polak) zu Restitutionsanträgen für Kulturgüter aus dem 2. Weltkrieg" gegründet, kurz Restitutionskommission genannt, die am 01.02.2002 ihre Arbeit aufnahm. Ihre Mitglieder sind Rechtsanwälte, Kunstsachverständige, Historiker, nicht jedoch Verwaltungsbeamte der betroffenen Museen und Sammlungen, um eine möglichst große Unabhängigkeit zu gewährleisten.

2.5.2.1. Aufgaben der Restitutionskommission

Rückgabeanträge sind formal an den niederländischen Kulturstaatssekretär zu richten, der sie zur Prüfung und Stellungnahme an die Restitutionskommission weiterleitet, von der dann folgende Sachverhalte aufzuklären sind:

- Identifizierung des Kunstgegenstandes und der ursprünglichen Eigentumsverhältnisse

Soweit der Eigentumsnachweis an dem Kunstgegenstand nicht eindeutig geklärt werden kann, genügen der Kommission auch Nachweise, aus dem das ehemalige Eigentumsrecht in hohem Maße annehmbar ist.

- Ermittlung der Art des Besitzverlustes während des Krieges und/oder die Umstände des Besitzverlustes

Die Kommission gewährt eine Beweiserleichterung bei Besitzverlusten an Kunstwerken, die im Eigentum jüdischer Privatpersonen standen. Sie nimmt hier an, dass grundsätzlich ein unfreiwilliger Besitzverlust vorlag. Soweit jüdische Kunsthandlungen betroffen sind, wird von einem unfreiwilligen Besitzverlust ausgegangen, wenn die Verkäufe ohne Zustimmung des Kunsthändlers durch den Verwalter oder andere nicht vom Alteigentümer bevollmächtigte Personen erfolgten, der Alteigentümer oder seine Erben den Kaufpreis nicht ungeschmälert erhielten oder er nicht ausdrücklich auf seine Rechte verzichtet hatte.

- Prüfung der Entscheidung eines Antrags auf Restitution nach Kriegsende

Soweit ein Rückgabeantrag bereits nach Ende des 2. Weltkrieges gestellt und seinerzeit eine Entscheidung im Rahmen der Rechtswiederherstellungsverfahren getroffen worden war, kommt grundsätzlich keine erneute Antragstellung in Betracht. Dies gilt allerdings nicht, wenn ein „Novum" vorliegt, d.h. der Antragsteller neue Erkenntnisse mitteilen kann, die im damaligen Verfahren unbekannt waren.

2.5.2.2. Zusammensetzung der Restitutionskommission

Seit der erneuten Ernennung von Mitgliedern im Dezember 2004 besteht die Restitutionskommission derzeit aus fünf Juristen, einem Historiker und einem Kunsthistoriker unter dem Vorsitz eines Landgerichtspräsidenten.

2.5.3. Empfehlungen und Entscheidung über die Rückgabe

An die Restitutionskommission sind bisher über vierzig Anträge aus den Niederlanden und dem Ausland auf Rückgabe von Kunstgegenständen aus der Sammlung des niederländischen Staates gestellt worden. Sie beinhalten einzelne Kunstgegenstände, aber auch hunderte wie im Fall des Kunsthändlers Goudstikker.

Bis Ende 2005 hat die Restitutionskommission einundzwanzig Empfehlungen ausgesprochen, die 200 Kunstgegenstände betrafen, von Gemälden holländischer Meister aus dem 17. Jahrhundert bis zu antiken Tassen und Porzellanen. Bei sechzehn Anträgen wurde eine teilweise Anerkennung der Forderungen empfohlen, in drei Fällen wurde für Ablehnung plädiert und in den anderen Fällen Bedingungen für die Rückgabe gestellt, wie z. B. die Rückzahlung der während des Krieges erhaltenen Verkaufsbeträge. Sämtliche Empfehlungen der Restitutionskommission wurden vom Kulturstaatssekretär übernommen. Das bisher spektakulärste Ergebnis der Tätigkeit der Kommission vom Februar 2006 betrifft den früheren Besitz des Kunsthändlers Goudstikker. Hier empfiehlt sie die Rückgabe von 202 der von der Antragstellerin begehrten 267 Kunstwerke. Derzeit finden Verhandlungen des Kulturstaatssekretärs mit der Antragstellerin über eine Einigung und abschließende Regelung statt.

2.5.4. Ausschlussfrist 04.04.2007

Die dritte und abschließende Empfehlung der Ekkert-Kommission wurde von der niederländischen Regierung bestätigt und im Staatsanzeiger vom 04.04.2005 und in ausländischen überregionalen Tageszeitungen veröffentlicht. Sie beinhaltet eine Ausschlussfrist. Danach können Rückgabeanträge nur noch bis zum 04.04.2007 bei der niederländischen Regierung eingereicht werden, über die dann aufgrund von Empfehlungen der Restitutionskommission bis zum 04.04.2008 entschieden werden sollen.

Wegen des bevorstehenden Fristablaufs besteht höchste Eile, dass Alteigentümer bzw. ihre Rechtsnachfolger zumindest fristwahrend Ansprüche geltend machen und den verfolgungsbedingten Vermögensverlust darlegen. Ob es angesichts der zum Teil äußerst komplizierten Ermittlungen verfolgungsbedingter Sachverhalte und der weitergehenden unbefristeten Handhabung von Rückgaben in anderen europäischen Ländern zu einer Verlängerung der am 04.04.2007 endenden Ausschlussfrist kommen wird, bleibt abzuwarten. Die Niederlande sind das bisher einzige westeuropäische Land, das im Nachgang zu der Washingtoner Erklärung vom Dezember 1998 Rückgaberegelungen schuf, die durch eine Ausschlussfrist zeitlich begrenzt sind. Offensichtlich bestehen dort Befürchtungen, dass noch zu recherchierende Sachverhalte für eine Vielzahl von Kunstobjekte, die sich derzeit noch im Besitz des niederländischen Staates befinden, zur Rückgabe führen könnten. Die angekündigte Ausschlussfrist dient daher wohl auch dem Ziel, sich vor weiteren berechtigten Rückgabeforderungen zu schützen.

2.5.5. Richtlinien und Begründungen

Es gibt keine ausdrücklichen gesetzlichen Regelungen oder verbindlichen Richtlinien, unter welchen Voraussetzungen Rückgabeanträgen stattzugeben ist. Lediglich aus den Empfehlungen der Ekkart-Kommission ergeben sich entsprechende unverbindliche Hinweise. Deshalb sind die Sachverhalte und Begründungen in bereits entschiedenen Rückgabefällen von wesentlicher Bedeutung für die Feststellung, unter welchen Voraussetzungen Rückgaben in Betracht kommen. Nachfolgend werden die rechtlich relevanten Sachverhalte von vier Fällen, darunter der vom Umfang und Bedeutung spektakulärste Fall Goudstikker erläutert.

2.5.5.1. Rückgabe der Kunstsammlung von Fritz Gutmann

Friedrich (Fritz) Gutmann erbte von seinem Vater Eugen Gutmann, Gründer der Dresdner Bank in Deutschland, eine umfangreiche Kunstsammlung und siedelte in den 20er Jahren in die Niederlande über und erweiterte sie bis Kriegsbeginn erheblich. Der Verlust der Sammlung trat im Wesentlichen auf dreifache Weise ein.

1939 übertrug Gutmann einige Kunstobjekte an den Amsterdamer Kunsthändler Rosenbaum, die 1940 von Hermann Göring gekauft wurden. Bedeutende Gemälde befanden sich in diesem Zeitpunkt aus Sicherungsgründen in ein Depot in Paris. Sie wurden während der deutschen Besatzung Ende 1942 beschlagnahmt.

Fall 69
Fritz Gutmann-Erben vs. Daniel C. Searle (Art Institute of Chicago)
wegen Monotypie von Edgar Degas

Die in den Niederlanden verbliebenen Kunstgegenstände musste Gutmann 1941 und 1942 an die deutschen Kunsthändler Böhler und Haberstock veräußern. Die geplante Flucht des Ehepaars Gutmann wurde vereitelt. Sie wurden auf dem Weg ins Exil in Berlin von den Nazis verhaftet und im Konzentrationslager umgebracht.

Wenige der in Paris geplünderten Kunstgegenstände konnten nach Kriegsende sichergestellt und in die Niederlande zurückgeführt werden. Der größte Teil stammt aus im Deutschen Reich sichergestellten und von den Westalliierten an die Niederlande zurückgegebenen Beständen. In der Nachkriegszeit gestellte Rückstellungsanträge führten nicht zur Rückgabe, weil diese in einem Urteil vom Juli 1952 von der Erstattung der bei Veräußerung erzielten Verkaufserlöse abhängig gemacht wurde. Dazu sahen sich die Gutmann-Erben nicht in der Lage.

Bei erneuter Antragstellung 1998 befanden sich noch mehr als 200 Kunstgegenstände aus dem ehemaligen Besitz Gutmann in der NK-Sammlung. Die Ekkart-Kommission empfahl am 25.03.2002 die Rückgabe sämtlicher beantragter Kunstgegenstände. Die Vermögensverluste seien sämtlichst verfolgungsbedingt eingetreten. Die nach 1945 durchgeführten Rückgabeverfahren schlossen eine erneute Prüfung und Rückgabeentscheidung nicht aus, weil die damalige Forderung, die Rückgabe von der Verkaufserlöserstattung abhängig zu machen, unangemessen gewesen wäre. Daraufhin wurden 233 Kunstobjekte Ende 2002 zurückgegeben, wovon 66 bei Christie's 2003 zur Versteigerung kamen.

2.5.5.2. Rückgabe eines Stillebens aus dem Besitz des Kunstsammlers Otto Busch

Der niederländische Jude Otto Busch war wegen der Vorbereitung seiner Flucht aus den besetzten Niederlanden gezwungen, sein im 17. Jahrhundert entstandenes Stilleben des niederländischen Meisters F. van Schooten zu verkaufen. Es gelangte über einen Zwischenhändler in den Bestand des geplanten Führermuseums in Linz. Ein Teil des Verkaufserlöses wurde für die Flucht verwendet, ein anderer Teil sollte als sog. Sperrung das Ehepaar Busch von der Deportation in ein Vernichtungslager freistellen.

Die nach 1945 gestellten Rückgabeanträge scheiterten an der Gegenforderung auf Rückzahlung des seinerzeit erhaltenen Verkaufspreises. Die erneuten Anträge in den 60er und 70er Jahren wurden mit der Begründung abgelehnt, der niederländische Staat habe ein Interesse am Fortbesitz des Gemäldes.

Die Restitutionskommission empfahl im April 2003 eine Rückgabe des Gemäldes, weil ein verfolgungsbedingter Vermögensverlust vorlag. Die nach 1945 erfolgten Rückgabeverfahren wurden als unbeachtlich eingestuft, weil die Forderung auf Rückzahlung des Verkaufspreises unangemessen war, da der Verkaufspreis nicht ungeschmälert und frei hatte verwendet werden können, sondern der Flucht und dem persönlichen Schutz vor Verfolgung diente.

2.5.5.3. Rückgabe von drei Gemälden aus der Berliner Kunstsammlung G.

Der jüdische Kunstsammler G. aus Berlin musste wegen seiner geplanten Emigration diskriminierend festgesetzte Steuerschulden bezahlen, insbesondere die Reichsfluchtsteuer. Zu diesem Zwecke wurden im August 1936 zahlreiche Kunstwerke in Berlin versteigert. Zwei Gemälde gelangten von dort in den Besitz des jüdischen Amsterdamer Kunsthändlers Rosenbaum. Nach der Beschlagnahme der Rosenbaum-Galerie erwarb sie der berüchtigte Kajetan Mühlmann. Ein anderes auf der Berliner Auktion 1936 erworbenes Gemälde musste von der Kunsthandlung Nathan Katz 1942 zugunsten des Führermuseums in Linz verkauft werden. Alle drei Gemälde gelangten offensichtlich in den Besitz des NS-Regimes und wurden nach Kriegsende von den Westalliierten an die Niederlande ausgehändigt.

Einen Rückgabeantrag nach 1945 hatten die Erben von G. in den Niederlanden nicht gestellt, weil ihnen der Verbleib der Gemälde nicht bekannt war. Die Restitutionskommission empfahl Anfang 2005 die Rückgabe aller drei Gemälde und führte zur Begründung aus, dass die Erstschädigung wegen der Versteigerung der Gemälde 1936 in Berlin vorgehe gegenüber späteren verfolgungsbedingten Vermögensverlusten, z. B. des jüdischen Kunsthändlers Rosenbaum. Eine Rückgabe der drei Bilder wurde nicht von der Zahlung des damals erzielten Kaufpreises abhängig gemacht, weil dieser nicht in die freie Verfügbarkeit des Veräußerers gelangte, sondern von ihm zur Begleichung diskriminierender Forderungen verwendet wurde.

2.5.5.4. Rückgabe von 202 Gemälden und Zeichnungen aus dem früheren Besitz des jüdischen Kunsthändlers Jacques Goudstikker

Der jüdische Kunsthändler Jacques Goudstikker besaß in den 30er Jahren eine der führenden niederländischen Kunsthandlungen mit Sitz in Amsterdam – spezialisiert auf holländische Meister. Kurz vor Besetzung der Niederlande erwarb Goudstikker 47 bedeutende Altmeister aus der jüdischen Sammlung Koenigs, die von dessen Pfandgläubigern, den jüdischen Bankiers Lisser & Rosenkranz, vor deren Emigration veräußert worden waren. Nach Kriegsbeginn am 10.05.1940 floh Jacques Goudstikker mit seiner Ehefrau und dem Sohn auf dem Schiffswege nach England und kam bei der Flucht ums Leben.

Der in Amsterdam zurückgebliebene Direktor der Kunsthandlung Ten Broek verkaufte mit Zustimmung der in Amsterdam verbliebenen Mutter Goudstikkers die gesamte dort vorhandene Kunstsammlung von annähernd 1.300 Objekten zu einem weit unter dem damaligen Marktwert liegenden Preis an Hermann Göring, der dafür Goudstikkers Mutter Schutz vor antijüdischer Verfolgung garantierte. Die arisierte Kunsthandlung erwarb der mit Göring befreundete deutsche Geschäftsmann Alois Miedl. Er kaufte 500 Kunstwerke von Göring zurück und veräußerte sie bis Kriegsende weiter. Unter dem Namen der Firma Goudstikker betrieb er durch An- und Verkäufe und Tauschgeschäfte bis Kriegsende einen intensiven, internationalen Kunsthandel.

Hunderte von Göring erworbene Kunstwerke wurden in Deutschland von den Alliierten sichergestellt und an die Niederlande zurückgegeben. Die 1945 aus England zurückgekehrte Witwe Goudstikkers hatte Rückerstattungsansprüche gestellt. Sie schloss nach einem siebenjährigen Rechtsstreit 1952 mit der holländischen Regierung einen Vergleich, aufgrund dessen die Witwe ausschließlich einen Teil der von den Alliierten an die Niederlande zurückgegebenen Kunstwerke erhielt. Die Mehrzahl wurde als „Eigentum der Niederlande" auf verschiedene staatliche Museen verteilt.

1998 machte die Schwiegertochter des Kunstsammlers Goudstikker, Marei von Saher, erstmalig Ansprüche gegenüber dem niederländischen Staat auf 267 Gemälde und Zeichnungen geltend. Parallel dazu erfolgten weltweit Nachforschungen über den Verbleib von Kunstwerken aus dem früheren Goudstikker-Besitz, die bereits ab 2001 zu zahlreichen Rückgaben von zum Teil bedeutenden Gemälden aus amerikanischen Museen und Stiftungen und auch aus deutschen Museen führten. So gab das Wallraf-Richartz-Museum in Köln zwei Gemälde aus der ehemaligen Sammlung Goudstikker zurück. Diese Gemälde waren im Februar 1941 vom Kunsthaus Lempertz in Köln versteigert worden und gelangten nach Zwischenerwerb und Schenkung in den Besitz des Wallraf-Richartz-Museums. Auch die Staatlichen Kunstsammlungen Dresden entschieden sich im Februar 2006 zur Rückgabe eines Altmeister Gemäldes. Sie hatten es 1953 von einem Dresdner Kunsthändler erworben, der unter derzeit noch nicht aufgeklärten Umständen in den Besitz dieses ehemals in der Sammlung von Göring befindlichen Kunstwerkes gelangt war. Das Herzog Anton-Ulrich-Museum restituierte inzwischen ein Gemälde von Tiepolo.

Die Niederlande lehnten die Rückgabeforderung der Schwiegertochter zunächst ab. Es wurde zur Begründung angeführt, die Witwe hätte 1952 in einem Vergleich mit dem niederländischen Staat „bewusst und wohl erwogen" auf ihre Ansprüche verzichtet und könne deshalb heute keine Rückgabeansprüche mehr geltend machen. Ihre Rückgabeforderung wurde von der Ende 2001 eingesetzten Restitutionskommission dennoch geprüft. Im Ergebnis schlug die Kommission dem Kulturstaatssekretär der niederländischen Regierung vor, von den beantragten 267 Kunstwerken 202 an die Erbin zurückzugeben. Dieser Empfehlung wurde bisher noch nicht entsprochen. Derzeit laufen offensichtlich Verhandlungen mit der zuständigen Kulturstaatssekretärin van der Laan mit dem Ziel, möglichst viele der bedeutenden Kunstwerke im staatlichen Sammlungsbesitz zu erhalten und einen finanziellen Ausgleich mit der Erbin zu finden.

2.6. Ansprüche in der Schweiz

2.6.1. Umdenken und Initiativen ab Beginn der 90er Jahre

Aufgrund bohrender Nachfragen der Weltöffentlichkeit im Nachgang zum „Schweizer Gold" sah sich die Schweiz veranlasst, ab Mitte der 90er Jahre in ihren staatlichen Sammlungsbeständen gleichfalls Nachforschungen nach Kunstwerken anzustellen, die aus verfolgungsbedingten Vermögensverlusten in der NS-Zeit stammen könnten. Die schweizerische Bundesversammlung beschloss im Dezember 1996 die Gründung der „Unabhängigen Expertenkommission Schweiz - 2. Weltkrieg" (UEK), die unter dem Vorsitz des Historikers Jean-Francois Bergier, nach diesem Bergier-Kommission benannt, den Forschungsauftrag erhielt, den Umfang und das Schicksal der im Zusammenhang mit dem 2. Weltkrieg in die Schweiz gelangten Vermögenswerte zu untersuchen. In einer Spezialstudie veröffentlichte die UEK Forschungsergebnisse über Vermögensverschiebungen auf dem Schweizer Kunstmarkt und stellte u. a. fest, dass von staatlichen Museen und Sammlungen eine vorsichtige Einkaufspolitik im Hinblick auf Kunstwerke dubioser Herkunft praktiziert wurde, während Privatsammler im Regelfall ohne Problembewusstsein in zum Teil nennenswertem Umfang Ankäufe tätigten.

Die vom Bundesamt für Kultur 1998 veranlasste Provenienzforschung zu im eidgenössischen Eigentum stehenden Sammlungsbeständen führte zu keinem Auffinden von sog. Raubkunst. Nachforschungen in öffentlichen Sammlungen von Kantonen, Gemeinden und insbesondere privaten Museen, Sammlungen und Stiftungen sind allerdings noch nicht erfolgt, obwohl dort Kunstwerke zu vermuten sind, die aus Raubkunstbeständen stammen.

Fall 70
Bernheim-Jeune-Erben vs. Kunstmuseum Basel
wegen Gemälde von Pierre Bonnard

2.6.2. Absichtserklärungen und Selbstverpflichtungen

Gesetzliche Regelungen, Parlamentsbeschlüsse, Erlasse oder Dekrete, wie sie z. B. in Österreich, den Niederlanden und Frankreich erlassen wurden, gibt es in der Schweiz bisher nicht. Es bleibt abzuwarten, ob sich die Schweiz im Nachgang zu der Resolution des Europarates vom 05.11.1999, in der die Parlamente aller Mitgliedsstaaten aufgefordert wurden, unverzüglich gesetzgeberische Maßnahmen zur Vereinfachung der Raubkunst-Rückgabe zu erarbeiten, veranlasst sieht, entsprechende gesetzliche Bestimmungen zu erlassen. Wenn es zu einer bundesgesetzlichen Regelung käme, beträfe diese jedoch ausschließlich in Schweizer Bundesmuseen und -sammlungen befindliche Kunstwerke.

Die Schweiz unterzeichnete die in der Washingtoner Erklärung im Dezember 1998 festgelegten Prinzipien. Ihre Delegationsleitung wirkte maßgeblich an der Ausarbeitung dieser Prinzipien mit. Parallel dazu hatten sich zwölf große Schweizer Kunstmuseen in einer gemeinsamen Erklärung verpflichtet, ihre Archive für Nachforschungen zu öffnen sowie Aufklärungen bei Raubkunstverdacht durchzuführen und, soweit sich ein verfolgungsbedingter Vermögensverlust bestätigt, mit den Berechtigten eine einvernehmliche Lösung im Sinne der Washingtoner Richtlinien zu finden.

Anfang 1999 hatte das Bundesamt für Kultur eine „Anlaufstelle Raubkunst" eingerichtet, die Rückgabeanträge wegen verfolgungsbedingt verlorener Kunstwerke bearbeitet. Bei Herausgabeklagen wegen Raubkunst, die im Eigentum der Eidgenossenschaft steht, gilt diese Anlaufstelle als prozessfähig und kann verklagt werden.

Nicht alle Museen im Eigentum der Schweizer Bundesländer (Kantone) haben bisher die Selbstverpflichtung zur Umsetzung der Washingtoner Prinzipien übernommen. Im Einzelfall kam es dennoch bei dortigen Landesmuseen zu Rückgabevereinbarungen.

Fall 71
Max Silberberg-Erben vs. Bündner Kunstmuseum Chur
wegen Gemälde von Max Liebermann

Verfolgungsbedingt verlorene Kunstwerke dürften sich unverändert im Privateigentum oder in privaten Stiftungen befinden, die ihre Sammlungsbestände „leihweise" in staatlichen Einrichtungen ausstellen. Eine Einbeziehung dieses Privateigentums in mögliche zukünftige gesetzliche Regelungen zur Umsetzung der Washingtoner Prinzipien ist grundsätzlich nicht möglich. Deshalb bleibt regelmäßig nur die Prüfung, ob im Zivilrechtsweg Eigentumsherausgabeansprüche gegenüber Privatpersonen oder privaten Sammlungen und Stiftungen geltend gemacht werden können (s. Fall 18).

2.6.3. Raubgut in Schweizer Privatsammlungen – Beispiel Stiftung Sammlung E. G. Bührle

2.6.3.1. Entstehung der Sammlung Bührle während und nach der NS-Zeit

Die Sammlung des deutsch-schweizerischen Industriellen Emil G. Bührle (1890-1956) steht beispielhaft und stellvertretend für einige weltweit bekannte Schweizer Privatsammlungen, die während der NS-Herrschaft und in der unmittelbaren Nachkriegszeit zum Teil bedeutende Kunstwerke erwarben.

Bührle, in Pforzheim in Süddeutschland geboren, studierte vor dem 1. Weltkrieg Literatur- und Kunstwissenschaften. Nach vierjährigem Kriegsdienst wurde er nach kurzer Zeit Prokurist in einer großen Magdeburger Werkzeugmaschinenfabrik, die Anfang der 20er Jahre die hoch verschuldete Schweizer Firma Oerlikon übernahm.1924 nach Zürich geschickt, reorganisierte Bührle die Schweizer Firma, erwarb sie und entwickelte sie während seiner dreißigjährigen unternehmerischen Tätigkeit zu einem der erfolgreichsten Wirtschaftsunternehmen der Schweiz.

Der unternehmerische Erfolg erlaubte es Bührle, sein während des kunstwissenschaftlichen Studiums begründetes „Sammelfieber" und insbesondere seine Leidenschaft für französische Impressionisten und moderne Kunst der Jahrhundertwende durch Ankäufe zahlreicher Meisterwerke zu stillen. Dieser Erfolg gründete sich auch auf die Produktion und den Verkauf von Kriegswaffen. Bührle erwarb das Patent für die sog. Becker-Kanone, eine Fliegerabwehrkanone. Er entwickelte es weiter und verkaufte sein Kriegsgerät in den 30er Jahren an die aufrüstenden europäischen Länder. Besonders lukrativ waren Geschäfte, wenn – wie im spanischen Bürgerkrieg – beide Parteien bedient wurden. Zu Beginn des 2. Weltkriegs wurde zunächst die Schweizer Armee Großkunde bei Bührle, wenig später das Deutsche Reich und Italien. Der Erlös aus diesen Geschäften soll eine Halbe Milliarde Schweizer Franken betragen haben. Bührle war zu Kriegende einer der reichsten Männer der Schweiz und einer der größten Kriegsgewinner. Sein Privatvermögen wuchs in den Kriegsjahren von einer Million auf mehr als 170 Millionen Franken und bot ihm uneingeschränkte Möglichkeiten, Kunstwerke zu erwerben.

Der Aufbau der Sammlung Bührle begann Mitte der 30er Jahre. Bührle erwarb vorwiegend in der Züricher Galerie Toni Aktuaryus und bei dem Luzerner Kunsthändler Siegfried Rosengart Gemälde der von ihm geschätzten Künstler Corot, Courbet, Pissarro, Monet, van Gogh, Gauguin und Cézanne. Auf der berüchtigten Versteigerung sog. entarteter Kunst bei Fischer in Luzern im Sommer 1939 wollte Bührle das von den Nazis aus der Neuen Staatsgalerie München entfernte van Gogh Selbstporträt erwerben, wurde aber von einem anderen Interessenten überboten. Bis dahin bestanden keine näheren Geschäftsbeziehungen zu dem Kunsthändler Fischer, da dessen Angebot nach Bührles Einschätzung „nicht dem Niveau meiner Sammlung entsprach".

Dies änderte sich nach der Niederlage Frankreichs im Mai 1940, als der Galerist Fischer plötzlich in der Lage war, bedeutende französische Gemälde, insbesondere die von Bührle geschätzten Impressionisten, anzubieten. Fachkreise wussten, dass sie aus geplünderten französischen Sammlungen stammten. Bührle erwarb dennoch bei Fischer zahlreiche Bilder. Es entstand zudem ein enger Kontakt mit dem NS-Kunsthändler Hans Wendland, der regelmäßig zwischen Frankreich, dem Deutschen Reich und der Schweiz pendelte und geplünderte Kunstwerke transferierte. Mindestens einmal begleitete Bührle Wendland zwecks Kunstwerkbesichtigung nach Paris. 1943 ließ sich Bührle in Zürich Werke von Cézanne und van Gogh aus der Sammlung von Paul Rosenberg zeigen. Der aus München in die Schweiz emigrierte jüdische Kunsthändler Fritz Nathan riet Bührle in Kenntnis des Rosenberg-Besitzes vom Erwerb ab.

Mit der Londoner Erklärung vom Januar 1943 wurden auch Schweizer Kunsthändler und -sammler gewarnt, Raubkunst zu erwerben. Fischer wurde von den Alliierten auf einer schwarzen Liste erfasst. Den internationalen Warnungen zum Trotz erwarb Bührle weitere Kunstwerke, so „seinem unstillbaren Drang" folgend noch 1944 zwölf bedeutende Werke von Corot bis Matisse.

Sofort nach Kriegsende ermittelten alliierte Kunstschutzoffiziere gegen acht namentliche Schweizer Sammler, unter ihnen Bührle, weil sie Werke aus geplünderten Sammlungen besaßen.

2.6.3.2. Restitutionsprozesse der Nachkriegszeit: „Die Verteidigung war schlimmer als das Verbrechen selbst"

Der auf internationalen Druck von der Schweizer Regierung im Dezember 1945 erlassene sog. Raubgutbeschluss ermöglichte es Alteigentümern, in öffentlich-rechtlichen Verfahren Ansprüche gegenüber Besitzern in der Schweiz geltend zu machen. Auch Bührle wurde angeklagt. In den sich mehrere Jahre hinziehenden Prozessen musste er aufgrund gerichtlicher Entscheidung zwölf Kunstwerke aus geplünderten jüdischen Sammlungen zurückgeben: fünf an Paul Rosenberg, zwei an Paule-Juliette Levi de Benzion, eines an Alfred Lindenbaum, drei an Alphonse Kann und eines an Alexandrine de Rothschild.

Andere Alteigentümer schafften es nicht, innerhalb der zweijährigen gesetzlichen Ausschlussfrist ihre Ansprüche nach dem Raubgutbeschluss gegenüber Bührle geltend zu machen. Kurz nach Kriegsende waren sie nicht in der Lage, die erforderlichen Nachweise ihrer Eigentümerstellung zu erbringen, die ihnen infolge der Flucht und Vertreibung fehlten.

Sämtliche nach dem Raubgutbeschluss verklagten Schweizer Kunstsammler und -händler waren trotz der offensichtlichen NS-verfolgungsbedingten Vermögensverluste nicht bereit, freiwillig die von ihnen erworbenen Kunstwerke zurückzugeben. Erst nach mehrjährigen Gerichtsverfahren konnte die Herausgabe erwirkt werden. Die Verfahren zeigen, dass die Schweizer Erwerber keinerlei Unrechtsbewusstsein hatten und sie sich auch nach Kriegsende, als das Ausmaß der Verfolgung der Vorbesitzer bekannt wurde, nicht veranlasst sahen, ihren Raubkunstbesitz freiwillig herauszugeben. Von Beklagtenseite wurde argumentiert, der Raubgutbeschluss verstoße gegen höherrangiges Schweizer Recht. Die Vermögensverluste in Frankreich hätten zwar auf der antisemitischen Gesetzgebung des Vichy-Regimes beruht, diese sei aber rechtswirksam und zu beachten, weil sie nicht völkerrechtswidrig wäre. Im Übrigen wären aufgrund des deutsch-französischen Waffenstillstandsabkommens von 1940 eigentumsrechtliche Regelungen abschließend getroffen worden. Die Beschlagnahme von Kunstwerken durch deutsche Stellen wurde als „Schutzmaßnahme für die Bilder" qualifiziert und die nachfolgenden Veräußerungen als rechtsbeständig beurteilt.

2.6.3.3. Verschleierung von Raubkunsterwerben durch Provenienzangaben

Bührle erwarb die erst durch Gerichtsentscheidung zwangsweise herausgegebenen Kunstwerke teilweise von den Alteigentümern erneut. In den Provenienzangaben werden die Raubkunsterwerbungen in der NS-Zeit jedoch verschwiegen. So werden Herkunftsangaben im anlässlich des 100. Geburtstags von Bührle angefertigten Jubiläumskatalog von 1990 verschleiert, indem Kunstwerke aus den Sammlungen Alphonse Kann und Paul Rosenberg als Erwerbungen der Jahre 1951 ff. ausschließlich als Nachkriegsankäufe dargestellt werden und der Ersterwerb aus geplünderten Sammlungen ebenso ausgespart bleibt wie die Rückgabeverurteilung im Ergebnis der Raubgutprozesse.

Als Bührle 1956 starb, umfasste seine Kunstsammlung mehr als 300 Gemälde und mehrere Dutzend Skulpturen. Ihre Herkunftsgeschichte ist problematisch. Einige Werke gehörten ehemals französischen Juden, dem Kunstsammler Alphonse Kann, den Kunsthändlern Rosenberg, Kahnweiler und Bernheim-Jeune, oder auch jüdischen Sammlern aus Ungarn und Deutschland wie dem Adligen Ferenc Hatvany und dem Exilanten Hugo Nathan. 1960 wurde ein Teil der Sammlung von Bührle als Stiftung begründet, in die seine drei Kinder und Erben 168 Gemälde und 30 Skulpturen als Stiftungsvermögen einbrachten. Mithin verblieb annähernd die Hälfte der Sammlung im Privatbesitz der Erben. Unbekannt ist, ob umfassende Provenienzrecherchen zu den Werken der Sammlung Bührle durchgeführt werden. Fraglich bleibt, ob zukünftig eine ähnlich umfassende Schau der Sammlung, wie sie 1990 in Washington, Montreal, Yokohama und London präsentiert wurde, wieder möglich wird, weil unmittelbar danach das Thema der NS-verfolgungsbedingten Kulturgutverluste weltweit in das öffentliche Bewusstsein rückte und Verfolgte bzw. deren Erben seit dem international Ansprüche geltend machen.

2.6.3.4. Rückgabeansprüche – Bereitschaft zur Einigung auf der Grundlage der Washingtoner Prinzipien?

Die gesetzliche Regelung im sog. Raubgutbeschluss von 1945 verlangte, dass Alteigentümer Ansprüche binnen der Ausschlussfrist von zwei Jahren geltend machten. Diese Frist ist längst abgelaufen. Die Schweiz erließ bisher keine gesetzlichen Bestimmungen, aufgrund derer die Rückgabe von Kunstwerken, die Alteigentümern NS-verfolgungsbedingt verloren gingen, geltend gemacht werden könnte. Wenngleich die Washingtoner Prinzipien durch maßgebliche Initiative der Schweizer Delegation erarbeitet wurden, bezieht sich die darin übernommene Selbstverpflichtung ausschließlich auf Kunstwerke, die im Schweizer Staatseigentum stehen. Sie schließt die Privatmuseen und Stiftungen aus. Eine Selbstverpflichtungserklärung zur Anerkennung der Washingtoner Grundsätze, bei Vorliegen eines NS-verfolgungsbedingten Kulturgutverlustes eine faire und gerechte Lösung mit dem Alteigentümer bzw. dessen Erben zu finden, ist auch von der Stiftung und den Erben Bührle nicht abgegeben worden. Auf Rückerstattungsansprüche wurde bisher ablehnend reagiert.

Fall 72
Max Silberberg-Erben vs. Stiftung Sammlung E. G. Bührle
wegen Gemälde von Édouard Manet

2.6.3.5. Zivilgerichtliche Verfahren

Zukünftig ist damit zu rechnen, dass Sammlungsbestände privater Schweizer Museen und Stiftungen, so auch der Sammlung Bührle, systematisch überprüft werden. Die Erwerbsumstände von Werken in der Sammlung Bührle lassen es durchaus als Erfolg versprechend erscheinen, noch heute zivilrechtliche Herausgabeklagen in der Schweiz zu erheben (s. Fall 18). Der Eigentumsherausgabeanspruch ist in der Schweiz unverjährbar. Ein Erwerb an abhanden gekommenen Kunstwerken ist nur bei Gutgläubigkeit möglich. Die aktuellen, von der schweizerischen Rechtsprechung aufgestellten hohen Erfordernisse, insbesondere die Nachforschungspflichten des Käufers bei bedeutenden Kunstwerken, stützen Eigentumsherausgabeansprüche. Als Ironie der Geschichte ist es aufzufassen, dass Bührle selbst in diesem Zusammenhang erfolgreich war. In Regressprozessen forderte er von seinen früheren Verkäufern Fischer und Aktuaryus Kaufpreise für Gemälde zurück, die er aufgrund des Raubgutbeschlusses an die Alteigentümer zurückgeben musste. In den Regressverfahren wurde ihm mit der nicht nachvollziehbaren Begründung, er hätte keine positive Kenntnis von den Verlustumständen und der fehlenden Verkaufsberechtigung der Veräußerer gehabt, die Gutgläubigkeit gerichtlich bestätigt. Das zivilgerichtliche Erfordernis des Ausschlusses bloßer fahrlässiger Unkenntnis wurde offensichtlich gar nicht erörtert. Angesichts der heute bekannten Erwerbsumstände, die seinerseits entweder nicht vorgetragen oder vom Gericht nicht berücksichtigt wurden, und in Kenntnis der aktuellen Rechtsprechung erscheint ein gutgläubiger Erwerb ausgeschlossen. In der Nachkriegszeit war es offensichtlich undenkbar, einen der mächtigsten Industriellen der Schweiz als bösgläubigen Käufer anzuprangern.

Wenn die Rechtsverfolgung in der Schweiz aussichtslos erscheint, kommen zivilrechtliche Klagen im Ausland in Betracht. Besondere Aufmerksamkeit ist geboten, wenn Veräußerungen im freien Verkauf oder in Versteigerungen in angelsächsischen Ländern aus der Sammlung Bührle anstehen. Dann haben Alteigentümer die Möglichkeit, zivilrechtlich erfolgreich Eigentumsrückgabeansprüche im einstweiligen Verfügungsverfahren durch Beschlagnahme oder im Hauptsacheverfahren vor Zivilgerichten geltend zu machen.

2.7. Ansprüche in Italien

Italien war bis zum Sturz des faschistischen Regimes unter Mussolini Ende 1943 Verbündeter des Deutschen Reiches. Verfolgungen aus rassischen Gründen und damit einhergehende Vermögensverluste blieben bis dahin die Ausnahme. Verfolgungsbedingte Eigentumsverluste während der deutschen Besetzung Italiens vom September 1943 bis 1945 sind bisher kaum dokumentiert.

Allerdings ist unter der Schirmherrschaft der italienischen Regierung im Oktober 1995 ein dreisprachiger Katalog über „Treasures lost during the Second World War" erarbeitet worden, der ca. 2.500 Objekte auflistet. Im Internet ist diese Verlustliste auf der Website der „International Kommission for Artworks" einsehbar. Die internationale Diskussion über Kulturgutverluste während der NS-Zeit veranlasste die italienische Regierung Ende 1998 zur Einsetzung einer Wissenschaftskommission, die Eigentumsverluste jüdischer Bürger während der deutschen Besatzung aufklären soll. Die Tätigkeit dieser Kommission dauert an.

Auch Italien hatte sich an der Washingtoner Konferenz im Dezember 1998 beteiligt und die dort verabschiedeten Prinzipien gebilligt. Rückgaben von NS-verfolgungsbedingt abhanden gekommenen Kunstwerken aus staatlichem Besitz sind bisher unbekannt. Eine Einigung zwischen dem Alteigentümer und dem aktuellen Besitzer wegen einer geplünderten Bildersammlung italienischer Impressionisten (s. Fall 50) zeigt allerdings exemplarisch, dass NS-verfolgungsbedingte Vermögensverluste in Italien erfolgten.

Aktuelle Rückgabeforderungen gegenüber der British Library (s. Fall 95) verdeutlichen, dass sich offensichtlich alliierte Soldaten bei der Befreiung Italiens 1943/44 Kunstwerke als „Souvenirs" aneigneten und sie später veräußerten. Es ist nicht auszuschließen, dass es sich um Kunstwerke handelte, die aus NS-verfolgungsbedingten Vermögensverlusten stammten.

Völlig unerforscht sind die von dem NS-Kunsthändler Hans Wendland offensichtlich ab Ende 1943 durchgeführten Verwertungen von Kunstwerken, die aus Italien in seine damalige Villa bei Genf transportiert und von dort aus in unbekannte Länder weiter verschoben worden sein sollen (s. Fall 42). Hier ist damit zu rechnen, dass gegenüber verschiedenen Museen, öffentlichen Sammlungen und auch privaten Besitzern weltweit Rückgabeansprüche geltend gemacht werden.

2.8. Ansprüche in Ungarn

2.8.1. Rückblick: Vermögensverluste in Ungarn ab März 1944

Ungarn war zunächst Verbündeter des Deutschen Reiches. Bis zur Besetzung Ungarns durch deutsche Truppen am 19.03.1944 gab es dort kaum Verfolgungen aus rassischen Gründen. Dies änderte sich danach grundlegend. Der berüchtigte Adolf Eichmann erhielt den Auftrag, Ungarn „judenfrei" zu machen. Innerhalb weniger Monate wurden 600.000 ungarische Juden deportiert. Gleichzeitig erfolgte die systematische Vereinnahmung und Verwertung jüdischen Vermögens durch deutsche und kollaborierende ungarische Dienststellen. Unverzüglich wurden zum Teil herausragende Kunstsammlungen ungarischer Adliger und Industrieller, z. B. die von Ferenc Hatvany und des Baron Mor Lipot Herzog, beschlagnahmt, soweit deutsche Stellen dieser habhaft werden konnten. So gelangten in dem kurzen Zeitraum von elf Monaten von März 1944 bis zur Flucht deutscher Truppen aus der ungarischen Hauptstadt Budapest im Februar 1945 beschlagnahmte Kunstwerke, insbesondere aus jüdischem Privatbesitz in das Deutsche Reich. Kunstbesitz war von den Eigentümern zum Schutz vor möglichen Bombenangriffen in Bankschließfächern verwahrt worden. Nach Schätzungen von Historikern handelte es sich bei rund 90% der dort verwahrten Kunstwerke um jüdischen Privatbesitz. Die deutsche Besatzungsmacht konnte nur einen Teil davon identifizieren, da jüdische Alteigentümer vorausschauend Namen von Treuhändern als Depotinhaber angaben.

Bei dem Einmarsch der sowjetischen Armee im Februar 1945 in Budapest kam es zu systematischen Plünderungen und gewaltsamen Öffnungen nahezu sämtlicher Banktresore. Mehrere tausend Gemälde und Zeichnungen wurden von sowjetischen Trophäenbrigaden beschlagnahmt und in die UdSSR geschafft.

Fall 73
Ferenc Hatvany-Erben vs. Museum Heraklion, Griechenland
und Metropolitian Museum of Art
wegen Gemälde von El Greco

Ungarn macht heute gegenüber der Russischen Föderation Rückgabeforderungen für annähernd 80.000 Kunstobjekte geltend. Auch Armeeangehörige plünderten Kunstwerke und verkauften sie in der Folgezeit auf dem Schwarzmarkt, wodurch sie über weitere Zwischenhändler weltweit verstreut wurden.

2.8.2. Steckengebliebene Rückgaben nach Ende des 2. Weltkrieges

Kurz nach Ende des 2. Weltkrieges richtete das ungarische Kultusministerium eine Stelle für Kulturgutverluste ein, bei der Betroffene entsprechende Rückgabeansprüche geltend machen konnten. Die Westalliierten übergaben bis 1948 tausende im Deutschen Reich und in Österreich sichergestellte Kunstwerke „treuhänderisch" an die ungarische Regierung, von der die Eigentümer identifiziert und die Kunstwerke dann an die Berechtigten zurückgegeben werden sollten. Soweit erbenloses Vermögen von ungarischen Juden ermittelt wurde, sollte es an den „Jewish Rehabilitation Found" übergeben werden.

Die Rückgaben der Westalliierten an die ungarische Regierung und von dieser an die Alteigentümer endeten abrupt, als 1948 die Kommunisten in Ungarn die Macht übernahmen. Aufgrund des „kalten Krieges" wurden die Rückgabeverfahren faktisch eingestellt. NS-Verfolgte flohen aus Ungarn oder kehrten gar nicht dorthin zurück. Aufgrund der von den Kommunisten erlassenen Enteignungsgesetzen, die sich gegen Adlige und das Großbürgertum richteten, wurde auch formaljuristisch Privateigentum ungarischer Juden, das zuvor vom NS-Regime beschlagnahmt worden war, in Staatseigentum überführt. Kunstwerke wurden auf ungarische Museen verteilt, wobei ein großer Teil in den Bestand der Budapester Nationalgalerie und des Museums der schönen Künste gelangte, wo sie sich noch heute befinden.

Ungarn begann nach 1990, die eigenen Kulturgutverluste, insbesondere jene, die durch Beschlagnahmen sowjetischer Stellen und Plünderungen durch Militärangehörige ab 1945 erfolgten, zu erfassen.

2.8.3. Initiativen und Rückgabepraxis ab den 90er Jahren

Aufgrund der Entscheidung des ungarischen Restitutionskomitees, das vom Ministerium für Kultur und Erziehung 1992 eingerichtet wurde, ist damit begonnen worden, eine Datenbank aufzubauen, in der Kulturgutverluste zwischen 1938 und 1945 sowie 1945 und 1949 erfasst und beschrieben werden. Es wird geschätzt, dass ca. drei Millionen Kunstobjekte verloren gingen, von denen bisher ca. 170.000 erfasst wurden. Ein 1998 von der Budapester Nationalgalerie herausgegebener Katalog listet die zwischen 1938 und 1949 eingetretenen Eigentumsverluste detailliert auf.

Ungarn identifizierte in Museen des westlichen Auslandes Kunstwerke aus früherem ungarischem Staatsbesitz und machte mehrfach erfolgreich Rückgabeforderungen geltend. Z. B. gab Kanada ein bedeutendes Gemälde des Renaissance-Malers Giorgio Vasari (aus dem Museumsbesitz des Montreal Museum of Fine Arts) an Ungarn zurück.

Ungarn selbst ist in eigenen Rückgabeverfahren sehr zögerlich und verschleppt Herausgaben selbst bei eindeutigen NS-verfolgungsbedingten Vermögensverlusten.

Fall 74

Baron Mor Lipot Herzog-Erben (Martha Nierenberg) vs. Ungarische Regierung (u.a. Nationalgalerie und Museum der Schönen Künste Budapest) wegen Altmeister-Gemälden aus der Herzog-Sammlung

Kunstwerke, die in Ungarn von deutschen Stellen beschlagnahmt und in das Deutsche Reich geschafft wurden, gelangten später als Trophäen in die UdSSR. Einige von ihnen wurden ab Anfang der 70er Jahre an Ungarn zurückgegeben.

1992 konnten aufgrund des vom Ministerium für Kultur und Erziehung eingerichteten „Hungarien Art Restitution Projects" erstmals die Kulturgutverluste infolge der ab Februar 1945 von sowjetischen Truppen in Ungarn durchgeführten Beschlagnahmen und Plünderungen erforscht werden. 1995 wurden in einer Ausstellung des Moskauer Puschkin Museums zehn Kunstwerke identifiziert, die aus ungarischen Kunstsammlungen stammten. Eine daraufhin eingerichtete ungarisch-russische Kommission verhandelt über die Rückgabe von Kunstwerken ungarischer Provenienz. Die Rückgabeverfahren sind schwierig. Nach dem KulturgutG II. WeltK der Russischen Föderation gilt Ungarn als früherer Feindstaat. Nur im Einzelfall durften danach Kunstwerke, die im ungarischen Staatseigentum standen und dann im Wege der „kompensatorischen Restitution" Eigentum der Russischen Föderation wurden, zurückgegeben werden. Anders im Privateigentum stehende Kunstwerke, die in der Russischen Föderation von Alteigentümern sowohl im Zivilrechtsweg als auch nach den Bestimmungen des KulturgutG II. WeltK über die ungarische Regierung zurückgefordert werden können.

Andere Fälle sind noch gar nicht in Ungarn anhängig gemacht worden. Teilweise wird versucht, in den USA mit Sammelklagen die Herausgabe oder Entschädigung zu erreichen.

2.9. Ansprüche in Tschechien

2.9.1. Rückblick: Vermögensverluste in der Tschechoslowakei zwischen 1938 und 1945

Mit der Besetzung der Tschechoslowakei am 29.09.1938 wurden systematisch Kunstgegenstände politisch und rassisch Verfolgter beschlagnahmt, in zentralen Depots in Prag gesammelt und als Reichseigentum an staatliche Sammlungen und Museen übergeben bzw. zum Zwecke der Verwertung an das Berliner Pfandleihamt geschickt. Zum Teil erfolgte die Veräußerung dieser Kunstwerke unter Mithilfe von Auktionshäusern und Kunsthändlern vor Ort. Außerdem wurden dutzende Sammlungen von Adelsfamilien beschlagnahmt und nach Deutschland bzw. Österreich verbracht oder auf Museen in der Tschechoslowakei verteilt. Plünderungen staatlicher Museen und Sammlungen blieben aus, weil durch die Eingliederung des tschechischen Gebietes diese Einrichtungen als dem Deutschen Reich zugehörig angesehen wurden. Zu Kriegsverlusten kam es offensichtlich erst in der Spätphase des 2. Weltkrieges, insbesondere durch die sowjetischen Truppen und die sog. Trophäenbrigaden sowie durch unkontrollierte Plünderungen.

2.9.2. Rückgaberegelungen nach dem 2. Weltkrieg

Die tschechoslowakische Regierung installierte bereits im Juni 1945 die nationale Eigentumsverwaltung, die von jüdischen Bürgern beschlagnahmtes Eigentum sicherstellte, die rechtmäßigen Besitzer und ihre Erben ausfindig machte und diesen die Vermögensgegenstände zurückgeben sollte. Im Dekret Nr. 5 von 1945 waren sämtliche Eigentumsübertragungen für ungültig erklärt worden, die nach dem 29.09.1938 unter dem Zwang der deutschen Besatzung oder aufgrund nationalistischer, rassischer oder politischer Verfolgung erfolgt waren. Die Revision dieser Vermögensverluste wurde im Gesetz Nr. 128 aus dem Jahre 1946 weiter spezifiziert und für entsprechende Ansprüche eine dreijährige Verjährungsfrist statuiert. Alle deutschen und ungarischen Staatsbürger, Kollaborateure und Verräter sowie alle Personen, deren Besitz nach dem Krieg auf der Grundlage tschechischer Gesetze, Verordnungen und Dekrete verstaatlicht wurde (z.B. die sog. Bénes-Dekrete), waren allerdings von diesen Rückgaberegelungen ausgeschlossen.

Die kommunistische Machtübernahme ließ es für viele Emigranten nicht zu, Rückgabeanträge geltend zu machen. Das Rückerstattungsverbot gegenüber Deutschen bewirkte, dass jüdisches Eigentum, das durch „Arisierung" Besitz deutscher natürlicher oder juristischen Personen geworden war, als nicht rückgabefähig angesehen wurde. Gleiches galt für arisiertes Vermögen, das ab Mai 1945 als vermeintlich deutsches Feindvermögen verstaatlicht wurde.

Aus Dokumenten der nationalen Eigentumsverwaltung ergibt sich, dass offensichtlich nur einige hundert Kunstgegenstände an die früheren Besitzer bzw. deren Erben zurückgegeben wurden. Die nach dem 2. Weltkrieg bei den Prager

Kreisgerichten anhängigen 5.000 Restitutionsverfahren betrafen lediglich in 22 Fällen die Rückerstattung von Kunstgegenständen, weil es den Antragstellern dieser Vermögenskategorie besonders schwer fiel, ausreichende Eigentums- und Verlustnachweise beizubringen. Im Ergebnis wurde der größte Teil des auf tschechischem Staatsgebiet vorhandenen Verfolgtenvermögens verstaatlicht und die Kunstgegenstände auf verschiedene Museen und Sammlungen verteilt.

Fall 75
Oskar Federer-Erben vs. Galerie für Bildende Künste Ostrava
wegen verschiedener Kunstwerke

2.9.3. Neuregelungen ab den 90er Jahren

Infolge des politischen Umbruchs und der Demokratisierung in der Tschechoslowakei waren bereits 1990 und 1992 Gesetze erlassen worden, die eine Rückgabe von Eigentum, das im Zeitraum zwischen 1945 und 1948 und nach der Machtübernahme der Kommunisten enteignet worden war, regelten. Diese Rückgabe war allerdings ausgeschlossen, wenn die Anspruchsteller bzw. ihre Rechtsvorgänger sich vor dem 2. Weltkrieg bei Volkszählungen zur deutschen Nationalität bekannt hatten. Für die Rückgabe des Eigentums war die tschechische Staatsangehörigkeit Voraussetzung. Allein dadurch wurde eine Vielzahl von Rückgabeforderungen, insbesondere ausländischer Antragsteller, ausgeschlossen.

Erst Mitte der 90er Jahre befasste sich die tschechische Öffentlichkeit mit dem Schicksal jüdischer Eigentümer und deren Vermögenswerten, was 1998 zur Einsetzung einer Regierungskommission führte, die Lösungen für Eigentumsfragen der Opfer des Holocausts ausarbeiten sollte. Im Nachgang zu den Kommissionsfeststellungen und der von der tschechischen Republik übernommenen Verpflichtung aus der Washingtoner Erklärung vom Dezember 1998 wurde im Juni 2000 das Gesetz Nr. 212 verabschiedet, das eine Rückgabe von Kunstgegenständen an die früheren Eigentümer vorsieht, soweit die Kunstverluste im Zeitraum zwischen dem 29.09.1938 und dem 08.05.1945 eintraten und sich die Kunstgegenstände noch heute im staatlichen Besitz befinden. Die Antragsfrist für entsprechende Ansprüche läuft nach Verlängerung vermutlich bis zum 31.12.2007.

Parallel dazu hatte die Regierungskommission im November 2001 ein Zentrum für die Dokumentation von Eigentumsüberführungen von Kulturgütern der Opfer des 2. Weltkrieges eingerichtet, das Recherchen in tschechischen und ausländischen Archiven, Museen und Galerien durchführt, um die Eigentumsverluste in den Jahren 1938 bis 1945 aufzuklären. In der Dokumentationsabteilung des Zentrums sind derzeit bereits über 40.000 Einträge erfasst.

Aufgrund des Restitutionsgesetzes vom Juni 2000 sind in staatlichen Museen und Galerien bisher 7.000 Objekte, die Opfern des Holocausts gehörten, aufgefunden und bereits annähernd 1.000 an die ursprünglichen Eigentümer bzw. deren Erben restituiert worden. Das Kulturministerium hat eine Homepage eingerichtet, in der ständig Kunstgegenstände aktualisiert aufgeführt werden, bei denen der ursprüngliche Besitz von Opfern des Holocausts ermittelt wurde. Nennenswerte Rückgaben gingen bereits an das Jüdische Museum in Prag und wurden durch einige andere städtische Museen und Galerien geleistet. Es ist jedoch festzustellen, dass Museen Schmälerungen ihres Sammlungsbestandes zu verhindern suchen und deshalb nicht an einer Aufklärung der früheren Besitzverhältnisse und Rückgabe von Kunstwerken an die Alteigentümer bzw. deren Erben interessiert sind.

Aufgrund des Restitutionsgesetzes Nr. 212 kam es dennoch zu Rückgaben größerer Sammlungsbestände, z. B. von 63 Bildern aus dem Bestand des Kunstsammlers Emil Freund, von tschechischen und französischen Malern der 20er und 30er Jahre an das jüdische Museum in Prag, von Teilen der sog. Feldmann-Sammlung an den Enkel Feldmanns und von Werken der Sammlung Valdese an die Kinder des ehemaligen Eigentümers. Wegen des Rückgabebegehrens moderner europäischer Kunst des 20. Jahrhunderts aus der sog. Federer-Sammlung sind Prozesse anhängig (s. Fall 75).

Es besteht derzeit eine gesetzliche Regelung, auf deren Grundlage begründete Ansprüche erfolgreich durchgesetzt werden können, soweit es sich um Bestände im Staatseigentum handelt. Schwieriger gestaltet sich die Rückgabe von Kunstgegenständen, die sich in Landesmuseen und -galerien oder privaten Sammlungen befinden. Hier hat eine Provenienzforschung offensichtlich noch gar nicht begonnen. Bei den bisher ermittelten Kunstobjekten erfolgte der Vermögensverlust nahezu ausschließlich durch direkten staatlichen Zugriff (Konfiskation). Verluste durch erzwungene Schenkungen, Zwangsverkäufe oder Versteigerungen in der Form scheinlegaler Rechtsgeschäfte konnten wegen der schwierigen Tatsachenermittlung im Einzelfall bisher nicht nennenswert aufgeklärt werden.

2.10. Ansprüche in Polen

2.10.1. Rückblick: Vermögensverluste in Polen zwischen September 1939 und Mai 1945

Polen war das erste Land, das deutsche Truppen im 2. Weltkrieg überfielen, besetzten und zum Teil in das Deutsche Reich eingliederten. Das verbliebene polnische Staatsgebiet stand als sog. Generalgouvernement unter deutsche Verwaltung. Von Beginn an erfolgte eine systematische Ausplünderung und Zerstörung polnischer Kulturgüter und privater Sammlungsbestände, insbesondere polnischer Juden. Die Maßnahmen dienten auch dem Ziel, dass kulturelle polnische Erbe vollständig zu zerstören und Polen als Staatssubjekt zu beseitigen. Durch die deutsche Besatzungsmacht wurde ein bisher ziffernmäßig nicht ermittelbarer Bestand an Kulturgütern unwiederbringlich vernichtet, ohne dass Deutschland bisher dem polnischen Staat dafür Entschädigung leistete.

Ein Großteil geplünderter polnischer Museumsbestände wurde bis Kriegsende im damaligen deutschen Gebiet eingelagert oder in andere Gebiete des Deutschen Reiches und nach Österreich verbracht.

Während der deutschen Besatzung erfolgte der systematische Zugriff auf private Sammlungen von Personen, die aus politischen, rassischen oder nationalistischen Gründen verfolgt wurden. Kunstwerke wurden beschlagnahmt und weggenommen oder mussten aufgrund der Verfolgungssituation verkauft, getauscht oder auf sonstige Weise unfreiwillig weggegeben werden.

2.10.2. Besonderheit: Veränderung des Staatsgebietes

Zur Sicherung vor Luftangriffen und Kriegszerstörungen waren vom deutschen Staatsgebiet umfangreiche Sammlungsbestände z. B. der Berliner Museen und der Preußischen Staatsbibliothek in das damalige Westpommern und Niederschlesien ausgelagert worden. Nach Ende des 2. Weltkrieges wurde deutsches Staatsgebiet östlich der Oder-Neiße-Linie polnisches Gebiet. Herausragende Sammlungsbestände, z. B. der Danziger und Breslauer Museen, gingen damit in den Besitz Polens über. Zu den 1945 vorhandenen Sammlungsbeständen der dortigen Museen gehörten Kunstwerke, die zuvor vom NS-Staat rassisch, politisch oder religiös Verfolgten abhanden gekommen waren. Auch gelangten aus anderen von deutschen Truppen okkupierten Ländern unter Verfolgungsumständen weggenommene oder erworbene Kunstwerke dorthin. Schließlich befand sich in den deutschen Sammlungen eine Vielzahl von Leihgaben aus Privateigentum.

Heute befinden sich diese Kunstwerke in öffentlichen polnischen Museen und Sammlungen oder im polnischen Privatbesitz. Manche wurden 1945 von den sowjetischen Truppen sichergestellt und in die UdSSR überführt.

Fall 76
Lubomirski Museum/Polen und Ukraine vs. US-amerikanische, kanadische, britische und niederländische Museen und Sammlungen wegen Altmeister-Zeichnungen aus der Dürer-Schule

2.10.3. Enteignungs- und Rückgaberegelungen nach Ende des 2. Weltkrieges

Ein Teil der während der Besetzung Polens von der deutschen Besatzungsmacht beschlagnahmten, geplünderten polnischen Kulturgüter konnte zu Kriegsende in Auslagerungsorten in Niederschlesien und Westpommern aufgefunden werden. In der amerikanischen Besatzungszone wurden bis Ende 1948 über 34.000 Kulturgüter, die Polen gehörten, sichergestellt und zurückgegeben. Die nach Österreich ausgelagerten Bibliotheksbestände kamen im April 1946 nach Polen zurück. In bisher unbekanntem Umfang gelangten allerdings auch Kulturgüter Polens aufgrund von Beschlagnahmeaktionen sowjetischer Truppen nach 1945 in die UdSSR. Bis Anfang der 50er Jahre erfolgten nur zum Teil Rückgaben an Polen aus den früheren sowjetischen Teilrepubliken und aus dem polnischen Gebiet, das nach 1945 Teil des sowjetischen Staatsgebiets wurde. Ausgeschlossen waren im Regelfall Kunstgegenstände, die aus Privatbesitz stammten, d.h. nicht im Eigentum des polnischen Staates gestanden hatten.

Nach 1945 wurden verschiedene Dekrete bzw. Gesetze erlassen, die eigentumsrechtliche Regelungen über Gegenstände enthielten, die sich auf dem neu geschaffenen Staatsgebiet Polens befanden. In einem Dekret vom März 1946 wurde angeordnet, dass sämtliches ehemaliges deutsches Staatseigentum entschädigungslos polnisches Staatseigentum geworden ist. Dies betraf u. a. Museumsbestände ehemals deutscher Städte, wie Breslau und Danzig. Das Dekret enthielt keine Sonderregelung für deutsches Staatseigentum, das kriegsbedingt in nunmehr polnische Gebiete verlagert worden war, wie z. B. Sammlungsbestände aus Berliner Museen. Nach polnischer Rechtsauffassung wurden auch diese Vermögenswerte polnisches Staatseigentum. Diese Rechtsauffassung wird von Deutschland bestritten.

Der entschädigungslose Eigentumserwerb zugunsten Polens umfasst aber keine Kulturgüter, die vom Deutschen Reich Privateigentümern aus rassischen, politischen oder religiösen Gründen verfolgungsbedingt entzogen worden waren. Dies gilt zumindest dann, wenn diese Eigentumsverluste als rechtsunwirksam anzusehen sind. Rechtsfolge ist dann, dass an diesen NS-verfolgungsbedingten Vermögensverlusten Staatseigentum zugunsten Polens nicht entstehen konnte. Andernfalls wäre Polen Nutznießer der vom NS-Regime durchgeführten Eigentumsverluste, die aus rassischen, politischen oder weltanschaulichen Gründen gegen Verfolgte des NS-Regimes gerichtet waren. Polen lehnt aber auch in diesen Fällen derzeit jede Rückgabe ab und ist damit das einzige Land, das die Washingtoner Prinzipien verabschiedete und dennoch NS-verfolgungsbedingte Vermögensverluste nicht rückgängig macht.

Viele polnische bzw. deutsche Emigranten kehrten nach Kriegsende aus politischen Gründen nicht nach Polen zurück.

Verfolgte des Nazi-Regimes, insbesondere polnische Juden, erhielten mit verschiedenen gesetzlichen Bestimmungen nach 1945 die Möglichkeit, ihr verfolgungsbedingt verlorenes Privateigentum zurückzuerlangen. Die Restitutionsregelungen sahen allerdings eine Anmeldefrist bis Ende 1948 vor, wodurch eine Vielzahl geschädigter Alteigentümer bzw. deren Erben schon aus tatsächlichen Gründen nicht in der Lage waren, fristgemäß Rückforderungsansprüche geltend zu machen. Alteigentümer können deshalb derzeit nur auf dem Zivilrechtsweg Herausgabeansprüche gegenüber dem aktuellen Besitzer geltend machen.

2.10.4. Nachbarschaftsverträge und Absichtserklärungen ab 1990

Nach Wiederherstellung rechtsstaatlicher Verhältnisse und demokratischer Strukturen in Polen ab Anfang der 90er Jahre wurde das Thema Rückgabe von Kulturgütern aktuell. Seit 1990 befasst sich ein Regierungsbeauftragter für das polnische Kulturerbe im Ausland, der seit 1991 dem Kulturministerium angegliedert ist, mit der Erfassung und Rückgabe von polnischem Kulturgut, das sich im Ausland feststellen lässt. Außerdem schloss Polen in den 90er Jahren mit seinen Anrainerstaaten Nachbarschaftsabkommen, wie z. B. mit der Bundesrepublik Deutschland den Vertrag vom 17.06.1991, auch mit Weißrussland, Litauen, der Russischen Föderation und der Ukraine. In den Verträgen mit den Staaten der früheren UdSSR wurde ausdrücklich geregelt, auf welchem Wege Kulturgüter des jeweiligen Staates zurückzugeben sind. Aufgrund dessen kam es mit diesen Staaten bereits zu wechselseitigen Rückgaben. Ausländische Museen gaben gleichfalls zum Teil bedeutende Gemälde an Polen zurück.

Fall 77
Czartoryski-Stiftung vs. Virginia Museum of Fine Arts-VMFA
wegen Gemälde von Jan Mostaert

Die Washingtoner Erklärung von 1998 wurde auch von Polen unterzeichnet und führte immerhin dazu, dass polnische Museen erstmalig die Provenienz dort vorhandener Kunstobjekte erforschen.

Sämtliche Versuche, aus staatlichen polnischen Museen Kunstgegenstände zurückzuerhalten, die Privatpersonen NS-verfolgungsbedingt abhanden kamen, blieben bisher erfolglos. Es existieren keinerlei administrative oder gesetzliche Regelungen, die eine Umsetzung der Grundsätze der Washingtoner Erklärung vorsehen. Finanzielle Unterstützung des polnischen Staates für die Provenienzforschung und Ermittlung von Kulturgütern, die weggenommen wurden und sich in polnischen Sammlungsbeständen befinden, blieb bisher aus. Vorschläge für eine gesetzliche Regelung der Rückgabe von verfolgungsbedingt verloren gegangenen Kulturgütern, die bereits im Entwurf 1999 ausgearbeitet waren, gelangten nicht in das polnische Parlament. Mit ihrer Verabschiedung ist derzeit offensichtlich nicht zu rechnen. Erfolg versprechend erscheint gegenwärtig allein die Möglichkeit, im Zivilrechtsweg in Polen die Eigentumsrückgabe zu erreichen. Bei seiner Aufnahme in die Europäische Union im Jahre 2004 verpflichtete sich Polen, auch für Ausländer den Zugang zu den Gerichten zu garantieren. Dies könnte die Möglichkeit eröffnen, im Zivilrechtsweg Eigentumsrückgaben durchzusetzen.

2.10.5. Stillstand zwischen Polen und Deutschland

Der Nachbarschaftsvertrag mit der Bundesrepublik Deutschland erschöpft sich hinsichtlich der Rückgabe von Kulturgütern in einer allgemein gehaltenen Absichtserklärung, wonach die Vertragsparteien gemeinsam Initiativen verwirklichen wollen, die zur Verständigung und Versöhnung beitragen, um Probleme im Zusammenhang mit Kultur- und Archivgut zu lösen. Auf dieser Grundlage kam es bisher zur wechselseitigen Rückgabe einiger weniger Kunstgegenstände.

Die deutsche Seite verlangt sowohl die Gegenstände zurück, die kriegsbedingt ausgelagert waren, als auch jene, die sich seit je her als Eigentum des Deutschen Reiches auf ehemals deutschem Gebiet befanden, das nach 1945 Teil des polnischen Staates wurde. Polen seinerseits ermittelte in deutschen Museen und Sammlungen hunderte Kunstgegenstände aus ehemals polnischem Eigentum. Die wechselseitigen Rückgabeforderungen haben bisher zu keinem nennenswerten Ergebnis geführt. Die polnische Seite vertritt hinsichtlich der deutschen Ansprüche unverändert den Rechtsstandpunkt, sie bezögen sich auf polnisches Eigentum, das nach 1945 aufgrund verschiedener Dekrete entstanden war. Die deutsche Seite macht die Rückgabe unzweifelhaft in deutschen Sammlungsbeständen festgestellter polnischer Kulturgüter abhängig von einer Vorgehensweise Zug um Zug, die auch deutsche Kulturgüter aus Polen einschließen muss. Sie verlangt eine vertragliche Gesamtlösung.

Ähnlich wie in der Russischen Föderation stießen auch in Polen die Rückforderungen von Kulturgütern durch Deutschland, die quantitativ und qualitativ wesentlich höher liegen als die polnischen Rückforderungen, auf erheblichen Widerstand. Der polnischen Öffentlichkeit ist es schwer zu vermitteln, dass die Bundesrepublik Deutschland als Rechtsnachfolgerin des Deutschen Reiches Rückgabeforderungen in einem Umfang geltend macht, der die polnischen Rückgabeforderungen an Deutschland um ein Vielfaches übersteigt. Ähnlich wie die Russische Föderation in ihrem KulturgutG II. WeltK von 1998 betrachtet auch Polen die Verstaatlichung deutscher Kulturgüter, die sich auf dem späteren polnischen Gebiet befanden, quasi als eine kompensatorische Restitution für die durch das Deutsche Reich erlittenen Verluste polnischen Kultureigentums.

Die festgefahrene Situation führte Ende 2000 zur Gründung einer Arbeitsgruppe mit dem Namen Kopernikus, die aus deutsch-polnischen Fachleuten aus Politik, Wissenschaft und Journalismus besteht und die den Versuch unternimmt, in jährlich stattfindenden Sitzungen Lösungsmöglichkeiten aufzuzeigen, wie ein Kulturgüteraustausch zwischen Polen und Deutschland zukünftig erfolgen könnte. Die polnische Regierung hat das 1990 beim Kulturministerium eingerichtete Amt eines Regierungsbeauftragten 2001 abgeschafft. Deutsch-polnische Verhandlungen werden seit 1999 ausschließlich über das polnische Außenministerium geführt, wenngleich das Kulturministerium für die Restitutionspolitik der polnischen Regierung zuständig ist. In Rückerstattungsfragen besteht somit derzeit nur die Möglichkeit, sich an das polnische Außen- oder Kulturministerium direkt zu wenden oder die Vermittlung von Regierungsstellen des Staates, dem der Antragsteller angehört, zu suchen.

Es ist zu erwarten, dass Betroffene nunmehr direkt den Zivilrechtsweg beschreiten und mit Herausgabeklagen gegenüber polnischen Museen versuchen, Kunstwerke zurückzuerhalten. In nächster Zeit ist hier mit einigen Musterverfahren zu rechnen, in denen dann zu klären ist, ob Kunstwerke, die NS-verfolgungsbedingten Vermögensverlusten unterlagen und während der NS-Herrschaft in den Besitz des Deutschen Reiches gelangten, nach dem 2. Weltkrieg zugunsten Polens entschädigungslos enteignet werden konnten. Dies erscheint zweifelhaft, weil die entsprechenden polnischen Bestimmungen sich gegen den deutschen Staat und dessen Vermögen richten sollten, nicht aber gegen Verfolgte des NS-Regimes und deren Vermögen. Durch zivilgerichtliche Klagen könnte eine gerichtliche Entscheidungspraxis erzwungen werden. Soweit polnische Gerichte die Rückgaben ausschließen sollten, kommt letztinstanzlich eine Überprüfung durch den Europäischen Gerichtshof für Menschenrechte in Betracht. Ein Aussitzen der Problematik wird Polen auf Dauer nicht möglich sein.

2.11. Ansprüche in den USA

2.11.1. Zivilrechtsprozesse der Nachkriegszeit

Schon in den 60er Jahren gab es vor den Zivilgerichten der Vereinigten Staaten Rückgabeklagen von Alteigentümern. Die herausverlangten Kunstwerke waren entweder zu Kriegsende unter ungeklärten Umständen aus Depots gestohlen und mutmaßlich von amerikanischen Soldaten mitgebracht und veräußert worden oder es handelte sich um Kunstwerke, die Verfolgten des NS-Regimes in der Zeit vom 30.01.1933 bis 08.05.1945 abhanden gekommen waren und auf dem amerikanischen Kunstmarkt auftauchten. Das Problem der gerichtlichen Geltendmachung von NS-verfolgungsbedingt verloren gegangenen Kunstwerken, die von den Alteigentümern gegenüber den aktuellen Besitzern auch nach Jahrzehnten zurückgefordert werden können, war in den USA bekannt. Gesetzliche Sonderregelungen sind allerdings nach dem 2. Weltkrieg nicht geschaffen worden.

Auch in den USA wurde erst verstärkt seit Mitte der 90er Jahre die Problematik erkannt, dass sich in öffentlichen Museumsbeständen, aber auch in privatrechtlich organisierten Museen und Stiftungen Kunstwerke befinden, die Alteigentümern NS-verfolgungsbedingt abhanden kamen. Beispiele aus den 60er (s. Fall 29), 80er (s. Fall 32) und 90er (s. Fall 39) Jahren zeigen, dass auf dem Zivilrechtsweg auch nach Jahrzehnten erfolgreiche Rückgaben erreicht werden können.

Fall 78
Carlotta Landsberg-Erben vs. Marilynn Alsdorf
wegen Gemälde von Pablo Picasso

2.11.2. Selbstverpflichtungserklärungen der Museen

Die aus 170 Mitgliedern bestehende „American Association of Art Museum Directors", AAMD, hatte schon 1973 Grundsätze über „Professionell Practises in Art Museums" verabschiedet, die den An- oder Verkauf von gestohlenen Kunstwerken verboten. Sowohl diese Vereinigung als auch die American Association of Museums, AAM, verpflichteten sich 1998, die Washingtoner Prinzipien anzuwenden, d.h. insbesondere Provenienzrecherchen in ihren Museumsbeständen durchzuführen, auf museumseigenen, öffentlich zugänglichen Websites über den Forschungsstand und die Verdachtsobjekte zu informieren und bei Rückgabeforderungen eine faire und gerechte Einigung mit den Antragstellern zu finden. Ein mehrere hundert Seiten umfassender „Guide to Provenanceresearch", der 2001 von der AAM herausgegeben wurde, enthält eine detaillierte Anleitung für die Provenienzrecherche. Die amerikanischen Bundesmuseen, voran die National Gallery in Washington D.C., setzten diese vom amerikanischen Museumsverband empfohlenen Richtlinien konsequent um. Andere amerikanische Museen und Privatstiftungen orientieren sich an deren Arbeitsweise. Der AAMD informierte in seinem Tätigkeitsbericht vom 27.07.2006, dass die bisherigen Überprüfungen ergeben haben, dass ca. 120 Einrichtungen Kunstwerke in ihren Sammlungsbeständen haben, bei denen ein NS-verfolgungsbedingter Verlust des Alteigentümers nicht ausgeschlossen ist.

Fall 79
Julius Priester-Erben vs. Virginia Museum of Fine Arts-VMFA
wegen Gemälde von Corneille de Lyon

Überprüft werden Besitzerwerbe nach 1932 und Kunstwerke, die vor 1946 entstanden und bei denen Eigentumswechsel im Zeitraum vom 30.01.1933 bis 08.04.1945 festgestellt wurden. Am Beispiel des Art Institut of Chicago ist exemplarisch erläutert worden, dass bisher dort unter diese Kategorie der Verdachtsfälle annähernd 3.000 Kunstwerke fallen könnten. Seit dem im April 2000 begonnenen „Provenance Research Project" wurden 2000 Kunstwerke auf der Website des Museums aufgelistet. Im September 2003 haben die im AAM zusammengeschlossenen Museen ein gemeinsames Internetportal eingerichtet, in dem laufend Kunstwerke aufgeführt werden, bei denen der Verdacht besteht, dass sie wegen ungeklärter Provenienz NS-verfolgungsbedingt abhanden gekommen sein könnten. Es enthält gegenwärtig mehr als 6.000 Kunstwerke aus 68 Museen.

Die Ausweitung der Recherchen auf vor 1946 entstandene Kunstwerke erwies sich als notwendig, weil sich herausgestellt hatte, dass betroffene Kunstwerke in der NS-Zeit nicht auf direktem Wege in Museen gelangt waren (originärer Erwerb), sondern aus Erwerben Dritter, die später diese Kunstwerke an die Museen verkauften, verschenkten oder vererbten (sekundärer Erwerb). Dadurch sind öffentliche Sammlungen mit NS-verfolgungsbedingt abhanden gekommenen Kunstwerken infiziert worden. Jahrzehntelang wurden Schenkungen von Privatpersonen dankbar angenommen, ohne nach deren Herkunft zu fragen oder diese selbst zu erforschen.

Fall 80
Josephine Weinmann-Erben vs. Herbert Schäfer u. Yale University Art Gallery
wegen Gemälde von Gustav Courbet

2.11.3. Regelmäßige Sachstandsberichte

Da keine gesetzlichen Regelungen zur Verwirklichung der Washingtoner Prinzipien existieren, erfolgt die Umsetzung der Richtlinien der AAM auf freiwilliger Basis durch die amerikanischen Museen und Sammlungen und aufgrund der Selbstverpflichtungserklärung der AAMD. Sie erstattet dem Repräsentantenhaus regelmäßig Tätigkeitsberichte, so zuletzt am 27.07.2006. Dadurch soll die amerikanische Bevölkerung über den Stand der Umsetzung der Washingtoner Prinzipien informiert werden. Außerdem wurde die Presidential Advisory Commission on Holocaust Assets (PCHA) im Vorfeld der Washingtoner Konferenz vom Dezember 1998 vom US-Kongress gegründet, die in Zusammenarbeit mit der AAM und der AAMD sowie anderen Institutionen und Vereinigungen die Umsetzung der Washingtoner Prinzipien begleitet. Vorschläge der Kommission, es mögen die NS-verfolgungsbedingten Kulturgutverluste öffentlich untersucht und die aktuellen Besitzer ermittelt werden, wurden weder vom Kongress noch dem Weißen Haus umgesetzt

Der größte Teil der öffentlichen und privaten Museen und Stiftungen rief Forschungsprojekte ins Leben, ohne jedoch für eine ausreichende personelle Ausstattung zu sorgen, die binnen weniger Jahre eine vollständige Überprüfung des Sammlungsbestandes gewährleisten könnte. Privatrechtlich organisierte Museen und Sammlungen, die weitgehend durch Spenden, Vermächtnisse und sonstigen Zuwendungen finanziert werden, haben offensichtlich kein großes Interesse, nennenswerte finanzielle Mittel für Provenienzrecherchen einzusetzen, obwohl die Wahrscheinlichkeit gerade hier verhältnismäßig groß ist, dass aus vormaligen Privatbesitz übereignete Kunstwerke ehemals NS-verfolgungsbedingt abhanden kamen (s. Fälle 6, 25, 39, 69 und 80). Spektakuläre Rückgabefälle in namhaften amerikanischen Museen zeigen, dass die Kunstwerke im Regelfall nicht von diesen selbst angekauft wurden, sondern durch Schenkungen von Privatpersonen in den Museumsbestand gelangten (s. Fall 79 und 80). Insoweit müssen auch Erwerbungen aus der Zeit nach 1945 überprüft werden. Wenngleich die Richtlinien zur Provenienzrecherche vom November 1999 anregen, sämtliche vor 1946 entstandenen Kunstwerke einzubeziehen, scheinen die Recherchen hier noch unzureichend.

Da in den Vereinigten Staaten keine zentrale Koordinierungsstelle oder Institution existiert, an die man sich Rat suchend und Antrag stellend wenden kann, bleibt Betroffenen nichts anderes übrig, als die zahlreichen Plattformen der jeweiligen Museen und Sammlungen zu nutzen. Erforderlich wäre, wie in einigen westeuropäischen Staaten bereits geschehen, die Einrichtung einer zentralen, nach Möglichkeit staatlichen Stelle, die die Rechercheergebnisse sämtlicher Museen und Sammlungen bündelt und Betroffenen zur Seite steht.

Derzeit hat nur der Staat New York ein „Holocaust Claims Processing Office" (HCPO) eingerichtet, das unentgeltlich bereit ist, Alteigentümern bei ihrer Suche nach Kunstwerken und der Durchsetzung von Ansprüchen behilflich zu sein. Gefordert wird von Betroffenen ein kostenloses, weltweit nutzbares Internetregister, in dem alle Kulturgutverluste aus der NS-Zeit registriert werden. Auffallend ist, dass auch private Sammler in Kenntnis des verfolgungsbedingten Vermögensverlustes bereit sind, namhafte Kunstwerke zurückzugeben.

Andere Beteiligte lehnen die Nennung des aktuellen Besitzers ab und vereiteln dadurch auch zivilrechtliche Rückgabemöglichkeiten.

Fall 81
Arthur Feldmann-Erben vs. US-amerikanische Privatbesitzer
wegen Rembrandt Harmensz van Rijn zugeschriebener Zeichnung

Fall 82
Fritz Gutmann-Erben vs. unbekannte Käufer
wegen Gemälde von Auguste Renoir

2.12. Ansprüche in Großbritannien

2.12.1. Freiwillige Selbstverpflichtungen

Auch Großbritannien hat den Washingtoner Prinzipien zugestimmt. Wie in den Vereinigten Staaten oder der Bundesrepublik Deutschland fehlt es jedoch an einer gesetzlichen Regelung zur Umsetzung dieser Prinzipien. Die National Museums Direktors Conference (NMDC) richtete bereits im Juni 1998 eine Arbeitsgruppe ein, die NS-verfolgungsbedingte Vermögensverluste im Bestand der britischen Museen aufklären sollte. Zu diesem Zwecke wurde im April 1999 von führenden britischen Museen und Galerien eine Richtlinie zum Umgang mit „Holocaust-Kunstwerken" verabschiedet, die sich inhaltlich an den Washingtoner Prinzipien orientiert.

Ein Großteil der britischen Museen hat die Selbstverpflichtung übernommen, hinsichtlich ihres Sammlungsbestandes die Washingtoner Prinzipien anzuwenden, insbesondere Provenienzrecherchen durchzuführen, die Ergebnisse der Recherchen zu veröffentlichen und bei Rückforderungen von Alteigentümern eine faire und gerechte Einigung herbeizuführen. Über den Umfang der Umsetzung der Washingtoner Prinzipien in Großbritannien ist nur wenig bekannt. Rückgabeforderungen gegenüber britischen Museen beruhten bisher allein auf der Initiative der Alteigentümer und deren selbst durchgeführten Recherchen.

Hinzukommt eine in Großbritannien einmalige Besonderheit. Nach Auffassung des High Court können nationale Sammlungen Kunstwerke nicht an die Alteigentümer zurückgeben, weil sie damit gegen den „British Museums Act" von 1963 verstoßen würden. Gleiche Verbotsregelungen gelten für Nationalbibliotheken sowie Wissenschafts- und Geschichtsmuseen, in erweitertem Maße für Landes- und Stadtmuseen. Ob diese Rechtsauffassung zwingend ist, erscheint fraglich. Sie eignet sich derzeit allerdings dazu, seit Ende 1990 gestellte Rückgabeanträge trotz Feststellung des NS-verfolgungsbedingten Vermögensverlustes abzulehnen und bislang allein finanzielle Entschädigungen anstelle der Rückgabe zu gewähren.

Fall 83
Arthur Feldmann-Erben vs. British Museum, London
wegen Zeichnungen von Nicholas Blakey, Martin Johann Schmidt,
Niccoló dell'Abbate und einem Nachfolger von Martin Schongauer

Da keine gesetzliche Regelung existiert, die es den öffentlichen Museen und Sammlungen erlaubt, bei Vorliegen der Rückgabevoraussetzungen nach den Washingtoner Prinzipien Kunstwerke herauszugeben, befinden sie sich in einer schwierigen Lage. Auf der einen Seite besteht die Breitschaft, NS-verfolgungsbedingt abhanden gekommene Kunstwerke zurückzugeben, auf der anderen Seite fehlt es aber an der rechtlichen Befugnis, „Staatseigentum" unentgeltlich

Alteigentümern zu überlassen. Hier bedarf es dringend einer gesetzlichen Regelung oder zumindest eines Regierungsbeschlusses, der als eine „gesetzliche Ermächtigung" zur Rückgabe gilt. Ansonsten wird sich auch zukünftig die Rückgabe auf der Grundlage der Washingtoner Prinzipien auf Entschädigungszahlungen beschränken. Dies dürfte Alteigentümer veranlassen, ihre Rückgabeansprüche verstärkt auf dem Zivilrechtsweg zu verfolgen.

2.12.2. Spoliation Advisory Panel

2.12.2.1. Entstehung und personelle Besetzung

Auf Veranlassung der britischen Regierung, federführend des Kulturministeriums, war im Februar 2000 die „Spoliation Advisory Panel" unter Vorsitz von Sir David Hirst gegründet worden. Die Mitglieder der Kommission werden vom Secretary of State ernannt. Er stellt auch die erforderlichen finanziellen Mittel für die Arbeit der Kommission zur Verfügung. Aufgabe der Kommission ist es, über Rückgabeforderungen zu entscheiden, die Gegenstände betreffen, die während der Nazizeit 1933 bis 1945 Alteigentümern abhanden kamen und sich derzeit im Besitz von Museen und Sammlungen des Vereinigten Königreichs befinden. Die Kommission soll die Anträge prüfen, die relevanten Sachverhalte ermitteln und dem Secretary of State Entscheidungsvorschläge unterbreiten. Im positiven Falle empfiehlt die Kommission entweder die Rückgabe des Kunstobjektes oder die Zahlung einer Entschädigung in Geld. Die Geldentschädigung soll ihrer Höhe nach von den Verlustumständen abhängig sein.

Fall 84
unbekannte Erben vs. Tate Gallery, London
wegen Gemälde von Jan Griffier d. Ä.

In diesem ersten von der Kommission im Januar 2001 entschiedenen Fall war aufgrund unterschiedlicher Sachverständigengutachten der mutmaßliche Verkehrswert des Gemäldes ermittelt und dann vorgeschlagen worden, die Hälfte des Verkehrswertes als Entschädigung an die Antragsteller zu zahlen.

2.12.2.2. Geschäftsordnung und Verfahren

Die Geschäftsordnung der Kommission, „The Constitution, Terms of Reference and Rules of Procedure", schlägt für das Verfahren vor, dass der Antragsteller seine Ansprüche gegenüber der Kommission schriftlich geltend macht und anhand von Dokumenten und Erklärungen von Zeugen usw. begründet. Die weitere Bearbeitung soll innerhalb eines Zeitraums von sechs Wochen erfolgen und das vorläufige Ermittlungsergebnis dem Antragsteller mitgeteilt werden. Soweit erforderlich sollen durch die Kommission weitere Sachverhaltsaufklärungen vorgenommen und/oder der Antragsteller um Ergänzung seines Sachvortrages ersucht werden. Nach Abschluss der Sachverhaltsermittlungen kann die Kommission entweder schriftlich mit dem Antragsteller über die Angelegenheit verhandeln oder in einer öffentlichen Sitzung die Sache erörtern, wobei die Kommission fünf Mitglieder entsendet und der Antragsteller sich von derselben Anzahl von Personen seiner Wahl, insbesondere Rechtsanwälten oder Repräsentanten von Organisationen, vertreten lassen kann. In dem öffentlichen Verfahren können Zeugen- und Sachverständigenbefragungen erfolgen. Einzelne verfahrenstechnische Fragen, die in der Geschäftsordnung nicht geregelt sind, können durch den Kommissionsvorsitzenden ergänzend festgelegt werden.

Die Tatsachenfeststellungen und unterschiedlichen rechtlichen Bewertungen können beispielhaft dem Kommissionsbericht vom 23.03.2005 entnommen werden.

Fall 85
Kirche von Benevento vs. British Library
wegen Manuskript aus dem 12. Jahrhundert

2.12.2.3. Bisherige Empfehlungen

Im Bericht des Kulturministers vom Juli 2006 zur „Restitution of Objects Spoliated in the Nazi-Aera" sind fünf Empfehlungen des Advisory Panel dokumentiert. Zwei Rückgabeforderungen wurden als begründet angesehen und ein finanzieller Ausgleich zugunsten der Antragsteller empfohlen (s. Fälle 83 und 84).

In dem Manuskript-Fall der British Library (s. Fall 85) ist die Rückgabe empfohlen und die Regierung erneut aufgefordert worden, eine gesetzliche Regelung zu erlassen, die es erlaubt, das Manuskript der italienischen Kirchengemeinde zurückzugeben.

Die Forderung gegenüber dem Glasgow City Council, in dessen sich die Burrell Collection befindet, ist zugunsten des Antragstellers beurteilt und eine Rückgabeempfehlung ausgesprochen worden. Dieser Fall zeigt allerdings die besondere rechtliche Problematik, wenn eine öffentliche Sammlung durch eine Schenkung aus der privaten Burrell Collection „infiziert" wurde.

Fall 86
unbekannte Erben vs. Glasgow City Council (Burrell Collection)
wegen Gemälde, Jean-Baptiste Siméon Chardin zugeschrieben

2.12.3. Zukünftig gesetzliche Regelungen?

Aufgrund der derzeitigen Gesetzeslage und der Entscheidung des britischen High Court, der die Rückgabe von Kunstgegenständen aus Museen und anderen Sammlungen wegen des Verstoßes gegen gesetzliche Regelungen ausschließt, hat die britische Regierung in zwei Fällen statt der Rückgabe eine Entschädigung in Geld an die Antragsteller gezahlt bzw. in Aussicht gestellt.

Das Spoliation Advisory Panel weist seit dem Jahr 2000 und nunmehr erneut in dem aktuellen Bericht vom Juli 2006 eindringlich darauf hin, dass eine gesetzliche Regelung geschaffen werden muss, die es britischen Museen erlaubt, NS-verfolgungsbedingt verloren gegangene Kunstwerke an Alteigentümer zurückzugeben. Die inzwischen sechs Jahre andauernde Untätigkeit des britischen Gesetzgebers, die geringe Anzahl der Empfehlungen der Kommission und die offensichtlich nicht systematisch betriebenen Provenienzrecherchen in öffentlichen Museen und Sammlungen lassen erkennen, dass in Großbritannien die Washingtoner Prinzipien zögerlich und unzureichend umgesetzt werden. Großbritannien ist im internationalen Vergleich hier als „Schlusslicht" in Westeuropa einzuordnen.

Der erst im Herbst 2006 aufgedeckte Fall eines Cranach-Gemäldes aus dem Bestand der National Gallery, London (s. Fall 27), zeigt, wie sorglos auch von führenden britischen Museen nach Kriegsende hochkarätige Werke erworben wurden, ohne die Herkunftsgeschichte auch nur ansatzweise zu überprüfen. Hier ist mit weiteren Fällen zu rechnen, die NS-Raubkunst betreffen und unaufgeklärt sind.

Auffallend ist bei dem aktuellen Fall des Cranach-Gemäldes, dass er wiederum nicht aufgrund museumseigener Recherchen bekannt wurde. Externe Historiker ermittelten ihn und The Artnewspaper informierte darüber Ende 2006. Dies deutet darauf hin, dass die Provenienzrecherche im öffentlichen Sammlungsbestand nach wie vor mangelhaft und auch zukünftig zu erwarten ist, dass Raubkunstfälle aufgrund der Ermittlungen von Alteigentümern überhaupt erst den britischen Museen bekannt werden.

2.13. Ansprüche in Irland

Die 1936 von Großbritannien unabhängig gewordene Republik Irland nahm nicht am 2. Weltkrieg teil und verhielt sich neutral. Die pro deutsche Stimmung in Teilen der irischen Bevölkerung, die offizielle Neutralität Irlands und seine Lage am Rande des europäischen Kriegsgebietes beförderten die Rolle des Landes als Spionagedrehscheibe. Auch während des Krieges war es irischen Staatsbürgern bzw. jenen, die sich dort niederließen, noch möglich, in von deutschen Truppen besetzte Länder auf dem Kontinent zu reisen und Handel zu betreiben. So konnte Raubkunst nach Irland gelangen. Exemplarisch für derartige Aktivitäten ist der Sammlungsbestand von Gertrude und John Hunt.

Fall 87
Simon Wiesenthal Center vs. Hunt Museum, Limerick
wegen Museumssammlung

Ob auch in anderen Fällen während der NS-Zeit Raubkunst Eingang in private Sammlungen oder öffentliche Museumsbestände in Irland fand, ist bislang unklar.

Irland nahm an der Washingtoner Konferenz vom Dezember 1998 teil und verpflichtete sich, den öffentlichen Sammlungsbestand im Hinblick auf NS-verfolgungsbedingte Vermögensverluste zu untersuchen. Nennenswerte Provenienzrechercheprojekte, mit Ausnahme des gesamten Sammlungsbestandes des Hunt Museum, sind allerdings bisher noch nicht bekannt geworden.

2.14. Ansprüche in Skandinavien

2.14.1. Ansprüche in Norwegen

Norwegen wurde im Juni 1940 nach kurzer kriegerischer Auseinandersetzung von deutschen Truppen besetzt. In welchem Umfang ab 1933 bis zur Besetzung Norwegens Raubkunst angekauft wurde und dadurch in norwegischen Museumsbesitz und in private Sammlungen gelangte, ist bislang nicht umfassend recherchiert und veröffentlicht worden.

Bekannt ist jedoch, dass norwegische Kunsthändler im Deutschen Reich aus dort beschlagnahmten Beständen der sog. entarteten Kunst zahlreiche Werke, darunter vor allem Gemälde von Edvard Munch, erwarben. So veräußerte Harald Holst Halvorsen aus Oslo Meisterwerke entweder direkt an norwegische Kunstsammler wie Thomas Olsen oder auf den von ihm abgehaltenen Versteigerungen, wie z. B. am 23.01.1939 (s. Fall 8). Der Versuch Halvorsens, nach dem Anschluss Österreichs im März 1938 unter Hinweis auf die problemlose Verwertung in Nazi-Deutschland auch aus den dortigen staatlichen Beständen „entartete" Kunst anzukaufen, scheiterte allerdings an der ablehnenden Haltung der österreichischen Museen.

In der Vorkriegszeit sollen einige norwegische Museen und öffentliche Sammlungen aus dem Deutschen Reich stammende Kunstwerke, die aus NS-verfolgungsbedingten Vermögensverlusten herrühren könnten, angekauft haben.

Nach der Besetzung Norwegens begann die Verfolgung norwegischer und Exil-Juden durch die Besatzer, unterstützt von norwegischen Kollaborateuren, wie den Mitgliedern der faschistischen Partei „Nasjonal Samling". Durch diese kam es zu unkontrollierten Beschlagnahmen jüdischen Vermögens. Die vollständige Einziehung jüdischen Eigentums wurde per Gesetz im Oktober 1942 geregelt. Nun erst gab es eine amtliche Dokumentation der Vermögensbeschlagnahmen und -verwertungen.

Norwegen nahm an der Washingtoner Konferenz vom Dezember 1998 teil und verpflichtete sich, seinen öffentlichen Sammlungsbestand im Hinblick auf NS-verfolgungsbedingte Vermögensverluste zu überprüfen. Durch eine vom norwegischen Justizminister 1997 eingesetzten Kommission unter dem Vorsitz von Oluf Skarpnes (sog. Skarpnes-Kommission) wurden die Vermögensverluste jüdischer Bürger im Zeitraum der Besetzung Norwegens von Juni 1940 bis Mai 1945 erforscht. Die Kommission gelangte in ihrem Abschlussbericht zu dem Ergebnis, dass eine endgültige Feststellung, welche Kunstwerke jüdischen Bürgern in Norwegen weggenommen wurden, nicht getroffen werden könne. Umfassende Prüfungsergebnisse norwegischer Museen und öffentlicher Sammlungen liegen bisher nicht vor.

Die Nationalgalerie in Oslo stufte alle Ankäufe, die zwischen Juni 1940 und Mai 1945 erfolgten, als ungesetzlich ein. Die entsprechenden Kunstwerke wurden in einer beim Museum einsehbaren Liste registriert und werden an die Alteigentümer zurückgegeben, wenn ein NS-verfolgungsbedingter Vermögensverlust festgestellt wird.

Die bisherigen Ermittlungen norwegischer Museen erfassen jedoch nicht die gesamte Problematik, denn sie beschränken sich ausschließlich auf den Zeitraum während der Besetzung Norwegens durch deutsche Truppen. Unberücksichtigt bleibt offensichtlich bislang, ob Museen Ankäufe oder sonstige Erwerbe NS-verfolgungsbedingt abhanden gekommener Kunstwerke im Zeitraum von Januar 1933 bis zur Besetzung Norwegens im Juni 1940 tätigten.

Bisher ist nicht bekannt geworden, ob Privatsammlungen ihre Bestände untersuchen, so z. B. jene des norwegischen Kunstsammlers Thomas Olsen, die nach dessen Tod an seine Söhne Petter und Fred Olsen ging. Es ist nicht auszuschließen, dass aufgrund der engen geschäftlichen Kontakte zu dem norwegischen Kunsthändler Halvorsen Raubkunst in die Sammlung Olsen gelangte, die sich noch heute im Bestand seiner Söhne befindet und in öffentlichen Einrichtungen in Norwegen gezeigt wird.

2.14.2. Ansprüche in Schweden

Schweden war während des 2. Weltkrieges neutral und eignete sich dadurch als Handelsdrehscheibe für das Deutsche Reich. Belegt ist dies für Finanztransaktionen, insbesondere Goldtransfers während des 2. Weltkrieges.

Schwedische Galerien, so die auf die Kunst des 20. Jahrhunderts spezialisierte Svensk-Franska Konstgalleriet, erwarben nach der Machtübernahme der Nazis Kunstwerke aus dem Deutschen Reich und später aus den besetzten Niederlanden. Geschäftliche Verbindungen zu deutschen und niederländischen NS-Kunsthändlern sind dokumentiert. In schwedische Museen, so in das Museum in Malmö, gelangten zwischen 1939 und 1944 annähernd 30 Kunstwerke, die über den finnischen Kunsthändler Gösta Stenman erworben wurden und deren Provenienz nicht geklärt ist.

Nachkriegsermittlungen des US-amerikanischen Aufklärungsdienstes hatten bereits gezeigt, dass Stockholmer Auktionshäuser und Kunstgalerien insbesondere gegen Kriegsende zahlreiche Kunstwerke, darunter holländische und flämische Meisterwerke, aus unbekannten Quellen anboten, erwarben und weiterverkauften. Man vermutete damals, dass diese Verkäufe von NS-Größen lanciert worden waren, um Devisen für die geplante Flucht zu beschaffen. Einer der größten NS-Kunsträuber, Hermann Göring, war in erster Ehe mit der Schwedin Carin von Kantzow verheiratet, was US-amerikanische Ermittlungsbehörden 1945 bewog anzunehmen, dass er über diese familiären Kontakte Raubkunst nach Schweden schaffen ließ. Bis zum heutigen Tage konnten dafür jedoch keine Beweise gefunden werden. Nachgewiesen ist allerdings, dass Schweden während des 2. Weltkrieges Transitland für Raubkunst war, die über den Stockholmer Freihafen außer Landes gelangte und dann verkauft wurde.

Schweden verpflichtete sich als Teilnehmerstaat der Washingtoner Konferenz vom Dezember 1998, die Sammlungsbestände der Museen und öffentlichen Sammlungen zu überprüfen. In welchem Umfang dies bisher geschah und ob Kunstwerke mit Provenienzlücken aufgefunden wurden, ist nicht bekannt. Eine von der schwedischen Regierung eingesetzte Kommission stellte in ihrem Abschlussbericht vom Februar 1999 fest, dass aus jüdischem Besitz stammende Wertsachen während des Krieges nach Schweden transferiert wurden. Konkrete Angaben, in welchem Umfang auch Kunstwerke von Verfolgten des NS-Regimes nach Schweden gelangten, liegen nicht vor.

2.14.3. Ansprüche in Dänemark

Die dänischen Juden blieben in ihrem seit Sommer 1940 von deutschen Truppen besetzten Land zunächst von Verfolgungs- und Deportationsmaßnahmen durch das NS-Regime verschont. Das offiziell weiterhin als neutral geltende Dänemark wurde auch während der Besatzungszeit von der dänischen Regierung und dem dänischen Königshaus regiert.

Im Oktober 1943 wollen die Besatzer, mit der Judendeportation beginnen. Sie scheiterte jedoch am Widerstand der Bevölkerung und insbesondere an der beispiellosen Tat des deutschen Diplomaten Georg Ferdinand Duckwitz, mit deren Hilfe annähernd 7.300 Juden über den Öresund und das Kattegat nach Schweden geschleust und gerettet wurden. Bei den damaligen massenhaften Überfahrten sollen dänische Fischer sehr gut bezahlt worden sein. In welchem Umfang jüdisches Vermögen, darunter Kunstwerke, als Gegenleistung für die rettende Überfahrt als Zahlungsmittel dienten und zurückgelassenes jüdisches Vermögen während der Besatzungszeit beschlagnahmt und verwertet wurde, ist bisher nicht publiziert worden.

Dänemark war Teilnehmerstaat der Washingtoner Konferenz und verpflichtete sich, den öffentlichen Sammlungsbestand auf NS-verfolgungsbedingte Vermögensverluste zu untersuchen und die betroffenen Alteigentümer zu ermitteln. In welchem Umfang dies bislang geschah, war nicht feststellbar. Ende 1999 teilte das dänische Kulturministerium auf Anfrage mit, dass bis dahin keine Ansprüche auf Rückgabe von Raubkunst gegenüber öffentlichen Museen und Sammlungen geltend gemacht wurden.

2.14.4 Ansprüche in Finnland

Ausgelöst durch die revolutionären Veränderungen in Russland zu Ende des 1. Weltkrieges und die Emigration vieler Russen in das Nachbarland gelangte moderne Kunst seit den 20er Jahren nach Finnland. Finnische Sammler begannen, sich für westeuropäische Kunst zu interessieren und entwickelten Aktivitäten auf internationalen Kunstmärkten – auch nach der Machtübernahme der Nazis in Deutschland und sogar noch, als Großbritannien Finnland 1941 den Krieg erklärte. Es ist nicht auszuschließen, dass nachweislich aus dem Deutschen Reich in London zwecks Devisenbeschaffung veräußerte Raubkunstwerke über diese Kunsthandelsdrehscheibe in den Sammlungsbestand finnischer Museen und Sammler gelangten.

Mit dem Überfall auf die Sowjetunion im Juni 1941 trat Finnland an der Seite des Deutschen Reiches in den 2. Weltkrieg ein. Diese Allianz bestand bis 1944. Es gab Verfolgungsmaßnahmen gegen finnische Juden bzw. jene, die in Finnland

Schutz gesucht hatten. Mit dem Schiff S/S Hohenhörn wurden jüdische Flüchtlinge in deutsche Konzentrationslager deportiert. Damit einhergehende Vermögensverluste sind bisher nicht dokumentiert. Die rigide finnische Flüchtlingspolitik verhinderte weitere Einwanderungen.

Die engen Wirtschaftskontakte Finnlands mit dem Deutschen Reich während der Bündnispartnerschaft führten nachweislich zum Ankauf von Kunstwerken durch finnische Kunstsammler. Nach der Niederlage Finnlands 1944 flohen zahlreiche Finnen in das neutrale Schweden. Sie sollen Kunstwerke auf dem schwedischen Markt und später auf dem zentraleuropäischen Kunstschwarzmarkt veräußert haben. Eine nennenswerte Sammlung hatte der deutsche Rüstungsfabrikant Willy Daugs, der seit 1937 in Finnland ansässig war. Auch er hatte seine Sammlung bei seiner Flucht 1944 in das neutrale Schweden nahezu vollständig mitgenommen. Ihr Verbleib ist bis zum heutigen Tage unbekannt.

Finnland hatte an der Washingtoner Konferenz im Dezember 1998 teilgenommen und sich verpflichtet, den öffentlichen Sammlungsbestand auf NS-verfolgungsbedingte Vermögensverluste zu überprüfen. Ein seit 2001 an der Universität Jyväskylä konzentriertes Forschungsobjekt, das Raubkunsterwerbe in Finnland untersucht und insbesondere Provenienzlücken ausländischer Kunstwerke klären soll, schließt bislang die Beteiligung von 27 Museen ein. Andererseits ist festzustellen, dass staatliche finnische Museen, in deren Sammlungsbestand sich mehr als die Hälfte der Kunstwerke des Landes befinden, die Teilnahme an diesem Projekt ablehnen. Maßgebliche Museen, wie die finnische Nationalgalerie und das finnische Nationalmuseum, haben bislang nicht mit der Umsetzung der Washingtoner Grundsätze durch eine Provenienzrecherche und Überprüfung ihres Sammlungsbestandes begonnen. Dies mag erklären, warum bis heute kein Rückgabefall von NS-Raubkunst öffentlich dokumentiert wurde.

2.15. Ansprüche in Spanien und Portugal

2.15.1. Ansprüche in Spanien

Spanien nahm am 2. Weltkrieg nicht teil. Es gab im Lande keine antijüdischen Verfolgungsmaßnahmen. Ab 1940 und insbesondere seit der Besetzung europäischer Staaten durch deutsche Truppen gelangte eine Vielzahl von Emigranten nach Spanien, das als Transitland für die Flüchtlinge galt, die nach Nord- und Südamerika oder auch Asien auswanderten.

Inwieweit NS-Kunsthändler auch in Spanien aktiv waren und in welchem Umfang Kunstwerke über das Land transferiert wurden, ist bislang noch nicht wissenschaftlich untersucht worden. Bekannt ist, dass der für Hermann Goehring tätige NS-Kunsthändler Alois Miedl 1944 Teile der von ihm in den Niederlanden zusammengerafften Kunstwerke, so auch aus der Goudstikker-Sammlung, nach Spanien brachte und mindestens vierundzwanzig Gemälde an das Prado Museum in Madrid veräußert werden sollten. Die spanische Regierung unter dem Diktator Francisco Franco soll allerdings an dem Kunsthandel nicht beteiligt gewesen sein.

Bisher liegen auch keine Erkenntnisse über eine eventuelle Beteiligung spanischer Kunsthändler vor. Der Kunsttransfer in andere Länder soll weitgehend durch ausländische Kunsthändler und deren Vertrauenspersonen abgewickelt worden sein. Details sind unbekannt. Es ist zu vermuten, dass Flüchtlinge zur Finanzierung ihres Lebensunterhaltes und ihrer Weiterreise gezwungen waren, Kunstwerke auch in Spanien zu verkaufen.

Spanien war Teilnehmer der Washingtoner Konferenz im Dezember 1998 und hatte sich verpflichtet, die dort verabschiedeten Prinzipien umzusetzen.

Der von der spanischen Regierung 1998 veröffentlichte Forschungsbericht bestätigt, dass Spanien als Transitland für den Transport von Kunstwerken genutzt wurde. Über den Freihafen von Bilbao sollen zahlreiche Kunstwerke nach Nord- und Südamerika transferiert worden sein. Der Untersuchungsbericht stellt fest, dass noch keine Überprüfung des Sammlungsbestandes spanischer Museen vorgenommen wurde, so dass die Klärung der Herkunft von Kunstwerken, die NS-verfolgungsbedingt verloren gegangen sein könnten, noch aussteht.

Bekannt ist allerdings, dass spanische Museen und öffentliche Sammlungen durch Ankäufe einzelner Kunstwerke oder ganzer Sammlungen seit den 80er Jahren mit NS-verfolgungsbedingt abhanden gekommenen Kunstwerken „infiziert" wurden. Bisher sind zwei namhafte spanische Museen mit Rückgabeforderungen von Alteigentümern konfrontiert.

Spanien erwarb 1993 Teile der Sammlung des Barons Hans Heinrich Thyssen, die in einem eigens für ihre Präsentation restaurierten Palais, dem Thyssen-Bornemisza Museum, in Madrid gegenüber dem Prado gezeigt werden. Das Museum wurde in den Vereinigten Staaten von den Lily Cassirer-Neubauer-Erben auf Herausgabe eines Gemäldes von Camille Pissarro verklagt. Im Februar 2006 sah der District Court von Los Angeles diese Herausgabeklage als zulässig an und meint, sie könne trotz der Immunität und Souveränität des spanischen Staates erhoben werden.

Fall 88
Lily Cassirer-Neubauer-Erben vs. Museo Thyssen-Bornemisza, Madrid wegen Gemälde von Camille Pissarro

Der District Court bezog sich zur Begründung auf die in Sachen Bloch-Bauer-Erben (s. Fall 24) vom Supreme Court bestätigte Rechtsauffassung, wonach eine Immunität und Souveränität eines anderen Staates die Geltendmachung zivilrechtlicher Ansprüche in den USA nicht ausschließe. Der zivilgerichtliche Prozess dauert an. Der Raubkunstfall in der Sammlung Thyssen-Bornemisza zeigt, dass auch in spanische Museumsbestände Kunstwerke gelangt sein können, die NS-verfolgungsbedingt abhanden kamen.

Von einem weiteren Rückforderungsfall ist das Museo Nacional Centro de Arte Reina Sofia betroffen, das 1985 ein Gemälde des französischen Malers Masson angekauft hatte, welches nun vom Alteigentümer zurückgefordert wird (s. Fall 44). In diesem Fall einigten sich die Beteiligten inzwischen.

Die Rückforderungen werden nicht auf der Grundlage der Washingtoner Prinzipien geltend gemacht, obwohl die zwei betroffenen Gemälde im Eigentum des spanischen Staates stehen und Bestandteil des öffentlichen Sammlungsbesitzes sind. Die hinsichtlich des Pissarro-Gemäldes in den USA anhängige zivilgerichtliche Klage läßt vermuten, dass offensichtlich eine Einigung mit dem spanischen Staat auf der Grundlage der Washingtoner Prinzipien derzeit nicht erstrebt wird, wenngleich danach ein Rückgabeanspruch bestehen würde.

2.15.2. Ansprüche in Portugal

Portugal nahm an den kriegerischen Auseinandersetzungen im 2. Weltkrieg nicht teil. Das faschistische Salazar-Regime verhielt sich offiziell, wie sein Nachbar Spanien, neutral. Es liegen bisher keine näheren, veröffentlichten Erkenntnisse über den Kunsthandel im Zeitraum 1933 bis 1945 vor.

Nach der Besetzung Frankreichs im Sommer 1940 gelangte eine Vielzahl von Flüchtlingen aus verschiedenen europäischen Ländern über Spanien nach Portugal. Einige blieben während des 2. Weltkrieges im Lande, die Mehrzahl flüchteten von Lissabon aus zumeist in die USA oder nach Südamerika. Es ist anzunehmen, dass Exilanten während ihres Aufenthaltes in Portugal aus wirtschaftlichen Gründen Vermögenswerte – so auch Kunstwerke – verkaufen mussten, die sich dort heute noch in Privatsammlungen oder öffentlichen Museumsbeständen befinden.

Portugal nahm an der Washingtoner Konferenz vom Dezember 1998 teil und verpflichtete sich, auf der Grundlage der Washingtoner Prinzipien NS-verfolgungsbedingte Vermögensverluste aufzuklären und rückabzuwickeln. Über diesbezügliche Aktivitäten ist bisher ebenso wenig informiert worden wie über eventuell geltend gemachte Ansprüche.

2.16. Ansprüche in Kanada

Kanada gehörte als Mitglied der Commonwealth-Staaten seit der Kriegserklärung Großbritanniens im September 1939 zu den gegen Nazi-Deutschland kriegführenden Nationen. Ob im Zeitraum 1933 bis 1939 NS-Raubkunst nach Kanada gelangte, wurde bisher wissenschaftlich noch nicht untersucht und publiziert. Vereinzelt emigrierten auch Kunstsammler aus Europa nach Kanada und konnten zumindest Teile ihres Sammlungsbestandes mitnehmen, wie z. B. der tschechische Industrielle Oskar Federer im Jahre 1940 (s. Fall 75).

Nach Kriegsbeginn wurden deutsche bzw. aus den sog. Feindstaaten stammende Emigranten in Großbritannien interniert und teilweise auch in Internierungslager nach Kanada geschafft. Zu ihnen gehörte der aus Düsseldorf stammende, auf Altmeister spezialisierte Kunsthändler Max Stern, der 1941 in ein Internierungscamp nach Quebec, Kanada, geschafft wurde (s. Fall 90).

Nach Ende des 2. Weltkrieges kehrten kanadische Militärangehörige aus Europa in ihre Heimat zurück. Es ist zu vermuten, dass einige von ihnen – ähnlich wie US-amerikanischen Soldaten – Kunstwerke aus geplünderten Depots, vom Schwarzmarkt oder aus dem Kunsthandel mit sich führten und dass sich darunter auch NS-Raubkunst befand. Diese Kunstwerke können später an kanadische Kunsthändler und Museen weiterveräußert worden oder durch Schenkungen und Erbschaften in staatlichen Museumsbesitz gelangt sein.

Außerdem besserten auch kanadische Museen in der Nachkriegszeit ihre Bestände auf dem europäischen Kunstmarkt auf und kümmerten sich – wie damals üblich – nicht um deren eventuell NS-verfolgungsbedingte Herkunft. Aus einem solchen Nachkriegserwerb 1956 stammte ein Gemälde aus der Sammlung von Alfred Lindon (früher Lindenbaum), das die National Gallery of Ottawa auf der Grundlage der Washingtoner Prinzipien im Sommer 2006 an die Lindon-Erben zurückgab.

Fall 89

Alfred Lindon-Erben vs. National Gallery of Canada
wegen Gemälde von Edouard Vuillard

Bereits 1999 hatte die Canadian Museums Association Ethical Guidelines erlassen, in denen Regelungen über den Ankauf von Kunstwerken niedergelegt sind. Die Canadian Art Museums Directors Organisation (CAMDO) übernahm die vom AAMD erarbeiteten Richtlinien für Ermittlungen in den öffentlichen Sammlungsbeständen. Die kanadischen Museen überprüfen seit 1999 auf der Grundlage dieser US-amerikanischen Provenienzrechercherichtlinien ihre Kunstwerke. Damit setzt Kanada als Teilnehmerstaat an der Washingtoner Konferenz vom Dezember 1998 die dort aufgestellten prinzipiellen Verpflichtungen konsequent um. Maßgebliche Museen, so das Montreal Museum of Fine Arts, die National Gallery of Canada und die Art Gallery of Ontario, riefen eigene Provenienzrechercheprojekte ins Leben und veröffentlichen laufend auf ihren hauseigenen Websites

Kunstwerke mit Provenienzlücken in der NS-Zeit. So informierte z. B. das Montreal Museum of Fine Arts über 200 Verdachtsfälle und stellte davon 170 Kunstwerke ins Internet. Die Art Gallery of Ontario ermittelte und veröffentlichte bisher etwa 48 Kunstwerke mit Provenienzlücken.

Die im Nachgang zu der Rückgabe des Lecomte-Gemäldes (s. Fall 90) aus dem Bestand von Max Stern in Kanada im Jahre 2006 organisierte Wanderausstellung gibt Gelegenheit, einer breiten Öffentlichkeit das Schicksal eines jüdischen Kunstsammlers und Galeristen sowie seiner Bilder zu verdeutlichen und ein Bewußtsein für die in der NS-Zeit eingetretenen Kulturgutverluste zu schaffen.

Fall 90

Max Stern-Erben vs.

1. *unbekannte Besitzer*
   wegen Gemälde von Emile C.H. Vernet-Lecomte
2. *unbekannter deutscher Besitzer (Auktionshaus Van Ham)*
   wegen Gemälde von Matthys Naiveu

Kanada stellt sich wie andere angelsächsische Länder der historischen Verantwortung, NS-verfolgungsbedingte Vermögensverluste bei Kunstwerken in den Museumsbeständen aufzuklären und in relevanten Fällen eine Einigung mit Alteigentümern bzw. deren Erben zu erzielen. Die dort bekannt gewordenen Raubkunstfälle sind für andere Länder exemplarisch. Wenngleich Kanada in der NS-Zeit oder nach Ende des 2. Weltkrieges keine Handelsdrehscheibe für Raubkunst war, gelangten auch in dieses Land durch vielfältige Erwerbungen und spätere Übereignungen privater Dritter Kunstwerke in öffentliche Sammlungen, die aus NS-verfolgungsbedingten Vermögensverlusten stammen.

2.17. Ansprüche in Australien und Neuseeland

Die beiden Staaten gehörten als Mitglieder des Commonwealth seit der Kriegserklärung Großbritanniens im September 1939 zu den gegen Nazi-Deutschland kriegführenden Nationen. Bisher ist nicht bekannt geworden, ob durch den Kunsthandel oder die Emigration von Verfolgten des NS-Regimes Kunstwerke in diese Länder, insbesondere ihre öffentlichen Sammlungsbestände gelangten. Beim Vormarsch der alliierten Truppen in Europa, an dem auch Militärangehörige aus Australien und Neuseeland beteiligt waren, kam es allerdings nachweislich zu Ankäufen von Raubkunst, die nach Kriegsende von den Erwerben in die Heimat mitgenommen wurde.

Ein erster spektakulärer Fall wurde Mitte der 90er Jahre in Italien bekannt, als dort aus einer jüdischen Privatsammlung geplünderte Impressionisten der Macchiaioli-Schule auftauchten, die von einem neuseeländischen Soldaten zu Kriegsende in Italien unter bisher ungeklärten Umständen erworben worden sein sollen (s. Fall 50).

Das größte australische Museum, die National Gallery of Victoria, kaufte kurz nach Kriegsende einen holländischen Altmeister, der aus dem Bestand des jüdischen Kunstsammlers Max Emden stammte (s. Fall 5).

Australien war Teilnehmerstaat der Washingtoner Konferenz im Dezember 1998. Die National Gallery of Victoria begann unmittelbar danach ein Rechercheprojekt und untersucht seither ihren Sammlungsbestand auf Kunstwerke, die Provenienzlücken für den Zeitraum von 1933 bis 1945 aufweisen. Mögliche Verdachtsfälle werden auf der museumseigenen Website veröffentlicht. In dem Rückforderungsfall der Emden-Erben sind die laufenden Ermittlungen zur Klärung das NS-verfolgungsbedingten Vermögensverlustes des der NS-Zeit im Schweizer Exil befindlichen Kunstsammlers noch nicht abgeschlossen.

Neuseeland hatte an der Washingtoner Konferenz nicht teilgenommen. Ob dies jedoch heißt, dass das Land von der Raubkunstproblematik nicht betroffen ist, bleibt abzuwarten.

Hier ist noch aufzuklären, ob dem im Schweizer Exil lebenden deutschen Emigranten dieses Kunstwerk tatsächlich NS-verfolgungsbedingt abhanden kam. Die Prüfungen dauern an.

2.18. Ansprüche in Südafrika

Südafrika, Mitglied der Commonwealth, nahm seit der Erklärung Großbritanniens im September 1939 am Krieg gegen Nazideutschland teil. Südafrikanische Truppen gehörten zu den westalliierten Streitkräften und waren an der Befreiung Europas beteiligt. Es ist auch hier nicht auszuschließen, dass in die Hände einzelner Militärangehöriger Raubkunst gelangte und in die Heimat mitgenommen wurde.

Nach Kriegsende diente Südafrika, aus historischen Gründen besonders mit den Niederlanden verbunden, offensichtlich auch als Rückzugsgebiet für holländische Staatsbürger, die während der NS-Zeit am Handel mit Raubkunst beteiligt waren und nun versuchten, sich in Südafrika vor strafrechtlichen Ermittlungen in Sicherheit zu bringen. So wurde Ende der 90er Jahre im Rahmen eines Forschungsprojektes herausgefunden, dass ein Teil des Sammlungsbestandes der Universität von Pretoria, der von privaten Sammlern gestiftet wurde, Raubkunst bergen könnte. Der Holländer van Gybland Oosterhoff, der während der Besetzung Hollands als Nazikollaborateur Geschäfte mit den deutschen Besatzungstruppen gemacht hatte, übergab der Universität Kunstwerke aus seinem Privatbesitz. Verdächtig sind auch Kunstwerke, die der Holländer van Tilburg 1977 der University of Pretoria schenkte. Tilburg war während der deutschen Okkupation als Stadtrat tätig und ließ sich 1951 in Südafrika nieder. Die Überprüfungen dieser Sammlungsbestände konnten allerdings bisher keinen Nachweis erbringen, dass es sich bei den Kunstwerken der beiden Holländer um NS-Verluste handelt.

Südafrika nahm an der Washingtoner Konferenz 1998 nicht teil und gehört nicht zu den Unterzeichnerstaaten der dort verabschiedeten Prinzipen. Ob allein dies der Grund dafür ist, dass bisher Rückgabeforderungen gegenüber öffentlichen Museen und Sammlungen noch nicht geltend gemacht wurden, ist nicht bekannt.

3. Kapitel
Ansprüche aus internationalen Konventionen und Absichtserklärungen

3.1. Völkerrechtlicher Rückgabeanspruch? Ein Überblick

3.1.1. Keine Regelungen bis Ende des 18. Jahrhunderts

Seit Menschengedenken sind bei kriegerischen und gewaltsamen Auseinandersetzungen Kulturgüter des jeweiligen Gegners zerstört, geraubt oder auf sonstige Weise weggenommen worden. Diese Vorgänge sind so alt wie die Menschheitsgeschichte. Erst seit historisch kurzer Zeit, maßgeblich im 19. und Anfang des 20. Jahrhunderts, haben Staaten erstmals Forderungen zum Schutz von Kulturgütern bei bewaffneten Konflikten aufgestellt. Zaghafte Anfänge sind aus den Verträgen zum Westfälischen Frieden überliefert, die allerdings zunächst nur eine Rückgabeverpflichtung von geraubten Kulturgütern an den Siegerstaat festlegten, also keine wechselseitige Rückgabeverpflichtung.

3.1.2. Vertragliche und gesetzliche Rückgaberegelungen seit dem 19. Jahrhundert

Einen Höhepunkt des Kunst- und Kulturgüterraubes bildete die napoleonische Herrschaft zwischen 1794 bis 1815, während derer erstmalig systematisch bedeutende Kunstwerke der besiegten Staaten geraubt und nach Frankreich geschafft wurden, wo sich viele von ihnen noch heute in dem umfangreichen Museumsbesitz befinden. Diese Kulturgüterverluste hatten eine bis dahin so in Europa unbekannte Dimension angenommen, so dass der Wiener Kongress 1815 in verschiedenen Verträgen Rückgaberegelungen traf. Mit großem propagandistischem Aufwand wurde die Rückführung der Quadriga nach Berlin auf das Brandenburger Tor oder der Bronzepferde von San Marco nach Venedig (die allerdings ihrerseits bereits im 13. Jahrhundert von den Italienern aus Konstantinopel entwendet worden waren!) durchgeführt.

Im amerikanischen Bürgerkrieg wurden 1863 gesetzliche Regelungen festgelegt, die während des Krieges gelten sollten. Diese, nach dem aus Deutschland stammenden Völkerrechtler Francis Lieber benannte „Lieber-Code", enthielten erstmals Bestimmungen zum Kulturgüterschutz, die eine Zerstörung, Beschädigung, Weg- oder Beschlagnahme verboten und festlegten, dass Eigentumsveränderungen durch einen Friedensvertrag ausdrücklich geregelt werden müssten.

3.1.3. Erste wechselseitige völkerrechtliche Regelungen – Die Haager Landkriegsordnung

Auch in Europa war man bemüht, nunmehr sogar präventive, zwischenstaatlich geltende Regelungen zum Kulturgüterschutz zu vereinbaren. Die auf Betreiben des russischen Zaren Alexander II. 1874 in Brüssel abgehaltene Konferenz, an der fünfzehn Staaten teilnahmen, enthielt in der sog. Brüsseler Erklärung eine Verpflichtung, dass Kulturgüter im Privat- oder öffentlichen Eigentum geschützt werden sollten. Zur Unterzeichnung der Erklärung durch die teilnehmenden Staaten und somit zum Abschluss eines völkerrechtlichen Vertrages kam es allerdings nicht.

Eine völkerrechtliche Vereinbarung wurde erstmalig auf der Haager Friedenskonferenz von 1899 ausgearbeitet. Diese zweite Konvention betreffend die Gesetze und Gebräuche des Landkrieges enthielt eine Anlage, in der wichtige Bestimmungen zum Kulturgüterschutz geregelt waren und die umgangssprachlich als Haager Landkriegsordnung (HLKO 1899) bezeichnet wird. Diese Konvention wurde von 24 der 26 teilnehmenden Staaten unterzeichnet. Auf der zweiten Haager Friedenskonferenz von 1907 (HLKO 1907) traten 41 der 44 Teilnehmerstaaten, also fast die gesamte damalige Staatenwelt, der Konvention bei.

Die HLKO ist die bisher einzige und umfassende völkerrechtliche Vereinbarung, in der sich die Unterzeichnerstaaten wechselseitig völkerrechtlich gebunden hatten. Grundsätzlich sind danach die Zerstörung, Beschädigung oder Wegnahme von im Privateigentum stehenden Gegenständen verboten. Das Eigentum der Gemeinden und der dem Gottesdienst, der Wohltätigkeit, dem Unterricht, der Kunst und der Wissenschaft gewidmeten Anstalten ist zu schützen und dem Privateigentum gleichzustellen, d.h. jede Beschlagnahme, absichtliche Zerstörung oder Beschädigung ist verboten und kann bei Zuwiderhandlungen bestraft werden.

Während des 1. Weltkrieges zeigte sich die Begrenztheit des Kulturgüterschutzes durch die Haager Landkriegsordnung, z. B. bei den offensichtlich vorsätzlich herbeigeführten Zerstörungen der Loewen-Bibliothek in Belgien und der Kathedrale von Reims in Frankreich durch deutsche Truppen. Andererseits gab es Bemühungen, Kunstwerke aus den Kampfgebieten auszulagern und zu schützen. Raub von Kulturgütern im öffentlichen oder privaten Eigentum blieb die Ausnahme. Der Versailler Vertrag von 1919 traf erstmals ausdrückliche Regelungen wegen der mutwillig von deutschen Truppen herbeigeführten Schädigungen und verpflichtete Deutschland, Ersatz zu leisten. Dies war die erste zwischenstaatliche Vereinbarung einer „kulturellen Substitution" für zerstörte Kulturgüter. Somit gab es Anfang des 20. Jahrhunderts gesetzliche Regelungen zum Schutz von Kulturgütern in bewaffneten Konflikten, die von den kriegführenden Parteien weitgehend eingehalten wurden.

Der 2. Weltkrieg mit seinen Zerstörungen in bis dahin ungekanntem Ausmaß zeigt jedoch die geringe Wirkung völkerrechtlicher Vereinbarungen. Die kriegerischen Auseinandersetzungen in Europa, insbesondere der Vernichtungskrieg des Dritten Reiches in Osteuropa, führte zu unermesslichen Kulturgutverlusten. Eine Besonderheit waren ideologisch begründete Zerstörungen und Wegnahmen von Kulturgütern in Privateigentum von rassisch, religiös und politisch verfolgten Personen, die in bisher unbezifferbarer Größenordnung zu Vermögensverlusten führten. Die bis zu Kriegsende in Europa eingetretenen zwangsweisen Besitzverluste an Kunstgegenständen im Staats- sowie Privateigentum, zogen danach erneuten Besitzwechsel nach sich, sei es als Beute- oder Kompensationsgut sowjetischer Truppen und Trophäenbrigaden oder als „Kriegssouvenir" westlicher Militärangehöriger.

Wenn heute ehemalige Kriegsgegner wechselseitig Ansprüche auf Rückgabe von Kunstgegenständen geltend machen, beruft man sich dabei auf die wenigen Regelungen des Völkerrechts bzw. auf das Völkergewohnheitsrecht, ohne dass klar und eindeutig definiert wäre, welcher Staat welche Rückgabeansprüche gegenüber einem anderen Staat hat. Dies gilt erst recht für Rückgabeansprüche von Privatrechtssubjekten, denen grundsätzlich kein direkter und unmittelbarer Anspruch gegenüber einem Staat aufgrund völkerrechtlicher Vereinbarungen oder Regelungen zusteht. Ob völkerrechtlich begründete Rückgabeansprüche von Staaten oder Einzelpersonen gegenüber dem aktuellen Besitzer von Kunstwerken bestehen, mag von Völkerrechtlern variantenreich und nicht selten wissenschaftlich spitzfindig erörtert werden. Für die Rückgabepraxis ist allein entscheidend, ob ein geltend gemachter Anspruch im Ergebnis zu seiner Durchsetzung führt.

Auf dem zum Teil langen Weg dahin sind völkerrechtliche Verpflichtungen selten ein taugliches Mittel. Trotz völkerrechtlicher oder zwischenstaatlicher Vereinbarungen bleibt es letztlich dem jeweiligen Land, in dem sich die Kunstwerke aktuell befinden, überlassen, ob Ansprüche anerkannt und Vermögensverluste rückgängig gemacht werden. Nur ausnahmsweise existieren Gesetze in einigen Ländern, die Ansprüche Einzelner oder anderer Staaten begründen.

3.2. UN-Konventionen

3.2.1. UNESCO-Konventionen

Als Teilorganisation der 1945 gegründeten UNO obliegt der Organisation der Vereinten Nationen für Bildung, Wissenschaft und Kultur (UNESCO) u. a. die Sicherung des Weltkulturerbes. Sie und die ihr angehörenden Staaten verabschiedeten am 14.05.1954 erstmalig eine Konvention, die als so genannte Haager Konvention 1954 bezeichnet wird und eine Fortentwicklung der völkerrechtlichen Vereinbarungen der HLKO von 1899 und 1907 darstellt. Darin verpflichten sich die Mitgliedstaaten, insbesondere

- zum Verbot der Zerstörung, des Diebstahls und der Plünderung von Kulturgut in bewaffneten Konflikten,
- zum Verbot, Kulturgüter als Kriegsreparationen einzubehalten,
- fremde Kulturgüter aus besetzten Gebieten, die in Gewahrsam genommen wurden, bei Beendigung der Konflikte vollständig zurückzugeben,
- die Ausfuhr von Kulturgütern aus besetzten Gebieten zu verhindern und im Falle des gutgläubigen Kulturgütererwerbs durch Dritte Entschädigungsregelungen zugunsten der betroffenen Eigentümer vorzusehen.

Eine weitere UNESCO-Konvention vom 17.11.1970 beinhaltet die Verpflichtung der Unterzeichnerstaaten, in zwischenstaatlichen Vereinbarungen gesetzliche Regelungen zu treffen, die einen illegalen Import/Export und Eigentumsübergang von gestohlenen Kulturgütern verhindert. Diese Konvention wurde bisher von über 100 Staaten, so den USA, Italien und Frankreich, nicht aber von der Bundesrepublik Deutschland unterzeichnet. Beide Konventionen treffen keine Regelungen für Kulturgutverluste in Europa in der NS-Zeit bis zum Ende des 2. Weltkrieges.

Die UNESCO erkannte jedoch die Notwendigkeit einer Regelung für diese Kulturgüter und beschäftigte sich erstmalig im Januar 1999 kurz nach der Washingtoner Erklärung vom Dezember 1998 in ihrem zwischenstaatlichen Komitee mit dieser Problematik. Ein von Experten im Dezember 2002 ausgearbeiteter detaillierter Grundsatzentwurf, bestehend aus einer Präambel und dreizehn Grundsätzen, wurde auf der 33. Generalkonferenz der UNESCO im Oktober 2005 den Teilnehmerstaaten unterbreitet. Er legt u.a. fest, welche Kulturgüter betroffen sind, z. B. jene, die während oder infolge von Kampfhandlungen oder Besetzungen im 2. Weltkrieg verloren gingen, und formuliert die Verpflichtung der Staaten zur Auffindung und Rückgabe sowie die Klarstellung, dass diese Kulturgüter niemals als Kriegsreparationen von einzelnen Staaten einbehalten werden dürfen. Eine zeitliche Beschränkung für die Rückgabe soll es nicht geben.

Bisher wurde der Grundsatzentwurf wegen der unterschiedlichen Rechtsauffassungen der Mitgliedsstaaten nicht verabschiedet.

Für die nächste UNESCO-Generalkonferenz im Jahre 2007 wird derzeit ein weiterer Entwurf ausgearbeitet. Zuvor soll es zur Vorbereitung der Konferenz ein weiteres zwischenstaatliches Treffen geben.

Festzuhalten bleibt, dass die bestehenden UNESCO-Konventionen es derzeit einzelne Staaten nicht ermöglichen, Rückgabeansprüche auf Kulturgüter zu erheben, die während der NS-Zeit und im 2. Weltkrieg abhanden kamen. Das gilt erst recht für Privatpersonen und Organisationen und deren weggenommenen Kunstbesitz, da diese schon dem Grunde nach keinen direkten Anspruch aus den Konventionen ableiten können. Die UNESCO-Konventionen enthalten nur zwischenstaatliche, wechselseitige Verpflichtungen der UN-Staaten.

3.2.2. Unidroit-Konvention

Die UNESCO beauftragte das internationale Institut für die Vereinheitlichung des Privatrechts (Unidroit) mit der Ausarbeitung eines ergänzenden Übereinkommens zur Regelung der Rückgabeforderungen von Einzelpersonen. Der von der Unidroit erarbeitete Text der Konvention wurde am 24.06.1995 vorgelegt und beinhaltet die Verpflichtung der Unterzeichnerstaaten, eigene gesetzliche Regelungen zu erlassen, die einen Anspruch auf Rückgabe gestohlener oder illegal exportierter kultureller Objekte ermöglicht. Es sollen gestohlene Kulturgüter auch bei einem eventuellen zwischenzeitlichen Gutglaubenserwerb zurückgegeben und dem gutgläubigen Erwerber eine angemessene Entschädigung gewährt werden.

Diese sog. Unidroit-Konvention ist bis zum Ablauf der Zeichnungsfrist im Juni 1996 lediglich von 22 Staaten unterzeichnet worden. Innerstaatlich umgesetzt wurde sie bisher von ca. der Hälfte der Unterzeichnerstaaten, wobei die in den jeweiligen Ländern erlassenen gesetzlichen Regelungen ausschließlich Eigentumsverluste erfassten, die ab Inkrafttreten des jeweiligen Gesetzes eintraten. Insoweit sind Kulturgüter, die bis Ende des 2. Weltkrieges abhanden kamen und die zwischenzeitlich rechtswirksam gutgläubig erworben oder ersessen wurden, von der Rückgabe ausgeschlossen.

Die Unidroit-Konvention und die dazu erlassenen Landesgesetze eröffnen für Privatpersonen dann eine Möglichkeit, ihre bis Ende des 2. Weltkrieges eingetretenen Besitz- bzw. Eigentumsverluste rückgängig zu machen, wenn Eigentumserwerbe bis zum Inkrafttreten des jeweiligen Landesgesetzes ausblieben, z.B. weil der Erwerber bösgläubig war und erst ab Geltung des Gesetzes eine wirksame Eigentumsübertragung erfolgte. Dann besteht auch bei gutgläubigem Erwerb die Möglichkeit der Rückforderung. Diese Fallkonstellation dürfte jedoch die Ausnahme sein und deshalb die Unidroit-Konvention mit den innerstaatlichen gesetzlichen Regelungen bei NS-verfolgungsbedingten Kulturgutverlusten weitgehend leer laufen.

3.3. Washingtoner Erklärung vom Dezember 1998

3.3.1. Vorgeschichte

Nach dem Zusammenbruch der kommunistischen Systeme wurden Vermögensverluste, die während der Nazizeit in Europa eintraten, wieder ein weltpolitisches Thema. Dem wiedervereinigten Deutschland ist eine gewisse Initialwirkung zuzuschreiben, denn mit dem Vermögensgesetz vom Herbst 1990 sollten nicht nur Unrechtsmaßnahmen des DDR-Regimes rückgängig gemacht werden, sondern auch Vermögensverluste in der Nazizeit zwischen 1933 und 1945, soweit sie das Gebiet der DDR und Ostberlins betrafen. Anders als in der Bundesrepublik Deutschland und in Westberlin war in der früheren DDR die Wiedergutmachung für NS-Unrecht ausgeblieben. Das Vermögensgesetz schloss auch Kunstverluste rassisch, religiös oder politisch Verfolgter ein. Umfangreiche Ermittlungen in Altarchiven, Nachkriegsverfahrensakten und Privatnachlässen der Überlebenden bzw. deren Erben führten zu aufschlussreichen Berichten und sensibilisierte die Weltöffentlichkeit für das Thema der „offenen Vermögensfragen" von Verfolgten des NS-Regimes.

Einen besonderen Kulminationspunkt bildeten die journalistischen Nachforschungen Mitte der 90er Jahre über Kontoguthaben und Versicherungsansprüche ermordeter Juden gegenüber Schweizer Banken und Versicherungen. In einigen spektakulären Klagen in den Vereinigten Staaten und in Europa versuchten die Erben jüdischer Kunstsammler, verfolgungsbedingt verlorene Objekte zurückzuerlangen, so z. B. durch Beschlagnahme aus Ausstellungen heraus, um die Rückführung in das Heimatland des Leihgebers zu verhindern (s. Fall 66). Veröffentlichungen der internationalen Presse und von Historikern verschiedener Länder über Vermögensverluste von NS-Verfolgten sowie Rückforderungen Einzelner, die beharrlich über viele Jahre Kunstwerke herausverlangten, die vor mehr als 50 Jahren geraubt worden waren, führte zu einem Stimmungsumschwung bei staatlichen Institutionen, Museen und Sammlungen. Endlich waren diese bereit, sich kritisch mit der Herkunft ihres Sammlungsbestandes auseinanderzusetzen und in Forschungsprojekten die Herkunft der Kunstwerke zu klären. Die Regierungen vieler Länder waren gezwungen, sich mit der Rückgabeproblematik zu beschäftigen und nach Lösungsmöglichkeiten zu suchen.

Im Sommer 1998 erreichten die Schweizer Banken eine Einigung mit den Verfolgtenverbänden. Die Ansprüche gegenüber Versicherungsgesellschaften und früheren NS-Zwangsarbeitern bedurften ebenso wie die Rückgabe beweglicher Gegenstände im Besitz staatlicher Einrichtungen noch einer Klärung.

Auf Initiative des US-Unterstaatssekretärs Stuart E. Eizenstat fand vom 30.11. bis 03.12.1998 in Washington D.C. die „Washington Conference on Holocaust-Era Assets" statt, an der 44 Staaten, ein Dutzend nichtstaatlicher Organisationen, insbesondere jüdischer Verfolgtenverbände, und auch der Vatikan teilnahmen. Im Vorfeld der Konferenz hatte die amerikanische Delegation den Teilnehmern den Entwurf eines Richtlinienkataloges vorgelegt in der Hoffnung, dieser könne verbindlich von den teilnehmenden Staaten und Organisationen verabschiedet werden. Das Ziel der US-Amerikaner bestand offensichtlich darin, so Eizenstat, „bis zum Ende des (20.) Jahrhunderts die noch unerledigten Fragen, die aus der Mitte des (20.) Jahrhunderts datieren, abschließend aufzuarbeiten".

Einzelne teilnehmende Staaten hatten erhebliche Bedenken gegen einheitliche rechtsverbindliche Regelungen und verwiesen auf die abweichenden angelsächsischen und europäischen Rechtssysteme und die völlig unterschiedliche bereits durchgeführte oder unterbliebene Aufarbeitung und Rückabwicklung des NS-Unrechts in den jeweiligen Ländern. Einigungen über Ansprüche gegenüber Versicherungsgesellschaften und Entschädigungen der NS-Zwangsarbeiter blieben auf dieser Konferenz aus, wurden aber später mit der Gründung der Zwangsarbeiterstiftung und auch gegenüber den Versicherungsgesellschaften erreicht. Erst im Verlaufe informeller Sitzungen, offensichtlich auf Vorschlag der Schweizer Delegation, gelang ein Durchbruch hinsichtlich der Kunst- und Kulturgutverluste, der in die Washingtoner Erklärung vom 03.12.1998 mündete. Die darin niedergelegten elf Grundsätze wurden von sämtlichen teilnehmenden Staaten und Organisationen verabschiedet.

Seinerzeit glaubten offensichtlich einige Teilnehmerstaaten, so auch die deutsche Delegation, es sei trotz der wachsweichen Formulierungen der Washingtoner Erklärung, die im Übrigen keine bindende rechtliche Verpflichtung enthält und erst Recht keine Individualrückgabeansprüche von Betroffenen begründet, dennoch ein Schlusspunkt in der Diskussion um die Beseitigung von NS-Unrecht erreicht worden. Viele hofften, es könne das in den 90er Jahren aufgekommene Thema zu Ende des Jahrhunderts ad acta gelegt werden.

Das Gegenteil trat ein.

Die Washingtoner Erklärung mit ihren elf Leitsätzen ist ähnlich einer Magna Charta die Generalregelung. In vielen der teilnehmenden Staaten hat sie zur Verabschiedung von Gesetzen und Verordnungen oder Ministerialerlassen und Anweisungen geführt, die speziellere Regelungen enthalten, wie NS-verfolgungsbedingte Vermögensverluste abzuwickeln sind. Die Washingtoner Konferenz ist somit nicht, wie viele Teilnehmer erhofften, Schlusspunkt, sondern Ouvertüre für die Erledigung offener Vermögensfragen, die auf die NS-Zeit und den 2. Weltkrieg in Europa zurückgehen. Erstmalig erklärte sich ein Großteil der Staatengemeinschaft bereit, aus moralisch-ethischen Gründen Unrechtsmaßnahmen rückgängig zu machen und darauf zu verzichten, allein mit formaljuristischen Einwendungen Ansprüche abzuweisen.

Die Unterzeichnerstaaten und Einrichtungen, in deren Besitz sich verfolgungsbedingt verlorene Gegenstände befinden, werden seither von der Weltöffentlichkeit kritisch befragt, ob sie bereit sind, die übernommenen Verpflichtungen zu erfüllen. Die Washingtoner Erklärung bewirkte – weltweit erstmalig – dass die Kunst(werke) Katalysator zur Durchsetzung moralisch-ethischer Prinzipien wurden. Es bleibt zu hoffen, dass die Leitlinien von Washington zukünftig von der gesamten Staatengemeinschaft als Weltrecht anerkannt und auf verfolgungsbedingte Vermögensverluste jeder Art angewandt werden.

3.3.2. Die Grundsätze der Washingtoner Erklärung

In der Präambel der Erklärung stellen die Unterzeichner klar,
- dass sie zur Lösung offener Fragen und Probleme im Zusammenhang mit den durch die Nationalsozialisten beschlagnahmten Kunstwerken beitragen wollen,
- dass sie ihre unterschiedlichen Rechtsordnungen anerkennen und in deren Rahmen handeln werden,
- dass sie bestrebt sind, eine Einigung in nicht bindenden Grundsätzen herbeizuführen.

Die elf Prinzipien besagen Folgendes:
Ziffer 1. definiert den Gegenstand der Erklärung: Kunstwerke, die von den Nationalsozialisten beschlagnahmt und in der Folge nicht zurückerstattet wurden, sollen identifiziert werden.

In den **Ziffern 2.** und **3.** wird die Forderung erhoben, einschlägige Unterlagen und Archive der Forschung zugänglich zu machen und Mittel und Personal zur Verfügung zu stellen, um Kunstwerke zu identifizieren, die von den Nationalsozialisten beschlagnahmt und in der Folge nicht zurückerstattet wurden.

Ziffer 4. verlangt eine Beweiserleichterung zum Nachweis des verfolgungsbedingten Verlustes, weil aufgrund der verstrichenen Zeit und der besonderen Verfolgungsumstände Lücken und Unklarheiten in der Frage der Herkunft unvermeidlich und nicht vollständig aufklärbar sind.

Die **Ziffern 5.** und **6.** betreffen die Veröffentlichung der identifizierten Kunstwerke und die Einrichtung eines zentralen Registers, in dem die Geschädigten oder ihre Erben die Möglichkeit haben, jederzeit Nachforschungen durchzuführen.

Ziffer 7. formuliert die Forderung, die Geschädigten bzw. ihre Erben zu ermutigen, Ansprüche geltend zu machen.

Ziffer 8. und **9.** enthalten Umsetzungsvorschläge. Es wird aufgefordert, sich unverzüglich mit den Geschädigten bzw. deren Erben zu einigen, „um eine gerechte und faire Lösung zu finden" (Ziffer 8.). Soweit die Geschädigten oder deren Erben nicht ausfindig gemacht werden können, sollten unverzüglich die nötigen Schritte unternommen werden, um diese Lösung zu finden (Ziffer 9.).

In **Ziffer 10.** wird die Forderung erhoben, dass Kommissionen oder andere Gremien, soweit sie Entscheidungen über die Kunstwerke treffen und zur Klärung strittiger Eigentumsfragen beitragen, eine ausgeglichene Zusammensetzung haben.

Im letzten Satz der Erklärung (ausdrücklich nicht als Ziffer 11. bezeichnet) werden die teilnehmenden Staaten dazu aufgerufen, eigene Verfahren und alternative Mechanismen zur Klärung strittiger Eigentumsfragen zu entwickeln.

Verkürzt zusammengefasst ergeben sich folgende Richtlinien:

- Gegenstand der Washingtoner Erklärung sind sämtliche Kunstwerke, die von den Nationalsozialisten unrechtmäßig, d.h. gegen oder ohne den Willen der Alteigentümer abhanden kamen (NS-verfolgungsbedingte Kulturgutverluste). Der Begriff „Beschlagnahme" meint nicht nur staatliche Entzugsmaßnahmen, sondern umfasst auch Vermögensverluste durch Zwangsverkauf, Schenkung und Versteigerung.
- Zur Identifizierung dieser Kunstwerke sind Mittel und Personal zur Verfügung zu stellen und einschlägige Unterlagen und Archive allgemein zugänglich zu machen (Identifizierung und Veröffentlichung der Kulturobjekte).
- Der Nachweis des verfolgungsbedingten Vermögensverlustes soll den Betroffenen erleichtert und nicht mehr die Forderung nach lückenloser und vollständiger Aufklärung der Herkunftsnachweise verlangt werden (Beweiserleichterung zugunsten der Geschädigten). Es genügt eine überwiegende Wahrscheinlichkeit, dass der Vermögensverlust verfolgungsbedingt war.
- Die identifizierten Kunstwerke sollen veröffentlicht, insbesondere in allgemein zugänglichen Quellen wie dem Internet publiziert und damit den Geschädigten bzw. deren Erben die Möglichkeit eröffnet werden, diese zu identifizieren (Veröffentlichung der Forschungsergebnisse).
- Wegen der betroffenen Kunstwerke sollen „gerechte und faire Lösungen" mit den Geschädigten bzw. ihren Erben gefunden werden, d.h. entweder die Rückgabe der Kunstwerke an diese erfolgen, eine Entschädigung vereinbart oder ein sonstiger Ausgleich geschaffen werden (Einigung über Rückgabe, Entschädigung oder sonstige Kompensationen wegen Vermögensverlusten).
- Bei erbenlosem Vermögen sollen gleichfalls gerechte und faire Lösungen gefunden werden, beispielsweise Einrichtung eines Fonds für Opfer des Holocaust (Berücksichtigung von sog. erbenlosen Vermögen).
- Schließlich sollen die Einrichtungen und Institutionen, von denen Entscheidungen über die Kunstwerke getroffen werden, mit unabhängigen Fachleuten besetzt sein und alternativ die Möglichkeit bestehen, dass die Beteiligten (Besitzer der Kunstwerke und die Geschädigten bzw. ihre Erben) gemeinschaftlich die Entscheidung eines unabhängigen Schiedsgerichts beantragen oder eine unabhängige Schiedsstelle anrufen können mit dem Ersuchen, die Ansprüche zu prüfen und zur Einigung zwischen den Beteiligten beizutragen (Umsetzung der Grundsätze in innerstaatlichen Regelungen durch Entscheidungsgremien mit unabhängigen Mitgliedern).

3.3.3. Beteiligte Staaten und Organisationen

Die Washingtoner Erklärung ist von 44 Staaten und 13 Nichtregierungsorganisationen unterzeichnet worden, darunter nahezu allen in den 2. Weltkrieg verwickelte Staaten, insbesondere von

- den von Nazi-Deutschland besetzten Staaten Europas (Norwegen, Dänemark, Niederlande, Belgien, Luxemburg, Frankreich, Griechenland, Polen, Tschechien), Jugoslawien

- ehemaligen Verbündeten des Deutschen Reiches wie Italien, Ungarn, Finnland, Japan sowie das 1938 „angeschlossene" Österreich,
- einigen Nachfolgestaaten der UdSSR (Russischen Föderation, Weißrussland, Ukraine, Estland, Lettland, Litauen),
- den Westalliierten, deren Territorium nicht besetzt war, wie Großbritannien, den Vereinigten Staaten, Australien, Kanada,
- europäischen, nichtbesetzten Staaten, wie Schweden, Spanien, Portugal, Irland und die Schweiz,
- dem Vatikan (Staat), in dessen Archiven Angaben über das Schicksal verfolgungsbedingt verlorener Kunstwerke vermutet werden,
- jüdischen Organisationen, wie der JCC, dem Jüdischen Weltkongress und Verfolgtenverbänden und
- anderen nichtstaatlichen Organisationen.

3.3.4. Internationale Ansprüche Geschädigter bzw. ihrer Erben?

Die Washingtoner Prinzipien sind keine völkerrechtlichen zwischenstaatlichen Vereinbarungen. Deshalb können weder Staaten untereinander noch Staatsbürger dieser Staaten direkt oder indirekt Kunstwerke, die ihnen oder ihren Rechtsvorgängern unrechtmäßig weggenommen wurden, unter Bezugnahme auf diese Prinzipien gerichtlich einklagen. Erst im Rahmen der jeweiligen nationalen Umsetzungen der Washingtoner Prinzipien können Ansprüche Einzelner auf Rückgabe, Entschädigung oder sonstige Kompensation von Kunstverlusten geltend gemacht werden. Die Teilnehmerstaaten haben in unterschiedlicher Ausgestaltung mit der Umsetzung der Washingtoner Prinzipien begonnen. Länderspezifische Regelungen der am meisten betroffenen Staaten sind im 2. Kapitel dargestellt worden. Die im Nachgang zu den Washingtoner Prinzipien in Deutschland getroffenen Festlegungen und die Entscheidungspraxis werden im Abschnitt 4 dieses Kapitels ausführlich behandelt.

3.3.5. Ansprüche gegenüber Privatpersonen, Stiftungen und Privatsammlungen?

3.3.5.1. Keine Regelung in den Washingtoner Prinzipien

Mit den Washingtoner Prinzipien haben die 44 Teilnehmerstaaten die Selbstverpflichtung übernommen, NS-verfolgungsbedingte Kulturgutverluste rückgängig zu machen. Ansprüche können also nur gegenüber diesen Staaten auf jene Kunstwerke geltend gemacht werden, die sich im jeweiligen Staatseigentum befinden. Die im Zusammenhang mit den Washingtoner Prinzipien erlassenen nationalen gesetzlichen Rückgaberegelungen, wie z. B. von Österreich, Tschechien, den Niederlanden oder Frankreich, betreffen ausschließlich Kunstwerke im Staatseigentum. Soweit Länder zusätzliche Selbstverpflichtungserklärungen verabschiedeten, wie dies in Deutschland mit der Gemeinsamen Erklärung vom 14.12.1999 der Fall ist, haben sich ausschließlich staat-

liche Museen und Sammlungen bereit erklärt, die Washingtoner Prinzipien umzusetzen.
Einige Privatpersonen (s. Fälle 69 und 81) und Stiftungen (s. Fälle 91, 92 und 94) haben aber auch auf der Grundlage der Washingtoner Prinzipien Vereinbarungen mit Alteigentümern getroffen und zumeist die Kunstwerke herausgegeben. Hier entwickelt sich eine parallele Entscheidungspraxis wie bei den Teilnehmerstaaten der Washingtoner Konferenz. Einige namhafte europäische Privatsammlungen (s. Fälle 7 und 72) prüfen bereits seit Jahren geltend gemachte Ansprüche und haben sich noch nicht abschließend geäußert. Hier ist eine gewisse Hinhaltetaktik und der Versuch, die Angelegenheiten auszusitzen erkennbar. Dies bewirkt bei den Betroffenen, dass sie mögliche zivilrechtliche Ansprüche auf Rückgabe in den Ländern, in denen sich die Kunstwerke befinden prüfen und ggf. geltend machen. Es besteht des Weiteren die Gefahr, dass, sobald solche Kunstwerke für Ausstellungen in andere Länder gelangen, dort Beschlagnahmeversuche unternommen oder sogar im Ausland Klagen erhoben werden, um Rückgabeansprüche geltend zu machen.

3.3.5.2. Private Sammlungen mit staatlicher Beteiligung

Oftmals befinden sich Kunstwerke, die gemäß den Washingtoner Prinzipien als NS-verfolgungsbedingt verloren gelten, im Eigentum juristischer Personen, wie z.B. Stiftungen, deren Inhaber staatliche oder vom Staat finanzierte Institutionen sind. So ist z. B. die Leopold-Stiftung keine staatliche Sammlung und unterfällt deshalb auch nicht dem österreichischem KunstRG. Ihr Inhaber ist jedoch im weiteren Sinne der österreichische Staat. Dieses Beispiel zeigt, dass es bei tatsächlicher und nicht formal juristischer Betrachtung keinen Unterschied machen kann, ob sich Kunstwerke unmittelbar im Staatsbesitz befinden oder mittelbar – als Teil einer im Staatsbesitz befindlichen privatrechtlichen Stiftung. Dies ist der Grund für eine österreichische Gesetzesinitiative, die Leopold-Stiftung dem Anwendungsbereich des KunstRG zu unterstellen (s. Fall 66).

In Deutschland haben bereits zwei Stiftungen Rückgabeentscheidungen getroffen oder die Bereitschaft erklärt, auf der Grundlage der Washingtoner Prinzipien Einigungen herbeizuführen.

Dagegen hat sich die aus dem städtischen Kunstmuseum Duisburg hervorgegangene Kunstsammlung, die seit dem Jahre 2000 als Stiftung Wilhelm Lehmbruck betrieben wird, nach jahrelangen außergerichtlichen Auseinandersetzungen noch nicht zur Herausgabe eines Kunstwerks an die Alteigentümer durchgerungen (s. Fall 3) und versucht, eine finanzielle Regelung zu treffen.

Eine spezielle Fallgruppe stellen juristische Personen, insbesondere Stiftungen dar, die keine ausschließlichen oder teilweisen staatlichen Stiftungsgeber, also quasi Mitinhaber haben, deren Sammlungsbesitz aber dauerhaft in staatlichen Gebäuden, z.T. sogar für die Stiftung aus Staatsmitteln finanzierten Museumsbauten gezeigt wird.

Fall 91
Ismar Littmann-Erben vs.
1. Kunsthalle in Emden (Stiftung Henri und Eske Nannen)
2. Museum Ludwig Köln
wegen Gemälden von Otto Mueller

Fall 92
Unbekannte Alteigentümer vs. Karl und Magdalene Haberstock-Stiftung
wegen Gemälde von Philips Wouwerman

Fall 93
Ismar Littmann-Erben vs. Ernst-Strassmann-Stifung
wegen Gemälde von Lucien Adrion

Manche dieser Stiftungen halten es für selbstverständlich, die Washingtoner Prinzipien umzusetzen, andere wiederum vertreten eine diametral entgegengesetzte Position (s. Fall 72). Die von dem Publizisten Henri Nannen gegründete Stiftung, deren Kunstwerke dauerhaft in der städtischen Kunsthalle Emden ausgestellt sind, wendete die Washingtoner Prinzipien an und entsprach dem Rückgabebegehren der Alteigentümerin (s. Fall 91). Die Sammlung-Dr.-Georg-Schäfer-Stiftung, die nachweislich Raubkunst im Bestand hat und ein Großteil ihrer Kunstwerke im eigens für sie in Schweinfurt errichteten öffentlichen Museum Georg Schäfer präsentiert, lehnt bisher Regelungen auf der Grundlage der Washingtoner Beschlüsse ab. Anders die in Vaduz in Liechtenstein beheimatete Stiftung Ratjen, die nach Prüfung der Sache in Umsetzung der Prinzipien von Washington gemeinsam mit der Anspruchstellerin eine faire und gerechte Lösung fand.

Fall 94
Max Silberberg-Erben vs. Ratjen-Stiftung, Vaduz
wegen Zeichnung von Wilhelm Leibl

3.3.5.3. Freiwillige Selbstverpflichtung privater Einrichtungen und Sammler

Private amerikanische Museen und Sammlungen, die Mitglieder des amerikanischen Museumsverbandes AAM sind, haben die Selbstverpflichtung übernommen, die Washingtoner Prinzipien umzusetzen. Daraufhin kam es bereits zu zahlreichen Rückgaben oder Entschädigungsvereinbarungen mit Anspruchstellern (s. Fall 25). Dies gilt auch für einzelne amerikanische Privatsammler (s. Fälle 69 und 81).

Die Dimension dieser Rückgaben bzw. Entschädigungsvereinbarungen zwischen Alteigentümern und Privatbesitzern, Privatmuseen, Sammlungen und Stiftungen ist nicht verifizierbar, da die Beteiligten in der Regel Vertraulichkeit vereinbarten.

Die deutsche Gemeinsame Erklärung vom 14.12.1999 enthält eine Aufforderung an Privatpersonen und privatrechtlich organisierte Einrichtungen, sich den in dieser Erklärung niedergelegten Grundsätzen anzuschließen. Bisher war weder in Deutschland noch in anderen Staaten, von denen die Washingtoner Prinzipien verabschiedet wurden, eine nennenswerte Anzahl öffentlich gemachter Selbstverpflichtungserklärungen von Privatpersonen und privaten Einrichtungen feststellbar. Dies gilt auch für die systematische Überprüfung der jeweiligen Sammlungsbestände. Bisher blieben die Aufarbeitung und Veröffentlichung der Ermittlungsergebnisse sowie Einigungen mit betroffenen Alteigentümern eine absolute Ausnahme.

Provenienzinformationen, insbesondere für den Zeitraum 1933 bis 1945, sind jedoch auch bei Kunstwerken im Privatbesitz unabdingbar. Es wird gesellschaftspolitisch und seit Beginn der 90er Jahre am internationalen Kunstmarkt verlangt, dass ausgestellte oder gehandelte Kunstwerke „eine reine Weste" haben, d.h. ihre Herkunftsgeschichte lückenlos geklärt ist. Der Ausschluss NS-verfolgungsbedingt verlorener Kunstwerke aus Ausstellungen, ihre Herausnahme aus Verkaufsausstellungen oder angekündigten Auktionen zeigt, dass diese Kunstwerke erst nach Klärung der Eigentumsverhältnisse wieder in der Öffentlichkeit präsentiert werden können bzw. am Kunstmarkt handelbar sind. Sie gelten ansonsten als „heiße Ware", die kein Museum, keine Ausstellung und schon gar nicht der Kunsthandel „anfassen" wollen. Um so dringlicher erscheint es, dass endlich betroffene Privatsammlungen offensiv ihren Sammlungsbestand überprüfen und bei NS-verfolgungsbedingten Verlustfällen eine Einigung mit den Alteigentümern finden.

3.4. Ergänzende Regelungen zur Washingtoner Erklärung in Deutschland

3.4.1. Koordinierungsstelle für Kulturgutverluste

Bereits 1994 wurde von den deutschen Bundesländern eine Koordinierungsstelle für die Rückführung von Kulturgütern gegründet (nachfolgend Koordinierungsstelle genannt), die Kulturgüter dokumentieren soll, die

- aufgrund nationalsozialistischer Verfolgungsmaßnahmen entzogen wurden, umgangssprachlich NS-Raubkunst genannt, und
- während und insbesondere nach Ende des 2. Weltkrieges kriegsbedingt abhanden kamen, umgangssprachlich als Beutekunst bezeichnet.

Seit 2001 wird diese zentrale, öffentliche Einrichtung jeweils hälftig von den Bundesländern und dem Bund finanziert. Ihr Etat ist äußerst bescheiden und erlaubt ausschließlich die Beschäftigung einer Handvoll von Mitarbeitern und die Unterhaltung einer Webseite. Die Koordinierungsstelle ist heute dem Kulturministerium des Landes Sachsen-Anhalt angeschlossen und hat ihren Sitz in der Landeshauptstadt Magdeburg.

Such- und Fundmeldungen zu den Kulturgutverlusten werden in der Internet-Datenbank www.lostart.de dokumentiert und können unentgeltlich von Jedermann abgerufen werden. Dies geschieht derzeit bis zu 500mal am Tag. Unter der Herausgeberschaft der Koordinierungsstelle sind zwischenzeitlich mehrere aufschlussreiche Bücher zum Thema Kulturgutverluste erschienen (s. Inhaltsverzeichnis).

Fall 95

Viktor Bloch-Erben vs. unbekannten Besitzer (Kunsthaus Lempertz, Köln) wegen Gemälde von Peter Paul Rubens

Die Koordinierungsstelle führt keine internationalen Rückführungsverhandlungen mit anderen Staaten. Sie ist nicht weisungsberechtigt gegenüber den staatlichen Museen und Kunstsammlungen und kann nicht veranlassen, dass dort eine systematische Provenienzforschung erfolgt und inwieweit Ermittlungsergebnisse veröffentlicht werden. Die Koordinierungsstelle kann die vereinbarte Umsetzung der Washingtoner Prinzipien somit weder überprüfen noch von den staatlichen Museen und Sammlungen einfordern. Von der Bundesregierung sind bisher keine finanziellen Mittel zur Verfügung gestellt worden, die es den staatlichen Museen und Sammlungen erlauben, eigene Forschungsabteilungen einzurichten oder Forschungsaufträge an Experten zu erteilen. Deshalb scheitern oftmals die Bemühungen von Museen, den Sammlungsbestand zu erforschen und nach NS-verfolgungsbedingt verloren gegangenen Kunstwerken zu fahnden, bereits am Geldmangel.

Bilaterale Verhandlungen bleiben der Bundesregierung, dort dem Beauftragten für Kultur und Medien bzw. dem Auswärtigen Amt im Einvernehmen mit den betroffenen Bundesländern, vorbehalten. Auch insoweit ist die Koordinierungsstelle kein mit eigenen Rechten ausgestattetes staatliches Organ.

3.4.2. Beratende (Schieds-)Kommission

Am Sitz der Koordinierungsstelle in Magdeburg befindet sich die sog. Beratende Kommission, der bedeutende Persönlichkeiten angehören (Vorsitzende Dr. Jutta Limbach, frühere Präsidentin des Bundesverfassungsgerichts, Richard von Weizsäcker, ehemaliger Bundespräsident, Rita Süßmuth, langjährige Präsidentin des Deutschen Bundestages). Die Bundesregierung hatte am 09.04.2003 in Abstimmung mit der Kultusministerkonferenz der Länder, der kommunalen Spitzenverbände und der Beauftragten für Kultur und Medien die Einrichtung dieser Kommission beschlossen. Die ehrenamtlichen Mitglieder werden durch den Beauftragten für Kultur und Medien berufen. Die Geschäftsführung der Beratenden Kommission erfolgt durch die Koordinierungsstelle.

Problematisch scheint, dass die Beratende Kommission ausschließlich auf gemeinsamen Wunsch der Beteiligten, also des derzeitigen Besitzers des Kunstwerkes und des Anspruchstellers, zusammenkommt und Empfehlungen für eine faire und gerechte Lösung gibt. Sie wird also nicht auf Antrag eines der Beteiligten oder von Amts wegen tätig. Deshalb kam es bisher nur in zwei Fällen zu einer Empfehlung der Beratenden Kommission. Bereits die erste dieser Empfehlungen löste kontroverse Reaktionen aus.

Fall 96
Clara Freund-Erben vs. Bundesrepublik Deutschland
wegen vier Kunstwerken aus deutschen Museen

Einzelne Museumsdirektoren haben die Anrufung der Beratenden Kommission mit der Begründung abgelehnt, sie könne bei Fällen, in denen eine öffentliche Drohkulisse aufgebaut worden sei, gar nicht mehr unabhängig und unparteiisch entscheiden (s. Fall 3).

3.4.3. Gemeinsame Erklärung vom 14.12.1999

Die Identifizierung der NS-verfolgungsbedingt bzw. kriegsbedingt abhanden gekommenen Kulturgüter durch die Koordinierungsstelle und ihre Veröffentlichung im Internet erfolgte bisher ohne ausdrückliche gesetzliche Regelung. Sie wird jedoch durch die Gemeinsame Erklärung vom 14.12.1999 (nachfolgend Gemeinsame Erklärung genannt), die am 10.04.2000 veröffentlicht wurde, gestützt.

Darin hatten die Bundesregierung, die Bundesländer und die kommunalen Spitzenverbände unter Berücksichtigung der Washingtoner Erklärung vom Dezember 1998 und unter ausdrücklicher Billigung des Beschlusses der Stiftung Preußischer Kulturbesitz vom 04.06.1999 vier Grundsätze verabschiedet, die zur Auffindung und zur Rückgabe NS-verfolgungsbedingt entzogenen Kulturgutes, insbesondere aus jüdischem Besitz, beitragen sollen. Das Bundesministerium der Finanzen verlangte eine Anrechnung bereits geleisteter Entschädigungen zur Verhinderung „doppelter" Wiedergutmachung. Das Außenministerium bestand auf der Klarstellung, dass alle Opfergruppen einbezogen sind und nicht ausschließlich jüdische Eigentümer. Die Erklärung hat folgenden Inhalt:

- Sämtliche öffentliche Einrichtungen sind aufgefordert, die in ihrem Besitz befindlichen Kulturgüter zu überprüfen und festzustellen, ob Kulturgüter als NS-verfolgungsbedingt entzogen identifiziert und diese bestimmten Geschädigten zugeordnet werden können (Nachforschungs- und Identifizierungspflicht).
- Es wird vorgeschlagen, nach individueller Prüfung von Ansprüchen diese durch Rückgabe der Kunstwerke an die legitimierten Alteigentümer bzw. deren Erben zu regulieren (Rückgabegrundsatz).
- Es soll berücksichtigt werden, ob bereits eine materielle Wiedergutmachungsleistung für das zurückzugebende Kunstwerk erbracht worden ist zur Vermeidung von Doppelentschädigungen. Die Rückgabe kann beispielsweise von der Rückzahlung der geleisteten Entschädigung abhängig gemacht werden (Anrechnung bereits erhaltener Gegenleistung).
- Die öffentlichen Einrichtungen, wie Museen, Archive und Bibliotheken sind aufgefordert, Informationen, Forschungsstände und Unterlagen offen zu legen, Nachforschungen bei Anfragen Betroffener durchzuführen, eigene Provenienzforschungen im Bestand und bei aktuellen Erwerbungen anzustellen sowie öffentliche Hinweise auf verfolgungsbedingt entzogene Kulturgüter in den Sammlungen, Ausstellungen und Publikationen zu geben (Veröffentlichung von Prüfungsergebnissen).
- Die beteiligten öffentlichen Einrichtungen sind aufgefordert, im Internet Kulturgüter zu veröffentlichen, deren Herkunft unaufgeklärt ist. Für Kunstwerke, bei denen ein NS-verfolgungsbedingter Eigentumsentzug vermutet wird, soll eine Liste eingerichtet werden, in der Betroffene Suchanfragen veröffentlichen können. Gleichermaßen soll es Veröffentlichungen von Informationen über kriegsbedingt verlagerte Kulturgüter ins Ausland geben, die zuvor Personen NS-verfolgungsbedingt entzogen worden waren. Ein „virtuelles Informationsforum" soll Beteiligten, öffentlichen Einrichtungen und privaten Dritten die Möglichkeit geben, Erkenntnisse zum Thema zu veröffentlichen (frei zugängliche, kostenlose Internetplattform für Verdachtsfälle).
- Abschließend wird klargestellt, dass sich die Erklärung zunächst nur auf öffentliche Einrichtungen und deren Inventar bezieht und die Träger dieser Einrichtungen aufgefordert sind, für die Umsetzung der Grundsätze zu sorgen.
- Privatrechtlich organisierte Einrichtungen, beispielsweise Stiftungen, und Privatpersonen, werden aufgefordert, die Grundsätze der Gemeinsamen Erklärung in einer Selbstverpflichtungserklärung anzuerkennen und die Durchführung zu unterstützen (Aufforderung der Umsetzung an private Besitzer, Stiftungen, Sammlungen).

3.4.4. Arbeitsanleitung vom Februar 2001

Zum Zwecke der Umsetzung der Washingtoner Prinzipien vom 03.12.1998 und der Gemeinsamen Erklärung vom 14.12.1999 veröffentlichte der Beauftragte der Bundesregierung für Kultur und Medien eine über hundertseitige Arbeitsanleitung, die von staatlichen Museen, Archiven, Sammlungsbeständen genutzt werden soll. Dieses als „Handreichung" bezeichnete Material wurde von Vertretern des Bundes (u.a. Bundesfinanzministerium, der Länder und kommunaler Spitzenverbände sowie Mitarbeitern aus den Bereichen Museen, Bibliotheken und Archive erarbeitet und von den deutschen Bundesländern, dem Präsidium des Deutschen Städtetages, dem Kulturausschuss des Deutschen Landkreistages und dem Präsidium des Deutschen Städte- und Gemeindebundes beschlossen. Dadurch haben sich sämtliche bundes- und länderstaatlichen Einrichtungen sowie Gemeinden und Städte zur Umsetzung der Gemeinsamen Erklärung und der Arbeitsanleitung verpflichtet. Die Unterzeichner sichern zu, ihre Rechercheergebnisse der Koordinierungsstelle für Kulturgutverluste in Magdeburg zur Verfügung zu stellen, damit diese allgemein zugänglich im Internet unter www.lostart.de veröffentlicht werden können.

Klargestellt wird in der Vorbemerkung, dass diese Handreichung keine abschließende Arbeitsanleitung darstellt. Sie kann ergänzt und überarbeitet werden, wenn die Erfahrungen in der praktischen Handhabung dies erfordern. Die Arbeitsanleitung gliedert sich in fünf Punkte und zehn Anlagen. Im Einzelnen ergeben sich folgende Schwerpunkte:

- Suche und Identifizierung von Kunstobjekten, die im Zeitraum zwischen 30.01.1933 und 08.05.1945 „NS-verfolgungsbedingt entzogen" wurden unter besonderer Berücksichtigung des Eigentums von Verfolgtengruppen, insbesondere jüdischen Bürgern.
- Übermittlung der Rechercheergebnisse an die Koordinierungsstelle für Kulturgutverluste in Magdeburg und Veröffentlichung in der dortigen Datenbank unter www.lostart.de. Bis Ende 2005 haben sich bereits 277 deutsche Einrichtungen bei der Koordinierungsstelle gemeldet. Über 200 teilten mit, dass ihnen keine Erkenntnisse über Verdachtsfälle vorliegen, 63 Einrichtungen hatten über 4.000 Objekte mit Provenienzlücken ermittelt.
- Die Prüfung des verfolgungsbedingten Entzugs erfolgt nach einem „Raster", das nahezu identisch ist mit der alliierten Rückerstattungsanordnung BK/O (49) 180 für Großberlin vom 26.07.1949 und bereits aufgrund gesetzlicher Verweisung bei Verfolgtenansprüchen nach § 1 Abs. 6 VermG Anwendung findet. Kurz gefasst muss es sich um einen Vermögensverlust handeln, der zwischen 30.01.1933 und 08.05.1945 aus rassischen, politischen, religiösen oder weltanschaulichen Gründen eintrat, und zwar entweder durch Zwangsverkauf, Enteignung oder auf sonstige Weise. Grundsätzlich wird vermutet, dass der kollektiv verfolgte Personenkreis einen verfolgungsbedingten Vermögensverlust erlitten hatte. Etwas anderes gilt, wenn der heutige Besitzer nachweisen kann, dass das Erwerbsgeschäft bis 15.09.1935 erfolgt war bzw.

seinem wesentlichen Inhalt nach auch ohne Herrschaft des Nationalsozialismus stattgefunden hätte und der Alteigentümer einen angemessenen Kaufpreis erhalten hatte, über den er frei verfügen konnte. Relevant ist für den Zeitraum ab 15.09.1935 auch, ob der Erwerber zur Wahrung der Vermögensinteressen des Verfolgten in besonderer Weise und mit wesentlichem Erfolg beigetragen hatte, z.B. durch Mitwirkung der Vermögensübertragung ins Ausland.

- Bei Feststellung eines verfolgungsbedingten Vermögensverlustes ist zu ermitteln, ob der Geschädigte bzw. dessen Rechtsnachfolger bereits Entschädigungszahlungen durch die Bundesrepublik Deutschland erhalten hatte, seinerzeit Kaufpreise gezahlt oder sonstige Kompensationen aufgrund privater Vergleiche, insbesondere nach Kriegsende geleistet wurden.
- Schließlich wird die in der Washingtoner Erklärung vom 03.12.1998 getroffene Festlegung, die Beteiligten sollten eine „faire und gerechte Lösung" finden, in der Gemeinsamen Erklärung vom 14.12.1999 dergestalt ausgelegt, dass grundsätzlich bei Nachweis der Schädigung die Rückgabe des Kunstobjektes an den Berechtigten erfolgen soll (s. Fall 2). Daneben kommen Lösungsmöglichkeiten wie Rückkauf, Dauerleihgabe an die betroffenen Einrichtung oder andere einvernehmliche Vereinbarungen in Betracht.

Exemplarisch sind die nachfolgend aufgeführten, unterschiedlichen Fallkonstellationen, in denen Rückgaben angeordnet wurden:

Fall 97
Martin Brunn-Erben vs. Stiftung Preußischer Kulturbesitz
(Alte Nationalgalerie)
wegen Gemälde von Caspar David Friedrich

Fall 98
Ottmar Strauss-Erben vs. Bayerische Staatsgemäldesammlungen
wegen Gemälde von Hans Thoma

Fall 99
Gustav Kirstein-Erben vs. Sprengel Museum Hannover
wegen Gemälde von Lovis Corinth

Fall 100
Paul Stern-Erben vs. Städel Museum Frankfurt/Main
wegen Gemälde von Jan van der Heyden
(und zwei weiterer Gemälde)

Fall 101
Goudstikker-Erben vs. Staatliche Kunstsammlungen Dresden
wegen Gemälde von Rachel Ruysch

Fall 102
Alfred Sommerguth-Erben vs.
1. Von der Heydt-Museum Wuppertal
2. Bundesrepublik Deutschland
wegen Werken von Adolf von Menzel

Fall 103
Max Steinthal-Erben vs. Staatliche Kunstsammlungen Dresden
wegen Gemälde von Joaquín Sorolla y Bastida
und weiterer sechzig Kunstwerke

Fall 104
Walter Westfeld-Erben vs. Stadt Burladingen
wegen Gemälde von Franz von Lenbach

3.4.5. Exkurs: Restitutionsgrundsätze der Stiftung Preußischer Kulturbesitz

Die Stiftung Preußischer Kulturbesitz (nachfolgend Stiftung genannt) ist eine öffentlich-rechtliche Einrichtung des Bundes und der Länder, die 1957 gegründet wurde und ihre Stiftungstätigkeit 1961 aufnahm. Große Kunstsammlungen, insbesondere der Berliner Museen, gehörten dem preußischen Staat, der durch alliierte Gesetze 1945 aufgelöst wurde. Dadurch fehlte ein Rechtsträger für die Kunstwerke, die ehemals in seinem Eigentum standen.

Kriegsbedingt ausgelagerte Museumsbestände, die von den Alliierten sichergestellt und vornehmlich in den Central Collecting Points in Wiesbaden und Celle zusammengeführt worden waren, wurden zunächst in die treuhänderische Verwaltung der Bundesländer Niedersachsen und Hessen überführt. Mehr als ein Jahrzehnt rangen höchste politische Stellen im sog. Berliner Bilderstreit darum, wem die Kunstsammlungen des preußischen Staates, die sich in Westdeutschland befanden, zugeordnet werden sollte.

Wegen des eskalierenden kalten Krieges und der Furcht, sowjetische Truppen könnten Westberlin besetzen und die Kunstwerke beschlagnahmen, blieb die Rückführung der Kunstbestände nach Westberlin zunächst aus, zumal sich der größte Teil der Museen im Ostsektor Berlins befand und in Westberlin gar keine ausreichenden Räumlichkeiten vorhanden waren. Sie wurde erst durch die Gründung eines Westberliner Museumzentrums in Berlin-Dahlem Anfang der 60er Jahre bewirkt.

Der preußische Staat bzw. seine herausragenden Berliner Museen hatten während der NS-Zeit nennenswerte Neuerwerbungen getätigt, die sich auch aus staatlichen Plünderungs- und Beschlagnahmeaktionen im Deutschen Reich und in den besetzten Ländern speisten. Kunstwerke dieser Herkunft befanden sich dann im Bestand der Stiftung. Der Bestand wurde erheblich erweitert, als nach der Wiedervereinigung im Oktober 1990 auch der gesamte Ostberliner Museumsbestand hinzukam. Dieser war seit Kriegsende nicht auf Raubkunstbestände untersucht worden und von Betroffenen konnten keine Rückgabeforderungen geltend gemacht werden.

Nach Inkrafttreten des VermG im September 1990 wurden von Antragstellern erstmals Rückgabeansprüche geltend gemacht, die den Sammlungsbestand der DDR und Ostberlins betrafen. Die Stiftung Preußischer Kulturbesitz wurde als eine der ersten staatlichen Institutionen weltweit mit der Restitutionsproblematik von Kulturgütern, die zwischen 1933 und 1945 abhanden gekommen waren, konfrontiert. Die Stiftung unterstützte schon frühzeitig mit eigenen Provenienzforschungen, insbesondere in den Berliner Sammlungen der Gemäldegalerie, der Nationalgalerie, des Kunstgewerbemuseums und des Kupferstichkabinetts, die Identifizierung betroffener Kunstobjekte. Bei berechtigtem Interesse stehen Jedermann die Unterlagen des Zentralarchivs der staatlichen Museen zu Berlin zur Einsichtnahme zur Verfügung.

Auf der Grundlage der Washingtoner Prinzipien beschloss der Stiftungsrat, bestehend aus Vertretern des Bundes und der Länder, am 04.06.1999, Kunstwerke aus ehemals jüdischem Eigentum, die den Alteigentümern verfolgungsbedingt entzogen wurden und sich heute in Einrichtungen der Stiftung befinden, nach eingehender Prüfung des Einzelfalls an die Berechtigten herauszugeben, unabhängig davon, ob die Rückgabe zwingende Folge einer gesetzlichen Regelung ist.

Der Präsident der Stiftung wurde bevollmächtigt, berechtigte jüdische Ansprüche durch Rückgabe von Kunstobjekten zu erfüllen oder im Einvernehmen mit den Betroffenen eine andere faire und gerechte Lösung zu erreichen. Bei Kunstwerken, für die keine Berechtigten bzw. deren Erben oder Rechtsnachfolger ermittelbar waren, erklärte sich die Stiftung bereit, eine Einigung mit der Conference on Jewish Material Claims against Germany Inc. (JCC) zu finden. Die Stiftung bekräftigte ihre Bereitschaft, unabhängig von den engen Voraussetzungen des VermG und der dort geregelten Anspruchsanmeldefrist bis 30.06.1993, auch später gestellte Rückgabeansprüche gegenüber den Betroffenen zu erfüllen.

Der erste Rückgabefall auf der Grundlage dieser Prinzipien erfolgte bereits im Sommer 1999.

Fall 105
Max Silberberg-Erben vs. Stiftung Preußischer Kulturbesitz wegen Zeichnung von Vincent van Gogh

3.4.6. Appell zur Suche nach NS-verfolgungsbedingt entzogenen Kulturgütern vom Januar 2005

Die Beauftragte der Bundesregierung für Kultur und Medien, die Präsidentin der Kultusministerkonferenz, die Präsidialmitglieder des Deutschen Städtetages, des Deutschen Städte- und Gemeindebundes und des Deutschen Landkreistages forderten im Januar 2005 in einem öffentlichen Appell nochmals alle Museen und Einrichtungen auf, nach NS-verfolgungsbedingt entzogenen Kulturgütern zu suchen und die Rechercheergebnisse der Koordinierungsstelle in Magdeburg mitzuteilen. In dem Appell wird festgestellt, dass seit der Gemeinsamen Erklärung vom 14.12.1999 in mehr als 150 Einrichtungen über 3.500 Kulturgüter ermittelt wurden, bei denen ein NS-verfolgungsbedingter Entzug nicht auszuschließen ist. 160 Gemälde, Zeichnungen und Grafiken und mehr als 1.000 Bücher wurden inzwischen an die Berechtigten zurückgegeben. Diese Ergebnisse sind im Vergleich mit anderen Staaten, wie den Niederlanden, Frankreich und Österreich eine bescheidene Bilanz der seit 1999 begonnenen Tätigkeit zur Aufklärung NS-verfolgungsbedingter Vermögensverluste.

Die Bundesrepublik Deutschland als Rechtsnachfolger des früheren Deutschen Reichses unternimmt vollkommen unzureichende Anstrengungen, um von Amts wegen systematisch die öffentlichen Sammlungsbestände zu überprüfen, um die Herkunft und das Schicksal von Kunstobjekten aufzuklären. Der öffentliche Appell sollte eine Intensivierung der Provenienzrecherche in den Sammlungsbeständen bewirken. Es besteht allerdings bei allen betroffenen Seiten der Eindruck, dass wohlwollend formulierte Absichtserklärungen und Appelle staatlicher Einrichtungen in der Praxis nicht ausreichend umgesetzt und bei einigen staatlichen Museen und Sammlungen kein nachhaltiger Wille zur Erforschung und Aufklärung der Bestände besteht. Ausnahmen, wie die Stiftung Preußischer Kulturbesitz, bestätigen diese Regel.

Die Bundesregierung hat das Thema bisher nicht zur „Chefsache" gemacht und jahrelang in unzureichender Weise agiert. Allein die parlamentarische Anfrage vom Frühjahr 2005 und die dazu gegebenen Antworten der zuständigen Kulturstaatsministerin zeigen, dass es offensichtlich am politischen Willen mangelt, die Selbstverpflichtungen umzusetzen. Die im Rahmen der Kirchner-Auseinandersetzung (s. Fall 2) im Sommer 2006 geführte Diskussion und die Hilferufe „die Museen werden allein gelassen" verdeutlichen, dass die unterlassene finanzielle Unterstützung durch den Bund und die Länder für die Museen und Sammlungen im Ergebnis bedeutet, dass die übernommenen Selbstverpflichtungen, insbesondere im Hinblick auf Provenienzrecherchen, tatsächlich gar nicht erfüllt werden können.

Die jährlich erstellten und im Internet für jeden Interessenten einsehbaren Sachstandsberichte, z. B. Österreichs und der Niederlande, die veröffentlichten Kommissionsberichte der Expertenkommissionen in Frankreich, der Schweiz und Großbritanniens oder die öffentliche Anhörung von Museumsdirektoren vor dem amerikanischen Repräsentantenhaus zeigen, dass in anderen Ländern eine ernsthaftere Auseinandersetzung mit der Thematik erfolgt. In Deutschland existiert derzeit keinerlei Ergebnis- oder Restitutionsbericht, dem auch nur ansatzweise entnommen werden könnte, wie die Washingtoner Prinzipien in den letzten sieben Jahren (!) in Deutschland umgesetzt wurden. Die Weigerung der Bundesregierung, den Museen und öffentlichen Sammlungen ausreichende finanzielle Mittel für die Provenienzforschung zur Verfügung zu stellen und von diesen dann beispielsweise jährlich Forschungsergebnisse einzufordern, stellt faktisch eine Vereitelung sämtlicher wohlklingender Absichtserklärungen dar.

Endlich scheint auch die Bundesregierung aufgewacht zu sein. Der Kulturstaatsminister hatte für den 20.11.2006 Museumsfachleute und Experten in das Bundeskanzleramt eingeladen, wo die Beteiligten erörterten, wie die weitere Umsetzung der Washingtoner Prinzipien erfolgen soll. Ob weitere Präzisierungen und/oder Einschränkungen der Rückgaberegelungen erfolgen und ob eine weitere finanzielle Ausstattung der betroffenen Museen durch die Bundesregierung in Betracht kommt, wird die Zukunft zeigen.

3.4.7. „Krisengipfel" beim Kulturstaatsminister im Kanzleramt

Infolge der massiven Pressekampagne im Sommer 2006 im Zusammenhang mit der in Deutschland umstrittenen Rückgabe des Kirchner-Gemäldes (s. Fall 2) sah sich der deutsche Bundes-Kulturstaatsminister Bernd Neumann – nunmehr erstmalig – veranlasst, am 20.11.2006 zu einer Gesprächsrunde einzuladen. An der von deutschen Medien als „Krisengipfel" hochstilisierten Veranstaltung nahmen einige Museumsdirektoren, die in der Vergangenheit mit Kunstrückgabeansprüchen konfrontiert waren, ebenso teil wie der Vertreter der Rechtsanwaltskanzlei, die im Auftrage des Berliner Senats das Rechtsgutachten im Fall Kirchner erstellt hatte. Schließlich waren zwei deutsche Auktionshäuser vertreten, die selbst Raubkunst versteigert hatten und dadurch Rückgabeforderungen von Alteigentümern ausgesetzt waren (s. Fälle 95 und 112). Mangels Einladung fehlten auf diesem Treffen die Vertreter der Verfolgtenverbände, insbesondere der Claims Conference, die stellvertretend für eine Vielzahl jüdischer Organisationen die Interessen von Holocaust-Opfern wahrnimmt. In der nichtöffentlichen, mehrstündigen Beratung trugen dem Vernehmen nach die Eingeladenen ihre allgemein in der Öffentlichkeit bekannten Thesen vor.

Verlautbarungen nach dem Treffen hatten folgenden Inhalt:

- Die Diskussion über Raubkunst und Kunstrestitution soll wieder versachlicht und die in den vorangegangenen Wochen und Monaten, insbesondere in der Presse, stattgefundene teilweise unsachliche Auseinandersetzung beendet werden.
- Der Forderung von Museen und Kunsthändlern, es mögen die Rückgabegrundsätze der Gemeinsamen Erklärung vom 14.12.1999 und der Handreichung vom Februar 2001 zu Lasten der Alteigentümer abgeändert werden, wurde eine klare Absage erteilt. Entsprechend der Washingtoner Prinzipien und des alliierten Rückerstattungsrechts der Nachkriegszeit soll grundsätzlich bei jeder Art von Vermögensverlust während der NS-Zeit die Verfolgungsbedingtheit angenommen werden, wenn der Alteigentümer zu einer Personengruppe gehörte, die kollektiv aus rassischen, politischen oder weltanschaulichen Gründen verfolgt wurde. Die von einzelnen Kritikern im Vorfeld verlangte Änderung dahingehend, dass allgemeine zivilrechtliche Beweislastregeln gelten sollten, mit der Folge, dass zukünftig bei Rückgaben der geschädigte jüdische Alteigentümer bzw. dessen Erben zu beweisen hätten,

dass der Vermögensverlust verfolgungsbedingt war, ist abgelehnt worden.

- Die von den betroffenen Museen dringend angemahnte finanzielle Unterstützung insbesondere der Provenienzrecherche soll durch die angemessene Bereitstellung von Sachmitteln geleistet werden. Auch die zentrale Koordinierung von Forschungstätigkeiten aller Museen ist beabsichtigt, um dadurch eine Professionalisierung der Überprüfung des Sammlungsbestandes zu gewährleisten.
- Alle Beteiligten waren sich darüber einig, dass bestehende oder zukünftige Rückgabebegehren professioneller geregelt werden sollen, insbesondere nicht mehr wie im Fall Kirchner hinter den Kulissen Entscheidungen ergehen, sondern eine allgemeine Transparenz hergestellt wird.
- Weitere Fachgespräche sollen sich anschließen, insbesondere unter Einbeziehung der zum ersten Termin nicht eingeladenen Interessengruppen der geschädigten Alteigentümer.

Es bleibt abzuwarten, ob dieses Medienspektakel nur ein inszenierter Sturm im Wasserglas war oder ob konkrete Veränderungen die Folge sein werden. Bisher hat die Bundesregierung keine finanziellen Zusagen gegenüber den Museen gemacht. Sie sind jedoch Voraussetzung für alle weiteren Initiativen, da erst mit einer ausreichenden Finanzausstattung die Washingtoner Prinzipien angemessen umgesetzt werden können.

Im Nachgang zu dieser ersten Gesprächsrunde gab es am 11.12.2006 ein Treffen des Kulturstaatsministers Neumann mit dem Direktor des deutschen Büros der „Conference on Jewish Material Claims Against Germany", Georg Heuberger, in dem klargestellt wurde, dass

- die Washingtoner Erklärung von 1998 und die Gemeinsame Erklärung von 1999 nicht zur Diskussion stehen,
- es keine Ausschlussfristen geben werde, solange Defizite bei der Provenienzrecherche bestehen,
- keine Verfügungsbeschränkungen z. B. für die Ausfuhr oder den Verkauf rückerstatteter Kunstwerke eingeführt werden.

Der Kulturstaatsminister kündigte die Überprüfung der Handreichung aus dem Jahre 2001 durch eine Arbeitsgruppe an.

3.4.8. Braucht Deutschland ein Kunstrestitutionsgesetz?

3.4.8.1. Beschwerden der Alteigentümer – Empörung der Herausgabeverpflichteten

In der Öffentlichkeit werden massive Beschwerden erhoben, es erfolge keine systematische und zügige Provenienzforschung in den öffentlichen Sammlungsbeständen. Es könne trotz der Gemeinsamen Erklärung vom 14.12.1999 und der Arbeitsanleitung vom Februar 2001 für die Betroffenen kein Rechtsanspruch abgeleitet werden, der es ermöglicht, gegenüber Museen und Sammlungen Rechercheergebnisse zu erzwingen. Es gibt keine Kontrolle und Überprüfung staatlicher Einrichtungen bezüglich der Umsetzung der verabschiedeten Grundsätze. Forderungen nach einer gesetzlichen Regelung wurden im Frühjahr 2006 lauter, weil die zum Teil spektakuläre Rückgabepraxis in anderen Ländern, z. B. in Österreich und in den Niederlanden, den Eindruck erweckt, dass im Ausland aufgrund speziellerer gesetzlicher Regelungen Rückgaben zielstrebiger abgewikkelt werden.

Im Sommer(loch) 2006 wurde, auch gestützt durch den Berliner Wahlkampf, in der deutschen Presse die vom Berliner Senat angeordnete Rückgabe des Kirchner-Gemäldes „Berliner Straßenszene" an die Erben der vormaligen Eigentümer (s. Fall 2) als skandalös, rechtlich unbegründet und leichtfertig gegeißelt. Erstmalig brach die offenbar in einigen (Museums)Kreisen aufgestaute jahrelange Verärgerung über die bisherige Rückgabepraxis gemäß den Washingtoner Prinzipien offen aus und ließ in bedenklicher Weise bei einigen sich zu Wort Meldenden fortgesetztes Denken in antisemitischen Klischees erkennen. Es wurde behauptet, ein Hauptwerk des Expressionismus sei rechtsgrundlos an die jüdischen Erben zurückgegeben und danach bei Nacht und Nebel zum Auktionshaus Christie's nach London geschafft worden, um es im Herbst 2006 zur Fütterung des internationalen Kunstmarktes für einen zu erwartenden zweistelligen Millionenbetrag zu versilbern. Die Absicht der Erben des Alteigentümers, das Bild meistbietend zu verkaufen, wurde als unmoralisch bewertet. Schaut man sich die Fakten des Falles an, ergibt sich ein anderes Bild.

Die von Deutschland in der Gemeinsamen Erklärung vom 14.12.1999 übernommene Selbstverpflichtung, in der grundsätzlich die Alliierten Rückerstattungsregelungen bei der Prüfung von Rückgabefällen heranzuziehen sind, ließ eine andere als die getroffene Rückgabeentscheidung gar nicht zu. Die sich lautstark artikulierende Empörung zielt auf eine Überprüfung und möglicherweise Revision der übernommenen Selbstverpflichtungsgrundsätze ab. Kuriose Vorschläge wie ein befristetes Verkaufsverbot für jüdische Alteigentümer und die Einrichtung eines staatlichen Fonds, aus dem anstelle der Rückgabe des Kunstwerkes der mutmaßliche Verkehrswert gezahlt werden soll, machten die Runde. Sogar die Abkehr von der in den Alliierten Bestimmungen geregelten Vermutung der rassischen Verfolgung in der NS-Zeit wurde verlangt.

Diese Forderung steht im krassen Widerspruch zu den Washingtoner Prinzipien, die wohlüberlegt gerade eine erleichterte Beweisführung für die Alteigentümer postulieren. Denn die Verfolgung aus rassischen, politischen, religiösen und weltanschaulichen Gründen steht ebenso außer Zweifel wie der daraus resultierende eklatante Eingriff in die Lebensverhältnisse der Verfolgten. Deshalb wird in Kenntnis der historischen Vorgänge vermutet, dass Vermögensverluste von Verfolgten, so auch an Kunstwerken, verfolgungsbedingt waren. Das Gegenteil muss der Erwerber bzw. der aktuelle Besitzer beweisen. Die Abkehr von diesem Grundsatz ist ein verschleierter Versuch, die Rückgabe generell auszuschließen. Wenn, wie in Sachen Kirchner, eine rassisch Verfolgte 1936, also nach den sog. Nürnberger Rassegesetzen vom September 1935, im Deutschen

Reich ein Kunstwerk veräußerte, kann ernsthafter Weise nicht angenommen werden, dass dieser Verkauf ohne die Herrschaft des NS-Regimes ohne Weiteres erfolgt wäre. Die von den Kritikern der Rückgabeentscheidung im Wesentlichen ins Feld geführten Argumente, es habe sich bei dem Erwerber um einen redlichen Sammler, Freund des Künstlers u.ä. gehandelt und dieser habe das expressionistische Werk über die Zeit des NS-Regimes gesichert und dem deutschen Museumsbestand erhalten, sind sämtlichst Gesichtspunkte, die in keiner Weise die Zwangssituation des Verkäufers betreffen. Allein darauf kommt es aber bei NS-verfolgungsbedingten Vermögensverlusten grundsätzlich an.

3.4.8.2. Rechtliche und tatsächliche Möglichkeiten

Aufgrund des föderalen Systems der Bundesrepublik Deutschland bedürfte es eines Bundesgesetzes und für die jeweiligen Bundesländer landesgesetzlicher Regelungen, was zu einer komplizierten Gesetzesflut (ein Bundesgesetz, 16 Landesgesetze) führen würde. Dies ist überflüssig.

Die staatlichen Museen und Einrichtungen auf Bundes-, Landes- und kommunaler Ebene haben in Selbstverpflichtungserklärungen ihre Bereitschaft erklärt, NS-verfolgungsbedingte Vermögensverluste aufzuklären und faire und gerechte Lösungen mit den Betroffenen zu finden. Es bedarf keines Gesetzes, sondern stattdessen der Umsetzung dieser Selbstverpflichtungen. Die Bundesregierung ist in ihrer faktischen Eigenschaft als „Schirmherr" verpflichtet, den Museen und Sammlungen notwendige finanzielle Beträge für die Provenienzforschung zur Verfügung zu stellen, die Vergabe und Verwendung der Forschungsmittel zu überprüfen und möglichst in jährlichen Ergebnisberichten den Stand der Umsetzung der Washingtoner Prinzipien zu dokumentieren.

Dazu bedarf es eines engagierten Beauftragten der Bundesregierung zur Umsetzung der Washingtoner Prinzipien in Deutschland. Die bisherige „nebenberufliche" Beschäftigung des jeweiligen Kulturstaatsministers mit dem Thema ist vollkommen unzureichend. Allein die Tatsache, dass von der Bundesregierung (und in gleicher Höhe von allen 16 Bundesländern) pro Jahr nur ca. 250.000 € für die Koordinierungsstelle zur Verfügung gestellt werden und aufgrund dieser bescheidenen Mittel nicht viel mehr als eine Website und einige wenige Mitarbeiter unterhalten werden können zeigt die unzureichende Förderung der Umsetzung der Washingtoner Prinzipien durch die Bundesregierung. Dass überhaupt eine systematische Provenienzrecherche in Sammlungsbeständen begonnen hat, ist dem engagierten Tätigwerden einzelner Museums- und Stiftungsdirektoren und ihrer Mitarbeiter zu verdanken. Diese begrüßenswerten Einzelaktivitäten reichen aber nicht aus, die in der Gemeinsamen Erklärung vom Dezember 1999 übernommenen Selbstverpflichtungen zu verwirklichen.

Andere Staaten zeigen, wie die Umsetzung der Washingtoner Prinzipien ernsthaft, professionell und effektiv betrieben werden kann. Das kleine Österreich schaffte es innerhalb von fünf Jahren und durch Bereitstellung von mehreren Millionen Euro Forschungsgeldern, nahezu den gesamten Bestand der Bundesmuseen zu überprüfen und für eine erhebliche Anzahl von Kulturgütern faire und gerechte Lösungen mit den Alteigentümern herbeizuführen. In den Niederlanden soll 2007 die gesamte Überprüfung des staatlichen Sammlungsbestandes abgeschlossen sein, infolge derer hunderte zum Teil herausragende Kunstwerke an Alteigentümer zurückgegeben wurden. Rückgaben in den USA durch dortige Museen oder durch private Stiftungen und Sammler zeigen die breite Bereitschaft zur Umsetzung der Washingtoner Prinzipien im Ausland. In Deutschland haben die politisch Verantwortlichen offensichtlich noch gar nicht erkannt, welche auch außenpolitischen Folgen drohen, wenn die Selbstverpflichtungen der Gemeinsamen Erklärung vom Dezember 1999 nur halbherzig umgesetzt werden. In Österreich wachte die Regierung erst auf, als in spektakulärer Weise am Neujahrstag 1998 zwei Schiele-Zeichnungen in New York beschlagnahmt wurden. Klagen, die in den USA erhoben werden gegen ausländische Staaten, wie z. B. Österreich und Spanien, sind von den dortigen Gerichten als zulässig anerkannt worden. Es dürfte nur noch eine Frage der Zeit sein, wann in deutschem Museumsbesitz befindliche Kunstwerke mit in den USA erhobenen Klagen herausverlangt werden, wenn sich an der bisherigen Praxis nicht grundlegend etwas ändert.

4. Kapitel
Nationale und internationale Verhaltensregeln im Kunsthandel

4.1. Rückblick – vom Ende des 2. Weltkrieges bis Anfang der 90er Jahre

Der größte Teil der während der NS-Zeit und im 2. Weltkrieg abhanden gekommenen Kunstobjekte wurde von den Alliierten sichergestellt und bis Ende der 40er Jahre zurückgegeben. Im Regelfall erfolgten die Rückgaben an die Staaten, die nachweislich Eigentümer der Kunstobjekte gewesen waren oder stellvertretend an sie, wenn feststand oder vermutet wurde, dass die Kunstobjekte bis dahin nicht ermittelbaren Staatsangehörigen des Rückgabelandes gehörten.

In verschiedenen, insbesondere westeuropäischen Ländern waren zeitlich befristete Restitutionsgesetze erlassen worden, die es geschädigten Privateigentümern ermöglichten Rückgabeforderungen auch dann geltend zu machen, wenn die Vermögensverluste infolge von Zwangsverkäufen, Versteigerungen oder auf sonstige scheinlegale Weise erfolgt waren. Es zeigte sich allerdings vor allem bei Rückgabeprozessen in Österreich, den Niederlanden, der Schweiz und Deutschland, dass damalige Gerichte im Regelfall dem Erwerber unter Hinweis auf dessen Gutgläubigkeit Vorrang vor den Rückgabeansprüchen der Geschädigten einräumten. Kunsthändler, die während der NS-Zeit schwunghaften Handel mit verfolgungsbedingt verloren gegangenen Kunstobjekten betrieben, wurden oftmals von den angerufenen Gerichten als redlich und gutgläubig beurteilt, obwohl sie Kenntnis von den Verlustumständen oder zumindest der Herkunft der Kunstobjekte hatten.

All dies beförderte die damals vorherrschende Auffassung, Kunstwerke aus NS-verfolgungsbedingten Vermögensverlusten könnten frei und unbeschränkt gehandelt werden. Ihre Herkunftsgeschichte interessierte niemanden. Als die Anmeldefristen der Restitutionsgesetze in den verschiedenen Ländern Ende der 40er Jahre abgelaufen waren, schätzten Sammler- und Händlerkreise ein, nun könnten Kunstobjekte ohne Einschränkung durch Rückforderung von NS-Geschädigten frei und unproblematisch gehandelt werden.

Völlig verkannt wurde, dass ausschließlich für Ansprüche nach öffentlich-rechtlichen Restitutionsgesetzen eine Ausschlussfrist galt. Fortlaufend waren und sind zivilrechtliche Eigentumsherausgabeansprüche gegeben, wenn der Alteigentümer sein Eigentum an dem Kunstwerk gar nicht verloren hatte.

Jahrzehntelang war unbekannt, dass an zahlreichen Kunstobjekten, zum Teil von herausragender Qualität, Vermögensverluste aufgrund von Verfolgungs- und Zwangsmaßnahmen des NS-Regimes eingetreten waren. Mitunter wurde vorhandenes Wissen darüber verdrängt. Während der NS-Zeit (30.01.1933 - 08.05.1945) und bis Ende des 2. Weltkrieges aus staatlichen und privaten Sammlungen gestohlene oder auf sonstige Weise unrechtmäßig abhanden gekommene

Kunstobjekte wurden ohne Unrechtsbewusstsein der Beteiligten weltweit gehandelt. Selbst wenn die Herkunft des Kunstwerkes aus einem geplünderten Museum oder einer beschlagnahmten Privatsammlung bekannt war, gab es für den Kunsthandel keine Veranlassung, vom Geschäft mit ihm Abstand zu nehmen. Auktionshäuser verwiesen sogar in Katalogen auf geschädigte Alteigentümer (insbesondere auf berühmte französische Sammler). Die eindeutige Bezeichnung von Raubkunst in öffentlichen Verzeichnissen und Publikationen hinderte den Kunstmarkt nicht, sie zu veräußern - mit fatalen Folgen für die aktuellen Besitzer, die sich Rückgabeansprüchen, zum Teil strafrechtlichen Verurteilungen (!) ausgesetzt sehen.

Noch bis Anfang der 90er Jahre herrschte bei Kunstsammlern und -händlern sowie Auktionshäusern die allgemeine Auffassung vor, es könne alles am Markt veräußert werden, wenn der Veräußerer versichert, er sei Eigentümer, ohne die Herkunft und früheren Besitzverhältnisse darzulegen, geschweige denn nachweisen zu müssen. Die Überprüfungen der Echtheit von Werken stand im Vordergrund, nicht die Provenienz. Das hat sich unter dem Druck von Schadensersatzforderungen geprellter Käufer, Beschlagnahmen von Kunstwerken und strafrechtlichen Verurteilungen in den 90er Jahren grundlegend verändert – zumindest bei den großen international tätigen Auktionshäusern Sotheby's und Christie's. Mittelständische, insbesondere europäische Versteigerer haben erst begonnen, eine ausreichende Prüfung der zum Verkauf vorgesehenen Kunstwerke durchzuführen.

4.2. Prozesse, Beschlagnahmen, Verurteilungen – Kehrtwende Anfang der 90er Jahre

4.2.1. Rückforderungen und Beschlagnahmen in den USA

Ein Umdenken im internationalen Kunsthandel wurde erst durch einige spektakuläre gerichtliche Entscheidungen und Beschlagnahmen sowie Verurteilungen von Kunsthändlern wegen Hehlerei bewirkt. Der erste bekannt gewordene Rückforderungsfall gegenüber einem amerikanischen Museum führte bereits 1987 zu einer Herausgabeklage (s. Fall 69).

Eine Kehrtwende in Händlerkreise deutete sich mit dem spektakulären Beschlagnahme- und Rückgabefall des 1603 entstandenen Gemäldes des niederländischen Manieristen Joachim Wtewael an (s. Fall 14), wo eine Versteigerung Mitte 1992 in London bei Sotheby's verhindert und nach sechsjährigem Prozess die Rückgabe an den Alteigentümer erreicht werden konnte.

Kunsthändler und Auktionshäuser rechtfertigen ihren sorglosen Handel mit NS-Raubkunst stets in gebetsmühlenartiger Weise. Sotheby's hatte noch 1997 im Falle des Wtewael-Gemäldes zum Handel mit Nazi Looted Art ausgeführt, das Bild wäre 1945 ordnungsgemäß verkauft und aufgrund nachfolgender mehrfacher Eigentumswechsel gutgläubig vom jetzigen Besitzer erworben worden. Es könnten angesichts mehrerer hunderttausend gehandelter Kunstwerke bei jährlich geschätzten 1 % Verdachtsfällen, also ca. 2.000 Objekten pro Jahr, nicht alle Fälle untersucht werden. Im Übrigen sei das Auktionshaus nur als Kommissionär tätig und nicht als Eigentümer. Der Einlieferer sei für den Nachweis seiner unanfechtbaren Eigentümerstellung verantwortlich. Diese Einschätzung herrschte allgemein und in Kunsthändlerkreisen jahrzehntelang vor. Sie wird allerdings von der Rechtsprechung nicht mehr ohne Weiteres anerkannt. In den 90er Jahren vollzog sich eine gravierende Veränderung der Kunsthandelssitten und -gebräuche – zunächst bei den international tätigen Auktionshäusern, sukzessive auch im vor allem national tätigen Kunsthandel.

Entscheidende Kriterien für die von der Rechtsprechung geforderte besondere Nachforschungs- und Sorgfaltspflicht des veräußernden Kunsthändlers sind Folgende:

- Der Kunstmakler schafft mit der Veröffentlichung von Katalogen, seinen auf Seriosität und Verlässlichkeit abzielenden Präsentationen in den Vorbesichtigungen und den Versteigerungen selbst den Tatbestand, dass „alles mit rechten Dingen zugeht".
- Der Käufer darf darauf vertrauen, dass er kein Diebes- oder Raubgut kauft und wirksam Eigentum erwirbt. Angesichts der Kunstmarktpreise und der Gewinnmargen eine Selbstverständlichkeit, sollte man meinen.

Parallel zu dem Wtewael-Fall entstand bei Sotheby's das Problembewusstsein. Als in den USA in der dortigen Dependance 1995 ein Gemälde des Malers Tischbein zur Versteigerung eingereicht wurde, bei dem ohne großen Rechercheaufwand schnell festgestellt wurde, dass es aus der Kunstsammlung zu Weimar stammte und 1945 aus einem Depot auf Schloss Schwarzburg in Thüringen entwendet worden war, zog Sotheby's die Notbremse und nahm das Bild aus der Versteigerung, obwohl es bereits das Titelbild des Kataloges zierte. Auch dieses Gemälde war mutmaßlich von US-Militärangehörigen nach Kriegsende gestohlen worden. Jahrzehntelang war nach den in den Weimarer Kunstsammlungen verlustig gegangenen herausragenden Altmeister-Gemälden gefahndet und in internationalen Publikationen auf den Verlust aufmerksam gemacht worden (s. Fall 29).

Die Sorglosigkeit internationaler Auktionshäuser wird exemplarisch im Zusammenhang mit der Rückforderung des Franz Hals-Porträts durch die Erben der französischen Schloss-Familie deutlich (s. Fall 49). Eindeutig nach 1945 als NS-verfolgungsbedingter Vermögensverlust identifiziert und in amtlichen französischen Publikationen als Raubgut dokumentiert, galt das Gemälde als verschollen, wurde ab 1967 jedoch viermal versteigert, dann dem Letzterwerber durch Beschlagnahme in Frankreich entzogen und den Alteigentümern zurückgegeben.

Einen Wendepunkt in den USA in den 90er Jahren stellte die Sicherstellung und Rückführung eines Gemäldes des Renaissance-Malers Jacopo di Barbari dar. Auch dieses Bild war Bestandteil der Kunstsammlungen Weimar. Es wurde aus deren Depot in Schloss Schwarzburg mutmaßlich von amerikanischen Soldaten gestohlen und in die USA geschafft. Nach mehreren Besitzwechseln bot ein New Yorker Kunstrestaurator das handtaschengroße Kunstwerk (von Sotheby's auf einen Wert zwischen 10 bis 16 Mio. DM – 5 bis 8 Mio. € – geschätzt) dem Direktor der Kunstsammlungen zu Weimar für einen „Finderlohn" von 100.000 US-Dollar an. Der amerikanische Zoll und das FBI ermittelten den Restaurator Frank Vacarro und stellten das Bild sicher. Es gelangte im Dezember 2000 nach Weimar. Vacarro wurde wegen versuchter Hehlerei von einem amerikanischen Gericht verurteilt.

Wertvolle Altmeister-Zeichnungen wurden 1997 von der Zollfahndung in New York sichergestellt, darunter zwölf Arbeiten u.a. von Rembrandt und Dürer aus dem Altbesitz der Kunsthalle Bremen. Diese waren offensichtlich bei Kriegsende von sowjetischen Truppen aus einem in ihrem Besatzungsgebiet gelegenen Depot der Bremer Kunsthalle mitgenommen und in einem Museum in Baku am Kaspischen Meer eingelagert worden. In den 90er Jahren wurden sie dort entwendet und in die USA geschafft. U.a. diese Fälle führten zur Gründung einer Abteilung des amerikanischen Zolls, die darauf spezialisiert ist, nach geraubten Kunstwerken zu fahnden, sie sicherzustellen und an die tatsächlichen Eigentümer zurückzugeben.

Einen weiteren Meilenstein bildete die Beschlagnahme zweier Gemälde von Egon Schiele Anfang 1998 in einer Ausstellung des Museum of Modern Art in New York, die als Leihgaben der österreichischen Leopold-Stiftung dort gezeigt wurden. Die Rechtsnachfolger der jüdischen Alteigentümerin einer der Bilder machten einen verfolgungsbedingten Vermögensverlust geltend und die Bundesstaatsanwaltschaft reichte eine Klage auf „Verfall wegen Einfuhr gestohlenen Gutes" ein (s. Fall 66). Das anhängige Verfahren soll demnächst gerichtlich entschieden werden. Auch dieser Fall zeigte den Kunsthändlern und Sammlern, dass Rechtsmittel vorhanden sind und damit gerechnet werden muss, dass Rückgabeansprüche auf verfolgungsbedingt verloren gegangene Kunstwerke geltend gemacht werden.

Rückforderungen gegenüber US-amerikanischen Museen, so die vom Verwalter des George Grosz-Nachlasses angekündigte Herausgabeklage gegenüber dem Museum of Modern Art in New York wegen des Grosz-Porträts von Max Hermann-Neisse und mehrerer anderer hochkarätiger Grosz-Bilder, zeigen, dass sich namhafte amerikanische Sammlungen auch in der Zukunft mit Raubkunst auseinanderzusetzen haben.

Fall 106
George Grosz-Erben vs. Museum of Modern Art, New York
wegen drei Werken von George Grosz

Allein die Geltendmachung von Rückgabeansprüchen gegenüber dem Metropolitan Museum of Art – ohne dass bisher zweifelsfrei geklärt werden konnte, dass tatsächlich ein NS-verfolgungsbedingter Vermögensverlust vorliegt – veranlasste das Museum, das für die Ausstellung „Glitter and Doom" Ende 2006 vorgesehene Porträt von Max Hermann-Neisse nicht zu zeigen. Obwohl gerade große amerikanische Museen zur Prüfung der Provenienz einiger ihrer Hauptwerke spezielle Forschungsprojekte ins Leben riefen, ist festzustellen, dass bei zahlreichen, insbesondere aus Deutschland stammenden Kunstwerken bisher eine lückenlose Provenienz noch nicht ermittelt worden ist. Diese Provenienzlücken begründen, wie der Rückforderungsfall Grosz exemplarisch zeigt, die Vermutung, dass noch mit einigen spektakulären Rückgabeforderungen gegenüber amerikanischen Sammlungen zu rechnen ist.

4.2.2. Strafrechtliche Ermittlungen und Beschlagnahmen in Europa

Auch in Europa zeigten spektakuläre Prozesse ab Ende der 90er Jahre dem hiesigen Kunstmarkt, wie kompliziert und für die Beteiligten äußerst risikoreich sich der Handel mit NS-verfolgungsbedingt verloren gegangenen Kulturgütern darstellt.

1997 kam es zu einer Beschlagnahme von fünf Bildern italienischer Impressionisten in einer florentinischen Galerie, der die Bilder für eine Ausstellung geliehen worden waren. In einem sich anschließenden Strafverfahren wurde die Dunedin Public Art Gallery aus Neuseeland angeklagt, mit gestohlenen Kunstwerken zu handeln, weil sie die Bilder 1994 in Neuseeland von einem Einheimischen erworben hatte, der diese selbst als Besatzungssoldat in Italien zu Kriegsende unter ungeklärten Umständen gekauft hatte (s. Fall 50).

Im Juni 1998 zeigte der Oberste Gerichtshofs Frankreichs die Grenzen des internationalen „gutgläubigen" Kunsthandels auf. Ein auf Gemälde alter Meister spezialisierter Kunsthändler aus New York wurde von einem französischen Strafgericht im Jahre 2001 wegen vorsätzlichem Handel mit einem gestohlenen Kunstobjekt zu einer Gefängnisstrafe von acht Monaten auf Bewährung und einer Geldstrafe verurteilt. Als er das Bild 1989 bei Christie's in New York ersteigerte, war es zuvor bereits dreimal seit 1967 auf verschiedenen öffentlichen Auktionen veräußert worden. Als es im September 1990 in Paris in einer Ausstellung gezeigt werden sollte, wurde es auf Antrag der Erben des Alteigentümers beschlagnahmt und nach Durchführung des Strafverfahrens an diese herausgegeben. Das Bild gehörte ursprünglich zur Sammlung Schloss und war 1943 in Paris entwendet worden (s. Fall 49).

Das Strafurteil und die Einziehung des Bildes zeigen, dass auch ein über Jahrzehnte stattfindender Handel mit einem 1943 NS-verfolgungsbedingt verloren gegangenen Kunstwerk noch heute zu strafrechtlichen Sanktionen gegen den aktuellen Besitzer und zur Rückerstattung an die Alteigentümer bzw. deren Erben führen kann. Alle Beteiligten im Kunsthandel, die besonderen Sachverstand haben und wissen oder wissen müssten, dass das betreffende Kunstobjekt aus NS-verfolgungsbedingtem Vermögensverlust stammt, müssen nunmehr damit rechnen, dass sie auch strafrechtlich wegen „Handels gestohlener Sachen" belangt werden können.

Drei für eine Auktion in dem Münchener Auktionshaus Neumeister vorgesehene Gemälde von Adolf von Menzel wurden im September 2002 von den Alteigentümer-Erben als Raubkunst identifiziert. Das Auktionshaus zog die Bilder unverzüglich aus der Auktion zurück. Um ihre Herausgabe an den Einlieferer zu verhindern, erreichten die Anspruchsteller durch einstweilige Verfügung eine gerichtliche Entscheidung, die es dem Auktionshaus verbot, die Bilder bis zur endgültigen Klärung des Rechtsstreites herauszugeben.

Fall 107

Alfred Sommerguth-Erben vs. unbekannten Besitzer (Auktionshaus Neumeister) wegen Werken von Adolf von Menzel

Die jüngste spektakuläre zivilrechtliche Beschlagnahme fand in Wien Ende November 2006 statt. Dort kam durch ein Auktionshaus eine Egon Schiele-Zeichnung zum Verkauf, obwohl vorher die Alteigentümer-Erben Ansprüche geltend gemacht hatten. Zwei Tage nach der Versteigerung, jedoch vor Übergabe an den Käufer, erwirkten die Alteigentümer-Erben eine einstweilige Verfügung, die es dem Auktionshaus untersagt, die Schiele-Zeichnung bis zur endgültigen gerichtlichen Klärung herauszugeben.

Fall 108

Oskar Hirsch-Erben vs. unbekannten Besitzer (Auktionshaus im Kinsky) wegen Zeichnung von Egon Schiele

Das in beiden Fällen erfolgreiche zivilrechtliche Vorgehen zeigt, dass gegenüber privaten Besitzern und Auktionshäusern einstweilige Sicherungsmaßnahmen bewirkt werden können, die verhindern, dass NS-Raubkunst unerkannt wieder verschwindet, sobald Rückgabeansprüche geltend gemacht werden.

4.3. Schadensersatz und Regressforderungen gegenüber Kunsthändlern

Erst im Anfangsstadium sichtbar ist die Problematik der Geltendmachung von Schadensersatz- und Regressansprüchen aktueller Besitzer von Kunstwerken, die diese an die Alteigentümer zurückgeben (müssen) und ihrerseits deshalb den Verkäufer haftbar machen. Davon betroffen sind Kunsthändler und Auktionshäuser, von denen in der Vergangenheit Kunstwerke verkauft wurden, die nunmehr von den aktuellen Besitzern an Dritte herauszugeben sind.

So musste Christies z. B. in einem Falle den Kaufpreis von mehr als 200.000 US-Dollar an einen New Yorker Kunsthändler zurückerstatten, der nach Beschlagnahme eines Bildes durch strafrechtliche Einziehung das Eigentum bzw. den Besitz verlor (s. Fall 49). In einem anderen Fall gab das Seattle Art Museum ein Bild von Matisse an die Rosenberg-Erben zurück und erhob gleichzeitig Schadensersatzklage gegen die New Yorker Galerie Knoedler & Co., die es Mitte der 50er Jahre, also vor mehr als 40 Jahren, verkauft hatte. Die Beteiligten haben sich auf eine Kompensation in Höhe des siebenstelligen Verkehrswertes des Bildes geeinigt (s. Fall 39).

Diese und andere Fälle zeigen, dass die jahrzehntelange Praxis im Kunsthandel, Objekte ohne genaue Klärung der Herkunft zu veräußern, fahrlässig war und nicht selten wissentlich Raubkunst gehandelt wurde. Nun sind die Folgen des damaligen Handelns zu tragen. Dass sich private Sammler, Stiftungen oder öffentliche Museen und Sammlungen, die Kunstwerke an Alteigentümer bzw. deren Erben herausgeben müssen, nunmehr wegen Schadensersatzansprüchen an die damaligen Verkäufer wenden und von diesen einen Ausgleich für ihren Vermögensverlust fordern, ist die logische Folge des in der Vergangenheit betriebenen sorglosen Handels mit NS-Raubkunst.

Machen Alteigentümer bzw. deren Erben Rückgabeforderungen geltend und erreichen dadurch, dass ein Gemälde aus einer angekündigten Auktion zurückgezogen wird, obwohl sich nachträglich herausstellt, dass die erhobenen Forderungen unbegründet sind, besteht für sie die Gefahr, dass nunmehr ihnen gegenüber Schadensersatz wegen der ungerechtfertigten Geltendmachung von Ansprüchen erhoben wird. Exemplarisch könnte hier die Rücknahme von Picassos Absinth-Trinker aus der New Yorker Christie's-Auktion am 09.11.2006 sein.

Fall 109

Paul von Mendelssohn-Bartholdy-Erben vs. Sir Andrew Lloyd Webber Art Foundation (Christie's)
wegen Gemälde von Pablo Picasso

Christie's ließ jedenfalls im Dezember 2006 verlauten, dass eine Schadensersatzklage gegen die von dem Potsdamer Historiker Schoeps vertretene Mendelssohn-Bartholdy-Erbengemeinschaft geprüft werde, weil von dieser aus Sicht des Auktionshauses und des Einlieferers eine offensichtlich unbegründete Rückgabeforderung geltend gemacht wurde. Im deutschen Zivilrecht ist ausdrücklich gesetzlich geregelt, dass eine im einstweiligen Rechtsschutzverfahren erwirkte Verfügung, mit der z. B. der Alteigentümer eine Versteigerung oder die Rückgabe eines Kunstwerkes an den Besitzer verhindern will, Schadensersatzpflichten begründet, wenn sich nachträglich herausstellt, dass die einstweilige Verfügung aufzuheben war, weil ein (Verfügungs)Anspruch nicht bestand.

Regressforderungen gegenüber mittelständischen, insbesondere europäischen Auktionshäusern und Kunsthändlern, die NS-Raubkunst veräußerten, wurden bisher nur in Einzelfällen bekannt. Regelmäßig bemühten sich die betroffenen Kunsthändler, „hinter den Kulissen" eine Einigung mit den Anspruchstellern zu finden, um eine Geschäftsschädigung zu vermeiden. Der Ausschluss der Öffentlichkeit dürfte jedoch zukünftig bei Rückgabe- bzw. Schadensersatzansprüchen nicht mehr ohne Weiteres möglich sein. Das Thema des Handels mit Raubkunst erfährt in der Öffentlichkeit eine zunehmende Sensibilisierung. Es ist deshalb seitens europäischer Sammler zunehmend mit Schadensersatz- oder Erlösauskehransprüchen in den Fällen zu rechnen, in denen sie in der Vergangenheit in Auktionshäusern oder bei Kunsthändlern nachweislich Raubkunst erwarben (s. Fall 110). Dies gilt insbesondere bei veräußerten Kunstwerken, auf die heute Rückgabeansprüche geltend gemacht werden. Die USA sind auch hier Vorreiter für eine Entwicklung, die auch auf den europäischen Kunsthandel zukommen wird.

4.4. Vermittlung zwischen aktuellem Besitzer und NS-Geschädigtem

Der Kunsthandel erhält Angebote zur Vermarktung oder Begutachtung von Kunstwerken, bei denen es sich um NS-verfolgungsbedingt verloren gegangene Gegenstände handelt. Entsprechende Erkenntnisse tauchen auf, wenn Kunden Kunstexperten mit Echtheits- und Wertprüfungen beauftragen oder wenn im Rahmen einer bereits erfolgten Auftragsannahme von Seiten des Kunsthändlers oder des Auktionshauses Provenienzrecherchen durchgeführt werden.

Vermehrt ist festzustellen, dass der Kunsthandel an Alteigentümer von NS-verfolgungsbedingt verloren gegangenen Kunstobjekten bzw. deren Erben, die z.T. seit Jahrzehnten erfolglos nach ihrem Eigentum suchten, herantritt und darlegt, ihm sei der aktuelle Besitzer des Kunstobjektes bekannt und dieser könne sich eine einvernehmliche finanzielle Regelung mit dem Anspruchsteller vorstellen, wenn das Kunstobjekt von dem Vermittler verkauft bzw. versteigert werde. Die im Einzelfall von Alteigentümern daraufhin erhobenen Forderung, es möge der Besitzer genannt werden, damit direkt von diesem die Rückgabe verlangt werden oder mit ihm selbst die Einigungsverhandlung durchgeführt werden könne, scheitern regelmäßig an der Verschwiegenheitsverpflichtung des Kunsthändlers. Alteigentümer von NS-verfolgungsbedingt verloren gegangenen Kunstobjekten stehen vor der Entscheidung, ob sie sich an einem Geschäft, das über den Vermittler abgewickelt wird, beteiligen und damit durch die Verwertung des an unbekanntem Ort und bei einem unbekannten Besitzer befindlichen Kunstobjekts zumindest teilweise am Erlös beteiligt sind oder ob sie dies ablehnen mit der Folge, dass ihr Anspruch ungeklärt bleibt, weil sie nicht wissen, wo und bei wem sich das Kunstobjekt befindet. Für den Besitzer ist ein solcher „Deal" im Regelfall die einzige Möglichkeit, das Kunstobjekt verwerten zu können, weil Verkäufe NS-belasteter Kunst auf dem internationalen Markt kaum noch möglich sind. Alteigentümer bzw. deren Erben können häufig nur auf diesem Wege jahrzehntelang verfolgte Rückerstattungsansprüche zu einem Ende bringen.

Die beiden großen Auktionshäuser Sotheby's und Christie's bekommen immer wieder Kunstwerke zum Zwecke der Prüfung und späteren Veräußerung eingeliefert, bei denen sich nach firmeninternen Ermittlungen der seit Mitte der 90er Jahre äußerst professionell arbeitenden Rechercheteams ergibt, dass sie NS-Raubkunst darstellen. So wurde Ende der 90er Jahre Sotheby's ein hochkarätiges Gemälde von Claude Monet zum Verkauf angeboten. Im Auftrage des Besitzers ermittelte das Auktionshaus die Erben des Alteigentümers und konnte eine einvernehmliche Vereinbarung zwischen diesen und dem aktuellen Besitzer erreichen. Sotheby's wurde beauftragt, das Gemälde in seiner Sommerauktion 2001 zu versteigern.

Fall 110

Ludwig Kainer-Erben (Norbert Levy) vs. unbekannte Besitzer (Sotheby's) wegen Gemälde von Claude Monet

Die Rolle des Kunsthandels in diesem Zusammenhang ist ambivalent. Zum einen führt sein Engagement zur Aufklärung und auch zur Regelung von Verfolgungsverlusten in der NS-Zeit. Zum anderen berührt seine vermittelnde Tätigkeit, die auf dem Verwertungsauftrag des Einlieferers und nicht auf einem Aufklärungsauftrag des Alteigentümers basiert, den Bereich der Hehlerei mit gestohlenen Kulturgütern.

Es ist zukünftig damit zu rechnen, dass zunehmend Kunstobjekte am Markt auftauchen, die aus NS-verfolgungsbedingten Vermögensverlusten stammen und sich seit Jahrzehnten unentdeckt im Privatbesitz befanden. Ein Handel mit diesen Kunstwerke am Markt ist nur möglich, wenn vorab die Ansprüche der Alteigentümer bzw. deren Erben geklärt wurden.

Fall 111
Karl Grünwald-Erben vs. unbekannter Besitzer (Christie's)
wegen Gemälde von Egon Schiele

Der einvernehmlich geregelte Fall des Schiele-Bildes, das offensichtlich von einem französischen Besitzer stammte, hätte in Frankreich zu einer Beschlagnahme und strafrechtlichen Einziehung führen können. Niemand kann derzeit vorhersagen, wie nationale Strafverfolgungsbehörden aktuelle Besitzer bzw. Händler, die NS-verfolgungsbedingt verloren gegangene Kunstobjekte besitzen bzw. veräußern, beurteilen werden. Hier befinden sich die Beteiligten auf einem unsicheren rechtlichen Terrain, das erhebliche Risiken in wirtschaftlicher und strafrechtlicher Hinsicht birgt. Wird Hehlerei oder Handel mit gestohlenen Kunstobjekten festgestellt, kommt nicht nur eine strafrechtliche Verurteilung der Beteiligten, sondern auch die öffentlich-rechtliche Einziehung des Kunstobjektes und Rückgabe an den Alteigentümer in Betracht.

4.5. Gerichtliche Klärung durch die aktuellen Besitzer

Von Alteigentümern bzw. deren Erben werden weltweit, insbesondere in den Vereinigten Staaten und westeuropäischen Ländern, Rückgabeforderungen gegenüber Museen und öffentlichen sowie privaten Sammlungen gestellt. Zum Teil werden diese Begehren von unangemessen inszenierten Pressefeldzügen begleitet. Betroffene sehen sich einer Kampagne ausgesetzt, die nicht selten persönliche Verunglimpfungen der aktuellen Besitzer einschließt.

Wenn diese meinen, dass Rückgabeforderungen unbegründet sind und außergerichtlich keine Einigung herbeigeführt werden kann, bleibt ihnen nur die Möglichkeit, gerichtlich klären zu lassen, ob dem Alteigentümer ein Rückgabeanspruch zusteht. In den jeweiligen Rechtsordnungen ist prozessual eine solche Klärung im Wege der Feststellungsklage möglich. Nach jahrelangen außergerichtlichen Auseinandersetzungen haben amerikanische Museen erstmalig in zwei Musterverfahren Zivilgerichte um Klärung ersucht, ob die in ihrem Sammlungsbesitz befindlichen Kunstwerke von den Erben der Alteigentümer zurückverlangt werden können. Der Ausgang dieser Verfahren, in der Presse unter dem Titel „jetzt klagen auch die Museen" reflektiert, dürfte von internationaler Bedeutung sein (s. Fall 6). Am 28.12.2006 wurde die Herausgabeklage gegenüber dem Toledo Museum of Art wegen Gauguins „Straßenszene in Tahiti" mit der Begründung abgewiesen, der Herausgabeanspruch wäre verjährt. Das Gericht verneinte die Möglichkeit, die gesetzliche Verjährungsfrist von vier Jahren im Wege einer ergänzenden Gesetzesauslegung als quasi „Super-Gesetzgeber" abzuändern und dadurch dem Erben der vom NS-Regime verfolgten Alteigentümerin eine zivilrechtliche Rückgabemöglichkeit einzuräumen.

Auch ein privater amerikanischer Kunstsammler hat Klage in New York City erhoben und begehrt die Feststellung, er habe vor Jahrzehnten gutgläubig und rechtswirksam Eigentum an einer bei Sotheby's ersteigerten Schiele-Zeichnung erworben (s. Fall 19).

4.6. Initiativen und Selbstverpflichtungen von Auktionshäusern zu NS-verfolgungsbedingten Vermögensverlusten

4.6.1. Lückenlose Provenienzrecherche

Seit Anfang der 90er Jahre sahen sich die Auktionshäuser Sotheby's und Christie's, auch aus den Erfahrungen im Zusammenhang mit Gerichtsverfahren, veranlasst, nicht nur die übliche Echtheitsprüfung von eingelieferten Kunstwerken minutiös vorzunehmen, sondern zudem die lückenlose Provenienz vom Einlieferer zu verlangen bzw. selbst zu ermitteln. Die Auktionshäuser bestehen darauf, dass der Einlieferer bestätigt, dass er einen gültigen Eigentumstitel besitzt und alle ihm bekannten Informationen zur Herkunftsgeschichte des Kunstwerkes, insbesondere für den Zeitraum 1933 bis 1945, zur Verfügung stellt. Sind diese Angaben nicht vollständig oder ergeben den Verdacht, dass sie unrichtig sind, verpflichteten sich die Auktionshäuser, solche Kunstwerke nicht in Auktionen zu veräußern. Zur Aufklärung von Provenienzen beschäftigen Sotheby's und Christie's mittlerweile eigene Experten, die darauf spezialisiert sind, NS-verfolgungsbedingt abhanden gekommene Kunstwerke zu identifizieren. Die im Einzelfall äußerst komplizierte Klärung der Herkunftsgeschichte kann allerdings trotz sorgfältiger Prüfung dazu führen, dass entscheidungserhebliche Sachverhalte unbekannt und Zweifelsfragen bestehen bleiben.

In solchen Fällen, die wegen der Komplexität der Materie immer wieder vorkommen können, muss dennoch versucht werden, endgültig und zweifelsfrei zu klären, ob ein NS-verfolgungsbedinger Verlust oder eine verfolgungsfreie Veräußerung vorlag. Um so unverständlicher ist, warum im Vorfeld der Christie's Auktion am 08.11.2006 keine abschließende Klärung wegen des Picasso-Gemäldes herbeigeführt wurde und es trotzdem zur Versteigerung zugelassen wurde (s. Fall 109).

Sotheby's sammelt die seit einigen Jahren erzielten Rechercheergebnisse in einer internen Datenbank über Personen und historische Details, die in Verdachtsfällen befragt werden kann. Die Daten sind allerdings öffentlich nicht zugänglich. Publikationen aus dem Fundus der gesammelten Erfahrungen, die eine Hilfestellung bei Auffinden von Kunstwerken geben könnten, erfolgen nicht. Beide Auktionshäuser bemühen sich jedoch, Anfragen von Restitutionsanspruchstellern kooperativ zu beantworten.

4.6.2. Vorabveröffentlichung der Versteigerungsobjekte

Vor einer jeden Versteigerung stellen die Auktionshäuser ihre Kataloge namhaften Museen und Sammlungen, Kunsthändlern, Organisationen und Vereinigungen, die sich mit NS-verfolgungsbedingt abhanden gekommenen Kunstwerken beschäftigen, zur Verfügung, damit diese vorab die Möglichkeit haben, Überprüfungen vorzunehmen. Diese Kataloge werden auch online veröffentlicht. Sollten sich greifbare Anhaltspunkte ergeben, dass ein Kunstwerk NS-verfolgungsbedingt abhanden gekommen sein könnte, wird es nicht zur Versteigerung zugelassen.

4.6.3. Verlustregisterüberprüfungen

Sotheby's und Christie's sind Mitbegründer und Gesellschafter des Art Loss Registers und klären vor jeder Annahme von Kunstwerken zu einer Versteigerung mit diesem Verlustregister, ob das eingelieferte Kunstwerk dort verzeichnet ist. Gleiche Recherchen erfolgen auch in anderen offiziell eingerichteten Verdachtsregistern, wie z. B. der von der deutschen Koordinierungsstelle betriebenen Lost Art Database.

4.6.4. Vermittlungsbemühungen

Die Auktionshäuser unterliegen der Verschwiegenheitspflicht gegenüber den Einlieferern bzw. Kunden, deren Identität Dritten gegenüber grundsätzlich nicht preisgegeben wird. Stellen sie fest, dass ein zur Begutachtung oder zum Zwecke der Versteigerung übergebenes Kunstwerk aus NS-verfolgungsbedingtem Vermögensverlust stammt und der Alteigentümer bzw. dessen Erben Ansprüche verfolgen, bemühen sie sich vermittelnd zwischen dem Anspruchsteller und dem aktuellen Besitzer aufzutreten und eine Klärung zu befördern. Diese Aktivitäten stellen nicht selten eine Gratwanderung zwischen rechtlich zulässiger und von den Beteiligten (Alteigentümer und aktueller Besitzer) gewollter Einigung und strafrechtlich relevanter Hehlerei dar. Spektakuläre Versteigerungsfälle (s. Fälle 107 und 108) zeigen, dass hier von den Auktionshäusern in einer auch juristisch schwierigen „Grauzone" gehandelt wird.

Im Rahmen der öffentlichen Kritik über die Rückgabe eines Kirchner-Gemäldes in Berlin im Sommer 2006 (s. Fall 2) ist auch der Kunsthandel in den Focus der öffentlichen Kritik geraten. So soll Christie's nach Presseberichten die Alteigentümer im Kichner-Falle mit erheblichen Summen unterstützt (Rückzahlung des Kaufpreises von 1980 1,3 Millionen DM) und dafür die Zusage erhalten haben, das Gemälde in der Novemberauktion 2006 zu versteigern. Stunden nach der Herausgabe des Bildes in Berlin traf das Gemälde bei Christie's in London ein. Das Auktionshaus kündigte sofort marktschreierisch den Verkauf eines der Hauptwerke des Expressionismus für mindestens 18 bis 25 Millionen US-Dollar an. Auf der Auktion am 08.11.2006 erhielt der Bieter den Zuschlag bei 38 Millionen US-Dollar (knapp 30 Millionen Euro).

In der Öffentlichkeit wird der Verdacht geäußert, dass Auktionshäuser gezielt in Museen und öffentlichen Sammlungen Kunstwerke suchen, bei denen eine Rückgabe nach den Washingtoner Prinzipien in Betracht kommt, die Rückgabeberechtigten ermitteln und mit ihnen Vereinbarungen abschließen, um sich die Verwertungsrechte zu sichern. Im Rahmen der Berichterstattung zu dem Kirchner-Gemälde teilten auf Befragen einer Berliner Tageszeitung die beiden großen international tätigen Auktionshäuser mit: „Wir beraten und unterstützen die Erben bei der Rückgewinnung ihrer Objekte und Sammlungen. Wir werden aber niemals eigene Nachforschungen anstellen und an die Anspruchsteller selbst herantreten" (so Sotheby's); „Wir würden nie in die Museen gehen und eigene Nachforschungen anstellen" (so Christie's). Das Gegenteil dürfte richtig und rechtlich nicht zu beanstanden sein.

Warum es moralisch verwerflich sein soll, mit Experten auf eigene Kosten Kunstwerke zu ermitteln, NS-verfolgungsbedingte Vermögensverluste aufzuklären und nicht selten finanziell unzureichend ausgestatteten Alteigentümern bzw. deren Erben behilflich zu sein, ihre Ansprüche durchzusetzen, haben die Kritiker bisher nicht darzulegen vermocht. Verkannt wird bei der emotional und selbstgerecht geführten Auseinandersetzung, dass es sich bei Kunsthändlern, zumal international tätigen Auktionshäusern, nicht um Wohlfahrtseinrichtungen oder gemeinnützig tätige Organisationen handelt, sondern auf maximale Gewinnerzielung ausgerichtete Wirtschaftsunternehmen. Kunstwerke sind Handelsware, die meistbietend verkauft werden.

4.6.5. Exkurs: Provenienzrecherche mittelständischer europäischer Auktionshäuser

Im Nachgang zu den seit Beginn der 90er Jahre gegenüber den beiden großen, international tätigen Auktionshäusern Sotheby's und Christie's geltend gemachten Rückgabebegehren setzte langsam auch ein Umdenken bei mittelständischen Auktionshäusern ein. Jahrzehntelang gab es in deren Auktionskatalogen gar keine oder nur lückenhafte Angaben über die Besitzer während des Zeitraumes 1933 bis 1945. Regelmäßig war anhand der Katalogangaben nicht zweifelsfrei zu klären, ob es sich bei dem angebotenen Kunstwerk um NS-Raubkunst handelte.

Identifizierte ein Alteigentümer ein Kunstwerk aus seinem früheren Bestand in einem Verkaufskatalog oder einer Werbeankündigung in einer Fachzeitschrift und machte er gegenüber dem Auktionshaus Rückgabeansprüche geltend, scheiterte eine Klärung an der gegenüber dem Auftraggeber übernommenen Schweigepflicht des Auktionshauses. Das Kunstwerk ging an den Einlieferer zurück. Dem Alteigentümer war es unmöglich, sein Rückgabeverlangen gegenüber dem unbekannten aktuellen Besitzer durchzusetzen.

Nach der Washingtoner Konferenz vom Dezember 1998 begannen mittelständische Kunsthändler und Auktionshäuser erstmalig, Kunstwerke vor einem Verkauf auf ihre Herkunftsgeschichte zu überprüfen, sei es durch Anfragen beim Art Loss Register (ALR) oder durch eigene Ermittlungen in der Lost Art Database bzw. museumseigenen Datenbanken. Heute gehört es weitgehend zum Mindeststandard, dass eine Vorabanfrage beim ALR durchgeführt wird und erst, wenn das fragliche Kunstwerk dort nicht verzeichnet ist, dieses in den Verkauf oder die Auktion gelangt. Offensichtlich war eine ausreichende Provenienzrecherche bei mehreren hochkarätigen Adolf von Menzel-Gemälden, die im September 2002 von dem Münchener Auktionshaus Neumeister versteigert werden sollten, nicht erfolgt. In einem gerichtlichen einstweiligen Verfügungsverfahren konnte die Rückgabe der Bilder an den unbekannten Einlieferer verhindert werden. Eine Einigung zwischen dem Alteigentümer und dem Einlieferer ermöglichte es, die Bilder ein Jahr später von dem Auktionshaus Grisebach in Berlin zu Spitzenpreisen versteigern zu lassen (s. Fall 107). Dieser spektakuläre Fall ist als „Warnschuss" offensichtlich nicht hinreichend verstanden worden. Drei exemplarische Pannenfälle, die sich binnen Monatsfrist im Spätherbst 2006 in Deutschland und Österreich ereigneten, zeigen wie sorglos noch immer einige, selbst namhafte Auktionshäuser Provenienzrecherchen durchführen. So musste das Kölner Auktionshaus Van Ham zwei Raubkunstgemälde kurzfristig aus seiner 250. Jubiläumsauktion im November 2006 herausnehmen. Es hatte die Registrierung der beiden Gemälde in der Lost Art Database nicht beachtet und erhielt erst vom gebührenpflichtigen Art Loss Register die Mitteilung, dass die Bilder als verfolgungsbedingte Vermögensverluste registriert sind (s. Fall 90).

Eine vergleichbare Fahrlässigkeit muss sich das Kölner Auktionshaus Lempertz zurechnen lassen, das ein Rubens-Gemälde in seiner Novemberauktion 2006 als Hauptlos präsentieren wollte, obwohl es ohne Weiteres hätte feststellen können, dass es seit 30.06.2006 in der Lost Art Database als verfolgungsbedingt abhanden gekommen verzeichnet war (s. Fall 95).

Das in Wien ansässige Auktionshaus im Kinsky versteigerte im November 2006 eine Schiele-Zeichnung, obwohl der Alteigentümer vorher auf den verfolgungsbedingten Vermögensverlust hingewiesen hatte. Erst durch eine gerichtlich erwirkte einstweilige Verfügung konnte die Übergabe des Kunstwerkes an den Ersteigerer verhindert werden. Zur Rechtfertigung verlautbarte das Auktionshaus: "Wir verlangen keine lückenlosen Provenienzangaben" (s. Fall 108).

Beide Fälle zeigen, dass wiederholt noch nicht einmal die Mindeststandards – zeitnahe Abfragen der maßgeblichen Verlustregister – eingehalten und Kunstwerke unverändert angeboten werden, für die mühelos geklärt werden könnte, ob sie als NS-verfolgungsbedingte Vermögensverluste in den einschlägigen Registern aufgeführt sind.

Völlig unverständlich ist es, wenn Auktionshäuser heutzutage kommentarlos hochpreisige Kunstwerke mit Provenienzlücken für den Zeitraum 1933-1945 anbieten. Dies betrifft auch Werke von Künstlern, die bevorzugt Eingang in jüdische Sammlungen fanden, wie z. B. Max Liebermann. So musste das Münchener Auktionshaus Hampel im Jahre 2005 drei Liebermann-Gemälde aus einer bereits angekündigten Auktion zurückziehen, weil sich erst kurz zuvor herausgestellt hatte, dass NS-Verfolgungsverluste nicht auszuschließen sind.

In seiner Jubiläumsauktion Anfang Dezember 2006 veräußerte das Auktionshaus Grisebach in Berlin das Gemälde "Rondell im Heckengarten mit Blumensprengerin" von Max Liebermann für den bisher in Deutschland noch nie erzielten Rekordpreis von 1,9 Millionen €. Der Auktionskatalog zeigt für das Gemälde eine Provenienzlücke von mehreren Jahrzehnten, auch für die NS-Zeit. Sollte zwischenzeitlich die Provenienz für diesen Zeitraum nicht geklärt und ein verfolgungsbedingter Vermögensverlust auszuschließen sein, muss der Erwerber, dem Vernehmen nach ein Privatsammler aus Süddeutschland, mit Rückgabeforderungen rechnen. Das Auktionshaus dürfte dann von Schadensersatzansprüchen des Käufers bedroht sein.

Angesichts der Vielzahl der zum Verkauf angebotenen Kunstwerke bereitet es offensichtlich gerade mittelständischen Auktionshäusern Schwierigkeiten, lückenlose Provenienzrecherchen durchzuführen und insbesondere den Zeitraum 1933 bis 1945 weitgehend zu klären. Sie verfügen über keinen vergleichbaren Rechercheapparat wie die weltweit agierenden Auktionshäuser Sotheby's und Christie's und sind personell und finanziell oft nicht in der Lage, bei jedem eingelieferten Kunstwerk die Provenienz aufzuklären.

Doch selbst wenn Auktionshäuser im Vorfeld einer Verkaufsveranstaltung die Mindeststandards einhalten und bei den wichtigsten Verlustregistern anfragen, kann es trotz einer verneinenden Mitteilung von dort zu einem Rückgabebegehren kommen. Wenngleich die Verlustregister um ständige Aktualisierung bemüht sind, können sie keine Garantie der Vollständigkeit übernehmen. Das Wiener Auktionshaus im Kinsky, Mitglied des gebührenpflichtigen Art Loss Registers, hatte z. B. im Vorfeld geprüft, ob dort die für die Versteigerung vorgesehene Schiele-Zeichnung registriert ist. Es erhielt eine Negativauskunft. Der NS-verfolgungsbedingte Vermögensverlust der Zeichnung war bislang nicht registriert worden. Der Alteigentümer stoppte gerichtlich die Auslieferung der versteigerten Zeichnung (s. Fall 108).

Überprüfungen von aktuellen Verkaufsprospekten mittelständischer Auktionshäuser zeigen, dass bei sog. problematischen Bildern oftmals erhebliche Provenienzlücken für den kritischen Zeitraum 1933 bis 1945 bestehen und ein Hinweis darauf, dass Besitzverhältnisse in diesem Zeitraum unaufgeklärt sind, völlig fehlt. Erwerber werden, ohne besondere „Warnung" dem Risiko ausgesetzt, Kunstwerke zu erwerben, deren Provenienz für die NS-Zeit unbekannt ist. Die Auktionshäuser machten sich die bei Christie's und Sotheby's geltenden Prinzipen noch nicht durchgängig zu Eigen, grundsätzlich keine Kunstwerke in Auktionen anzubieten, deren Provenienz für den Zeitraum 1933 bis 1945 unaufgeklärt ist. Provenienzbelastete Kunstwerke werden weiterhin auf dem Kunstmarkt angeboten. Ob Erwerber sich des Risikos bewusst sind, dass sie sich möglicherweise nachträglich mit Rückgabeforderungen Dritter auseinanderzusetzen haben, darf bezweifelt werden.

Fall 112

Robert Graetz-Erben vs. unbekannten Erwerber (Auktionshaus Villa Grisebach) wegen Gemälden von Conrad Felixmüller

Als erstes europäisches Auktionshaus erklärte das Dorotheum in Wien, das dieses Jahr sein 300jähriges Jubiläum feiert, dass alle zum Verkauf anstehenden Kunstwerke mit einem Wert von über 1.500 € lückenlos daraufhin überprüft werden, ob sie während der NS-Zeit den damaligen Alteigentümern NS-verfolgungsbedingt abhanden kamen. Bei Provenienzlücken wird das Dorotheum vom Verkauf absehen. Das 2001 privatisierte Auktionshaus, das während der NS-Zeit maßgeblich im Auftrage der Gestapo beschlagnahmte Kunstwerke versteigerte, arbeitet nunmehr seine Vergangenheit offensiv auf. Es stellte frühere Geschäftsunterlagen staatlichen Archiven zur allgemeinen Einsichtnahme zur Verfügung und unterstützte eine aktuelle Buchveröffentlichung über die Tätigkeit des Dorotheums während der NS-Zeit. Es bleibt abzuwarten, ob andere mittelständische Auktionshäuser in Europa dem Vorbild des Dorotheum folgen werden und in ihren Veräußerungsgeschäften generell auf einer lückenlose Provenienz bestehen. Die Verstrickungen deutscher Auktionshäuser während der NS-Zeit, die noch heute führend in der Branche tätig sind (wie z. B. die Auktionshäuser Lempertz in Köln und Leo Spik in Berlin) führten bei diesen bisher offensichtlich noch nicht zu einer wissenschaftliche Erforschung ihrer Vergangenheit. Ob sie sich ihrer historischen Verantwortung, ähnlich dem Dorotheum in Wien, stellen werden, bleibt abzuwarten.

4.7. Art Loss Register – ALR

4.7.1. Privatrechtliche gebührenpflichtige Auskunftsdatei

Seit 1976 sammelte die International Foundation for Art Research (IFAR) in New York Informationen über Kunstdiebstähle. 1991 wurde die Gesellschaft Art Loss Register (ALR) gegründet, u.a. von der IFAR, den Auktionshäusern Sotheby's, Christie's und Phillips, verschiedenen Versicherungs- und Kunsthandelgesellschaften. Die ALR-Zentrale befindet sich in London, Außenstellen in New York, Köln, Moskau, Neu Delhi und Amsterdam. Gegenwärtig enthält das ALR ca. 180.000 Einträge aus Diebstählen, Raubüberfällen, NS-verfolgungsbedingten Vermögensverlusten und Verlusten aus kriegerischen Auseinandersetzungen.

Aufgabe des ALR ist es, in diskreter Zusammenarbeit mit dem Kunsthandel und spezialisierten Ermittlungsgruppen der Polizei, wie z. B. dem Art Crime Team des FBI, Verluste von Kunstwerken aufzuklären, wobei das ALR sowohl als Vermittler, als auch als Auftragnehmer tätig wird, um Kunstwerke Alteigentümern zurückzugewähren. Anders als bei der Datenbank Lost Art der deutschen Koordinierungsstelle sind grundsätzlich Anfragen an das ALR wegen bestimmter Kunstwerke ebenso gebührenpflichtig wie die Aufnahme von Objekten in die Verlustsammlung der Datenbank. Angesichts der Schätzung des FBI aus dem Jahre 2005, dass jährlich Kunstwerke im Wert von ca. 6 Milliarden US-Dollar Eigentümern gestohlen und unterschlagen werden oder auf sonstige Weise abhanden kommen, stellt die Kunstraub-Recherche einen boomenden und äußerst lukrativen Markt für private Gesellschaften – wie das ALR – dar.

4.7.2. Raub- und Beutekunst-Datenbank

Ursprünglich war das ALR auf die Erfassung von Nazi Looted Art nicht spezialisiert. Dies gilt für die während der NS-Zeit erfolgten Plünderungen und Beschlagnahmen jüdischen Sammlungsbesitzes ebenso wie für den Kunstraub im 2. Weltkrieg und in der Nachkriegszeit. 1998 richtete es einen eigenständigen Bereich für dieserart Verluste ein. Inzwischen sollen ca. 40.000 der 180.000 Einträge Vermögenswerte diese Verlustart betreffen. Das ALR beschäftigt mittlerweile eine Anzahl hauptamtlicher Mitarbeiter, die ausschließlich darauf konzentriert sind, diese Kunstwerke zu identifizieren, den Vermögensverlust durch Aufnahme in das ALR zu registrieren und als Beauftragte Dritter ihre Rückführung durchzuführen. Die Gesellschaft ist also schon längst nicht mehr allein damit beschäftigt, Verlustmeldungen in einer Datenbank zu sammeln und entsprechende Anfragen zu beantworten, sondern wird zunehmend selbst als Kunstraubfahnder tätig (s. Fall 78).

5. Kapitel
Sammelklagen – aussichtslose Drohgebärden?

5.1. US-amerikanische Entwicklungslinien

NS-Verfolgte, Überlebende des Holocausts oder deren Erben sind oftmals nicht in der Lage, Ansprüche gegenüber aktuellen Besitzern geltend zu machen – sei es wegen der Schwierigkeit der Aufklärung Jahrzehnte zurückliegender anspruchsbegründender Sachverhalte, sei es wegen unzureichender finanzieller Mittel. Beispielhaft wurde dies deutlich bei den ehemaligen Zwangsarbeitern, die wirtschaftlich nicht in der Lage waren, Entgeltansprüche gegenüber den Unternehmen geltend zu machen, in denen sie Sklavenarbeit leisteten und sich körperliche Schäden zuzogen. Die gleiche Problematik bestand bei den Forderungen über die Aufklärung so genannter namenloser Bankkonten in der Schweiz oder bei der Geltendmachung von Ansprüchen aus Lebensversicherungsverträgen von Holocaust-Opfern.

Interessenvertretungen bündelten die Ansprüche von Berechtigten und erhoben in den 90er Jahren Klagen in den Vereinigten Staaten, die zu Vereinbarungen über die Globalentschädigung von Zwangsarbeitern, Erfüllung von Versicherungsleistungen usw. führten. Es war nur eine Frage der Zeit, dass nach gleichem Muster Einzelansprüche gesammelt und als Sammelklage in den Vereinigten Staaten geltend gemacht wurden. Auch wegen verfolgungsbedingter Kunstverluste gibt es inzwischen eine Sammelklage.

Bei einigen spektakulären Rückforderungen von Kunstwerken war festzustellen, dass offensichtlich ohne ausreichende Prüfung der Sachlage unbegründete Forderungen geltend gemacht wurden. Das häufig mit großer öffentlicher Inszenierung gepaarte Auftreten US-amerikanischer Rechtsvertreter hat nicht selten zur Ablehnung, zumindest Verzögerung von Rückgaben durch Museen, zuständige Rückgabekommissionen und Entscheidungsträger geführt (s. Fall 3). Europäischen Ländern und ihren Institutionen ist diese Art Durchsetzungsvermögen von Mandanteninteressen nicht vertraut. Sie haben den Eindruck, dass unter dem Banner der Wiedergutmachung für Holocaust-Opfer und deren Erben Rechtsvertreter maßgeblich die eigenen Profit- und Verwertungsinteressen verfolgen. Dieser Eindruck findet seinen Nährboden darin, dass rückerstattete Kunstwerke im Anschluss für zwei- und dreistellige Millionenbeträge verkauft werden, wie dies bei den Gemälden von Schiele, Klimt und Kirchner der Fall war. Er führt in der Konsequenz zu der den Interessen von Anspruchstellern diametral entgegenstehenden Entwicklung, über die Revision der Washingtoner Prinzipen nachzudenken. Diese Tendenz ist gegenwärtig z. B. in der Bundesrepublik Deutschland erkennbar. Hier werden im Nachgang zu der umstrittenen Rückgabe des Kirchner-Gemäldes in Museen Erwägungen laut, vergleichbare Rückgabeersuchen abzulehnen, bei begründeten Ersuchen die Anspruchsteller mit mehrjährigen Verkaufsverboten zu belegen oder diesen ausschließlich Entschädigungen zu zahlen.

5.2. Die Sammelklagen der AHVRAM

Am 01.04.2004 wurde die Gründung der Association of Holocaust Victims for Recovery of Artwork Masterpieces (AHVRAM) von dem US-amerikanischen Rechtsanwalt Edward Fagan bekannt gegeben. Als Mitglied und Sprecher dieser Vereinigung fungiert auch Joram Deutsch, der Sohn des 2002 verstorbenen Hans Deutsch. Hans Deutsch, ein während der NS-Zeit nach Palästina emigrierter österreichischer Jude, war ab 1953 als Rechtsanwalt in Wien tätig und vertrat eine Vielzahl rassisch Verfolgter in Wiedergutmachungsverfahren gegenüber der Bundesrepublik Deutschland und Österreich (s. Fall 73).

Joram Deutsch soll bevollmächtigt sein, die Rückgabeansprüche der Hatvany-Erben, früher in Ungarn ansässige österreichische Juden, geltend zu machen. Diese Ansprüche werden damit begründet, dass die Sammlung Hatvany nach Besetzung Ungarns durch deutsche Truppen 1944 beschlagnahmt und geraubt worden sei. Nach bisherigen Erkenntnissen wurde die Hatvany-Sammlung jedoch erst durch die im Frühjahr 1945 Ungarn befreienden sowjetischen Truppen geplündert.

Im Juni 2004 wurde vor dem New Yorker Supreme Court Klage gegen die Bundesrepublik Deutschland erhoben, die nach Angaben von Fagan ein Volumen von ca. 14,6 Millionen € umfassen soll. Die Bundesrepublik Deutschland wird für NS-verfolgungsbedingte Vermögensverluste an Kunstwerken verantwortlich gemacht. Nach Fagans Angaben sollen sich noch mehr als 2.000 Kunstobjekte in ihrem Besitz befinden, die bisher nicht an die Berechtigten herausgegeben wurden. Gemeint sind offensichtlich die ursprünglich von den Westalliierten sichergestellten, dann der bundesdeutschen Treuhandverwaltung für Kulturgut übergebenen, heute als so genannter Restbestand Central Collecting Point bezeichneten und im Lost Art Register der Koordninierungsstelle publizierten Kunstwerke, deren Berechtigte seinerzeit nicht ermittelt werden konnten. Nach Identifizierung der Alteigentümer und Feststellung der NS-verfolgungsbedingten Verlustumstände werden sie nun regelmäßig zurückgegeben. Daneben soll auch das Auktionshaus Sotheby's vom AHVRAM mit der Begründung verklagt worden sein, es habe seit den 70er Jahren Geschäfte mit Raubkunst gemacht, ohne dass allerdings bisher dieser Vorwurf an Einzelfällen konkret belegt wurde. Wie in einigen der hier publizierten Fallbeispiele und insbesondere im 4. Kapitel dargelegt, waren Auktionshäuser in Deutschland, Österreich, der Schweiz, Großbritannien, Frankreich und den Vereinigten Staaten sowie namhafte Kunsthändler nach 1945 am Handel mit NS-verfolgungsbedingt abhanden gekommenen Kulturgüter beteiligt.

Ed Fagan und Joram Deutsch kamen durch eine Sammelklage im Mai 2004 gegen die Austria Creditanstalt AG in Österreich zu zweifelhaftem Ruhm. Sie stützten sich u.a. auf ein Foto, das einen Verwahrraum der Creditanstalt zeigte, in dem vor oder während des 2. Weltkrieges Raubkunst eingelagert gewesen wäre. Diese Sammelklage wurde zwischenzeitlich abgewiesen, weil sie gravierende inhaltliche und formale Mängel aufwies. Wegen Verstoßes gegen anwaltliche Standesregeln – Fagan hatte sich Erfolgsprovisionsansprüche von Joram Deutsch abtreten lassen – wurde der Rechtsanwalt zu einer Geldstrafe verurteilt.

5.3. Reelle Chance für Sammelklagen?

Ohne an dieser Stelle umfassend die formalen Voraussetzungen für eine erfolgreiche Sammelklage in den Vereinigten Staaten oder in anderen Ländern darlegen zu können, erscheint dieser Weg der Bündelung von Ansprüchen Berechtigter nicht von vornherein aussichtslos.

Nach dem Alien Tort Claims Act aus dem Jahre 1789, modifiziert 1948, besteht z. B. in den Vereinigten Staaten die Möglichkeit, für Bürger ohne US-Staatsangehörigkeit dort Klagen wegen Menschenrechts- und Eigentumsverletzungen zu erheben, selbst wenn die Schädigungshandlungen in anderen Staaten verübt wurden.

Bei der aus dem englischen Recht abgeleiteten Class Action, die in den USA Anfang des 19. Jahrhunderts erstmalig angewandt und 1938 und 1966 modifiziert wurde, handelt es sich um eine Form der Sammelklage, die unter besonderen Voraussetzungen, die allerdings rechtlich umstritten sind, erhoben werden kann. Angesichts der in diesem Buch geschilderten Länderberichte, insbesondere der tatsächlich nicht existierenden Rückgabepraxis, z. B. in Polen, Ungarn und der Russischen Föderation, welche die Washingtoner Prinzipien zwar billigten und über rechtsstaatliche Prinzipien genügende Rechtssysteme verfügen, aber eindeutig begründete Rückgabeansprüche nicht erfüllen, erscheint der Weg der Bündelung gleichgelagerter Fälle und der Sammelklage durchaus sinnvoll.

ZWEITER TEIL

Fallsammlung

Übersicht der Einzelfälle

Einzelfälle

Deutschland
Leo Bendel-Erben vs. Deutschland (Bundespräsidialamt)
Gemälde von Carl Spitzweg, „Das Auge des Gesetzes" („Justitia")

Fall 1
NLA

dazu: DIE ZEIT vom 18.01.2007

Fall

Der in Galizien geborene Kaufmann Leo Bendel wanderte wie viele andere Juden um die Wende des 19./20. Jahrhunderts nach Berlin aus und wurde dort Tabakhändler. Er war Generalvertreter für bedeutende Tabak- und Zigarettenpapierfabriken. Durch seine erfolgreiche geschäftliche Tätigkeit gelangte Leo Bendel zu Wohlstand und legte sich eine kleine aber feine Kunstsammlung zu – darunter die „Justitia" von Carl Spitzweg.

Nach der Machtübernahme der Nationalsozialisten im Jahr 1933 verschlechterte sich Bendels Erwerbssituation. Aus rassischen Gründen verlor er 1935 seine Position als Generalvertreter. Leo Bendel und seine nichtjüdische Ehefrau Else mussten ihre Wohnung in Dahlem aufgeben und bezogen ein kleines Quartier in Wilmersdorf. Die Eheleute bereiteten die Emigration vor. Sie veräußerten von Herbst 1935 bis Sommer 1937 ihre Wohnungseinrichtung, darunter auch die von Leo Bendel in mehreren Jahrzehnten zusammengetragene Kunstsammlung einschließlich des Gemäldes von Spitzweg. Am 15.06.1937 verkaufte er es für 16.000 RM an die jüdische Galerie Heinemann in München, seinerzeit einer der wichtigsten Spitzweg-Händler und später vom NS-Regime arisiert. Für 25.000 RM wurde das Gemälde bereits im April 1938 im Auftrage Adolf Hitlers für das von ihm geplante Linzer Museum von der Kunsthändlerin Maria Almas erworben.

Die Eheleute Bendel emigrierten und nahmen Wohnsitz in Wien. Die Annexion Österreichs am 13.03.1938 und die unmittelbar danach einsetzenden Judenverfolgung veranlassten Leo Bendel im Juni 1938 in die katholische Kirche einzutreten und seine polnische Staatsbürgerschaft abzulegen, um der Verfolgung zu entgehen. Diese Tarnversuche blieben erfolglos. Leo Bendel wurde im Rahmen einer gegen polnische und staatenlose Juden gerichteten Verhaftungswelle Anfang September 1939 von der Gestapo festgenommen und mit über tausend anderen Leidensgenossen in das KZ Buchenwald bei Weimar deportiert. Für sie wurde ein käfigähnliches Sonderlager eingerichtet, in dem der damals 71jährige Leo Bendel im Frühjahr 1940 verstarb. Seine Ehefrau Else Bendel überlebte den 2. Weltkrieg unter ärmlichsten Verhältnissen in Wien. Ihre nach dem Kriege gegenüber deutschen Behörden geltend gemachten Entschädigungsansprüche für verlorenes Eigentum wurden abgelehnt, weil sie keine ausreichenden Nachweise über den früheren Besitz beibringen konnte.

Das Gemälde „Justitia" wurde nach dem Krieg von alliierten Truppen sichergestellt und gelangte im Oktober 1945 in den Central Collecting Point nach München. Die von den Alliierten mit der Identifizierung der dortigen Kunstwerke beauftragte deutsche Treuhandverwaltung für Kulturgut prüfte die Herkunft des Gemäldes. Das jüdische Alteigentum und der NS-verfolgungsbedingte Vermögensverlust blieben ihr verborgen. Deshalb gelangte das Gemälde im August 1961 in den Bestand des Bundespräsidialamtes, von dem es mehrfach für öffentliche Ausstellungen leihweise zur Verfügung gestellt wurde.

Rechtslage

Durch den Verkauf des Spitzweg-Gemäldes im Juni 1937 an die Münchener Kunsthandlung Heinemann dürfte Leo Bendel sein Eigentum zivilrechtlich verloren haben. Die Veräußerung erfolgte zwar in einer Notsituation zum Zwecke der Finanzierung der Emigration aufgrund der gegen Leo Bendel gerichteten Verfolgungsmaßnahmen des NS-Regimes. Jedoch ist allgemein anerkannt, dass solche Veräußerungssituationen zivilrechtlich nicht zur Unwirksamkeit des Verkaufs und der Eigentumsübertragung führen. Bendels Erbin, seine Witwe, hätte nach dem Kriege gegenüber der Galerie Heinemann unverzüglich das damalige Verkaufsgeschäft anfechten müssen und dann möglicherweise rückabwickeln können. Dies geschah nicht, so dass Anfechtungs- und Rückabwicklungsrechte nach deutschem Zivilrecht längst verjährt sind.

Der Verlust des Gemäldes durch den Verkauf im Juni 1937 war jedoch eindeutig NS-verfolgungsbedingt im Sinne der alliierten Rückerstattungsbestimmungen. Leo Bendel gehörte zu einer vom NS-Regime kollektiv verfolgten Personengruppe, so dass der verfolgungsbedingte Vermögensverlust im Jahre 1937 gesetzlich unterstellt wird. Dieser Vermutungsgrundsatz kann nur durch den aktuellen Besitzer widerlegt werden, wenn dieser zweifelsfrei nachweist, dass der seinerzeit erzielte Kaufpreis verkehrsüblich war, Leo Bendel ungeschmälert, d.h. ohne Minderung wegen diskriminierender Abgaben, zufloss und dass Bendel das Spitzweg-Gemälde 1937 auch ohne die Herrschaft des Nationalsozialismus veräußert hätte.

Aus den Tatsachen ergibt sich das Gegenteil. Leo Bendel veräußerte seinen gesamten Hausrat einschließlich seiner Kunstsammlung in Vorbereitung seiner Emigration aus Deutschland. Der Verkauf hatte seine ausschließliche Ursache in der Existenz des NS-Regimes und der Verfolgung von Leo Bendel.

Deshalb hätte die Rückgabe des Gemäldes zugunsten der Witwe Else Bendel nach Ende des 2. Weltkrieges gemäß den alliierten Rückerstattungsbestimmungen und den von der Bundesrepublik Deutschland erlassenen Nachfolgebestimmungen angeordnet oder für dessen Verlust Entschädigung gewährt werden müssen. Die Tatsache, dass der entsprechende Antrag von Else Bendel mangels ausreichender Nachweise abgelehnt wurden, zeigt exemplarisch, dass NS-verfolgungsbedingte Vermögensverluste bis heute noch nicht rückabgewickelt wurden.

Die Erben nach Leo Bendel stellten gegenüber dem Bundespräsidialamt im Mai 2006 den Verfolgungsverlust detailliert dar und formulierten ihren Anspruch auf der Grundlage der Washingtoner Prinzipien und der Gemeinsamen Erklärung vom 14.12.1999. Inwieweit das Bundespräsidialamt seinen Sammlungsbesitz bisher aufgrund der übernommenen Selbstverpflichtung erforschte, ist nicht bekannt. Die Prüfung des Anspruchs der Erben Bendel dauert an.

Deutschland

Alfred Hess-Erben vs. Brücke Museum

Gemälde von Ernst Ludwig Kirchner, „Berliner Straßenszene"

Fall 2

NLA

dazu: Feilchenfeldt/Romilly in Weltkunst vom 01.10.2000; Hüneke, „Rückgabeforderungen von Werken aus der Sammlung Alfred Hess, Erfurt", Wissensstand Dezember 2004 (www.artnet.de/magazine/sonder/pdf/sammlungalfredhess08-25-06.pdf); FAZ vom 16.08.2006, S. 31; Der Tagesspiegel vom 19.08.2006, S. 25, vom 24.08.2006, S. 27 und vom 23.09.2006; Die Zeit vom 24.08.2006, S. 43 ff.; Süddeutsche Zeitung vom 27.08.2006 und vom 14.09.2006; Wortprotokoll der 80. Sitzung des Berliner Abgeordnetenhauses, 15. Wahlperiode vom 28.08.2006; FAZ vom 04.11.2006, S. 45

Fall

Alfred Hess war Mitinhaber der Erfurter Schuhfabriken M. und L. Hess AG. Nach dem 1. Weltkrieg entwickelte er sein Interesse an moderner Kunst und förderte expressionistische Maler. In seiner Erfurter Villa hingen zahlreiche Meisterwerke dieser Kunstrichtung. Hess bedachte das Städtische Museum Erfurt, das Angermuseum, mit zahlreichen Schenkungen und Leihgaben, so dass es Mitte der 20er Jahre eines der führenden deutschen Museen für moderne Kunst wurde. Durch die NS-Beschlagnahme „entarteter" Kunst verlor es 765 Kunstwerke, die in seinem Eigentum standen oder als Leihgaben, auch von Hess, zur Verfügung gestellt worden waren, ohne dass nach dem Ende des 2. Weltkrieges nennenswerte Rückführungen erfolgten.

In der Weltwirtschaftskrise 1929 geriet das Unternehmen von Alfred Hess in Zahlungsschwierigkeiten, aus denen es sich bis 1934 befreien konnte. Es firmierte als Grundstücksaktiengesellschaft neu und bestand rechtlich fort. Alfred Hess starb 1931. Sein Sohn Hans wurde Alleinerbe und veräußerte die Erfurter Villa im September 1932. Die Witwe Thekla Hess verlegte daraufhin ihren Lebensmittelpunkt zu ihrer Familie nach Bayern und nahm die bisher im Wohnhaus befindlichen Kunstwerke mit oder lagerte sie provisorisch ein.

Alfred Hess hatte eine Sammlung vorwiegend deutscher expressionistischer Künstler aufgebaut, die aus mindestens 80 Ölgemälden, 200 Zeichnungen und 400 grafischen Blättern bestand. Die Witwe Thekla Hess übergab einige als Leihgaben an Museen, andere wurden an Familienmitglieder übertragen, einzelne ab 1931 veräußert.

Nach der Machtübernahme der Nationalsozialisten wurde das 1933/1934 schuldenfreie und wirtschaftlich sanierte Unternehmen arisiert und der Verfügungsbefugnis der Eigentümerfamilie entzogen. Der Sohn Hans Hess verlor seine Anstellung im Berliner Ullstein Verlag aus rassischen Gründen und ging 1934 nach Paris, später nach London.

58 Gemälde und mindestens 34 Zeichnungen aus der Sammlung Hess waren in der Kunsthalle Basel deponiert. Einige wurden im Oktober 1933 in der dortigen Ausstellung „Moderne deutsche Malerei aus Privatbesitz" und im Sommer

1934 im Kunsthaus Zürich gezeigt. Das Kunsthaus nahm sie anschließend unbefristet in Verwahrung. Anfragen von Interessenten, in der Ausstellung gezeigte Bilder käuflich erwerben zu wollen, wurden abgelehnt. In den Preislisten der Ausstellung soll das Kirchner-Gemälde allerdings mit 2.500 Sfr benannt worden sein.

1935 und 1936 sandte Thekla Hess Kunstwerke aus der Schweiz nach Deutschland – so zu einer Ausstellung des Kölner Kunstvereins mit Werken von Kirchner, Macke und Marc, die auf behördliche Anordnung kurzfristig geschlossen werden musste. Der Kunstverein erklärte sich bereit, die dorthin übersandten Leihgaben unentgeltlich aufzubewahren. Unklar ist, ob Kirchners „Straßenszene" bereits anlässlich dieser Ausstellung zurück in das Deutsche Reich kam. Thekla Hess gab später an, dass sie 1936 von zwei Gestapo-Beamten aus Nürnberg aufgesucht wurde, die sie unter Drohungen aufforderten, ihren im Kunsthaus Zürich aufbewahrten Besitz unverzüglich nach Deutschland zurückzubringen. Für den Direktor des Kunsthauses Zürich überraschend wurden die unentgeltlich und unbefristet in Verwahrung genommenen Werke „plötzlich Ende 1936" zurückgefordert. Daraufhin gelangten 36 Gemälde und 30 Aquarelle nach Köln und wurden vom dortigen Kunstverein eingelagert.

Nach dem November-Pogrom 1938 beschloss Thekla Hess zu emigrieren und wanderte im April 1939 nach England aus. Zuvor gelang es ihr, einige wenige Gemälde und Zeichnungen zu ihrem Sohn Hans nach London zu senden. Die im Kölner Kunstverein zurückgebliebenen Werke wurden teilweise im Krieg zerstört, andere unberechtigt von einem Museumsmitarbeiter veräußert.

Die Verkaufsumstände für das Kirchner-Gemälde sind bisher nicht eindeutig aufgeklärt. Aus dem vom Kunstverein verwahrten Bestand soll die „Straßenszene" für 3.000 RM an den Frankfurter Kunstsammler Carl Hagemann veräußert worden sein. Dies entsprach ca. 5.000 Sfr, also einem höheren Betrag als dem seiner Zeit in Zürich deklarierten Preis. Diesen Kaufpreis kommentierte ein Berliner Privatsammler als „freilich sehr hoch". Ob der Erwerb vom Kölner Kunstverein, der das Gemälde nur verwahrte, oder von dessen Direktor Klug erfolgte, ob Thekla Hess in den Verkauf einwilligte und den Kaufpreis erhielt, ist unbekannt. Ein schriftlicher Kaufvertrag oder zumindest eine Quittung über die Kaufpreiszahlung ist nicht vorhanden. Bekannt ist, dass der damalige Haus- und Hängemeister des Kölner Kunstvereins Josef Jenniches dort eingelagerte Werke der Sammlung Hess veruntreute und veräußerte.

Nach dem Kriege machten Thekla und Hans Hess in Deutschland für zahlreiche Kunstwerke Entschädigungsansprüche geltend. Mit Bescheid von 1961 stellte die Wiedergutmachungshörde die NS-Verfolgungsbedingtheit von Kunstverlusten fest.

Die Erben Carl Hagemanns hatten den Kirchner Ernst Holzinger, dem damaligen Direktor des Städel Museums in Frankfurt/Main, geschenkt zum Dank für die Rettung der Hagemann'schen Expressionisten-Sammlung. Er wurde als Dauerleihgabe jahrzehntelang im Städel gezeigt. Die Witwe Holzinger verkaufte das Kunstwerk 1980 für 1,9 Millionen DM (971.145 €) an das Brücke Museum in Berlin.

Im September 2004 machte die in England lebende Hess-Alleinerbin über ihre New Yorker Rechtsanwälte gegenüber dem Berliner Senat Rückgabeansprüche auf der Grundlage der Washingtoner Prinzipien geltend. Der Senat beauftragte einen Berliner Rechtsanwalt mit der rechtlichen Prüfung der Ansprüche, stellte Provenienzermittlungen an und konsultierte die SPK, die langjährige Erfahrung bei der Kunstrestitution besitzt. Eine Stellungnahme der Schweizer Kirchnergesellschaft wurde nicht eingeholt. Die Forschungsergebnisse des Potsdamer Historikers Andreas Hünecke über das Schicksal der Sammlung Hess, die er dem Senat im Dezember 2004 zur Verfügung stellte, boten für diesen offensichtlich keine Veranlassung, weitere Nachforschungen anzustellen. Der Sachverständigenausschuss für Kulturgut, dem gesetzlich die Überwachung von deutschem Kulturgut gegen Abwanderung unterliegt, wurde im Vorfeld der Rückgabeentscheidung nicht mit der Angelegenheit befasst. Versuche, der Hess-Erbin Ende 2005 einen Rückkauf anzubieten, scheiterten, weil der sachverständig auf sieben bis zehn Millionen € geschätzte Verkehrswert des Gemäldes nicht aufgebracht werden konnte. Den Zahlungsaufschub von zwei Jahren zwecks Aufbringung des Betrages durch Sponsoren lehnte de Anspruchstellerin ab. Vergleichsverhandlungen waren damit gescheitert.

Ende Juli 2006 schloss der Berliner Senat mit der Anspruchstellerin eine Vereinbarung über die Rückgabe des Bildes Zug um Zug gegen Rückerstattung des 1980 gezahlten Kaufpreises und gab Anfang August 2006 das Kunstwerk heraus. Der Kaufpreis soll umgehend vom Auktionshaus Christie's an den Senat erstattet und das Bild unverzüglich nach der Rückgabeentscheidung abgeholt worden sein. Christie's kündigte in einer Presseerklärung wenige Tage später die Versteigerung des Kirchner-Gemäldes als einer „Ikone des Expressionismus" für seine November-Auktion in New York an und verlautbarte eine Schätzung des Kaufpreises auf mindestens 18-25 Millionen US-Dollar. Auf Befragen teilte Christie's mit, das Auktionshaus habe im Vorfeld der Rückgabe in Kontakt mit den Anwälten der Hess-Erben gestanden und diesen eine internationale Markteinschätzung gegeben.

Nach der Rückgabe des Kirchner-Gemäldes wurde in der deutschen Presselandschaft ein so bisher nicht gekannter Sturm der Entrüstung publiziert. Dabei meldeten sich namhafte Vertreter des Westberliner Kulturestablishments empört zu Wort und kritisierten heftig die vom Berliner PDS-Kultursenator zu verantwortende Entscheidung. Versuche, in der Berliner Vorwahlkampfzeit in Sondersitzungen des Parlaments und durch Einrichtung eines Untersuchungsausschusses die Angelegenheit politisch zu behandeln, scheiterten ebenso wie der Misstrauensantrag und eine Klage gegen den Kultursenator.

Rechtslage

In der öffentlichen Auseinandersetzung wurde die Frage, ob 1936 überhaupt ein zivilrechtlich wirksamer Eigentumserwerb durch den Käufer Hagemann erfolgt war, vollständig ignoriert. Das Kirchner-Gemälde stand seinerzeit im Eigentum von Hans Hess. Ob seine Mutter eine Verkaufsorder für das Bild besaß und erteilte, ist ebenso unbekannt wie die Tatsache, von wem eigentlich das Gemälde in wessen Auftrag verkauft wurde. Allein diese Umstände lassen es zweifelhaft erscheinen, dass die Veräußerung mit Zustimmung des damaligen Eigentümers erfolgte. Wenn aber gar kein wirksamer Verkaufsauftrag des Eigentümers Hans Hess oder zumindest der von ihm bevollmächtigten Mutter bestand, konnten Dritte das in Köln verwahrte Gemälde gar nicht rechtswirksam veräußern.

Statt dies zu berücksichtigen wurde in rechtlich unerheblicher Weise ausschließlich die Angemessenheit des Kaufpreises und die Redlichkeit des Käufers Hagemann in Betracht gezogen. Es bestehen ernsthafte Zweifel, ob überhaupt ein wirksamer Eigentumserwerb durch Hagemann zustande kam. Sollte das Gemälde lediglich im Kölner Kunstverein verwahrt und von einem dortigen Mitarbeiter oder dem Verein selbst oder, wie auch behauptet wird, durch den Kunsthändler Peters ohne Zustimmung des Eigentümers veräußert worden sein, würde dies den Straftatbestand der Unterschlagung erfüllen und bedeuten, dass es im Rechtssinne als abhanden gekommen anzusehen ist. Dies hätte zur Folge, dass an dem Kunstwerk selbst bei unterstellter Gutgläubigkeit des Erwerbers Hagemann nach deutschem Zivilrecht kein Eigentum erworben wurde. Dann wäre auch 1940 ein Eigentumserwerb durch Schenkung an Holzinger selbst bei unterstellter Gutgläubigkeit des Beschenkten rechtlich ausgeschlossen.

Es käme durch den jahrzehntelangen Besitz des Beschenkten bzw. seiner Erbin, der offensichtlich von 1940 bis 1980 andauerte, ausschließlich ein gesetzlicher Eigentumserwerb im Wege der Ersitzung in Betracht. Sowohl der Schenker Hagemann als auch der Beschenkte Holzinger waren Kunst-Experten. Sie wussten, aus wessen Besitz der Kirchner stammte. Deshalb hätten sie sich bei Erwerb erkundigen müssen, ob der Verkäufer verfügungsberechtigt war und das Gemälde verkaufen durfte. Wurden diese Nachforschungen nicht angestellt, liegt zumindest eine fahrlässige Unkenntnis vor, die den gutgläubigen Erwerb ausschließt. Die Vererbung des Bildes an die Witwe Holzinger und deren jahrzehntelanger Besitz können keinen gutgläubigen Eigenbesitz begründen, weil der bösgläubige Erwerb durch den Erblasser gesetzlich die Bösgläubigkeit des Erben begründet. Der nachfolgende Verkauf an das Berliner Brücke Museum wäre dann durch den (ersitzenden) Eigentümer erfolgt, so dass die Prüfung darüber entfällt, ob das Brücke Museum im Erwerbszeitpunkt gutgläubig war. Im übrigen war ein Eigentumsherausgabeanspruch nach deutschem Recht verjährt, weil seit dem Besitzverlust 1936 die entsprechende Frist von dreißig Jahren längst abgelaufen war. Deshalb dürfte eine zivilgerichtliche Rückgabeforderung erfolglos sein.

Auch eine Rückforderung nach alliierten Rückerstattungsbestimmungen und bundesrepublikanischen Wiedergutmachungsgesetzen ist nicht mehr möglich, weil die Antragsfristen zum Teil seit Jahrzehnten abgelaufen sind.

Vorliegend stützt sich der Anspruch auf die Washingtoner Prinzipien und die Gemeinsamen Erklärung vom 14.12.1999. Die Umsetzung dieser Selbstverpflichtungserklärungen erfolgt gemäß der im Februar 2001 ausgearbeiteten Arbeitsanleitung, die ausdrücklich Bezug nimmt auf die alliierten Rückerstattungsregelungen, insbesondere die Berliner Anordnung vom Juli 1949. Nach dieser gesetzlichen Bestimmung wird ein verfolgungsbedingter Vermögensverlust im Zeitraum 30.01.1933 und 08.05.1945 grundsätzlich vermutet, wenn der Alteigentümer zur Gruppe der so genannten Kollektivverfolgten gehörte. Der Vermögensverlust trat 1936 in Nazi-Deutschland ein. Der betroffene Alteigentümer Hans Hess, der zu diesem Zeitpunkt bereits emigriert war, gehörte zu dieser Gruppe. Die Tatsache, dass er sich im Veräußerungszeitpunkt nicht mehr im Deutschen Reich befand, ändert nach der ständigen alliierten Rückerstattungsrechtsprechung, aber auch nach der ständigen aktuellen bundesverwaltungsgerichtlichen Rechtsprechung nichts an der Tatsache des verfolgungsbedingten Vermögensverlustes. Die von den Kritikern der Rückgabeentscheidung vorgebrachten Einwendungen, die Familie Hess wäre 1929 bankrott gewesen und hätte aus dieser Notlage heraus dieses und andere Kunstwerke veräußert, können die gesetzlich zwingende Verfolgungsvermutung nicht widerlegen.

Die Rückgabe konnte deshalb durch den aktuellen Besitzer nur unter den engen Voraussetzungen der Widerlegung des gesetzlichen Anscheinsbeweises verhindert werden. Danach muss zweifelsfrei nachgewiesen werden, dass der Kaufpreis seinerzeit verkehrsüblich und angemessen war, dem Alteigentümer Hans Hess ungeschmälert zufloss und dass der Verkauf auch ohne die NS-Herrschaft erfolgt wäre. Für die Angemessenheit des Kaufpreises bestehen überzeugende Anhaltspunkte. Keinerlei Nachweise gibt es allerdings dafür, dass er dem im Exil befindlichen Alteigentümer Hans Hess ungeschmälert zufloss. Dies darf aufgrund der verschärften NS-Devisenbestimmungen bezweifelt werden. Zumindest die diskiminierenden NS-Transferabgaben hätten ihn reduziert. Eine ungeschmälerte Auszahlung an die Treuhänderin und Mutter Thekla Hess ist nicht belegt. Es wird von den Kritikern der Rückgabeentscheidung behauptet und unter Bezugnahme auf die Integrität des Erwerbers vermutet, dass der Kaufpreis gezahlt wurde. Schließlich, und dies ist der entscheidungserhebliche Tatbestand, ist die Verfolgungsbedingtheit von Eigentumsverlusten nach Erlass der Nürnberger Gesetze am 15.09.1935 nur widerlegbar, wenn zweifelsfrei feststeht, dass der Verkauf auch ohne die Herrschaft des Nationalsozialismus durchgeführt worden wäre. Es gibt keine ausreichende Indizien, die sich zu einem unzweifelhaften Beweis verdichten, die vorliegend diese Tatsache belegen. Damit geht die sog. Unerweislichkeit (non liquit-Lage) eindeutig zu Lasten des aktuellen Besitzers, so dass unter Anwendung der alliierten Rückerstattungsbestimmungen eine Rückgabe des Gemäldes zu verfügen war.

Fall 3

NLA

Deutschland

Ismar Littmann-Erben vs. Stiftung Wilhelm Lehmbruck Museum, Stadt Duisburg

Gemälde von Emil Nolde, „Buchsbaumgarten"

dazu: Brockhaus in 1. Buch Koordinierungsstelle, S. 79 ff.; Kulturzeit vom 16.01.2004; TAZ vom 14.04.2004

Fall

Das Ölbild „Buchsbaumgarten" von Emil Nolde erwarb in den 20er Jahren der Breslauer Rechtsanwalt Ismar Littmann, der mit 300 Gemälden und über 5000 Arbeiten auf Papier eine bedeutende Sammlung moderner Kunst zusammengetragen hatte. Nach der Machtübernahme der Nationalsozialisten erhielt Littmann Berufsverbot und beging infolge der gegen ihn und seine Familie gerichteten Verfolgungsmaßnahmen im September 1934 Selbstmord. Seine Ehefrau und Erbin sah sich aus wirtschaftlichen Gründen gezwungen, im Februar 1935 einen Teil der Kunstsammlung, darunter das Nolde-Bild, auf einer öffentlichen Kunstauktion des Berliner Auktionshauses Max Perl zu veräußern. Den „Buchsbaumgarten" erwarb der in Dresden ansässige jüdische Bankier und Kunstsammler Dr. Heinrich Arnold für einen Preis von 350 RM. 25 Jahre zuvor war das Gemälde für den annähernd dreifachen Preis erstmalig verkauft worden. Der enorme Preisverfall erklärt sich wohl daraus, dass zum Einen die Werke Noldes vom NS-Regime abgelehnt wurden und daraufhin nur eingeschränkt handelbar waren und zum Anderen ein Überangebot durch Verfolgtenverkäufe den Marktpreis drückte. Der erzielte Kaufpreis von 350 RM lag erheblich unter dem Schätzwert von 800 RM und dem Auktionslimit von 450 RM. Er soll der Witwe Littmann ausweislich der Abrechnungsunterlagen des Auktionshauses Perl vollständig zugeflossen sein.

Der Erwerber Dr. Heinrich Arnold starb im Oktober 1935 an einem Schlaganfall. Seine Familie emigrierte kurz darauf in die Vereinigten Staaten und konnte das Nolde-Bild mitnehmen. Die Witwe und Erbin Lisa Arnold ließ es im Mai 1956 im Stuttgarter Kunstkabinett Ketterer versteigern, wo es das Lehmbruck Museum, der heutige Besitzer, für 3.600 DM erwarb.

Die Littmann-Erben erhielten nach den Bestimmungen des Bundesrückerstattungsgesetzes 1961 und 1965 eine Pauschalentschädigung von insgesamt 45.000 DM für den Verlust von Gemälden, die von der Gestapo beschlagnahmt worden waren. Das bei Perl versteigerte Nolde-Gemälde war nicht Gegenstand des Rückerstattungsverfahrens.

1999 machte die in Tel Aviv lebende Tochter von Ismar Littmann im Namen einer Erbengemeinschaft Eigentumsherausgabeansprüche gegenüber dem Lehmbruck Museum geltend. Sie bot dem Museum den Rückkauf des Gemäldes zu 20% unter dem aktuellen Marktwert (500.000 Euro) an. Im April 2000 lehnte die Stadt Duisburg die Rückgabe u.a. mit der Begründung ab, dass ein jüdisches Schicksal (Zwangsverkauf durch die Witwe Littmann) nicht gegen ein anderes (Exil der Familie Arnold) ausgespielt werden könne. Nach eigener Prüfung kam die Oberfinanzdirektion Berlin am 27.06.2000 zu dem Ergebnis, dass aufgrund der rückerstattungsrechtlichen Grundsätze die Herausgabe und der Rückkauf nicht empfohlen werden können. Dieser Einschätzung schlossen sich das Lehmbruck Museum und sein Stiftungskuratorium an. Den Vorschlag, den Streitfall vor der Gemeinsamen Kommission zu beraten, lehnte der Direktor des Lehmbruck Museums Christoph Brockhaus ab, „weil die Partei Littmann sich nun der Presse bedient hat und der Politik und damit eine öffentliche Drohkulisse aufgebaut hat, die es uns unmöglich macht, zu diesem Zeitpunkt und unter diesen Verhältnissen in die Beratende Kommission zu gehen. Wir können eine unparteiische und unabhängige Empfehlung seitens der Kommission in dieser Phase nicht erwarten." Statt dessen wurde mit den Littmann-Erben weiter verhandelt und diesen im April 2004 ein Angebot über einen „finanziellen Ausgleich" gemacht, wobei man über dessen Höhe Stillschweigen vereinbarte. Dieses Angebot ist zwischenzeitlich als unzureichend abgelehnt worden. Eine endgültige Entscheidung steht aus.

Rechtslage

Zivilrechtlich dürfte ein Rückgabeanspruch ausgeschlossen sein. Die Witwe Littmann ließ als Erbin im Februar 1935 das Gemälde versteigern und Dr. Heinrich Arnold erwarb es in rechtswirksamer Weise von der Eigentümerin. Der allgemeine wirtschaftliche Druck der Witwe und ihre persönliche Verfolgung durch das NS-Regime waren zwar mitursächlich für die Entscheidung, das Gemälde zu verkaufen. Zivilrechtlich sind solche Verluste aufgrund einer Zwangssituation jedoch nur ausnahmsweise anfechtbar. Dies hätte unverzüglich, spätestens nach Ende des 2. Weltkrieges gegenüber den damaligen Käufern erfolgen müssen, was nicht geschehen war.

Der Verkauf des Bildes in der Versteigerung 1956 durch die Familie Arnold an das Lehmbruck Museum stellen einen weiteren rechtswirksamen Eigentumserwerb dar. Bei beiden Auktionen sowohl im Februar 1935 als auch 1956 hat der damalige Eigentümer das Gemälde verkaufen können. Es kommt insoweit nicht auf einen „redlichen Erwerb" vom Nichtberechtigten, also einer Person, die nicht Eigentümer des Bildes ist, an, weil der Verkauf durch den Berechtigten und Eigentümer erfolgte.

Davon zu trennen ist ein (öffentlich-rechtlicher) Anspruch wegen verfolgungsbedingtem Vermögensverlust. Nach der alliierten Rückerstattungsanordnung ist angesichts des hier relevanten Verlustzeitpunktes – Februar 1935 – eine Rückerstattung des Gemäldes ausgeschlossen, wenn ein angemessener und üblicher Verkaufspreis erzielt wurde und dieser ungeschmälert in die freie Verfügung der Verkäuferin gelangte. Letzteres soll der Fall gewesen sein.

Problematisch erscheint allerdings, ob der erzielte Kaufpreis verkehrsüblich und angemessen war. 1910 war das Bild für 900 RM erworben und zur selben Zeit von Nolde in seinem Inventar mit einem Wert in Höhe von 1.000 bis 1.200 RM beziffert worden. Der Schätzwert bei der Auktion im Februar 1935 betrugt 800 RM, das Limit 450 RM. Der erzielte Erlös lag mit 350 RM erheblich darunter. Ob er noch als verkehrsüblich anzusehen ist, bedarf der Klärung. Der Preisverfall für moderne Kunst, von dem das Nolde-Gemälde offensichtlich betroffen war, beruhte auch auf der kulturpolitischen Ablehnung dieser Kunst durch das NS-Regime.

Die Familie Littmann gehörte zu einem „kollektiv verfolgten" Personenkreis. Deshalb ist nach den alliierten Rückerstattungsbestimmungen – auch im Hinblick auf das Nolde-Gemälde – grundsätzlich ein verfolgungsbedingter Vermögensverlust zu vermuten. Diese Vermutung muss widerlegt werden. Der Erwerber oder jetzige Besitzer des Bildes muss beweisen, dass der Kaufpreis verkehrsüblich war. Bisher ist nicht feststellbar, dass das Lehmbruck Museum diesen Beweis vorgelegt hat. Eine Unerweislichkeit (non liquet Situation) geht zu Lasten des Museums. Zwar sind die Fristen nach den alliierten Rückerstattungsbestimmungen längst abgelaufen und seitens der Littmann-Erben seinerzeit Ansprüche fristwahrend nicht geltend gemacht worden. In der Gemeinsamen Erklärung vom 14.12.1999 verpflichteten sich allerdings die öffentlichen Museen und Sammlungen in Deutschland, also auch das Lehmbruck Museum, unabhängig von Verjährungsregelungen Ansprüche anzuerkennen, wenn die Voraussetzungen nach den alliierten Rückerstattungsbestimmungen, die eine Rückgabe begründen könnten, gegeben sind. Diese Voraussetzungen bestünden, wenn das Lehmbruck Museum die Angemessenheit des im Februar 1935 erzielten Kaufpreises in Höhe von 350 RM nicht zweifelsfrei beweist, was bisher nicht geschah. Das Rückgabeverlangen wäre mithin nach der Selbstverpflichtungserklärung der Museen anzuerkennen. Der Einwand des Museums, es dürfe nicht ein jüdisches Verfolgungsschicksal gegen das andere ausgespielt werden, ändert nichts an der Rückgabeberechtigung.

Vorliegend wurde allein die Witwe Littmann NS-verfolgungsbedingt durch den Zwangsverkauf 1935 geschädigt. Der Erwerber Arnold unterlag hinsichtlich dieses Bildes keiner Verfolgungsmaßnahme. Die Familie konnte es ausführen und Mitte der 50er Jahre verkaufen. Die Rückerstattungsgesetze kennen keinen gutgläubigen Erwerb, auch nicht zugunsten jüdischer Erwerber.

Der Einwand des Museums ist ein moralischer, kein juristischer. Eine Klärung durch die Beratende Kommission lehnt der Direktor des Lehmbruck Museums bisher ab. Seine Stellungnahme, die Kommission könne nicht eingeschaltet werden, weil eine öffentliche Drohkulisse ihre unparteiische und unabhängige Entscheidung verhindere, unterstellt, dass die Kommissionsmitglieder keine auf rechtlichen Erwägungen beruhende, sondern eine good will Entscheidung aus allein politischen Gründen fällen würde. Diese öffentliche Diskreditierung der Kommissionsmitglieder durch einen deutschen Museumsdirektor ist ein bislang einmaliger Vorgang. Sie schadet den deutschen Museen, weil der Eindruck entsteht, dass sie nicht gewillt sind, die von ihnen eingegangene Selbstverpflichtung buchstabengerecht umzusetzen.

USA
Rosa und Jacob Oppenheimer-Erben (Galerie van Diemen) vs.
1. San Diego Museum of Art
Gemälde von Peter Paul Rubens, „Allegorie der Ewigkeit"

Fall 4
NLA

Deutschland
Rosa und Jacob Oppenheimer-Erben (Galerie van Diemen) vs.
2. Staatliche Kunsthalle Karlsruhe und Staatsgalerie Stuttgart
zwei Gemälde von Peter Paul Rubens, „Bildnis der Marchesa Veronica Spinola Doria" und „Marchesa Imperiale mit Tochter"

dazu: Schrenk in 1. Buch Koordinierungsstelle, S. 152 ff.; Restitutionsbericht des AAMD vom 27.07.2006, Anlage A, S. 6

Fall

Die drei bedeutenden Rubens-Gemälde waren Bestandteil des umfangreichen Besitzes des Margraf-Konzerns, zu dem die Berliner Kunsthandlungen Galerie van Diemen & Co., Altkunst/Antiquitäten und Dr. Otto Burchard & Co. gehörten. Die Eheleute Jacob und Rosa Oppenheimer hatten 1929 den Konzern nebst Tochterfirmen und Kunstbesitz geerbt. Um ihrer Verhaftung zu entgehen, flohen sie im März 1933 unter Zurücklassung ihres Vermögens überstürzt aus Nazi-Deutschland nach Paris. In den Folgejahren lebten sie unter schwierigen wirtschaftlichen Verhältnissen. Jacob Oppenheimer starb 1941 im französischen Exil. Seine Ehefrau Rosa Oppenheimer wurde 1943 im Lager Drancie interniert, im selben Jahr nach Auschwitz deportiert und ermordet.

Den in Berlin zurückgebliebenen drei verheirateten Kindern wurde Ende 1933 durch einen landgerichtlichen Beschluss die Weiterführung des Konzerns untersagt. Er wurde ihrer Verfügung entzogen. Staatliche Stellen ordneten die Liquidation der Kunsthandelsfirmen an. Ihr umfangreicher Kunstbesitz wurde vom Berliner Auktionshaus Paul Graupe am 25./26.01. und am 26./27.04.1935 zwangsversteigert. Der Kunstsammler Konrad Bareiss erwarb auf der Auktion die Rubens-Gemälde „Bildnis der Marchesa Veronica Spinola Doria" zu dem damaligen Höchstpreis von 63.000 RM und „Marchesa Imperiale mit Tochter" für 25.500 RM. Der Erwerber der „Allegorie der Ewigkeit" ist unbekannt.

Die Oppenheimer-Kinder emigrierten in die USA und nach Argentinien. Sie meldeten nach Kriegsende in der Bundesrepublik Deutschland Wiedergutmachungsansprüche an. Ihr Rechtsvertreter machte den damaligen Käufer der erstgenannten Rubens-Bilder, einen amerikanischen Staatsbürger mit Wohnsitzen in Deutschland und Zürich, ausfindig und forderte ihn zur Herausgabe der Kunstwerke auf. Dieser lehnte unter Hinweis auf seinen „rechtmäßigen Erwerb" in der Auktion 1935 ab. Ein gerichtlicher Beschluss zur Sicherstellung der Gemälde konnte nicht vollstreckt werden, denn die Kunstwerke waren inzwischen nach Zürich gelangt. Nach mehrjährigen Auseinandersetzungen einigten sich die Beteiligten 1954. Der Erwerber zahlte den Oppenheimer-Erben einen finanziellen

Ausgleich. 1964 veräußerte er das „Bildnis der Marchesa Veronica Spinola Doria" an die Kunsthalle Karlsruhe und die „Marchesa Imperiale mit Tochter" ein Jahr später an die Staatsgalerie Stuttgart.

Im Frühjahr 2000 machte eine Pariser Anwaltskanzlei namens der Oppenheimer-Erben bei den beiden deutschen Museen Rückgabeansprüche geltend. Diese wurden geprüft, den Rechtsanwälten der verfolgungsbedingte Vermögensverlust der Gemälde in der Auktion bei Graupe in Berlin im April 1935 bestätigt, eine Rückgabe nach den Grundsätzen der Washingtoner Prinzipien jedoch verneint, weil der Verfolgungsverlust durch gütliche Einigung mit dem damaligen Erwerber bereits in den 50er Jahren seine abschließende Regelung fand. Daraufhin zogen die Rechtsanwälte Rückgabeanträge zurück.

Das Gemälde „Allegorie der Ewigkeit" gelangte unter unbekannten Umständen 1940 nach New York, wurde dort auf der „World's Fair" gezeigt und an einen amerikanischen Kunstsammler veräußert. 1947 kam es in den Besitz des San Diego Museum of Art. Die Oppenheimer-Erben machten unter Bezugnahme auf die Washingtoner Prinzipien gegenüber dem Museum Rückgabeansprüche geltend. Nach mehrjährigen Verhandlungen schlossen die Beteiligten im Mai 2004 eine Vereinbarung, wonach das Gemälde im Museumsbesitz verbleibt, mutmaßlich gegen Zahlung einer finanziellen Entschädigung.

Rechtslage

Die auf staatliche Anordnung durchgeführte Versteigerung durch das Auktionshaus Graupe 1935 in Berlin erfolgte ohne Zustimmung und gegen den Willen der Eigentümer. Die staatliche Anordnung der Beschlagnahme beruhte auf diskriminierenden gesetzlichen Bestimmungen, die seit Ende des 2. Weltkrieges von der Rechtswissenschaft nach der Radbruch'schen Formel als gesetzliches Unrecht angesehen werden. Dies bedeutet, dass ein Nichtberechtigter den Verkauf der in diesem Zeitpunkt als abhanden gekommen geltenden Gemälde durchführte. An solchen Gegenständen ist nach deutschem Zivilrecht ein Eigentumserwerb ausschließlich in einer öffentlichen Versteigerung möglich. Um eine solche handelte es sich bei der Auktion von Graupe 1935. Dann ist allerdings zu ermitteln, ob die Erwerber im Versteigerungszeitpunkt gutgläubig waren. Sie wussten, dass die Gemälde aus der Liquidation der jüdischen Kunsthandelsfirmen stammten. Klärungsbedürftig ist, ob allein diese Tatsache genügt, eine Bösgläubigkeit zu begründen. Damalige gesetzliche Bestimmungen erlaubten die Beschlagnahme und zwangsweise Liquidierung jüdischen Eigentums. Grundsätzlich konnten sich Käufer darauf verlassen, dass der Erwerb von Gegenständen, die auf der Grundlage dieser Bestimmungen verwertet wurden, rechtswirksam war. Deshalb muss angenommen werden, dass selbst bei positiver Kenntnis der Käufer über die Herkunft der Gemälde gleichwohl in rechtswirksamer Weise ein Eigentumserwerb in den Auktionen 1935 erfolgte. Zivilrechtlich erscheint der Verkauf der drei Gemälde 1935 unangreifbar. Die damaligen Erwerber wurden Eigentümer.

Aufgrund der nach dem 2. Weltkrieg erlassenen alliierten Rückerstattungsbestimmungen bestand seinerzeit ein gesetzlicher Rückübereignungsanspruch hinsichtlich der Gemälde, weil sie den Alteigentümern NS-verfolgungsbedingt entzogen wurden. Dieser Anspruch konnte allerdings trotz eines gerichtlichen Sicherstellungsbeschlusses nicht durchgesetzt werden, weil die beiden von dem Kunstsammler Bareiss erworbenen Rubens-Gemälde in die Schweiz verbracht wurden. Damit befanden sie sich außerhalb des Geltungsbereiches des alliierten Rückerstattungsrechts. Wenn die Gemälde auf deutsches Hoheitsgebiet zurückgekehrt wären, hätte die Möglichkeit bestanden, Restitutionsansprüche nach dem alliierten oder deutschen Rückerstattungsrecht geltend zu machen. Da der Kunstsammler Bareiss sie offensichtlich an deutsche Museen verkaufen wollte, traf er mit den Alteigentümer-Erben 1954 eine zivilrechtliche Vereinbarung, mit der seine Eigentümerstellung bestätigt wurde und die Oppenheimer-Erben auf Rückgabeansprüche verzichteten.

Die mehr als vierzig Jahre später gegenüber den beiden deutschen Museen auf der Grundlage der Washingtoner Prinzipien geltend gemachten Rückgabeforderungen wurden von den Museen unter Hinweis auf die Vergleichsvereinbarung von 1954 zurückgewiesen. Dies entspricht dem Inhalt der Gemeinsamen Erklärung vom 14.12.1999 und der im Februar 2001 verabschiedeten Arbeitsanleitung. Danach ist eine erneuter Anspruch generell ausgeschlossen, wenn der Alteigentümer bzw. seine Erben nach Ende des 2. Weltkrieges eine abschließende und verbindliche Regelung über die abhanden gekommenen Kunstwerke trafen. Dies ist vorliegend 1954 geschehen.

Der zivilrechtliche Erwerb des dritten Gemäldes, das 1935 an einen Unbekannten versteigert wurde, ist gleichfalls unangreifbar. Das Gemälde befand sich allerdings spätestens seit 1947 im Eigentum eines Museums in den Vereinigten Staaten. Es hatte sich wie alle anderen öffentlichen Museen der USA verpflichtet, die Washingtoner Prinzipien umzusetzen. Deshalb bestand für die Oppenheimer-Erben die Möglichkeit, einen „fairen und gerechten Ausgleich" mit dem Museum zu beanspruchen. Die Beteiligten einigten sich auf eine finanzielle Entschädigung, so dass das Gemälde im Museumsbesitz verblieb.

Fall 5

NLA

Australien

Max Emden-Erben vs. 1. National Gallery of Victoria

Gemälde von Gerard ter Borch, "Frau mit Fächer"

Deutschland

Max Emden-Erben vs. 2. Bundespräsidialamt

Gemälde von Bernardo Bellotto, genannt Canaletto, „Dresdner Zwingergraben"

dazu: UEK Schweiz, S. 231;
The Australian vom 21.08.2006; Die Welt vom 23.12.2005

Fall

Der Hamburger Kaufmann und Inhaber mehrerer Kaufhäuser Baron Max Emden besaß eine bedeutende Kunstsammlung Alter Meister, darunter die Gemälde von ter Borch und Canaletto. Emden hatte bereits vor 1933 seinen Wohnsitz im Schweizerischen Locarno, wo sich auch der maßgebliche Teil seiner Kunstsammlung befunden haben soll.

Aufgrund der Boykottmaßnahmen und Arisierungen verlor Max Emden im Deutschen Reich seine Kaufhäuser. Den Canaletto verkaufte er 1938 über die Luzerner Galerie Fischer an den NS-Kunsthändler Karl Haberstock, der das Bild im Aufrage Adolf Hitlers für dessen Linzer Museum erwarb. Der Kaufpreis in Höhe von 60.000 Sfr soll für damalige Verhältnisse niedrig gewesen sein. Ob er Emden zufloss, ist unbekannt. Das Gemälde von ter Borch gelangte offensichtlich in den Besitz der Galerie Wildenstein. Bisher ist nicht bekannt, von wem die Galerie das Kunstwerk erwarb. Wildenstein veräußerte es 1945 in London an die National Gallery of Victoria. Der Kunstsammler Emden wanderte zu Beginn des Krieges nach Chile aus und starb dort 1940.

Sein Enkel machte Rückgabeansprüche wegen des Canaletto gegenüber dem Bundespräsidialamt, wegen des ter Borch gegenüber der National Gallery of Victoria und hinsichtlich anderer Kunstwerke gegenüber mehreren US-amerikanischen Museen geltend.

Der Anspruch in Sachen Canaletto wurde 2005 von dem zuständigen Bundesamt mit der Begründung zurückgewiesen, Max Emden hätte bereits vor Beginn der NS-Herrschaft in der Schweiz gelebt, wo sich auch seine Kunstsammlung befand. Der 1938 dort veräußerte Canaletto wäre deshalb nicht NS-verfolgungsbedingt abhanden gekommen. Der Emden-Erbe wendet ein, dass sich aufgrund der in Nazi-Deutschland gegen die Kaufhäuser des Großvaters durchgeführten Boykottmaßnahmen dessen wirtschaftliche Situation erheblich verschlechterte und er gezwungen war, Teile seiner Kunstsammlung zu veräußern.

Die Rückgabeforderung bezüglich des ter Borch-Gemäldes wird von dem betroffenen Museum in Australien nach wie vor geprüft. Eine abschließende Entscheidung ist derzeit nicht möglich, weil eine lückenlose Veräußerungskette bisher noch nicht aufgeklärt wurde.

Rechtslage

Soweit Max Emden selbst in der Schweiz Gemälde aus seiner Sammlung veräußern ließ, dürften die nach Schweizer Recht zu beurteilenden Verkäufe zivilrechtlich heute nicht mehr angreifbar sein. Die von dem Emden-Erben vorgetragene wirtschaftliche Notsituation des Großvaters, die aus Boykottmaßnahmen gegen seine Kaufhäuser im Deutschen Reich resultierte und ihn zwang, Kunstwerke zu veräußern, stellt keine die Nichtigkeit des Veräußerungsgeschäftes begründenden Umstände dar.

Der Verkauf von Kunstwerken in Ländern, die im Verkaufszeitpunkt nicht von Nazi-Deutschland besetzt waren, an einen Erwerber, der sich in diesem Zeitpunkt gleichfalls nicht in einem besetzten Land befand, kann nur in absoluten Ausnahmefällen einen NS-verfolgungsbedingten Vermögensverlust begründen. Der Verfolgungsverlust ist in einem bisher einmalig gebliebenen Einzelfall von der Bundesrepublik Deutschland anerkannt worden (s. Fall 96). Hier musste die Verkäuferin zur Abwendung einer extremen wirtschaftlichen Notlage im Exil Kunstwerke veräußern, der Erwerb erfolgte in der Schweiz zugunsten des Deutschen Reichs. Ob Max Emden einer vergleichbaren Notsituation unterlag, als er 1938 in der Schweiz den Canaletto veräußerte, ist unbekannt. Die bisher bekannt gewordenen Umstände lassen an einem NS-verfolgungsbedingten Vermögensverlust zweifeln, wenngleich auch vorliegend der Erwerb zugunsten des von Hitler geplanten Museums für das Deutsche Reich erfolgte.

Die konkreten Umstände der Veräußerung des ter Borch-Gemäldes sind gleichfalls unbekannt, so dass auch hier noch keine endgültige Einschätzung getroffen werden kann.

Der Fall Max Emden zeigt allerdings exemplarisch die schwierige Gratwanderung bei der Einschätzung von Verfolgungsverlusten – wann sind diese Verluste NS-verfolgungsbedingt, wie dies in Sachen Freund-Erben angenommen wurde, und wann nicht. Klarheit kann hier letztlich nur die vollständige Aufklärung der damaligen Veräußerungsumstände geben.

Fall 6
NLA

USA
Martha Nathan-Erben vs. 1. Detroit Institute of Arts
Gemälde von Vincent van Gogh, „Grabende"

USA
Martha Nathan-Erben vs. 2. Toledo Museum of Art
Gemälde von Paul Gauguin, „Straßenszene in Tahiti"

dazu: FAZ vom 28.01.2006; Press Releases des Detroit Institutes of Arts und des Toledo Museum of Art; Art News Paper Nr. 171, S. 13

Fall

Martha Nathan entstammte der jüdischen Bankiersfamilie Dreyfus aus Frankfurt am Main. Ihr Ehemann Hugo Nathan war ein berühmter Sammler moderner Kunst und u.a. Eigentümer des 1889 entstandenen Gemäldes „Grabende" von Vincent van Gogh und der „Straßenszene in Tahiti", die Paul Gauguin 1891 malte. Nach dem Tod ihres Mannes 1922 erbte Martha Nathan dessen Kunstsammlung. 1930 brachte sie einige Kunstwerke, darunter auch die vorgenannten beiden Bilder, nach Basel. Das Gemälde von van Gogh lieh sie 1930 für eine Ausstellung im Stedelijk Museum in Amsterdam. Beide Bilder waren 1931 auf einer Ausstellung im Staedelschen Kunstinstitut in Frankfurt am Main zu sehen und kehrten anschließend nach Basel zurück.

Im Februar 1937 emigrierte Martha Nathan aus Deutschland unter Zurücklassung ihres gesamten Hausstandes und einiger Gemälde, deren Mitnahme ihr von NS-Behörden verboten wurde. Sie erhielt wohl lediglich die Erlaubnis, eine geringe Summe zu transferieren und soll sich deshalb in einer finanziell schwierigen Lage befunden haben. Im Exil in Frankreich und ab 1939 in der Schweiz wohnte sie in Hotels und korrespondierte wegen der Abwicklung ihres Frankfurter Anwesens und des sonstigen in Deutschland zurückgelassenen Vermögens. Die Kunstwerke in Basel spielten dabei keine Rolle.

Im Dezember 1938 lud Martha Nathan den französischen Kunsthändler Georges Wildenstein ein, ihre in der Kunsthalle Basel befindliche Kunstsammlung anzusehen. Er unterbreitete für vier von insgesamt siebzehn Gemälden Kaufangebote. Die Kunsthändler Thannhauser, Wildenstein und Ball erwarben gemeinschaftlich das van Gogh-Gemälde für umgerechnet 9.364 US-Dollar und die Arbeit von Gauguin für umgerechnet 6.865 US-Dollar. Zwischen 1939 und 1941 lieh Martha Nathan andere Gemälde aus ihrer Sammlung nach Frankreich, Südamerika und in die USA aus, die regelmäßig nach Basel zurück kehrten.

Martha Nathan starb 1958 in der Schweiz und machte bis zu ihrem Tode keinerlei Rückgabeforderungen wegen der im Dezember 1938 verkauften beiden Bilder geltend. Anders verhielt sie sich in Bezug auf ihr im Deutschen Reich und in Frankreich zurückgelassenes Vermögen. Ihre diesbezüglichen Ansprüche wurden durch finanzielle Entschädigungs- und Rückgabevereinbarungen mit dem deutschen und französischen Staat geregelt.

Das Gemälde von Gauguin wurde bereits 1940 für 25.000 US-Dollar an das Toledo Museum of Art verkauft. Der van Gogh ging 1941 für 34.000 US-Dollar an Robert Tannahill, der ihn 1969 dem Detroit Institute of Arts vermachte. Seither hängen die Bilder in den jeweiligen Museen.

Die Erben von Martha Nathan forderten 2006 von den beiden Museen die Rückgabe der Bilder und erklärten u.a., ihr Verkauf im Dezember 1938 wäre ausschließlich wegen der wirtschaftlichen Schwierigkeiten infolge der Emigration von Martha Nathan aus Nazi-Deutschland nach Frankreich unter Zurücklassung ihres Vermögens erfolgt. Nach Ende des 2. Weltkrieges hätte sie auf eine Rückgabe verzichtet, weil ihr der Zivilrechtsweg in den Vereinigten Staaten zu kostspielig war. Die Erben meinen, ihr Anspruch wäre wegen NS-verfolgungsbedingtem Vermögensverlustes gerechtfertigt und unter Bezugnahme auf die Washingtoner Prinzipien in Verbindung mit den von den Alliierten in den Wiedergutmachungsgesetzen getroffenen Regelungen zu beurteilen.

Die beiden Museen ermittelten in einem umfangreichen Provenienzforschungsprojekt die Geschichte der Bilder seit 1922, die Umstände des Verkaufs Ende 1938 und die Lebensumstände von Martha Nathan vor, während und nach Ende des 2. Weltkrieges. Sie kamen zu dem Ergebnis, dass Martha Nathan die Kunstwerke unzweifelhaft freiwillig verkaufte. Zur endgültigen Feststellung des Eigentumsrechts erhoben das Detroit Institute of Arts im Januar 2006 Klage vor dem Bezirksgericht in Michigan und das Toledo Museum of Art vor dem Bezirksgericht in Ohio. Die Klagen wurden erstmalig im Juni 2006 vor den jeweiligen Gerichten verhandelt.

Rechtslage

Erstmalig erhoben die Besitzer zweier Bilder vor Zivilgerichten in den Vereinigten Staaten Klage, um endgültig feststellen zu lassen, dass sie deren rechtmäßige Eigentümer sind, obwohl sie von einer jüdischen Emigrantin, die im Dezember 1938 in Frankreich lebte, in der Schweiz verkauft und von dort durch Kunsthändler in den Vereinigten Staaten weiter veräußert wurden.

Zunächst ist von den amerikanischen Zivilgerichten zu prüfen, ob mit der Veräußerung der beiden Bilder im Dezember 1938 in Basel ein wirksamer Eigentumsverlust eintrat und – soweit dies nicht der Fall wäre – die Weiterveräußerungen der Bilder in den Vereinigten Staaten zu rechtswirksamen Eigentumserwerben führten. Nach der auch im amerikanischen Recht geltenden so genannten Situs-Regel ist für den Verkauf im Dezember 1938 in Basel grundsätzlich das Schweizer Zivilrecht maßgeblich. Seinerzeit war Martha Nathan unstreitig Alleineigentümerin der Bilder. Sie verkaufte wissentlich die Bilder an das Kunsthändler-Trio, so dass der Eigentumsübergang nach Schweizer Zivilrecht als rechtswirksam anzusehen ist. Martha Nathan hatte zu ihren Lebzeiten innerhalb der kurzen Verjährungsfristen den Kaufvertrag und/oder die Eigentumsübertragung wegen Täuschung, Drohung oder persönlicher Zwangslage niemals angefochten. Deshalb ist der Eigentumserwerb durch das Kunsthändler-Trio im Dezember 1938 als rechtswirksam zu beurteilen. Es kommt gar nicht mehr auf die Weiterverkäufe der beiden Bilder in den Vereinigten Staaten an.

Selbst wenn die amerikanischen Gerichte ausschließlich die Erwerbsvorgänge in den USA als maßgeblich beurteilen und den Schweizer Verkauf im Dezember 1938 als unbeachtlich ansehen, wären die Verkäufe 1939 und 1940 auch nach amerikanischem Recht wirksam. Denn die Kunsthändler hatten die Bilder von der Eigentümerin in rechtswirksamer Weise erworben und konnten sie deshalb ihrerseits veräußern. Auf den gutgläubigen Eigentumserwerb vom Nichtberechtigten, d.h. also einer Person, die gar nicht Eigentümer ist, kommt es vorliegend nicht an.

Als Zwischenergebnis bleibt insoweit festzuhalten: Zivilrechtlich sind die Eigentumserwerbe sowohl im Dezember 1938 in der Schweiz als auch die Weiterveräußerungen 1939 und 1940 in den USA wirksam. Zivilrechtliche Herausgabeansprüche aus anderen Rechtsgründen zugunsten der Erben von Martha Nathan sind nicht ersichtlich.

Davon zu trennen sind mögliche Ansprüche der Nathan-Erben unter Berufung auf die Washingtoner Prinzipien vom Dezember 1998 und die von amerikanischen Museen übernommenen Selbstverpflichtungserklärungen, wonach mit den Alteigentümern von Kunstwerken, die „NS-verfolgungsbedingt verloren gingen, einvernehmliche Lösungen gesucht werden sollen. Welche Maßstäbe und Voraussetzungen die Begrifflichkeit „NS-verfolgungsbedingter Vermögensverlust" in den Vereinigten Staaten ausfüllen, ist bis heute nicht geklärt. Als Lösungsmöglichkeit bietet sich die sinngemäße oder analoge Anwendung der 1945 erlassenen Alliierten Rückerstattungsbestimmungen an. So schlägt beispielsweise Deutschland in der Gemeinsamen Erklärung vom 14.12.1999 vor, dass staatliche Museen und öffentliche Sammlungen Rückgabeanträge am Maßstab des alliierten Rückerstattungsrechts prüfen.

Vorliegend könnten die Ansprüche der Nathan-Erben anhand der Alliierten Rückerstattungsanordnung vom 26.07.1949 geprüft werden. Danach gilt folgendes: Die Jüdin Martha Nathan gehörte zu einem Personenkreis, der vom NS-Regime kollektiv verfolgt wurde, so dass die in Art. 3 Nr. 1 lit. b aufgestellte gesetzliche Vermutung gilt, dass ihre Vermögensverluste ursächlich auf der NS-Verfolgung beruhen. Grundsätzlich greift diese gesetzliche Vermutung allerdings nur, wenn die Vermögensverluste im Deutschen Reich bzw. in den von Deutschland besetzten Gebieten erfolgten. Vorliegend besteht die Besonderheit, dass die vom NS-Regime verfolgte Martha Nathan 1938 nach Frankreich emigrierte und sich im (sicheren) Exil entschloss, die in Basel in der Schweiz befindlichen Bilder dort im Dezember 1938 zu veräußern.

Für diese besondere Konstellation existieren international bisher keine vergleichbaren Fälle. Nur in Deutschland erging aufgrund des Votums der Beratenden Kommission eine Rückgabeempfehlung in Sachen Clara Freund-Erben (s. Fall 96). Hier wurden gleichfalls Bilder in der Schweiz veräußert, während sich die Alteigentümerin im Exil befand. Unterstellt man, dass das alliierte Rückerstattungsrecht sinngemäß auch diese Veräußerungen dem Grunde nach erfasst, wäre zunächst festzustellen, dass der Verlust der beiden Kunstwerke vorliegend verfolgungsbedingt im Sinne der Alliierten Anordnung eintrat (Kollektivverfolgte und deshalb Vermutung des verfolgungsbedingten Vermögensverlustes). Dann wäre weiter zu prüfen, ob der Verkauf der Bilder im Dezember 1938 nicht verfolgungsbedingt war. Nach den alliierten Rückerstattungsregelungen kann ein entsprechender Beweis geführt werden. Wenn Martha Nathan einen angemessenen Kaufpreis erhalten hatte (üblicher Verkehrswert beim Ankauf im Dezember 1938 in der Schweiz), wenn sie vollständig über den Kaufpreis verfügen konnte (z.B. keine Reduzierung durch diskriminierende Steuerforderungen o.ä. von Seiten des NS-Regimes) und wenn sie den Verkauf der Bilder auch ohne die NS-Herrschaft vorgenommen hätte und die Käufer zudem in besonderer Weise die Vermögensinteressen von Martha Nathan wahrnahmen (z.B. durch Mitwirkung an der Transferierung des ungeschmälerten Kaufpreises), kann der Beweis erbracht werden, dass der Verkauf im Dezember 1938 in Basel kein verfolgungsbedingter Vermögensverlust war. Fest steht, dass die Ende 1938 in der Schweiz erworbenen Bilder ein bzw. zwei Jahre später in den Vereinigten Staaten bereits jeweils für das 3,6fache weiter veräußert wurden. Ob diese Tatsache allerdings hinreichend belegt, dass die Bilder im Dezember 1938 durch das Kunsthändler-Trio nicht zu einem marktgerechten Preis erworben wurden, bedarf weiterer Aufklärung (z. B. internationale Kaufpreisvergleiche für 1938 bis 1940). Daneben wäre aufzuklären, ob der Kaufpreis Martha Nathan ungeschmälert zufloss und von den Erwerbern besondere Anstrengungen unternommen wurden sicherzustellen, dass er der Verkäuferin vollständig zur Verfügung stand. Vorliegend dürfte diese Voraussetzung jedenfalls bei einer Zahlung in der Schweiz bestehen.

Es könnte mithin entscheidend auf die Beantwortung der Frage ankommen, ob Martha Nathan auch ohne die Herrschaft des Nationalsozialismus die Bilderverkäufe vorgenommen hätte. Wenn man die Vorgeschichte der Kunstsammlung, insbesondere der seit 1930 in Basel befindlichen Bilder, betrachtet, die häufig zu bedeutenden Ausstellungen ausgeliehen wurden, aber regelmäßig in die Sammlung zurück gelangten, deutet dieser Umstand darauf hin, dass Martha Nathan ohne die Herrschaft des NS-Regimes diese zwei derart wichtige Bilder ihrer Sammlung wohl nicht verkauft hätte. Ob allerdings diese Kausalität genügt, von einem NS-verfolgungsbedingten Vermögensverlust auszugehen, ist letztlich eine moralisch und ethisch und nicht juristisch zu beantwortende Frage.

In einer erstinstanzlichen Entscheidung stellte der District Court N.D. Ohio Western Division am 28.12.2006 zugunsten des Toledo Museum of Art fest, dass die Nathan-Erben keinen Herausgabeanspruch auf das Gemälde von Gauguin haben. Der Verkauf des Bildes im Dezember 1938 in der Schweiz an drei amerikanische Kunsthändler stelle keinen verfolgungsbedingten Vermögensverlust dar, weil er außerhalb des Deutschen Reiches zwischen Privatpersonen erfolgt sei. Das Argument der Erben, es gäbe keinen Nachweis über den Zufluss des Geldbetrages, sah das Gericht als nicht entscheidungserheblich an. Im Übrigen sei die gesetzliche vierjährige Verjährungsfrist des Staates Ohio längst abgelaufen. Eine ergänzende Verjährungsregel lehnte das Zivilgericht mit dem Hinweis ab, es sei kein „Supergesetzgeber". Das Museum könne sich auch auf die Verjährung eines Herausgabeanspruches dem Grunde nach berufen. Sie sei nicht durch die Selbstverpflichtung, die Washingtoner Prinzipien vom Dezember 1998 anzuwenden, ausgeschlossen. Dort seien keine verbindlichen Regelungen enthalten, die das Berufen auf Verjährung ausschließen, sondern nur eine „Kann"-Regelung.

Fall 7
NLA

Deutschland
Lucie Mayer-Fuld vs. 1. Karl Haberstock
Gemälde von Jacopo Tintoretto, „Kreuztragung"

Deutschland
Lucie Mayer-Fuld vs. 2. Fürst von Liechtenstein
Antiquarischer Schreibtisch (bureauplat)

dazu: Francini „Liechtenstein und der internationale Kunstmarkt 1933 bis 1945", S. 190 ff.; „Weltkunst" 1952, S. 11 und 1957, S. 12

Fall

Die in Ungarn geborene Lucie Gajzago war mit dem jüdischen Kunstsammler Harry Fuld aus Frankfurt am Main verheiratet, der zur Jahrhundertwende eine Firma zur Telefonapparateherstellung gegründet hatte und vermögend geworden war. Als er 1932 starb, erbte Lucie Fuld, durch Eheschließung Jüdin, den Kunstbesitz ihres verstorbenen Ehemannes, darunter auch das Tintoretto-Gemälde. Sie heiratete 1933 den rumänisch-jüdischen Rechtsanwalt Acatiu Mayer und erhielt die rumänische Staatsbürgerschaft. Die Eheleute nahmen den Namen Mayer-Fuld an. Sie lebten bis zum Sommer 1939 in Berlin-Grunewald in der Villa Douglasstraße 9.

Nach der Machtübernahme der Nationalsozialisten im Januar 1933 schickte Lucie Mayer-Fuld im April desselben Jahres Kunstgegenstände nach Paris, von denen sich einige 1938 im Auktionshaus Hotel Drouot befanden und wohl versteigert wurden. Weitere Kunstgegenstände gelangten zwecks Verschiffung nach Übersee in den Hafen von Biarritz, wurden dort 1941 beschlagnahmt und vom Einsatzstab Reichsleiter Rosenberg in das Jeu de Paume nach Pariser geschafft. Die Alteigentümer erhielten einen Großteil dieser Kunstwerke nach Kriegsende zurück.

Vor Kriegsbeginn emigrierte das Ehepaar Mayer-Fuld nach Paris und später nach New York. Als ihre Flucht bekannt wurde, forderte das zuständige Finanzamt Reichsfluchtsteuer in Höhe von 1,6 Millionen RM und ließ zum Zwecke ihrer Eintreibung das gesamte Vermögen des Ehepaars in Berlin beschlagnahmen, so auch die Villa in der Douglasstraße mit Inventar. Das Auktionshaus Achenbach versteigerte auf Geheiß des Finanzamtes am 10.07.1940 die Villeneinrichtung einschließlich der Kunstwerke, darunter das Gemälde von Tintoretto und den antike Schreibtisch. Den gesamte Auktionserlös (330.000 RM) vereinnahmte das Finanzamt zur Tilgung der Reichsfluchtsteuer.

Das Bild erwarb der NS-Kunsthändler Karl Haberstock für 1.200 RM. Sein Kollege Walter Bornheim ersteigerte den Schreibtisch für 12.500 RM. Im August 1942 veräußerte Bornheim den Tisch für 45.000 RM an den Fürsten von Liechtenstein. Bornheim wusste, dass der Schreibtisch aus jüdischem Besitz stammte, erklärte allerdings gegenüber dem Fürsten, er käme von einer verarmten französischen Aristokratenfamilie. Haberstock behauptete später, die Herkunft des

Tintoretto-Gemäldes wäre ihm nicht bekannt gewesen und er hätte nachträglich erst durch einen Spezialisten die Bestätigung erhalten, dass es sich um ein Original von Jacopo Tintoretto handelte. Haberstock verkaufte es unter Zugabe eines Gemäldes von Munkácsy für 52.000 RM an das Düsseldorfer Kunstmuseum.

Lucie Mayer-Fuld forderte nach Ende des Krieges in einem Wiedergutmachungsverfahren in Düsseldorf die Rückgabe des Tintoretto, die 1952 zugunsten der Antragstellerin verfügt wurde. Haberstock behauptete aus persönlichen Rehabilitierungsgründen im Nachgang zu dieser Entscheidung in einer öffentlichen Erklärung, Frau Mayer-Fuld hätte sich als „Arierin getarnt, unbeschwert mit ihrem zweiten Ehemann in Rumänien gelebt" und ihren Kunstbesitz in Berlin freiwillig versteigern lassen. Mayer-Fuld einigte sich offensichtlich gütlich mit dem Museum, denn das zwischenzeitlich Giovanni Contarini zugeschriebene Gemälde hängt heute nach wie vor als „Kreuztragung" von Jacopo Tintoretto im Kunstmuseum der Stadt Düsseldorf.

1949 hatte Lucie Mayer-Fuld gegenüber dem Fürsten von Liechtenstein eine Rückgabeforderung wegen des zwangsveräußerten Schreibtisches erhoben. Der Fürst wies sie mit der Begründung zurück, er hätte das antike Möbelstück 1942 gutgläubig erworben. Der Anspruch, der auf dem auch im Fürstentum Liechtenstein geltenden Schweizer Raubgutbeschluss fußte, wurde wegen Verfristung abgelehnt.

Rechtslage

Das Tintoretto-Gemälde und der antike Schreibtisch befanden sich im Eigentum von Lucie Mayer-Fuld in deren Berliner Villa. Die Versteigerung beider Gegenstände durch das Auktionshaus Achenbach, das seinerzeit eine Vielzahl so genannter Judenauktionen durchführte, diente allein dazu, die zuvor vom Finanzamt festgesetzte Reichsfluchtsteuer einzutreiben. Die Behauptung des Erwerbers Haberstock, es hätte sich um eine von der Eigentümerin veranlasste freiwillige Verwertung beweglicher Gegenständen gehandelt und nicht um eine von staatlichen Stellen angeordnete Zwangsversteigerung, ist höchst fraglich. Im Ergebnis kann sie dahin stehen, weil die Versteigerung im Juli 1940 nach den alliierten Rückerstattungsbestimmungen eindeutig einen NS-verfolgungsbedingten Vermögensverlust darstellt. Lucie Mayer-Fuld war zwar ihrer Herkunft nach keine Jüdin. Aufgrund ihrer Heirat mit jüdischen Ehemännern galt sie im Sinne der Nürnberger Gesetze jedoch als jüdisch „versippt" und gehörte damit zu der Gruppe der kollektiv vom NS-Regime Verfolgten. Der Auktionserlös wurde vollständig zur Begleichung der Reichsfluchtsteuer eingezogen.

Es ist zweifelhaft, dass der Tintoretto zu einem verkehrsüblichen Kaufpreis veräußert wurde, weil Haberstock ihn für 1.200 RM erwarb und wenig später (sogar unter Zugabe eines weiteren Gemäldes) für 52.000 RM veräußerte. Er räumte nach dem Kriege den „durchaus günstigen [Erwerbs]Preis" ein. Auch zwischen dem Ankaufspreis des antiken Schreibtisches, den der Kunsthändler Bornheim mit 12.500 RM entrichtete, und dem von ihm zwei Jahre später erzielten Weiterverkaufspreis in Höhe von 45.000 RM liegt eine Differenz, die es ausgeschlossen erscheinen lässt, dass bei der Versteigerung 1940 verkehrsübliche Kaufpreise erzielt wurden. Der NS-verfolgungsbedingte Vermögensverlust kann auch durch die Verkaufserlöse nicht widerlegt werden.

Die 1952 von Haberstock veröffentliche Rechtfertigung ist sachlich unrichtig. Sie zeigt, dass er versuchte, mit unrichtigen Tatsachenfeststellungen und falschen rechtlichen Begründungen seine Tätigkeit als führender NS-Kunsthändler zu bagatellisieren.

Eine Rückgabe des antiken Schreibtisches durch den Fürsten von Liechtenstein könnte heute wohl auf der Grundlage der Washingtoner Prinzipien erreicht werden. Liechtenstein nahm allerdings, anders als die Schweiz, an der Washingtoner Konferenz nicht teil und verpflichtete sich nicht ausdrücklich zur Anwendung der dort verabschiedeten Prinzipien.

Norwegen

Deutsche Museen und Privatbesitzer vs. Thomas Olsen-Erben

Gemälde von Edvard Munch, „Sommertag" und „Generationen"

Fall 8

NLA

dazu: Hamburger Abendblatt vom 13.01.2006; Die Welt vom 06.01.2006 und vom 05.01.2006

Fall

Die moderne Kunst des norwegischen Malers Edvard Munch wurde im deutschen Kaiserreich trotz offizieller Proteste gezeigt und der Ankauf einzelner Werke durch progressive Museumsdirektoren, voran der Leiter der Berliner Nationalgalerie Ludwig Justi, gefördert. 1927 zeigte das Berliner Kronprinzenpalais Unter den Linden die größte bis dahin durchgeführte Werkausstellung des Künstlers und präsentierte Bilder aus öffentlichem und privatem Besitz.

Die Nationalsozialisten wollten Munch für ihre Zwecke vereinnahmen. Josef Goebbels gratulierte ihm im Dezember 1933 zu seinem 70. Geburtstag mit pathetischen Worten: „Edvard Munchs Werke, nordisch-germanischer Erde entsprossen, reden zu mir vom tiefen Ernst des Lebens". Dies änderte sich rasch. Im gleichen Jahr noch mussten die im Kronprinzenpalais gezeigten Munch-Bilder entfernt werden, darunter das Gemälde „Sommertag". In der Folgezeit nahmen nach und nach deutsche Museen Werke Munchs aus ihren öffentlichen Präsentationen. Im Rahmen der 1937 eingeleiteten Aktion gegen die „entartete" Kunst wurden mindestens 82 Werke Munchs beschlagnahmt, darunter im Kölner Wallraf-Richartz-Museum das Gemälde „Generationen". Viele der aus öffentlichem und privatem Besitz stammenden Kunstwerke wurden dann durch vom NS-Regime autorisierte Kunsthändler im Ausland veräußert. Eine zentrale Rolle spielte dabei der norwegische Galerist Harald Holst Halvorsen, der zahlreiche der beschlagnahmten Munch-Werke erwarb, darunter auch Bilder aus jüdischen Privatbesitz.

Wann und zu welchem Kaufpreis diese und andere Munch-Gemälde an den norwegischen Reeder Thomas Olsen veräußert wurden, ist unbekannt. Halvorsen bot am 23.01.1939 in Oslo in einer Auktion allein vierzehn Gemälde und 57 Grafiken von Munch an, die aus beschlagnahmten deutschen Museumsbeständen stammten. Seinerzeit war Thomas Olsen ein Förderer Edvard Munchs und Sammler seiner Werke. Olsen wohnte in dem Ort Hvitsten am Oslo-Fjord in unmittelbarer Nachbarschaft Munchs.

Die Sammlung Thomas Olsens, die auch aus Kunstwerken bestand, die während der NS-Herrschaft veräußert wurden, erbten seine Söhne Fred und Petter Olsen, die annähernd zwanzig Jahre lang über die Aufteilung der Sammlung stritten. Nach der gerichtlichen Einigung 2002 erhielt Petter Olsen zwei Drittel der Sammlung während seinem Bruder Fred Olsen zwölf Munch-Gemälde zugesprochen wurden. Einige von ihnen, darunter die Gemälde „Sommertag" und „Generationen", versteigerte Sotheby's in London am 07.02.2006. Ein aus jüdischem Alteigentum stammendes Gemälde gelangte nicht auf die Auktion.

Die internationale Presse thematisierte im Vorfeld der Versteigerung die moralisch als bedenklich bewerteten Umstände des Erwerbes zahlreicher Munch-Meisterwerke durch den Vater des Einlegers, der offensichtlich in der NS-Zeit aus deutschem Museumsbesitz und auch aus jüdischem Eigentum stammende Arbeiten des Künstlers erwarb.

Als Kontaktmann fungierte der norwegische Kunsthändler Halvorsen, der offensichtlich in Nazi-Deutschland frei agieren konnte. Dies veranlasste ihn, nach dem Anschluss Österreichs 1938 auch bei den dortigen Museen unter Hinweis auf die deutsche Veräußerungspraxis „entarteter" Kunst mehrfach wegen günstiger Erwerbsmöglichkeiten anzufragen. Die österreichische Museen wiesen seine zum Teil als Nötigung empfundenen Ankaufsersuchen empört zurück. Fred Olsen rechtfertigte das Ankaufsverhalten seines Vaters in den 30er Jahren mit der, allerdings bisher unbewiesenen, Behauptung, dieser hätte einer besonderen Bitte Munchs entsprochen, die Bilder durch Kauf vor der Zerstörung durch das NS-Regime zu bewahren. Wegen der moralisch bedenklichen Erwerbsumstände hatte der Direktor des Osloer Zentrums für Holocaust-Studien die Olsen-Erben im Jahre 2002 aufgefordert, die vom NS-Regime beschlagnahmten Munch-Bilder zurückzugeben.

Deutsche Museen erheben auf Kunstwerke, die ihnen im Zuge der gegen die „entartete" Kunst gerichteten Beschlagnahmeaktion verloren gingen, keine Rückgabeansprüche. Vor der Versteigerung des Gemäldes „Sommertag" hatte ausdrücklich auch die Stiftung Preußischer Kulturbesitz klargestellt, dass eine Rückforderung „jeder Rechtsgrundlage entbehre". Die Plünderung stelle zwar einen besonderen Verlust für deutsche Museen dar, sei aber schicksalhaft mit dem damaligen Staat verwoben gewesen.

Rechtslage

Soweit Kunstwerke von Munch im Eigentum deutscher Museen standen und vom NS-Regime beschlagnahmt und in der Folgezeit veräußert wurden, können diese Vermögensverluste nicht mehr rückgängig gemacht werden. Das Deutsche Reich konnte nach Belieben über das Staatseigentum verfügen. Deshalb stellten die geschädigten deutschen Museen, die vom Bildersturm gegen die sog. entartete Kunst aufs Schwerste betroffen waren, 1947 klar, dass sie auf jegliche Rückforderungen gegenüber den Besitzern verzichten. Daher dürften die Verkäufe von Munch-Gemälden aus staatlichem Besitz, so auch „Sommertag" und „Generationen" über den norwegischen Kunsthändler an Thomas Olsen zivilrechtlich nicht zu beanstanden sein.

Anders stellt sich die Rechtslage dar, soweit von Thomas Olsen Kunstwerke Munchs erworben wurden, die aus Privatbesitz stammen und Personen gehörten, die aus rassischen Gründen vom NS-Regime verfolgt wurden. Für diese müsste geprüft werden, ob überhaupt ein Eigentumserwerb von Thomas Olsen möglich war. Hatte er bereits im Deutschen Reich Gemälde aus jüdischem Alteigentum gekauft, ist der Eigentumserwerb selbst bei unterstellter Gutgläubigkeit des Käufers ausgeschlossen, weil dies bei abhanden gekommenen Kunstwerken nicht möglich ist. Sollte das Kunstwerk erst in Norwegen unter Vermittlung des Kunsthändlers Halvorsen gekauft worden sein, wären die besonderen Verkaufsumstände zu prüfen und zu klären, ob nach norwegischem Recht ein Eigentumserwerb vom Nichtberechtigten in Betracht kommt.

Schließlich könnte sich unter Berücksichtigung der Washingtoner Prinzipien ein NS-verfolgungsbedingter Vermögensverlust ergeben. Norwegen nahm an der Washingtoner Konferenz im Dezember 1998 teil und unterzeichnete die dort festgelegten Prinzipien. Die damit übernommene Selbstverpflichtung betrifft jedoch nur staatliche Museen. Ansprüchen auf der Grundlage der Washingtoner Prinzipien gegenüber Privatbesitzern kommen mithin nicht unmittelbar in Betracht. Zahlreiche namhafte Kunstsammler und Stiftungen folgten allerdings der Aufforderung der Teilnehmer der Washingtoner Konferenz und verpflichteten sich gleichfalls zur Umsetzung der Prinzipien.

Im Übrigen ist festzuhalten, dass Kunstwerke, die Alteigentümern NS-verfolgungsbedingt verloren gingen und für die mit den Berechtigten bisher keine „faire und gerechte" Regelung getroffen wurde, im seriöse Kunsthandel heutzutage nicht mehr verkäuflich sind.

Fall 9

Deutschland
Kölner Münzhändler vs. Bundesland Schleswig-Holstein
zwei Münzen

dazu: BGH, Urteil vom 08.04.1987in IPRax 1987, S. 374 ff.

Fall

Im Eigentum des Bundeslandes Schleswig-Holstein stand eine Münzsammlung, aus der in der zweiten Hälfte der 70er Jahre einige Exemplare unter ungeklärten Umständen gestohlen und weiterverkauft worden waren. Ein Teil dieser Münzen wurde im Oktober 1978 in der Schweiz versteigert. Zwei Münzen erwarb die Klägerin, eine Sammlermünzenhandelsgesellschaft mit Sitz in Köln, zum Preis von über 7.000 SFR. Der Kauf erfolgte im Auftrage zweier Kunden, an welche die Münzen in Deutschland ausgehändigt wurden. Knapp drei Jahre später erfuhr das Land Schleswig-Holstein von der Schweizer Auktion und forderte das Kölner Münzhandelsunternehmen zur Rückgabe auf. Schleswig-Holstein verwies auf das Schweizer Zivilrecht, wonach die Herausgabe Zug um Zug gegen Zahlung des damaligen Kaufpreises begehrt wurde. Daraufhin teilte der Kunsthändler mit, er habe die Münzen längst weiter veräußert, werde sich aber bemühen, diese zurück zu erwerben und dann dem Land Schleswig-Holstein gegen die seinerzeitige Auktionssumme auszuhändigen. Nach weiterem Schriftverkehr wurden die Münzen der Deutschen Bundesbank zur Begutachtung übergeben, die diese direkt an das Land Schleswig-Holstein herausgab. In dem zivilgerichtlichen Verfahren verlangte nunmehr der Kunsthändler den seinerzeit von ihm für die beiden Münzen gezahlten Kaufpreis von mehr als 7.000 SFR. Sein Verlangen blieb letztinstanzlich erfolglos.

Rechtslage

Ein deutscher Münzhändler hat im Auftrag von zwei Kunden auf einer Schweizer Auktion die beiden Münzen gekauft und diese sind ihm dort übereignet worden. Nach internationalem Privatrecht, und nunmehr auch ausdrücklich im Einführungsgesetz zum Bürgerlichen Gesetzbuch geregelt, findet das Recht des Staates Anwendung, in dem der Eigentumserwerb stattfand. Dies ist hier unzweifelhaft die Schweiz, weil in Zürich die Versteigerung durchgeführt wurde. Deshalb wandten die deutschen Gerichte das Schweizer Zivilrecht an. Danach kann ausnahmsweise auch an abhanden gekommenen Gegenständen rechtswirksam Eigentum erworben werden, wenn der Erwerb in einer öffentlichen Versteigerung erfolgt und der Erwerber nicht wusste oder hätte wissen müssen, dass der Einlieferer der Münzen nicht Eigentümer ist. Die deutschen Gerichte nahmen hier ohne weiteres einen gutgläubigen Erwerb nach Schweizer Recht zugunsten des deutschen Münzhändlers an. Auch der Herausgabeanspruch des Bundeslandes Schleswig-Holstein Zug um Zug gegen Erstattung des bei der Auktion gezahlten Kaufpreises richtete sich grundsätzlich nach Schweizer Zivilrecht. Danach kann auch gegenüber gutgläubigen Erwerbern binnen einer Frist von fünf Jahren ab Abhandenkommen der Sache die Rückgabe verlangt werden gegen Zahlung des vom gutgläubigen Käufer geleisteten Kaufpreises. Zu dieser Zahlung hatte sich das Land Schleswig-Holstein gegenüber dem Kölner Münzhändler verpflichtet. Gleichwohl lehnte der BGH eine Zahlungsverpflichtung des Landes Schleswig-Holstein ab. Zwar sei grundsätzlich für den Eigentumserwerb das Schweizer Zivilrecht maßgeblich und demzufolge habe der Kölner Münzhändler gutgläubig an den abhanden gekommenen zwei Münzen Eigentum erworben. Schweizer Zivilrecht sei jedoch nicht maßgeblich für den Zahlungsanspruch des Münzhändlers, weil durch die spätere Weiterveräußerung der Münzen in Deutschland nunmehr ein Statutenwechsel eingetreten war mit der Folge, dass der Kunsthändler nicht mehr nach Schweizer Recht die Zahlung des in der Auktion gezahlten Kaufpreises Zug um Zug gegen Rückgabe der Münzen an das Land Schleswig-Holstein verlangen könne.

Fall 10

Deutschland
unbekannter Eigentümer vs. unbekannten Erwerber
Kykladenidol

dazu: OLG München, Urteil vom 10.01.1973; Wameyer Rechtsprechung des BGH 1973 Nr. 3.9.; Müller-Katzenburg; dies. in 2. Buch Koordinierungsstelle, S. 212 ff.

Fall

Eine aus dem 3. Jahrtausend vor Christus stammende weibliche Figur, ein sog. Kykladenidol, hatte der Eigentümer einem Händler zum Verkauf überlassen. Dieser veräußerte es im Beisein eines als Eigentümer ausgegebenen griechischen Studenten an einen Käufer für 7.000 DM, während der tatsächliche Wert seinerzeit bei 70.000 bis 80.000 DM lag. Auf Wunsch des Käufers hatte der Student die eidesstattliche Versicherung abgegeben, er sei Eigentümer der Sache. Der wirkliche Eigentümer verlangte von dem Käufer die Herausgabe des Kykladenidols. Seine Klage war im Ergebnis erfolgreich.

Rechtslage

Vorliegend kommt ein Eigentumserwerb nur nach den Vorschriften über den gutgläubigen Erwerb in Betracht. Der Käufer wusste nicht, dass der griechische Student kein Eigentümer des Kykladenidols war. Klärungsbedürftig war, ob er bei Erwerb grob fahrlässig handelte und ob er hätte wissen müssen, dass der Student gar nicht Eigentümer war.

Das Zivilgericht hatte aus den Umständen des Einzelfalles, insbesondere der Tatsache, dass der Wert des Kunstwerkes mehr als das zehnfache des tatsächlich gezahlten Preises ausmachte, geschlossen, dass der Käufer der gebotenen Nachforschungspflicht nicht nachgekommen wäre und deshalb in grob fahrlässiger Weise verkannt hätte, dass der griechische Student nicht Eigentümer war. Es wird also von der Rechtsprechung bei einer erheblichen Differenz zwischen gezahltem Kaufpreis und tatsächlichem Wert des Kunstwerkes die Nachforschungsobliegenheitspflicht des Käufers erhöht. Die bloße Anforderung des Käufers, der griechische Student möge ihm in einer eidesstattlichen Versicherung bestätigen, er sei Eigentümer, wurde nicht als ausreichend angesehen. Der Käufer hätte Nachforschungen anstellen müssen, von wem der Student das Kykladenidol selbst erworben hatte und wahrscheinlich sogar darüber, ob auch der Vorerwerber Eigentümer war. Es wäre also die Provenienz des Kunstwerkes, sein Stammbaum, zu erfragen gewesen, um sich Gewissheit zu verschaffen, ob der Verkäufer Eigentümer war.

Deutschland

Ersteigerer vs. Auktionshaus

Gemälde, Alexej Jawlensky zugeschrieben, „Stilleben mit grüner Flasche"

Fall 11

NLA

dazu: BGH-Urteil vom 15.01.1975 in NJW 1975, S. 970; BGH-Urteil vom 13.02.1980 in NJW 1980, S. 1619

Fall

Eine Privateigentümerin reichte das Bild zu einer Auktion im April 1971 ein, in der es ein Kunsthändler für über 30.000 DM erwarb. Der Versteigerungskatalog bezeichnete es als „Stilleben mit grüner Flasche" von Alexej Jawlensky, Werkverzeichnis des Künstlers Nr. 1309, Entstehung 1909 und nahm auf die bestätigende Expertise des Direktors einer städtischen Galerie sowie Verfassers mehrerer maßgeblicher Publikationen über Jawlensky Bezug. Die Versteigerungsbedingungen regelten, dass keine Haftung für Mängel übernommen wird und die Katalogangaben keine Zusicherungen sind.

Nach der Übergabe des Gemäldes an den Käufer erfuhr dieser vom Sohn Jawlenskys, dass es sich weder um das im Werkverzeichnis geführte Stilleben, noch überhaupt um ein Werk des Künstlers handele. Daraufhin wollte der Käufer den Kaufpreis nicht mehr zahlen und das Gemälde zurückgeben. Das Auktionshaus verklagte den Käufer auf Zahlung des Erwerbspreises und war in allen drei Instanzen, zuletzt beim Bundesgerichtshof, erfolgreich.

Rechtslage

In dem Rechtsstreit ging es um die Frage, ob das Auktionshaus die vertragliche Verpflichtung, d.h. die Garantie übernommen hatte, dass es sich bei dem angebotenen Gemälde um einen echten Jawlensky handelte – so wie im Ausstellungskatalog erklärt und im Gutachten bestätigt. Die Zivilgerichte meinten, dass das Auktionshaus in seinen Allgemeinen Geschäftsbedingungen den Ausschluss der Gewährleistung wirksam geregelt hatte und es sich bei den Katalogangaben nicht um eine Zusicherung, die einer Garantie gleichkommt, handelte. Begründet wurde dieses für den Käufer äußerst negative Ergebnis u.a. mit der Art des Kunstwerkes. Zwar könne nicht grundsätzlich die Gewährleistung durch Allgemeine Geschäftsbedingungen ausgeschlossen werden, aber bei Arbeiten, die durch Kriegswirren und staatliche Unterdrückung ganzer Kunstrichtungen (sog. entartete Kunst) ein wechselvolles Schicksal erlitten hatten, könne es dem Auktionator bzw. dem einliefernden Eigentümer nicht auferlegt werden, die Garantie zu übernehmen, dass es sich tatsächlich um ein Werk des bezeichneten Künstlers handele. Der Auktionator hätte seiner Nachforschungspflicht genüge getan, wenn er die Katalogbeschreibung nach bestem Wissen und Gewissen und mit großer Sorgfalt vornahm. Dies wäre der Fall, wenn er sich auf eine im Auktionskatalog erwähnte Expertise eines mit hervorragender Sachkenntnis ausgestatteten Kunsthistorikers bezieht.

Andererseits sind „ins Blaue hinein" gemachte Katalogangaben, ohne dass diese wissenschaftlich fundiert zu beurteilen sind, als grob fahrlässige Verletzung der dem Auktionshaus auferlegten Nachforschungspflicht anzusehen. Diese würde einen Anspruch des Ersteigerers auf Rückabwicklung des Kaufvertrags begründen.

Schließlich setzt die vom Gericht angenommene Wirksamkeit des Kaufvertrages über den unechten Jawlensky voraus, dass der Käufer ausreichend Gelegenheit hatte, das Gemälde vor der Auktion zu besichtigen, die Echtheit zu überprüfen und selbst ggf. weitere Auskünfte einzuholen. Dies war vorliegend der Fall.

Diese, für den Kunsthandel wichtige Entscheidung wurde im Februar 1980 in einem weiteren Urteil des BGH, dem sog. Bodensee-Auktionsfall, bestätigt. Dort war ein niederländisch-flämisches Altmeister-Gemälde versteigert worden. Der Erwerber verlangte Rückzahlung des Kaufpreises, nachdem er festgestellt hatte, dass das Gemälde nicht aus dieser Epoche stammte. Die Klage gegen das Auktionshaus blieb erfolglos, weil der BGH eine vertragliche Eigenschaftszusicherung des Auktionshauses verneinte und im Übrigen den in dessen Allgemeinen Geschäftsbedingungen enthaltenen Haftungsausschluss als wirksam ansah. Die Nachforschungspflicht des Auktionshauses wäre ausreichend, wenn der Einlieferer die Echtheit des Gemäldes versichere und erkläre, er hätte es selbst einige Monate zuvor auf einer anderen Auktion erworben und es wäre in dem dortigen Katalog in der selben Art und Weise beschrieben worden.

Deutschland
Stadt Hamburg vs. private Besitzer
Hamburger Stadtsiegel

Fall 12

dazu: BGH in NJW 1990, S. 899

Fall

Ein aus dem 14. Jahrhundert stammendes Siegel der Stadt Hamburg befand sich zu Kriegsende unter englischer Bewachung und wurde unter nicht aufgeklärten Umständen entwendet. Ein Ehepaar erwarb das Siegel Jahrzehnte später auf einem Trödelmarkt in Braunschweig und bot es 1986 einem Auktionshaus zur Versteigerung an. Es war im Auktionskatalog benannt und beschrieben. Der Katalog wurde zahlreichen Museen – auch in Hamburg – und dem Bundeskriminalamt vor der Auktion übersandt. Die Versteigerung im April 1986 erfolgte durch einen öffentlich bestellten und vereidigten Auktionator. Die Stadt Hamburg klagte erfolglos auf Rückgabe des Siegels und verlor auch letztinstanzlich vor dem Bundesgerichtshof.

Rechtslage

Der BGH stellte in seinem Grundsatzurteil vom 05.10.1989 zum gutgläubigen Erwerb des Hamburger Stadtsiegels in einer freiwilligen öffentlichen Versteigerung zunächst fest, dass kein Eigentumserwerb durch Kauf des Hamburger Stadtsiegels auf dem Trödelmarkt eingetreten war, weil es sich um eine abhanden gekommene, 1945 gestohlene Sache handelte. Er bestätigte jedoch den gutgläubigen Erwerb aufgrund der zivilrechtlichen Ausnahmebestimmungen des BGB, wonach auch an abhanden gekommenen Gegenständen Eigentum erworben werden kann, wenn der Erwerb in einer öffentlichen Versteigerung erfolgt.

Die Versteigerung war öffentlich bekannt gemacht worden und jeder Interessierte konnte an ihr teilnehmen. Der Auktionator war nach den gesetzlichen Bestimmungen öffentlich bestellt und vereidigt worden, so dass sämtliche Voraussetzungen für eine öffentliche Versteigerung gegeben waren. Dem Ersteigerer konnte auch nicht nachgewiesen werden, dass er wusste oder hätte wissen müssen, dass die Einlieferer nicht Eigentümer des Stadtsiegels waren. Besondere Nachforschungspflichten des Käufers bestanden nicht.

Fall 13

NLA

Deutschland

Deutschland vs. private Besitzer

Bernstein Mosaik, Teil des Bernsteinzimmers

dazu: Krämer in NJW 1997, S. 2580

Fall

1717 schenkte der preußische König Friedrich Wilhelm I. dem russischen Zaren Peter I. das weltberühmte Bernsteinzimmer für den Katharinenpalast in Zarskoje Selo. 1941 entfernten die deutschen Besatzungstruppen das Bernsteinzimmer, das seither als verschollen gilt. Ein kleines Mosaik dieses Zimmers hatte ein deutscher Soldat als persönliche Kriegsbeute mit in seine Heimat nach Bremen genommen. Nach seinem Tode soll es sein Sohn 1978 auf dem Dachboden gefunden haben. Der Versuch, das nach ersten Schätzungen mehrere Millionen US-Dollar teure Mosaik 1997 zu veräußern, schlug fehl. Die Polizei beschlagnahmte es. Die Bundesrepublik Deutschland gab das Mosaik einige Jahre später an die Russische Föderation heraus.

Rechtslage

Der Diebstahl des Mosaiks konnte nicht zu einem Eigentumserwerb zugunsten des deutschen Soldaten führen. An dem abhanden gekommenen Mosaik konnte auch nicht durch jahrelangen Besitz, das sog. Ersitzen, Eigentum erworben werden. Voraussetzung dafür wäre der gutgläubige Eigenbesitz des Soldaten. Der Dieb ist aber stets bösgläubig.

Rechtlich zu klären war, ob die Ersitzung durch dessen Sohn ab Inbesitznahme 1978 bis zur versuchten Veräußerung 1997, also in einem Zeitraum von neunzehn Jahren, möglich war. Der Sohn wusste nichts von dem Diebstahl oder der Unterschlagung des Vaters. Er kannte die „Erwerbsumstände" nicht. Ein Eigentumserwerb durch Ersitzung wäre grundsätzlich möglich, weil er die Sache mehr als 10 Jahre im Eigenbesitz gehabt hatte und während dieser Besitzzeit gutgläubig war. Auf diesen Eigentumserwerb hatte sich der Sohn auch berufen. Vorliegend wurde jedoch der gutgläubige Erwerb durch Ersitzung abgelehnt, weil der Sohn durch den Erbfall in den Besitz des Mosaiks kam. Der Erbe ist Repräsentant des Erblassers und hat sich dessen bösgläubigen Erwerb zurechnen zu lassen. Eine Ersitzung durch den gutgläubigen Erben (Sohn) vom bösgläubigen Erblasser (Vater) ist ausgeschlossen.

Etwas anderes würde nur gelten, wenn der Besitz im Wege einer Einzelrechtsnachfolge erlangt worden wäre, beispielsweise durch Kauf, Tausch, Schenkung von einem Dritten und wenn der Erwerber bei diesem „Verkehrsgeschäft" im guten Glauben gewesen wäre. Hätte der Vater dem Sohn das Mosaik z. B. geschenkt, ohne ihn über seine Herkunft aufzuklären, hätte damit für den Sohn die zehnjährige Ersitzungsfrist begonnen und er wäre nach Fristablauf Eigentümer geworden. So war er kein Eigentümer.

Deutschland konnte das Mosaik an den Alteigentümer – im Zeitpunkt der Wegnahme die UdSSR, später die Russische Föderation – zurückgeben. Dies erfolgte freiwillig aufgrund des deutsch-russischen Nachbarschaftsvertrages, wonach Kulturgutverluste wechselseitig rückgängig gemacht werden sollen.

Fall 14

NLA

England

Stadt Gotha, Deutschland vs. Sotheby's und Cobert Finance SA

Gemälde von Joachim Wtewael, „Heilige Familie mit dem Heiligen Johannes und der Heiligen Elisabeth"

dazu: Finkenauer in JZ 5/2000, S. 241 ff.

Fall

Das Wtewael-Gemälde „Heilige Familie mit dem Heiligen Johannes und Elisabeth" aus dem Jahre 1603 befand sich im Eigentum der Stadt Gotha und wurde im Januar 1946 von Smersch-Beutekunstbrigaden in die UdSSR verbracht. Dort soll es in den (Privat-)Besitz eines russischen Offiziers gelangt sein. 1987 kaufte ein deutscher Kunsthändler in Moskau das Gemälde für 50.000 DM und vereinbarte mit der Ehefrau des togolesischen Botschafters in Moskau, dass sie es im März 1987 nach West-Berlin schmuggeln sollte. Dort angekommen wurde das Bild nicht dem Käufer, sondern zunächst einem anderen Händler zum Zwecke der Schätzung des Wertes übergeben. Dann gelangte es an einen weiteren Händler, der das Bild 1988 verkaufte. Der Käufer wiederum veräußerte das Bild im März 1989 an die panamaische Finanzgesellschaft Cobert SA. In deren Auftrag sollte Sotheby's das Gemälde 1992 versteigern. Vor der Versteigerung wurde das auf eine halbe Million Pfund geschätzte Bild jedoch zurückgezogen. Im September 1993 startete die Stadt Gotha ein letzlich erfolgreiches Verfahren vor dem High Court in London, um das Bild zurückzuerhalten.

Rechtslage

Der High Court wandte im Urteil vom 09.09.1998 die Situs-Regel an und stellte fest, dass in England kein wirksamer Eigentumserwerb stattgefunden hatte. Deshalb musste er mögliche Eigentumserwerbe in Deutschland nach deutschem Recht beurteilen. Die verschiedenen Besitzwechsel in Deutschland konnten keinen rechtswirksamen (gutgläubigen) Eigentumserwerb begründen. Die von der Beklagten panamaischen Finanzgesellschaft Cobert Finanz SA geltend gemachte Verjährung nach deutschem Recht (30 Jahre ab Wegnahme des Bildes im Januar 1946) wurde abgelehnt. Grundsätzlich wäre deutsches Verjährungsrecht aufgrund der Verjährungseinrede der Beklagten zu beachten gewesen. Der High Court verneinte jedoch die Anwendbarkeit deutschen Verjährungsrechts, weil die gesetzliche Regelung in Deutschland gegen den ordre public des englischen Rechtssystem verstoßen würde. Es sei unzulässig, dass sich ein Dieb oder ein bösgläubiger Erwerber auf den Ablauf einer Verjährungsfrist berufen und dadurch die Rückgabe des Bildes vereiteln könne.

Deutschland

Sophie Lissitzky-Küppers-Erben vs. Städtische Galerie im Lenbachhaus, München

Gemälde von Paul Klee, „Sumpflegende"

Fall 15

NLA

dazu: einstw. Verfügungsverfahren KG Urt. vom 21.05.1992 in NJW 1993, S. 1480; Urteil LG München vom 08.12.1993 in IPRax1995, S. 43; IPRax 1994, S. 66; Prior „Die geraubten Bilder"

Fall

Das kleine Ölbild von Klee hatte Paul Erich Küppers 1919 erworben. Nach seinem Tode lernte seine Witwe, Sophie Küppers, den russischen Konstruktivisten El Lissitzky kennen und entschloss sich, ihm in seine Heimatstadt Moskau zu folgen und ihn dort 1927 zu heiraten. Zuvor übergab sie die wichtigsten Bilder der von ihr 1922 geerbten Sammlung ihres ersten Ehemannes als Dauerleihgabe an das Provinzialmuseum in Hannover.

Aufgrund der politischen Verhältnisse in der UdSSR war es Sophie Lissitzky-Küppers ab 1930 nicht mehr erlaubt, nach Deutschland zu reisen. Im Rahmen der NS-Aktion gegen die „entartete" Kunst wurden ihre Leihgaben 1937 in Hannover beschlagnahmt und das Klee-Gemälde in der Münchener Hetz-Ausstellung angeprangert. 1941 erwarb es der deutsche Kunsthändler Gurlitt für 500 SFR.

1962 tauchte Klees „Sumpflegende" wieder auf und wurde vom Kölner Kunsthaus Lempertz für 85.000 DM angeboten. Das Museum in Hannover interessierte sich für die frühere Leihgabe, verzichtet jedoch wegen rechtlicher Bedenken auf den Ankauf des Gemäldes, weil es wusste, dass es aus früherem Privatbesitz stammte und als „entartet" beschlagnahmt worden war.

Der Kunstexperte Wilhelm Arntz ersteigerte es für 88.000 DM im Auftrag des Baseler Sammlers und Galeristen Ernst Beyeler, der es in der Schweiz weiterverkaufte. 1973 bis 1982 befand sich das Bild in der Luzerner Galerie Rosengart. Es wurde für 640.000 Sfr (700.000 DM) von der Gabriele Münter- und Johannes Eichner-Stiftung und der Stadt München erworben, die es leihweise der Städtischen Galerie im Lenbachhaus in München zur Verfügung stellten. Der Versuch, das Bild im einstweiligen Verfügungsverfahren im Mai 1992 in Berlin sicherzustellen, scheiterte. Es war im Rahmen einer der Münchener Ausstellung von 1937 nachgestellten Schau „Entartete Kunst" 1991 in Los Angeles und dann in Berlin gezeigt worden. Die von Jen Lissitzky in München erhobene Herausgabeklage wurde mit Urteil vom Dezember 1993 abgewiesen.

Rechtslage

Die Beschlagnahme dieses aus Privatbesitz stammenden Bildes durch das so genannte Einziehungsgesetz von 1938 ist als nichtig anzusehen. Es gilt im Rechtssinne als „abhanden gekommen" und konnte deshalb von dem Kunsthändler Gurlitt nicht wirksam erworben werden.

Ein gutgläubiger Erwerb des abhanden gekommenen Bildes war erstmals 1962 in der Auktion bei Lempertz möglich. Hier dürfte der Eigentumsübergang aber gleichfalls unwirksam gewesen sein, weil der Kunstexperte Wilhelm Arntz, der das Bild im Auftrag von Beyeler ersteigerte, positive Kenntnis vom Eigentumsverlust während der NS-Zeit hatte oder aufgrund seines besonderen Sachverstandes hätte haben müssen. Zumindest fahrlässige Unkenntnis, die dem gutgläubigen Eigentumserwerb entgegen steht, dürfte hier gegeben sein.

Der Verkauf durch Beyeler 1963 an eine andere Schweizer Sammlung, in deren Besitz sich das Bild zehn Jahre lang befand, könnte zu einem gutgläubigen Erwerb nach Schweizer Recht geführt haben, wenn der Schweizer Käufer bei seinem Erwerb im guten Glauben war, also selbst keine Kenntnis von den Eigentumsumständen hatte oder hätte haben müssen. Wenn es sich bei dem Käufer um einen kunstsachverständigen Sammler handelte, kann unterstellt werden, dass dieser entweder Kenntnis von den ursprünglichen Eigentumsverhältnissen hatte oder sich in vorwerfbarer Weise keine Kenntnis darüber verschaffte, ob der Verkäufer Berechtigter war. Wegen Bösgläubigkeit wäre auch der Verkauf 1963 unwirksam. Eigentumserwerb durch Ersitzung war gleichfalls unmöglich, weil der Besitzer während des gesetzlich vorgeschriebenen 5-Jahreszeitraumes hätte gutgläubig gewesen sein müssen. Dies war er bei Besitzerlangung nicht. Gutgläubigkeit ist mithin ausgeschlossen.

Der Eigentumserwerb durch die Luzerner Galerie 1973 ist gleichfalls nach Schweizer Recht zu beurteilen und dürfte unwirksam sein, weil der Galerist die Verlustumstände des Bildes kannte oder hätte kennen müssen. Die Galerie war bereits in den 30er Jahren spezialisiert auf den Verkauf moderner Kunst und insoweit besonders sachverständig.

Wirksame Eigentumserwerbe in der Schweiz dürften an der Bösgläubigkeit der jeweiligen Käufer scheitern, wenn man den seit Ende der 90er Jahre von der Schweizer Rechtsprechung aufgestellten strengen Maßstab des gutgläubigen Erwerbs von Kunstexperten anlegt.

Schließlich wurde das Bild 1982 im Auftrag von kunstsachverständigen Mitarbeitern einer deutschen Stiftung in der Schweiz gekauft. Auch hier erscheint ein gutgläubiger Erwerb ausgeschlossen. Ab dem Eigenbesitz der Stiftung 1982 bis zur Herausgabeklage 1992 war die zehnjährige Ersitzungsfrist noch nicht abgelaufen. Im Übrigen wäre der Eigentumserwerb durch Ersitzung nach Ablauf von zehn Jahren auch deshalb ausgeschlossen gewesen, weil die Stiftung bei Besitzerwerb (Kauf 1982) als bösgläubig zu beurteilen war.

Entscheidend für das Münchener Landgericht in seinem Urteil vom 08.12.1993 war die Klärung der Frage, ob die absolute Verjährungsfrist von dreißig Jahren abgelaufen war und aus diesem Grunde die Herausgabe (vom Eigentümer) nicht mehr verlangt werden konnte. Der Besitzverlust trat spätestens 1937 durch die Beschlagnahme ein, so dass die Verjährungsfrist 1967 abgelaufen war. Das Gericht verneinte verjährungshemmende Umstände, obwohl Sophie Lissitzky-Küppers persönlich verhindert war, die UdSSR zu verlassen und Rückgabeansprüche geltend zu machen. Schließlich bejahte das Münchener Gericht auch noch die Anrechnung der Besitzzeiten in der Schweiz von 1962 bis 1982 mit der Folge, dass die dreißigjährige Frist erst recht abgelaufen war.

Das Urteil stieß auf große Ablehnung. Es beförderte die Diskussion in Deutschland bis zum heutigen Tage, die dreißigjährige Verjährungsfrist von Eigentumsherausgabeansprüchen bei abhanden gekommenen Sachen generell zu streichen und dadurch die Herausgabeansprüche unverjährbar zu stellen. Entsprechende Forderungen werden insbesondere vom Europa-Rat und auch vom deutschen Bundesrat unterstützt, soweit es sich um NS-verfolgungsbedingte Vermögensverluste handelt, weil eine Vereitelung des Rückgabeanspruches durch einen bösgläubigen Besitzer unerträglich erscheint.

Wegen der besonderen Verlustumstände des Klee-Gemäldes und insbesondere der Tatsache, dass die jeweiligen Käufer mit besonderem Sachverstand ausgestattete Experten waren, denen diese Umstände bekannt waren oder hätte bekannt sein müssen, wäre das Gericht angehalten gewesen zu klären, ob nach den im deutschen Zivilrecht geltenden Verwirkungsgrundsätzen (nach dem Prinzip von Treu und Glauben) dem Käufer und aktuellen Besitzer des Bildes das Berufen auf die Verjährung des Herausgabeanspruches als rechtsmissbräuchlich und unbeachtlich zu verwehren war. Statt dessen verneinte das Gericht in enger Anwendung deutscher Verjährungsvorschriften den Herausgabeanspruch, obwohl es selbst keinen einzigen rechtswirksamen Eigentumserwerb bei den zahlreichen Veräußerungen in Deutschland und in der Schweiz festzustellen vermochte.

Stünde das Bild im Eigentum des Freistaates Bayern oder der städtischen Galerie im Lenbachhaus, müsste seine Rückgabe aufgrund der Washingtoner Prinzipien und der Selbstverpflichtungserklärungen deutscher Museen unverzüglich erfolgen. Vorliegend ist eine nicht selten anzutreffende „Zwitter"-Situation gegeben, weil eine private Stiftung als Miteigentümerin zusammen mit der Stadt München einem staatlichen Museum ein Kunstwerk als Dauerleihgabe übergeben hat. Für diese Fallkonstellation gibt es derzeit keinen Anspruch nach den Washingtoner Prinzipien, der Gemeinsamen Erklärung oder den Selbstverpflichtungen der deutschen Museen und Sammlungen. Sie bedarf dringend einer Regelung. Entsprechende Gesetzesinitiativen sind z. B. in Österreich bereits ins parlamentarische Verfahren eingebracht worden. In Deutschland fehlt bisher eine Auseinandersetzung mit dieser Problematik.

Fall 16

Schweiz

Türkei vs. Antikenmuseum Basel und Sammlung Ludwig

Antike Stelen

dazu: Siher in Zeitschrift Praxis des Internationalen Privat- und Verfahrensrechts (Deutschland) 1999, S. 489

Fall

Vier antike Grabstelen und ein antiker Türstein, die bei Grabungen auf dem Staatsgebiet der Türkei, mutmaßlich Anfang der 70er Jahre in der Provinz Kütahya, gefunden wurden, gelangten unter ungeklärten Umständen in den Besitz des deutschen Kunstsammlers Peter Ludwig. Dieser schenkte die Artefakte dem Antikenmuseum Basel, wo sie erstmals 1979 und dann 1988 ausgestellt wurden. Ein englischer Archäologe teilte Ende der 80er Jahre den türkischen Behörden mit, dass sich die Ausgrabungsgegenstände als Schenkung von Peter Ludwig im Antikenmuseum in Basel befänden. Daraufhin beantragte die türkische Republik Ende 1990 ein Verfügungsverbot gegen das Museum und den Sammler Peter Ludwig. Ein sich daran anschließendes zivilgerichtliches Klageverfahren zog sich bis zum Mai 1996 hin und endete mit der endgültigen Abweisung der Herausgabeklage der Türkei durch das Schweizer Bundesgericht.

Rechtslage

In Anwendung des ausdrücklich geregelten Schweizer Privatrechts prüften die Gerichte, ob durch die Wegnahme in der Türkei der Eigentumsverlust eingetreten war. Die Türkei erläuterte ausführlich, dass nach türkischem Recht jeder Fund antiker Kunstobjekte mit dem Auffinden einen Eigentumserwerb zugunsten des türkischen Staates begründet. Bei Anwendung des türkischen Rechts hätten die Schweizer Gerichte zu dem Ergebnis kommen müssen, dass ein Eigentumserwerb der Türkei gesetzlich in dem Zeitpunkt eintrat, als die Artefakte aufgefunden wurden. Statt dessen wurde einer Mindermeinung folgend davon ausgegangen, dass kein automatischer Eigentumserwerb der Türkei bei Ausgrabung von Kunstobjekten vorläge, die Türkei gar nicht Eigentümer geworden wäre und deshalb auch nicht im Wege der Eigentumsherausgabeklage vorgehen könne.

Nach der Situs-Regel wäre auch zu prüfen gewesen, ob in der Schweiz ein Eigentumserwerb durch Ersitzung eingetreten war. Wenn Kunstobjekte in die Schweiz gelangen, ist für dort nachfolgenden Eigentumserwerbe grundsätzlich Schweizer Recht maßgeblich. Die Ersitzungsfrist beträgt fünf Jahre. Vorliegend wären auch die Besitzzeiten des Schenkers Peter Ludwig zugunsten des Antikenmuseums anzurechnen gewesen. Voraussetzung für die Ersitzung ist allerdings die Gutgläubigkeit des Besitzers, d.h. er durfte nicht wissen oder sich nicht in fahrlässiger Unkenntnis darüber befunden haben, dass er die Kunstobjekte von jemandem erworben hatte, der gar nicht Eigentümer war. Auf den gesetzlichen gutgläubigen Erwerb wollte sich aber offensichtlich weder der verklagte Kunstsammler Peter Ludwig noch die Antikensammlung Basel berufen, weil sie dann hätten darlegen müssen, von wem, wann und unter welchen Umständen der Besitz erlangt worden war.

Wäre der Fall ab Juli 2005 gerichtlich zu entscheiden gewesen, hätte schon die gesetzliche Neuregelung im Schweizer Recht Anwendung finden müssen, wonach für Kulturgüter, bei denen der Besitzverlust ab 01.07.2005 eingetreten war, binnen einer Frist von dreißig Jahren selbst gegenüber gutgläubigen Erwerbern die Herausgabe verlangt werden kann. Damit schuf die Schweiz für zukünftige Verlustfälle gesetzlich einen Eigentumsherausgabeanspruch besonderer Art, der den Kulturgüterschutz über einen möglichen gutgläubigen Erwerb des Besitzers stellt. Nach der neuen Gesetzeslage wäre die Herausgabeklage erfolgreich gewesen.

Fall 17
NLA

Schweiz
Jakob Goldschmidt-Erben vs. Jakob Koerfer und Erben
zwei Gemälde von Henri de Toulouse-Lautrec, „Le premier tricot" und „Dans la loge"

dazu: Urteil Schweizerisches Bundesgericht vom 13.12.1968, V 56/68

Fall

Der Berliner Bankier Jakob Goldschmidt besaß eine umfangreiche Kunstsammlung, zu der auch die beiden Gemälde von Toulouse-Lautrec gehörten. Er war unbeschränkt haftender Gesellschafter der 1922 gegründeten Darmstädter und Nationalbank (Danatbank), die infolge der Weltwirtschaftskrise in erhebliche Zahlungsschwierigkeiten geriet. Zwecks Sicherung der Forderungen übereignete der Bankier im Dezember 1931 alle in seinem Berliner und Neu-Babelsberger Haus befindlichen Kunstgegenstände zugunsten der Bank. Im März 1932 wurde die Danatbank von der Dresdner Bank übernommen, so dass nunmehr diese Sicherungsgläubigerin war. Goldschmidt gelang es, die in seinem Berliner Haus befindlichen Kunstgegenstände aus der Sicherungsübereignung auszulösen und größtenteils ins Ausland zu transferieren.

Wenige Wochen nach der Machtergreifung der Nationalsozialisten verließ Goldschmidt im April 1933 das Deutsche Reich unter Zurücklassung der sicherungsübereigneten Kunstwerke, die sich in seiner Villa in Neu-Babelsberg befanden, darunter die beiden Gemälde von Toulouse-Lautrec. Mit Bekanntmachung vom 18.02.1941 wurde das gesamte Vermögen von Jakob Goldschmidt zugunsten des Deutschen Reiches entschädigungslos eingezogen. Die Dresdner Bank ließ nach Aufforderung des für die Verwertung eingezogenen Vermögens zuständigen Berliner Finanzamtes die Gemälde am 25.09.1941 durch das Auktionshaus Hans W. Lange in Berlin öffentlich versteigern. Der damals in Berlin wohnende Jakob Koerfer ersteigerte „Le premier tricot" für 76.000 RM und „Dans la loge" für 28.000 RM. Im März 1942 schenkte er beide Bilder seiner Schweizer Ehefrau. Koerfer floh im Dezember 1944 mit den Bildern in die Schweiz, wo wenige Tage später seine Ehefrau verstarb. Erben und Rechtsnachfolger der Ehefrau wurden die drei gemeinschaftlichen Kinder. Besitzer blieb unverändert der nun in der Schweiz lebende Witwer.

Anfang September 1948 verlangte Jakob Goldschmidt gegenüber Jakob Koerfer die Rückgabe der beiden Gemälde mit der Begründung, die vom NS-Regime veranlasste Versteigerung seines Kunstbesitzes wäre unwirksam. Zu der mehrfach von Goldschmidt angekündigten Klage kam es bis zu dessen Tod im September 1955 allerdings nicht. Erst ein Jahr später erhob sein Sohn und Alleinerbe Alfred Erwin Goldschmidt Rückgabeklage gegen Jakob Koerfer und seine Kinder. Der Rechtsstreit zog sich zwölf Jahre hin und endete mit einer endgültigen Ablehnung des Herausgabeanspruches durch Urteil des Schweizerischen Bundesgerichts vom 13.12.1968 zu Lasten des Alteigentümer-Erben.

Rechtslage

Das schweizerische Bundesgericht prüfte nach der Situs-Regel einen wirksamen Eigentumserwerb nach deutschem Recht. Entscheidungserheblich war, ob die Bilder bei der Auktion 1941 noch im Eigentum von Jakob Goldschmidt standen oder aufgrund der Sicherungsübereignung spätestens seit Dezember 1931 Eigentum der Gläubigerbank waren. War die Bank seit Dezember 1931 Eigentümerin, konnte Goldschmidt NS-verfolgungsbedingt 1941 nicht mehr das Eigentum an den Bildern verloren haben.

Unterstellt man, dass Jakob Goldschmidt 1941 noch Eigentümer der Bilder war, weil die Sicherungsübereignung rückgängig gemacht oder aus anderen Gründen unwirksam wurde, konnte die staatlicherseits angeordnete entschädigungslose Enteignung seines gesamten Vermögens nach den damaligen Rechtsvorschriften in Nazi-Deutschland zu keinem Eigentumsverlust durch Koerfer führen. Der schweizerische Appellationsgerichtshof stellte nämlich klar, dass sowohl nach der deutschen Nachkriegsrechtsprechung als auch nach dem Schweizer Recht die Zwangsversteigerung gegen die öffentliche Ordnung verstieß und daher generell als nichtig anzusehen wäre mit der Rechtsfolge, dass aufgrund der nichtigen Versteigerung der Käufer Koerfer nicht Eigentum an den Bildern erworben hatte. Der Sachverhalt blieb unaufgeklärt. Das Gericht unterstellte zugunsten des Klägers Jakob Goldschmidt, dass er im Versteigerungszeitpunkt noch Eigentümer war.

Deshalb war von den Schweizer Gerichten zu prüfen, ob ein Eigentumserwerb auf anderem Wege, z. B. durch Ersitzung, möglich war. Die Ersitzungsfrist begann mit Inbesitznahme der Bilder in Deutschland im Jahre 1941 und setzte sich dann fort in der Schweiz, als die Bilder im Dezember 1944 dorthin gelangten. Das Schweizer Gericht kam zu dem Ergebnis, dass der Eigentumserwerb spätestens fünf Jahre nach Inbesitznahme, also im Oktober 1946, eingetreten war, weil nach Schweizer Zivilrecht der Käufer auch Eigentümer wird, wenn er eine fremde Sache ununterbrochen und unangefochten fünf Jahre im Eigenbesitz hatte und bei Besitzerwerb und während der Besitzzeit gutgläubig war. Die Gutgläubigkeit zugunsten des Käufers Koerfer wurde bejaht. Koerfer hatte vorgetragen, es wäre ihm bekannt gewesen, dass Jakob Goldschmidt bereits vor Januar 1933, nämlich seit 1931, verschuldet war und aus diesem Grunde bereits 1931 u.a. die erworbenen beiden Bildern an eine Gläubigerbank sicherungsübereignet hatte. Deswegen hätte Koerfer im guten Glauben davon ausgehen können, dass die Versteigerung auf Betreiben der Gläubigerbank jedenfalls durch einen materiell Berechtigten erfolgt war und kein rechtswidriger Verkauf von Eigentum des Jakob Goldschmidt vorlag. Das Schweizer Bundesgericht bestätigte diese Rechtsauffassung und bejahte einen zumindest gutgläubigen gesetzlichen Eigentumserwerb durch mehr als fünfjährigen ununterbrochenen Besitz des Käufers.

Goldschmidt konnte sich bei seiner Rückforderung nicht auf die von der Schweizer Regierung erlassenen Beschlüsse vom 10.12.1945 und 22.02.1946 berufen. Nach diesen Beschlüssen konnte bei Eigentumsverlusten zwischen dem 01.09.1939 und dem 08.05.1945 auf von deutschen Truppen besetztem Gebiet oder auch in der Schweiz innerhalb einer Ausschlussfrist bis 31.12.1947 Klage auf Rückgabe von Kunstwerken gegenüber Schweizer Besitzern erhoben werden. Sie setzten zeitlich befristet die Gutglaubensvorschriften des Schweizer Zivilrechts außer Kraft und hätten auch den gutgläubigen Erwerb des Käufers Koerfer verneinen können. Diese zugunsten von NS-Verfolgten erlassenen Sonderregelungen fanden vorliegend jedoch keine Anwendung, weil der Eigentumsverlust nicht in vom Deutschen Reich besetzten Gebieten oder in der Schweiz erfolgt war, sondern im Deutschen Reich selbst, nämlich in Berlin bei der Versteigerung im September 1941. Wären die Bilder stattdessen zunächst in die Schweiz geschafft und dort verkauft oder in einem von deutschen Truppen besetzten Land veräußert worden, hätte Goldschmidt ohne weiteres unter Berufung auf die Beschlüsse von 1945/46 das zivilrechtliche Klageverfahren erfolgreich durchführen können. Die insoweit nicht einschlägigen Beschlüsse führten dazu, dass sich der Käufer Koerfer auf die allgemeinen zivilrechtlichen Gutglaubensvorschriften berufen und dadurch die Abweisung des Herausgabeanspruches bewirken konnte. Zivilrechtliche Rückgabeansprüche sind damit ausgeschlossen.

Eine Rückgabe auf der Grundlage der Washingtoner Prinzipien käme nur in Betracht, wenn die Bilder in den Bestand eines öffentlichen Museums oder einer öffentlichen Sammlung in der Schweiz oder in einem anderen Staat, von dem die Washingtoner Prinzipien unterzeichnet wurden, gelangt waren. Voraussetzung ist ein NS-verfolgungsbedingter Vermögensverlust. Ob ein solcher vorlag, ist offensichtlich noch nicht vollständig aufgeklärt. Der Eigentumsverlust trat durch die erfolgte Sicherungsübereignung an die Gläubigerbank bereits 1931 ein und gilt damit nicht als NS-verfolgungsbedingt.

Die alliierte Rückerstattungsrechtsprechung anerkannte jedoch, dass aus dem Sicherungsübereignungsvertrag mit der Gläubigerbank ein Anspruch des Alteigentümers in Form eines Anwartschaftsrechts auf Rückkauf der Sicherungsgegenstände besteht. Wenn dieses Anwartschaftsrecht NS-verfolgungsbedingt entzogen wurde, besteht ein Anspruch auf Wiederherstellung desselben. Auf dieser Grundlage könnte dann der Rückkauf der sicherungsübereigneten Kunstwerke verlangt werden. In einem gerichtlichen Verfahren Mitte der 70er Jahre in Deutschland hatten die damaligen Gerichten den verfolgungsbedingten Verlust des Anwartschaftsrechtes noch verneint. In dem zwischenzeitlich nach dem VermG anhängigen Rückübertragungsverfahren wurden neue, bis dahin nicht bekannte Unterlagen eingeführt, die belegen, dass Jakob Goldschmidt in der NS-Zeit eine Tilgung seiner Schulden gegenüber der Gläubigerbank aus verfolgungsbedingten Gründen verwehrt war und nur deshalb der im Sicherungsvertrag vorgesehene Rückkauf der Kunstwerke vereitelt wurde. Sollten diese Tatsachen zweifelsfrei sein, müsste ein NS-verfolgungsbedingter Vermögensverlust des Anwartschaftsrechtes, mit dem der Rückkauf der Kunstwerke verlangt werden kann, festgestellt werden mit der Folge, dass dann auch ein Rückgabeanspruch hinsichtlich der versteigerten Kunstwerke bestehen könnte.

Schweiz

Sophie Lissitzky-Küppers- Erben vs. Fondation Beyeler

Gemälde von Wassily Kandinsky, „Improvisation Nr. 10"

Fall 18

NLA

dazu: LG Frankfurt am Main, Urteil vom 06.03.2003, Az. 2-23 0 287/02, unveröffentlicht; Die Zeit 29/2002; TAZ vom 06.03.2002, Seite 16; Francini in 2. Buch Koordinierungsstelle, S. 120 ff.

Fall

Paul Erich Küppers erwarb das 1910 entstandene Gemälde, das nach seinem Tod 1922 seine Ehefrau Sophie Küppers erbte. 1926 wanderte Sophie Küppers in die UdSSR aus und heiratete den russischen Konstruktivisten El Lissitzky. Vorher übergab sie dem Hannoveraner Provinzialmuseum dreizehn Gemälde als Leihgabe, u.a. die „Improvisation Nr. 10" von Kandinsky. Dort wurde das Gemälde 1937 als „entartete" Kunst beschlagnahmt und sollte als Devisenbringer im Ausland verkauft werden. Das Bild gelangte in das Zentraldepot für „entartete" Kunst in der Köpenicker Straße in Berlin-Kreuzberg, später in das Schloss Niederschönhausen, wo die zum Verkauf vorgesehenen Kunstwerke lagerten. Die „Improvisation Nr. 10" kaufte der mit der Verwertung beauftragte Kunsthändler Ferdinand Möller für 9.000 RM bzw. 100 US-Dollar. Der Weiterverkauf des Bildes in die USA 1939 scheiterte.

Erst 1951 konnte Möller das Gemälde in der Schweiz für 28.000 SFR an den Kunstsammler Ernst Beyeler veräußern, der es an eine Sammlerin in Winterthur verkaufte, von der er es bereits 1955 zurück erwarb. Der Sohn von Sophie Lissitzky-Küppers, Jen Lissitzky, machte als Erbe seiner Mutter beim Baseler Landgericht 2002 Ansprüche auf die Rückgabe des Bildes geltend. Vor einer Entscheidung des Gerichts einigte sich die Stiftung Beyeler mit sämtlichen Erben der Sophie Lissitzky-Küppers über die Zahlung eines Entschädigungsbetrages gegen Verzicht auf alle Eigentumsansprüche an dem Bild.

Rechtslage

Mit der Beschlagnahme des Bildes durch die Nationalsozialisten, spätestens mit dem Gesetz vom 31.05.1938, wurde die „Improvisation Nr. 10" entschädigungslos enteignet. Bei Kunstwerken, die im Privateigentum standen, also nicht jene, die Museen gehörten (hier Leihgabe von Sophie Küppers an das Museum in Hannover) wird rechtsdogmatisch von einer unwirksamen Enteignung ausgegangen. Sophie Lissitzky-Küppers hatte mithin durch die Beschlagnahme und Einziehung ihr Eigentum an den Bildern nicht verloren. Aus politischen Gründen konfiszierte Sachen gelten als „abhanden gekommen".

Der gutgläubige Erwerb durch den Galeristen Ferdinand Möller von deutschen Stellen war ausgeschlossen, weil an abhanden gekommenen Sachen auch bei unterstellter Gutgläubigkeit, kein Eigentumserwerb möglich ist. Ferdinand Möller konnte somit kein Eigentum an dem Bild erwerben.

Der Verkauf 1951 an den Kunstsammler Ernst Beyeler setzte voraus, dass dieser im guten Glauben das Bild erwarb. Dies erscheint zweifelhaft, weil 1951 allgemein bekannt war, dass der Galerist Ferdinand Möller im Auftrage der Nazis beschlagnahmte Kunstwerke, insbesondere „entartete" Kunst, verkauft hatte. Hier hätte der sachverständige Kunstsammler Beyeler bei dem Veräußerer nachfragen müssen, ob das Bild aus beschlagnahmtem und enteignetem öffentlichen oder privatem Eigentum stammte. Dies ist offensichtlich seinerzeit nicht geschehen. Der gutgläubige Erwerb 1951 erscheint unter aktuellen Voraussetzungen der Schweizer Urteilspraxis ausgeschlossen.

Der nachfolgende Erwerb durch eine Sammlerin in Winterthur erscheint nur möglich, wenn auch diese sich über die Herkunft des Bildes informiert und Zweifel am Eigentumserwerb des Verkäufers (Sammler Beyeler) ausgeräumt hatte. Ob der Verkauf durch den Sammler Beyeler, der sich seit 1951 auch als gewerblicher Kunsthändler betätigte, einen gutgläubigen Erwerb der Sammlerin in Winterthur begründet, setzt zunächst voraus, dass der Kunsthändler Beyeler als „angesehen, absolut ehrlich und zuverlässig" zu beurteilen und die Erwerberin gutgläubig war. Die Erwerbsumstände sind unbekannt. Ein gutgläubiger Erwerb erscheint möglich.

Der Rückerwerb von Ernst Beyeler unterliegt den gleichen Voraussetzungen für den gutgläubigen Erwerb wie bei seinem Ersterwerb des Bildes im Jahre 1951. Wenn man diesen bereits zum damaligen Zeitpunkt verneint, dürfte eine Veränderung der Erkenntnisgrundlagen bei dem Sammler Beyeler nicht eingetreten sein. Vielmehr ist anzunehmen, dass durch weitere historische Forschungen und Veröffentlichungen beim späteren Rückerwerb 1955 „erst recht" das Abhandenkommen des Bildes bekannt oder infolge Fahrlässigkeit unbekannt war. Verneint man aber bereits einen gutgläubigen Eigentumserwerb, kommt auch die Ersitzung nach Schweizer Recht nicht in Betracht, weil diese gleichfalls einen gutgläubigen Eigenbesitz erfordert, der hier verneint werden müsste. Anders als nach deutschem Recht ist der Herausgabeanspruch nach Schweizer Recht unverjährbar und konnte somit auch noch im Jahre 2002 (51 Jahre nach dem erstmaligen Besitzerwerb durch den Sammler Beyeler) geltend gemacht werden. Nach deutschem Recht wäre der Eigentumsherausgabeanspruch selbst bei Bösgläubigkeit des Sammlers Beyeler spätestens 30 Jahren nach Besitzverlust 1937, also Ende 1967 verjährt gewesen. Das maßgebliche Problem zur Durchsetzung der Herausgabeansprüche wäre allerdings die Beweislast. Denn bei Erwerb und Besitz durch einen Dritten muss der Kläger Lissitzky zweifelsfrei beweisen, dass der Erwerber Beyeler nicht im guten Glauben erworben hatte. Ob er diesen Nachweis in prozessual erforderliche Weise hätte führen können, bleibt offen. Andererseits hätte die Beyeler Stiftung damit rechnen müssen, dass unter Berücksichtigung der seit Ende der 90er Jahre von den Schweizer Zivilgerichten aufgestellten besonderen Erfordernisse für einen gutgläubigen Erwerb diese hätte nachweisen müssen, dass Beyeler seinerzeit die erforderlichen Nachforschungen angestellt hatte, um aufzuklären, ob der Veräußerer Möller überhaupt Eigentümer und somit zur Veräußerung berechtigt war. Die konkreten Erwerbsumstände sollten offensichtlich nicht in einer öffentlichen Gerichtsverhandlung erörtert und ausgebreitet werden. Die Beteiligten einigten sich in einer geheim gehaltenen Vereinbarung auf eine Entschädigungszahlung.

Wäre die Beyeler Fondation eine öffentliche Museumseinrichtung und keine Privatstiftung, hätte die Rückgabeforderung auch auf der Grundlage der Washingtoner Prinzipien geltend gemacht werden können. Die Beschlagnahme und Enteignung 1937 war ein verfolgungsbedingter Vermögensverlust. Fraglich erscheint, ob die bloße Verfolgung einer Kunstrichtung, der so genannten entarteten Kunst, die infolgedessen angeordnete entschädigungslose Enteignung als ausreichend angesehen wird und ob daneben noch eine persönliche Verfolgung des Sammlers zu fordern ist, die hier nicht vorgelegen hat. Diese Frage ist bisher weder in der Schweiz noch in Deutschland zu entscheiden gewesen.

Fall 19

NLA

USA

Fritz Grünbaum-Erben vs. David Bakalar

Zeichnung von Egon Schiele

dazu: Restitutionsbericht der AAMD vom 27.07.2006, Anlage A, S. 6 f.; Lillie Handbuch, S. 428 ff.

Fall

Die Schiele-Zeichnung stand im Eigentum des österreichischen Kabarettisten Franz Friedrich „Fritz" Grünbaum (zu diesem s. Fall 66), der von den Nationalsozialisten kurz nach dem Anschluss Österreichs im März 1938 verhaftet wurde und später im Konzentrationslager Dachau starb. Grünbaums dritte Ehefrau Lilly geb. Herzl versuchte, die Kunstsammlung, die vor allem Arbeiten Egon Schieles umfasste, zu retten. Sie wurde deportiert und umgebracht.

Wie die Zeichnung von Schiele in den Besitz der Schwägerin von Fritz Grünbaum, Mathilde Lukacz, gelangte, ist unaufgeklärt. Lukacz veräußerte sie 1956 in Bern an einen Schweizer Kunsthändler. Später wurde die Zeichnung bei Sotheby's in London versteigert und von dem in Massachusetts ansässigen Kunstsammler David Bakalar erworben.

Die Grünbaum-Erben machten ihm gegenüber Rückgabeansprüche geltend und erklärten, die Schwägerin hätte 1956 kein Recht zur Veräußerung gehabt und wäre als Diebin anzusehen. 2005 erhob Bakalar vor einem Zivilgericht in Manhattan Klage mit dem Ziel, seine Eigentümerschaft feststellen zu lassen. Die Ansprüche der Grünbaum-Erben seien verjährt, weil diese nicht rechtzeitig die Rückgabe verlangt hätten, obwohl die entscheidungserheblichen Tatsachen seit vielen Jahren allgemein bekannt waren. Außerdem sei der Rückforderungsanspruch verwirkt, weil über die jahrzehntelang zurückliegenden Umstände keine weiteren Tatsachen mehr ermittelt werden könnten und die in Betracht kommenden Zeugen verstorben waren.

Rechtslage

Zivilrechtliche Herausgabeansprüche der Grünbaum-Erben wären gegenüber dem amerikanischen Kunstsammler Bakalar unbegründet, wenn die Schwägerin des Alteigentümers Fritz Grünbaum selbst Eigentümerin der Zeichnung war. Offensichtlich wurden ihr aber weder diese Zeichnung noch andere Kunstwerke aus dem Bestand von Fritz Grünbaum wirksam übertragen. Sie wurde auch nicht durch Erbfolge Eigentümerin dieser Kunstwerke. Anscheinend gelangte sie allein aufgrund ihrer Familienstellung in den Besitz der Schiele-Arbeit und veräußerte sie.

Entscheidend für einen Eigentumserwerb ist die Veräußerung in der Schweiz 1956 durch die Schwägerin Fritz Grünbaums an einen dortigen Kunsthändler. Nach schweizerischem Recht konnte dieser auch von der nicht berechtigten Schwägerin gutgläubig Eigentum an der Zeichnung erwerben, selbst wenn man unterstellt, dass sie die Zeichnung durch eine Straftat unterschlagen hatte und das Kunstwerk damit als abhanden gekommen anzusehen ist. Denn nach Schweizer Recht kann nach Ablauf von fünf Jahren ab Besitzerwerb auch an abhanden gekommenen Gegenständen Eigentum erlangt werden. Deshalb dürfte ein gutgläubiger Eigentumserwerb nach Schweizer Recht zugunsten des Kunsthändlers eingetreten sein.

Die Tatsache, dass die Schwägerin im Besitz mehrerer Bilder aus dem Eigentum Grünbaums war, dürfte die Gutgläubigkeit des Erwerbers begründet haben. Die spätere Veräußerung der Zeichnung in London an den amerikanischen Kunstsammler Bakalar ist dann gleichfalls wirksam, weil sie vom Schweizer Eigentümer (der gutgläubig erwarb) veräußert wurde. Es kommt somit für dieses Erwerbsgeschäft nicht mehr auf einen gutgläubigen Eigentumserwerb vom Nichtberechtigten an, weil der Veräußerer bereits Eigentümer war. In dem zivilgerichtlichen Verfahren in den USA müsste der wirksame Eigentumserwerb nach schweizerischem Recht aufgrund der Situs-Regel geprüft und bejaht werden. Nur hilfsweise kämen die Argumente des Klägers Bakalar, die Grünbaum-Erben hätten jahrzehntelang Rückgabeforderungen unterlassen und entscheidungserhebliche Tatsachen könnten nicht mehr aufgeklärt werden, weil zwischenzeitlich die Zeugen verstorben seien usw., in Betracht. Diese Einwendungen wären im Rahmen der Verwirkung des Herausgabeanspruchs zu berücksichtigen.

Fall 20

NLA

Österreich

Rothschild vs. Republik Österreich (verschiedene Nationalsammlungen)

Kunstsammlung (250 Gemälde, Zeichnungen, Grafiken und andere Kunstgegenstände)

dazu: Trenkler, „Der Fall Rothschild"; Haase, „Die Kunstsammlung Adolf Hitler", S. 66; Petropoulos, S. 111 f.; 1. Restitutionsbericht vom 27.10.1999, S. 2 ff.; 6. Restitutionsbericht vom Dezember 2004, S. 42; Kirchmayr in NS-Kunstraub in Österreich und die Folgen, S. 31 ff.; Lillie Handbuch, S. 1002 ff.

Fall

Albert Mayer Rothschild war Direktor des österreichischen Bankhauses S.M. Rothschild & Söhne. Als er 1914 starb, übernahm sein Sohn Louis das Bankhaus und zog in das väterliche Palais in der Prinz-Eugen-Straße, das eine herausragende Kunstsammlung beherbergte. Sein Bruder Alphonse Rothschild besaß in der Wiener Innenstadt in der Theresianumgasse ein Palais, in dem sich eine kostbare Gobelin-Sammlung aus der Zeit der französischen Könige Ludwig XIV. bis XVI. sowie Gemälde, Zeichnungen, Möbel, Münzen, bibliophile u. a. Kostbarkeiten befanden. Die Brüder waren großzügige Mäzene der Wiener Museen, insbesondere des Kunsthistorischen Museums, und pflegten freundschaftliche Kontakte zu deren Direktoren.

Alphonse Rothschild versuchte, seine aus annähernd 1000 kunstgewerblichen Gegenständen bestehende Sammlung 1938 ins sichere Ausland zu schaffen. Eine Genehmigung nach dem Ausfuhrverbotsgesetz wurde im Januar 1938 noch erteilt. Die im Wiener Ostbahnhof zur Abfertigung verpackten Kunstgegenstände wurden dort jedoch im März 1938 beschlagnahmt.

Als die deutschen Truppen am 11.03.1938 in Österreich einmarschierten, befanden sich Alphonse Rothschild und seine Frau Clarice in London in Sicherheit. Ihre Kinder gelangten über die Schweiz nach London und die Familie 1942 in die USA, wo Alphonse wenig später an Herzversagen starb.

Der Fluchtversuch von Louis Rothschild endete am Flughafen Aspern. Am 14.03.1938 wurde er verhaftet und in das Wiener Hotel Metropol gebracht, wo er bis Mai 1939 interniert war. Im Dezember 1938 suchten ihn die führenden SS-Leute Himmler, Wolff und Kaltenbrunner auf, um Verhandlungen zwecks Übereignung des Rothschild-Vermögens zu führen. Am Tag der Verhaftung wurden sofort die beiden Palais der Rothschild-Familien versiegelt und sukzessive der dortige Besitz im Zentraldepot für beschlagnahmte Kunst in der Wiener Hofburg eingelagert.

Verschiedenste österreichische Museen, insbesondere die großen Wiener Museen, wollten den beschlagnahmten Kunstbesitz „erwerben". Um dies zu verhindern, verkündete Adolf Hitler am 18.06.1938 seinen Vorbehalt, der ihm allein die Entscheidungsgewalt über das beschlagnahmte Kunstgut und die Erstverwertungsrechte einräumte. Hitler besichtigte die von ihm hochgeschätzten Rothschild-Sammlungen in der Hofburg mindestens zweimal und wählte für sich Exponate aus. Auch Hans Posse griff als Sonderbeauftragter für Hitlers Linzer Museum auf Kunstwerke zu. Sie gelangten in der Folgezeit in gesicherte Depots nach Kremsmünster (Mai 1941) und von da ab Dezember 1943 in den Salzbergwerkstollen Alt Aussee.

Die übrigen Rothschild-Kunstwerke wurden nach zum Teil heftigen Streitereien der österreichischen Museen und Sammlungen untereinander auf diese überall im Lande verteilt. Sie kamen wegen des österreichischen Ausfuhrverbotsgesetzes nicht in die allgemeine Verwertung und wurden nicht an private Dritte verkauft. Um seine Ausreise aus Österreich zu erreichen, war Louis Rothschild gezwungen, mit notariellem Vertrag vom Mai 1939 seinen gesamten Besitz einschließlich der Kunstsammlung abzutreten.

Nach Kriegsende wurde der wesentliche Teil der 1938 beschlagnahmten Kunstobjekte von den Alliierten sichergestellt und in österreichische Treuhandverwaltung übergeben. Die von den beiden Familien Rothschild nach den damaligen Rückführungsgesetzen geltend gemachten Rückgabeansprüche führten grundsätzlich zur Feststellung ihrer Berechtigung. Da sie es jedoch ablehnten, nach Österreich zurückzukehren, und sich infolge der Emigration in erheblichen finanziellen Schwierigkeiten befanden, wollten sie die Kunstobjekte aus Österreich ausführen. Dieses berechtigte Anliegen stand den Interessen der Museen entgegen. Sie nutzten das Ausfuhrverbotsgesetz, um sich den Besitz einiger Rothschild'scher Kunstwerke zu sichern. Österreichische Stellen machten die Rückgabe der sichergestellten Kunstobjekte vom Abschluss einer Vereinbarung abhängig, wonach einige hundert zum Teil herausragende Gemälde, Zeichnungen, Münzen, Möbel usw. als „Rückgabe-Gegenleistung" in österreichischen Museen verbleiben sollten und von den Rothschild-Familien übereignet werden mussten. Dieses Verhalten österreichischer Stellen wurde Ende der 90er Jahre in der Öffentlichkeit als zweite entschädigungslose Enteignung (nach den entschädigungslosen NS-Enteignungen) bewertet.

Gemäß dem im Dezember 1998 erlassenen KunstRG wurden diese 1946 bis 1949 an die österreichischen Bundesmuseen und Sammlungen zwangsübereigneten Kunstobjekte festgestellt. Der 1. Restitutionsbericht vom 27.10.1999 gab die Empfehlung, sie an die Erben der beiden Rothschild-Familien zurückzugeben. Darunter befanden sich 22 Altmeister-Gemälde aus dem Kunsthistorischen Museum, 38 Werke aus der grafischen Sammlung Albertina, Möbel aus dem Museum für angewandte Kunst u. a., zusammen rund 250 Kunstobjekte. Sie wurden im Juli 1999 komplett von Christie's in London mit dem höchsten in Europa für eine Sammlung erzielten Erlös von 57,7 Millionen Pfund versteigert.

Die Rückgaben von weiteren 1938 beschlagnahmten Objekten, insbesondere Büchern und Handschriftensammlungen, dauert derzeit noch an. Die damals an Landes- und kommunale Museen übergebenen Kunstobjekte müssen identifiziert und Rückgaben gemäß entsprechender landesgesetzlicher Bestimmungen durchgeführt werden.

Rechtslage

Die Beschlagnahme der Kunstsammlungen der beiden Wiener Rothschild-Familien 1938 wie auch die formaljuristische Übertragung im notariellen Vertrag vom Mai 1939 waren bereits aufgrund der Nichtigkeits- und Rückführungsgesetze von 1946 und 1947 unwirksam. Dies wurde seinerzeit gerichtlich festgestellt. Die zwischen 1946 und 1949 getroffenen Übereignungsregelungen mit den Familien Rothschild, in denen die Ausfuhr wesentlicher Teile der Kunstsammlungen abhängig gemacht wurde von der Übereignung mehrerer hundert Kunstobjekte an österreichische Museen, war zwar moralisch fragwürdig, gründete sich aber auf die damals geltende Rechtslage, insbesondere auf das Ausfuhrverbotsgesetz. Erst durch das KunstRG vom Dezember 1998, in dem in § 1 Abs. 1 Nr. 1 ausdrücklich die Herausgabe und Ausfuhr für diese Fälle bestimmt wurde, besteht die Möglichkeit, die nach Ende des 2. Weltkrieges an die österreichische Republik zwangsübereigneten Kunstobjekte zurückzuerhalten.

Österreich

Kuffner-Erben vs. Republik Österreich (Albertina Wien)

mehrere Zeichnungen

Fall 21

NLA

dazu: Lillie Handbuch, S. 614 ff.

Fall

Der Großindustrielle Moritz Kuffner entstammte einer vermögenden Bierbrauerei-Dynastie, der insbesondere die Ottakringer Brauerei AG und umfangreicher Grundbesitz in Wien gehörte. Die Bedeutung seiner Kunstsammlung wurde zu Beginn des 20. Jahrhunderts in mehreren Publikationen gerühmt.

Unmittelbar nach dem Anschluss Österreichs wurde die Brauerei AG arisiert. Moritz Kuffner floh mit seinen beiden Söhnen in die Schweiz. Im Juni 1938 begutachtete der Kustos der Albertina die Kuffner'sche Kunstsammlung und wählte mehrere Zeichnungen von Rembrandt, Alt, Menzel und Pettenkofen aus, welche die Albertina unbedingt übernehmen wollte. Sie wurden daraufhin für die Ausfuhr gesperrt und beschlagnahmt. Ende Juli 1938 erörterten der Sonderbeauftragte Hitlers und ein Mitarbeiter der Albertina mit einem Sohn der Familie, Stephan Kuffner, das weitere Schicksal der Kunstsammlung. Die Albertina begehrte einundzwanzig Zeichnungen. Allerdings wurde statt einer verkehrsüblichen Bezahlung ein Tauschgeschäft durchgeführt. Kuffners erhielten 156 Grafikdubletten, die einen Bruchteil des Wertes der herauszugebenden Originalzeichnungen darstellten. Ein Restbestand der Sammlung konnte ausgeführt werden. Das gesamte sonstige Familienvermögen wurde beschlagnahmt, zum Teil verschleudert und 1941 entschädigungslos enteignet.

Ein Teil der eingezogenen Kunstsammlung wurde nach positivem Votum der Beratenden Kommission im Jahre 2000 auf der Grundlage des KunstRG restituiert. Die Rückerstattung der Zeichnungen von Alt, Pettenkofen und Menzel, die sich noch im Besitz der grafischen Sammlung der Albertina befanden, wurde mit der Begründung abgelehnt, durch das Tauschgeschäft 1938 hätte die Republik Österreich die Zeichnungen rechtswirksam erworben. Ein Schädigungstatbestand im Sinne des KunstRG läge nicht vor.

Rechtslage

Zunächst ist schon problematisch, ob das Tauschgeschäft vom Juni 1938 zwischen der Albertina und Stephan Kuffner im zivilrechtlichen Sinne als rechtswirksam angesehen werden kann. Kuffner stand unzweifelhaft unter Druck und musste sich dem Diktat der Gesprächsteilnehmer beugen, um überhaupt Teile des Familienvermögens ausführen zu können. Dass Willenserklärungen, hier im Rahmen des Tauschgeschäftes, die unter Drohung und in einer nötigenden Situation erfolgten, rechtswirksam sein sollen, erscheint zweifelhaft.

Kuffner hätte seine Zustimmung zu dem Tauschgeschäft allerdings unverzüglich anfechten können, als er dazu rechtlich in der Lage war. Dies dürfte frühestens nach dem Ende des 2. Weltkrieges mit der Möglichkeit, in Österreich unter rechtsstaatlichen Verhältnissen Erklärungen abzugeben, der Fall gewesen sein. Ob dies geschah, ist unklar. Sollte die Anfechtung des unter Zwang abgeschlossenen Rechtsgeschäftes, insbesondere des 1938er Tauschvertrages, nach Kriegsende erfolgt und dessen Wirksamkeit bestritten worden sein, könnte auch heute noch die Rückgabe der im Besitz der Albertina befindlichen Zeichnungen verlangt werden, weil der Eigentumsherausgabeanspruch, der in Österreich unverjährbar ist, noch geltend gemacht werden kann.

Die Kuffner-Erben stellten bezüglich der Zeichnungen einen Rückstellungsantrag nach dem KunstRG, der abgelehnt wurde. Diese negative Entscheidung ist offensichtlich unrichtig, aber rechtlich nicht durch ein unabhängiges österreichisches Gericht überprüfbar. Vorliegend ist unzweifelhaft, dass das Tauschgeschäft im Juni 1938 unter Zwang vorgenommen wurde und die Gegenleistung der Albertina, 156 Grafikdubletten, in einem völlig unangemessenen Verhältnis zu den übereigneten Originalzeichnungen stand. Nach § 1 Nr. 2 KunstRG sind Kunstwerke zurückzugeben, die unter die Tatbestandsvoraussetzungen des Nichtigkeitsgesetzes vom Mai 1946 fallen. Dessen Voraussetzungen liegen hier vor. Denn nach diesem Gesetz sind alle Rechtsgeschäfte, die zwischen dem Anschluss Österreichs im März 1938 und Kriegsende erfolgten und zu Vermögensverlusten bei natürlichen Personen führten, nichtig, wenn sie „im Zuge der durch das Deutsche Reich erfolgten politischen und wirtschaftlichen Durchdringung vorgenommen wurden". Die Regelung meint, dass Rechtsgeschäfte, also auch der vorliegende Tauschvertrag, nichtig sind, wenn sie ursächlich auf nationalsozialistischen Verfolgungsmaßnahmen beruhten. Dies ist vorliegend der Fall. Kuffners wollten wegen ihrer persönlichen Verfolgung als österreichische Juden so schnell als möglich aus dem Land emigrieren. Sie wurden gezwungen, die Zeichnungen weit unter ihrem Wert zu den Bedingungen der Erwerber zu veräußern und erhielten nur einen Bruchteil des tatsächlichen Verkehrswertes als Gegenleistung. Somit steht fest, dass das Tauschgeschäft nach dem Nichtigkeitsgesetz vom Mai 1946 als nichtig anzusehen und dadurch der Rückgabetatbestand im KunstRG erfüllt ist Die Argumentation in der Ablehnungsentscheidung unterstellt, Kuffner hätte freiwillig und ohne jeden äußeren Zwang in ein Tauschgeschäft eingewilligt, dessen Gegenleistung in diametralem Gegensatz zum Wert der Originalzeichnungen, die an die Albertina zu übereignen waren, stand. Es bleibt angesichts der entscheidungserheblichen Tatsachen vollkommen unklar, wie eine solche Ablehnungsentscheidung ergehen konnte. Sie liegt auf der gleichen Ebene wie der in Fall 63 geschilderte Sachverhalt. Das KunstRG wurde trotz seiner eindeutigen Regelung offensichtlich unrichtig angewandt.

Österreich
Jaromir Graf Czernin vs. Republik Österreich
(Kunsthistorisches Museum Wien)
Gemälde von Jan Vermeer van Delft, „Der Maler in seinem Atelier"

Fall 22
NLA

dazu: Czernin „Vermeer oder die Kunst des Müßigganges"; Haase „Die Kunstsammlung Adolf Hitler", S. 112 ff. und Fußnote 94; Petropolous, S. 234 ff., 240

Fall

Das Gemälde „Der Künstler in seinem Atelier" von Vermeer van Delft, in Thieme/Beckers Künstlerlexikon als „Meisterwerk im höchsten Sinne" charakterisiert, befand sich seit Jahrzehnten im Eigentum der gräflichen Familie Czernin in Österreich. Nach dem 1. Weltkrieg wurde der Besitz des österreichischen Adels per Gesetz aufgelöst und teilweise in das Eigentum der Republik Österreich überführt. Persönliche Gegenstände und bewegliche Sachen verblieben im Eigentum der Adelsfamilien.

Graf Jaromir Czernin wollte das Vermeer-Gemälde in den 20er Jahren veräußern und stieß auf großes Interesse insbesondere bei Bewerbern aus Übersee. So sollen Mitte der 30er Jahre mehrere Millionen US-Dollar von einem amerikanischen Konsortium geboten worden sein. Der Verkauf scheiterte allerdings an der gemäß dem österreichischen Ausfuhrverbotsgesetz verweigerten Export-Genehmigung.

Nach der Besetzung Österreichs im März 1938 führte Graf Czernin Verkaufsverhandlungen mit dem Hamburger Industriellen Philipp Reemtsma, die jedoch durch den so genannten Führervorbehalt beendet wurden. Adolf Hitler hatte angeordnet, dass ohne seine persönliche Genehmigung keinerlei Verfügung über das Gemälde getroffen werden dürfe. In seinem Auftrage führte der Chef der Reichskanzlei, Dr. Hans-Heinrich Lammers, ab Februar 1940 Kaufverhandlungen mit dem Grafen Czernin, in die sich auch andere NS-Größen wie der Leiter der Parteikanzlei und Adjutant Hitlers, Martin Bormann, der Stadthalter von Wien, Arthur Seyss-Inquart, und Baldur von Schirach einschalteten – offensichtlich, um Druck auf die Familie auszuüben und diese zum Verkauf zu bewegen. Während der Kaufvertragsverhandlungen sollen Steuerunterlagen der Familie Czernin geprüft und mit versteckten Drohungen auf mögliche Unregelmäßigkeiten und Konsequenzen hingewiesen worden sein. Im April 1940 wurde ein Kaufpreis von 1.750.000 RM zuzüglich der Übernahme der zu erwartenden Steuern in Höhe von 550.000 RM angeboten. Im Oktober 1940 kam der Kaufvertrag zwischen Adolf Hitler, vertreten durch seinen Bevollmächtigten Dr. Hans Posse, und der Czernin'schen Gemäldegalerie auf Schloss Marschendorf zustande. Der Kaufpreis belief sich auf 1.650.000 RM zuzüglich Steuern, die der Käufer übernahm. Die Kaufvertragsgenehmigung wurde im gleichen Monat gerichtlich erteilt. Im Januar 1941 erfolgte die Zahlung des Kaufpreises aus dem „Sonderfond Linz", der von Adolf Hitler persönlich gespeist wurde.

Während des Krieges gelangte das Gemälde in das Auslagerungsdepot Bad Aussee. Es wurde dort von amerikanischen Truppen sichergestellt, Ende November 1945 an die österreichischen Behörden übergeben, dem Kunsthistorischen Museum zugeteilt und somit der Öffentlichkeit zugänglich. Noch im November 1945 machte Graf Czernin einen Rückgabeanspruch geltend und begründete, er hätte das Gemälde zwangsbedingt an Hitler veräußern müssen. In drei gerichtlichen Verfahren, abschließend durch den Obersten Gerichtshof mit Urteil vom März 1949, wurden die Rückgabeansprüche des Grafen Czernin als offensichtlich unbegründet abgelehnt und die Einschlägigkeit des Nichtigkeitsgesetzes von 1946 und der nachfolgenden Rückstellungsgesetze verneint.

Rechtslage

Die Familie Czernin gehört nicht zu einer kollektiv aus rassischen, religiösen oder politischen Gründen verfolgten Personengruppe. Die Feststellung der Nichtigkeit des Kaufvertrages mit Adolf Hitler im Oktober 1940 kommt nach dem Nichtigkeitsgesetz vom Mai 1946 nur in Betracht, wenn der Verkauf aufgrund einer politischen oder wirtschaftlichen Zwangslage erfolgte. Ob sie vorlag, konnte bis heute nicht zweifelsfrei geklärt werden. Dass maßgebliche NS-Größen Druck auf die Familie Czernin ausübten und mit steuerstrafrechtlichen Sanktionen drohten, mag dazu geführt haben, dass sie sich gezwungen sah, das Gemälde zu verkaufen. Diese Zwangslage wollten oder konnten die österreichischen Gerichte nach Ende des 2. Weltkrieges jedoch nicht feststellen. Sie sicherten durch die Ablehnung des Rückgabeanspruches das Gemälde für das Kunsthistorische Museum in Wien, wo es sich noch heute befindet.

Ein Rückgabeanspruch nach dem Kunstrückgabegesetz vom Dezember 1998 erscheint allerdings nicht ausgeschlossen. Die ablehnenden Entscheidungen der 40er Jahren stehen dem nicht entgegen. Es müsste erneut geprüft und entschieden werden. Nach § 1 Nr. 2 des Gesetzes soll eine Rückgabe in Betracht kommen, wenn die Voraussetzungen des Nichtigkeitsgesetzes vom Mai 1946 gegeben sind, es sich also um ein Rechtsgeschäft handelte, das während der Besetzung Österreichs und im Zusammenhang mit der Verfolgung des Eigentümers aus politischen oder wirtschaftlichen Gründen abgeschlossen wurde bzw. zumindest mitursächlich auf einer Verfolgung beruhte. Die Rechtsnachfolger des Grafen Czernin müssen entsprechende Belege beibringen, die eine Droh- und Nötigungssituation beweisen.

Bisher wurde offensichtlich nicht problematisiert, ob der österreichische Staat überhaupt Eigentümer des Bildes ist. Erfolgte der rechtswirksame Kauf aus Privatmitteln Adolf Hitlers, also nicht mit Geldern des NS-Staates, wäre der Rechtsnachfolger Adolf Hitlers Eigentümer des Bildes. Österreich geht offensichtlich davon aus, dass der Vermeer Eigentum des Deutschen Reiches war. Gemäß der Vereinbarung auf der Potsdamer Konferenz vom 01.08.1945 sollte das im Besitz der damaligen Alliierten befindliche Eigentum des Deutschen Reiches, das sich in Österreich befand, dessen Eigentum werden. Die westlichen Alliierten gaben diesen Besitz, so auch das Vermeer-Gemälde, an Österreich heraus. Deshalb meint Österreich offensichtlich, Eigentümer des Bildes zu sein. Voraussetzung wäre aber, dass nicht Hitler persönlich, sondern das Deutsche Reich das Bild erworben hatte. Das scheint nicht der Fall zu sein.

Österreich
Daisy Hellmann-Erben vs. Stadt Linz (Sammlung Gurlitt)
Gemälde von Egon Schiele, „Städtchen am Fluß"

Fall 23
NLA

dazu: Schuster in NS-Kunstraub in Österreich und die Folgen, S. 220 ff.; Lillie Handbuch, S. 490 ff.

Fall

Daisy Hellmann geb. Steiner entstammte einer bekannten Wiener Textilfabrikantenfamilien. Sie war mit dem Textilindustriellen Wilhelm Hellmann verheiratet, mit dem sie zwei Söhne hatte. Daisy Hellmann besaß eine Kunstsammlung, zu der auch das von Egon Schiele gemalte Bild „Städtchen am Fluß" gehörte.

Nach der Besetzung Österreichs im März 1938 flüchtete die Familie Hellmann und musste u.a. dieses Bild zurücklassen. Die gesamte Wohnungseinrichtung wurde beschlagnahmt und der Verwaltungsstelle für jüdisches Umzugsgut der Gestapo zur Verwertung übergeben. Das als „entartet" angesehene Schiele-Bild wurde auf einer Kunstauktion des Wiener Dorotheum im Februar 1942 von dem Berliner Kunsthändler Wolfgang Gurlitt für rund 1.800 RM ersteigert. Das Dorotheum hatte, wie auch bei anderen Versteigerungsobjekten, nicht ausdrücklich darauf hingewiesen, dass das Gemälde aus beschlagnahmtem jüdischen Besitz stammte.

Wolfgang Gurlitt führte seit 1907 in Berlin eine Galerie, die insbesondere moderne Kunst – so auch von Egon Schiele – ausstellte. Während der NS-Zeit erwarb er aufgrund seines besonderen Sachverstandes eine Vielzahl von Kunstwerken aus beschlagnahmtem Besitz, darunter auch „entartete", zu im Regelfall niedrigen Preisen. Gurlitt war einer der vier von deutschen Stellen beauftragten Kunsthändler, die ca. 10.000 Werke der beschlagnahmten so genannten entarteten Kunst verwerteten.

Während des Krieges hatte Gurlitt seinen Lebensmittelpunkt nach Österreich verlegt. Er wurde nach dem Krieg erster Leiter des städtischen Museums „Neue Galerie der Stadt Linz" und verkaufte 1953 der Stadt Linz in seinem Besitz befindliche 76 Ölgemälde und 33 Grafiken, darunter auch Egon Schieles „Städtchen am Fluß".

Daisy Hellmann stellte nach dem 3. Rückstellungsgesetz Antrag auf Rückgabe dieses Bildes, weil sie meinte, dass der Käufer Gurlitt wusste oder wissen musste, dass das Schiele-Gemälde NS-verfolgungsbedingt abhanden gekommen war. Im Rückstellungsverfahren lehnten mehrere Gerichtsinstanzen ihren Antrag ab, weil Daisy Hellmann nicht den nach den gesetzlichen Bestimmungen erforderlichen Beweis erbracht hätte, dass der Käufer Gurlitt wusste, dass das Bild aus jüdischem Besitz stammte. Das Auktionshaus Dorotheum hätte dies nicht mitgeteilt und Gurlitt wäre davon ausgegangen, dass er auf einer „ganz normalen Versteigerung" kaufte. Seit Januar 1953 wurde das Schiele-Bild „Städtchen am Fluß" in Linz öffentlich gezeigt.

Die Erben von Daisy Hellmann beantragten unter Bezugnahme auf das österreichische KunstRG vom Dezember 1998 und die landesrechtlichen Regelungen Niederösterreichs bei der Stadt Linz die Rückgabe des Schiele-Gemäldes wegen NS-verfolgungsbedingtem Vermögensverlust. Der Gemeinderat der Landeshauptstadt Linz beschloss am 30.01.2003 die Rückgabe des Bildes an die Erben.

Rechtslage

Die Beschlagnahme des Bildes durch staatliche Stellen konnte zu keinem Eigentumswechsel führen. Sein Verkauf in der öffentlichen Versteigerung des Wiener Dorotheums ist nach dem österreichischen Zivilrecht wirksam und Gurlitt konnte Eigentümer des Bildes werden, wenn er bei Erwerb nicht wusste oder hätte wissen müssen, dass der Verkauf des Bildes nicht durch den Eigentümer erfolgt. Den Gegenbeweis hat der Alteigentümer, der das Bild herausverlangt, zu erbringen. Es konnte nicht bewiesen werden, dass der sachverständige Kunsthändler Gurlitt Kenntnis davon hatte, dass das Bild aus beschlagnahmtem jüdischen Besitz stammte.

Allerdings ist es unter Berücksichtigung der aktuellen Maßstäbe der Rechtsprechung zur „fahrlässigen Unkenntnis" nicht abwegig, Bösgläubigkeit zu vermuten. Jahrzehntelang handelte der Käufer Gurlitt mit moderner Kunst, insbesondere auch mit Werken Egon Schieles, und kannte den verhältnismäßig begrenzten deutsch-österreichischen Kunstmarkt. Die Eigentümerstellung von Daisy und Wilhelm Hellmann hätte ihm bekannt sein müssen. Die Verwertung „entarteter" Kunst noch im Februar 1942 im Dorotheum, als aufgrund diskriminierender gesetzlicher Bestimmungen jüdische Eigentümer keinerlei Verkäufe mehr selbst tätigen durften, hätte bei Gurlitt den Verdacht aufdrängen müssen, dass die Veräußerungsobjekte aus Beschlagnahmen von Verfolgtenvermögen stammten. Das Dorotheum war die zentrale Veräußerungsstelle für beschlagnahmte und gepfändete Kunstwerke, was dem in Wien lebenden Gurlitt bekannt sein musste. Als kunstsachverständiger Kenner hätte er Nachforschungen über die Herkunft des Bildes anstellen müssen. Es wäre ihm mit wenig Aufwand möglich gewesen, die vormaligen Eigentümer bzw. Besitzer festzustellen, soweit er nicht ohnehin wusste, woher das Schiele-Gemälde stammte, denn Wilhelm und Daisy Hellmann waren z. B. im 1930er Schiele-Werkverzeichnis von Otto Nirenstein ausgewiesen. Die damaligen Erwerbsumstände dürften nach den heutigen, von der Rechtsprechung aufgestellten Erfordernissen, die insbesondere für Kunstsammler und Händler gelten, keinen redlichen Erwerb begründen. Somit hätte Gurlitt in der Auktion im Frühjahr 1942 kein Eigentum an dem Bild erworben und seine Veräußerung 1953 an die Stadt Linz wäre als unwirksam anzusehen.

Zwar ist nach österreichischem Zivilrecht ein Eigentumserwerb durch Ersitzung möglich. Voraussetzung ist hier jedoch gleichfalls, dass der Besitzer bei Erwerb und während des Besitzes im guten Glauben war. Dies erscheint insbesondere deshalb ausgeschlossen, weil aufgrund der Prozesse von Daisy Hellmann der Stadt Linz bei Kauf des Bildes 1953 bekannt war oder hätte bekannt sein müssen, dass es NS-verfolgungsbedingt abhanden gekommen und ein gutgläubiger Erwerb von Gurlitt gar nicht möglich war. Eine Verjährung des Eigentumsherausgabeanspruches ist nach österreichischem Zivilrecht nicht möglich, so dass auch heute noch eine Eigentumsherausgabeklage im Zivilrechtswege möglich gewesen wäre.

Die Erben von Daisy Hellmann gingen den Weg der öffentlich-rechtlichen Anspruchsgeltendmachung und erlangten das Kunstwerk sechzig Jahre nach dem verfolgungsbedingten Eigentumsverlust aufgrund einer Entscheidung der Stadt Linz in Anwendung der Washingtoner Prinzipien wieder.

Fall 24
NLA

Österreich
Adele Bloch-Bauer-Erben vs. Republik Österreich (Österreichische Galerie)
Gemälde von Gustav Klimt, „Adele Bloch-Bauer I" und vier weitere Gemälde

dazu: Lerner/Bresler, Art Law, S. 743 ffl.; Lillie Handbuch, S. 202 ff.;
Blimlinger in Osteuropa, S. 244 ff.; 3. Restitutionsbericht S. 11;
Der Standard vom 07. und 09.11.2006

Fall

Adele Bloch-Bauer stammte aus einer wohlhabenden jüdischen Zuckerfabrikantenfamilie in Wien und war um 1900 eine maßgebliche Förderin der dortigen modernen Kunst. Sie verband eine enge persönliche Freundschaft mit dem Wiener Maler Gustav Klimt, der sie in den beiden später weltberühmt gewordenen Gemälden Adele Bloch-Bauer I und II porträtierte. Diese und zahlreiche andere Bilder erwarb Adele Bloch-Bauer vor ihrem Tod 1925.

Alleinerbe war ihr kinderloser Ehemann Ferdinand Bloch-Bauer, der bis 1939 in Wien wohnte und in seinem Privathaus u.a. die Sammlung der Klimt-Gemälde verwahrte. In ihrem Testament hatte Adele Bloch-Bauer den Wunsch geäussert, ihr Mann möge ihre Kunstwerke nach seinem Tode der Österreichischen Galerie übereignen.

Nach dem Anschluss Österreichs im März 1938 begann die systematische Verfolgung österreichischer Juden. Ferdinand Bloch-Bauer floh kurz zuvor in die Schweiz. Gegen ihn wurde eine diskriminierende Steuerstrafforderung in Höhe von 700.000 RM erhoben und im Juli 1939 deshalb sein gesamter Privatbesitz, darunter die Klimt-Gemälde, beschlagnahmt. Sein Unternehmen wurde arisiert. Ein NS-Rechtsanwalt übernahm die beschlagnahmten Kunstwerke und veräußerte zwei an die Österreichische Staatsgalerie.

Ferdinand Bloch-Bauer forderte die Gemälde, die zur Begleichung der Steuerstrafforderungen verkauft wurden, nach Kriegsende zurück. Er hatte seine Nichten und zwei weitere Familienmitglieder als seine Erben eingesetzt.

1948 schloss Österreich mit den Erben eine Vereinbarung ab, wonach einige Gemälde, darunter die fünf im Jahre 2006 zurückgegebenen, unentgeltlich an den österreichischen Staat gingen und im Gegenzug die Genehmigung zur Ausfuhr anderer Kunstwerke erteilt wurde.

Im Dezember 1998 verpflichtete sich die Republik Österreich zur Regelung NS-verfolgungsbedingter Vermögensverluste und erließ ein KunstRG. Daraufhin beantragte die Miterbin Maria Altmann die Rückgabe der fünf Klimt-Bilder aus der Wiener Galerie Belvedere. Die österreichische Finanzverwaltung erstattete ein Gutachten zu diesem Antrag und schlug seine Ablehnung vor. Der Kunstbeirat schloß sich am 28.06.1999 dieser Empfehlung an. Auch die zuständige Kulturministerin folgte ihr ohne eigene Sachprüfung. Zur Begründung wurde ausgeführt, der Entziehungstatbestand des § 1 Abs. 1. Nr. 2 des KunstRG sei schon dem Grunde nach nicht erfüllt, weil der Eigentumserwerb zugunsten der österreichischen Republik lange vor dem 13.03.1938 erfolgt wäre, nämlich infolge eines

Vermächtnisses, das Adele Bloch-Bauer in ihrem Testament zugunsten der damaligen Österreichischen Staatsgalerie verfügt hätte. Eine daraufhin im März 2000 in Österreich erhobene zivilgerichtliche Herausgabeklage blieb stecken, weil vor Durchführung des Verfahrens die Zahlung von mindestens 1,75 Millionen € Gerichtskostenvorschuss verlangt wurde.

Die Miterbin Maria Altmann erhob im August 2000 in Los Angeles Klage gegen die Republik Österreich. Die Klage wurde im Mai 2001 zugelassen. Im Dezember 2002 entschied auf die Berufung der Republik Österreich hin der Supreme Court zu Gunsten von Maria Altmann. Die Einwendung Österreichs, es wäre unzulässig, in den Vereinigten Staaten eine Klage gegen einen souveränen Staat zu erheben, weil dies einen Verstoß gegen den Foreign Immunities Act darstelle, wurde verneint und die Zulässigkeit der Klage bestätigt. Im Januar 2003 unterstützte die US-Regierung allerdings die Position Österreichs und trat zu deren Gunsten als „Amicus coriae" (Rechtsfreund) auf. In dem sich vier Jahre hinziehenden Rechtsstreit wurde durch das amerikanische Höchstgericht im Juni 2004 endgültig festgestellt, dass in den Vereinigten Staaten die Klage gegen ein anderes Land prozessual zulässig wäre, was von der Republik Österreich unter Hinweis auf ihre völkerrechtliche Immunität vehement bestritten worden war.

Österreich musste im weiteren gerichtlichen Verfahren in den USA nunmehr damit rechnen, zur Herausgabe verurteilt zu werden. Es drohte erstmalig ein bisher so von amerikanischen Gerichten nicht entschiedener Präzedenzfall, der bei Erfolg zugunsten Maria Altmanns eine Vielzahl von Geschädigten bestärkt hätte, in den Vereinigten Staaten Herausgabeklagen gegen rückgabeunwillige Länder, in denen sich NS-verfolgungsbedingt abhanden gekommene Vermögenswerte befinden, zu erheben. Im Oktober 2004 wurde der maßgebliche Verhandlungstermin für den November 2005 festgelegt. Sechs Monate zuvor, im Mai 2005, einigen sich die Beteiligten auf ein außergerichtliches Schiedsverfahren. Mitglieder des Schiedsgerichts waren, anders als bei den bisher ablehnenden Entscheidungen des österreichischen Kunstbeirates, ausschließlich Juristen, darunter ein namhafter österreichischer Zivilrechtsprofessor und Dekan der Rechtswissenschaftlichen Universität Wien sowie ein von Maria Altmann benannter Rechtsanwalt. Im Januar 2006 entschied das Schiedsgericht, dass die Voraussetzungen des österreichischen KunstRG gegeben sind und eine Rückgabe der Bilder an die Erben zu erfolgen habe. Es stellte fest, dass 1939 ein NS-verfolgungsbedingter Vermögensverlust eingetreten war. Die Republik Österreich könnte auch keinen Besitzanspruch aus Adele Bloch-Bauers Testament vom Januar 1923 ableiten, in dem sie ihren Ehemann Ferdinand als Alleinerben eingesetzt hatte verbunden mit dem Wunsch, die Gemälde von Gustav Klimt nach seinem Tode der österreichischen Staatsgalerie Wien zu überlassen. Österreich war also zu keinem Zeitpunkt Eigentümer der Bilder geworden. Eine dortige zivilgerichtliche Klage hätte Erfolg haben müssen, da der Eigentumsherausgabeanspruch in Österreich unverjährbar ist.

Die fünf Klimt-Gemälde wurden Mitte 2006 in die USA überführt. Das Hauptwerk „Adele Bloch-Bauer I" erwarb im Juni 2006 der New Yorker Kunstsammler Ronald S. Lauder für 135 Millionen US-Dollar, den bisher weltweit höchsten

Kaufpreis für ein Gemälde. Er stellt es zukünftig für die Öffentlichkeit zugänglich in seinem New Yorker Privatmuseum, der „Neuen Galerie – Museum für deutsche und österreichische Kunst" an der Upper Eastside, aus.

Dort waren bis zu ihrer Versteigerung auch die übrigen vier Gemälde von Klimt zu besichtigen. Sie wurden in einer spektakulären Abendauktion von Christie's in New York am 08.11.2006 angeboten. Sämtliche Versuche, zugunsten der Öffentlichkeit einzelne Bilder Museen zukommen zu lassen oder diesen die Möglichkeit eines bevorzugten Erwerbes einzuräumen, schlugen fehl. Auch der Appell des Kunstkritikers der New York Times, Michael Kimmelman, die Bloch-Bauer-Erben mögen eines der vier Gemälde einem Museum übergeben, ging ins Leere. Das Bild „Adele II" ging für 68,8 Millionen Euro an einen Telefonbieter und wurde damit das derzeit weltweit fünftteuerstes Gemälde. Auch die anderen drei Klimt-Gemälde wurden weit über ihren Schätzpreisen veräußert. Bei den Erwerbern soll es sich sämtlichst um Privatpersonen gehandelt haben.

Rechtslage

Mit dem Tode von Adele Bloch-Bauer 1925 wurde ihr Ehemann Ferdinand alleiniger Eigentümer. Der im Testament festgehaltene Wunsch, es mögen nach dem Tode von Ferdinand die Klimt-Bilder der Österreichischen Galerie vermacht werden, ist keine testamentarische Anordnung, die zu einem Eigentumserwerb des Museums führen konnte. Selbst wenn es sich bei dieser Erklärung um ein Vermächtnis zugunsten des Museums handeln sollte, hätte dies lediglich einen schuldvertraglichen Anspruch gegenüber dem Erben und Eigentümer der Bilder, dem Witwer Ferdinand Bloch-Bauer, begründet, der dann verpflichtet gewesen wäre, die Bilder zu übereignen. Eine solche Übereignung an das Museum fand aber zu keinem Zeitpunkt statt.

Die widerrechtliche Beschlagnahme der Bilder und der Verkauf an das Museum durch einen Rechtsanwalt konnten keinen Eigentumserwerb des Museums begründen. Die Bilder kamen im Rechtssinne dem Eigentümer Ferdinand Bloch-Bauer abhanden und wurden gegen seinen Willen an das Museum verkauft bzw. übergeben. Dadurch konnte kein Eigentum zugunsten des Museums begründet werden.

Auch ein gutgläubiger Erwerb scheidet hinsichtlich dreier Bilder aus, weil diese offensichtlich lediglich dem Museum übergeben, nicht aber im Rahmen eines Veräußerungsvertrages rechtsgeschäftlich erworben wurden. Bezüglich der zwei von dem Rechtsanwalt angeblich an das Museum verkauften Bilder käme nur ausnahmsweise ein Eigentumserwerb vom Nichtberechtigten in Betracht, wenn das Museum bei Ankauf gutgläubig war. Dass die Bilder bisher im Eigentum der Familie Bloch-Bauer standen, war dem Museum bekannt. Es hätte sich deshalb ausreichend darüber informieren müssen, ob der Rechtsanwalt befugt war, die Gemälde zu veräußern. Es dürften aufgrund der bei dem Museum als Käufer vorauszusetzenden besonderen Sachkunde gute Chancen bestanden haben, eine zumindest fahrlässige Unkenntnis des Museums festzustellen, die einen gutgläubigen Erwerb ausschließt.

Daneben besteht unzweifelhaft ein Anspruch nach dem KunstRG, weil die gegen den Willen des Alteigentümers Ferdinand Bloch-Bauer beschlagnahmten Gemälde diesem NS-verfolgungsbedingt entzogen wurden. Soweit nach 1945 mit den Bloch-Bauer-Erben eine Regelung getroffen wurde, dass diese Gemälde in das Eigentum Österreichs übergehen sollten, um gleichzeitig die Genehmigung zur Ausfuhr anderer Gemälde zu erhalten, stellt dies einen eindeutigen Rückgabetatbestand nach dem KunstRG dar, mit dem gerade diese nach 1945 getroffenen Zwangsvereinbarungen revidiert werden sollten. Die Ansprüche der Bloch-Bauer-Erben waren somit sowohl zivilrechtlich als auch nach dem KunstRG begründet.

Fall 25

USA

Hans Peter Neumann-Erben vs. Metropolitan Museum of Art

Gemälde von Claude Monet, „Le Repos dans le jardin, Argenteuil"

dazu: Restitutionsbericht der AAMD vom 27.07.2006, Anlage A, S. 3

Fall

Das Monet-Gemälde hatte der Hamburger Kunstsammler Hans Peter Neumann 1916 erworben. Nach seinem Tode erbte es seine Witwe Marie Neumann, die das Kunstwerk zusammen mit anderen 1940 in einem Schließfach eines Berliner Bankhauses einlagerte. Vor ihrem Tode 1942 hatte sie testamentarisch verfügt, dass die Kunstsammlung auf ihre drei Kinder aufgeteilt wird. Das Monet-Gemälde ging an ihren Sohn Carl Henry Newman (zuvor Neumann), verblieb jedoch im Bank-Depot. Wie und wann es von dort abhanden kam, ist unbekannt.

Vermutlich wurde das Kunstwerk von sowjetischen Militärangehörigen nach Kriegsende aus dem Bankschließfach entwendet. 1952 tauchte es bei einem Kunsthändler in New York auf und wurde von dem amerikanischen Kunstsammler-Ehepaar Mr. und Mrs. Charles B. Wrightman erworben. Mrs. Wrightman schenkte das Monet-Gemälde 1994 dem Metropolitan Museum of Art.

Der Sohn des Alteigentümers machte 1997 Rückgabeansprüche gegenüber dem Museum geltend. In einer geheim gehaltenen Vereinbarung erklärte sich das Metropolitan Museum of Art offensichtlich bereit, eine unbekannte Summe an den Sohn zu zahlen, wohingegen dieser dafür auf seine Rückgabeansprüche verzichtete.

Rechtslage

Das Abhandenkommen des Gemäldes im Mai 1945 in Berlin – vermutlich aufgrund der Plünderung durch sowjetische Militärangehörige – konnte zu keinem Eigentumsverlust führen. Umstände, die nach Kriegsende zu einem wirksamen Eigentumsübergang auf dem Gebiet des ehemaligen Deutschen Reiches geführt haben könnten, erscheinen zweifelhaft. Nach deutschem Recht wäre ohnehin an abhanden gekommenen Gegenständen grundsätzlich ein gutgläubiger Erwerb ausgeschlossen. Anhaltspunkte, dass das Gemälde auf einer Auktion im Nachkriegsdeutschland versteigert wurden und dadurch ein gutgläubiger Erwerb auch an abhanden gekommenen Gegenständen möglich war, liegen nicht vor.

Es ist daher anzunehmen, dass das Kunstwerk von einem Nichtberechtigten in den USA 1952 an einen New Yorker Kunsthändler gelangte, der es dem Kunstsammler-Ehepaar verkaufte. In den USA ist ein gutgläubiger Erwerb vom Nichtberechtigten gesetzlich ausgeschlossen. Auch der möglicherweise jahrzehntelange Besitz eines Amerikaners konnte keinen gesetzlichen Eigentumserwerb durch Ersitzung begründen, weil auch dies ausgeschlossen ist.

Das Metropolitan Museum of Art konnte 1994 durch die Schenkung gleichfalls kein Eigentum erwerben, weil sie durch einen Nichteigentümer vorgenommen wurde. 1996 erhielten die Newman-Erben Kenntnis davon, dass sich das Gemälde im Besitz des Museums befindet. Ein Jahr später machten sie gegenüber dem Museum Ansprüche geltend. Nach der im Staate New York geltenden demand and refusal rule in Verbindung mit der dreijährigen Verjährungsfrist war damit der Eigentumsherausgabeanspruch nach dem Recht des Staates New York noch nicht verjährt. Verwirkungseinwände, die der Besitzer dem Herausgabeanspruch entgegenhalten könnte, sind nicht ersichtlich. Deshalb wäre eine zivilrechtliche Herausgabeklage gegen das MMA in New York Erfolg versprechend gewesen. Die Beteiligten einigten sich außergerichtlich.

Eine Anspruchsbegründung auf der Grundlage der Washingtoner Prinzipien, zu deren Umsetzung sich auch das MMA in einer Selbstverpflichtung bereit erklärt hatte, wäre nicht möglich gewesen. Das Gemälde kam dem Alteigentümer nicht NS-verfolgungsbedingt abhanden, sondern wurde gestohlen. Es handelt sich mithin nicht um einen Raubkunstfall.

Fall 26

NLA

Deutschland

Kulturstiftung der Länder vs. Joe T. Meador-Erben

Kunstwerke aus dem Quedlinburger Domschatz

dazu: Claims for the Restitution of looted Art, S. 80 ff.;
Siegfried Kogelfranz/Willi A. Korte Quedlinburg-Texas und zurück, München 1994

Fall

Der Quedlinburger Domschatz war zum Schutz vor Bombenangriffen in besonderen Depots ausgelagert worden. Er wurde von den amerikanischen Truppen bei ihrem Vormarsch in Ostdeutschland sichergestellt. Der amerikanische Leutnant Joe Meador entwendete einige Stücke des Schatzes und sandte sie mit dem Army Postal Service in seine Heimat nach Texas.

Nach seinem Tod 1989 erbten sein Bruder und seine Schwester seinen Nachlass und versuchten, die darin enthaltenen Kunstwerke z. B. in der Schweiz zu veräußern. Dies wurde deutschen Behörden bekannt. Die Rückgabe der Kunstwerke durch die Erben erfolgte gegen Zahlung eines „Finderlohnes" in Höhe von 2.750.000 US-Dollar. Anschließend wurde ein strafrechtliches Verfahren gegen die Erben in den USA eingeleitet wegen verbotenem Handel mit gestohlenen Gegenständen, das jedoch aufgrund eines Formfehlers niedergeschlagen wurde.

Rechtslage

Der Diebstahl der Kunstgegenstände durch den amerikanischen Leutnant führte nicht zu einem Eigentumsverlust. An diesen abhanden gekommenen Gegenständen konnte in den USA auch kein gesetzlicher Eigentumserwerb durch Ersitzung oder infolge der Verjährung des Herausgabeanspruches erfolgen, weil dies nach amerikanischem Recht ausgeschlossen und der Eigentumsherausgabeanspruch unverjährbar ist. Dieser Herausgabeanspruch hätte jederzeit noch erfolgreich in den Vereinigten Staaten geltend gemacht werden können, weil auch Verwirkungsgründe zu Lasten des Alteigentümers nicht ersichtlich sind. Der Besitz wurde jahrzehntelang verheimlicht. Zumutbare Nachforschungen nach dem Verbleib der Gegenstände konnten nicht durchgeführt werden. Offensichtlich allein zur Vermeidung eines mehrjährigen Prozesses erhielten die Meador-Erben einen „Finderlohn", der ihnen rechtlich nicht zustand.

Großbritannien
Unbekannter Eigentümer vs. National Gallery, London
Gemälde von Lucas Cranach d. Ä., „Cupido beklagt sich bei Venus"

Fall 27
NLA

dazu: Konstantin Akinsha, "Das schwierige Schicksal von Kulturgütern", S. 578 ff.; Times online vom 26.11.2006; The Artnewspaper November 2006 und Januar 2007; FAZ vom 28.11.2006, S. 44; SZ vom 28.11.2006, S. 17

Fall

Die nur 82 x 56 cm messende Tafel, die Venus und Amor als Honigdiebe darstellen soll, gehörte dem Frankfurter Kunstsammler Emil Goldschmidt. Nach seinem Tode wurden einige seiner Kunstwerke, darunter das Cranach-Bild, im April 1909 von dem Berliner Auktionshaus Rudolph Lepke versteigert. Bisher ist unbekannt, wer das Cranach-Bild bei Lepke erwarb und ob es in der NS-Zeit im Eigentum einer Person stand, die vom NS-Regime verfolgt wurde.

Derzeit sprechen Indizien für die Annahme, das Bild stamme aus einem NS-verfolgungsbedingten Vermögensverlust. US-amerikanischen Truppen sollen es im April/Mai 1945 zusammen mit zahlreichen Kunstwerken aus dem Sammlungsbestand von Hermann Göring in einem stillgelegten Bahntunnel entdeckt haben.

Danach gelangte das Kunstwerk in einen US-amerikanischen Collecting Point in Süddeutschland. Dort oder schon zuvor soll es Patricia Lochridge Hartwell von einem US-Soldaten erhalten haben. Hartwell war seinerzeit akkreditierte Kriegsberichterstatterin für das US-Office of War-Information und Korrespondentin für „Magazine Collier's Weekly and Womans home". Ob sie das Gemälde tatsächlich als Geschenk von einem dazu autorisierten Militärangehörigen ausgehändigt erhielt, ist nicht belegt. Möglich ist, dass Hartwell das Gemälde widerrechtlich an sich nahm. Sie besichtigte seinerzeit ehemalige Residenzen von NS-Größen in Süddeutschland, darunter auch Wohn- und Einlagerungsorte von Hermann Göring, und hatte Zugang zu den von US-Truppen entdeckten Depots.

Ihre Behauptung, das Gemälde wäre ihr offiziell als Geschenk übergeben worden, widerspricht den seit 1944 erlassenen Militärgesetzen. So legte das Gesetz Nr. 52 fest, dass jeder Ankauf von Kunstwerken mit einem Wert von über 50 US-Dollar ohne Genehmigung der zuständigen MFAA-Division verboten war. Der Oberbefehlshaber der amerikanischen Streitkräfte in Europa General Eisenhower hatte im März 1945 befohlen, die sorgfältige Verwahrung der aufgefundenen Kunstwerke sicherzustellen und jede Art von Diebstählen und Vandalismus zu verhindern. Es existierten keine gesetzlichen Bestimmungen oder eine allgemeine von der Militärführung gebilligte Verwaltungspraxis, die es erlaubten, dass Militärangehörige sichergestellte Kunstwerke verschenkten oder verkauften.

Hartwell nahm ihr Kriegssouvenir mit in die Vereinigten Staaten. 1961 versuchte sie erfolglos, den Cranach an das Metropolitan Museum of Art zu verkaufen. Die Veräußerung gelang ihr ein Jahr später an die New Yorker A. & E. Silberman Galeries. 1963 verkaufte die Galerie das Gemälde für 33.943 englische

Pfund an die Londoner National Gallery. Zur Provenienz führte Silberman gegenüber der National Gallery aus, der Verkäufer hätte das Bild von den „direkten Nachkommen" der Person erhalten, die es in der Berliner Auktion im April 1909 erwarb. Seitdem befindet sich der Cranach im Sammlungsbestand der National Gallery.

Durch die 1999 begonnene Überprüfung ihres Bestandes wurde die National Gallery darauf aufmerksam, dass bei dem Cranach-Gemälde eine Provenienzlücke zwischen der Versteigerung im April 1909 und dem Erwerb 1963 besteht. Sie entsprach mit der Veröffentlichung dieses Umstandes der in den Washingtoner Prinzipien niedergelegten Selbstverpflichtung, über Verdachtsfälle zu informieren.

Auf Befragen teilt die für Deutschland zuständige Bundesvermögensabteilung mit, auch ihr seien zahlreiche Fälle bekannt, in denen Kunstwerke aus den Collecting Points der Alliierten entwendet wurden. Es sei allerdings fraglich, ob der Cranach rechtmäßiges Eigentum des Deutschen Reiches war oder ob das Kunstwerk seinerseits durch einen NS-verfolgungsbedingten Vermögensverlust in den Besitz des Deutschen Reiches gelangte. Im übrigen müsse bei einer möglichen Rückforderung durch Deutschland geprüft werden, ob die damalige Übergabe des Bildes durch einen US-Militärangehörigen an die Journalistin Hartwell rechtswirksam war, weil es sich um einen hoheitlichen Übertragungsakt handelte. Der Sohn der 1998 verstorbenen Journalistin, Jay Hartwell, bot der National Gallery seine Hilfe bei der Aufklärung der seinerzeitigen Erwerbsumstände an. Aber ihm liegen keine weiteren Informationen darüber vor.

Rechtslage

Die Journalistin Hartwell wurde 1945 nicht Eigentümerin des Bildes. Zunächst ist unbekannt, ob sie selbst das Gemälde entwendete und in ihren Besitz brachte oder ob sie es, wie ihre Familie heute erklärt, von einem US-Militärangehörigen als Geschenk erhielt. Selbst wenn letzteres stimmt, konnte dies den Eigentumserwerb für Hartwell nicht begründen. Die amerikanischen Streitkräfte hatten 1944 gesetzliche Bestimmungen erlassen, die selbst einen rechtmäßigen Ankauf von Kunstwerken durch Armeeangehörige verboten, es sei denn, es lag eine Genehmigung der zuständigen MFAA-Devision vor. Dies war vorliegend nicht der Fall. Es existierten keine gesetzlichen Bestimmungen oder eine von der militärischen Führung gebilligte Praxis, sichergestellte Kunstwerke an Militärangehörige zu verschenken. Der von der Hartwell-Familie vorgebrachte Erwerbshergang widerspricht dem von der US-amerikanischen Militärführung postulierten strikten Verbot der Verwertung sichergestellter Kunstwerken. Allerdings kam es im Zuge der fortschreitenden Befreiung europäischer Staaten durch alliierte Truppen und der Auffindung von über 1.800 Kunst-Depots zu zahlreichen Diebstählen durch Militärangehörige (s. Fall 26). Viele von ihnen hatten seinerzeit ein mangelndes Unrechtsbewusstsein, konnten die Qualität der gestohlenen Kunstwerke nicht erkennen und betrachteten sie als Kriegssouvenirs. Auffallend ist, dass es sich bei Kunstwerken mit dieser Vorgeschichte oft um besonders kleine, gut im Handgepäck mitführbare Gemälde handelte, die den Kontrollen bei der Einreise in die USA entgingen.

Im Rechtssinne war das Kunstwerk durch die Wegnahme aus einem deutschen Depot als abhanden gekommen anzusehen und ein Eigentumserwerb seinerzeit ausgeschlossen. Die in New York lebende Journalistin Hartwell hatte das Gemälde wohl von 1945 bis 1961 in ihrem persönlichen Besitz. Ein gesetzlicher Eigentumserwerb im Wege der Ersitzung ist nach angelsächsischem Recht generell ausgeschlossen, so dass er auch während des sechszehnjährigen ununterbrochenen Besitzes in den USA nicht eintrat. Der Weiterverkauf des Gemäldes 1962 an die New Yorker Galerie konnte für diese gleichfalls kein Eigentum begründen, weil angelsächsisches Recht dies bei abhanden gekommenen Gegenständen generell ausschließt. Es kommt mithin auf die Gutgläubigkeit des Kunsthändlers beim Erwerb des Bildes nicht an.

Wenngleich unbekannt ist, ob der Verkauf des Kunstwerkes an die National Gallery in den USA oder England erfolgte, führte er gleichfalls zu keinem Eigentumserwerb zugunsten der Gallery, weil sowohl US-amerikanisches als auch englisches Recht dies an abhanden gekommenen Gegenständen generell ausschließt, selbst wenn die National Gallery gutgläubig war.

Da auch nach englischem Recht der Eigentumsherausgabeanspruch grundsätzlich unverjährbar und ein gesetzlicher Eigentumserwerb im Wege der Ersitzung durch jahrzehntelangen gutgläubigen Besitz generell ausgeschlossen ist, bleibt im Ergebnis festzustellen, dass die National Gallery bis zum heutigen Tage nicht Eigentümerin des Gemäldes geworden ist. Es bestünde für den Alteigentümer die Möglichkeit, auf dem Zivilrechtsweg die Herausgabe des Kunstwerkes durchzusetzen.

Die National Gallery brachte ihre Bereitschaft zum Ausdruck, auf der Grundlage der Washingtoner Prinzipien eine Einigung mit dem Alteigentümer bzw. dessen Erben zu finden, soweit ein NS-verfolgungsbedingt Verlust vorliegt. Sollte zukünftig ein begründeter Anspruch geltend gemacht werden, gäbe es allerdings auch hier die Problematik, dass der British Museums Act eine Rückgabe des Kunstwerkes derzeit verhindert. Bisher konnten in dieserart Fällen ausschließlich finanzielle Ausgleichsregelungen getroffen werden.

Fall 28

USA

Republik Zypern vs. Peggy L. Goldberg

Mosaiken

dazu: Knott in RJW 1990, S. 553 ff.

Fall

Mosaiken aus dem sechsten Jahrhundert schmückten die Apsis einer Kirche in Lythrankomi im türkisch besetzten nördlichen Teil Zyperns. Die Mosaiken wurden zwischen 1976 und 1979 gestohlen, wovon die Republik Zypern Ende 1979 erfuhr. Sie machte die UNESCO, bedeutende Museen und Auktionshäuser sowie Experten für byzantinische Kunst auf den Diebstahl aufmerksam.

Ein geringer Teil der Mosaiken gelangte über einen sich als Archäologen ausgebenden Zwischenhändler für wenige Tage in den zollfreien Transitbereich des Genfer Flughafens, wurden dann in die USA geschafft und dort von der amerikanischen Kunsthändlerin Goldberg für über eine Million US-Dollar gekauft. Die Kunstobjekte befanden sich bei Klageerhebung im März 1989 in ihrem Besitz im amerikanischen Bundesstaat Indiana. Vor dem Kauf hatte Frau Goldberg telefonisch bei der UNESCO, einem privaten Research-Institut, das Informationen über gestohlenes Kulturgut sammelt, sowie amerikanischen, deutschen, Schweizer und türkischen Zollbehörden nachgefragt und keine Mitteilung erhalten, dass diese Kulturobjekte gestohlen worden waren.

Rechtslage

Die Besitzherausgabeklage der Republik Zypern gegen die Kunsthändlerin Goldberg vor dem Bundesgericht von Indiana war erfolgreich. Ein Eigentumserwerb nach Schweizer Recht aufgrund der Verbringung der Sachen in den zollfreien Bereich des Genfer Flughafens wurde verneint, weil die Situs-Regel ausgeschlossen ist, wenn sich Sachen auf der Durchreise befinden (res in transito).

Das Recht des Staates Indiana war maßgeblich, weil der rechtlich zu beurteilende Sachverhalt den engsten Kontakt zum Staate Indiana hatte, da sich die Sachen zuletzt dort am Geschäftssitz der Käuferin Goldberg befanden und beide, die Besitzerin Goldberg und das klagende Land Zypern, keine (Rechts-)Beziehung zur Schweiz hatten. Die Besitzherausgabeklage der Republik Zypern hatte Erfolg, weil ein Eigentumserwerb an den abhanden gekommenen Gegenständen zugunsten der Käuferin Goldberg nach amerikanischem Recht grundsätzlich nicht möglich ist.

Der Herausgabeanspruch hätte allerdings verjährt sein können, weil diese Ansprüche im Staate Indiana grundsätzlich einer sechsjährigen Verjährungsfrist unterliegen. Die Republik Zypern hatte im November 1979 vom Diebstahl erfahren und die Klage im März 1989 eingereicht, also mehr als neun Jahre ab Kenntnis vom Verlust. Die Verjährung wurde allerdings mit der Begründung verneint, dass die fünfjährige Verjährungsfrist erst beginnt, wenn der Kläger unter Berücksichtigung der von ihm zu erwartenden Sorgfalt den aktuellen Besitzer der

Sache ausfindig macht oder von dessen Besitz erfährt und dann innerhalb der fünfjährigen Frist die Herausgabeklage erhebt. Die Information internationaler Organisationen, Museen und Auktionshäuser durch die Republik Zypern unmittelbar nach dem Diebstahl sah das Gericht als ausreichende Sorgfalt an. Der Rückgabeanspruch war deshalb nicht verwirkt. Die Republik Zypern erhielt erst durch eine Mitarbeiterin des Getty-Museums, dem die Objekte zum Kauf angeboten worden waren, Kenntnis vom Besitz Goldberg und hatte dann unverzüglich die Herausgabeklage erhoben.

Fall 29

NLA

USA

Museum Weimar vs. Edward I. Elicofon

Gemälde von Albrecht Dürer, Porträts von Hans und Felicitas Tucher

dazu: Drobnig in IPRax 1994, Seite 61 ff.; Petra Werner „Der Fall Feininger", S. 201 ff.

Fall

Das Doppelporträt „Das Ehepaar Hans und Felicitas Tucher" malte der damals 28jährige Albrecht Dürer 1499. Es befand sich im Eigentum der Gemäldesammlung des Großherzoglichen Museums von Weimar und wurde während des 2. Weltkrieges in einem Nebengebäude des Schlosses Schwarzburg in Thüringen ausgelagert.

US-amerikanische Truppen besetzten am 12.04.1945 Schwarzburg und sicherten die dort eingelagerten Kunstgegenstände der Weimarer Kunstsammlungen. Deren Direktor überprüfte regelmäßig die eingelagerten Bestände und stellte fest, dass zwischen dem 12.06.1945 und dem 27.06.1945 Kunstwerke geplündert worden waren – darunter das Doppelporträt von Dürer. Eine verstärkte Sicherung des Depots erfolgte gleichwohl nicht. Bis zur Räumung des Schlosses durch das US-amerikanische Militär am 25.07.1945 und vor dem Einzug sowjetischer Truppen wurden weitere Kunstwerke entwendet – so z. B. auch ein Bild Caspar David Friedrichs. Eine Vielzahl leerer Bilderrahmen zeugte davon, dass das Depot mutmaßlich von amerikanischen Militärangehörigen vor dem Eintreffen der russischen Truppen geplündert worden war. Möglicherweise ein aus dem Militärdienst entlassener GI nahm die Dürer-Porträts 1946 mit in die USA und verkaufte sie im selben Jahr in New York an den Rechtsanwalt Elicofon für 450 US-Dollar.

Edward I. Elicofon, jüdischer Rechtsanwalt in New York und Sammler wertvoller Gemälde, wurde von einem Besucher seines Hauses 1966 darauf aufmerksam gemacht, dass die dort aufgehängten beiden Porträts aus einer geplünderten staatlichen Kunstsammlung stammen könnten. Elicofon ließ sie daraufhin im Metropolitan Museum of Arts überprüfen und ein Experte stellte ohne weiteres fest, dass es sich um Originalgemälde von Albrecht Dürer handelte. Nach Identifizierung der Kunstwerke ersuchte die US-Regierung drei Jahre lang den Besitzer Elicofon, die Rückgabe an Deutschland durchzuführen. Dieser lehnte eine Rückgabe u.a. mit der Begründung ab, er sei Jude, alle seine Onkel und Tanten seien verbannt worden und man könne von ihm nicht verlangen, dass „ich diese Menschen (die Deutschen) liebe".

Wenige Tage vor Ablauf der dreijährigen Verjährungsfrist erhob die Bundesrepublik Deutschland Herausgabeklage in New York. Der Wert der beiden Bilder betrug ca. 23 Mio. DM bzw. 11,5 Mio. Euro. Neben der Bundesrepublik Deutschland machten auch die Kunstsammlungen Weimar, vertreten durch die DDR-Regierung, und die Großherzogin von Sachsen und Weimar, Elisabeth Mathilde Isidore Erbgroßherzogin von Weimar-Eisenach Rückgabeansprüche geltend. Die

1969 erhobene Klage wurde nach dreizehnjährigem Rechtsstreit im Juni 1981 zugunsten der DDR-Regierung entschieden und die DDR insoweit als Rechtsnachfolger des Deutschen Reiches hinsichtlich des Weimarer Sammlungsbestandes, zu dem die Dürer-Porträts gehörten, anerkannt. Die dagegen von Elicofon geltend gemachte Berufung u.a. mit der Begründung, niemand könne damit einverstanden sein, dass die Bilder an Deutschland gingen, das so schreckliche Verbrechen gegenüber dem jüdischen Volk begangen hatte, wurde abgelehnt.

Allerdings könnten das Export-Kontroll-Gesetz und eine wegen der Herausgabe drohende Klage der Feininger-Erben nach der Meinung des US-State Departments und des Botschafter der DDR in den USA die Rückführung der Gemälde in die DDR verhindern. Diese Drohkulisse zielte offensichtlich darauf ab, nach vierzehn Jahre lang andauernden Prozessen und Verhandlungen der Feininger-Erben die Rückgabe von Gemälden des expressionistischen Malers Lyonel Feininger aus der DDR an die Erben in den USA zu erlangen. Im Sommer 1982 holten DDR-Diplomaten die Dürer-Porträts in New York ab und brachten sie nach Weimar zurück. Ein Jahr später erteilte die DDR-Regierung die Ausfuhrgenehmigung für 49 von 64 Feininger-Gemälden, die im Frühjahr 1984 auf dem Schiffswege zu den Erben des Malers in die USA übersandt wurden.

Rechtslage

Der Eigentumserwerb durch Elicofon könnte 1946 durch Kauf der Bilder in New York erfolgt sein. Deshalb war amerikanisches Recht, hier speziell des Staates New York, zu prüfen. Das amerikanische Recht kennt keinen gutgläubigen Erwerb von abhanden gekommenen Gegenständen – auch nicht durch jahrzehntelangen Eigenbesitz (hier immerhin 25 Jahre). Deshalb kam es auch nicht auf die mögliche Gutgläubigkeit des Käufers Elicofon an.

Entscheidend war, ob der Herausgabeanspruch verjährt war. Grundsätzlich beträgt die Verjährungsfrist nach den Gesetzen des Staates New York drei Jahre, so dass der Herausgabeanspruch Ende 1949 bereits verjährt gewesen wäre. Das Gericht stellte jedoch klar, dass bei Herausgabeansprüchen, in denen das Kunstobjekt durch eine Straftat erlangt wurde, die dreijährige Verjährungsfrist erst beginnt, wenn der Eigentümer bzw. Kläger Kenntnis von dem aktuellen Besitzer erlangt und diesen zur Rückgabe aufgefordert hat.

Deutsches Recht war ausnahmsweise nicht anzuwenden, weil „the most sigificant relationship" zu dem Kauf 1946 in New York bestand. In Deutschland war die Sache lediglich gestohlen worden, während sie in New York an einen Amerikaner veräußert wurde und dieser rechtlich entscheidende Sachverhalt die Anwendung amerikanischen Rechts begründete. Nach deutschem Recht konnte bei Verkauf 1946 auch kein Eigentum begründet werden, weil die Sache als abhanden gekommen anzusehen war und dann selbst bei Gutgläubigkeit des Erwerbers der Eigentumserwerb unmöglich war. Auch nach deutschem Verjährungsrecht hätte die Sache herausgegeben werden müssen, weil seit Verlust 1945 und Klageerhebung 1969 die dreißigjährige Verjährungsfrist noch nicht verstrichen war.

Fall 30
NLA

USA
Erna Menzel vs. Albert List
Gouache von Marc Chagall, „L'Echelle de Jacob"

dazu: Ulrice in „Claims for the Restitution of looted Art", S. 96 ff.; Lerner/Bresler Art Law, S. 269 ff.

Fall

Die Eheleute Menzel lebten in Brüssel und kauften 1932 die Chagall-Gouache in der dort ansässigen Galerie Georges Giroux. Nach Einmarsch der Deutschen flohen sie unter Zurücklassung ihres Hausrates in die USA. Ihr gesamtes Wohnungsinventar einschließlich der Kunstgegenstände wurde durch den Einsatzstab Reichsleiter Rosenberg, ERR, beschlagnahmt.

Die Gouache galt nach Kriegsende als verschollen. Sämtliche Versuche der Eigentümer Menzel, sie aufzufinden, schlugen fehl.

Im Juli 1955 war die Pariser Galerie Art Moderne im Besitz der Gouache und verkaufte sie an die New Yorker Perls Galleries, die ihrerseits das Kunstwerk im Oktober 1955 an den New Yorker Albert List veräußerte.

Die Gouache blieb im Privatbesitz von List, bis Erna Menzel 1962 Kenntnis davon erhielt. Unverzüglich fordert sie List zur Rückgabe der Gouache auf, der dies unter Hinweis auf seinen rechtswirksamen Kauf bei den Perls Galleries im Jahre 1955 und achtjährigen Privatbesitz ablehnte. Die Herausgabeklage der Erna Menzel endet nach fünfjähriger Prozessdauer mit einem Urteil zu ihren Gunsten. Es war die erste Raubkunst-Herausgabeklage in den USA und zeigte die Rückgabemöglichkeiten für NS-Geschädigte auf.

Rechtslage

Mit der Beschlagnahme der Chagall-Gouache durch deutsche Dienststellen während des 2. Weltkrieges konnte kein wirksamer Eigentumserwerb zugunsten des Deutschen Reiches oder privater Dritter entstehen. Das Kunstwerk galt im Rechtssinne als „abhanden gekommen".

Nachweislich erfolgte die Weiterveräußerung 1955 in Paris. Nach den ab 1944 erlassenen gesetzlichen Sonderregelungen der französischen Regierung waren solche Rechtsgeschäfte generell nichtig. Soweit ein Rechtsgeschäft nach Ende des 2. Weltkrieges abgeschlossen wurde, konnte auch nach französischem Zivilrecht an abhanden gekommenen Gegenständen nur Eigentum nach Ablauf einer Frist von mindestens drei Jahren ab Erwerb und bei vorliegender Gutgläubigkeit des Käufers eintreten. Im Falle der Gouache von Chagall ist unbekannt, mit welchem Wissen und von wem die Galerie Art Moderne in Paris das Bild erhielt.

Die Veräußerung an die New Yorker Perls Galleries war grundsätzlich nach französischem Recht zu beurteilen, weil sie in Frankreich erfolgte. Ein rechtswirksamer Eigentumserwerb zugunsten der Perls Galleries wäre nach französischem Recht an dem abhanden gekommenen Kunstwerk möglich, wenn sie nicht wusste und nicht hätte wissen können, dass die Pariser Galerie Art Moderne nicht Eigentümerin und somit auch nicht verfügungsbefugt war. Bei Berücksichtigung der inzwischen von der Zivilrechtsprechung aufgestellten Maßstäbe für einen gutgläubigen Erwerb, die insbesondere für fachkundige Käufer (z. B. Kunstgalerien) verschärft wurden, scheint es möglich, den Perls Galleries den Fahrlässigkeitsvorwurf entgegen zu halten, weil sie sich nicht ausreichend – sondern vorwerfbar fahrlässig – über die Herkunft und Eigentumsverhältnisse des Bildes informierte. Dies jedoch schließt ihren gutgläubigen Erwerb aus.

Nach angelsächsischem Recht kann von einem Nichtberechtigten ein abhanden gekommenes Kunstwerk nicht erworben werden. Auf die Gutgläubigkeit des Erwerbers kommt es nicht an. Deshalb hatten die angerufenen Gerichte ausschließlich zu prüfen, ob das Herausgabeverlangen verjährt oder der Eigentumsherausgabeanspruch der Klägerin Erna Menzel durch ihr Verhalten verwirkt war. Beides verneinten die Gerichte. Es wurde festgestellt, dass die dreijährige Verjährungsfrist nach New Yorker Recht erst dann beginnt, wenn der Eigentümer Kenntnis darüber erlangt, wo sich die Sache befindet, den Besitzer auffordert, diese herauszugeben und der Besitzer das Rückgabeersuchen ablehnt (demand and refusal rule). Der Herausgabeanspruch war auch deshalb nicht verwirkt, weil gegen Erna Menzel kein Vorwurf erhoben werden konnte, dass sie sich nicht in ausreichender Weise nach dem Verbleib der Gouache erkundigt und Nachforschungen angestellt hätte. Dies geschah nach 1945 in Europa – allerdings erfolglos. Weitere Ermittlungen seinerzeit waren der Klägerin nicht zuzumuten. Es bestand damals auch noch nicht die Möglichkeit, den Eigentumsverlust kostengünstig und effektiv publik zu machen, wie dies heute durch Veröffentlichung in Internet-Verlustregistern erfolgt. Der achtjährige Besitz des Käufers List war im Übrigen nicht öffentlich, d.h. es bestand für Erna Menzel zudem keine zumutbare Möglichkeit der Kenntnisnahme.

Fall 31

USA

Georgia O'Keeffe vs. Barry Snyder

drei kleine Ölgemälde von Georgia O'Keeffe

dazu: Müller-Katzenburg, S. 168

Fall

Drei kleine Ölgemälde der Künstlerin Georgia O'Keeffe wurden 1946 aus der New Yorker Galerie ihres Ehemannes gestohlen. Den Diebstahl meldete die Künstlerin erst 1972 dem Register der Art Dealers Association of Amerika, in dem gestohlene Kunstwerke erfasst werden. Der Kunsthändler Barry Snyder erwarb die drei Bilder 1975 in New York für 35.000 US-Dollar von einem Veräußerer, der behauptete, er hätte sie Mitte der 60er Jahre von seinem Vater geschenkt bekommen. Die Bilder hingen sowohl bei diesem Vorbesitzer als auch bei dem Käufer Snyder ausschließlich in deren Privatwohnungen und wurden von Snyder nur für eine eintägige, lokale Kunstausstellung ausgeliehen. Als die Künstlerin O'Keeffe erfuhr, dass die Bilder sich im Besitz von Snyder befinden, erhob sie Herausgabeklage in New Jersey. Die erste Instanz lehnte die Klage mit der Begründung ab, die Verjährungsfrist von sechs Jahren wäre abgelaufen, das Berufungsgericht gab der Herausgabeklage statt. Zu einem abschließenden Urteil des Supreme Court kam es nicht, weil die Parteien sich außergerichtlich einigten, einvernehmlich die Bilder verkauften und den Verkaufserlös teilten.

Rechtslage

Ein Eigentumserwerb der Bilder 1975 ist ausgeschlossen, weil nach amerikanischem Recht an abhanden gekommenen Gegenständen ein gutgläubiger Eigentumserwerb nicht möglich ist. Entscheidend war für die Rückgabeklage, ob der Herausgabeanspruch verjährt war. Dieser Anspruch verjährt nach dem Recht von New Jersey nach sechs Jahren. Die Verjährungsfrist beginnt allerdings erst, wenn der Besitzer Snyder (oder der Vorbesitzer, von dem er die Bilder kaufte) den Besitz sichtbar, offen und ununterbrochen ausübt. Das Berufungsgericht verneinte einen „sichtbaren und offenen Besitz", weil die Bilder nur in Privatwohnungen hingen und nicht öffentlich gezeigt wurden. Gerichtlich wird für den Beginn der Verjährungsfrist die Möglichkeit der Kenntnisnahme durch den Eigentümer gefordert, z.B. durch Zeigen des Bildes in einer Ausstellung, Aufführung in Internet-Verzeichnissen o.ä., damit er die Chance hat, den Besitzer zu ermitteln und ihm gegenüber die Rückgabe zu verlangen. Dieser lag hier nicht vor, so dass die Verjährungsfrist erst begann, als O'Keeffe Kenntnis vom Besitzer Snyder erhielt.

USA

Gerda Dorothea de Weerth vs. Edith Marks Baldinger

Gemälde von Claude Monet, "Champs de Blé à Véthneuil"

Fall 32

NLA

dazu: Mansel in IPRax 1988, S. 268 ff.; Siehr in IPRax 1993, S. 339; Lerner/Bresler Art Law S. 270 ff.

Fall

Gerda de Weerth hatte das Gemälde, das Claude Monet 1879 schuf, 1922 von ihrem Vater, einem bekannten Kunstsammler, geerbt. Es wurde im August 1943 kriegsbedingt in das Schloss ihrer Schwester ausgelagert. Dort waren US-Soldaten einquartiert, nach deren Abzug der Verlust des Bildes bemerkt wurde.

Sofort nach Kriegsende versuchte Gerda de Weerth ihren Monet wieder zu finden. Alle Bemühungen – Verlustanzeigen gegenüber der amerikanischen Militaärverwaltung, Einschaltung eines Kunstprofessors bei der Suche und Information deutscher Polizeidienststellen – endeten ergebnislos.

Über einen Genfer Kunsthändler gelangte das Bild 1956 als Kommissionsgut zu der Galerie Wildenstein & Co. nach New York, die es 1957 an Edith M. Baldinger verkaufte. Frau Baldinger bewahrte das Kunstwerk in ihrer New Yorker Privatwohnung auf.

Als Gerda de Weerth 1982 vom Besitz Baldingers erfuhr, verlangte sie die Rückgabe des Bildes. Frau Baldinger lehnte ab, worauf hin Gerda de Weerth 1983 Klage vor dem New Yorker District Court erhob. Die Prozesse bei verschiedenen Gerichten dauerten zehn Jahre und führten zu unterschiedlichen Beurteilungen der Rechtslage. Im Ergebnis blieben die Klagen erfolglos.

Rechtslage

Geprüft wurde nur der Eigentumserwerb von Frau Baldinger 1957 in New York, also der Verkauf durch die Galerie Wildenstein im Auftrag eines Schweizer Kunsthändlers. Gutgläubiger Eigentumserwerb und gutgläubige Ersitzung von abhanden gekommenen Sachen ist nach amerikanischem Recht generell ausgeschlossen. Vorliegend war das Bild offensichtlich von US-Militärangehörigen gestohlen worden und über den Schwarzmarkt in die Schweiz gelangt.

Entscheidend war, ob der Herausgabeanspruch der Alteigentümerin de Weerth verjährt war. Die erste Instanz gab der Herausgabeklage statt. Diese wäre auch nicht unter dem Gesichtspunkt der „adverse posession" ausgeschlossen, weil die Käuferin Baldinger keinen sichtbaren offenen und ununterbrochenen Besitz ausgeübt hätte, da sich das Bild ausschließlich in ihrer Privatwohnung befand. Es bestand keine Möglichkeit der Kenntnisnahme für die Alteigentümerin de Weerth. Das Berufungsgericht lehnte zwar auch die Anwendung der „adverse posession" zugunsten von Frau Baldinger ab, verneinte aber dennoch den Herausgabeanspruch der Klägerin de Weerth, weil diese nicht so schnell wie möglich ihren Anspruch geltend gemacht und nur in ungenügender Weise Nachforschungen nach dem Bild und dessen Verbleib angestellt hätte. Gegenteiliger

Meinung war das Gericht in dem Parallelverfahren Guggenheim vs. Lubell (vgl. Fall 34), in dem es eine Verwirkung von Herausgabeansprüchen wegen nachlässigem Verhalten bei der Wiedererlangung des Bildes verneinte.

Die Klägerin de Weerth versuchte in einem Wiederaufnahmeverfahren unter Bezugnahme auf das Urteil in Sachen Guggenheim vs. Lubell eine Abänderung des Berufungsurteils zu erreichen. Dies ist allerdings nur unter engen prozessualen Voraussetzungen bei bereits rechtskräftigen Urteilen möglich. Das Wiederaufnahmeverfahren wurde durchgeführt und in der dortigen ersten Instanz gerichtlich bestätigt, dass der Klägerin de Weerth keine Versäumnisse beim Auffinden des Bildes vorzuwerfen waren, die eine Verwirkung des Herausgabeanspruches begründeten. Es wäre nicht ersichtlich, dass die Beklagte Frau Baldinger durch die jahrzehntelange Untätigkeit der Klägerin geschädigt wurde. Dieses klagestattgebende Urteil des Wiederaufnahmeverfahrens wurde in zweiter Instanz endgültig im Mai 1994 aus formellen Gründen aufgehoben mit der Begründung, dass die engen gesetzlichen Voraussetzungen für eine Wiederaufnahme des Verfahrens bei rechtskräftigen Urteilen nicht vorgelegen hätten. Ansonsten wäre wohl die Herausgabeklage von Frau de Weerth erfolgreich gewesen, weil das Herausgabeverlangen innerhalb der gesetzlichen Verjährungsfrist von drei Jahren geltend gemacht wurde. Diese Verjährungsfrist beginnt ab Kenntnis und erfolgloser Rückforderung des Bildes nach der im Staate New York geltenden demand and refusal rule.

USA
Margarete Mauthner-Erben vs. Elizabeth Taylor
Gemälde von Vincent van Gogh, „View of the asylum and the church at St. Rémy"

Fall 33
NLA

dazu: Lerner/Bresler, Art Law, S. 748; Restitutionsbericht der AAMD vom 27.07.2006, Anlage A, S. 12

Fall

Die Berliner Jüdin Margarete Mauthner erwarb das 1889 entstandene van Gogh-Gemälde 1907. Sie emigrierten 1939 aus Nazi-Deutschland nach Südafrika. Unbekannt ist, ob Margarete Mauthner das Gemälde während der NS-Zeit im Deutschen Reich verkaufte oder vorher. Zwei deutsche Galeristen sind in der Vorprovenienz bekannt. Mauthner starb 1947 im Exil in Südafrika und konnte keine Rückgabeansprüche mehr geltend machen.

Das Gemälde tauchte 1963 in einer Auktion bei Sotheby's in London auf, wo es der Kunsthändler Francis Taylor für seine berühmte Tochter Elizabeth für 257.000 US-Dollar erwarb. Der Auktionskatalog nannte die Provenienz Mauthner. In zwei Verlustregistern war diese Provenienz ersichtlich und auch die frühere Eigentümerstellung Mauthners genannt. Am 03.12.1990 sollte das Bild bei Christie's in London versteigert werden. Da der von Taylor geforderte Mindestpreis nicht erreicht wurde, ging es zurück.

Die Erben der Margarete Mauthner erhoben gegenüber Liz Taylor in ihrem Heimatstaat Kalifornien Klage auf Herausgabe des Gemäldes. Diese Klage wurde vom District Court of California zurückgewiesen, weil sie unbegründet wäre. Zum einen wären die Herausgabeansprüche nach der discovery rule verjährt, weil sie nicht innerhalb der in Kalifornien geltenden dreijährigen Verjährungsfrist geltend gemacht wurden. Zum anderen hätten die Mauthner-Erben jahrzehntelang keine Anstrengungen unternommen, den aktuellen Besitzer zu ermitteln, obwohl dies ohne Weiteres möglich gewesen wäre.

Rechtslage

Ob Elizabeth Taylor mit der Ersteigerung 1963 Eigentum an dem Kunstwerk erlangen konnte, hängt davon ab, ob der Verkäufer selbst in rechtswirksamer Weise Eigentümer des Gemäldes war. Die konkreten Besitzverluste und mögliche wirksame Eigentumserwerbe durch Dritte in Europa oder im Ausland bis 1963 sind unbekannt. Selbst wenn man unterstellt, dass entweder die jüdische Alteigentümerin Margarete Mauthner oder ein möglicher späterer Erwerber den Besitz an dem Gemälde NS-verfolgungsbedingt verloren hatten, bleibt unaufgeklärt, ob ein Dritter an ihm im Wege des gutgläubigen Erwerbs Eigentum begründete. Wenn man weiterhin zugunsten der Mauthner-Erben unterstellt, dass solche Eigentumserwerbe zugunsten Dritter zu keinem Zeitpunkt eingetreten waren, mithin die Veräußerung 1963 durch einen Nichtberechtigten erfolgte, kann zunächst als Zwischenergebnis festgehalten werden, dass Elizabeth Taylor 1963 noch kein Eigentum an dem Gemälde erworben hatte.

Vorliegend nahm allerdings das kalifornische Zivilgericht an, dass die Voraussetzungen der adverse possession vorliegen. Elizabeth Taylor übte jahrzehntelang den Besitz des Bildes sichtbar, offen und ununterbrochen aus. Dadurch bestand für die Mauthner-Erben die Möglichkeit, die Besitzerin des Bildes zu ermitteln. Da dies jahrzehntelang unterlassen wurde, konnte die Herausgabeklage unter Berufung auf adverse possession zurückgewiesen werden. Nach US-amerikanischem Recht erwarb der „gutgläubige, offene Besitzer" Eigentum an dem Gemälde.

Daneben wandte das kalifornische Gericht die Grundsätze der discovery rule an und stellte fest, dass auch der Herausgabeanspruch verjährt war, weil die Klage gegenüber der Besitzerin nicht innerhalb der gesetzlichen Frist von drei Jahren gerichtlich geltend gemacht wurde. Selbst wenn dies der Fall gewesen wäre, dürfte der Herausgabeanspruch nach den Verwirkungsgrundsätzen, defense of lashes, ausgeschlossen sein. Danach kann ein Eigentümer die Herausgabe einer Sache dann nicht mehr verlangen, wenn er selbst nicht die erforderliche Nachforschung über den Verbleib des Kunstwerkes angestellt hat. Es war nicht feststellbar, dass die Mauthner-Erben seit dem Besitzerwerb 1963 durch Eliszabeth Taylor und dem von ihr seither ausgeübten öffentlichen und allgemein bekannten Besitz Anstrengungen unternahmen, die Besitzerin des Gemäldes zu ermitteln und von ihr die Rückgabe zu verlangen.

Die Gerichtsentscheidung ist von grundsätzlicher Bedeutung für Raubkunstverluste, die erst nach Jahrzehnten geltend gemacht werden. Die Alteigentümer sind verpflichtet, erforderliche und zumutbare Nachforschungen über den Verbleib des vermisste Kunstwerk anzustellen. Dies ist vorliegend jahrzehntelang nicht geschehen.

USA

Guggenheim Museum vs. Rachael Lubell

Gouache von Marc Chagall, „Le Marchand de Bestiaux" („Der Viehhändler")

Fall 34

dazu: Lerner/Bresler, Art Law, S. 272 ff., Knott in RJW 1991, S. 557

Fall

Die 1912 entstandene Arbeit von Marc Chagall erwarb das Guggenheim Museum 1937. Sie soll 1965 unter unbekannten Umständen aus dem Museum gestohlen worden sein. Das Guggenheim Museum verzichtete bewusst darauf, den Diebstahl in Kunsthändler- und Museumskreisen bekannt zu machen, weil es hoffte, der Gouache bei einem eventuellen Verkauf auf dem Kunstmarkt wiederum habhaft zu werden.

1967 kaufte Rachael Lubell die Gouache von der Robert Elkon Gallery in New York. Sie hing danach für einen Zeitraum von 19 Jahren in seinem Apartment in New York City. Nur 1969 und 1973 war sie für kurze Zeit in Ausstellungen der Robert Elkon Gallery öffentlich sichtbar. Im August 1985 wollte Lubell bei Sotheby's die Gouache zur Versteigerung einreichen. Ein früherer Guggenheim-Mitarbeiter erkannte das Kunstwerk und informierte das Museum. Dieses forderte im Januar 1986 die Rückgabe, die Rachael Lubell ablehnte. Daraufhin erhob das Museum Rückgabeklage vor dem New York State Supreme Court, von dem die Klage zurückgewiesen wurde. Der Appellation Court hob diese Entscheidung im Januar 1990 auf und ordnete die Rückgabe an das Museum an.

Rechtslage

Alleiniger Anknüpfungspunkt für den Eigentumserwerb konnte der Ankauf 1967 von der New Yorker Galerie durch die Beklagte Lubell sein. Nach amerikanischem Recht ist bei abhanden gekommenen Gegenständen der gutgläubige Erwerb ebenso ausgeschlossen wie der Eigentumserwerb durch Ersitzung während des Besitzzeitraumes (1967 bis 1985). Allein entscheidend war die Klärung der Frage, ob der Herausgabeanspruch verjährt war. Die Verjährungsfrist beträgt nach dem Recht des Staates New York grundsätzlich drei Jahre. Fristbeginn ist allerdings erst der Zeitpunkt, an dem der Kläger Kenntnis von dem Besitzer erlangt und erfolglos die Herausgabe geltend gemacht hat (demand and refusal rule). Dies ist rechtzeitig durch das Guggenheim Museum geschehen.

Die Klage wäre allerdings gescheitert, wenn der Einwand der Beklagten Lubell erfolgreich gewesen wäre, die behauptete, das Museum hätte nicht alles Erforderliche getan, um das Bild wieder aufzufinden und deshalb den Herausgabeanspruch verwirkt. Diese Verwirkung verneinte die zweite Instanz, weil Lubell nicht beweisen und darlegen konnte, dass die Herausgabeklage ungebührlich spät erhoben wurde und dass ihr dadurch ein Nachteil entstanden war.

Ein Eigentumserwerb zugunsten Lubell nach den Grundsätzen des adverse possession kam gleichfalls nicht in Betracht. Dies hätte vorausgesetzt, dass der Besitz quasi öffentlich ausgeübt worden wäre und für das Guggenheim Museum die Möglichkeit der Kenntnisnahme und Rückforderung bestanden hätte. Dies war wegen des ausschließlich privat praktizierten Besitzes nicht der Fall.

USA

Türkei vs. Metropolitan Museum of Art

kleinformatige Gold- und Silberobjekte

Fall 35

dazu: Lerner/Bresler, Art Law, S. 276 ff.; Knott in RJW 1990, S. 558

Fall

Seit Jahrzehnten war das Metropolitan Museum of Art im Besitz von ca. 200 kleinformatigen Gold- und Silberobjekten aus der Zeit von König Krösus. 1986 forderte die Türkei diese Kunstgegenstände zurück und verklagte das MMA in New York auf Herausgabe. Die Kunstobjekte waren unstreitig unter Verstoß gegen türkische Ausfuhrbestimmungen (s. Fall 16) in die USA gelangt. Sie stammten offensichtlich aus Raubgrabungen. Nach türkischem Recht erlangt der türkische Staat automatisch Eigentum an allen Kunstgegenständen, die auf seinem Hoheitsgebiet – egal von wem – ausgegraben oder aufgefunden werden.

In dem erstinstanzlichen Beschluss des Bundesgerichts in New York vom Juli 1990 wurde der vom Museum erhobene Verjährungseinwand zunächst zurückgewiesen. Das MMA hatte erklärt, die Türkei hätte seit Anfang der 70er Jahre gewusst, dass sich die Kunstobjekte in seinem Besitz befanden und daher die Herausgabeklage verspätet erhoben. Das Gericht wies in seinem Beschluss den Verjährungseinwand zurück mit der Begründung, er würde erst im Rahmen der Verwirkung (laches) des Herausgabeanspruchs geprüft und das MMA hätte dann darzulegen, weshalb ihm durch die verzögerte Klageerhebung ein Nachteil entstanden wäre.

Im Ergebnis einigten sich die Beteiligten im September 1993 außergerichtlich. Das MMA gab die Kunstobjekte ohne eine abschließende Hauptsacheentscheidung abzuwarten zurück.

Rechtslage

Gutgläubiger Eigentumserwerb an abhanden gekommenen Sachen ist in den USA gesetzlich ausgeschlossen. Der Herausgabeanspruch hätte allerdings verjährt oder verwirkt sein können, weil die Türkei das MMA nicht seit Kenntnis des Besitzes innerhalb von drei Jahren zur Herausgabe aufgefordert hatte. Die Klage der Türkei wäre voraussichtlich abzuweisen gewesen. Wegen der besonderen politischen Umstände einigten sich die Beteiligten jedoch außergerichtlich.

Fall 36
NLA

USA
Alphonse Kann-Erben vs. Menil Collection, Houston/Texas
Gemälde von Henri Matisse, „Bach mit Alpen"

dazu: Restitutionsbericht der AAMD vom 27.07.2006, Anlage A, S. 4

Fall
Das Matisse-Gemälde stand ursprünglich im Eigentum des in Paris ansässigen Kunstsammlers Alphonse Kann (zu diesem s. Fall 48). Es wurde offensichtlich während der deutschen Besatzungszeit beschlagnahmt und gelangte daraufhin in den Besitz Dritter. Trotz umfangreicher Provenienzforschungen konnte die Menil Collection keine endgültige Klarheit über den Zeitraum ab Besitzverlust 1940 bis Erwerb 1946 erlangen.

Im Auftrage der Association in Memory of Alphonse Kann machte Francis Barren Rückforderungsansprüche geltend. Die Beteiligten trafen eine Vereinbarung, wonach das Gemälde in der Menil Collection verbleibt. Die Grundlagen dieser Regelung blieben geheim.

Rechtslage
Die NS-Beschlagnahme des Gemäldes in Frankreich und der Verkauf während der Besatzungszeit führten zu keinem Eigentumsverlust, weil diese Vermögensübertragungen nach den ab 1944 von der französischen Regierung erlassen Restitutionsbestimmungen generell unwirksam sind.

Soweit das Kunstwerk nach Ende des 2. Weltkrieges in die USA gelangte und dort veräußert wurde, scheidet ein Eigentumserwerb zugunsten des Käufers aus, weil dieser Erwerb vom Nichtberechtigten, selbst bei Gutgläubigkeit des Käufers, nach amerikanischem Recht ausgeschlossen ist. Dies gilt auch für eventuelle weitere Veräußerungen in den USA. Durch die möglicherweise jahrzehntelange Inbesitznahme des Gemäldes in den USA konnte ein gesetzlicher Eigentumserwerb durch Ersitzung gleichfalls nicht eintreten. Deshalb ist davon auszugehen, dass ein Eigentumserwerb an dem Gemälde durch die Menil Collection in Houston bis zur Anspruchstellung der Kann-Erben nicht eingetreten war. Diese hätten im Zivilrechtsweg ihren in den USA unverjährbaren Eigentumsherausgabeanspruch gegenüber den Besitzern geltend machen können. Statt dessen einigten sich die Beteiligten offensichtlich auf der Grundlage der Washingtoner Prinzipien.

Vorliegend besteht die Besonderheit besteht, dass eine private Kunstsammlung bereit war, in Anwendung der für staatliche Einrichtungen geltenden Washingtoner Prinzipien eine Anspruchsberechtigung anzuerkennen. Es liegt eindeutig ein NS-verfolgungsbedingter Vermögensverlust vor, weil das Kunstwerk gegen den Willen des Alteigentümers durch eine staatliche Zwangsmaßnahme des NS-Regimes verloren ging.

USA

André Jean Seligmann-Erben vs. Utah Museum of Fine Arts

Gemälde von François Boucher, „Les Amoureux Jeunes"

Fall 37

NLA

dazu: Restitutionsbericht der AAMD vom 27.07.2006, Anlage A, S. 5

Fall

Das Gemälde von Boucher stand im Eigentum des französischen Kunstsammlers André Jean Seligmann. Es wurde während der deutschen Besatzung beschlagnahmt und war bereits 1946 in der von der französischen Regierung herausgegebenen mehrbändigen Ausgabe der Eigentumsverluste verzeichnet.

1972 tauchte das Kunstwerk in einer New Yorker Galerie auf und wurde dort von einem Sammler erworben. Dieser schenkt es 1993 dem Utah Museum of Fine Arts. Im Ergebnis von Provenienzrecherchen, die mit Unterstützung des Art Loss Register durchgeführt wurden, gab das Museum das Boucher-Gemälde an die Seligmann-Erben zurück.

Rechtslage

Die NS-Beschlagnahme des Gemäldes in Frankreich konnte zu keinem Eigentumsverlust führen. Sollte es dort während der Besatzungszeit veräußert worden sein, wäre eine Eigentumsübertragung aufgrund der in den vierziger Jahren von der französischen Regierung erlassenen Gesetze generell nichtig.

Diese gesetzlichen Nichtigkeitsbestimmungen, die französisches Recht darstellen, wären gemäß der so genannten Situs-Regel grundsätzlich auch von einem Zivilgericht in den Vereinigten Staaten zu prüfen, wenn sich der Besitzer auf einen wirksamen Eigentumserwerb in Frankreich berufen würde. Den Sachverhaltsfeststellungen war nicht zu entnehmen, dass ein Dritter das Gemälde nach Ende des 2. Weltkrieges gutgläubig erwarb.

Vielmehr ist davon auszugehen, dass es nach dem 2. Weltkrieg in die USA gelangte, jahrzehntelang im Privatbesitz blieb und 1972 in New York veräußert wurde. Die New Yorker Kunstgalerie konnte jedenfalls durch die Veräußerung 1972 dem Erwerber kein Eigentum an dem Bild verschaffen, weil nach amerikanischem Recht ein gutgläubiger Erwerb vom Nichtberechtigten grundsätzlich ausscheidet. Damit ist auch ein wirksamer Eigentumsübergang auf das Utah Museum durch die 1993er Schenkung ausgeschlossen. Es hätte somit die Möglichkeit bestanden, die Herausgabe des Bildes auf dem Zivilrechtswege in Texas zu erreichen. Statt dessen einigten sich die Beteiligten auf der Grundlage der Washingtoner Prinzipien. Das Gemälde wurde an die Erben zurückzugeben. Der NS-verfolgungsbedingte Vermögensverlust durch Beschlagnahme des Bildes in Frankreich war offensichtlich.

Fall 38
NLA

USA

Adolphe Schloss-Erben vs. Carnegie Museum of Art, Pittsburgh

Gemälde, Rembrandt Harmensz van Rijn zugeschrieben
„Älterer Jude mit Pelzmütze"

dazu: Feliciano, S. 174 ff.

Fall

Das ursprünglich Rembrandt zugeschriebene und im Eigentum der Schloss-Familie (zu dieser s. Fall 49) stehende Gemälde war von dieser in Corréze versteckt, dort von deutschen Stellen beschlagnahmt und nach Paris geschafft worden. Von dem mit deutschen Besatzern zusammenarbeitenden Kunsthändler Jean-Francois Lefranc wurde es an den gleichfalls mit dem NS-Regime kollaborierenden belgischen Kunsthändler Buettenweg veräußert.

Das Gemälde wurde im amtlichen französischen Verzeichnis der 1939 bis 1945 unrechtmäßig entwendeten Kunstwerke deklariert. Es gelangte nach 1945 offensichtlich in die USA, wo es der namhafte Pittsburgher Sammler flämischer und niederländischer Malerei Charles J. Rosenbloom kaufte. Er lieh es zu Ausstellungszwecken bereits 1946 dem Carnegie Institute und vererbte es 1975 dem Carnegie Museum, das es in seiner ständigen Präsentation zeigte. Dort ist es von einem von den Schloss-Erben beauftragten Privatdetektiv entdeckt worden. Das Museum wurde aufgefordert, Auskunft über die Herkunft des Bildes zu geben. Es lehnte eine Antwort ab, nahm das Gemälde gleichzeitig aus der öffentlich zugänglichen Sammlung heraus und begründete, das Gemälde stamme wohl von einem unbekannten holländischen Maler des 17. Jahrhunderts und nicht von Rembrandt.

Rechtslage

Die Beschlagnahme des Gemäldes durch deutsche Stellen konnte zu keinem Eigentumsverlust führen. Die rechtsgeschäftliche Übertragungen, insbesondere der Verkauf während der Besatzungszeit, ist aufgrund der in den vierziger Jahren erlassenen Nichtigkeitsregelungen in Frankreich als unwirksam anzusehen. Der Eigentumserwerb des Gemäldes nach 1945 in den USA durch Charles Rosenbloom ist zivilrechtlich ausgeschlossen, weil nach amerikanischem Recht der gutgläubige Erwerb vom Nichtberechtigten unmöglich ist. Der jahrzehntelange Privatbesitz des Sammlers konnte gleichfalls zu keinem Eigentumserwerb durch Ersitzung führen, weil ein entsprechender gesetzlicher Eigentumserwerbstatbestand im amerikanischen Recht nicht existiert. Der Eigentumserwerb zugunsten des aktuellen Besitzers, des Carnegie Museums in Pittsburgh, trat auch nicht durch Übertragung im Erbwege nach dem Tod des Sammlers Rosenbloom ein. Der Eigentumsherausgabeanspruch, der in den Vereinigten Staaten unverjährbar ist, könnte somit erfolgreich gegenüber dem Museum geltend gemacht werden.

Daneben kann auch eine Anspruchs auf der Grundlage der Washingtoner Prinzipien geltend gemacht werden, weil auch vom Carnegie Museum die Umsetzung dieser Prinzipien bestätigt wurde.

USA
Paul Rosenberg-Erben vs. Seattle Art Museum
Gemälde von Henri Matisse, „Odalisque"

Fall 39
NLA

dazu: Lerner/Bresler, Art Law, S. 747 ff.; Feliciano, S. 163 ff.; Presseveröffentlichung Seattle Art Museum vom 14.06.1999

Fall

Paul Rosenberg gründete 1917 in Paris seine Galerie und wurde schnell zu einem der führenden französischen Kunsthändler.

Nach Einmarsch deutscher Truppen in Frankreich gelang Rosenberg im Juni 1940 die Flucht nach Spanien und wenig später die Emigration in die USA. Seine Pariser Kunsthandlung wurde arisiert. Die in seinem Schloss Floirac gelagerten Kunstgegenstände beschlagnahmte das NS-Regime bereits im September 1940, nachdem konkurrierende französische Kunsthändler mutmaßlich das Versteck verraten hatten. 162 Werke, insbesondere französischer Impressionisten, die im Tresor einer Bank in Libourne im unbesetzten Teil Frankreichs eingelagert waren, gab das Vichy-Regime im September 1941 an das NS-Regime heraus. Sie wurden nach Paris gebracht und im Jeu de Paume, einem Museumsgebäude des Louvre, zusammen mit anderen beschlagnahmten Sammlungen zum Zwecke der Verwertung eingelagert. Aus seiner Pariser Wohnung und aus Banktresoren sollen weitere Kunstwerke Rosenbergs beschlagnahmt worden sein. 300 zunächst in einem Verkaufslager bei Paris deponierte Kunstwerke wurden im Zuge der Fahndungsaktionen gleichfalls sichergestellt. Insbesondere impressionistische Arbeiten verwerteten vom NS-Regime beauftragte Kunsthändler durch Tauschaktionen gegen in Nazi-Deutschland begehrte Altmeister. Andere Werke wurden von französischen Museen und Sammlungen, Schweizer und anderen ausländischen Kunsthändlern angekauft.

So soll der deutsche Kunsthändler Gustav Rochlitz im Juli 1942 im Jeu de Paume im Tausch u.a. das 1928 entstandene Gemälde von Matisse erworben haben. Danach verliert sich die Spur des Kunstwerkes. 1954 befand es sich im Besitz der Pariser Galerie Drouant-David, die es im Juli 1954 für 10.000 US-Dollar an die New Yorker Kunstgalerie Knoedler & Co. verkaufte. Knoedler veräußerte das Bild im selben Jahr an die in der Nähe von Seattle wohnende Kunstsammlerin Virginia Bloedel, die es unter Ausschluss der Öffentlichkeit in ihrem Privathaus verwahrte. Bloedel schenkte den Matisse 1991 dem Seattle Art Museum.

Dort entdeckten die Rosenberg-Erben 1997 das Kunstwerk und verlangten seine Rückgabe. 1998 erhoben sie Herausgabeklage in Washington vor dem Federal District Court. Das Seattle Art Museum ließ den Rosenberg-Anspruch durch die in Washington DC gegründete unabhängige Forschungsorganisation HARFE (Holocaust Kunstrückerstattungsprojekt) prüfen. Deren Abschlussbericht vom Juni 1999 veranlasste das Museum im Oktober 2000, den Matisse wegen NS-verfolgungsbedingtem Vermögensverlust zurückzugeben.

Gleichzeitig machte das Seattle Art Museum im Oktober 2000 eine Forderung auf Zahlung von Schadensersatz in Höhe des aktuellen, noch zu ermittelnden Verkehrswertes des Matisse-Bildes gegenüber der New Yorker Kunstgalerie Knoedler & Co. geltend, weil es meinte, die Galerie hätte bei dem Verkauf 1954 nicht im guten Glauben gehandelt. Knoedler & Co. hätten damals aufklären können, dass der Matisse NS-verfolgungsbedingt abhanden gekommen war und deshalb keine Veräußerung vornehmen dürfen. Die Bloedel-Familie, Knoedler & Co. und das Museum einigten sich, dass die Galerie dem Museum als Schadensausgleich Kunstwerke vergleichbarer Qualität unentgeltlich übereignet oder die Zahlung des Verkehrswertes des Matisse-Bildes leistet.

Rechtslage

Die Beschlagnahme des Bildes aus dem Banksafe in Frankreich und der anschließende Verkauf/Tausch in Paris an einen deutschen Kunsthändler sind zivilrechtlich unwirksam, weil der damalige Erwerber wusste oder zumindest hätte wissen müssen, dass das Matisse-Gemälde aus beschlagnahmtem Besitz stammte und der Veräußerer nicht zum Verkauf berechtigt war. Im Übrigen war der Verkauf nach den Nichtigkeitsbestimmungen, die in den 40er Jahren in Frankreich erlassen wurden, unwirksam. Auch die derzeit nicht geklärte Veräußerung an die Pariser Galerie dürfte nach französischem Zivilrecht unwirksam sein.

Der Verkauf des Bildes 1954 in den USA durch die New Yorker Galerie an eine amerikanische Staatsbürgerin begründet zu deren Gunsten gleichfalls keinen wirksamen Eigentumserwerb, weil nach amerikanischem Recht dieser Erwerb an abhanden gekommenen Gegenständen nicht möglich ist, selbst wenn die Erwerberin Virginia Bloedel, gutgläubig war. Auch eine Ersitzung durch fortlaufenden, jahrzehntelangen Besitz (hier immerhin 1954 bis 1997, d.h. mehr als 40 Jahre) ist nach amerikanischem Recht ausgeschlossen. Der Eigentumsherausgabeanspruch unterliegt nicht, wie beispielsweise in Deutschland, einer 30jährigen Verjährungsfrist (diese wäre seit Besitzverlust September 1941 demnach schon im September 1971 abgelaufen). Verwirkungseinwände zugunsten der Besitzerin sind nicht ersichtlich. Der Alteigentümer hatte wegen des ausschließlichen Privatbesitzes der Erwerberin keine Möglichkeit herauszufinden, wo sich das Bild befand. Nachforschungen in Europa und den USA blieben erfolglos.

Deshalb wäre eine Eigentums- oder Besitzherausgabeklage der Rosenberg-Erben nach amerikanischem Recht Erfolg versprechend gewesen wäre. Die vom Seattle Art Museum auf der Grundlage der Washingtoner Prinzipien eingegangenen Selbstverpflichtung, NS-verfolgungsbedingt abhanden gekommene Kunstwerke zurückzugeben, führte ohne Erfordernis eines zivilgerichtlichen Verfahrens zur Herausgabe.

Davon zu trennen, für den internationalen Kunsthandel aber von höchstem Interesse, ist die Klärung, ob der Verkauf des Bildes 1954 durch die New Yorker Galerie Knoedler & Co. einen Schadensersatzanspruch in Höhe des aktuellen Verkehrswertes des zurückgegebenen Bildes begründet. Eine gerichtliche Entscheidung wurde vermieden, weil Knoedler die Schadensersatzverpflichtung anerkannte und in einem Vergleich bereit war, angemessenen Ersatz an das Museum zu leisten.

USA
Paul Rosenberg-Erben vs. Unbekannt
Zeichnung von Edgar Degas, „Gabrielle Diot"

Fall 40
NLA

dazu: Feliciano, S. 167

Fall

Der jüdische Kunsthändler Paul Rosenberg aus Paris (zu diesem s. Fall 39) war Eigentümer der Porträt-Zeichnung von Degas, die nach Einmarsch deutscher Truppen 1940 in Frankreich beschlagnahmt wurde. Sie gelangte später in unbekannten Privatbesitz. Rosenberg war in die USA emigriert. Er kehrte im Sommer 1945 unverzüglich nach Paris zurück und bemühte sich, das Schicksal seiner in Frankreich zurückgelassenen Kunstsammlung aufzuklären. Die Zeichnung wurde in das „Verzeichnis des zwischen 1939 und 1945 entwendeten französischen Eigentums" der CRA aufgenommen. Sie blieb jedoch verschollen.

Mehr als vier Jahrzehnte später bot ein Unbekannter dem Pariser Degas-Experten und Kunsthändler Paul Brame die Zeichnung an. Dieser lehnte den Ankauf ab, weil er wusste, dass die Arbeit aus dem geplünderten Besitz von Paul Rosenberg stammte, und informierte die französische Polizei. Noch im selben Jahr sollte sie dann in der Hamburger Galerie Mathias F. Hans versteigert werden. Über die Auktionsankündigung berichtete das britische Kunstmagazin Apollo. Die Degas-Zeichnung war darin abgebildet. Eine Rosenberg-Erbin erkannte sie wieder und machte gegenüber dem Hamburger Galeristen Eigentumsrückgabeansprüche geltend. Dieser versprach, den Einlieferer zu unterrichten, gab dessen Namen jedoch nicht preis. Unmittelbar danach verschwand der Besitzer mit dem Kunstwerk. Seither ist der Verbleib der Zeichnung unbekannt. Es wird vermutet, dass sie in die USA veräußert wurde.

Rechtslage

Die von deutschen Stellen veranlasste Beschlagnahme der Degas-Zeichnung und ihre mögliche Veräußerung ist aufgrund der ab 1944 erlassenen gesetzlichen Sonderregelungen der französischen Regierung unwirksam. Nach französischem Zivilrecht hatte Paul Rosenberg sein Eigentum an diesem Kunstwerk nicht verloren. Soweit es nicht in Frankreich, sondern in einem anderem Land, z.B. der Schweiz, veräußert wurde, ist zu prüfen, ob es dort zu einem rechtswirksamen Eigentumserwerb Dritter kam. Die derzeit bekannten Tatsachen lassen dies eher ausgeschlossen erscheinen, weil die Voraussetzungen eines gutgläubigen Erwerbs nicht vorlagen.

Nach der aktuellen Rechtsprechung in Deutschland und der Schweiz haben sich kunstsachverständige Erwerber ebenso wie Kunsthändler grundsätzlich über die Herkunft eines Bildes zu informieren und die Provenienz lückenlos aufzuklären. Vorliegend wäre dem Hamburger Galeristen Mathias F. Hans wie auch dem unbekannten Erwerber die Klärung durch die Einsichtnahme in das öffentliche Verlustregister der CRA ohne weiteres möglich gewesen. Soweit dies unterlassen wurde, wäre zumindest eine fahrlässig unterlassene Nachforschungsobliegenheitspflicht festzustellen. Dies begründet dann die Bösgläubigkeit des Erwerbers und schließt nach den europäischen Rechtsordnungen einen Eigentumserwerb aus.

Sollte sich die Zeichnung in den USA befinden und identifiziert werden, könnten die Rosenberg-Erben gegenüber dem Besitzer auch heute noch ihre nach amerikanischem Recht unverjährbaren Eigentumsherausgabeansprüche geltend machen. Soweit sie nochmals auf dem Kunstmarkt auftaucht, wäre auch eine öffentlich-rechtliche Beschlagnahme und eine strafrechtliche Einziehung des „Diebesguts" möglich, weil der Handel mit gestohlenen Gegenständen strafrechtlich verfolgt wird. Daneben kämen zivilrechtliche Beschlagnahmeansprüche im einstweiligen Verfügungsverfahren in Betracht.

Zu einer strafrechtlichen Verurteilung und Einziehung eines Raubkunst-Gemäldes war es in Frankreich bereits in den 90er Jahren gekommen (s. Fall 49).

Frankreich

Leonce Rosenberg-Erben vs. Musée National d'Art Moderne (Centre Georges Pompidou)

Gemälde von Fernand Léger, „La Femme en rouge et vert" („Frau in Rot und Grün")

Fall 41
NLA

dazu: Feliciano, S. 217 ff.; ArtNet.com Magazine News vom 11.05.2003, Nina Siegal, 11.05.2003

Fall

Das 1914 entstandene Kunstwerk erwarb im selben Jahr der in Frankreich ansässige deutsche Kunsthändler Daniel-Henry Kahnweiler. Sein Besitz wurde während des 1. Weltkrieges als so genanntes Feindvermögen beschlagnahmt und u.a. dieses Bild später im Pariser Hotel Drouot versteigert. Der Sammler Leonce Rosenberg erwarb es für einen geringen Preis. Diese Umstände belegen ein bislang noch nicht wissenschaftlich aufgearbeitetes Kapitel der zwangsweisen Enteignung deutscher Kunsthändler durch gesetzliche Bestimmungen, die im 1. Weltkrieg in Frankreich erlassen wurden.

Das Bild wurde 1932 in Amsterdam und 1935 in Paris auf Ausstellungen gezeigt und nach dem Einmarsch Nazi-Deutschlands in Frankreich im Frühjahr 1940 zusammen mit dem übrige Privatbesitz von Leonce Rosenberg von deutschen Stellen beschlagnahmt und in das Jeu de Paume gebracht. Eine dort angefertigte Fotografie des ERR aus dem Jahre 1942 zeigt das Gemälde. Es ist im ERR-Verzeichnis vom März 1942 als „Beschlagnahme Wohnung und Galerie Leonce Rosenberg" enthalten. Der deutsche Kunsthändler Rochlitz erwarb das Gemälde offensichtlich aufgrund eines Tauschgeschäftes im Frühjahr 1942.

Nach dem 2. Weltkrieg wurde es von den Westalliierten sichergestellt und dem Musée Nationale de Art Moderne treuhänderisch übergeben. Es hing im Centre Pompidou, versehen mit der Klassifizierung R für récupénation - Rückgabe. Nachforschungen zur Aufklärung des Alteigentümers sind jahrzehntelang nicht erfolgt.

Erst 1999 fanden Rechercheure des Centre Pompidou ein Dokument, das die Beschlagnahme von 110 Werken der Rosenberg-Familie durch das NS-Regime belegt. Jahrelange Verhandlungen mit der Erben führten im September 2003 zur Rückgabe des Bildes. Als eines der Hauptlose wurde das Porträt für insgesamt 22,4 Millionen US-Dollar Anfang November 2003 bei Christie's in New York an einen unbekannten Käufer versteigert – den höchsten bisher erzielten Preis für ein kubistisches Bild von Léger. Der Auktionator Christopher Burge konstatierte: „Ich habe niemals zuvor und werde niemals zukünftig einen Léger von dieser Qualität verkaufen".

Rechtslage

Ein Eigentumsverlust trat durch die Beschlagnahme des Gemäldes durch deutsche Stellen im Frühjahr 1940 nicht ein. Auch die Veräußerung 1942 an den Kunsthändler Rochlitz ist unwirksam aufgrund der in den vierziger Jahren in

Frankreich erlassenen Nichtigkeitsregelungen. Der Eigentumsherausgabeanspruch gegenüber dem Musée Nationale de Art Moderne - Centre Pompidou ist nach französischem Recht unverjährbar und könnte auf dem Zivilrechtsweg jederzeit erfolgreich geltend gemacht werden. Der Eigentumserwerb durch Ersitzung zugunsten des Museums ist ausgeschlossen. Zwar kann nach französischem Recht durch Ersitzung Eigentum auch an abhanden gekommenen Gegenständen erworben werden. Voraussetzung ist aber, dass der Besitzer die Sache mit einem Eigenbesitzerwillen, also als Eigentümer, besitzt. Das Gemälde war jedoch dem Museum als klassifiziertes treuhänderisches Vermögen überlassen worden. Es wurde also nicht als eigenes, sondern treuhänderisch als fremdes Kunstwerk besessen.

Erst die auf der Grundlage der Washingtoner Prinzipien auch in Frankreich begonnenen Provenienzrecherchen klärten zweifelsfrei auf, dass es sich bei dem Léger-Gemälde um ein vom NS-Regime beschlagnahmtes Kunstwerk der Rosenberg-Familie handelte. Die Rückgabe wurde zwischen dem Museum und den Rosenberg-Erben außergerichtlich vereinbart, ohne dass es der Durchführung eines Zivilrechtsstreites bedurfte.

Schweiz
Alexander u. Richard Ball vs. Hans Wendland u. Hans Fritz Fankhauser
zwei antike Schränke

Fall 42
NLA

dazu: UEK Schweiz, S. 148 ff., 390 ff.; Buomberger, S. 69 ff., 186 ff.

Fall

Hans Wendland erwarb die antiken Eckschränke 1923 in Paris und verkaufte sie 1931 an Alexander und Richard Ball, die in Berlin und Paris renommierte Antiquitätengeschäfte betrieben. Nach Einmarsch deutscher Truppen in Frankreich flohen die Brüder Ball. Ihr Besitz wurde beschlagnahmt und im August 1941 auf dessen Intervention Hans Wendland übergeben. Dieser brachte die Schränke in die Schweiz, wo sie 1946 identifiziert wurden. Hans Fritz Fankhauser, Wendlands in Basel lebender Schwager, hatte sie angeblich erworben. Die Restitutionsklage der Brüder Ball wurde durch das Schweizer Bundesgericht im Oktober 1948 mit der Begründung abgewiesen, Wendland wäre zumindest Miteigentümer der Möbel gewesen. Die Kläger hätten eine Besitzrechtsklage erheben müssen. Fankhauser hatte während des Prozesses auf das Eigentumsrecht verzichtet. Weitere Klagen gegen den NS-Kunsthändler und Pariser „König des Kunstmarktes" Wendland wurden in der Schweiz nicht mehr erhoben.

Der promovierte Kunsthistoriker Hans Wendland begann 1912 als Angestellter des Kaiser Friedrich-Museums bei Wilhelm von Bode, der ihn schon seinerzeit krummer Geschäfte beschuldigte. In den 20er Jahren, als Wendland in die Schweiz übersiedelte und Geschäftspartner des Luzerner Kunsthändlers Fischer wurde, war er vermögend geworden. Aufgrund von Spekulationen ging er in der Weltwirtschaftskrise 1929 bankrott und zog nach Paris. Offiziell mit Berufsverbot belegt wohnte Wendland von 1940 bis 1942 in Schweizer Luxushotels und ab 1943 in Versoix bei Genf an der deutsch-schweizerischen Grenze. Seine guten Kontakte ermöglichten es ihm, regelmäßig nach Frankreich zu fahren und dort Kunstankäufe zu tätigen. Wendland war einer der maßgeblichen Verkäufer von Raubkunst in die Schweiz, vorwiegend im Zusammenspiel mit Fischer. Nachkriegsermittlungen bestätigen, dass beide eine Vielzahl hochkarätiger Kunstwerke aus geplünderten französischen Privatsammlungen, Kunsthandlungen und aus Notverkäufen in die Schweiz transferierten. Auch über Wendlands Baseler Schwager, der als Schweizer Staatsbürger gewerblich tätig sein durfte, sollen Raubkunstgeschäfte abgewickelt worden sein. Bis zu seinem Tode hatte Fankhauser eine nennenswerte Impressionisten- und Altmeistersammlung aufgebaut, die nachweislich Raubkunst enthielt (s. Fall 69). Bis Kriegsende sollen zahlreiche Kunstwerke in Versoix deponiert gewesen sein, die später in Nacht- und Nebelaktionen abtransportiert wurden. Wendlands Versuch, sich im August 1945 nach Argentinien abzusetzten, scheiterte. Er wurde von den Westalliierten inhaftiert und lebte später in Paris, wiederum als Kunsthändler. Zahlreichen seiner Geschäfte in der NS-Zeit sind bis heute nicht vollständig ermittelt.

Rechtslage

Die Beschlagnahme der Schränke durch die deutschen Besatzer 1940/41 konnte zu keinem Eigentumsverlust führen. Diese Entziehung durch das NS-Regime in Frankreich ist aufgrund der von der französischen Regierung erlassenen Restitutionsgesetze unwirksam. Die Übergabe der Schränke an den NS-Kunsthändler Wendland begründete daher zu dessen Gunsten kein Eigentum. Die Gebrüder Ball konnten auf der Grundlage des von der schweizerischen Regierung erlassenen so genannten Nichtigkeitsbeschlusses eine Restitutionsklage gegen den damaligen Besitzer der Schränke in der Schweiz erheben. Nachdem Fankhauser auf sein behauptetes Eigentumsrecht verzichtete bzw. gegen die Rückgabe keine Einwendungen erhob, wäre eine Klagestattgabe möglich gewesen. Wendland konnte allerdings erfolgreich einwenden, er wäre Miteigentümer der Schränke, so dass eine Rückübereignung nach dem Restitutionsbeschluss ausgeschlossen war.

Frankreich

Paul Rosenberg-Erben vs. Madame de Chambrun

Gemälde von Georges Braque, „Tisch mit Tabaksbeutel"

Fall 43

NLA

dazu: Feliciano, S. 166

Fall

Das von dem französischen Konstruktivisten Braque 1930 geschaffene Gemälde erwarb der Pariser Kunsthändler Paul Rosenberg (zu diesem s. Fall 39). Es war auf dessen Schloss Floriac versteckt und dort von der deutschen Botschaft beschlagnahmt worden. In Paris gelangte es offensichtlich im Rahmen eines Tauschgeschäftes in den Besitz des damaligen Vichy-Regierungschef Pierre Laval.

Die Versuche Paul Rosenbergs, nach Kriegsende in Frankreich die von ihm zurückgelassenen Kunstwerke wieder aufzufinden, blieben auch bezüglich dieses Gemäldes erfolglos. In einem Auktionskatalog kündigte das Versailler Hotel Rameau 1974 die Versteigerung von mehreren hundert Gemälden des 19. und 20. Jahrhunderts an. Der Enkel von Paul Rosenberg, Alexandre Rosenberg, erkannte unter ihnen das Braque-Gemälde seines Großvaters wieder und erschien am Tage der Versteigerung am 11.06.1974 im Versteigerungssaal, um das Gemälde beschlagnahmen zu lassen. Die Besitzerin, Madame de Chambrun, Tochter von Pierre Laval, gab – freiwillig – das Gemälde heraus.

Rechtslage

Die Beschlagnahme und anschließende Veräußerung im Tauschwege an den Vichy-Regierungschef Pierre Laval ist aufgrund der seit 1944 in Frankreich erlassenen gesetzlichen Bestimmungen nichtig. Weder Laval noch später dessen Tochter konnten wirksam Eigentum an dem Gemälde erlangen. Da der Eigentumsherausgabeanspruch nach französischem Recht unverjährbar ist, konnte der Rechtsnachfolger von Paul Rosenberg 1974 die Eigentumsherausgabe verlangen und hätte dies auch zivilrechtlich durchsetzen können. Daneben bestand nach französischem Recht die Möglichkeit, die Beschlagnahme und Einziehung des „Diebesgutes" strafrechtlich zu erreichen. Mit der „freiwilligen" Herausgabe durch die Besitzerin kurz vor der Auktion war die gerichtliche Durchsetzung des Anspruches nicht mehr erforderlich.

Fall 44
NLA

Spanien
Pierre David Weill-Erben vs. Museo Nacional Centro de Arte Reina Sofia, Madrid
Gemälde von André Masson, „Metamorphose"

dazu: Feliciano, S. 179 ff.; Renold, S. 147 ff.

Fall

Der Sohn des bekannten französischen Kunsthändlers David Weill, Pierre David Weill, Bankier und Sammler moderner Kunst, schmückte seine Privatwohnung in Paris u.a. mit dem abstrakten Kunstwerk „Metamorphose" von André Masson. Wegen der kurzfristigen Einberufung zur französischen Armee musste er seine Kunstwerke zurücklassen. Nach der Niederlage Frankreichs flüchtete er 1940 in die USA. Seine Privatwohnung in Paris wurde beschlagnahmt, das Gemälde verschwand unter ungeklärten Umständen.

Ein unbekannter italienischer Privatsammler verkaufte es offensichtlich in der Nachkriegszeit an die römische Galerie Paolo Sprovieri. Diese verlieh das Bild 1985 zu Ausstellungszwecken an die Westberliner Galerie Brusberg und im selben Jahr nach Frankreich an das Museum von Nimes. Im November 1988 versteigerte Sotheby's das Gemälde in New York, wo es der kanadische Galerist Odermatt kaufte. Der Auktionskatalog nannte als Herkunftsnachweis ausschließlich die Berliner Ausstellung 1985. Der kanadische Galerist veräußerte das Bild 1995 an das Madrider Museo Nacional Centro de Arte Reina Sofia, wo es sich seither befindet.

Rechtslage

Bei einer Herausgabeklage in Spanien vor dem dortigen Zivilgericht müsste zunächst geklärt werden, ob bereits nach ausländischem Recht wirksame Eigentumserwerbe erfolgt waren. Die Wegnahme des Gemäldes in der Pariser Wohnung von Pierre David Weill konnte zu keinem Eigentumsverlust führen.

Ob der unbekannte italienische Sammler Eigentum an dem Gemälde erworben hatte, kann derzeit nicht beantwortet werden, weil die Erwerbsumstände unbekannt sind. Bekannt ist allerdings, dass er das Gemälde an eine römische Galerie veräußerte. In Italien kann auch an abhanden gekommenen Gegenständen Eigentum erworben werden. Voraussetzung wäre, dass die römische Galerie gutgläu-big war, also nicht wusste bzw. nicht wissen konnte, dass der Veräußerer Nichtberechtigter war. Angesichts der Einmaligkeit des Gemäldes und der Tatsache, dass es sich bei dem Käufer um einen Kunstexperten handelte, erscheint ein gutgläubiger Erwerb jedoch ausgeschlossen, weil diesem zumindest der Vorwurf der grob fahrlässigen Unkenntnis über die Eigentümerstellung des Veräußerers vorzuwerfen wäre.

Wurde also die römische Galerie nicht gutgläubig Eigentümer des Gemäldes, konnte sie das Eigentum auch nicht durch den Verkauf in New York 1988 an den kanadischen Galeristen übertragen. Soweit Letztgenannter 1995 das Bild in Kanada an das Madrider Museum verkaufte, ist ein Eigentumserwerb zugunsten des Museums schon rechtsgrundsätzlich ausgeschlossen, weil das kanadische Recht einen gutgläubigen Eigentumserwerb vom Nichtberechtigten ausschließt. Sollte das Gemälde in Spanien veräußert worden sein, käme grundsätzlich ein gutgläubiger Erwerb zugunsten des Museums in Betracht. Voraussetzung wäre aber auch hier, dass das Museum 1995 bei Erwerb des Gemäldes gutgläubig war, also nicht wusste oder zumindest nicht hätte wissen müssen, dass der Veräußerer Nichtberechtigter war. 1995 waren die Verlustumstände des Gemäldes in Fachpublikationen zumindest dokumentiert. Einem großen Museum moderner Kunst dürfte die Pflicht aufzuerlegen sein nachzuforschen, woher das Gemälde stammt. War dies unterblieben, dürfte ein gutgläubiger, wirksamer Eigentumserwerb zugunsten des Museums ausgeschlossen sein. Eine zivilgerichtliche Eigentumsherausgabeklage in Spanien erscheint Erfolg versprechend.

Davon zu trennen ist ein möglicher Anspruch auf der Grundlage der Washingtoner Prinzipien, die auch von Spanien verabschiedet wurden. Die Verlustumstände sind im Sinne dieser Prinzipien eindeutig NS-verfolgungsbedingt, so dass sich Spanien bei Anwendung der Washingtoner Prinzipien veranlasst sehen müsste, mit den Erben einen „fairen und gerechten Ausgleich" zu suchen, soweit von diesen Rückgabeansprüche geltend gemacht werden. Dem Vernehmen nach einigten sich die Beteiligten außergerichtlich.

Fall 45

NLA

Frankreich

Frederico Gentili di Giuseppe-Erben vs. Musée de Louvre

fünf Altmeister-Gemälde

dazu: Renold, S. 15; Urteil des Pariser Berufungsgerichts vom 02.06.1999, S. 272 ff.; Terlau in 1. Buch Koordinierungsstelle, S. 188 ff.

Fall

Der italienische Jude Frederico Gentili di Giuseppe war Eigentümer einer bedeutenden Gemäldesammlung alter Meister, die sich in seiner Wohnung in Paris befand. Er starb am 21.04.1940 kurz nach der Besetzung Frankreichs. Seine Familie floh vor der Verfolgung durch das NS-Regime. Sein gesamtes Vermögen wurde beschlagnahmt und wegen vorgeblicher Schulden staatlicherseits liquidiert.

Die Gemäldesammlung kam im April 1941 im Pariser Auktionshaus Hotel Drouot zur Versteigerung. Ein Teil der Sammlung gelangte in die Privatkollektion von Hermann Göring. Einige Kunstwerke wurden nach Kriegsende von den alliierten Truppen sichergestellt, an Frankreich übergeben und dem Louvre ausgehändigt.

Die Erben von Gentili di Giuseppe erhielten Kenntnis davon, dass sich mindestens fünf bedeutende Gemälde im Louvre befanden und erhoben vor einem Pariser Zivilgericht Herausgabeklage gegen das Museum. Sie obsiegten in zweiter Instanz vor dem Berufungsgericht von Paris und erreichten die Herausgabe der im Louvre verwahrten fünf Gemälde.

Rechtslage

Das Pariser Berufungsgericht stellte fest, dass durch die Versteigerung im April 1941 kein Eigentumsverlust eingetreten war. Es wandte eine am 21.04.1945 erlassene Gesetzesbestimmung an, die so genannte Restitutionsverordnung Nr. 45-770, wonach sämtliche zivilrechtlichen Eigentumsübertragungen nichtig sind, wenn sie das Eigentum von Personen betrafen, die es durch antisemitische Gesetze oder durch die deutsche Besatzung verloren hatten. Diesen verfolgungsbedingten Vermögensverlust bejahte das Berufungsgericht im vorliegenden Fall. Auch die Verjährungsfristen der Restitutionsverordnungen, wonach bis spätestens 31.12.1949 die Ansprüche auf Feststellung der Nichtigkeit der Eigentumsübertragung, hier in der Versteigerung, hätten gerichtlich festgestellt werden müssen, sah das Gericht als unbeachtlich an. Die aus Frankreich geflüchteten Erben hatten Ende 1949 keine Kenntnis von den durch die Versteigerung eingetretenen Vermögensverlusten und wussten nicht, wo sich die Bilder befanden, so dass sie nicht in der Lage waren, die Ausschlussfrist einzuhalten.

Frankreich

Karl Grünwald-Erben vs. Musée d' Art Moderne et Contemporain de Strasbourg

Gouache von Gustav Klimt, „Die Erfüllung"

Fall 46

NLA

dazu: Siehr in „Claims fort the Restitution of looted Art", S. 85;
Lillie Handbuch, S. 434 ff.

Fall

Der Wiener Kunst-, Antiquitäten- und Möbelstoffhändler Karl Grünwald handelte mit Werken österreichischer und Schweizer Künstler, französischer Impressionisten und alter Meistern. Seine Privatsammlung umfasste Arbeiten von Boeckel, Daumier, Harta, Huber, Klimt und Schiele. Grünwald besaß auch das zwischen 1905 und 1909 gemalte Klimt-Bild "Die Erfüllung", ein Entwurf für den Fries in der Brüsseler Villa Stoclet.

Nach dem Einmarsch deutscher Truppen im März 1938 in Österreich floh Karl Grünwald nach Frankreich und versuchte, seine zurückgelassene Kunstsammlung nachzuholen. Er und seine Söhne konnten sich vor der weiteren Verfolgung durch das NS-Regime 1942 durch abenteuerliche Flucht in die USA retten. Seine Ehefrau Steffany und die Tochter Lena wurden in einem Konzentrationslager ermordet.

50 Werke aus der Kunstsammlung von Karl Grünwald gelangten noch vor Kriegsausbruch auf seine Initiative nach Straßburg, wurden dort von den NS-Besatzern im Sommer 1940 beschlagnahmt und im Juni 1942 und 1943 zwangsversteigert.

Unmittelbar nach Kriegsende begann Karl Grünwald mit der Suche nach seiner verschollenen Kunstsammlung und blieb zwei Jahrzehnte lang bis zu seinem Tode 1964 weitgehend erfolglos. Unter unbekannten Umständen stand „Die Erfüllung" von Klimt 1956 zum Verkauf und wurde vom Straßburger Museum zu einem für damalige Verhältnisse äußerst niedrigen Preis erworben. Die Erben des Sammlers Grünwald verlangten von dem Museum 1998 erfolglos die Herausgabe des Bildes. Mit Urteil des Straßburger Zivilgerichts vom Januar 1999 wurde das Museum jedoch zur Rückgabe verpflichtet.

Rechtslage

Die Beschlagnahme des Bildes 1938 stellt keinen Eigentumserwerb zugunsten des Deutschen Reiches dar. Erst durch die öffentliche Auktion 1942/1943 in Straßburg, die durch Gerichtsvollzieher erfolgt sein soll, könnte der Erwerber gutgläubiger Eigentümer des Bildes geworden sein, wenn er weder wusste noch hätte wissen müssen, dass der Einlieferer des Bildes nicht Eigentümer war. Die Umstände des damaligen Erwerbes sind unbekannt und somit eine abschließende Beurteilung eines möglichen gutgläubigen Erwerbs nicht möglich.

Es kann allerdings dahin stehen, ob jemand bei Erwerb 1942 oder 1943 gutgläubig war. Denn nach den ab 1944 erlassenen Bestimmungen der französischen Regierung sind NS-verfolgungsbedingte Eigentumsverluste während der Besatzungszeit generell nichtig und unwirksam. Das Straßburger Zivilgericht hob ohnehin ausschließlich auf den Eigentumserwerb 1956 in Frankreich durch das Straßburger Museum ab und prüfte die Voraussetzungen des französischen Zivilrechts. Danach ist ausnahmsweise auch an abhanden gekommenen Gegenständen ein gutgläubiger Erwerb möglich. Diesen verneinte das Gericht jedoch bereits wegen der besonderen Verkaufsumstände, nämlich dem niedrigen Preis, und hielt den Erwerber für bösgläubig.

Frankreich
Hessisches Landesmuseum Darmstadt vs. private Erwerber
fünf mittelalterliche Elfenbeinfiguren

Fall 47
NLA

dazu: Anmerkung von Jayme in IPRax 1995, S. 260;
Siehrin „Claims fort the Restitution of looted Art", S. 84

Fall

Fünf mittelalterliche Elfenbeinfiguren mit Aposteldarstellungen befanden sich im Eigentum des Hessischen Landesmuseums und waren während des 2. Weltkrieges in dem Ort Rauenzell im Allgäu ausgelagert. Zu Kriegsende wurden sie dort offensichtlich von alliierten marokkanischen Soldaten gestohlen. 1993 tauchten sie auf einer Auktion im Hotel Drouot in Paris auf. Zu diesem Zeitpunkt war in der Fachliteratur der frühere Eigentümer, das Hessische Landesmuseum, bekannt. Das Musée de Louvre unterrichtete das Hessische Landesmuseum über die bevorstehende Versteigerung. Der Versuch des Hessischen Landesmuseums, mit einer einstweiligen Verfügung die Versteigerung zu verhindern, wurde in Paris mit Urteil vom 28.09.1993 zurückgewiesen. Gleichwohl gelang es nicht, die Elfenbeinfiguren zu versteigern. Der Besitzer erklärte sich bereit, gegen Zahlung eines Kaufpreises, der erheblich unter dem für die Auktion vorgesehenen Mindestgebot lag, die Figuren an das Hessische Landesmuseum Darmstadt herauszugeben. 1995 kehrten sie in den dortigen Sammlungsbesitz zurück.

Rechtslage

Das Pariser Gericht hatte den gutgläubigen Eigentumserwerb des Besitzers zu prüfen. Ein Eigentumserwerb nach deutschem Recht kam nicht in Betracht, weil durch die Wegnahme in Deutschland 1945 kein rechtswirksamer Eigentumserwerb begründet worden war. Dies ist grundsätzlich für abhanden gekommene Sachen ausgeschlossen, mit Ausnahme des gutgläubigen Erwerbs in einer öffentlichen Versteigerung. Das französische Gericht hatte nicht aufgeklärt, ob und unter welchen Umständen der aktuelle Besitzer nach französischem Recht Eigentümer der Figuren wurde. Es stellte in dem einstweiligen Verfügungsverfahren lediglich fest, dass die Klägerin, hier das Hessische Landesmuseum, bei einem Herausgabeverlangen in Frankreich hätte beweisen müssen, dass der aktuelle Besitzer beim Besitzerwerb bösgläubig war und deshalb kein Eigentümer der Figuren wurde. Grundsätzlich wäre aber zu seinen Gunsten zunächst zu vermuten, dass er als Besitzer auch Eigentümer der Elfenbeinfiguren war. Etwas anderes könnte in einem Hauptsacheverfahren festgestellt werden, wenn die Klägerin darlegt und beweist, dass der aktuelle Besitzer nicht gutgläubig das Eigentum an den Figuren erworben hatte, weil er beispielsweise wusste oder hätte wissen müssen, dass diese zu Kriegsende gestohlen und nicht in rechtswirksamer Weise von ihm erworben wurden. Die den Alteigentümer treffende Beweislast, der Besitzer wäre bei Erwerb bösgläubig gewesen, konnte die Klägerin im einstweiligen Verfügungsverfahren offensichtlich nicht glaubhaft machen. Sie verlor bereits aus prozessualen Gründen „mangels Beweisen".

Fall 48
NLA

Frankreich
Alphonse Kann-Erben vs. Musée Nationale d' Art Moderne (Centre Georges Pompidou)
Gemälde von Georges Braque, „L'Homme à la guitar"

dazu: Renold, S. 16; Feliciano, S. 109

Fall

Alphonse Kann, 1870 geboren, sammelte zunächst Werke alter Meister und später auch moderne Kunst. Spektakulär war die Versteigerung 1927 in New York, auf der er alte Kunst verkaufte, um Platz für die Erweiterung seiner modernen Sammlung zu schaffen.

Das 1914 entstandene Gemälde von Braque, ein Hauptwerk des Kubismus, erwarb Kann 1924 von dem in Paris ansässigen Kunsthändler Daniel-Henry Kahnweiler. Fortan hing das Gemälde in seiner Pariser Stadtvilla. Seine mehr als 1200 Kunstwerke umfassende Sammlung war nicht zugänglich und daher einer breiten Öffentlichkeit nicht bekannt.

Alphonse Kann emigrierte 1940 nach London unter Zurücklassung seines Besitzes. Nach dem Einmarsch deutscher Truppen wurde sein gesamtes Vermögen, insbesondere die Kunstsammlung in seiner Pariser Villa, beschlagnahmt und im Jeu de Paume zum Zwecke der Verwertung aufbewahrt. Dort registrierte der Einsatzstab Reichsleiter Rosenberg die Kunstwerke und bezeichnete sie auf der Rückseite mit „KA". Der in Paris tätige deutsche Kunsthändler Gustav Rochlitz erwarb im Tauschwege das Braque-Gemälde und soll es bereits während der deutschen Besetzung an den Pariser Händler Paul Petrides veräußert haben.

Nach dem Ende des 2. Weltkrieges taucht das Gemälde im Besitz von André Lefêvre, einem auf Kubismus spezialisierten französischen Kunstsammler, auf. Nach dessen Tod 1965 wurde die Sammlung versteigert. Den Braque erwarb der in Paris ansässige deutschen Kunsthändler Heinz Berggruen. Er verkaufte das Kunstwerk 1981 für neun Millionen Franc an das im Centre Pompidou residierende Musée Nationale de Art Moderne. Dort identifizierten es die Erben von Alphonse Kann und machten im Dezember 1998 Rückgabeansprüche geltend.

Rechtslage

Die Beschlagnahme des Bildes 1940 aus der Privatsammlung von Alphonse Kann konnte zu keinem Eigentumsverlust führen. Die Veräußerung der von der deutschen Besatzungsmacht „sichergestellten" Bilder, hier an den Kunsthändler Gustav Rochlitz, und dessen Weiterverkauf an den Pariser Händler Paul Petrides während der Besatzungszeit waren gleichfalls nichtig nach französischem Recht aufgrund der ab 1944 erlassenen so genannten Nichtigkeitsbeschlüsse. Dies trifft auch auf den Erwerb des Gemäldes durch den französische Kunsthändler Lefêvre zu, soweit er vor Kriegsende erfolgt war.

Der Kauf nach Kriegsende durch den Kunsthändler Berggruen auf der Versteigerung 1965 kann nur dann zu einem Eigentumserwerb des Gemäldes geführt haben, wenn er bei Erwerb gutgläubig war. Ob Berggruen wusste, dass er 1965 Raubkunst aus dem vormaligen geplünderten Besitz des jüdischen Kunstsammlers Alphonse Kann erwarb, ist unbekannt. Nach dem von der Rechtsprechung insbesondere für fachkundige Kunsthändler aufgestellten Fahrlässigkeitsmaßstab dürfte zu Lasten von Berggruen eine Nachforschungsobliegenheitspflicht bestanden haben, nämlich aufzuklären, aus wessen Besitz das Gemälde stammte und ob der Veräußerer Eigentümer war. Ob der Erwerber Berggruen diese Nachforschungen angestellt hat, ist nicht bekannt. Davon hängt allerdings ab, ob er in rechtswirksamer Weise durch gutgläubigen Erwerb 1965 Eigentum an dem Gemälde erworben hatte.

Sollte dies nicht der Fall sein, könnte ein gutgläubiger Erwerb erst 1981 zugunsten des Centre Pompidou eingetreten sein. Hier gelten die gleichen strengen Maßstäbe für den gutgläubigen Erwerb. Es dürften die Voraussetzungen der Nachforschungspflichten über den früheren Eigentümer gleichfalls nicht erfüllt worden sein, so dass auch 1981 kein Eigentumserwerb zugunsten Dritter eingetreten war. Da in Frankreich der Eigentumsherausgabeanspruch unverjährbar ist, könnten die Kann-Erben im Wege der Eigentumsherausgabeklage ihren Anspruch auf Rückgabe des Gemäldes durchsetzen.

Fall 49

NLA

Frankreich

Adolphe Schloss-Erben vs. Adam Williams

Gemälde von Franz Hals, „Bildnis des Pastors Adrianus Tegularius"

dazu: Anglade in „Claims for he Restitution of looted Art" , S. 119 ff.; Simmons in „Gesten des guten Willens und Gesetzgebung", S. 169; Feliciano, S. 172

Fall

Seit dem 19. Jahrhundert war die französische Schloss-Familie Eigentümerin einer der bedeutendsten Gemäldesammlungen, bestehend aus über dreihundert Meisterwerken von Hals, Rembrandt, van Goyen, Rubens, Cranach, Breughel, van Dyck, Velázquez u.a. Adolphe Schloss, gebürtiger Österreicher und später französischer Staatsbürger, war als Immobilien- und Warenmakler vermögend geworden. Nach seinem Tod 1911 hüteten seine Witwe und ihre vier Kinder die berühmte Sammlung. Vor der Besetzung Frankreichs durch deutsche Truppen wurde sie im Chateau de Chambon in der Stadt Tulle in Zentralfrankreich versteckt.

Nach dem Verrat des Versteckes durch den Pariser Kunsthändler Jean-Francois Lefranc händigte die im unbesetzten Teil Frankreichs eingesetzte Vichy-Regierung 1943 die gesamte Sammlung an die Deutschen aus, die sie nach Paris in das Generalkommissariat, später in das Jeu de Paume überführten. Den größten Teil der Kunstwerke brachten deutsche Stellen zur Einlagerung in das Deutsche Reich. 49 Bilder erwarb das Musée de Louvre. Weitere wurden an Einzelpersonen in ganz Europa verkauft. Zwanzig Altmeister-Gemälde und einige Moderne Kunst erhielt Lefranc als „Finderlohn". Er ließ sie auf dem Pariser Kunstmarkt verkaufen.

Zu Kriegsende gab der Louvre die von ihm erworbenen 49 Kunstwerke an die Schloss-Familie zurück. Weitere über 100 Kunstwerke aus deutschem Besitz wurden von den Westalliierten sichergestellt und den Schloss-Erben übergeben. Die für Hitlers Museum in Linz vorgesehenen Bilder befanden sich zu Kriegsende im so genannten Führerbau in München, der infolge der Kriegswirren Ende April 1945 zeitweise unbewacht war und offensichtlich von Privatpersonen bzw. Militärangehörigen geplündert wurde. Der größte Teil der dabei entwendeten 171 Kunstwerke blieb bis heute verschollen. Die Kunstwerke wurden u.a. in dem nach dem 2. Weltkrieg veröffentlichten regierungsamtlichen Verzeichnis des „zwischen 1939 und 1945 entwendeten französischen Eigentums" aufgelistet. Dieses Verzeichnis enthielt auch das Franz-Hals-Gemälde aus dem Alteigentum Schloss.

1952 bot ein New Yorker Kunsthändler der Schloss-Familie Hilfe beim Rückkauf des Bildes an, das im Besitz eines Deutschen vermutet wurde. Die Familie lehnte das Angebot ab und publizierte in deutschen Zeitungen Suchmeldungen, die erfolglos blieben.

1967 wurde das Hals-Gemälde von dem New Yorker Auktionshaus Parke-Bernet (später fusioniert mit Sotheby's) versteigert. Als Provenienzangabe war zu lesen „Property of a Gentleman, ehemalige Sammlung Schloss". Das Kunstwerk erwarb der norwegische Sammler Braathen für 32.000 US-Dollar. Fünf Jahre später, 1972, versteigerte Christie's das Gemälde in London ohne Angaben zur früheren Herkunft aus der Sammlung Schloss zu machen. 1974 identifizierte der Autor des Franz-Hals-Werkverzeichnisses das Gemälde als eindeutig aus der Sammlung Schloss stammend und bestätigte dessen NS-verfolgungsbedingten Verlust. 1979 versteigerte Sotheby's das Werk und nannte im Versteigerungskatalog den Vorbesitz „Sammlung Schloss". Im selben Jahr wurde es im „Collectors Directory" als Alteigentum Schloss und vom NS-Regime beschlagnahmt registriert. In der New Yorker Auktion von Christie's im April 1989 ersteigerte der Kunsthändler und Eigentümer der Newhouse Galleries in New York, Adam Williams, das Franz Hals-Porträt für über 200.000 US-Dollar. Als Provenienzangabe vermerkte Christie's erstmalig „bis zum 2. Weltkrieg Schloss-Sammlung".

Der Galerist Williams schickte das Gemälde auf die 15. Biennale International im September/Oktober 1990 nach Paris. Dort wurde es von der französischen Polizei auf Antrag eines Schloss-Erben, der das Gemälde wiedererkannt hatte, beschlagnahmt. Christie's erstattete später den von Williams 1989 bei der Auktion gezahlten Kaufpreis an diesen zurück. In langjährigen Strafverfahren und nach drei Urteilen wurde der New Yorker Kunsthändler wegen Handel mit während des 2. Weltkrieges gestohlenen Kunstwerken verurteilt und die Rückgabe des Bildes an die Schloss-Erben angeordnet.

Rechtslage

Die französischen Gerichte prüften ausschließlich den Erwerb in New York unter strafrechtlichen Gesichtspunkten. Im ersten Urteil des französischen Strafgerichts wurde noch festgestellt, dass Williams in der Auktion von Christie's im April 1989 das Gemälde im guten Glauben zu einem verkehrsüblichen Preis erworben hätte. Im Übrigen wären die Ansprüche der Schloss-Erben durch eine Entschädigungs-Vergleichsvereinbarung mit der Bundesrepublik Deutschland im Jahre 1961, die auch von der französischen Regierung bestätigt wurde, endgültig geregelt worden.

Anders der Oberste Gerichtshof in seinem Urteil vom 04.06.1998, der rechtsgrundsätzlich feststellte, dass ein professioneller Kunsthändler und Spezialist für die Malerei des 17. Jahrhunderts als bösgläubig anzusehen ist. Ihm wäre zu unterstellen, dass er wusste oder hätte wissen müssen, dass das erworbene Gemälde der Schloss-Familie NS-verfolgungsbedingt abhanden gekommen war. Er hätte Kenntnis von den Verlustumständen haben können, weil das Bild in öffentlich zugänglichen Publikationen, so in einem Katalog von 1974 und einem Nachschlagewerk von 1979, als Alteigentum Schloss und als Verlust beschrieben wurde. Dadurch wäre die Provenienz des Bildes eindeutig dokumentiert gewesen und der Erwerber hätte es bei der Auktion 1989 in New York nicht (mehr) gutgläubig erwerben können. Die Entschädigungsvereinbarung der Schloss-Erben mit der Bundesrepublik Deutschland hindere nicht die strafrechtliche Verfolgung wegen des Handels mit abhanden gekommenen Kunstgegenständen. In Anwendung dieser rechtsgrundsätzlichen Feststellungen des Obersten Gerichtshofes verurteilte das Gericht, an das die Angelegenheit zurückverwiesen worden war, am

06.07.2001 den New Yorker Kunsthändler zu einer Gefängnisstrafe von acht Monaten auf Bewährung und einer Geldstrafe. Es ordnete die Einziehung des Gemäldes und seine Rückgabe an die Schloss-Erben an.

Interessant ist die zivilrechtliche Prüfung des Falles, also ob der Eigentumserwerb nach den verschiedenen Veräußerungsfällen in diversen Ländern wirksam zustande gekommen war.

Die Beschlagnahme des Bildes durch deutsche Stellen und der Verkauf zugunsten des Sammlungsbesitzes für das Linzer Museum waren gemäß den französischen Restitutionsbestimmungen der 40er Jahre nichtig. Unbekannt ist, wer das Gemälde 1967 in New York zur Versteigerung einlieferte. Ob dieser Einlieferer gutgläubiger Eigentümer des abhanden gekommenen Gemäldes war, hängt davon ab, in welchem Land und unter welchen Umständen er das Gemälde erwarb.

Soweit keine Gutgläubigkeit vorlag, konnte die Versteigerung 1967 in New York keinen wirksamen Eigentumserwerb zugunsten des norwegischen Käufers begründen, weil nach amerikanischem Recht ein gutgläubiger Erwerb von abhanden gekommenen Sachen ausgeschlossen ist. Diese Rechtslage besteht auch in Großbritannien, weshalb der wenige Jahre später erfolgte Verkauf in London ebenfalls keinen Eigentumserwerb zugunsten des Käufers begründen konnte. Gleiches gilt für die erneute Veräußerung 1979 durch Sotheby's und 1989 durch Christie's in New York. Auch der letzte Erwerber und Besitzer, der New Yorker Galerist Williams, konnte nicht wirksam Eigentum an dem Gemälde erwerben, weil amerikanisches Recht dies ausschließt.

Die Schloss-Erben hätten also auch mit einer zivilgerichtlichen Herausgabeklage in Frankreich erfolgreich die Rückgabe des Gemäldes erreichen können. Das französische Zivilgericht hätte nach der so genannten Situs-Regel die verschiedenen Eigentumserwerbe in Großbritannien und den USA prüfen und zu dem Ergebnis kommen müssen, dass nach deren Rechtsordnungen ein wirksamer Eigentumserwerb zugunsten des Besitzers Williams nicht eingetreten war.

Italien

Cino Vitta-Erben vs. Dunedin Public Art Gallery

Italienische Impressionisten der Macchiaioli-Schule
(Telemaco Signorini, Giovanni Fattori, Silvestro Lega)

Fall 50
NLA

dazu: Renold, S. 17 ff.

Fall

Cino Vitta, ein berühmtes Mitglied der florentinischen jüdischen Gemeinde, war Eigentümer zahlreicher Kunstwerke, darunter sieben Arbeiten italienischer Impressionisten, die während des 2. Weltkrieges gestohlen worden waren. Ein neuseeländischer Militärangehöriger erwarb die Bilder während oder nach Ende des 2. Weltkrieges in Italien und nahm sie mit in seine Heimat. Seine Schwester verkaufte die Gemälde 1994 an die neuseeländische Dunedin Public Art Gallery. Drei Jahre später gingen fünf der sieben Bilder als Leihgabe an die Galleria Pananti, wo sie auf Antrag der Erben Cino Vittas beschlagnahmt wurden.

Rechtslage

Die zivilgerichtliche Klage der Vitta-Erben in Italien wurde zunächst abgewiesen. Nach Durchführung eines strafrechtlichen Verfahrens gegen die Dunedin Public Art Gallery wegen Handels mit gestohlenen Gegenstände endete der Rechtsstreit im Juli 1999 mit einer Einigung, woraufhin zwei der in Florenz beschlagnahmten Bilder an die Erben von Cino Vitta zurückgegeben wurden.

Zu fragen ist, ob auch im Zivilrechtsweg durch eine Klage in Italien die Rückgabe erfolgreich gewesen wäre. Nach italienischem Zivilrecht kann an abhanden gekommenen Gegenständen Eigentum erworben werden, wenn der Erwerber im Zeitpunkt des Kaufes gutgläubig war. Im vorliegenden Fall ist maßgeblich, ob der neuseeländische Soldat beim Kauf der Bilder in Italien zu Kriegsende gutgläubig war. Denn die spätere Veräußerung der Bilder in Neuseeland an die Galerie konnte nur dann zu einem wirksamen Eigentumsübergang führen, wenn die Schwester als Rechtsnachfolgerin ihres Bruders, der in Italien die Bilder gekauft hatte, Eigentümerin war. Nach neuseeländischem Recht ist wie in anderen angelsächsischen Rechtssystemen nämlich ein Eigentumserwerb an abhanden gekommenen Gegenständen, selbst bei Gutgläubigkeit, ausgeschlossen. Bei der Prüfung der Erfolgsaussicht einer zivilgerichtlichen Klage käme es entscheidend darauf an, ob die Vitta-Erben nachweisen können, dass der neuseeländische Soldat bei Erwerb der Bilder in Italien bösgläubig war.

Fall 51

Italien

Republik Ecuador vs. Danusso

präkolumbianische Grabungsfunde

dazu: Müller-Katzenburg in NJW 1999, S. 2554

Fall

Der italienische Kunsthändler Danusso kaufte in Ecuador archäologische Grabungsfunde, von denen er später einige in Italien an Dritte veräußerte. Daneben erwarb er in Italien andere Grabungsfunde. Die Republik Ecuador erhob in Turin Klage auf Herausgabe der noch im Besitz von Danusso befindlichen Gegenstände.

Rechtslage

Das Tribunale di Turino verurteilte Danusso am 28.01.1983 zur Herausgabe der noch in seinem Besitz befindlichen Grabungsfunde. Es wandte die auch im italienischen Recht geltende Situs-Regel an. Der Ankauf der Gegenstände in Ecuador wäre bereits nach dem dortigen Recht unwirksam. Mit Verbringung der Gegenstände nach Italien trat auch nach italienischem Recht kein Eigentumserwerb ein. Wegen des Erwerbsvorganges in Ecuador war das ecuadorianische Recht anzuwenden. Anders verhielt es sich hinsichtlich der in Italien von Danusso erworbenen oder von ihm dort weiter veräußerten Grabungsfunde. Hier war italienisches Recht anzuwenden, wonach ein gutgläubiger Erwerb grundsätzlich auch an abhanden gekommenen Gegenständen möglich ist. So konnte Danusso, seine Gutgläubigkeit unterstellt, Eigentum an den in Italien gekauften Grabungsfunden erwerben. Die von Danusso in Ecuador erworbenen Grabungsfunde konnte ein Dritter bei Verkauf in Italien gleichfalls gutgläubig erwerben.

Niederlande

Staatliche Kunstsammlungen Dresden vs. unbekannte Besitzer

Gemälde von Jan van der Heyden, „Kloster in Landschap"

Fall 52

NLA

dazu: O'Keefe in 2. Buch Koordinierungsstelle, S. 272 ff.;
International Journal of Cultural Property 9/2000, S. 138 ff., 146

Fall

Das im Eigentum der Dresdner Gemäldegalerie stehende Altmeister-Gemälde war unter ungeklärten Umständen 1945 mutmaßlich von sowjetischen Soldaten gestohlen und in die UdSSR geschafft worden. Unter gleichfalls unaufgeklärten Umständen tauchte es in der Nachkriegszeit in den Niederlanden auf und wurde dort von einem Privatsammler erworben. Als in den 90er Jahren der Besitzer in den Niederlanden bekannt wurde, erhob die Dresdner Gemäldegalerie vor einem niederländischen Zivilgericht Herausgabeklage. Mit Urteil vom 08.05.1998 hat der Oberste Gerichtshof der Niederlande die Herausgabeklage abgelehnt.

Rechtslage.

Mit der Wegnahme des Gemäldes und seiner Verbringung in die UdSSR trat kein Eigentumsverlust der Dresdner Gemäldegalerie ein. Ob ein rechtswirksamer Erwerb während der Besitzzeit in der UdSSR möglich war, wurde von den niederländischen Zivilgerichten nicht aufgeklärt. Diese prüften ausschließlich, ob nach niederländischem Recht ein Eigentumserwerb vorlag. Das Gericht brauchte im Ergebnis nicht zu entscheiden, ob der private Kunstsammler bei Erwerb in den Niederlanden gutgläubig war, d.h. nicht wusste oder nicht hätte wissen müssen, dass er von einem Nichtberechtigten erwarb. Es konnte auch dahin stehen, ob der Käufer in der fortlaufenden Ersitzungsfrist gutgläubig war, weil die Herausgabeklage im Ergebnis daran scheiterte, dass der Anspruch verjährt war.

Nach niederländischem Recht besteht die Besonderheit, dass ab Besitzverlust nach Ablauf einer 20jährigen Frist der Herausgabeanspruch verjährt und auch der bösgläubige Besitzer Eigentümer des Kunstwerkes wurde. Auch die spezialgesetzliche Sonderregelung für Kunstwerke, die eine 30jährige Verjährungsfrist anordnet, griff nicht, weil zwischen der Inbesitznahme und dem gerichtlichen Herausgabeverlangen eine Frist von mehr als 30 Jahren vergangen war, so dass der Besitzer Eigentümer ist.

Dieser Fall zeigt die Besonderheiten des niederländischen Zivilrechts, wonach auch ein bösgläubiger Besitzer, z.B. auch ein Straftäter wie ein Dieb oder Hehler, unumschränkter Eigentümer eines Kunstwerkes werden kann, wenn die Verjährungsfrist von 20 bzw. 30 Jahren abgelaufen ist.

Fall 53

Großbritannien

William Wilberforce Winkworth vs. Christie's

diverse japanische Kunstgegenstände

dazu: Müller-Katzenburg in NJW 1999, S. 2554

Fall

Dem englischen Kunstsammler William Wilberforce Winkworth waren in England in seinem Eigentum stehende japanische Kunstwerke gestohlen worden. Sie tauchten später in Italien auf und wurden dort von einem italienischen Marchese gutgläubig erworben. Dieser gab die Kunstwerke an das Auktionshaus Christie's in London zur Versteigerung. Der englische Eigentümer Winkworth verlangte von Christie's die Herausgabe seiner gestohlenen Kunstgegenstände.

Rechtslage

Der High Court lehnte die Eigentumsherausgabe mit der Begründung ab, der italienische Marchese habe in Italien nach italienischem Recht an den gestohlenen Kunstwerken gutgläubig Eigentum erworben. Dieser Erwerb wäre nach der Situs-Regel in England zu beachten, weil in Italien auch an abhanden gekommenen bzw. gestohlenen Gegenständen der gutgläubige Erwerb möglich ist. Eine Ausnahme von der Situs-Regel wegen „Exceptionell Facts of the Case" wurde verneint. Der Kläger Winkworth hatte geltend gemacht, dass ausnahmsweise englisches Recht anzuwenden wäre, weil zahlreiche Anknüpfungspunkte - Diebstahl in England, Wohnsitz des Eigentümers und rechtmäßigen Besitzers in England, aktuelle Rückkehr der Sache nach England - die vorrangige Geltung englischen Rechts begründe. Diese Anknüpfungstatsachen wurden jedoch nicht als ausreichend angesehen, weil der Erwerb in Italien erfolgt war. Die Nichtanwendung italienischen Rechts wegen Verstoß gegen den englischen ordre public wurde gleichfalls verneint. Zwar existiert in England keine vergleichbare gesetzliche Regelung, die einen gutgläubigen Erwerb von gestohlenen Sachen zulässt. Die abweichende gesetzliche Regelung in Italien wurde aber nicht als so gravierend angesehen, dass sie nach englischem Recht als beachtlich hätte gewertet werden müssen.

Offen ist allerdings, ob wegen des besonderen Kulturgüterschutzes in zukünftigen Fällen das italienische Recht angewandt wird, soweit es gestohlene Kulturgüter betrifft. Insoweit ist durchaus eine Änderung in der obergerichtlichen Rechtsprechung möglich, die dann einen Verstoß gegen den englischen ordre public feststellen könnte. Dann wäre italienisches Recht, das den gutgläubigen Eigentumserwerb an abhanden gekommenen Kunstwerken zulässt, unanwendbar.

Russland

Baron Mor Lipot Herzog-Erben (Martha Nierenberg) vs. Russische Föderation

Gemäldesammlung des Barons Mor Lipot Herzog

Fall 54

NLA

dazu: Svetlanov in „Gesten des guten Willens und Gesetzgebung", S. 274 ff.; Erklärung von Martha Nierenberg vom 10.02.2000 (http://commdocs.house.gov)

Fall

Baron Mor Lipot Herzog besaß eine bedeutende Gemäldesammlung (dazu Fall 74), die 1944 im Zuge der in Ungarn gegen Juden durchgeführten Verfolgungsmaßnahmen vom NS-Regime beschlagnahmt wurde. Einen Teil der aus mehreren tausend Kunstwerken bestehenden Sammlung hatten die deutschen Besatzer in Museen in Budapest deponiert. Das sowjetische Militär stellte die Gemälde sicher und schafften sie in die UdSSR, wo sie bis Anfang der 90er Jahre in den dortigen Depots verschwanden.

Als die Tochter des Barons Mor Lipot Herzog, Elisabeth Herzog Weiss de Csepel, und nach deren Tod 1992 ihre Tochter Martha Nierenberg Kenntnis erhielten, dass sich einige Kunstwerke aus der früheren Herzog-Sammlung in russischen Museen befinden, verklagte Martha Nierenberg die Russische Föderation auf Herausgabe der Bilder. Der Rechtsstreit ist in Moskau bei dem dort zuständigen Zivilgericht seit mehreren Jahren anhängig. Zunächst sollte die zivilgerichtliche Klage nur zugelassen werden, wenn ein Gerichtskostenvorschuss gezahlt wird. Erst durch Beschluss des Obersten Gerichts der Russischen Föderation wurde zugunsten von Martha Nierenberg festgestellt, dass diese nicht verpflichtet ist, diesen Vorschuss einzuzahlen, weil sie nach den gesetzlichen Bestimmungen der Russischen Föderation als Verfolgte des Nazi-Regimes von Gebührenzahlungen befreit ist. Verzögernd wirkt sich aus, dass angeblich die Erbfolge nicht eindeutig belegt wurde. Das Verfahren dauert an.

Rechtslage

Mit Beschlagnahme der Gemäldesammlung durch das NS-Regime konnte keine wirksame Eigentumsrechtsveränderung erfolgen. Die Verbringung der Gemäldesammlung in die UdSSR bewirkte gleichfalls keinen Eigentumsverlust. Auch durch das KulturgutG II. WeltK hatte die Erbin Martha Nierenberg das Eigentum an der Gemäldesammlung nicht verloren, weil es sich nicht um Eigentum früherer Feindstaaten handelte, sondern um Privateigentum von Verfolgten des NS-Regimes.

Martha Nierenberg steht der Zivilrechtsweg vor den russischen Gerichten offen, wie der russische Verfassungsgerichtshof ausdrücklich in seinem Urteil zum KulturgutG II. WeltK bekräftigte. Grundsätzlich müssen bei einer zivilgerichtlichen Klage mit Klageerhebung 1,5% des Streitwertes – hier des Verkehrswertes der herausverlangten Gemälde – als Gerichtskostenvorschuss gezahlt werden. In jahrelangen Rechtsstreitigkeiten wurde zunächst darüber gestritten, wie hoch der

Verkehrswert der Gemälde wäre und ob Martha Nierenberg überhaupt ein Gerichtskostenvorschuss zahlen müsse. Zwischenzeitlich stellte das Oberste Gericht klar, dass Martha Nierenberg ihre Herausgabeklage gerichtskostenfrei erheben kann.

Nunmehr befindet sich das zivilgerichtliche Verfahren im Stadium der Sachprüfung, in der zu klären ist, ob bis zum heutigen Tage kein Eigentumsverlust an der Gemäldesammlung eintrat. Zwar ist nach dem russischen Zivilgesetzbuch grundsätzlich ein gutgläubiger Eigentumserwerb von einem Besitzer möglich, der nicht Eigentümer der Kunstobjekte war. Vorliegend wurde die Gemäldesammlung jedoch lediglich beschlagnahmt und in Depots russischer Museen überführt, ohne dass eine rechtsgeschäftliche Übertragung auf Dritte im Rahmen eines Verkehrsgeschäftes erfolgt war. Deshalb scheidet insoweit ein Eigentumserwerb durch rechtsgeschäftliche Übertragung aus. Möglich wäre lediglich ein Eigentumserwerb durch Ersitzung, wenn der gutgläubige Besitzer mindestens 5 Jahre ununterbrochen den Eigenbesitz ausgeübt hat. Der Verfassungsgerichtshof klärte mit seinem Urteil vom 20.07.1999 zum KulturgutG II. WeltK allerdings, dass die Frist erst beginnt, wenn vom Besitzer ein offener Besitz ausgeübt wurde und der Eigentümer die Möglichkeit der Kenntnisnahme des aktuellen Besitzers hatte. Jahrzehnte war die Gemäldesammlung in Depots verschlossen. Es wurde kein offener Besitz ausgeübt. Die Möglichkeit der Kenntnisnahme bestand für die Klägerin Martha Nierenberg erst, als Anfang der 90er Jahre bekannt wurde, wo sich die Bilder befinden. Daraufhin hatte sie unverzüglich die Herausgabe der Gemälde verlangt. Auch eine Verjährung des Eigentumsherausgabeanspruches, wie er beispielsweise nach deutschem Recht generell dreißig Jahre nach Besitzverlust eintritt, ist nach dem russischen Zivilrecht nicht gegeben. Die Verjährungsfrist beträgt zwar nur drei Jahre. Sie beginnt allerdings erst ab Kenntnis des Alteigentümers vom Besitzverlust und der Person, die aktueller Besitzer der Sache ist. Die Herausgabeklage der Martha Nierenberg dürfte daher nach russischem Zivilrecht erfolgreich sein.

Deutschland

Frieda Doering-Erben vs. Deutsches Reich/Bundesrepublik Deutschland

Gemäldesammlung „entarteter" und sonstiger Kunst

Fall 55
NLA

dazu: Beschluss der Rückerstattungsgerichte vom 26.01.1967, S. 5 ff.;
KG-Beschluss vom 08.01.1965 in NJW 1965, S. 161

Fall

Die in Stettin lebende nicht jüdische Witwe Frieda Doering besaß eine Gemäldesammlung, die zum Teil als Leihgabe im Städtischen Kunstmuseum Stettin ausgestellt war. Einige dieser Bilder wurden 1937 als „entartet" beschlagnahmt, aus dem Museum entfernt, nach Berlin geschafft und 1938 entschädigungslos enteignet. Während der NS-Zeit förderte Frieda Doering jüdische Künstler durch Ankauf von Bildern oder durch Geldzuwendungen. Sie war wegen ihrer dem NS-Regime abgeneigten politischen Haltung beleidigendem und verächtlich machendem Verhalten örtlicher NS-Größen ausgesetzt. Im unmittelbaren Zusammenhang mit der Beschlagnahme der Bilder erfolgten allerdings keine persönlichen Repressalien und Verfolgungsmaßnahmen.

Die Erben von Frieda Doering machten nach dem Ende des 2. Weltkrieges Ansprüche nach der alliierten Rückerstattungsanordnung auf die im Besitz der Bundesrepublik Deutschland befindlichen Bilder geltend.

Rechtslage

Alle drei mit dem Fall befassten, mit deutschen Richtern besetzten Gerichtsinstanzen vertraten die Auffassung, dass die Beschlagnahme der „entarteten" Kunstwerke aus dem Besitz Doering aufgrund einer allgemeinen, weltanschaulich geführten Kampagne erfolgte und in keinem unmittelbaren Zusammenhang mit der politischen Einstellung der Eigentümerin gestanden hätte. Es könne daher keine Ursächlichkeit oder Mitursächlichkeit hinsichtlich des Verlustes der Bilder durch die Beschlagnahme und späteren Einziehung und der persönlichen Verfolgung der damaligen Besitzerin Frieda Doering festgestellt werden. Deutsche Gerichte meinten damals, die entschädigungslose Enteignung der Bilder war kein NS-Unrecht, das nach dem alliierten Rückerstattungsrecht zu beurteilen wäre, wenn eine Verfolgung der Sammler unterblieb.

Von den angerufenen Gerichten waren mögliche zivilrechtliche Ansprüche auf Eigentumsrückgabe oder auf angemessene Zahlung einer Entschädigung wegen entschädigungsloser Enteignung nicht zu entscheiden. Nach der Radbruch'schen Formel konnte kein Eigentumsverlust eintreten. Ob die Dritten übergebenen Kunstwerke durch Ersitzung erworben wurden, ist zweifelhaft, weil Gutgläubigkeit während der zehnjährigen Ersitzungsfrist erforderlich ist. Innerhalb dieses Zeitraumes dürfte der gute Glauben an dem wirksamen Eigentumserwerb zumindest nach Kriegsende zerstört worden sein, als diese entschädigungslosen Enteignungen des NS-Regimes („entartete" Kunst in Privatbesitz) als unwirksam beurteilt wurden. Allerdings ist der Eigentumsherausgabeanspruch nach Ablauf der dreißigjährigen Verjährungsfrist, die mit dem Besitzverlust begann, längst verjährt. Die Rückgabe könnte aber gleichwohl möglich sein, wenn die Bilder im Besitz öffentlicher Museen und Sammlungen sind, weil diese mit der Gemeinsamen Erklärung vom 14.12.1999 die Verpflichtung eingingen, sich nicht auf die Verjährung zu berufen.

Deutschland

Elisabeth Gotthilf-Erben vs. Bayerische Staatsgemäldesammlungen

Triptychon von Leopold von Kalckreuth, „Die drei Lebensalter“

Fall 56

NLA

dazu: von zur Mühlen in 1. Buch Koordinierungsstelle, S. 247 ff.

Fall

Das 1888 von Leopold von Kalckreuth gemalte Triptychon wurde auf verschiedenen Ausstellungen gezeigt und von dem Wiener Großindustriellen und Sammler Fritz Redlich erworben. Nach dessen Tod im November 1921 erbte es seine Witwe, die das Triptychon vor 1933 ihrer Tochter Elisabeth Gotthilf schenkte, in deren Wiener Wohnung es das Speisezimmer zierte.

Im März 1938 war die Familie Gotthilf schweren Repressionsmaßnahmen ausgesetzt und musste unverzüglich ihre Wiener Wohnung räumen. Die gesamte Wohnungseinrichtung wurde beschlagnahmt und von der Verwertungsstelle für jüdisches Umzugsgut der Gestapo (VUGESTA) verwertet. Es ist unbekannt, wer das Triptychon nach der Beschlagnahme der Wohnungseinrichtung an sich nahm.

Seit 1941 war die Besitzerin des Kunstwerks offensichtlich die in Wien lebende Gräfin Sylvia von Reigersberg, die es durch Vermittlung von Leopold von Kalckreuths Sohn im März 1942 für 15.000 RM an die Neue Pinakothek in München bzw. die Bayerische Staatsgemäldesammlungen veräußerte. Kriegsbedingt eingelagert und in der Folgezeit wegen mangelnder Ausstellungsflächen nicht der Öffentlichkeit präsentiert, verblieb das Triptychon im Depot des Museums. Bemühungen von Elisabeth Gotthilf, das in Österreich verloren gegangene Bild nach 1945 ausfindig zu machen, schlugen fehl. Das zuständige österreichische Bundesdenkmalamt teilte 1948 mit, dass die Nachforschungen ergebnislos verlaufen wären.

Nach mehrfachen weiteren Initiativen der Tochter konnte erst 1970 ermittelt werden, dass sich das Bild im Besitz der Bayerischen Staatsgemäldesammlungen befand. Der Rückgabeantrag wurde mit der Begründung abgelehnt, ein Naturalrestitutionsanspruch wäre nicht fristgemäß bis zum 30.06.1950 angemeldet worden, ein gesetzlicher Wiederaufnahmegrund nach deutschen zivilprozessualen Vorschriften scheide aus. Die Antragstellerin hätte weder einen Rückgabe- noch einen Schadensersatzanspruch. Ein weiterer Versuch, sich Mitte der 70er Jahre direkt mit den Bayerischen Staatsgemäldesammlungen zu einigen, scheiterte, weil der Abfindungsbetrag in Höhe von 3.000 DM (!) aus haushaltsrechtlichen Gründen nicht aufgebracht werden konnte.

Die Alteigentümerin starb nach annähernd vierzig Jahre langen Versuchen, das Bild zurückzuerhalten, im Jahre 1983. Erst ihre Kinder konnten nach Verabschiedung der Washingtoner Prinzipien im Dezember 1998 und einer erneuten Antragstellung im Dezember 1999 die Rückgabe des Bildes durch positive Entscheidung der Bayerischen Staatsgemäldesammlungen im März 2000 erreichen. Seitdem befindet sich das Triptychon wieder im Familienbesitz.

Rechtslage

Das Kunstwerk, das sich im März 1938 in der Wohnung der Eigentümerin befand, kam auf ungeklärte Weise „abhanden". Gesetzliche Bestimmungen, die einen rechtswirksamen Eigentumsübergang zugunsten des Deutschen Reiches hätten begründen können, sind nicht ersichtlich. Der Eigentumsübergang des Bildes, offensichtlich in Österreich Anfang der 40er Jahre, unterliegt österreichischem Zivilrecht. Danach kann auch an abhanden gekommenen Gegenständen Eigentum erworben werden, wenn der Käufer gutgläubig war und keine positive Kenntnis davon hatte bzw. nicht hätte wissen müssen, dass der Veräußerer nicht Eigentümer der Sache und nicht verfügungsbefugt war.

Die Einzelheiten der Erwerbsumstände zugunsten der Gräfin Sylvia von Reigersberg sind unbekannt. Der Verkauf an die Neue Pinakothek in München, soweit er in Österreich erfolgte, unterlag gleichfalls österreichischem Recht, so dass der Eigentumserwerb des Zweiterwerbers den gleichen Voraussetzungen unterliegen könnte wie der Ersterwerb. Die Erwerberin müsste gutgläubig gewesen sein, d.h. weder gewusst haben noch wissen können, dass der Veräußerer zum Verkauf nicht berechtigt war.

Sollten die bisher unbekannten Umstände des Verkaufs belegen, dass kein gutgläubiger Eigentumserwerb des Bildes festzustellen ist, bleibt zu prüfen, ob die Pinakothek nach deutschem Zivilrecht durch Ersitzung Eigentümerin des Bildes wurde. Erforderlich wäre dafür, dass sie bei Besitzerwerb 1942 und in der Folgezeit gutgläubig war. Das Triptychon wurde stellvertretend durch den Generaldirektor der Bayerischen Staatsgemäldesammlung, Ernst Buschner, erworben. Museen unterliegen grundsätzlich einer erhöhten Nachforschungsobliegenheitspflicht, da unterstellt werden kann, dass der Käufer als hochspezialisierter Fachmann weiß oder zumindest hätte wissen müssen, aus welchem Voreigentum das Bild stammte. Es bestehen hier durchaus Anhaltspunkte, dass unter den besonderen Umständen dieses Einzelfalles, insbesondere der „Person" des Käufers, kein gutgläubiger Erwerb durch Ersitzung festzustellen wäre. Der Eigentumsherausgabeanspruch könnte allerdings daran scheitern, dass seit Besitzverlust, 1938, längst die 30jährige Verjährungsfrist abgelaufen ist und, soweit sich das Museum auf die Einrede der Verjährung berufen würde, die Eigentumsherausgabe bereits daran scheitert. Auf eine solche Verjährungseinrede dürfte sich allerdings das Museum nicht berufen, weil es in einer Selbstverpflichtung mit der Gemeinsamen Erklärung vom Dezember 1999 bestätigte, dass eine Berufung auf Verjährungsfristen entfällt. Demnach wäre eine zivilgerichtliche Verfolgung der Sache durchaus Erfolg versprechend gewesen.

Daneben zeigt die Ablehnung der Rückgabeanträge von 1970 und 1972 durch die deutschen Behörden, dass das Wiedergutmachungsrecht der Nachkriegszeit mit seinen starren Ablauffristen – die Antragstellung war bis spätestens 30.06.1950 erforderlich – zu einer Vereitelung von Rückgabeansprüchen führte, obwohl der Antragsteller selbst gar nicht wusste, wo sich das Bild befand und daher „ins Blaue hinein" keinen Rückgabeantrag in Deutschland stellte. Erst durch die – rechtlich unverbindlichen – Absichtserklärung der Washingtoner Prinzipien und die nachfolgende Gemeinsame Erklärung sah sich das staatliche Museum verpflichtet, dem Rückgabeanspruch zu entsprechen.

Deutschland

Otto Ollendorff-Erben vs. Städtische Sammlungen für Geschichte und Kultur Görlitz (Kulturhistorisches Museum)

Gemälde von Lovis Corinth, „Frau mit Lilien im Treibhaus"

Fall 57
NLA

dazu: Klammt/Winzeler in 1. Buch Koordinierungsstelle, S. 119 ff.

Fall

Der Breslauer Kaufmann und Kunstsammler Dr. Otto Ollendorff besaß u. a. das 1911 entstandene Gemälde „Frau mit Lilien im Treibhaus" von Lovis Corinth. Aufgrund der zunehmenden rassischen Verfolgung nahm sich Ollendorf am 8. Mai 1939 das Leben. Seine Frau und ihre Kinder emigrierten daraufhin nach Nordamerika. Bei der Ausreise wurde das Gemälde von der Gestapo aus dem Reisegepäck sichergestellt und über das Schlesische Museum der bildenden Künste und die Kunsthandlung Wenzel in Breslau an die Städtischen Kunstsammlungen in Görlitz verkauft. Dort überdauerte es die Kriegs- und Nachkriegszeit und verblieb bis nach der Wiedervereinigung im Görlitzer Sammlungsbestand. Dem Rückgabeantrag der Ollendorf-Erben von September 1990 wurde erst acht Jahre später mit Rückgabebescheid entsprochen. Nach der Herausgabe des Kunstwerkes im November 1998 wurde es im April 1999 versteigert.

Rechtslage

Die Beschlagnahme des Gemäldes bei der Ausreise 1939 führte nicht zum Eigentumsverlust. Im Zivilrechtssinne ist der Verlust als „Abhandenkommen" zu beurteilen. Deshalb konnte das Gemälde auch nicht rechtswirksam von einem Dritten, dem Schlesischen Museum bzw. dem Kunsthändler, an die Städtischen Kunstsammlungen in Görlitz verkauft werden. Ein Eigentumserwerb durch den Verkauf war ausgeschlossen. Nur durch Ersitzung könnte er eingetreten sein, wenn der Käufer bei Kauf des Gemäldes während des 2. Weltkrieges und der nachfolgenden Besitzzeit gutgläubig war. Nach den heutigen Maßstäben, die insbesondere für professionelle Erwerber, zu denen stets ein Museum gehört, von der Rechtsprechung aufgestellt wurden, erscheint es äußerst zweifelhaft, ob das Museum eine Gutgläubigkeit des Besitzerwerbes zweifelsfrei belegen könnte. Es unterliegt bei Ersitzung der vollen Beweislast. Der Eigentumsherausgabeanspruch der Ollendorff-Erben könnte somit auch noch im Zivilrechtsweg geltend gemacht werden. Auch die Verjährung des Eigentumsherausgabeanspruches (30 Jahre beginnend ab Besitzverlust 1939) dürfte noch nicht eingetreten sein. Das Gemälde befand sich in der DDR und die Rechtsprechung nimmt an, dass frühestens mit der Herstellung rechtsstaatlicher Verhältnisse im Frühjahr 1990 in der DDR erstmalig die Möglichkeit bestand, gerichtlich Ansprüche geltend zu machen. Bis zu diesem Zeitpunkt war die Verjährung des Eigentumsherausgabeanspruchs gehemmt. Als die Ollendorff-Erben den Rückgabeanspruch 1990 geltend machten, hatte die Verjährungsfrist gerade erst begonnen. Der Anspruch wäre unverjährt.

Statt dessen stellten die Erben einen öffentlich-rechtlichen Rückübereignungsantrag nach dem VermG. Dieser Antrag war offensichtlich begründet, weil nach § 1 Abs. 6 VermG i. V. m. der insoweit (weiter) geltenden Alliierten Rückerstattungsanordnung ein verfolgungsbedingter Vermögensverlust festgestellt wurde. Die jüdische Familie Ollendorff gehörte zu einem Personenkreis, der kollektiv verfolgt wurde. Damit wurde der Verlust des Gemäldes aus rassischen Gründen vermutet. Ein Gegenbeweis war unmöglich, weil kein verkehrsüblicher Kaufpreis gezahlt wurde, der Erlös nicht ungeschmälert der Witwe zufloß und diese ohne die Herrschaft des NS-Regimes das Gemälde bei Ausreise nicht veräußert hätte. Das Gemälde war gegen den Willen der Witwe beschlagnahmt worden.

Deutschland

Gustav Kirstein-Erben vs. Museum der bildenden Künste Leipzig

105 Kunstgegenstände

Fall 58

NLA

dazu: Braun in 1. Buch Koordinierungsstelle, S. 203, 218 ff.

Fall

Der Kunstsammler Dr. Gustav Kirstein war ein erfolgreicher Leipziger Verlagsbuchhändler, der insbesondere die Herstellung von Farbendrucken und Lichtbildern für Kunstzeitschriften initiierte und preiswerte Publikationen zur modernen Kunstwissenschaft veröffentlichte. Er sammelte Werke von Klinger, Liebermann, Manet, Menzel, Corinth, Spitzweg, Thoma und Bildhauerarbeiten von Kollwitz und Kolbe, die z.T. als Dauerleihgaben der Stadt Leipzig überlassen worden waren.

1933 musste Kirstein den Vorsitz des Leipziger Kunstvereins und die Mitgliedschaft im Börsenverein des deutschen Buchhandels aufgeben, seine geschäftliche Tätigkeit wurde eingeschränkt, woraufhin er 1934 vermutlich durch Freitod aus dem Leben schied. Aufgrund der zunehmenden antijüdischen Repressalien wollte seine Witwe und Alleinerbin Clara Kirstein ihren Kindern ins Exil folgen. Sie bemühte sich, insbesondere an das Museum der Stadt Leipzig Werke aus der Kunstsammlung ihres Ehemannes zu verkaufen. Nachdem Clara Kirstein sämtliche Zwangsabgaben entrichtet hatte, sollte Ende Juni 1939 die Auswanderung erfolgen. Einen Tag vor der geplanten Abreise verweigerte ihr die Gestapo diese und kündigte die Deportation ins KZ Theresienstadt an. Daraufhin beging auch sie am 29.06.1939 Selbstmord.

Ein Teil der Kunstsammlung wurde von dem jüdischen Nachlassverwalter im Oktober 1939 an die Stadt Leipzig verkauft. Den übrigen Kunstbesitz veräußerte wahrscheinlich die beauftragte Kunsthandlung Boerner. Sein Verbleib ist unbekannt.

Die Kinder von Gustav und Clara Kirstein konnten sich vor der Verfolgung des NS-Regimes rechtzeitig in die USA retten und kehrten niemals nach Deutschland zurück. Im April 2000 machten sie Rückgabeansprüche auf der Grundlage der Washingtoner Prinzipien geltend. Zuvor hatte allerdings die JCC bereits in ihrer Globalanmeldung gemäß VermG diese Ansprüche reklamiert und 1996 auf die Kunstsammlung Kirstein präzisiert. Sie trat diesen Anspruch an die Erben unentgeltlich ab, woraufhin das Vermögensamt die Rückübertragung von 104 Kunstgegenständen anordnen konnte. Die Kunstgegenstände wurden bei Sotheby's im Frühjahr 2001 versteigert.

Rechtslage

Die Verkäufe von Kunstgegenständen im Oktober 1939 durch den jüdischen Nachlaßverwalter könnten zivilrechtlich als wirksam anzusehen sein, wenn die Nachlassverwaltung nicht aufgrund diskriminierender und insbesondere gegen jüdische Bürger gerichteter gesetzlicher Sonderregelungen erfolgte. Soweit dies nicht der Fall war, wäre der Erwerber, das Leipziger Museum, Eigentümer der Kunstgegenstände geworden. Eine zivilgerichtliche Geltendmachung ist dann ausgeschlossen. Eine diesbezügliche Klärung war jedoch nicht nötig, weil das Eigentum öffentlich-rechtlich zurück übertragen wurde.

Das VermG räumt für im Beitrittsgebiet verbliebene bewegliche Gegenstände einen öffentlich-rechtlichen Rückgabeanspruch ein, wenn dem Eigentümer i. S. § 1 Abs. 6 VermG das Eigentum verfolgungsbedingt entzogen wurde. Die Familie Kirstein unterlag sowohl der individuellen Verfolgung durch das NS-Regime und sie gehörte auch zu einer kollektiv verfolgten Personengruppe, so dass die gesetzliche Vermutung gilt, dass der Verkauf der Kunstwerke nach dem Selbstmord von Clara Kirstein durch den Nachlassverwalter verfolgungsbedingt erfolgte. Der Gegenbeweis ist ausgeschlossen, weil der Kaufvertrag ohne die Herrschaft des Nationalsozialismus nicht abgeschlossen worden wäre und/oder der Kaufpreis nicht ungeschmälert der Verkäuferin bzw. deren Erben zugefloss. Es liegt ein eindeutiger Rückgabefall nach dem VermG vor.

Antragsberechtigt ist grundsätzlich der seinerzeit Geschädigte bzw. dessen Erben. Für bewegliche Gegenstände gilt eine gesetzliche Ausschlussfrist, wonach bis 30.06.1993 ein Antrag in Deutschland hätte gestellt werden müssen. Dies ist durch die Kirstein-Erben nicht geschehen, so dass der begründete Rückgabeantrag wegen Verfristung hätte abgelehnt werden müssen. Wiedereinsetzungsmöglichkeiten gegen die gesetzliche Ausschlussfrist bestehen grundsätzlich nicht. Hilfsweise ist im VermG allerdings geregelt, dass die JCC als Antragsteller bei so genannten erbenlosen Vermögen und für Vermögenswerte, die von den Berechtigten nicht rechtzeitig angemeldet wurden, antragsberechtigt ist und diese Vermögenswerte beanspruchen kann. Bei Kunstwerken hat sich die JCC bereit erklärt, an die Erben früherer Eigentümer den von ihr gestellten Restitutionsantrag unentgeltlich abzutreten. So wurde vorliegend verfahren.

Vom Vermögensamt wurde nicht problematisiert, ob seitens der JCC eine fristgemäße Anmeldung erfolgte. Denn diese hatte nicht innerhalb der Ausschlussfrist bis 30.06.1993 die Präzisierung auf die Kirstein-Sammlung vorgenommen. Vorliegend wurde aufgrund der so genannten Globalanmeldung der JCC von 1992 und der Konkretisierung auf die Kirstein-Sammlung im Jahre 1996 eine fristgemäße Anmeldung unterstellt.

Wäre es nicht zu einer vermögensrechtlichen Rückübertragung gekommen, weil das Vermögensamt wegen nicht fristgemäßer Anmeldung die Ansprüche abgelehnt hätte, wäre die Rückgabe an die Kirstein-Erben allerdings unter Bezugnahme auf die Washingtoner Prinzipien und die von den deutschen Museen übernommene Selbstverpflichtung in der Gemeinsamen Erklärung vom Dezember 1999 regelbar gewesen, weil darin ausdrücklich bekräftigt wurde, dass Rückgabebegehren nicht wegen abgelaufener Fristen zurückgewiesen werden.

Deutschland

Estella Meyer-Erben vs. Staatliche Kunstsammlungen Dresden

Gemälde von Adolf von Menzel, „Ein Nachmittag im Tuileriengarten"

Fall 59

NLA

dazu: Die Welt vom 11.11.2005; Der Tagesspiegel vom 13.12.2005

Fall

Die Berliner Jüdin Estella Meyer war Eigentümerin des Menzel-Gemäldes. Sie verkaufte das Kunstwerk 1935 für 25.000 RM an die Dresdener Kunstsammlungen. 1942 wurde Estella Meyer von den Nazis deportiert und umgebracht.

1999 machte die Jewish Claims Conference vermögensrechtliche Rückübertragungsansprüche geltend. Das zuständige Bundesamt zur Regelung offener Vermögensfragen ordnete 2005 die Rückübertragung zugunsten der Meyer-Erben an, denn die Dresdner Kunstsammlungen konnten nicht beweisen, dass Estella Meyer das Kunstwerk freiwillig und zum damals üblichen Preis verkaufte hatte.

Die Erben veräußerten das Gemälde daraufhin für 2,8 Millionen € an den amerikanischen Sammler und Kunsthändler Alfred Bader. Dieser hatte ankündigt, es zumindest zeitweise den Dresdner Kunstsammlungen als Leihgabe wieder zur Verfügung zu stellen. Statt dessen bot er das Menzel-Bild unter Einschaltung eines Münchener Kunsthändlers wenig später der National Gallery in London an, die es für umgerechnet 4,7 Millionen € erwarb und als eines der zentralen Kunstwerke des 19. Jahrhunderts dauerhaft ausstellt. Das widersprüchliche Verhalten Baders, der von seiner ursprünglichen Zusage, das Gemälde den Staatlichen Kunstsammlungen Dresden zu leihen, plötzlich abrückte und es an die National Gallery in London veräußerte, führte in der deutschen Museumslandschaft zu nachhaltiger Verärgerung. Deutsche Museen fühlen sich durch die Handhabung dieses Rückgabefalles in ihrer Einschätzung bestätigt, dass es bei der Kunstrestitution nahezu ausschließlich um wirtschaftliche Interessen gehe.

Rechtslage

Zivilrechtlich ist der Verkauf des Gemäldes 1935 nicht mehr angreifbar. Er erfolgte durch die damalige Eigentümerin, also die Berechtigte. Dass sie zu einer Personengruppe gehörte, die vom NS-Regime kollektiv verfolgt wurde und das Verkaufsgeschäft zumindest mitursächlich darauf beruhte, ist zivilrechtlich irrelevant. Die Dresdner Kunstsammlungen wurden 1935 Eigentümer des Gemäldes. Soweit der Verkauf wegen besonderem, persönlichen Druck durch Drohung oder Nötigung erfolgte, hätten die Erben unverzüglich nach Kriegsende den damaligen Kaufvertrag anfechten und die Rückübereignung des Gemäldes verlangen müssen. Dazu kam es offensichtlich nicht, so dass nachträglich zivilrechtlich die Rückabwicklung des Kaufes unterblieb.

Da sich das Gemälde nach dem Kriege auf dem sowjetisch besetzten und späteren DDR-Territorium befand, waren die von den Westalliierten angeordneten Rückübertragungsbestimmungen nicht anwendbar. Das von der Bundesrepublik

Deutschland erlassene Rückerstattungsrecht fand auf Vermögenswerte in der DDR keine Anwendung. Das 1990 erlassene VermG räumte einen gesetzlichen Rückübereignungsanspruch zugunsten der Alteigentümer ein, wenn der Eigentumsverlust NS-verfolgungsbedingt im Sinne des alliierten Rückerstattungsrechts eingetreten war.

Vorliegend stellten offensichtlich die Meyer-Erben bei den zuständigen deutschen Behörden bis zum 30.06.1993 keinen fristgemäßen Antrag auf Rückübertragung des Gemäldes. Eine nachträgliche Antragstellung ist wegen der gesetzlichen Ausschlussfrist nicht möglich, so dass allein aufgrund der Verfristung der Anspruch der Meyer-Erben auf Rückübertragung nach dem VermG ausgeschlossen war. Auch die Jewish Claims Conference machte offensichtlich für das Gemäldes keinen konkretisierten Rückübertragungsanspruch innerhalb der gesetzlichen Ausschlussfrist geltend. Ob – hilfsweise – ihrer Globalanmeldung fristwahrend wirkte, ist unbekannt. Nach der neueren bundesverwaltungsgerichtlichen Rechtsprechung muss der Vermögswert aus den dieser Anmeldung beigefügten Unterlagen oder dort in Bezug genommenen Materialien „zielführend" identifizierbar sein. Es ist nicht bekannt, ob dies vorliegend der Fall war. Deshalb ist die Anerkennung einer fristgemäßen Anmeldung der JCC durch das damalige Bundesamt zumindest zweifelhaft.

Die Rückübertragung an die Meyer-Erben beruhte offensichtlich auf einer vorherigen Abtretung der JCC-Ansprüche an die Erben, die bewirkte, dass diese ohne fristgemäßen Antrag auf Rückübertragung nach dem VermG das Eigentum übertragen erhielten. Vorliegend wurde also eine gesetzliche Eigentumsübertragung nach dem VermG verfügt. Nach § 1 Abs. 6 Vermögensgesetz wird ein verfolgungsbedingter Vermögensverlust gesetzlich vermutet, wenn der Alteigentümer zu einer Personengruppe gehörte, die vom NS-Regime kollektiv verfolgt wurde. Dies war bei der Jüdin Estella Meyer der Fall. Nur ausnahmsweise könnte der aktuelle Besitzer die gesetzliche Vermutung des verfolgungsbedingten Vermögensverlustes widerlegen, wenn er zweifelsfrei nachweist, dass der Verkauf des Bildes zu einem verkehrsüblichen Preis erfolgte und der Kaufpreis der Alteigentümerin ungeschmälert zufloss. Diese Tatsachen konnten offensichtlich nicht bewiesen werden, so dass die Rückübertragung anzuordnen war. Sie erfolgte nicht im Rahmen einer „good will"-Aktion der Staatlichen Kunstsammlungen Dresden. Das Bundesamt hatte einen Rechtsanspruch anerkannt, der ggf. auch gerichtlich hätte durchgesetzt werden können. Die im Sommer 2006 im Zusammenhang mit dem Kirchner-Gemälde in der deutschen Presselandschaft wiedergegebene Empörung über angeblich unbegründete Rückgaben von Kunstwerken, in deren Zusammenhang auch der „Nachmittag im Tuileriengarten" Erwähnung fand, verkennt, dass in diesem Fall gerade keine „freiwillige" Rückgabe auf der Grundlage der Washingtoner Prinzipien erfolgte, sondern ein gesetzlich nach dem VermG bestehenden Rückübertragungsanspruch durch das zuständige Bundesamt verfügt wurde.

Russland

Niederlande vs. Russische Föderation

Aktenbestände jüdischer und nichtjüdischer Organisationen

Fall 60

NLA

dazu: van Woudenberg in Osteuropa, S. 179, 191 ff.

Fall

Tausende von Archivunterlagen niederländischer jüdischer und nichtjüdischer Organisationen waren vom NS-Regime während der Besatzungszeit beschlagnahmt und in das Deutsche Reich geschafft worden. Nach Kriegsende stellten sowjetischen Truppen einen Teil dieser Aktenbestände sicher und brachten ihn in das russische Staatsarchiv.

Die Niederlande machten unter Bezugnahme auf das KulturgutG II. WeltK im Namen der Organisationen, die diese Archivbestände verfolgungsbedingt verloren hatten, gegenüber der Russischen Föderation Rückgabeansprüche geltend – und zwar für mehr als 3.000 Dokumente mit einem Volumen von ca. 60 Archivmetern. Nach einem Beschluss der russischen Regierung wurden diese Archivalien im Dezember 2001 und Frühjahr 2003 ausgehändigt und von den Niederlanden an die rechtmäßigen Besitzer – religiöse, pazifistische, sozialistische und andere gesellschaftliche Organisationen – zurückgegeben. Die Niederlande erstatteten der Russischen Föderation die Kosten für den Erhalt, die Katalogisierung und die Archivierung des Materials auf Mikrofilmen.

Rechtslage

Die Niederlande machte gegenüber der Russischen Regierung fristgemäß Rükkgabeanträge für Kulturgüter geltend, die im Eigentum privater Organisationen standen. Nachgewiesen wurde, dass die Niederlande für diese Kulturgüter keine Reparationen von dritter Seite, insbesondere nicht von der Bundesrepublik Deutschland, erhalten hatten, mithin eine Entschädigung für den Verlust dieser Gegenstände bisher nicht gezahlt worden war. So beschloss die Russische Regierung die Rückgabe der Archivbestände und stellte fest, dass kein spezielles Durchführungsgesetz dafür erforderlich wäre, weil die Dokumente keine hohe kulturelle, historische oder andere Bedeutung für die Russische Föderation hätten. Als Aufwendungsersatz, den das KulturgutG II. WeltK vorsah, übernahmen die Niederlande die dokumentenbezogene Kosten. Im Ergebnis wurde damit erstmalig gemäß den gesetzlichen Voraussetzungen des KulturgutG II. WeltK für einen ersuchenden Staat die Rückführung von Kulturgütern, die im Privateigentum Dritter standen, möglich.

Durch die NS-Beschlagnahme und die Überführung der Unterlagen in die UdSSR konnte kein Eigentumsverlust eintreten. Da die Dokumente nicht im Eigentum so genannter Feindstaaten standen, wurden sie nicht im Wege der kompensatorischen Restitution nach dem KulturgutG II. WeltK Eigentum der Russischen Föderation.

Der grundsätzlich mögliche Eigentumserwerb im Wege der Ersitzung setzt voraus, dass die Sache mindestens fünf Jahre gutgläubig besessen wurde. Der

Besitzer, hier staatliche russische Stellen, wusste jedoch, dass es sich um fremdes Eigentum handelte und konnte deshalb keinen gutgläubigen Eigenbesitz begründen.

Der Eigentumsverlust trat auch nicht durch Verjährung des Eigentumsherausgabeanspruches ein. Nach russischem Zivilrecht beträgt zwar die entsprechende Verjährungsfrist nur drei Jahre ab Besitzverlust. Die Frist beginnt allerdings erst ab Kenntnis des Alteigentümers vom Besitzverlust und des aktuellen Besitzers. Der russische Verfassungsgerichtshof hat ausdrücklich klargestellt, dass beschlagnahmte und in Depots verschwundene Kulturgüter, deren Besitz über Jahrzehnte unbekannt war, auch heute noch herauszugeben sind, weil die Dreijahres-Verjährungs-Kenntnisfrist erst beginnt, wenn der Alteigentümer weiß, wo sich die Sache aktuell befindet. Deshalb hätte auch im zivilgerichtlichen Verfahren in der Russischen Föderation die Möglichkeit bestanden, die Dokumente zurückzuerhalten.

Russland

Niederlande vs. Russische Föderation

Altmeister-Sammlung Franz Koenigs

Fall 61

NLA

dazu: van Woudenberg in Osteuropa, S. 179 ff.

Fall

Der deutschstämmige niederländische Staatsbürger Franz Koenigs trug bis Ende der 20er Jahre eine Kunstsammlung von über 2.600 Zeichnungen und 47 Gemälden zusammen. Aus wirtschaftlichen Gründen verpfändete er sie als Sicherheitsleistung an das jüdische Bankhaus Lisser & Rosenkranz. Wegen der drohenden deutschen Invasion beschloss das Bankhaus die Liquidation, was zur Folge hatte, dass die Eigentumsrechte an der Koenigs-Sammlung auf das Bankhaus Lisser & Rosenkranz übergingen.

Als bekannt wurde, dass die Sammlung aus Holland herausgeschafft und in Sicherheit gebracht werden sollte, löste dies Proteste in Rotterdam aus, wo die Kunstwerke im Museum Boijmans Van Beuningen ausgestellt waren. Der holländische Industrielle und Mäzen des Museums, Daniel George van Beuningen, erwarb am 08.04.1940 alle 2.671 Zeichnungen sowie zwölf der 47 Gemälde und schenkte sie dem Museum Boijmans. Die übrigen 35 Gemälde wurden an den jüdischen Amsterdamer Kunsthändler Jacques Goudstikker verkauft.

Sechs Wochen später wurden die Niederlande von deutschen Truppen besetzt. Als der von Hitler mit dem Projekt Linzer „Führermuseum" beauftragte Dr. Hans Posse von der beabsichtigten Schenkung van Beuningens an das Museum Boijmans erfuhr, setzten deutsche Stellen van Beuningen unter Druck, ihnen etwa 600 Zeichnungen vorrangig deutscher Meister wie Dürer und Schongauer zu verkaufen. Die verbliebenen über 2.000 Zeichnungen schenkte van Beuningen wie beabsichtigt dem Museum.

Sie wurden im Mai 1941 beschlagnahmt, in die Dresdner Gemäldegalerie geschafft, ausgelagert und 1945 von sowjetischen Militärangehörigen in die UdSSR verbracht. Dreiunddreißig im Bestand der Dresdner Gemäldegalerie verbliebene Zeichnungen händigte Erich Honecker 1987 anlässlich seines Staatsbesuches an die Niederlande aus. Fünf Zeichnungen kehrten aus unterschiedlichen Ländern wie Österreich, Großbritannien, den USA, Italien und Russland zwischen 1953 und 1995 in die Niederlande zurück. 2005 gab die Ukraine 139 Zeichnungen zurück, die mit sowjetischen Truppen in ihren Museumsbestand gelangt waren.

Ein Teil der Koenigs-Sammlung war seit 1945 im Moskauer Puschkin Museum eingelagert. Bereits im Dezember 1945 ersuchte die niederländische Regierung das Volkskommissariat für auswärtige Angelegenheiten der UdSSR um Rückgabe dieser Zeichnungen. Im April 1947 antwortete die sowjetische Regierung, ihr lägen keine Informationen über den Verbleib der Koenigs-Sammlung vor. Erst im Herbst 1992 gab das russische Kulturministerium bekannt, es befänden sich Zeichnungen dieser Sammlung in Moskau, die ein Jahr später von niederländischen Experten identifiziert wurden. Die Niederlande haben gegenüber der Regierung der Russischen Föderation auf der Grundlage des KulturgutG II. Weltkrieg formell die Rückgabe der in staatlichen russischen Museen befindlichen Zeichnungen, ggf. auch vorhandener Gemälden der früheren Koenigs-Sammlung beantragt. Eine Entscheidung über die Rückgabe wurde bisher nicht getroffen.

Rechtslage

Derzeit wird nach dem KulturgutG II. WeltK die Rückgabe der noch in staatlichen russischen Museen befindlichen Kunstwerke aus der früheren Koenigs-Sammlung verlangt. Der Rückgabeanspruch wäre zumindest hinsichtlich jener Kunstwerke ausgeschlossen, die im Eigentum des Deutschen Reichs standen und aufgrund der gesetzlichen Regelungen des KulturgutG II. WeltK wegen kompensatorischer Restitution entschädigungslos von der Russischen Föderation enteignet worden sind. Mithin ist zunächst zu prüfen, ob zu den zur Rückübertragung beantragten Zeichnungen solche gehören, die von dem damaligen Eigentümer van Beuningen im Dezember 1940 an deutsche Stellen in rechtswirksamer Weise verkauft wurden. Sollte dies der Fall sein, wäre des Weiteren zu prüfen, ob diese Eigentumsübertragungen als unwirksam anzusehen sind mit der Folge, dass an diesen Zeichnungen kein Eigentumserwerb durch das Deutsche Reich entstehen konnte. Dann wäre auch kein so genanntes Feindstaaten-Eigentum des Deutschen Reiches entstanden, das nach dem KulturgutG II. WeltK durch entschädigungslose Enteignung Staatseigentum der Russischen Föderation werden konnte.

An den ab 1941 aus dem Museum Boijmans beschlagnahmten und in das Deutsche Reich geschafften Zeichnungen konnte zu keinem Zeitpunkt Eigentum des Deutschen Reichs entstehen, so dass insgesamt festzustellen ist, dass diese von den sowjetischen Truppen in die UdSSR geschafften Kunstwerke nicht Eigentum des Deutschen Reichs, sondern entweder Eigentum des niederländischen Staatsbürgers van Beuningen oder des Museums Boijmans sind.

Entschädigungen für den Verlust dieser Sammlungsbestände haben weder die Niederlande noch die Eigentümer von dritter Seite bisher erhalten. In einer Verbalnote verpflichteten sich die Niederlande gemäß den Bestimmungen des KulturgutG II. WeltK, russische Forderungen auf Restitution von Kulturgütern, die durch den 2. Weltkrieg in die Niederlande gelangten und sich im Besitz des niederländischen Staates befinden, unter den gleichen Bedingungen wie von der Russischen Föderation angewandt, abzugelten.

Nunmehr müsste unter Anwendung des KulturgutG II. WeltK der Rückgabeantrag der Niederlande positiv beschieden werden. Dazu bedarf es einer Empfehlung des Innerministeriellen Rates. Sodann muss in einem Regierungsbeschluss die Rückgabe angeordnet und durch ein zu erlassendes Parlamentsgesetz formell beschlossen werden. Sämtliche dieser Verfahrensschritte, die das KulturgutG II. WeltK vorsieht, sind bisher nicht durchgeführt worden. Die Rückgabe der in russischen Museen befindlichen Werke der früheren Koenigs-Sammlung steht noch aus.

Russland

Viktor von Klemperer-Erben vs. Russische Föderation

Inkunabel-Sammlung

Fall 62

NLA

dazu: Rudolph in Osteuropa, S. 141 ff.

Fall

Viktor von Klemperer war seit 1904 leitender Mitarbeiter der Dresdner Bank und seit 1914 bis zu seiner zwangsweisen Entfernung durch das NS-Regime im Mai 1934 Direktor ihrer Dresdner Niederlassung. Klemperer war leidenschaftlicher Sammler von Inkunabeln, Handschriften und bibliophilen Buchausgaben.

1938 emigrierte Viktor von Klemperer, woraufhin sämtliche in Deutschland zurückgelassenen Sammlungsteile beschlagnahmt und den Dresdner Kunstsammlungen zur Verwahrung übergeben wurden. Mehrjährige Versuche des Deutschen Reichs, insbesondere die Inkunabel-Sammlung für einen weit unter dem Verkehrswert liegenden Preis in formal rechtmäßiger Weise zu erwerben, schlugen fehl. Erst mit der berüchtigten 11. Verordnung zum Reichsbürgergesetz vom 25.11.1941 verfiel der gesamte im Deutschen Reich verbliebene Besitz Klemperers entschädigungslos dem Deutschen Reich. Im Januar 1943 wurden die sichergestellten Inkunabeln, Handschriften und bibliophilen Buchausgaben der Sächsischen Landesbibliothek übergeben, die diese zum Schutz vor Kriegseinwirkungen auslagerte. Sie wurden von sowjetischen Trophänenkommissionen aufgefunden, beschlagnahmt und in die Sowjetunion abtransportiert.

Im Rahmen der Rückgabe beschlagnahmter Kunstwerke durch die UdSSR an die DDR im Jahre 1958 gelangten auch 295 Werke der Klemperer-Sammlung zurück in die Sächsische Landesbibliothek. Sie wurden 1991 auf der Grundlage des VermG an die Erben Viktor von Klemperers restituiert.

Ca. 450 der 1945 beschlagnahmten und in die UdSSR geschafften Inkunabeln befinden sich derzeit vermutlich in der russischen Staatsbibliothek in Moskau. Im November 2001 ersuchten die Erben Viktor von Klemperers die Bundesregierung um Unterstützung zur Rückgabe dieser Objekte. Ein formeller, nach dem KulturgutG II. WeltK erforderliche Rückgabeantrag der deutschen Regierung gegenüber der Regierung der Russischen Föderation ist offensichtlich bisher nicht gestellt worden, sondern lediglich in bilateralen Gesprächen, u.a. des Präsidenten der Stiftung Preußischer Kulturbesitz mit russischen Dienststellen, die mögliche Rückgabe erörtert worden. Seit 2001 gibt es in diesem Fall offensichtlich keine weiteren formellen Akte deutscher oder russischer Stellen in Anwendung des KulturgutG II. WeltK.

Rechtslage

Den Klemperer-Erben steht der Zivilrechtsweg in der Russischen Föderation offen, weil die nach 1945 beschlagnahmte Inkunabel-Sammlung nicht nach den Bestimmungen des KulturgutG II. WeltK im Wege der kompensatorischen Restitution Eigentum der Russischen Föderation wurde. Die Sammlung stand nicht im

Eigentum eines Feindstaates (hier des Deutschen Reichs), sondern im Privateigentum eines jüdischen Verfolgten. Dies gilt jedoch nur, wenn auch die Russische Föderation die entschädigungslose Enteignung zugunsten des Deutschen Reiches nach der 11. Verordnung zum Reichsbürgergesetz als unwirksam ansieht. Nach der in Deutschland angewandten Radbruch'schen Formel sind diese Enteignungsakte generell unwirksam. Das Deutsche Reich wäre nicht Eigentümer geworden. Deshalb könnten die Erben ähnlich wie im Fall Nierenberg (vgl. Fall 54) vor dem zuständigen russischen Zivilgericht eine Herausgabeklage einreichen. Da Verfolgte des NS-Regimes die Ansprüche geltend machen, dürfte die Zahlung eines Gerichtskostenvorschusses nicht erforderlich sein. Zu verklagen ist derjenige, in dessen Besitz sich die Sammlung derzeit befindet. Ein zwischenzeitlicher Eigentumserwerb durch Ersitzung ist nach dem russischen Zivilgesetzbuch gleichfalls ausgeschlossen, weil nach den Feststellungen des Verfassungsgerichtshofes die Ersitzungsfrist erst beginnt, wenn der Besitz offen und für jeden Dritten erkennbar ausgeübt worden ist.

Davon zu trennen ist ein möglicherweise bestehender öffentlich-rechtlicher Rückübereignungsanspruch nach dem KulturgutG II. WeltK. Den entsprechenden Antrag können jedoch nicht die Erben selbst, sondern ausschließlich die Bundesrepublik Deutschland stellen. Dies ist wegen Nichtanerkennung des KulturgutG II. WeltK bisher nicht geschehen, so dass eine Abwicklung durch Rückgabe der Inkunabelsammlung nicht in Betracht kommt, solange Deutschland die Anwendung dieses Gesetzes ablehnt. Gemäß KulturgutG II. WeltK bestünde ein Rückgabeanspruch, weil die Inkunabeln einem Verfolgten des NS-Regimes aus rassischen Gründen abhanden kamen.

Österreich

Alma Mahler-Werfel-Erben vs. Republik Österreich (Österreichische Galerie Belvedere Wien)

Gemälde von Edvard Munch, „Sommernacht am Strand"

Fall 63
NLA

dazu: Wladika in „Enteignete Kunst", S. 79 ff.; Lillie Handbuch S. 734 ff.; Der Standard vom 01. und 08.11.2006; Alma Mahler-Werfel, Mein Leben. Biographie, Frankfurt am Main 2005

Fall

Alma Schindler wuchs bei ihrem Stiefvater Carl Moll auf. Sie war zunächst mit dem Komponisten und Hofoperndirektor Gustav Mahler verheiratet, nach dessen Tod mit dem späteren Bauhaus-Architekten Walter Gropius und später dann mit dem österreichischen Schriftsteller Franz Werfel. Seither hieß sie Alma Mahler-Werfel.

Anlässlich der Geburt der Tochter Manon im Jahre 1916 hatte Gropius seiner Frau das Gemälde „Sommernacht am Strand" von Edvard Munch geschenkt. 1937 überließ sie es mit vier anderen Werken der Österreichischen Galerie Belvedere in Wien als Leihgabe für die Dauer von zwei Jahren.

Am 13.03.1938 flüchtete Alma Mahler-Werfel zusammen mit ihrem jüdischen Ehemann Franz Werfel unter Zurücklassung ihres gesamten Besitzes aus Österreich und gelangte auf abenteuerlichen Wegen im Dezember 1940 in die Vereinigten Staaten.

Das Belvedere hatte Carl Moll erfolglos ersucht, seine Stieftochter zum Verkauf des Munch-Bildes zu bewegen. Bereits am 18.03.1938, wenige Tage nach dem Anschluss Österreichs, erschien er beim Leiter des Belvedere und ließ sich die fünf leihweise dort befindlichen Gemälde aushändigen. Alma Mahler-Werfels Wiener Wohnhaus wurde im November 1938 von der Gestapo beschlagnahmt. Im Mai 1940 veräußerte Carl Moll „im Namen Maria Eberstaller" das Edvard Munch-Gemälde für 7.000 RM an die Österreichische Galerie Belvedere.

Maria Eberstaller war die zwanzig Jahre jüngere Halbschwester von Alma Mahler-Werfel aus der Ehe ihrer Mutter mit Carl Moll. Sie war mit dem NS-Juristen und Vizepräsidenten des Landgerichts für Strafsachen in Wien, Richard Eberstaller, verheiratet. Die Eheleute Eberstaller und der zu Kriegsende 84jährige Stiefvater Carl Moll begingen im April 1945 bei Herannahen der sowjetischen Armee Selbstmord.

Bereits im August 1946 verlangte Alma Mahler-Werfel von der Direktion der Österreichischen Galerie Belvedere das Edvard Munch-Gemälde und die anderen 1937 leihweise überlassenen Kunstwerke zurück. Die Rückgabe des Munch-Gemäldes wurde jahrelang verhandelt und im Ergebnis vereitelt, u.a. mit der Begründung, schon vor der Flucht von Alma Mahler-Werfel aus Österreich hätte diese aus finanziellen Gründen das Gemälde veräußern wollen, es läge mithin im engeren Sinne kein Schädigungstatbestand vor. Dieser könnte im Übrigen erst für den Zeitraum nach dem Anschluss Österreichs ab 13.03.1938 angenommen werden. Außerdem wurde wiederholt behauptet, es hätte eine Veräußerungsvollmacht von Alma Mahler-Werfel zugunsten ihrer Halbschwester Maria Eberstaller vorgelegen, aufgrund derer der Stiefvater Carl Moll im Mai 1940 das Gemälde hätte veräußern können. Eine solche Vollmacht konnte zu keinem Zeitpunkt vorgelegt werden.

Aufgrund der fortgesetzten Weigerung, das Gemälde herauszugeben, erhob Alma Mahler-Werfel 1947 in Österreich Klage auf Rückstellung. Die Rückstellungskommission wies ihre Klage im September 1948 zurück mit der Begründung, die Österreichische Galerie hätte die bei ihr befindlichen Bilder für das Deutsche Reich verwaltet, das allerdings im Rechtssinne nicht mehr existiere. Diese Entscheidung wurde später dahingehend ergänzt, dass mit der Proklamation Österreichs im April 1945 das auf dem Staatsgebiet der Republik Österreich befindliche Eigentum des Deutschen Reiches – so auch das Munch-Gemälde - nunmehr Eigentum der Republik Österreich geworden wäre. Im Übrigen wurde der Antragstellerin von der Rückstellungskommission vorgehalten, sie wäre im Zeitpunkt des Verkaufs des Gemäldes im Mai 1940 keiner Verfolgung als „jüdisch Versippte" ausgesetzt gewesen, weil sie sich nicht mehr in Österreich befunden hätte, sondern im sicheren Ausland. Alma Mahler-Werfel hatte in den Vergleichsverhandlungen angeboten, auf andere gleichfalls zurückgeforderte Gemälde zu verzichten, wenn wenigstens das von ihr persönlich sehr geschätzte Munch-Gemälde zurückgegeben werde. Dennoch lehnte die Rückstellungsoberkommission ihren Antrag schließlich im Juli 1953 ab.

Nach dem 3. Rückstellungsgesetz konnte die Rückgabe eines Kunstwerkes abgelehnt werden, wenn der Käufer bei Erwerb gutgläubig war. Die Rückstellungskommission meinte, der Verkauf durch den Stiefvater Carl Moll im Mai 1940 hätte zumindest zu einem gutgläubigen Erwerb der Österreichischen Galerie geführt, weil diese an der Veräußerungsbefugnis des Stiefvaters hätte keinen Zweifel hegen müssen.

Die dagegen erhobene Revisionsbeschwerde vor der Obersten Rückstellungskommission wurde mit der formalen Begründung abgelehnt, die notwendige Revisionsbeschwerdesumme von 15.000 österreichischen Schillingen wäre nicht erreicht worden bzw. es wäre nicht vorgetragen worden, dass der Wert des Gemäldes höher wäre. Tatsächlich betrug der Verkehrswert des Munch-Gemäldes seinerzeit ein Vielfaches des erforderlichen Revisionsbetrages, was allgemein bekannt war, vom Revisionsgericht aber nicht berücksichtigt wurde.

Bis zu ihrem Tode im Dezember 1964 kämpfte Alma Mahler-Werfel, auch mit Hilfe der amerikanischen Presse, um die Herausgabe des Munch-Gemäldes. Sie ergänzte ihren Verzicht bezüglich andere Kunstwerke mit dem Angebot der Übergabe bedeutender Manuskripte von Gustav Mahler an die Republik Österreich. Das Rückgabeverfahren wurde „vorläufig" wegen Tod der Antragstellerin eingestellt.

In Umsetzung des KunstRG vom Dezember 1998 überprüfte die eingesetzten Kommission zur Erforschung der Provenienzen in den österreichischen Bundesmuseen auch den Erwerb des Munch-Gemäldes. Als die Tochter Marina Mahler im März 1999 Kenntnis davon erhielt, stellte sie einen Rückgabeantrag nach dem

KunstRG. Der Bericht der Provenienzkommission legte ausführlich dar, dass die Österreichische Galerie an den im Rahmen eines Leihvertrages 1937 an sie übergebenen Gemälden, darunter jenem von Edvard Munch, durch die Veräußerung im Mai 1940 kein Eigentum erlangt hatte, da keine Verkaufsbevollmächtigung des Stiefvaters oder sonstiger Dritter vorlag. Der Bericht wurde bereits im April 1999 dem Kunstrückgabebeirat zur Prüfung vorgelegt.

Der Beirat erklärte jedoch in einer Sitzung Ende Oktober 1999, dass eine Übereignung des Munch-Gemäldes an die Erben von Alma Mahler-Werfel nicht in Betracht kommt. Basierend auf den Feststellungen der Rückstellungskommission Anfang der 50er Jahre, von der nach dem 3. Rückstellungsgesetz die Herausgabe des Bildes mit der Begründung abgelehnt worden war, die Österreichische Galerie hätte das Gemälde gutgläubig erworben, wurde die Rückgabe abgelehnt. Im Übrigen wäre die Rückgabe wegen der rechtskräftigen gerichtlichen Feststellungen aus den 50er Jahren ausgeschlossen.

Nach Änderung des KunstRG im Jahre 2001 und nach Bestätigung durch den Obersten Gerichtshof stand allerdings fest, dass auch bei rechtskräftigen Urteilen der Nachkriegszeit in besonders begründeten Ausnahmefällen Kunstwerke zurückgegeben werden können. Daraufhin machte die Enkelin, Marina Mahler, im Februar 2006 erneut Rückgabeansprüche geltend. Durch Beschluss vom 08.11.2006 wurde nunmehr einstimmig die Rückgabe angeordnet.

Rechtslage

Der Verkauf des Gemäldes durch Carl Moll im Namen seiner Tochter im Mai 1940 konnte zu keinem Eigentumserwerb der Österreichischen Galerie führen. Weder Moll noch seine Tochter waren verkaufsberechtigt. Sie hatten das Gemälde ohne Vertretungsvollmacht oder Verfügungsberechtigung verkauft. Ein gutgläubiger Erwerb von Carl Moll bzw. seiner Tochter unter dem Gesichtspunkt, das Gemälde wäre ihm bzw. ihr anvertraut worden, kam nicht in Betracht. Moll hatte sich die Bilder kurz nach der Flucht von Alma Mahler-Werfel ohne Berechtigung von der Galerie zurückgeben lassen. Spätestens von da an waren die Bilder der Alteigentümerin abhanden gekommen.

Entscheidend ist, ob die Österreichische Galerie bei dem Erwerb gutgläubig war und darauf vertrauen durfte, dass der Verkäufer Moll bzw. dessen Tochter Eigentümer des Gemäldes oder zum Verkauf berechtigt waren. Das Museum konnte nicht von einem Eigentumswechsel ausgehen, weil dafür weder vom Veräußerer Moll etwas vorgetragen wurde, noch sich aus anderen Umständen ein Eigentumswechsel ergab. Das bloße Vertrauen der Galerie auf die rechtsgeschäftliche Veräußerungsbefugnis von Moll, der in Wien damals hohes Ansehen genoss, genügte nicht, einen gutgläubigen Erwerb zu begründen. Sie hätte zumindest fragen müssen, weshalb und aufgrund welcher Berechtigung die Veräußerung des Gemäldes im Auftrage der Tochter erfolgte, zumal ihr die bisherigen Eigentumsverhältnisse bekannt waren. Denn Alma Mahler-Werfel hatte schließlich Ende 1937 als Eigentümerin einen Leihvertrag mit der Galerie abgeschlossen. Warum sich in der Zwischenzeit an den Eigentumsverhältnissen etwas hätte ändern sollen, war für die Galerie nicht erkennbar und hätte sie veranlassen müssen, die Verkaufsberechtigung zu prüfen. Dies geschah offensichtlich nicht. Ein gutgläubiger Eigentumserwerb scheidet somit aus.

Auch ein Eigentumserwerb durch Ersitzung kommt nicht in Betracht, weil Alma Mahler-Werfel unverzüglich nach Kriegsende ihr Eigentumsrecht geltend machte und spätestens ab diesem Zeitpunkt der unterstellte gutgläubige Eigenbesitz der Galerie zerstört war. Da nach österreichischem Recht der Eigentumsherausgabeanspruch unverjährbar ist, könnte er auch heute noch im Zivilrechtsweg geltend gemacht werden. Die österreichischen Zivilgerichte müssten sich dann erneut mit den Erwerbsumständen im Jahre 1940 beschäftigen mit dem möglichen Ergebnis, den gutgläubigen Erwerb der Österreichischen Galerie zum damaligen Zeitpunkt zu verneinen.

Zudem besteht, wie das Schiedsgericht am 08.11.2006 feststellte, ein Anspruch nach dem KunstRG. Alma Mahler-Werfel gehörte als Ehefrau eines Juden zum Personenkreis der vom NS-Regime aus rassischen Gründen Verfolgten. Der Verkauf des Munch-Gemäldes war ausschließlich möglich, weil sie Österreich verlassen musste. Er erfolgte ohne ihre Zustimmung, ja vermutlich gegen ihren Willen, weil sie niemals beabsichtigt hatte, das Bild zu veräußern. Damit sind die Voraussetzungen eines NS-verfolgungsbedingten Vermögensverlustes gegeben.

Die gesetzliche Klarstellung, dass der Anwendungsbereich des KunstRG eröffnet ist, auch wenn bereits Rückgabeforderungen in der Nachkriegszeit aufgrund der damaligen Restitutionsgesetze rechtskräftig abgelehnt worden waren, ermöglichte nunmehr den Rückgabeanspruch. Damit erreichten die zum Teil erbittert geführten Rückgabeprozesse der Alma Mahler-Werfel durch ihre Enkelin nach mehr als sechzig Jahren ein faires und gerechtes Ende.

Österreich

George Grosz-Erben vs. Republik Österreich (Mumok)

Gemälde von George Grosz, „Das Bündnis"

Fall 64

NLA

dazu: Vienna online vom 12.03.2006;
Mitteilung der Anlaufstelle der israelitischen Kultusgemeinde für jüdische NS-Verfolgte in und aus Österreich vom 10.04.2006;
SZ vom 16.11.2006

Fall

Das 1931 entstandene Gemälde „Das Bündnis" soll George Grosz bereits im selben Jahr an seinen Kunsthändler Alfred Flechtheim zum Verkauf übergeben haben. Grosz emigrierte kurz vor der Machtergreifung der Nazis im Januar 1933 in die USA und konnte sich dadurch der Verfolgung entziehen. Das NS-Regime löste sofort die Fahndung nach ihm aus, sein Atelier wurde verwüstet, geplündert und zahlreiche dort zurückgelassene Kunstwerke in der Folgezeit weltweit verstreut. Im Oktober 1933 gelang seiner Ehefrau und den beiden Söhnen die Flucht in die USA. Auch der jüdische Kunsthändler Alfred Flechtheim verließ in diesem Jahr Nazi-Deutschland. Seine Galerie in Berlin wurde im November 1933 geschlossen. Ein Großteil des Galeriebestandes wurde zuvor in die Wohnung Flechtheims umgelagert. Mehr als 24 Gemälde von Grosz lieh Alfred Flechtheim 1936 dem holländischen Kunsthändler und Galeristen Carel van Lier für eine Grosz-Ausstellung in Amsterdam.

Flechtheim starb überraschend 1937 in London an einer Blutvergiftung. Die van Lier überlassenen Gemälde, darunter „Das Bündnis", blieben in dessen Besitz. Er veräußerte sie ohne Verkaufsvollmacht Flechtheims oder die Zustimmung des Künstlers am 1./2.12. 1938 im Amsterdamer Auktionshaus Mak van Waay und erwarb auf dieser Auktion gleichzeitig selbst oder über Strohmänner zu Spottpreisen einige Bilder. „Das Bündnis" kaufte ein Kunde namens van der Laan für 34 RM bzw. 12 US-Dollar. Das Gemälde wurde später von der Galerie Ketterer in München und von Sotheby's in London versteigert. Die Galerie Oswald & Kalb in Wien verkaufte es 1986 für lediglich 300.000 Schilling (umgerechnet 21.800 €) an das Mumok, wo es sich seither befindet.

Im Jahr 2003 machte der Verwalter des George-Grosz-Nachlasses, Ralph Jentsch, im Auftrag der in Amerika lebenden Söhne des Künstlers gegenüber dem Museum moderner Kunst Stiftung Ludwig (Mumok) wegen des Gemäldes „Das Bündnis" eine Rückgabeforderung geltend. Die Söhne hatten seit Jahrzehnten versucht, Kunstwerke aus der geplünderten Sammlung ihres Vaters zurückzuerhalten, um diese in einem neu zu gründenden Grosz-Museum dauerhaft der Öffentlichkeit zeigen zu können. Mit einstimmigem Beschluss lehnte der Beirat Ende März 2006 die Rückgabe des Gemäldes nach dem österreichischen KunstRG mit der Begründung ab, es handele sich nicht um einen Restitutionsfall.

Rechtslage

George Grosz hatte das Eigentum an dem Gemälde bis zur Versteigerung 1938 in Amsterdam nicht verloren. Es war seinem Kunsthändler Flechtheim in Kommission überlassen worden, d.h. ausschließlich dieser wäre zur Veräußerung berechtigt gewesen. Der Verkauf durch den niederländischen Kunsthändler Carel van Lier stellt strafrechtlich eine Unterschlagung und unberechtigte Veräußerung des Bildes dar.

Das Bild gilt im Rechtssinne als abhanden gekommen. An ihm hätte van der Laan, der es in der Auktion erwarb, nur gutgläubig Eigentum erlangen können, wenn ihm nicht bekannt war oder hätte bekannt gewesen sein müssen, dass der Verkäufer nicht Eigentümer des Bildes war. Ob van der Laan neben dem Einlieferer der Bilder, van Lier, und anderen Kunsthändlern bzw. Erwerbern zu dem Kreis gehörte, der absprachegemäß verschiedene Bilder zu Niedrigpreisen erwarb, ist unbekannt. Unterstellt man einen gutgläubigen Erwerb durch van der Laan in der Auktion im Februar 1938 in Amsterdam, wären sämtliche Weiterveräußerungen gleichfalls rechtswirksam, weil van der Laan das Bild als Eigentümer weiter veräußert hatte. Auf eine mögliche Gutgläubigkeit der weiteren Zwischenerwerber kommt es dann nicht mehr an.

Nimmt man allerdings an, dass van der Laan bösgläubig war und mithin kein Eigentum erwerben konnte, ist zu prüfen, ob der Zweiterwerber bei der Auktion von Ketterer in München Eigentümer werden konnte. Grundsätzlich ist nach deutschem Zivilrecht an abhanden gekommenen Sachen ein gutgläubiger Erwerb ausgeschlossen. Eine Ausnahme bilden öffentliche Auktionen. Um eine solche dürfte es sich bei Ketterer gehandelt haben. Voraussetzung für den Eigentumserwerb des dortigen Käufers wäre dann gleichfalls seine Gutgläubigkeit. Da die Erwerbsumstände und auch der Käufer unbekannt sind, kann eine abschließende Würdigung nicht erfolgen.

Unterstellt man, dass der Erwerb in der Auktion in München gleichfalls zu keinem Eigentumsübergang führen konnte, weil der Käufer bösgläubig war, käme ein Eigentumserwerb bei Sotheby's in London in der dortigen Versteigerung in Betracht. Nach angelsächsischem Recht ist allerdings grundsätzlich der Erwerb vom Nichtberechtigten gesetzlich ausgeschlossen. Auch ein gutgläubiger Erwerb ist nicht möglich. Der Käufer bei der Sotheby's-Auktion in London wäre mithin nur Eigentümer geworden, wenn bereits zuvor van der Laan in Amsterdam oder später der Käufer bei der Ketterer-Auktion in München selbst Eigentümer geworden wären.

Schließlich ist zu prüfen, ob 1986 durch den Verkauf des Gemäldes durch die Wiener Galerie Oswald und Kalb an das Mumok ein gutgläubiger Eigentumserwerb des Museums erfolgte. Nach österreichischem Zivilrecht kann auch an abhanden gekommenen Gegenständen gutgläubig Eigentum erworben werden. Dies ist ausgeschlossen, wenn der Käufer positive Kenntnis davon hatte, dass der Verkäufer Nichtberechtigter war oder infolge fahrlässiger Unkenntnis die mangelnde Verkaufsberechtigung nicht kannte.

In gesetzlichen Regelbeispielen ist die Bösgläubigkeit definiert worden. Danach ist bösgläubig, wer eine Sache zu einem auffallend geringen Preis erwirbt oder wenn sich aus den Sachverhaltsumständen ergibt, dass der Veräußerer gar nicht Eigentümer sein kann oder Zweifel bestehen, dass er verkaufsberechtigt ist. Das Mumok gilt als besonders sachverständiger und mit Sonderwissen ausgestatteter Käufer. Hier dürften besondere Nachforschungsobliegenheitspflichten verlangt werden. Der Käufer hat sich selbst Klarheit darüber zu verschaffen, ob das zu erwerbende Gemälde tatsächlich im Eigentum des Verkäufers steht. Insbesondere bei Kunstwerken aus dem Besitz von George Grosz war durch zahlreiche Publikationen bekannt, dass ein Großteil von ihnen NS-verfolgungsbedingt und rechtswidrig – so z. B. durch die Amsterdamer Auktion 1938 – verwertet wurde. Es wäre mithin dem Museum ohne weiteres möglich gewesen, selbst die Herkunftsgeschichte des Bildes zu ermitteln und festzustellen, dass trotz der mehrmaligen Verkäufe des Bildes ein Eigentumsverlust des Künstlers (bzw. seiner Erben) bisher nicht eingetreten war. Wenn die Grosz-Erben die Umstände der Veräußerung darlegen können, dürften Erfolgsaussichten bestehen, die Herausgabe im Zivilrechtsweg in Österreich zu erreichen. Denn der Eigentumsherausgabeanspruch in Österreich ist, anders als z. B. in Deutschland, unverjährbar und kann grundsätzlich jederzeit geltend gemacht werden.

Die Ablehnung der Rückgabe nach dem österreichischen KunstRG dürfte formal nicht zu beanstanden sein. Dieses Gesetz verweist bei Verlusten durch Verkäufe oder Versteigerungen auf das Nichtigkeitsgesetz von 1946. Dieses findet jedoch ausschließlich bei Veräußerungsgeschäften in Österreich bzw. nach dem Anschluss im Deutschen Reich Anwendung. Andere, den hiesigen Sachverhalt erfassende Rückgabetatbestände sind im österreichischen KunstRG nicht geregelt. Deshalb kam eine Rückgabe auf der Grundlage dieses Gesetzes nicht in Betracht.

Etwas anderes könnte bei Anwendung der Washingtoner Prinzipien gelten. Zu deren Umsetzung hat sich auch Österreich verpflichtet. Soweit das österreichische KunstRG nicht als abschließende Regelung betrachtet wird, könnten die Grosz-Erben unter Bezugnahme auf die Washingtoner Prinzipien eine Rückgabe verlangen, weil das Gemälde eindeutig NS-verfolgungsbedingt abhanden kam. Seine unrechtmäßige Versteigerung 1938 in Amsterdam beruhte ursächlich auf der Verfolgung des Eigentümers George Grosz und dessen jüdischen Kunsthändlers Alfred Flechtheim. Ohne deren erzwungene Emigration wäre es dem Amsterdamer Kunsthändler van Lier niemals möglich gewesen, das Gemälde versteigern zu lassen.

Fall 65
NLA

Österreich
Amalie Zuckerkandl-Erben vs. Republik Österreich (Österreichische Galerie Belvedere Wien)
Gemälde von Gustav Klimt, „Amalie Zuckerkandl"

dazu: Lillie Handbuch S. 541 ff., S. 919 ff., S. 1257 ff., S. 1367 ff.; Der Standard vom 19.09.2006 und 20.09.2006

Fall

Die Verfolgung und Ermordung von Menschen dreier Generationen in der Nazi-Zeit und ihre Vermögensverluste werden exemplarisch an dem bewegenden Schicksal der Familie Zuckerkandl deutlich. Die seit dem letzten Drittel des 19. Jahrhunderts in Wien ansässigen Eheleute Leon und Eleonore Zuckerkandl hatten vier Söhne und eine Tochter.

Emil wurde ein angesehener Biologe und Autor eines Standardwerkes zur Anatomie des Menschen. Seine Ehefrau Berta Szeps war zur Jahrhundertwende eine Repräsentantin des Wiener Fin de Circle, zu deren Freundeskreis die Schriftsteller Hugo von Hofmannsthal und Artur Schnitzler, der Komponist Gustav Mahler sowie der Maler Gustav Klimt gehörten. In der NS-Zeit emigrierten sie und ihr Sohn Fritz nach Paris und überlebten dort die Verfolgung. Sie verlor ihr Vermögen, darunter einige Gemälde von Gustav Klimt.

Victor, ein großer Förderer der modernen Kunst und maßgeblicher Sammler von Arbeiten Gustav Klimts, tat sich als Gründer und Generaldirektor des Sanatoriums Westend in Purkersdorf hervor, einer Heilanstalt für Nervenkrankheiten. Victor Zuckerkandl starb 1927.

Amalie verehelichte Redlich war nach dem Tode ihres Bruders Victor Miteigentümerin des Sanatoriums. Nach dem Anschluss Österreichs versteckten sie und ihre Tochter Mathilde sich in der Waschküche ihrer Villa. Beide wurden im Oktober 1941 nach Lodz deportiert und später ermordet.

Otto wurde Urologe, arbeitete als Primararzt des Rothschild-Spitals und heiratete Amalie Schlesinger, die 1895 zum Judentum konvertiert war. Aus dieser Ehe stammten die Kinder Nora, Hermine und Victor. Gustav Klimt porträtierte Amalie Zuckerkandl 1917/1918. Das Bild gehörte ihr nach ihrer Scheidung von Otto Zuckerkandl. Wegen wirtschaftlicher Schwierigkeiten soll sie ihr Klimt-Porträt in den 20er Jahren an Ferdinand Bloch-Bauer veräußert haben, der dafür wohl seiner Freundin finanzielle Unterstützung gab. Nach dem Anschluss Österreichs im März 1938 galt Amalie Zuckerkandl als jüdisch. Eine monatliche Leibrente konnte ihr der nach Zürich geflohenen Ferdinand Bloch-Bauer nur noch bis Mitte 1941 zahlen. Ihre Versuche, aus Österreich zu emigrieren, scheiterten. Amalie und ihre Tochter Nora wurden im November 1941 in eine Wiener Sammelwohnung „umgesiedelt", im April 1942 nach Izbica deportiert und vermutlich im Konzentrationslager Belzec ermordet. Ihr Eigentum verfiel entschädigungslos dem Deutschen Reich.

Das von Ferdinand Bloch-Bauer in Wien zurückgelassene Klimt-Porträt soll auf seine Anweisung hin durch seinen Anwalt Erich Führer an die Familie Zuckerkandl unentgeltlich zurückgegeben worden sein. Amalie Zuckerkandls Tochter Hermine wurde als so genannte Halbjüdin eingestuft. Ihren Anteil am Sanatorium Westend verlor sie mit der Arisierung 1938. Hermines nicht jüdischer Ehemann Wilhelm Müller-Hofmann, Professor an der Wiener Kunstgewerbeschule, hatte seine dortige Anstellung nach dem Anschluss Österreichs verloren. Die Familie lebte in größten wirtschaftlichen Schwierigkeiten und sah sich gezwungen, das Klimt-Porträt der Mutter für 1.600 RM an die langjährige Mitarbeiterin des jüdischen Kunsthändlers Otto Kallir-Nirenstein, Vita Künstler, zu verkaufen. Hermine Müller-Hofmann und ihr Mann überlebten die Verfolgung.

Amalie Zuckerkandls Tochter Nora war mit Paul Stiasny verheiratet und auch Miteigentümerin des Sanatoriums Westend. Ihr Ehemann stand ab 1930 der Einrichtung als kaufmännischer Direktor vor. 1938 verlor er diese Anstellung. Er floh mit dem gemeinsamen Sohn Otto in die Tschechoslowakei. Dort wurden beide 1942 verhaftet und zunächst nach Theresienstadt, dann nach Auschwitz deportiert und ermordet. Dieses Schicksal erlitten im gleich Jahr auch Nora und ihre Mutter Amalie.

Nach Kriegsende machte Ferdinand Bloch-Bauer Rückgabeansprüche auf seine zurückgelassene Kunstsammlung geltend. Das Klimt-Porträt „Amalie Zuckerkandl", das bei der Inventarisierung seiner Kunstwerke 1939 an erster Stelle genannt wurde, war davon ausgeschlossen.

Vita Künstler bot nach 1945 der überlebenden Hermine Müller-Hofmann das Porträt zum Rückkauf an, die dazu finanziell nicht in der Lage war. Mit der Schenkung des Gemäldes an die Österreichische Galerie, so meinen Zeugen, wollte sich Vita Künstler aus einem moralischen Dilemma befreien. In der Galerie wird das Bild seit der Übernahme 1988 öffentlich gezeigt.

Amalie Zuckerkandls Erben stellten nach dem österreichischen KunstRG einen Antrag auf Rückgabe des Klimt-Porträts und erklärten, dass der Notverkauf der Tochter Hermine an die Galeristin Vita Künstler verfolgungsbedingt erfolgt war.

Auch die Bloch-Bauer-Erben beanspruchen das Gemälde und machten geltend, dass Ferdinand Bloch-Bauer unstreitig Eigentümer des Gemäldes war. Er hätte es entweder nicht an Amalie Zuckerkandl unentgeltlich zurückgegeben oder – wenn doch – wäre diese Schenkung, von ihm aus dem Schweizer Exil veranlasst, NS-verfolgungsbedingt.

Das zuständige Schiedsgericht lehnte am 17.09.2006 die Rückgabeersuchen beider Erbengemeinschaften ab. Zwar geht es von einer Eigentümerstellung Zuckerkandl aufgrund der Schenkung durch Ferdinand Bloch-Bauer aus. Es bewertet auch den Verkauf an die Kunsthändlerin Vita Künstler als NS-verfolgungsbedingten Vermögensverlust. Die Erwerberin wäre jedoch mit Hermine Müller-Hofmann befreundet gewesen und der Ankauf deshalb als eine Hilfsleistung zugunsten der Verfolgten anzusehen. Beide Erbstämme haben gegen den ablehnenden Schiedsspruch eine Aufhebungsklage vor dem Wiener

Landgericht für Zivilsachen erhoben. Eine gerichtliche Überprüfung ist ausnahmsweise auch bei einem Schiedsspruch möglich, wenn dieser „gegen die Grundwerte der österreichischen Rechtsordnung" verstößt. Die Streitparteien meinen, wesentliche Begründungen in dem Schiedsspruch seien unzutreffend. Tatsachen seien offensichtlich falsch gewürdigt worden und daher aufzuheben.

Im August 2000 hatten die Bloch-Bauer-Erben in Kalifornien Klage auf Rückgabe von sechs Bildern erhoben, darunter das Porträt „Amalie Zuckerkandl". Die Klage wurde letztinstanzlich vom höchsten US-Gericht als zulässig beurteilt (s. Fall 24). Mit Ausnahme des Klimt-Porträts wurden fünf der Kunstwerke aufgrund einer schiedsgerichtlichen Entscheidung im Frühjahr 2006 zurückgegeben. Ob wegen des Porträt-Gemäldes der Rechtsstreit in den USA noch anhängig ist, konnte bisher nicht ermittelt werden.

Rechtslage

Das ursprünglich im Eigentum von Amalie Zuckerkandl geb. Schlesinger stehende Gemälde war offensichtlich von ihrem Freund Ferdinand Bloch-Bauer in den 20er Jahren erworben worden. Dieser war damit Eigentümer und Besitzer. Er ließ es bei seiner Emigration zurück und schenkte es offensichtlich später freiwillig und ohne Gegenleistung der Familie Zuckerkandl, mutmaßlich der Tochter Hermine Müller-Hofmann. Damit war das Eigentum an dem Gemälde wieder zurückgegangen an die Familie Zuckerkandl.

Hermine bzw. ihr Ehemann Wilhelm Müller-Hofmann veräußerten das Gemälde an die Kunsthändlerin Vita Künstler für etwa 1.600 RM, um sich das Überleben zu sichern. Der Kaufpreis floss den Verkäufern wohl zu. Zivilrechtlich dürften solche, unter wirtschaftlichem Druck erfolgten Veräußerungen keine Nichtigkeit der Eigentumsübertragung begründen. Das Veräußerungsgeschäft wurde nach dem Kriege von der Tochter Hermine offensichtlich nicht angefochten. Anfechtungsfristen dürften längst abgelaufen sein. Hermine Müller-Hofmann, andere Mitglieder der Erbengemeinschaft Zuckerkandl und die Bloch-Bauer-Erben machten auch nach den verschiedenen österreichischen Restitutionsgesetzen der Nachkriegszeit keine Rückforderung gegenüber der Erwerberin Vita Künstler geltend.

Somit konnten die Zuckerkandl-Erben die Rückgabe nur nach dem österreichischen KunstRG beanspruchen. Der Rückübertragungstatbestand des § 1 Nr. 2 in Verbindung mit dem Nichtigkeitsgesetz von 1946 ist einschlägig, weil der Eigentumsverlust im Rahmen eines Rechtsgeschäftes im Zeitraum vom 13.03.1938 bis 08.05.1945 in Österreich eintrat und der Verkäufer aus politischen und rassischen Gründen vom NS-Regime verfolgt wurde. Jedoch meint das Schiedsgericht, dass ausnahmsweise die Rückgabe ausgeschlossen ist, weil der Verkauf an eine Freundin der Familie erfolgte, die sie damit in besonderer Weise unterstützte.

Der Anspruch der Bloch-Bauer-Erben kommt nach Auffassung des Schiedsgerichtes schon deshalb nicht in Betracht, weil die von Ferdinand Bloch-Bauer aus dem sicheren Schweizer Ausland angeordnete schenkungsweise Rückgabe des Gemäldes an die Zuckerkandl-Familie aus freien Stücken und ohne

Zwang erfolgte. Als weiteres Indiz für eine verfolgungsfreie Schenkung führt das Schiedsgericht an, dass Ferdinand Bloch-Bauer in den damaligen Restitutionsverfahren keinen Anspruch auf dieses Gemälde erhob, obwohl es in seiner Inventarliste von 1939 an erster Stelle aufgeführt war und er für andere Gemälde aus dieser Liste ausdrücklich Ansprüche geltend machte.

Die Verneinung der Rückgabe an die Zuckerkandl-Erben steht zumindest den Rechtsgrundsätzen der alliierten Rückerstattungsgesetze nach 1945 entgegen. Die in deutschen Restitutionsfällen allgemein herangezogene alliierte Rückerstattungsverordnung für Groß-Berlin von 1949 regelt, dass NS-verfolgungsbedingte Vermögensverluste dann ausnahmsweise nicht rückgängig zu machen sind, wenn der Erwerber einen verkehrsüblichen Kaufpreis zahlte, der dem Veräußerer ungeschmälert zufloss und er in besonderer Weise und mit wesentlichem Erfolg zum Schutz der Vermögensinteressen des Veräußerers beitrug, z. B. durch Mitwirkung an der Vermögensübertragung ins Ausland. Vorliegend ist festzustellen, dass der offensichtlich gezahlte Kaufpreis von 1.600 RM nicht verkehrsüblich war, wenngleich er der Veräußerin offensichtlich ungeschmälert zukam, aber das Veräußerungsgeschäft allein nicht als eine Sicherung der Vermögensinteressen des Verkäufers anzusehen ist. Das österreichische Schiedsgericht meinte allerdings in allgemeiner Würdigung der Gesamtumstände, der als Hilfsmaßnahme anzusehende Ankauf des Gemäldes durch die freundschaftlich mit der Familie Zuckerkandl verbundene Kunsthändlerin Vita Künstler und die Zahlung des Kaufpreises wären Unterstützungshandlungen zugunsten der Verfolgten gewesen. Dadurch wäre die Veräußerung nicht als NS-verfolgungsbedingter Vermögensverlust zu werten. Diese Bewertung der Erwerbsumstände mag zutreffend und die Entscheidung insoweit nachvollziehbar sein. Jedoch verkennt sie juristisch maßgeblich, dass es bei NS-verfolgungsbedingten Vermögensverlusten grundsätzlich nicht auf die Person des Erwerbers, seine Redlichkeit und – wie vorliegend – freundschaftliche Beziehung zum Veräußerer ankommt, sondern allein auf die NS-verfolgungsbedingten Zwangsumstände des Alteigentümers und Veräußerers. Diese liegen hier unstreitig vor. Die Ablehnungsbegründung hebt auf eine Art „Gutgläubigkeit" des Erwerbers ab, auf die es rechtsdogmatisch allerdings grundsätzlich nicht ankommt.

Fall 66
NLA

USA
1. Fritz Grünbaum-Erben vs. Leopold Museum Privatstiftung, Wien
Gemälde von Egon Schiele, „Tote Stadt III"

2. Lea Bondi-Jaray-Erben vs. Leopold Museum Privatstiftung, Wien
Gemälde von Egon Schiele, „Bildnis Valerie Neuziel" („Wally")

dazu: Lerner/Bresler, Art Law, S. 732 ff.; Blimlinger in Osteuropa, S. 239 ff.; Trenkler, „Der Fall Rothschild", S. 11 ff.; Kerschbaumer, „Meister des Verwirrens"; Kerschbaumer in NS-Kunstraub in Österreich und die Folgen, S. 159;
Lillie Handbuch S. 428 ff.; Der Standard vom 09.07.2006

Fall
zu 1.
Das von Egon Schiele 1911 gemalte Bild „Tote Stadt III" kaufte der Wiener Kabarettist und Kunstsammler Fritz Grünbaum. Unmittelbar nach dem Anschluss Österreichs wurde er von der Gestapo verhafte und in verschiedene Konzentrationslager verschleppt. Grünbaum starb nach einem Selbstmordversuch im Januar 1941 im KZ Dachau.

Alleinerbin war seine Ehefrau Lilly, die 1942 deportiert und ermorden wurde. Ihr Tod konnte erst 1963 amtlich festgestellt werden, zu einem Zeitpunkt, als große Teile der Grünbaum-Sammlung längst veräußert worden waren.

Lilly Grünbaums Schwester Mathilde Lukacs war im Sommer 1938 aus Wien geflohen und soll Teile der Sammlung ausgeführt und veräußert haben.

Die umfangreiche Grünbaum-Sammlung, darunter zahlreiche Egon Schiele-Bilder, blieb verschollen. Nach dem Zweiten Weltkrieg veräußerte die Berner Kunsthandlung Klipstein & Kornfeld (ehemals Gutekunst & Klipstein) Bilder aus dem Bestand Grünbaums. Bei einer Verkaufsveranstaltung 1956 erwarb der Kunsthändler Otto Kallir-Nirenstein, selbst Schiele-Spezialist und 1938 aus Wien nach Frankreich und dann in die USA geflohen, die „Tote Stadt III". Die Berner Kunsthandelsfirma soll das Bild in der Schweiz von Mathilde Lukacs erworben haben (vgl. Fall 51). Kallir veräußerte es über seine New Yorker Galerie St. Etienne 1960 an den Wiener Kunstsammler Rudolf Leopold.

Als bei einer großen Schiele-Retrospektive Ende 1997 zahlreiche Bilder des Künstlers aus der Sammlung Leopold im Museum of Modern Art in New York gezeigt wurden, verlangten in den USA die Rechtsnachfolger Grünbaums die Herausgabe des Bildes. Kurz vor seiner Rückführung nach Wien bewirke am Neujahrstag 1998 die New Yorker Staatsanwaltschaft die Beschlagnahme. Sie wurde auf gerichtliche Anordnung im Mai 1998 allerdings aufgehoben. Die Anspruchsteller konnten ihre Erbberechtigung nach Fritz und Lilly Grünbaum nicht darlegen. Das Bild gelangte zurück nach Wien.

zu 2.

Das 1912 von Egon Schiele gemalte Bildnis der „Wally" gelangte nach zweimaligen Eigentumswechseln zwischen 1920 und 1925 in die Wiener Galerie Würthle, deren Inhaberin Lea Bondi-Jaray war. Es hing in der Privatwohnung der Sammlerin und war nicht Teil ihres Galeriebestandes.

Nach dem Anschluss Österreichs floh Lea Bondi-Jaray nach London. Die Galerie wurde 1938 durch Arisierung von dem eng mit dem NS-Regime zusammenarbeitenden Kunsthändler Friedrich Welz aus Salzburg übernommen. Die Bilder, u.a. die „Wally", verschwanden.

Die amerikanischen Militärbehörden stellten das Schiele-Gemälde nach dem Krieg bei Welz sicher und übergaben es offensichtlich versehentlich an den Sohn des von den Nazis ermordeten jüdischen Kunsthändlers Robert Rieger, der gleichfalls Schiele-Sammler war. Im Glauben, das Bild hätte seinem Vater gehört, verkaufte er es an die Österreichische Galerie. Im Tauschwege erwarb 1954 der Kunstsammler Rudolf Leopold die „Wally".

Im Restitutionsverfahren gegen den Ariseur Friedrich Welz erhielt Jaray 1949 einen Teil ihrer beschlagnahmten Sammlung zurück. Sie erfuhr, dass sich die „Wally" in der Galerie Belvedere befand. Ihre Rückgabeersuchen endeten, als sie 1968 starb.

Auch die „Wally" befand sich seit Ende 1997 auf der Egon Schiele-Ausstellung im Museum of Modern Art und wurde dort am Neujahrstag 1998 von der Staatsanwaltschaft auf Betreiben der Erben der Lea Bondi-Jaray beschlagnahmt. Diese Beschlagnahme hob der New Yorker Supreme Court im Mai 1998 mit der Begründung auf, Leihgaben aus Übersee wären durch das „Arts and Cultural Affairs Law" geschützt. Das Gemälde blieb jedoch in gerichtlicher Verwahrung, weil nunmehr die Verletzung des „National Stolen Property Act" geltend gemacht wurde. Der New Yorker Rückgabeprozess dauert seit 1997 an. Vergleichsgespräche, die das New Yorker Gericht im Oktober 2005 angeordnet hatte, endeten im Frühjahr 2006 ergebnislos. Das Gericht will nunmehr den Museumsdirektor Rudolf Leopold vernehmen lassen. Allein die jährlichen Verfahrenskosten für die Leopold-Stiftung sollen sich auf 600.000 € belaufen.

Rechtslage

Zivilrechtliche Herausgabeansprüche sind in beiden Fällen unter mehreren Gesichtspunkten problematisch.

zu 1.

Bezüglich des Bildes „Tote Stadt III", das im Eigentum von Fritz Grünbaum stand, ist zunächst klärungsbedürftig, ob die Schwester der Witwe Lilly Grünbaum, Mathilde Lukacz, Alleinerbin geworden war. Nur wenn dies der Fall wäre, hätte sie 1956 als Eigentümerin über die Berner Kunstgalerie Klipstein & Kornfeld in rechtswirksamer Weise das Eigentum an den Erwerber Otto Kallir übertragen können.

War seinerzeit Mathilde Lukacz nicht Eigentümerin und nur im Besitz des Bildes, ist zu prüfen, ob Otto Kallir gleichwohl Eigentum vom Nichtberechtigten erworben hat. Grundsätzlich ist dies nach Schweizer Zivilrecht auch an abhanden gekommenen Sachen möglich, wenn im Verlaufe von fünf Jahren nach Besitzverlust vom Alteigentümer kein Rückgabeanspruch geltend gemacht wurde. Diese Frist begann für Otto Kallir mit Erwerb des Bildes 1956. Sie lief spätestens 1961, als das Bild vom Kunstsammler Rudolf Leopold erworben worden war, ab. Soweit die fünfjährige Frist bei Erwerb durch Leopold 1960 erneut begonnen hätte, wäre sie Ende 1965 abgelaufen. Somit hätten Otto Kallir bzw. der Zweiterwerber Rudolf Leopold 1966 zu ihren Gunsten Eigentum an dem Bild erworben.

Voraussetzung ist allerdings stets, dass die Erwerber im Zeitpunkt des Kaufes 1956 bzw. 1960 gutgläubig waren. Otto Kallir war Schiele-Spezialist und ein mit besonderem Fachwissen ausgestatteter Kunsthändler. Entweder wusste er, dass „Die Tote Stadt III" aus dem Bestand von Fritz Grünbaum stammte oder er hätte dies zumindest wissen müssen. Soweit er nur Kenntnis davon hatte, dass das Bild aus dem Besitz von Mathilde Lukacz kam, dürfte dieser Umstand allein nicht genügen, seine Gutgläubigkeit zu begründen. Kallir hätte dann zumindest fragen und klären lassen müssen, ob Mathilde Lukacz tatsächlich Eigentümerin des Bildes war. Ob sie entsprechende Erklärungen seinerzeit gegenüber der veräußernden Kunsthandlung Klipstein und Kornfeld oder dem Erwerber Kallir abgab, ist unbekannt.

Die gleichen Voraussetzungen dürften auch für den Zweiterwerber Rudolf Leopold gelten, der das Bild 1960 erwarb. Er war bereits 1956 in Bern, als es an Otto Kallir ging, zugegen und kannte mithin die damaligen Verkaufsumstände. Sollte eine zumindest fahrlässige Unkenntnis über die Berechtigung des Veräußerers Kallir festzustellen sein, schlösse dies den gutgläubigen Erwerb von Rudolf Leopold aus. Auch der nachfolgende jahrelange Besitz könnte wegen mangelnder Gutgläubigkeit dann nicht zu einem gesetzlichen Eigentumserwerb durch Ersitzung führen. Da nach österreichischem Recht der Eigentumsherausgabeanspruch unverjährbar ist, käme zudem eine Herausgabeklage im Zivilrechtsweg in Betracht, die in Wien vor dem dortigen Zivilgericht erhoben werden müsste.

zu 2.

Komplizierter stellt sich der Sachverhalt hinsichtlich der Veräußerung der „Wally" dar. Als die Westalliierten nach Ende des Krieges versehentlich das Bild an den Sohn des ermordeten jüdischen Kunsthändlers Robert Rieger herausgaben, waren die Erben nach Lilly Grünbaum Alteigentümer. Riegers Sohn veräußerte das Bild an die Österreichische Galerie im Glauben, es stamme aus dem Besitz seines Vaters und bekräftigt durch die Tatsache der Rückgabe der Westalliierten.
Im Rechtssinne gilt das Bild den Alteigentümern als abhanden gekommen, weil es gegen oder ohne deren Willen in den Besitz des Sohnes von Robert Rieger gelangte. An solchen Gegenständen kann nach österreichischem Zivilrecht auch vom Nichtberechtigten Eigentum erworben werden, wenn dieser bei Erwerb gutgläubig war.

Die Erwerbsumstände durch die Österreichische Galerie sind im Einzelnen unbekannt. Insbesondere wurde bisher der Kaufpeis nicht mitgeteilt. War er für damalige Marktverhältnisse verkehrsüblich, wäre dies ein Indiz zugunsten der Gutgläubigkeit des Erwerbers. Weitere Aspekte, die sich aus der Person des

Veräußerers, des von diesem betriebenen Gewerbes oder anderen Umständen des Erwerbsgeschäftes ergeben könnten, begründen vorliegend keine Bösgläubigkeit. Der Sohn Robert Riegers trat als Eigentümer des Bildes auf, weil er glaubte und glauben durfte, dass es aus dem Nachlass seines ermordeten Vaters stammte. Die Österreichische Galerie konnte darauf vertrauen, dass der Verkäufer Eigentümer des Bildes war, es sei denn – dies ist allerdings unbekannt – sie hatte ihrerseits positive Kenntnis, dass die „Wally" nicht aus dem Bestand des ermordeten Robert Rieger stammte, weil sie wusste, dass dieses Gemälde ehemals Lea Bondi-Jaray gehörte.

Für die Klägerin in den USA dürfte es sehr schwer sein, die Bösgläubigkeit zu beweisen, um erfolgreich eine Herausgabe zu erreichen.

Außerdem hätten die amerikanischen Gericht zu prüfen, ob ein möglicher Herausgabeanspruch zwischenzeitlich verjährt oder zumindest die Herausgabe verwirkt ist, weil der offene und allgemein bekannte Besitz durch den Sammler Leopold jahrzehntelang ausgeübt wurde. Die Erben Lea Bondi-Jarays hätten bereits seit vielen Jahren die Möglichkeit gehabt, Rückgabeansprüche geltend zu machen. Soweit sie dies in vorwerfbarer Weise unterließen, könnte dies ihren Herausgabeanspruch ausschließen. Es käme dann nicht mehr auf die vorstehende Prüfung österreichischen Zivilrechts an und gleichfalls nicht auf die Klärung, ob der Kunstsammler Rudolf Leopold die „Wally" 1954 gutgläubig erwarb.

Fall 67
NLA

Österreich
Melanie Schwarz-Erben vs. Stadt Lienz, Tirol, Österreich
Gemälde von Albin Egger-Lienz, „Totentanz 1809"

dazu: Trenkler in NS-Kunstraub in Österreich und die Folgen, S. 145 ff.; artperfect.de vom 30.05.2006; Restitutionsbericht der AAMD vom 27.07.2006, Anlage A, S. 20; FAZ vom 14.01.2007

Fall

Das österreichische Kunstsammlerehepaar Melanie und Emil Schwarz erwarb das Gemälde 1931 aus der Sammlung Adolf Hochstims, eines bedeutenden Egger-Lienz-Sammlers. Der „Totentanz 1809" entstand 1921 als Krönung des künstlerischen Schaffens des Osttiroler Malers, der eher für bäuerliche Motive bekannt ist. Durch seine fünfzehnjährige Beschäftigung mit dem Thema verarbeitete er seine schrecklichen Erlebnisse im 1. Weltkrieg. Der den übrigen Figuren voranschreitende Tod soll die Hoffnungs- und Erbarmungslosigkeit des Krieges darstellen. Egger-Lienz-Bilder waren zwar während der NS-Zeit in Österreich bei den dortigen Museen begehrt, seine so genannten Kriegsbilder wurden jedoch wegen ihrer pazifistischen Aussage öffentlich nicht gezeigt.

Nach dem „Anschluss" Österreichs an Nazi-Deutschland im März 1938 wurde das Vermögen des jüdischen Ehepaares Schwarz beschlagnahmt. Der eingesetzte NS-Vermögensverwalter verkaufte das Gemälde im September 1938 an die österreichische Stadt Lienz. Egger-Lienz-Bildern in jüdischen Sammlungen standen besonders im Focus der NS-Kunsträuber, allen voran das Museum von Lienz.

Melanie Schwarz gelang im September 1939 mit ihrer Tochter die Flucht, die letztendlich in Kalifornien endete. Sie starb 1955. Ihre Versuche nach Ende des 2. Weltkrieges, die zurückgelassenen Kunstwerke aufzufinden und zurückzuerhalten, blieben weitgehend erfolglos. Der Besitzer des „Totentanzes 1809" blieb unbekannt.

Öffentlich-rechtliche Rückgabeforderungen jüdischer Alteigentümer gegenüber verschiedenen österreichischen Museen ab Ende der 90er Jahre und auch zivilrechtliche Herausgabeklagen wegen Kunstwerken des Malers Albin Egger-Lienz rückten den umfangreichen Sammlungsbestand des Museum Schloss Bruck bei Lienz in das öffentliche Interesse. Ein bisher unveröffentlichter Provenienzabschlussbericht vom Juni 2002 über die „Sammlung Albin Egger-Lienz" in diesem Museum führte zur Identifizierung der Alteigentümerin Melanie Schwarz.

Ihre Erben machten gegenüber der Stadt Lienz einen Rückgabeanspruch geltend. Der Lienzer Gemeinderat beschloss am 07.03.2006 die Rückgabe des Bildes an die Erben von Melanie Schwarz. Das Gemälde wurde im Auktionshaus Dorotheum in Wien am 30.05.2006 versteigert. Der Schätzwert wurde übertroffen. Das Gemälde ging für den Rekordpreis von 912.000 € an einen österreichischen Sammler. Zuvor hatten die Erben die Hoffnung geäußert, das Bild möge in Österreich der Öffentlichkeit zugänglich bleiben.

Rechtslage

Die Beschlagnahme und Enteignung jüdischen Eigentums aufgrund diskriminierender Vorschriften des NS-Regimes wird auch in der österreichischen Rechtswissenschaft nach der sog. Radbruch'schen Formel als unwirksam und nichtig angesehen. Im Rechtssinne ist das Egger-Lienz- Kunstwerk mit der Beschlagnahme, spätestens mit der Enteignung, der Alteigentümerin als abhanden gekommen anzusehen. Nach österreichischem Zivilrecht kann an abhanden gekommenen Kunstwerken durch den Käufer Eigentum erworben werden, wenn dieser bei Erwerb, hier im September 1938, gutgläubig war. Käufer war die Stadt Lienz, die das Gemälde vom NS-Zwangsverwalter erwarb. Nach den damaligen Rechtsvorschriften, die eine Enteignung von jüdischem Eigentum vorsahen, konnte der Erwerber davon ausgehen, dass der Verkäufer zum Verkauf berechtigt war. Der Stadt Lienz mussten sich grundsätzlich keine Zweifel aufdrängen, dass die vom NS-Regime erlassenen Rechtsvorschriften, die eine entschädigungslose Enteignung des Gemäldes anordneten, rechtsunwirksam wären und der NS-Zwangsverwalter gar nicht berechtigt war, das Gemälde zu veräußern. Zivilrechtlich erwarb die Stadt Lienz deshalb im September 1938 Eigentum an dem Gemälde.

Nach 1945 machte die Eigentümerin Melanie Schwarz wegen des Gemäldes offensichtlich nicht innerhalb der gesetzlichen Ausschlussfristen einen öffentlich-rechtlichen Rückgabeanspruch in Österreich geltend, mutmaßlich, weil sie gar nicht wusste, wo das Gemälde nach ihrer Flucht hingelangt war.

Ein öffentlich-rechtlicher Rückgabeanspruch nach dem 1999 erlassenen österreichischen KunstRG besteht nicht, weil dieses Gesetz ausschließlich den Sammlungsbesitz des Bundesstaates Österreich erfasst. Auf Kunstwerke im Eigentum von österreichischen Bundesländern, Gemeinden oder Städten findet es keine Anwendung. Einzelne österreichische Bundesländer erließen deshalb eigene landesgesetzliche Kunstrückgabegesetze. Das Bundesland Tirol hat ein solches Gesetz bisher (noch) nicht.

Vorliegend besteht die Besonderheit, dass das Gemälde im Eigentum einer Stadt steht. Ohne rechtliche Verpflichtung, aber auf der Grundlage der Washingtoner Prinzipien, ordnete der die Stadt Lienz repräsentierende Gemeinderat die Rückübereignung des Gemäldes an. Ein NS-verfolgungsbedingter Vermögensverlust im Sinne der Washingtoner Prinzipien, des österreichischen Kunstrückgabegesetzes und auch der nach 1945 in Österreich erlassenen Restitutionsgesetze lag unzweifelhaft vor. Die jüdische Sammlerfamilie Schwarz gehörte zu einer vom NS-Regime kollektiv verfolgten Personengruppe, deren Vermögen, darunter auch der „Totentanz 1809", aufgrund diskriminierende gesetzlicher Bestimmungen entschädigungslos enteignet wurde. Die Anerkennung dieses Verlustes durch die Stadt Lienz und die Herausgabe an die Schwarz-Erben stellt einen der seltenen Fälle dar, wo eine Gemeinde bzw. Stadt ohne Vorliegen von gesetzlichen Rückgabebestimmungen allein auf der Grundlage der Washingtoner Prinzipien die Rückgabe angeordnete.

Fall 68
NLA

Frankreich
Alphonse Kann - Erben vs. Musée Nationale d' Art Moderne (Centre Georges Pompidou)
Gemälde von Pablo Picasso, „Tête de femme" („Frauenkopf")

dazu: Feliciano, S. 220 ff.

Fall

Picassos „Frauenkopf" von 1921 veräußerte die auf moderne Kunst spezialisierte Pariser Galerie Simon im Dezember 1923 an Alphonse Kann (zu ihm s. Fall 48). Dessen Sammlung wurde nach dem Einmarsch der deutschen Truppen in Frankreich beschlagnahmt und zum Zwecke der Verwertung in das Jeu de Paume geschafft. Das Picasso-Gemälde wurde dort im Verzeichnis des ERR mit der Herkunftsangabe „unbekannt" erfasst und war für den Tausch bzw. Verkauf vorgesehen. Der weitere Verbleib des Kunstwerkes ist unklar.

Nach 1945 stellten die Westalliierten das Gemälde sicher und übergaben es treuhänderisch dem französischen Staat. Es wurde als sog. MNR-Kunstwerk vom Musée Nationale de'Art Moderne mit der Bezeichnung „R 16 P" registriert und an das Musée des Beaux-Arts in Rennes verliehen, ohne dass in den folgenden Jahrzehnten Nachforschungen über seiner Herkunft angestellt worden wären. Seit den 50er Jahren bis 1996 wurde es weltweit in Ausstellungen in Brüssel, Mailand, Berlin, Tokio, Kyoto usw. gezeigt.

1998 erhoben die Kann-Erben beim Musée Nationale de'Art Moderne Anspruch auf Herausgabe des Picasso-Gemäldes. Im Mai 2002 ordnete die CIVS die Rückgabe dieses Kunstwerkes an die Antragsteller an. 2003 wurde es ihnen als eines der wenigen bisher restituierten Gemälde ausgehändigt.

Rechtslage

Die Beschlagnahme des Picasso-Gemäldes durch deutsche Stellen und ein möglicher Weiterverkauf in Frankreich konnte aufgrund der seit 1944 erlassenen gesetzlichen Nichtigkeitsbestimmungen der französischen Regierung zu keinem Eigentumsverlust führen. Deshalb war bei treuhänderischer Rückgabe des Gemäldes 1945 an französische Stellen unverändert Alphonse Kann Eigentümer. Das Eigentum ging auch nicht durch jahrzehntelangen Besitz des französischen Staates auf gesetzlichem Wege der Ersitzung auf diesen über, weil er keinen Eigenbesitz, sondern einen treuhänderischen Fremdbesitz ausübte. Der geltend gemachte Rückgabeanspruch der Alphonse Kann-Erben wäre demnach auch im Zivilrechtsweg durchsetzbar gewesen. Statt dessen ist von der CIVS eine Rückgabeentscheidung getroffen worden.

USA
Fritz Gutmann-Erben vs. Daniel C. Searle (Art Institute of Chicago)
Monotypie von Edgar Degas, „Landschaft mit Schornsteinen"

Fall 69
NLA

dazu: Feliciano, S. 113 ff. und 184 ff.; UEK Schweiz, S. 312 ff.

Fall

Friedrich (Fritz) Gutmann erbte von seinem Vater Eugen Gutmann eine umfangreiche Kunstsammlung. Er übersiedelte in den 20er Jahren in die Niederlande und erweiterte dort diese Kollektion. Einige herausragende Werke, u.a. Edgar Degas Monotypie „Landschaft mit Schornsteinen", verlagerte Gutmann zur Sicherung vor dem erwarteten Einmarsch deutscher Truppen nach Frankreich. Die Bilder wurden der nach Paris emigrierten deutsch-jüdischen Kunsthandelsfirma Paul Graupe & Cie. anvertraut und von ihr bei einer Spedition eingelagert.

Paul Graupe, Berliner Kunsthändler und Galerist, war wegen rassischer Verfolgung ins Exil gegangen. Er floh 1940 in die USA und ließ sich in New York nieder. Während seiner Emigration unterhielt er geschäftliche Kontakte zu deutschen Kunsthändlern, die einige der in seinem zurückgelassenen Besitz befindlichen Kunstwerke verwerteten.

Der Hauptbestand der Graupe-Galerie wurden im Juli 1940 von deutschen Stellen beschlagnahmt. Einige der bei der Spedition eingelagerten Gutmann-Kunstwerken erhielt 1941 der deutsche Kunsthändler Karl Haberstock, dem dies mit einer von Fritz Gutmann erpressten Vollmacht gelang. Die anderen bei der Spedition eingelagerten Kunstwerke – darunter das Bild von Degas – beschlagnahmte 1942/43 der deutsche Einsatzstab Reichsleiter Rosenberg (ERR) und brachte sie offensichtlich ins Jeu de Paume.

Das Degas-Werk erwarb der mit dem NS-Regime kollaborierende deutsche Kunsthändler Hans Wendland. Er veräußerte es wohl während des Krieges an seinen Schwager, den Kunstsammler und Textilkaufmann Hans Fritz Fankhauser aus Basel.

Fritz Gutmann und seine Ehefrau Luise hofften, im Frühjahr 1943 von Holland nach Italien ausreisen zu können. Während der Zugfahrt über Deutschland wurden sie dort jedoch verhaftet. Fritz Gutmann wurde im Frühjahr 1944 im Konzentrationslager Theresienstadt ermordet, offensichtlich weil er sich weigerte, seinen gesamten Kunstbesitz unentgeltlich an das Deutsche Reich zu übertragen. Seine Witwe Luise wurde Mitte 1944 nach Auschwitz deportiert und dort ermordet.

Die überlebenden Kinder Bernard und Lilly Gutmann fahndeten nach Ende des 2. Weltkrieges jahrelang erfolglos nach dem verschollenen Kunstbesitz. Erst die Enkel von Fritz und Luise Gutmann erfuhren 1985 zufällig, wo sich die Degas-Monotypie befand.

Der Baseler Kaufmann Fankhauser hatte sie 1951 an den New Yorker Sammler Emile Wolf verkauft. Dieser präsentierte das Kunstwerk lediglich kurz auf zwei Ausstellungen 1965 und 1968 der Öffentlichkeit (im New Yorker Finch College

Museum of Art und im Fogg Art Museum, Harvard Universität). Nach 36jährigem Besitz veräußerte Wolf das Bild unter Vermittlung des New Yorker Kunstmaklers Margo Pollins Schab 1987 für 850.000 US-Dollar an den Kunstsammler Daniel Searle, der Mitglied des Beirates des Art Instituts of Chicago ist. Ausgeliehen für eine Ausstellung des Metropolitan Museum of Arts in New York, entdeckten es die Gutmann-Erben und reichten 1987 Klage auf Rückgabe gegenüber dem Besitzer Daniel Searle ein. Das Verfahren endete zehn Jahre später 1997 mit einem außergerichtlichen Vergleich. Aufgrund zweier unabhängiger Gutachten wurde der Verkehrswert ermittelt und die Hälfte des Betrages vom Museum an die Erben gezahlt. Dies ist der erste öffentlich bekannt gewordene Rückforderungsfall (1987) eines Kunstwerkes, das dem Alteigentümer NS-verfolgungsbedingt verloren gegangen war. Durch die Einigung der Beteiligten blieb das Kunstwerk im Besitz des Sammlers Searle, der es schenkweise dem Chicagoer Museum übereignete, wo es sich heute befindet.

Rechtslage

Die Beschlagnahme des Bildes Ende 1942 in Frankreich und der nachfolgende Verkauf, mutmaßlich durch französische Kunsthändler in Frankreich, ist unwirksam aufgrund der von der französischen Regierung erlassenen Restitutionsverordnungen und Gesetze. Deshalb konnte auch der Schweizer Kunstsammler Fankhauser nicht wirksam Eigentum an dem Bild erwerben. Der Eigentumserwerb 1951 in den Vereinigten Staaten durch den Kunstsammler Wolf ist gleichfalls unwirksam, weil er nach amerikanischem Recht vom Nichtberechtigten ausgeschlossen ist. Gleiches gilt für die Weiterveräußerung 1987 an den amerikanischen Sammler Searle. Da die Erben erst 1985 Kenntnis darüber erhielten wo sich das Gemälde befand, ist ihre Rückgabeforderung von 1987 nicht als verspätet oder ihr Anspruch als verwirkt anzusehen. Es hätten deshalb nach amerikanischer Rechtslage gute Aussichten bestanden, das Rückgabeverlangen auch gerichtlich erfolgreich zu verfolgen. Statt dessen einigten sich die Beteiligten einvernehmlich außergerichtlich.

Schweiz

Bernheim-Jeune-Erben vs. Kunstmuseum Basel

Gemälde von Pierre Bonnard, „La Vénus de Cyrène“

Fall 70

NLA

dazu: Feliciano S. 77 ff.; UEK Schweiz, S. 386 ff.

Fall

Zu den ältesten und bedeutendsten Pariser Kunstgalerien gehörte jene der Brüder Josse und Gaston Bernheim-Jeune.

Nach dem Einmarsch deutscher Truppen in Paris im Sommer 1940 wurde die Galerie beschlagnahmt und unter Zwangsverwaltung gestellt. Die dort vorhandenen Bestände wurden durch einen NS-Verwalter verwertet. Gaston Bernheim-Jeune floh nach Monte Carlo. Sein Sohn Claude wurde 1942 verhaftet und kam bei dem Todesmarsch aus dem KZ Auschwitz Anfang 1945 ums Leben. Josse Bernheim-Jeune starb 1941 in Lyon. Seinen Söhnen Jean und Henry gelang die Flucht in die Schweiz.

Auf dem dortigen Kunstmarkt tauchten einige Gemälde aus dem Besitz Bernheim-Jeune auf. Die Söhne ersuchten den Präsidenten des Kunsthandelsverbandes Gottfried Tanner um Unterstützung bei ihren Rückgabeklagen. Er antwortete mit der Drohung, die Emigranten mögen sich ruhig verhalten, weil sie sonst an Nazi-Deutschland ausgeliefert werden. Daraufhin unternahmen Jean und Henry Bernheim-Jeune zunächst keine weiteren gerichtlichen Anstrengungen in der Schweiz, die dort identifizierten Bilder zurückzuerhalten.

Mehrere Dutzend Gemälde, darunter einige bedeutende von Matisse, wurden bei einer befreundeten amerikanischen Familie in deren Schloss in Pastignac im unbesetzten Teil Frankreichs versteckt. Im März 1944 wurde das Schloss von deutschen Truppen in Brand gesetzt. Bis heute ist ungeklärt, ob die dort verwahrten Kunstwerke vernichtet oder von deutschen Soldaten geplündert und mitgenommen wurden.

Das Bonnard-Bild stammte aus der Privatsammlung Bernheim-Jeune. Nach Ende des 2. Weltkrieges war es in dem von der französischen Regierung herausgegebenen offiziellen Verlustkatalog verzeichnet. Unter unbekannten Umständen, aber in Kenntnis der Registrierung des Gemäldes in dem französischen Verlustverzeichnis erwarb es der Schweizer Kunstsammler und Galerist Beyeler (zu diesem s. Fall 18) 1955 von einer Privatperson in der Schweiz, die erklärt haben soll, es zuvor von einem Pariser Sammler gekauft zu haben. Ende November 1955 zeigte Beyeler das Gemälde in seiner Galerie in Basel in einer öffentlichen Ausstellung und verkaufte es an die Esther Mengold-Stiftung. Der Präsident der Stiftung Robert Hess erklärte später, dass für ihn nicht die geringste Veranlassung bestand, nach der Herkunftsgeschichte des Bildes zu fragen, da die Galerie Beyeler in der Schweiz und international das beste Ansehen genieße. Versuche der französischen Regierung, 1957 den Bonnard zurückzuerhalten, misslangen, weil sich sowohl Beyeler als auch die Stiftung auf gutgläubigen Erwerb beriefen.

1998 einigten sich das Kunstmuseum Basel als als Besitzer und die Erben Bernheim-Jeune. Das Gemälde verblieb im Museum. Die Erben wurden vermutlich entschädigt.

Rechtslage

Die Beschlagnahme des Gemäldes durch deutsche Stellen während der Besatzungszeit konnte ebenso wenig wie ein eventueller Diebstahl durch Privatpersonen zu einem Eigentumsverlust führen. Selbst wenn, wie Beyeler behauptete, das Bild während der deutschen Besetzung durch einen Kunsthändler an einen Dritten veräußert wurde, wäre dieses Erwerbsgeschäft aufgrund der von der französischen Regierung seit 1944 erlassenen gesetzlichen Bestimmungen nichtig. Auf die Gutgläubigkeit des damaligen Erwerbers kommt es nicht an. Deshalb konnte die von Beyeler nicht näher identifizierte Privatperson ihm 1955 in der Schweiz auch nicht wirksam das Eigentum verschaffen.

Allerdings ist nach Schweizer Zivilrecht auch an abhanden gekommenen Gegenständen der Eigentumserwerb möglich, wenn nicht innerhalb der fünfjährigen Frist ab Erwerb des Gemäldes von den Alteigentümern gegenüber Beyeler Klage auf Rückgabe erhoben wurde. Dies ist offensichtlich nicht geschehen, so dass der Eigentumserwerb allein wegen Fristablauf eingetreten sein könnte. Voraussetzung ist allerdings, dass Beyeler 1955 bei Erwerb des Gemäldes gutgläubig war. Er sagte, ihm wäre die Registrierung des Bildes in der offiziellen französischen Verlustpublikation bekannt gewesen, er hätte die dortige Angabe aber für unzutreffend gehalten. Diese Einlassungen dürften wohl keinen gutgläubigen Erwerb begründen, da die Erfassung des Kunstwerkes in einem allgemein zugänglichen öffentlichen Verlustregister dem Erwerber bekannt war und von ihm ignoriert wurde. Beyeler war verpflichtet, weitere Nachforschungen anzustellen und sich Gewissheit zu verschaffen. Er erwarb das Gemälde in fahrlässiger Unkenntnis. Dies begründet seine Bösgläubigkeit und schließt einen wirksamen Eigentumserwerb aus.

Damit ist auch der Verkauf an die Esther-Mengold-Stiftung Ende 1955 zweifelhaft. Die Begründung, es hätte wegen des guten Rufes der Galerie Beyeler keine Veranlassung bestanden, die Herkunft des Bildes zu erfragen, genügt der bei einem solch herausragenden Kunstwerk zu fordernde Nachforschungspflicht des Käufers nicht. Deshalb erscheint es äußerst zweifelhaft, dass der Verkauf durch den Nichtberechtigten Beyeler zu einem gutgläubigen Erwerb der Esther-Mengold-Stiftung führte. Die bei den jeweiligen Erwerben zu unterstellende Bösgläubigkeit konnte dann auch nicht zu einem gesetzlichen Eigentumsübergang im Wege der Ersitzung führen. Da der Eigentumsherausgabeanspruch unverjährbar ist, hätten gute Chancen bestanden, im Zivilrechtsweg die Rückgabe des Bildes zu erreichen.

Schweiz

Max Silberberg-Erben vs. Bündner Kunstmuseum Chur

Gemälde von Max Liebermann, „Nähschule im Waisenhaus Amsterdam"

Fall 71

NLA

dazu: NZZ vom 07.10.1999; Facts 31/1999, S. 50 ff.; FAZ vom 06.10.1999; Tatzkow/Hinz in Osteuropa, S. 155 ff.

Fall

Sofort nach der Machtübernahme der Nationalsozialisten bekam der Breslauer Unternehmer und Kunstsammler Max Silberberg (zu ihm s. Fall 105) die Verfolgung aus rassischen Gründen zu spüren. Er war gezwungen, sich von dem Liebermann-Gemälde, das er spätestens seit 1927 besaß, zu trennen. Mit Hilfe des Berliner Verlagsbuchhändlers Bruno Cassirer wurde es 1934 für 16.000 RM an den Schweizer Bankier Adolf Jöhr verkauft. Ob das Kaufgeld dem Veräußerer Max Silberberg zufloss, ist unbekannt.

Nach Adolf Jöhrs Tod erbte seine Witwe Marianne Krüger-Jöhr das Kunstwerk. Aus deren Nachlass gelangte es 1992 als Legat in den Besitz der Stiftung Bündner Kunstsammlung. Auf der Grundlage der Washingtoner Prinzipien, die auch von der Schweiz unterzeichnet wurden, stellten die Silberberg-Erben 1999 Anspruch auf Herausgabe des Gemäldes. Am 04.10.1999 beschloss die Stiftung Bündner Kunstsammlungen, das Kunstwerk vorbehaltlos den Erben zu übergeben.

Rechtslage

Der Verkauf des Gemäldes 1934 durch bzw. im Auftrage des damaligen Eigentümers führte zu einem wirksamen Eigentumserwerb des Käufers Adolf Jöhr. Dass die Veräußerung aufgrund wirtschaftlicher Schwierigkeiten des Eigentümers Max Silberberg, bedingt durch NS-Verfolgungsmaßnahmen, erfolgte, begründet nach deutschem Zivilrecht allein keine Unwirksamkeit des Eigentumsüberganges des Bildes. Deshalb bestehen heute keine zivilrechtlichen Rückgabemöglichkeiten mehr.

Die nach 1945 erlassenen alliierten Rückerstattungsbestimmungen für das Gebiet des ehemaligen Deutschen Reiches begründeten gleichfalls keinen Rückgabeanspruch, weil sich das Kunstwerk nicht mehr im Geltungsbereich dieser Bestimmungen befand. Gleiches gilt für das von der Bundesrepublik Deutschland in den 50er Jahre erlassene Rückerstattungsrecht.

Auch auf der Grundlage der in der Schweiz ab 1945 erlassenen Rückerstattungsbestimmungen konnten die Silberberg-Erben keinen öffentlich-rechtlichen Rückgabeanspruch begründen. Denn das Schweizer Rückerstattungsrecht beschränkte den Schädigungszeitraum auf den 2. Weltkrieg und schloss somit Vermögensverluste, die in der Zeit vom 30.01.1933 bis zum 01.09.1939 eintraten, generell aus.

In den Washingtoner Prinzipien verpflichteten sich ausschließlich Staaten, NS-verfolgungsbedingte Vermögensverluste rückgängig zu machen. Da sich das Gemälde nicht im Besitz eines Schweizer Bundesmuseums befand, hätte die Schweizer Regierung auf der Grundlage dieser Prinzipien keine Rückgabe anordnen können. Bei der dennoch erfolgten Herausgabe des Gemäldes auf der Grundlage der Washingtoner Prinzipien durch eine Stiftung handelt es sich um einen der wenigen Fälle in der Schweiz, in denen der aktuelle Besitzer ein NS-verfolgungsbedingt verlorenes Kunstwerk herausgab. Der Stiftung Bündner Kunstsammlung genügte offensichtlich bereits die Tatsache, dass Max Silberberg als Jude zu einem kollektiv vom NS-Regime verfolgten Personenkreis gehörte und aufgrund wirtschaftlicher Schwierigkeiten, die das NS-Regime durch diskriminierende Regelungen gegenüber jüdischen Bürgern im Deutschen Reich verursacht hatte, gezwungen war, das Gemälde 1934 zu verkaufen. Es kam der Stiftung nicht darauf an zu klären, ob der damalige Verkaufspreis verkehrsüblich und angemessen gewesen und dem Verkäufer vollständig zugefloss. Das Verfolgungsschicksal des jüdischen Sammlers Max Silberberg veranlasste die Stiftung zur Herausgabe des Gemäldes.

Schweiz

Max Silberberg-Erben vs. Stiftung Sammlung E. G. Bührle, Zürich

Gemälde von Édouard Manet, „La Sultane"

Fall 72

NLA

dazu: Facts 31/1999; Tatzkow/Hinz in Osteuropa, S. 155 ff.

Fall

Die Sammlung des Breslauer Unternehmers Max Silberberg (s. Fälle 71 und 105) wurde wegen der vielen bedeutenden Werke französcher Maler hoch geschätzt. Gemälde, Pastelle und Zeichnungen von Cezanne, Corot, Courbet, Degas, Delacroix, Monet, Pissarro, Renoir, Sisley und anderer Künstler gehörten dazu. Manets „Sultane" erwarb Silberberg 1927. Er hatte sie in der neu eröffneten Berliner Filiale der Galerie Thannhauser gesehen und dem Händler sofort Interesse signalisiert.

Die für viele wohlhabende Sammler ruinöse Zeit der Weltwirtschaftskrise traf auch Max Silberberg. Er veräußerte einen Teil seiner Werke französischer Meister 1932 in Paris, konnte es sich jedoch leisten, die überwiegende Mehrzahl seiner Gemälde, Arbeiten auf Papier und Plastiken zu behalten. Auch „La Sultane" befand sich weiterhin in seinem Besitz, als in Deutschland 1933 die NS Herrschaft begann.

Max Silberberg war sofort Schikanen und Diskriminierungen ausgesetzt. Sein international agierendes Unternehmen blieb jedoch zunächst unbehelligt. Seit Anfang 1935 aber verschärfte sich Silberbergs gesamte Lebenssituation dramatisch. Es wurde ersichtlich, dass er seine Villa bald räumen musste, da der Sicherheitsdienst der NSDAP sie beanspruchte. Finanziell geriet er durch die Devisensperre seiner Bank unter massiven Druck. In dieser Lage musste Silberberg den größten Teil seiner Sammlung und seiner Bibliothek im Berliner Auktionshaus Paul Graupe versteigern lassen. Trotz seiner Bedrängnis gehörte Manets „La Sultane" wiederum nicht zu den für die Versteigerung herangezogenen Werken. Dieser Umstand weist darauf hin, das sich Max Silberberg keinesfalls von diesem Kunstwerk trennen wollte.

Silberberg hatte es 1934 der Galerie Durand-Ruel für eine Ausstellung in New York zur Verfügung gestellt. Die Galerie sorgte im gleichen Jahr auch für den Rücktransport nach Frankreich. Die sich zuspitzender Lage Max Silberbergs in Breslau dürfte ihn veranlasst haben, das Bild von dort nicht nach Deutschland zurück zu holen.

In Breslau verschärfte sich die Situation Max Silberbergs weiter. Im Herbst 1935 lösten die Berliner Finanzbehörden, offensichtlich im Ergebnis der genau beobachteten Auktionen eine Steuerfahndung gegen ihn aus. Der Verkauf von Hausrat und Kunst wurde oft als Vorwand für Sicherungszahlungen wegen Auswanderung gegenüber Juden genutzt. Auch Max Silberberg unterlag Reichsfluchtsteuerforderungen, obwohl er nicht emigrierte.

Unter diesen Umständen war Max Silberberg gezwungen, sich von seinem Gemälde „La Sultane" doch zu trennen. Er ließ es 1937 an die Galerie Paul Rosenberg in Paris veräußern. Vielleicht hoffte er, im Exil in den Besitz des Kaufgeldes zu kommen. In Nazi-Deutschland wäre es für diskriminierende Abgaben eingezogen worden. Letztendlich gelang es Silberberg nicht auszuwandern. Er wurde deportiert und ermordet. Sein Sohn floh 1939 nach England. Der Erlös aus der Veräußerung 1937 gelangte nie in seine Hand.

Die Galerie Rosenberg in New York verkaufte das Bild 1953 an den Schweizer Sammler Emil G. Bührle. Bührle stellte es in Zürich und an anderen Orten aus und gab als Provenienz mitunter „Silberberg, Breslau" an.

Unter Bezugnahme auf die Washingtoner Prinzipien erhoben die Silberberg-Erben 1999 Rückgabeforderungen gegenüber der Stiftung Sammlung E. G. Bührle. Die Stiftung lehnt eine „faire und gerechte" Regelung bisher ab.

Rechtslage

Der Verkauf des Gemäldes 1937 in Paris an den Kunsthändler Rosenberg ist zivilrechtlich nicht mehr angreifbar. Rosenberg hatte Eigentum an dem Gemälde erworben. Zwar beruhte der Verkauf auf der persönlichen wirtschaftlichen Notsituation, der Max Silberberg als unmittelbare Folge der rassischen Diskriminierung in der NS-Zeit ausgesetzt war. Es ist jedoch im Zivilrecht anerkannt, dass solche wirtschaftlichen Notlagen grundsätzlich nicht die Unwirksamkeit des Verkaufsgeschäftes begründen. Anerkannt ist im deutschen wie im französischen Recht, dass der seinerzeitige Verkauf nachträglich angefochten werden kann. Dies hätten allerdings die Silberberg-Erben unverzüglich nach Kriegsende tun müssen, was offensichtlich nicht erfolgte.

Die von der französischen Regierung während und nach Ende des 2. Weltkrieges erlassenen gesetzlichen Sonderregelungen, die eine Nichtigkeit von Zwangsverkaufsgeschäften anordneten, finden vorliegend keine Anwendung. Sie beschränken sich auf den Zeitraum ab der Besetzung Frankreichs im Mai 1940 bis zur Befreiung des Landes Ende 1944. Vom NS-Regime verursachten Zwangsverkäufe in der Zeit zwischen 30.01.1933 bis zum Mai 1940 sind mithin nicht erfasst.

Der Weiterverkauf des Bildes 1953 erfolgte somit vom Eigentümer, also dem Berechtigten, an den Käufer. Es kommt hier nicht mehr auf die Gutgläubigkeit des Erwerbers an und es ist nicht relevant, ob der Käufer wusste oder hätte wissen müssen, dass das Bild unter verfolgungsbedingten Umständen von Silberberg an den Galeristen Rosenberg veräußert wurde. Zivilrechtliche Rückgabeansprüche sind damit ausgeschlossen.

Ein öffentlich-rechtlicher Rückgabeanspruch aufgrund der von den Westalliierten erlassenen Restitutionsgesetze und auch der von Deutschland Mitte der 50er Jahre erlassenen Regelungen wäre ohne weiteres begründet gewesen, wenn das Gemälde nach Deutschland zurückgekehrt wäre. Für Silberbergs Gemälde-Verkauf im Jahre 1937 gilt die gesetzliche Verfolgungsvermutung, weil er persönlich verfolgt wurde und zu einem kollektiv vom NS-Regime verfolgten Personenkreis gehörte. Ob der Kaufpreis 1937 verkehrsüblich war, kann dahinstehen, weil er ihm zumindest nicht vollständig und ungeschmälert zufloss. Aus den Umständen der Veräußerung ergibt sich, dass sie ohne die Herrschaft des NS-

Regimes nicht durchgeführt worden wäre. Die Restitutionsbestimmungen liefen vorliegend allerdings leer, weil sich das Gemälde außerhalb Deutschlands befand.

Die Voraussetzungen eines NS-verfolgungsbedingten Vermögensverlustes liegen auch nach den Washingtoner Prinzipien vom Dezember 1998 vor. Diese erfassen nicht nur Enteignungen und Beschlagnahmen, sondern nach der von allen Unterzeichnerstaaten geteilten Auffassung auch privatrechtliche Verkäufe, wenn diese in einer wirtschaftlichen Zwangslage erfolgten, die ihre Ursache in der NS-Verfolgung hatte. Dies ist vorliegend unzweifelhaft der Fall, so dass ein Anspruch der Silberberg-Erben auf eine „faire und gerechte Regelung" bestünde. Der in den Washingtoner Prinzipien getroffenen Selbstverpflichtung unterwarfen sich jedoch ausschließlich die Unterzeichnerstaaten. Auch die Schweiz gab diese Verpflichtung ab. Die Schweizer Bundesmuseen, auch einzelne Landesmuseen, erklärten ihre Bereitschaft, NS-verfolgungsbedingte Vermögensverluste rückgängig zu machen. Vorliegend befindet sich das Gemälde allerdings nicht im Besitz eines Museums oder einer öffentlichen Sammlung, sondern im Eigentum einer privaten Stiftung. Diese ist zu einer Einigung auf der Grundlage der Washingtoner Prinzipien nicht „verpflichtet". Vergleichbare Stiftungen in Deutschland, Liechtenstein, den USA und anderen Ländern handelten jedoch in vergleichbaren Fällen auf der Grundlage der Washingtoner Prinzipien und gaben Kunstwerke an die Alteigentümer zurück.

Fall 73
NLA

USA
Ferenc Hatvany-Erben vs. Museum Heraklion, Griechenland und Metropolitian Museum of Art
Gemälde von El Greco, „Berg Sinai"

dazu: Heuß in Osteuropa, S. 85 ff. und 109

Fall

Die adlige Familie Hatvany gehörte zu den reichsten Familien Ungarns. Sie besaß Zucker- und Konservenfabriken und außerdem eine umfangreiche Kunstsammlung mit Gemälden französischer Maler wie Courbet, Cureaux, Daumier, Degas, Ingres, Manet und Renoir. Ferenc Hatvany erwarb sie vor allem bei den Pariser Kunsthändlern Paul Rosenberg und Charles Durand-Ruel und bei Paul Cassirer aus Berlin. Die Kunstsammlung barg auch italienische, deutsche, spanische und holländische Altmeister und ungarische Künstler.

Bereits im September 1942 hatte Hatvany ca. 165 Gemälde unter falschem Namen in Tresoren Budapester Banken einlagern lassen, so dass sie nach dem Einmarsch der deutschen Truppen im März 1944 trotz intensiver Suche nicht aufgefunden wurden. In welchem Umfang Kunstbesitz, der in zwei Budapester Palais und einem Schloss außerhalb der Stadt deponiert war, von deutschen Truppen beschlagnahmt wurde, ist bis heute nicht vollständig aufgeklärt.

Das El Greco-Gemälde befand sich seit den 20er Jahren im Eigentum Hatvanys. Es wurde von sowjetischen Militärangehörigen im Februar 1945 in Budapest mutmaßlich aus einem Banktresor entwendet, blieb offensichtlich aber im Lande.

Ferenc Hatvany entzog sich den Verfolgungsmaßnahmen der Nazis. Er ging in Budapest in die Illegalität. Seine Familie überlebte trotz Verhaftung, Folter und Internierung. Seine Schwester und deren Familie wurden ermordet. Hatvany emigrierte 1947 nach Frankreich und später in die Schweiz. Er veräußerte offensichtlich einige der geretteten oder nach dem Kriege wieder erlangten Kunstwerke. Andere, ehemals in Banktresoren eingelagerte und 1945 geplünderte Gemälde tauchte 1946 auf dem Budapester Schwarzmarkt auf. Es gelang ihm, zehn der dort angebotenen Bilder „zurückzukaufen". Hatvany starb 1958 ohne aufklären zu können, wo der größte Teil der bis März 1944 in Banktresoren eingelagerten Kunstwerke hingelangt war.

Eine unrühmliche Episode stellte das Wiedergutmachungsverfahren der 50er und 60er Jahre in Deutschland dar. Die Erben, Hatvanys Witwe und ihre drei Töchter, hatten gegenüber der Bundesrepublik Deutschland Entschädigungsansprüche für den Verlust der Gemäldesammlung nach dem Bundesrückerstattungsgesetz geltend gemacht. Sie erklärten unter Beweisantritt von Zeugen, die – wie sich später herausstellte – Meineide geschworen hatten, die Gemäldesammlung wäre durch deutsche Stellen beschlagnahmt worden. Das Bundesministerium für Finanzen schloss im November 1962 mit der Erbengemeinschaft einen Vergleich über eine Entschädigung in Höhe von 35 Millionen DM und überwies die erste Hälfte der Summe an den Bevollmächtigten der Erben Hans Deutsch.

Der in Wien gebürtige Deutsch war 1938 nach Palästina geflohen und dort seit 1949 als Rechtsanwalt tätig. Er vertrat, 1953 nach Wien zurückgekehrt, jüdische Verfolgte in Wiedergutmachungsverfahren, darunter den österreichischen Zweig der Familie Rothschild. 1964 wurde er in Bonn verhaftet und wegen Betruges und Anstiftung zum Meineid in der Sache Hatvany angeklagt. Nach jahrelangen Strafverfahren wurde Deutsch im April 1973 freigesprochen, weil ihm nicht nachgewiesen werden konnte, dass seine Angaben im Wiedergutmachungsverfahren betrügerisch und die von ihm benannten Zeugen, die nachweislich die Unwahrheit über den Verlust der Kunstsammlung gesagt hatten, von ihm angestiftet worden waren.

Das Gemälde von El Greco konnte in den 50er/60er Jahren in Budapester Privatbesitz festgestellt werden. 1974 befand es sich in Wien und sollte dort verkauft werden. 1988 von Sotheby's zunächst in Wien angeboten, gelangte das Gemälde im Dezember 1988 in London in die Auktion. Es wurde dort jedoch nicht versteigert.

1991 erwarb das Museum im griechischen Heraklion unter unbekannten Umstände das Gemälde. Im Rahmen einer Greco-Retrospektive im Metropolitan Museum of Art versuchten Joram Deutsch, Sohn von Hans Deutsch, der nunmehr die Hatvany-Erben vertritt, und der amerikanische Anwalt Edward Fagan das Gemälde gerichtlich beschlagnahmen zu lassen. Die Beschlagnahme scheiterte und das Bild gelangte in das Museum von Heraklion zurück.

Rechtslage

Der Diebstahl des Gemäldes durch Plünderung des Banktresors in Budapest konnte zu keinem Eigentumsverlust führen. Das im Rechtssinne als abhanden gekommen einzuordnende Gemälde tauchte erstmalig 1974 in Österreich auf. Dass zu diesem Zeitpunkt der damalige Besitzer Eigentum an dem Gemälde erworben hatte, z. B. durch Ersitzung, erscheint äußerst zweifelhaft. Denn Ersitzung nach österreichischem Recht setzt voraus, dass der Erwerb gutgläubig erfolgte. Welche neuen Erkenntnisse Sotheby's in Wien 1988 hatte, um das Gemälde im selben Jahr in London versteigern zu lassen, ist unbekannt. Jedenfalls hätte durch den Verkauf im Wege der Versteigerung 1988 in London Eigentum zugunsten eines Erwerbers nicht begründet werden können, weil englisches Recht selbst bei Gutgläubigkeit des Erwerbers in einer öffentlichen Versteigerung den Eigentumserwerb vom Nichtberechtigten ausschließt.

Wo und unter welchen Umständen das Museum in Heraklion 1991 das Gemälde erwarb, ist unbekannt. Aber auch hier dürfte ein gutgläubiger Erwerb durch ein öffentliches Museum, also einen mit besonderer Fachkunde ausgestatteten Erwerber, äußerst zweifelhaft sein. Es bestehen begründete Anhaltspunkte, dass eine zivilgerichtliche Herausgabeklage in Griechenland erfolgreich sein könnte.

Zudem könnten diese Ansprüchen gegenüber Griechenland auch auf der Grundlage der Washingtoner Prinzipien geltend gemacht werden, denn Griechenland ist Signatarstaat. Offensichtlich ist dies bisher nicht geschehen und statt dessen der erfolglose Versuch unternommen worden, das Gemälde in den USA spektakulär aus einer Ausstellung heraus beschlagnahmen zu lassen.

Fall 74
NLA

Ungarn
Baron Mor Lipot Herzog-Erben (Martha Nierenberg) vs. Ungarische Regierung (u.a. Nationalgalerie und Museum der Schönen Künste, Budapest)
Altmeister-Gemälde aus der Herzog-Sammlung

dazu: Andreas Prinz in Wall Street Journal 2001;
Erklärung von Martha Nierenberg vom 10.02.2000

Fall

Der ungarische Bankier und Industrielle Baron Mor Lipot Herzog besaß eine Sammlung von über 2.000 Kunstwerken und kunstgewerblichen Objekten, darunter herausragende Altmeister-Gemälde und -Zeichnungen, französische Impressionisten und ungarische Künstler. Nach seinem Tode erbten seine Witwe Elisabeth Herzog Weiss de Csepel und die Brüder Istvan und Andras Herzog die Kunstsammlung.

Vor dem Einmarsch deutscher Truppen im März 1944 war ihr größter Teil in einem bombensicheren Keller einer nahe Budapest gelegenen Fabrik eingelagert. Der ungarische Geheimdienst fand das Versteck und übergab die Kunstwerke an Adolf Eichmann, der im Budapester Hotel Majestic residierte und von dort die Vernichtung der ungarischen Juden organisierte. Einige Kunstwerke wurden daraufhin in das Deutsche Reich geschafft, andere verblieben in Budapest und sollen von deutschen Stellen an Budapester Museen übergeben worden sein.

Elisabeth Herzog Weiss de Csepel, ihr Ehemann und deren Kinder, darunter Martha Nierenberg, konnten sich retten und gelangten nach dem Ende des 2. Weltkrieges in die USA.

Nach der Herstellung rechtsstaatlicher Verhältnisse in Ungarn versuchte Elisabeth Herzog Weiss de Csepel, den Verbleib der früheren Herzog-Sammlung aufzuklären. Sie starb 1992 und wurde u.a. von ihrer Tochter Martha Nierenberg beerbt, die die Suche nach den Kunstwerken fortsetzte.

Einige wurden offensichtlich von sowjetischen Truppen nach dem Einmarsch in Budapest im Februar 1945 beschlagnahmt und in die UdSSR geschafft, wo sie sich noch heute befinden (s. Fall 54). Elf Gemälde, darunter Werke von van Dyck, El Greco, Cranach, Courbet und Munkácsy, machte Martha Nierenberg in den öffentlichen Sammlungen der Budapester Nationalgalerie und des Museums der Schönen Künste ausfindig. In das Deutsche Reich geschaffte Werke wurden 1946 und 1947 von amerikanischen Stellen treuhänderisch an die ungarische Regierung zurückgegeben und offensichtlich den Museumsbeständen zugeordnet. Elisabeth Herzog Weiss de Csepel erhielt bis zu ihrem Tod 1992 lediglich drei Werke unbekannter Künstler zurück.

Martha Nierenberg machte gegenüber ungarischen Museen Rückgabeansprüche geltend hinsichtlich dort eindeutig identifizierter Kunstwerke der Herzog-Sammlung. Bei ihrem Besuch im April 1996 sicherte ihr der damalige Kulturminister die Rückgabe von Kunstwerken zu. Eine eigens dafür eingesetzte

Expertenkommission prüfte die Provenienzen der zurückbegehrten Werke und sprach die Empfehlung aus, sie Martha Nierenberg auszuhändigen, weil die Eigentumsfeststellungen eindeutig die Herkunft aus der Herzog-Sammlung ergaben.

Nach einem Regierungswechsel in Ungarn fühlte sich die neue Administration nicht mehr an die Zusagen gebunden und verzögerten jahrelang sämtliche Rückgabeverhandlungen. Daraufhin erhob Martha Nierenberg im Oktober 1999 in Ungarn Rückgabeklage gegen den ungarischen Staat, die Budapester Nationalgalerie und das Museum der Schönen Künste, wo sich elf der herausverlangten Gemälde befinden. Dieses zivilgerichtliche Verfahren wurde zunächst mit formalen Einwendungen verschleppt. So sollte Martha Nierenberg, unverändert ungarische Staatsbürgerin, eine Gerichtskostenvorauszahlung in Höhe von mehreren hunderttausend US-Dollar leisten. Sodann wurde eingewandt, Martha Nierenberg könne als Miterbin nicht Ansprüche für andere Erbengemeinschafter geltend machen. Dennoch wurde die Klage letztendlich zugelassen und der Anspruch auf Rückgabe der Gemälde an Martha Nierenberg im Jahr 2000 durch Urteil festgestellt. Gegen diese Entscheidung legte die ungarische Regierung Rechtsmittel ein, woraufhin der Obersten Gerichtshof die erstinstanzliche Rückgabeentscheidung aufhob und zur weiteren Sachverhaltsaufklärung an das Budapester Stadtgericht zurückverwies.

Im November 2005 ordnete dieses Gericht die Herausgabe eines Bildes von El Greco an. Die Rückgabe der übrigen zehn Bilder lehnte es ab, weil bisher keine lückenlose Erbfolge der Herzog-Erben nachgewiesen wurde.

Rechtslage

Die Beschlagnahme der Gemälde durch das NS-Regime konnte zu keinem Eigentumserwerb des Deutschen Reiches führen. Die Alteigentümerin Elisabeth Herzog und ihre Brüder verloren dadurch nicht das Eigentum an den Gemälden. Die Sicherstellung der Gemälde nach Ende des 2. Weltkrieges durch amerikanische Truppen und die treuhänderische Rückgabe an den ungarischen Staat bewirkte gleichfalls keinen Eigentumsverlust. Erstmalig könnte er durch die vom kommunistischen Regime in Ungarn erlassenen Enteignungsgesetze, die sich gegen Adlige und das Großbürgertum richteten, eingetreten sein. Soweit dies der Fall war, wurden sie allerdings durch den ungarischen Rechtsstaat nach 1990 aufgehoben mit der Folge, dass die Herzog-Familie wieder in ihre ursprünglichen Eigentumsrechte an den Kunstwerken eingesetzt wurde.

An der grundsätzlichen Berechtigung zur Herausgabe der Gemälde und somit einem Eigentumsanspruch der Herzog-Erben besteht offensichtlich auch in Ungarn kein Zweifel, weshalb die Rückgabe des El Greco-Bildes nach mehrjährigen Gerichtsverfahren im November 2005 angeordnet wurde. Die Rückgabe weiterer Gemälde scheiterte bisher offensichtlich allein an der nicht ausreichend nachgewiesenen Erbfolge.

Neben zivilrechtlichen Ansprüchen kämen hilfsweise Rückgabeansprüchen auf der Grundlage der Washingtoner Prinzipien in Betracht, weil diese auch von Ungarn unterzeichnet wurden. Sämtliche Kunstverluste waren NS-verfolgungsbedingt erfolgt. Es bleibt schleierhaft, warum sich die ungarische Regierung nach Verabschiedung der Washingtoner Prinzipien noch nicht entschließen konnte, sie herauszugeben.

Tschechien

Oskar Federer-Erben vs. Galerie für bildende Künste Ostrava

verschiedene Kunstwerke

(u.a. Munch, Kokoschka, Liebermann, Meunier, Slaviček)

Fall 75

NLA

dazu: UEK Schweiz, S. 266; Borák in Osteuropa, S. 258; Art News 2006, S. 74

Fall

Der Direktor der nordmährischen Eisenwerke Oskar Federer besaß eine umfangreiche Sammlung moderner Kunst. Noch vor Kriegsbeginn gelang es ihm, Meisterwerke von van Gogh, Cezanne, Corot, Manet und Renoir nach Frankreich zu schaffen. Der dorthin emigrierte österreichische Kunsthändler Otto Kallir-Nirenstein sollte sie in Kommission veräußern.

Ein Teil der Kunstsammlung wurde nach der Besetzung der Tschechoslowakei beschlagnahmt, darunter Werke von Kokoschka, Liebermann, Munch, Meunier, Slaviček. Federer ging nach Frankreich ins Exil und von dort 1940 nach Kanada. Die rechtzeitig nach Frankreich geschafften Kunstwerke, so auch die Kallir zum Verkauf übergebenen Stücke, wurden ihm – mit Ausnahme eines 1943 veräußerten Cezanne – wieder übergeben.

Die in Tschechien verbliebenen Kunstwerke gelangten zu Kriegsende in das Haus der Künste im mährischen Ostrava, der heutigen Galerie für bildende Künste. Die in Kanada lebenden Enkel Oskar Federers machten 1992 gegenüber der Galerie Rückgabeansprüche bezüglich der dortigen zwanzig Bilder geltend. Ihre Ansprüche wurden abgelehnt, woraufhin die Federer-Erben auf der Grundlage des im Jahre 2000 erlassenen Restitutionsgesetzes Rückgabeklage erhoben. Erstinstanzlich hatte ihre Klage auf Rückgabe der im Besitz der Galerie in Ostrava befindlichen Gemälde Erfolg. Die Galerie legte dagegen Rechtsmittel ein und trug vor, es wäre ungeklärt, ob die Gemälde tatsächlich im Privateigentum von Oskar Federer standen oder nicht vielmehr Eigentum der Eisenwerke waren. Außerdem führte sie an, dass Kanada und die Tschechoslowakei in den 70er Jahren eine endgültige eigentumsrechtliche Regelung trafen, die die jetzt geltend gemachten Rückgabeansprüche ausschlösse. Das tschechische Kulturministerium wies diese Einwendungen als unzutreffend und unerheblich zurück. Der Rückgabeprozess dauert an. Eine Entscheidung des Obersten Gerichtshofes liegt noch nicht vor.

Rechtslage

Die Beschlagnahme von Kunstwerken aus der Sammlung Oskar Federers durch das NS-Regime konnte zu keinem wirksamen Eigentumsverlust führen, weil diese Eigentumstransaktionen nach dem Dekret Nr. 5 des tschechischen Präsidenten von 1945 generell als unwirksam anzusehen sind. Es besagt, dass Eigentumsverluste im Zeitraum vom 29.09.1938 bis 08.05.1945, die aufgrund nationalsozialistisch, rassisch oder politisch motivierter Verfolgung eintraten, nichtig sind.

Für die Geltendmachung von Rückgabeansprüchen war allerdings in dem Gesetz Nr. 128 eine dreijährige Verjährungsfrist festgelegt, die 1949 endete. Innerhalb dieses Zeitraumes wurde offensichtlich von dem nach Kanada geflohenen Oskar Federer in der damals bereits kommunistisch geführten Tschechoslowakei kein Anspruch angemeldet.

Nach Herstellung demokratischer und rechtsstaatlicher Verhältnisse in Tschechien bestand erstmalig die Möglichkeit, Rückgabeansprüche geltend zu machen. Die gesetzliche Grundlage bildet das im Juni 2000 verabschiedete Gesetz Nr. 212, wonach Kunstgegenstände, die dem Alteigentümer zwischen 29.09.1938 und 08.05.1945 durch Enteignung, Beschlagnahme oder sonstige Entziehungshandlungen abhanden kamen, an ihn bzw. seine Erben zurückzugeben sind. Oskar Federers Enkel Andrew Federer verlangte unter Bezugnahme auf dieses Gesetz die Rückgabe von zwanzig Gemälden der Klassischen Moderne, die sich im Besitz der Galerie für bildende Künste in Ostrava befinden. Der Rückgabeanspruch dürfte – wie erstinstanzlich bereits bestätigt – begründet sein, wenn die von der Galerie in Ostrava vorgebrachten Einwendungen, die Gemälde hätten nicht im Privateigentum von Oskar Federer, sondern im Eigentum der Eisenwerke gestanden, zweifelsfrei widerlegt werden. Der Einwand, Restitutionsansprüche wären aufgrund kanadisch-tschechoslowakischer Vereinbarungen aus den 70er Jahren generell ausgeschlossen, dürfte irrelevant sein. Das in Tschechien 2000 erlassene Restitutionsgesetz sieht diese Beschränkung nicht vor. Die Verfahrensdauer und die Einwendungen der Galerie zeigen, dass keine generelle Bereitschaft zur Rückgabe von Raubkunst besteht und vielmehr versucht wird, mit formalen Einwendungen den Sammlungsbestand zu sichern.

USA

Lubomirski Museum/Polen und Ukraine vs. US-amerikanische, kanadische, britische, niederländische Museen und Sammlungen

Altmeister-Zeichnungen aus der Dürer-Schule

Fall 76

NLA

dazu: Restitutionsbericht der AAMD vom 27.07.2006, Anlage A, S. 7 f.

Fall

Der polnische Prinz Henryk Lubomirski sammelte seit den 20er Jahren des 19. Jahrhunderts Werke Alter Meister, insbesondere Zeichnungen der Albrecht Dürer-Schule. Als das Museum 1866 als Teil des polnischen Ossolinski National-instituts in Lemberg (später Lviv) gegründet wurde, erklärte die Familie Lubomirski, dass die Gemälde und Zeichnungen dem Institut vererbt werden.

Aufgrund des deutsch-sowjetischen Nichtangriffspaktes wurde Lemberg 1939 Teil der Ukrainischen Sozialistischen Sowjetrepublik und damit des sowjetischen Staatsgebietes. Als Nazi-Deutschland im Juli 1941 die Sowjetunion überfiel, besetzte es auch Lemberg und beschlagnahmte die gesamte Kunstsammlung des Lubomirski Museums. Die Gemälde und Zeichnungen wurden zunächst in Hitlers Hauptquartier in Ostpreußen eingelagert, später in dem österreichischen Salzbergwerk Altaussee. Dort stellten amerikanischen Truppen die Kunstsammlung 1945 sicher und brachten sie in den Central Collecting Point nach München.

Der Erbe des Nachlasses von Prinz Henryk Lubomirski, Georg Lubomirski, war in die Schweiz geflüchtet. Er machte gegenüber den Amerikanern Rückgabeansprüche geltend. Polen und die UdSSR taten dies zunächst nicht.

Nach umfangreichen rechtlichen Prüfungen durch das amerikanische State Department und das Office of Military Government for the United States wurde 1950 die Rückgabe der Sammlung an den Prinzen Georg Lubomirski angeordnet. Er ließ sie später über New Yorker und Londoner Kunsthändler veräußern. Die Bilder und Zeichnungen befinden sich zum Teil seit Jahrzehnten im Besitz amerikanischer, kanadischer, britischer und niederländischer Museen (z.B.: Metropolitan Museum of Art New York, Art Institute of Chicago, Cleveland Museum of Art, Museum of Fine Arts Boston, National Gallery of Art Washington, Museum Boijmans Van Beuningen Rotterdam, British Museum London).

Polen und die Ukraine machten Rückgabeansprüche geltend, weil sie meinen, sie seien noch Eigentümer der Kunstwerke. Im Dezember 2001 trafen sich als derzeitige Besitzer Vertreter von zwölf Museen in New York, um diese Ansprüche zu erörtern. Das US State Department prüfte erneut die 1950er Entscheidung und stellte klar, dass die damalige Rückgabe der Lubomirski-Sammlung an den rechtmäßigen Eigentümer erfolgt war.

Rechtslage

Zunächst wäre zu prüfen, ob die von der amerikanischen Besatzungsmacht an den Prinzen Georg Lubomirski herausgegebene Kunstsammlung tatsächlich an den seinerzeit Berechtigten, also den damaligen Eigentümer, gelangte. Diese

Rechtsfrage könnte dahin stehen, wenn die Käufer der Kunstwerke nach dem Ende des 2. Weltkrieges vom Prinzen Georg Lubomirski zumindest gutgläubig Eigentum erwarben.

Die Bilder und Zeichnungen wurden über New Yorker und Londoner Kunsthändler an Museen veräußert. Nach deren Rechtsordnungen ist ein gutgläubiger Eigentumserwerb vom Nichtberechtigten gesetzlich ausgeschlossen, so dass sämtliche Museen durch die damaligen Veräußerungen nicht Eigentümer der Kunstwerke werden konnten.

Soweit kontinentaleuropäische Museen Erwerber waren, wie z. B. niederländische Museen, trat nach deren Rechtsordnung allerdings zwischenzeitlich längst ein Eigentumserwerb ein – zum Einen durch Ersitzung, d.h. Ausübung des Eigenbesitzes durch ein niederländisches Museum in gutem Glauben über einen Zeitraum von drei Jahren, zum Anderen durch Ablauf der Eigentumsherausgabefrist von zwanzig bzw. dreißig Jahren, die ab Besitzverlust begann und gleichfalls längst abgelaufen ist. Nach niederländischem Recht erwirbt selbst der bösgläubige Besitzer nach Ablauf dieser Verjährungsfrist Eigentum an einem Kunstwerk. Auch andere kontinentaleuropäische Länder haben vergleichbare Regelungen, die einen gesetzlichen Eigentumserwerb im Wege der Ersitzung ermöglichen.

In den angelsächsischen Rechtssystemen ist dieser gesetzliche Eigentumserwerb ausgeschlossen. Es könnten z. B. in den USA grundsätzlich dort unverjährbare Eigentumsherausgabeansprüche geltend gemacht werden. Die Rückgabeforderungen dürften aber auch nach angelsächsischen Rechtsgrundsätzen verwirkt sein, wenn die Kunstwerke in den Museen öffentlich zugänglich waren und damit die Möglichkeit der Kenntnisnahme über den Standort bestand. Offensichtlich unternahmen Polen und die Ukraine jahrzehntelang keinerlei Nachforschungen, den Besitzer zu ermitteln. Dies könnte zu deren Lasten die Herausgabeansprüche vereiteln.

Insoweit ist als vorläufiges Ergebnis festzustellen, dass die amerikanischen und europäischen Käufer zur Rückgabe nicht verpflichtet sind, weil die Ansprüche verjährt oder zumindest verwirkt sind. Das jahrzehntelange Versäumnis, Ansprüche geltend zu machen, schließt eine Durchsetzung der Rückgabe aus. Wenn man annimmt, der Verkäufer Prinz Georg Lubomirski war Eigentümer, scheidet die Rückgabe erst recht aus. Denn dann hätte er die Kunstwerke wirksam an die Museen verkauft und das Eigentum daran an diese übertragen.

Die Rückgabe der Kunstwerke auf der Grundlage der Washingtoner Prinzipien erscheint ausgeschlossen, weil diese Prinzipien ausschließlich NS-verfolgungsbedingte Vermögensverluste erfassen, die natürliche (nicht juristische) Personen aus rassischen, religiösen oder weltanschaulichen Gründen erlitten. Unterstellt man eine Eigentümerschaft des damaligen Nationalinstitutes, richtete sich die Beschlagnahme bzw. Plünderung durch das NS-Regime gegen eine staatliche Einrichtung. Für Rückgabeansprüche kämen zwischenstaatliche oder völkerrechtlicher Vereinbarungen in Betracht, die allerdings voraussetzen, dass sich die Kunstwerke im Eigentum des Landes befanden, dass sie heraus verlangt.

USA

Czartoryski-Stiftung vs. Virginia Museum of Fine Arts-VMFA

Gemälde von Jan Mostaert, „Porträt eines Geschäftsmannes"

Fall 77

NLA

dazu: Presseveröffentlichung des VMFA vom 22.09.2005

Fall

Das Porträt-Gemälde des flämischen Malers Mostaert stand seit Ende des 19. Jahrhunderts im Eigentum der polnischen Czartoryski-Familie. Sie besaß eine umfangreiche Kunstsammlung, die in ihrem Schloß Goluchow der Öffentlichkeit zugänglich war. Vor Kriegsausbruch 1939 schaffte die Familie aus Angst vor Plünderungen einige Gemälde in ein Versteck nach Warschau. Die Nazis fahndeten nach der Gemälde-Sammlung und beschlagnahmten sie 1942 – darunter das Werk von Mostaert.

Nach dem Warschauer Aufstand 1944 gelangte das Gemälde in das Sammeldepot Fischhorn in Österreich, das zu Kriegsende von amerikanischen Truppen sichergestellt wurde. Amerikanische Militärangehörige stahlen offensichtlich das Bild und brachten es in die USA. Dort tauchte es 1948 in den New Yorker Newhouse Galleries auf, die es im gleichen Jahr mit der Provenienze-Angabe „bedeutende europäische Kollektion" an die Privatsammlerin Frau A. D. Williams aus Richmond verkauften. Das Gemälde gelangte 1949 als Leihgabe und nach dem Tode der Sammlerin als Eigentum in das Virginia Museum of Fine Arts .

Erst im Rahmen der vom Museum in Umsetzung der Richtlinien der Amerikanischen Museumsvereinigung von 1998 und der Amerikanischen Museumsdirektoren von 2001 durchgeführten Provenienze-Recherche wurde das Gemälde als möglicher Raubkunstfall identifiziert. Das Museum fand es im Online-Katalog der polnischen Botschaft über Kriegsverluste und setzte sich 2004 mit der Botschaft in Verbindung. Es entschied, das Gemälde zurückzugeben.

Die Czartoryski-Familie hatte die NS-Besatzungszeit und den 2. Weltkrieg überlebt. In den Nachkriegsjahren wurde sie weiterhin verfolgt. Das kommunistische Regime Polens hatte nach dem 2. Weltkrieg den Besitz von Adligen, so auch das Eigentum der Czartoryski-Familie, entschädigungslos enteignet. Der Oberste Gerichtshof Polens ordnete 1991 die Rückgabe der noch im Staatsbesitz vorhandenen Kunstwerke des Czartoryski-Museums und der Bibliothek an den Erben Prinz Adam Karol Czartoryski an. Dieser gründete daraufhin die Czartoryski-Stiftung und brachte den gesamten Kunstbesitz in die Stiftung ein. Mit der Aushändigung des Gemäldes an die polnische Regierung und dann an die Czartoryski-Stiftung wurde erstmals ein Kunstwerk aus einem amerikanischen Museum wegen NS-verfolgungsbedingtem Vermögensverlust zurückgegeben. Das Museum hatte es durch eigene Provenienzermittungen gefunden und die Initiative ergriffen.

Rechtslage

Die Beschlagnahme des Kunstwerkes durch das NS-Regime konnte zu keinem Eigentumsverlust führen. Mit dem Diebstahl des Gemäldes aus einem NS-Depot konnte dies gleichfalls an der nunmehr als abhanden gekommene Sache nicht geschehen. Soweit Veräußerungen in den Vereinigten Staaten erfolgten, ist ein Eigentumserwerb ausgeschlossen, weil nach amerikanischem Recht an abhanden gekommenen Gegenständen grundsätzlich kein Eigentum erworben werden kann, selbst wenn der Erwerber gutgläubig wäre. Deshalb konnten weder die New Yorker Newhouse Galleries noch die Käuferin Frau Williams in den USA Eigentum an dem Gemälde erwerben. Auch ein gesetzlicher Eigentumserwerb im Wege des hier zum Teil jahrzehntelangen Eigenbesitzes ist nach amerikanischem Recht ausgeschlossen. Die mögliche Gutgläubigkeit der Besitzerin ist unmaßgeblich. Da nach amerikanischem Recht auch der Eigentumsherausgabeanspruch grundsätzlich unverjährbar ist, hätte der Alteigentümer bzw. dessen Rechtsnachfolger, die Czartoryski-Stiftung, die Herausgabe erfolgreich im Zivilrechtsweg erlangen können.

Statt dessen einigten sich die Beteiligten auf der Grundlage der Washingtoner Prinzipien. Das Museum war bereit, das Gemälde zurückzuerstatten. Aufgrund der NS- Beschlagnahme des Gemäldes lag unzweifelhaft ein verfolgungsbedingter Vermögensverlust vor. Der Fall hat die Besonderheit, dass von dem Museum die in den Washingtoner Prinzipien niedergelegte Verpflichtung, selbst den Sammlungsbestand zu prüfen und die Alteigentümer zu ermitteln, hier vorbildhaft umgesetzt wurde. Es handelt sich um einen der wenigen Fälle, in denen ein Museum an die von ihm ermittelten Alteigentümer herantrat und die Rückgabe angeboten hat.

USA
Carlotta Landsberg-Erben vs. Marilynn Alsdorf
Gemälde von Pablo Picasso, „Femme en blanc"

Fall 78
NLA

dazu: Restitutionsbericht der AAMD vom 27.07.2006, Anlage A, S. 10 f.

Fall

Die in Berlin lebende Eigentümerin Carlotta Landsberg emigrierte 1939 mit ihrer Tochter in die Vereinigten Staaten. Das 1922 entstandene Picasso-Gemälde schickte sie im gleichen Jahr an den nach Paris ausgewanderten Berliner Kunsthändler Justin Thannhauser. Nach dem Einmarsch der Deutschen in Frankreich 1940 wurde die Kunstsammlung Thannhauser einschließlich des Gemäldes von Picasso beschlagnahmt.

Das Kunstwerk war bereits 1947 in der von der französischen Regierung herausgegebenen amtlichen Dokumentation über Eigentumsverluste während der Besatzungszeit erfasst. Die nach Ende des 2. Weltkrieges von der Alteigentümerin unternommenen Versuche, das Gemälde wieder zu erlangen, blieben erfolglos. 1969 erhielt Carlotta Landsberg von der Bundesrepublik Deutschland eine Entschädigung von 100.000 DM für den Verlust des Gemäldes.

1975 tauchte das Gemälde in New York auf. Ein Kunsthändler veräußerte es an die Sammlerin Marilynn Alsdorf aus Chicago. Im Jahre 2001 wurde der Picasso in einer Kunstgalerie in Los Angeles gezeigt. Ein französischer Kaufinteressent prüfte, ob das Gemälde im Art Loss Register verzeichnet ist und fand dort heraus, dass es die Alteigentümerin Carlotta Landsberg im Zusammenhang mit ihrer Emigration an den Pariser Kunsthändler Thannhauser übergeben hatte. Das Art Loss Register ermittelte ihren Enkel und Erben Thomas Bennigson in Kalifornien und unterstützte ihn in seiner Rückforderung gegenüber der Besitzerin Marilynn Alsdorf.

Vergleichsverhandlungen scheiterten, woraufhin Bennigson eine gerichtliche Verfügung erwirkte, die es Frau Alsdorf verbot, das Gemälde aus dem Staate Kalifornien herauszuschaffen. Gleichwohl brachte sie es unter Verstoß gegen diese gerichtliche Anweisung zurück in ihre Heimatstadt Chicago, woraufhin ihr eine Anklage wegen Verletzung des National stolen property Act drohte. Der Rechtsstreit endete im August 2005 mit einer Vereinbarung, in der sich Frau Alsdorf verpflichtete, Thomas Bennigson, dem Alleinerben der Alteigentümerin Carlotta Landsberg, einen Betrag von 6,5 Millionen US-Dollar zu zahlen.

Rechtslage

Offensichtlich beschlagnahmten deutsche NS-Stellen das Gemälde bei dem jüdischen Kunsthändler Thannhauser. Selbst wenn es danach während der Besatzungszeit an einen Dritten veräußert wurde, führte dies aufgrund der in den vierziger Jahren von der französischen Regierung erlassenen Nichtigkeitsgesetze nicht zu einem Eigentumsverlust zu Lasten der Alteigentümerin Landsberg.

Ob nach Ende des 2. Weltkrieges durch einen Dritten ein gutgläubiger Eigentumserwerb an dem Gemälde eintrat, ist unbekannt. Vermutlich gelangte auch diese Arbeit von Picasso auf dem Nachkriegskunstmarkt in die USA. Der Verkauf des Gemäldes 1975 an die Kunstsammlerin Alsdorf begründete für sie keinen wirksamen Eigentumserwerb, weil dies selbst bei unterstellter Gutgläubigkeit der Erwerberin nach amerikanischem Recht ausgeschlossen ist. Auch ein gesetzlicher Eigentumserwerb im Wege der Ersitzung ist nach amerikanischem Recht ausgeschlossen. Eine zivilgerichtliche Herausgabeklage der Landsberg-Erben wäre in den USA Erfolg versprechend gewesen. Die Beteiligten einigten sich außergerichtlich auf die Zahlung eines Geldbetrages. Dadurch erwarb die jahrzehntelange Besitzerin nunmehr rechtswirksam Eigentum an dem Gemälde.

USA

Julius Priester-Erben vs. Virginia Museum of Fine Arts-VMFA

Gemälde von Corneille de Lyon, "Porträt von Jean d'Albon"

Fall 79

NLA

dazu: Presseveröffentlichung VMFA vom 20.05.2004;
Lillie Handbuch, S. 904 ff.

Fall

Der Wiener Jude Julius Priester war Geschäftsführer und Mitgesellschafter mehrerer Petroleum-, Gummiwaren- und Maschinenbaubetriebe. Anfang der 20er Jahre veräußerte er seine Mineralölgesellschaft. Von dem Erlös kaufte er Kunstwerke. Seine Sammlung bestand aus deutschen, niederländischen, italienischen und spanischen Altmeistern (z. B. Hals, Rubens, Cranach, El Greco, Tintoretto) und einigen hochkarätigen Werken des 19. Jahrhunderts.

Nach dem Anschluss Österreichs im März 1938 floh Julius Priester mit seiner Frau nach Paris und von dort über Portugal nach Mexiko, wo er bis zu seinem Tode 1954 lebte. Bisher ist unbekannt, ob Priester für seine Kunstsammlung die nach österreichischem Recht erforderliche Ausfuhrgenehmigung beantragte. Einige seiner Kunstwerke wurden im November 1938 sichergestellt und dem Kunsthistorischen Museum übergeben. Weitere Beschlagnahmen erfolgten durch die Gestapo 1939 und auch noch 1944, als bei der Wiener Firma Oskar Föhr Gegenstände aus dem Besitz Julius Priesters aufgefunden wurden. Max Föhr, früherer Einkäufer für Priester, sollte die Kunstwerke – darunter das Altmeister-Gemälde – treuhänderisch verwalten. Entweder hatte er das Gemälde in der NS-Zeit unbefugt veräußert oder es wurde 1944 von der Gestapo beschlagnahmt. Möglich ist, dass das Bild über den Wiener Gestapo-Offizier Bernhard Witge, der Geschäftsbeziehungen zu dem nach New York emigrierten österreichischen Kunsthändler Friedrich Mondschein unterhielt, in die USA gelangte. Mondschein besaß im Exil nach wie vor enge Geschäftskontakte nach Wien und transferierte mutmaßlich auch dieses Gemälde.

In seiner New Yorker Newhouse Galleries ist das Kunstwerk im Dezember 1949 nachgewiesen. Es wurde an Adolph D. Williams verkauft. Nach dessen Tod 1952 gelangte es durch Schenkung in den Bestand des Virginia Museum of Fine Arts (VMFA).

Priester hatte kurz vor seinem Tode die Veröffentlichung von siebzehn Gemälden – darunter das „Porträt von Jean d'Albon" – in einem Fahndungsblatt der österreichischen Polizei veranlasst. Diese Verlustanzeige soll dem VMFA bis zur Anmeldung des Rückgabeanspruchs nicht bekannt gewesen sein. Das Museum präsentierte das Gemälde erstmalig 1966 in einem Katalog und 1985 in einer Ausstellung.

Seit 1997 ließ der in England lebende Priester-Erbe Kurt H. Schindler durch das New York State Banking Department's Holocaust Claims Processing Office (HCPO) seine Ansprüche verfolgen. Nach Identifizierung des Gemäldes im Sammlungsbestand des VMFA machte er im Februar 2004 einen Rückgabeanspruch geltend.

Da sich der NS-verfolgungsbedingte Vermögensverlust als unzweifelhaft darstellte, ordnete das Museum im Mai 2004 die Rückgabe an den Priester-Erben an.

Rechtslage

Die Beschlagnahme des Gemäldes, mutmaßlich durch die Gestapo in Wien in 1944, konnte zu keinem Eigentumsverlust führen. Selbst wenn die entschädigungslose Einziehung auf damals geltenden Gesetzen fußte, werden diese diskriminierenden NS-Bestimmungen nach der so genannten Radbruch'schen Formel als unwirksam angesehen. Das Gemälde galt im Rechtssinne als abhanden gekommen. An ihm konnte grundsätzlich auch ein gutgläubiger Käufer nicht wirksam Eigentum erwerben.

Der Verkauf des Gemäldes 1949 an die Newhouse Galleries und die nachfolgende Veräußerung an den Kunstsammler Williams führten ebenfalls nicht zu einem Eigentumserwerb, weil dies nach amerikanischem Recht bei abhanden gekommenen Gegenständen auch bei unterstellter Gutgläubigkeit der Käufer gesetzlich ausgeschlossen ist. Das gilt gleichfalls für den gesetzlichen Eigentumserwerb durch jahrzehntelangen Besitz. Da auch der Eigentumsherausgabeanspruch unverjährbar ist, hätten die Priester-Erben diesen Anspruch gegenüber dem aktuellen Besitzer, dem VMFA, geltend machen können. Verwirkungsgründe, die dies vereiteln könnten, sind nicht ersichtlich. Priester selbst hatte noch zu Lebzeiten Anstrengungen unternommen, seine geplünderte Sammlung zurückzuerhalten und damit ausreichende Aktivitäten zur Wiedererlangung entwickelt Die kurzzeitige Ausstellung des Gemäldes 1985 und der Vermerk in einem museumseigenen Ausstellungskatalog 1966 genügen nicht, eine Sorgfaltspflichtverletzung des Alteigentümers zu begründen. Deshalb wäre auch eine zivilrechtliche Herausgabeklage in den USA Erfolg versprechend gewesen.

Statt dessen erklärte sich das VMFA aufgrund der übernommenen Selbstverpflichtung auf der Grundlage der Washingtoner Prinzipien bereit, den NS-verfolgungsbedingten Vermögensverlust durch Rückgabe des Gemäldes rückgängig zu machen.

USA

Josephine Weinmann-Erben vs. Yale University Art Gallery und Herbert Schäfer

Gemälde von Gustave Courbet , „Le Grand Pont"

Fall 80

NLA

dazu: Restitutionsbericht der AAMD vom 27.07.2006, Anlage A, S. 3 f.; Robinson in Boston Globe vom 22.01. 2001

Fall

Das Gemälde von Courbet stand ursprünglich im Eigentum des Breslauer Kunstsammlers Max Silberberg (zu diesem s. Fall 105). Er war aufgrund der NS-Verfolgung gezwungen, Teile seiner Sammlung 1935/36 im Berliner Auktionshaus Paul Graupe zu veräußern – darunter für 17.000 RM auch „Le Grand Pont".

Auf der Versteigerung kaufte es die in Berlin lebende tschechische Jüdin Josephine Weinmann. Im August 1938 floh sie nach Großbritannien und musste den größten Teil ihres Besitzes einschließlich dieses Gemäldes in Deutschland zurücklassen.

Es wurde im selben Jahr von dem ehemaligen Berliner Rechtsanwalt Herbert Schäfer erworben. Über den Kaufpreis und den Verkäufer will der nunmehr über 90jährige in Spanien lebende Schäfer nichts mitteilen. Dies drängt den Verdacht auf, dass er das Courbet-Gemälde weit unter seinem Wert erlangen konnte. Schäfer, 1933 Mitglied der SA und seit 1937 der NSDAP, nach kurzzeitigem Kriegsdienst in Belgien vom Armeedienst befreit, setzte in Berlin seine wirtschaftlich erfolgreiche Rechtsanwaltstätigkeit fort. Während der NS-Zeit hatte Schäfer Dutzende Meisterwerke seiner Privatsammlung einverleibt. Nach dem 2. Weltkrieg wollte er einige seiner Kunstwerke ins Ausland schaffen. Der Versuch, drei Gemälde – darunter den Courbet – nach Schweden zu schmuggeln scheiterte. Britische Militärangehörige übergaben die drei Gemälde dem Städtischen Museum in Hamburg.

Mehr als zwanzig Jahre später klagte Schäfer auf Herausgabe und erhielt u.a. den Courbet zurück, nachdem er wegen des Verfolgungsverlustes von Max Silberberg mit dessen Erben bezüglich des Bildes eine finanzielle Vereinbarung getroffen hatte.

1981 lieh Schäfer 48 Gemälde an die Yale University Art Gallery. Das älteste Universitätsmuseum der Vereinigten Staaten mit einem Sammlungsbestand von mehr als 80.000 Kunstwerken ließ sich lediglich durch kunstsachverständige Personen die besondere Qualität der Meisterwerke bestätigen, fragte jedoch nicht nach ihrer Herkunft oder gar nach der Vita des Leihgebers. 1984 wurde die Schäfer-Sammlung, darunter auch der Courbet, erstmalig ausgestellt. Der Katalog gab über den Leihgeber und über die Provenienz des Courbet-Gemäldes keine Informationen.

Im Oktober 2000 machten die Weinmann-Erben Rückgabeansprüche gegenüber der Yale University Art Gallery geltend. Nach zähem Ringen wurde in einer gemeinsamen Vereinbarung geregelt, dass die Erben das Kunstwerk für einen Zeitraum von maximal zehn Jahren ausleihen dürfen. Danach soll es endgültig in das Eigentum der Yale University Art Gallery übergehen.

Rechtslage

Der Verkauf des Gemäldes durch Max Silberberg 1935 in der Graupe-Auktion in Berlin erfolgte aus Gründen der rassischen Verfolgung des Kunstsammlers. Zivilrechtlich dürfte die Versteigerung, die mit Zustimmung des Eigentümers erfolgte, nicht mehr angreifbar sein, so dass die Erwerberin Josephine Weinmann 1935 wirksam Eigentum an dem Gemälde erlangte.

Aufgrund diskriminierender Enteignungsbestimmungen wurde es nach ihrer Flucht im August 1938 offensichtlich zugunsten des Deutschen Reiches entschädigungslos eingezogen. Damit war das Deutsche Reich Eigentümer des Gemäldes und konnte das Eigentum an den Erwerber Schäfer übertragen. Soweit man jedoch der Nachkriegsrechtslehre folgt und Eigentumsverlust aufgrund diskriminierender Vorschriften als unwirksam ansieht, käme man zu dem Zwischenergebnis, dass das Deutsche Reich das Kunstwerk als Nichtberechtigter veräußerte. Das Courbet-Gemälde wäre dann als abhanden gekommen anzusehen, weil es gegen den Willen der damaligen Eigentümerin beschlagnahmt und veräußert wurde. Damit konnte Schäfer auch nicht gutgläubig erwerben, weil dies bei abhanden gekommenen Gegenständen grundsätzlich ausgeschlossen ist.

Sollte das Kunstwerk nach dem 2. Weltkrieg in die USA geschafft und sich dort jahrzehntelang im Besitz des Käufers Schäfer befunden haben, kommt ein gesetzlicher Eigentumserwerb im Wege der Ersitzung nicht in Betracht, weil amerikanisches Recht einen solchen Eigentumserwerb nicht kennt. Da der Eigentumsherausgabeanspruch in den USA grundsätzlich unverjährbar ist, erscheint eine entsprechende Klage der Weinmann-Erben Erfolg versprechend.

Etwas anderes kann gelten, wenn sich das Bild jahrzehntelang in Europa befand und Schäfer dort gemäß den maßgeblichen Rechtsordnungen einzelner Länder durch Ersitzung oder nach Verjährung des Eigentumsherausgabeanspruches das Eigentum erlangte. Die entsprechenden Sachverhalte sind unbekannt. Die Beteiligten einigten sich ohne Gerichtverfahren auf eine leihweise Überlassung und anschließende Übereignung an die Yale University Art Gallery.

Offensichtlich konnte der Herausgabeanspruch unter Berufung auf die Washingtoner Prinzipien gegenüber der Yale University Art Gallery nicht durchgesetzt werden. Zwar hat sich auch dieses Museum in einer Selbstverpflichtung bereit erklärt, auf der Grundlage dieser Prinzipien NS-verfolgungsbedingte Vermögensverluste rückgängig zu machen. Vorliegend besteht jedoch die Besonderheit, dass die Schäfer-Sammlung, so auch der Courbet, nicht im Eigentum der Yale University Art Gallery steht, sondern nur unentgeltlich von Schäfer überlassen wurde. Deshalb konnte die Yale University Art Gallery, selbst wenn sie eine Rückgabe auf der Grundlage der Washingtoner Prinzipien durchführen wollte, diese nicht anordnen. Die getroffene Regelung zeigt allerdings, dass offensichtlich auch mit Zustimmung des Leihgebers Schäfer die Einigung mit den Weinmann-Erben erzielt wurde.

Eine bei Anwendung der Washingtoner Prinzipien zu klärende Frage wäre, wie bei so genannten Doppel- oder Mehrfachschädigungen zu verfahren ist. Vorliegend ging das Eigentum zunächst von Max Silberberg 1935 in der Auktion in Berlin NS-verfolgungsbedingt verloren. Die Jüdin Weinmann erwarb das Gemälde rechtswirksam. Sie erlitt sodann gleichfalls einen NS-verfolgungsbedingten Vermögensverlust. Wer ist berechtigt, Ansprüche geltend zu machen – Silberberg und/oder Weinmann? Diese Frage ist im vorliegenden Fall zwar hypothetisch, denn die Ansprüche Silberberg wurden seinerzeit gütlich geregelt. Sie soll dennoch erörtert werden:

Das deutsche VermG, dessen Geltungsbereich sich auf das Gebiet der DDR und Ost-Berlin beschränkt, regelt ausdrücklich, dass der Erstgeschädigte rückgabeberechtigt ist und weitere Geschädigte ausschließlich einen Entschädigungsanspruch in Geld haben. Vergleichbares ist in den Washingtoner Prinzipien nicht enthalten. Auch in Ländern, in denen konkrete Kunstrückgabegesetze existieren, fehlt eine entsprechende gesetzliche Regelung. Es erscheint jedoch sachgerecht, bei Doppel- bzw. Mehrfachschädigungen die ausdrücklich im deutschen VermG niedergelegte gesetzliche Regelung, nach der grundsätzlich der Erstgeschädigte berechtigt ist, entsprechend anzuwenden. Regelungsbedürftig ist dann aber, wie der nachfolgende NS-verfolgungsbedingte Verlust zu entschädigen ist, wenn das Kunstwerk an den Erstgeschädigten herauszugeben wäre.

Fall 81
NLA

USA
Arthur Feldmann-Erben vs. US-amerikanische Privatbesitzer
Zeichnung, Rembrandt Harmensz van Rijn zugeschrieben
„Befreiung des Heiligen Peter aus dem Gefängnis"

dazu: Restitutionsbericht der AAMD vom 27.07.2006, Anlage A, S. 11 f.

Fall

Die Rembrandt zugeschriebene Zeichnung stand im Eigentum des in Brünn (Brno) lebenden Rechtsanwaltes Arthur Feldmann (zu diesem s. Fall 83). Nach dem Einmarsch deutscher Truppen in die Tschechoslowakei 1938 wurde sein Privatbesitz einschließlich der Kunstsammlung beschlagnahmt. Arthur Feldmann und seine Ehefrau wurden von den Nationalsozialisten ermordet.

Unter unbekannten Umständen gelangte die Zeichnung in die USA und wurde dort von einer amerikanischen Familie erworben. Im Jahre 2002 ließ sie von der in New York ansässige International Foundation for Art Research (IFAR) in Zusammenarbeit mit der Commission for looted Art in London die Provenienz des Kunstwerkes erforschen. Aufgrund der unveröffentlichten Ermittlungsergebnisses gab die amerikanische Familie die Zeichnung an die Feldmann-Erben zurück.

Rechtslage

Die Beschlagnahme der Zeichnung durch das NS-Regime nach der Besetzung der Tschechoslowakei Ende September 1938 konnte zu keinem Eigentumsverlust zu Lasten Arthur Feldmanns führen. Selbst wenn sie in der Folgezeit durch deutsche oder tschechische Stellen an einen Dritten veräußert wurde, wäre diese Eigentumsübertragung gemäß dem tschechischen Dekret Nr. 5 von 1945 nichtig.

Möglich ist, dass die Altmeister-Zeichnung zu Kriegsende aus einem Depot deutscher Stellen entwendet wurde. Da sie später in den USA auftauchte ist denkbar, dass ein amerikanischer Militärangehöriger die Zeichnung mitnahm und möglicherweise an einen Dritten veräußerte. Soweit sie in den USA verkauft wurde, ist dort ein Eigentumserwerb ausgeschlossen, weil an abhanden gekommenen Gegenständen, die von einem Nichtberechtigten veräußert werden, auch bei Gutgläubigkeit des Erwerbers kein Eigentum erworben werden kann. Auch der jahrzehntelange gutgläubige Eigenbesitz kann nach amerikanischem Recht keinen Eigentumserwerb durch Ersitzung begründen. Deshalb wäre eine Eigentumsherausgabeklage in den USA Erfolg versprechend gewesen. Ein Zivilrechtsstreit wurde durch die freiwillige Herausgabe der Zeichnung an die Feldmann-Erben vermieden.

USA
Fritz Gutmann-Erben vs. unbekannte Käufer
Gemälde von Auguste Renoir, „Blühender Apfelbaum"

Fall 82
NLA

dazu: Feliciano, S. 188

Fall

Das im Eigentum von Fritz Gutmann stehende Renoir-Gemälde wurde von deutschen Stellen in den Niederlanden oder in Frankreich beschlagnahmt (zu Gutmann s. Fall 69). Sein Verbleib während und nach dem 2. Weltkrieg blieb unbekannt.

Das Kunstwerk war von Lucienne Fribourg zu einem unbekannten Zeitpunkt von einem Unbekannten in den USA erworben und der in New York ansässigen Fribourg Foundation vermacht worden. Diese ließ das Gemälde im April 1969 in New York vom Auktionshaus Parke-Bernet für 85.000 US-Dollar versteigern. Das Auktionshaus Parke-Bernet, zwischenzeitlich fusioniert mit Sotheby's, lehnte die Bekanntgabe des Namens des Käufers ebenso wie die Fribourg Foundation ab und gab keine Auskunft über die Umstände und die Personen, von denen Lucienne Fribourg das Gemälde erworben hatte.

Rechtslage

Die Beschlagnahme des Bildes durch deutsche Stellen konnte zu keinem Eigentumsverlust führen. Sollte es während der Besatzungszeit in Frankreich veräußert worden sein, wäre auch diese Eigentumsübertragung nach den in den vierziger Jahren in Frankreich erlassenen Nichtigkeitsbestimmungen unwirksam. Geht man davon aus, das Gemälde wäre nach dem Krieg mutmaßlich von einem Militärangehörigen in die USA geschafft worden, sind sämtliche weiteren Veräußerungen in den USA unwirksam, insbesondere auch der Verkauf an Lucienne Fribourg, weil gutgläubige Eigentumserwerbungen vom Nichtberechtigten gesetzlich ausgeschlossen sind. Auch durch die Versteigerung des Gemäldes 1969 konnte kein wirksamer Eigentumserwerb des Käufers entstehen.

Sollte sich das Kunstwerk von Renoir noch in den USA befinden, könnte gegenüber dem aktuellen Besitzer, auch wenn es der Erwerber von 1969 ist, der Eigentumsherausgabeanspruch erfolgreich geltend gemacht werden, weil nach amerikanischem Recht dieser Anspruch unverjährbar ist. Auch der Eigentumserwerb durch Ersitzung, stets unter der Voraussetzung, dass der Besitzer bei Erwerb und während der Besitzzeit gutgläubig war, ist rechtsgrundsätzlich in den USA ausgeschlossen.

Fall 83
NLA

Großbritannien
Arthur Feldmann-Erben vs. British Museum, London
Zeichnungen von Nicholas Blakey, Martin Johann Schmidt, Niccoló dell'Abbate und einem Nachfolger von Martin Schongauer

dazu: Borák in Osteuropa, S. 257; Art Magazine 06-08, S. 74; AAMD-Bericht vom 7.07.2006, S. 16

Fall

Die vier Altmeister-Zeichnungen, darunter die Heilige Familie von Niccoló dell' Abbate, standen im Eigentum des tschechischen Kunstsammlers Arthur Feldmann. Der in Brünn (Brno) tätige Rechtsanwalt besaß eine umfangreiche Sammlung von mehr als 700 Zeichnungen vorwiegend niederländischer, italienischer und deutscher Meister des 16. bis 18. Jahrhunderts. Einen Teil seiner Sammlung hatte Feldmann vor Beginn des 2. Weltkrieges veräußert. Die verbliebenen Kunstwerke wurden nach Besetzung der Tschechoslowakei und der Verhaftung Feldmanns am 15.03.1939 vom NS-Regime beschlagnahmt. Feldmann starb noch 1939 an den Folgen seiner Haft und der dort erlittenen Folter. Seine Ehefrau wurde später in Auschwitz ermordet. Die konfiszierte Sammlung gelangte in das Landesmuseum von Brünn (Brno) und überstand dort weitgehend unbeschadet den Krieg und die Nachkriegswirren.

Der vor den Nazis geflohene Sohn der Eheleute Feldmann machte in den 60er Jahren Rückgabeansprüche gegenüber dem damaligen kommunistischen Regime geltend, die erfolglos blieben. Nach dessen Tod verfolgte seit Mitte der 90er Jahre der Enkel die Rückgabeansprüche. Gemäß dem tschechischen Restitutionsgesetz aus dem Jahre 2000 erhielt er die im Besitz der Mährischen Landesgalerie in Brünn (Brno) noch befindlichen 135 Zeichnungen aus der früheren Sammlung seines Großvaters zurück. Im Juni 2005 ließ der Feldmann-Enkel 57 der zurückgegebenen Zeichnungen bei Sotheby's in London versteigern. Fünf von ihnen kaufte die Mährische Landesgalerie zurück.

Unter bisher ungeklärten Umständen gelangten vier der vom NS-Regime beschlagnahmten Zeichnungen nach London. Am 16.10.1946 wurden sie dort von Sotheby's versteigert. Drei erwarb das Britische Museum, eine ging an eine Privatperson, die sie 1949 dem Britischen Museum schenkte. Andere kaufte Sir Robert Witt, der sie 1952 dem Courtauld Institute vermachte. Auch für letztgenannte Zeichnungen empfahl das Spolation Advisery Panel die Rückgabe.

Auf der Grundlage der Washingtoner Prinzipien machten die Erben nach Arthur Feldmann Rückgabeansprüche gegenüber dem Britischen Museum geltend. Das Museum bestätigte die Ansprüche aus „moralischen Gründen". Der britische High Court stellte allerdings in seiner Entscheidung aus dem Jahre 2004 fest, dass es staatlichen Museen aufgrund des britischen Museums Acts von 1963 untersagt ist, Kunstwerke an Dritte unentgeltlich herauszugeben. Wegen dieser Rechtsproblematik hatte das Spoliation Advisery Panel bereits seit 2000 empfohlen, eine gesetzliche Regelung zu erlassen, die es den britischen Museen ermöglicht, Kunstwerke zurückzugeben, die Alteigentümern NS-verfolgungsbedingt abhanden gekommen waren. Bis heute blieb eine entsprechende gesetzliche Regelung jedoch aus. Die britische Regierung folgte dem Einigungsvorschlag des Spoliation Advisery Panel und erklärte sich bereit, für die vier Altmeister-Zeichnungen eine Ausgleichszahlung in Höhe von 175.000 Pfund zu leisten. Eine Einigung steht noch aus.

Rechtslage

Die Beschlagnahme der Zeichnungen durch das NS-Regime konnte zu keinem Eigentumsverlust führen. Im Rechtssinne waren die Kunstwerke abhanden gekommen und hätten, unterstellt man einen bisher nicht bekannten Erwerb im Deutschen Reich, ohnehin nur in einer Auktion und bei Gutgläubigkeit des Erwerbers rechtswirksam erworben werden können.

Durch die Veräußerung der Zeichnungen 1946 in einer Auktion bei Sotheby's London konnte weder das Britische Museum noch die Privatperson Eigentum erwerben, weil nach englischem Recht der Erwerb abhanden gekommener Gegenstände generell ausgeschlossen ist, selbst wenn die Gutgläubigkeit der Käufer unterstellen würde. Da auch der Eigentumsherausgabeanspruch nach englischem Recht unverjährbar ist, hätten gute Chancen bestanden, im Zivilrechtsweg die Rückgabe der Zeichnungen zu erreichen. Statt dessen einigten sich die Beteiligten offensichtlich auf der Grundlage der Washingtoner Prinzipien und trafen eine Entschädigungsregelung.

Fall 84
NLA

Großbritannien
unbekannte Erben vs. Tate Gallery, London
Gemälde von Jan Griffier d. Ä., „Ansicht von Hampton Court Palace"

dazu: Renold, S. 15; O'Keefe in 2. Buch Koordinierungsstelle, S. 268 ff.

Fall

Ein deutsch-jüdischer Bankier war seit 1932 Eigentümer des Bildes von Jan Griffier, das in seinem Privathaus in Düsseldorf hing. Er und seine Kinder emigrierten 1937 bzw. 1939 nach England. Seine Mutter floh vor dem Nazi-Regime nach Belgien und versteckte sich, um den Verfolgungsmaßnahmen zu entgehen. Sie musste Stück für Stück Gegenstände aus ihrem mitgeführten Hausrat verkaufen, um ihren Lebensunterhalt zu bestreiten. Das Griffier-Gemälde veräußerte sie unter diesen Zwangsumständen während der Besatzungszeit weit unter Wert an eine Brüsseler Galerie.

Unter ungeklärten Umständen gelangte es in den Privatbesitz eines süddeutschen Kunstsammlers, der es 1955 in Köln an einen Londoner Kunsthändler versteigern ließ. 1961 erwarben die Freunde der Tate Gallery das Bild auf einer Versteigerung in Deutschland und schenkten es der Tate Gallery.

1990 identifizierten die Erben des jüdischen Bankiers das Bild und forderten ein Jahr später seine Rückgabe. Das britische Spoliation Advisory Panel prüfte ihre Forderung und stellte fest, dass die Freunde der Tate Gallery bei dem Erwerb 1961 die erforderlichen Nachforschungspflichten erfüllt hätten, weil sie sich beim Auktionshaus über den früheren Eigentümer erkundigt und auf ihre Anfrage beim Institute for Art History keine Verlustmeldung erhalten hätten. Der Einigungsvorschlag sah vor, dass den Erben eine Entschädigung von 140.000 Pfund abzüglich 15.000 Pfund für Konservierung, Einlagerung und Versicherung des Gemäldes gezahlt werden solle – ca. die Hälfte des geschätzten aktuellen Verkehrswertes.

Rechtslage

Ob die Erben des jüdischen Alteigentümers noch heute im Zivilrechtsweg in England die Rückgabe des Gemäldes hätten erreichen können, hängt davon ab, ob der Verkauf durch die Mutter während der Besatzungszeit unwirksam war. Zunächst ist klärungsbedürftig, ob die Mutter, die gar nicht Eigentümerin war und offensichtlich nur den Besitz ausübte, überhaupt Vollmacht hatte, das Gemälde ihres Sohnes zu veräußern. Aus dem Nachkriegsverhalten des Sohnes, der offensichtlich keine Rückforderung wegen des Gemäldes gegenüber dem damaligen Erwerber oder anderen Personen geltend gemacht hatte, muss wohl geschlossen werden, dass er zumindest nachträglich dem Verkauf des Bildes durch seine Mutter zustimmte. Dadurch war die Veräußerung rechtswirksam und die Brüsseler Galerie konnte Eigentum an dem Gemälde erwerben.

Die Tatsache, dass der Verkauf aus einer wirtschaftlichen Notlage heraus erfolgte und durch die rassischen Verfolgung des NS-Regimes verursacht worden war, führt zivilrechtlich allein noch nicht zur Unwirksamkeit des Eigentumsübergangs. Da offensichtlich auch nach dem Krieg gegenüber dem Galeristen nicht unverzüglich die Veräußerung angegriffen wurde, dürfte der Verkauf, auch wenn er weit unter Wert erfolgte, rechtswirksam gewesen sein. Die weiteren Veräußerungen sind dann stets von dem jeweiligen Eigentümer erfolgt, so dass es auf eine Gutgläubigkeit des Erwerbers nicht mehr ankommt.

Die Rückgabe kam daher nur auf der Grundlage der Washingtoner Prinzipien und der von den britischen Museen eingegangenen Selbstverpflichtung, bei NS-verfolgungsbedingten Vermögensverlusten eine „faire und gerechte Lösung" zu finden, in Betracht. Ein entsprechender Verlust liegt vor, weil der Verkauf des Gemäldes weit unter Wert erfolgte und im unmittelbaren Zusammenhang mit der rassischen Verfolgung der Mutter stand. In dem Einigungsvorschlag der Spolition Advisery Panel wurde offensichtlich dem Erwerb 1961 besondere Bedeutung beigemessen und zugunsten der Erwerber berücksichtigt, dass diese sich zuvor ausführlich darüber informiert hatten, woher das Bild stammte. Diese Umstände begründeten den Vorschlag einer finanziellen Einigung in Höhe von 50% des aktuellen Verkehrswertes des Bildes.

Fall 85
NLA

Großbritannien
Kirche von Benevento vs. British Library
Manuskript aus dem 12. Jahrhundert, „The Missal"

dazu: Bericht des Spolition Advisory Panel vom 23.03.2005

Fall

Das im 12. Jahrhundert entstandene Manuskript befand sich im Eigentum des Klosters Santa Sophia in Benevento, 60 km nordöstlich von Neapel. 1943/1944 wurde bei Kämpfen der alliierten Truppen gegen die Deutsche Wehrmacht auch der Ort Benevento schwer zerstört. Das mehr als 290 Seiten umfassende Werk war seither verschollen. Es soll im April 1944 in einem Buch-Antiquariat in Neapel zum Verkauf angeboten worden sein. Ein britischer Militärangehöriger erklärte, es dort erworben zu haben.

Im Oktober 1946 ließ er das Manuskript durch einen Spezialisten des Britischen Museums überprüfen und im Juli 1947 von Sotheby's in London versteigern. Der Ersteigerer veräußerte es für 420 £ an das Britische Museum, das es der British Library übergab. Die Bibliothek machte erstmalig 1952 den Erwerb des Manuskripts in ihrem Vierteljahresheft öffentlich bekannt. 1961 und 1977 wurde gegenüber italienischen Kirchen und Kulturinstitutsangehörigen auf den Besitz des Manuskripts hingewiesen.

Die aktuelle Rückgabeforderung machte die Kirche von Benevento geltend. Die British Library berief sich auf einen gutgläubigen Erwerb 1947. Das Advisory Panel schlug in seiner Empfehlung vom 23. März 2005 vor, das Manuskript an die Kirchengemeinde zurückzugeben. Tatsächlich wurde eine Rückgabe bisher nicht verfügt, weil die Bestimmungen des British Library Act von 1972, die ausnahmsweise eine unentgeltliche Herausgabe vorsehen, auf den vorliegenden Fall keine Anwendung fänden. Deshalb regte das Advisory Panel nochmals im Sommer 2006 an, die Regierung möge eine gesetzliche Regelung erlassen, die eine Rückgabe zulässt.

Rechtslage

Eine Herausgabeklage im Zivilrechtsweg müsste in London gegenüber der British Library geltend gemacht werden. Das englische Gericht hätte zunächst zu prüfen, ob ein Eigentumserwerb durch (vorgeblichen) Ankauf in einem Antiquariat in Neapel 1944 rechtswirksam und der britische Militärangehörige Eigentümer des Manuskriptes geworden war. Nach italienischem Zivilrecht kann an abhanden gekommenen Gegenständen gutgläubig Eigentum zugunsten Dritter erworben werden. Ob allerdings der Soldat gutgläubig war, er also nicht wusste oder hätte wissen müssen, dass der Verkäufer nicht Eigentümer des Manuskriptes war, hängt von den Umständen der Veräußerung, insbesondere dem Verkaufspreis und der Seriosität des Verkäufers ab. Der Verkaufspreis dürfte besonders niedrig gewesen sein. Sollte der Ankauf ohne weitere Nachfragen durch den Soldaten erfolgt sein, erscheint es nahe liegend, dass er sich in einer grob fahrlässigen Unkenntnis über die Eigentumslage befand und demnach nach italienischem Recht kein Eigentum erworben hatte. Der Verkauf durch den Soldaten im Rahmen einer Versteigerung in London konnte dann auch nicht zugunsten des Erwerbers Eigentum begründen, weil nach englischem Recht der gutgläubige Erwerb von abhanden gekommenen Gegenständen vom Nichtberechtigten ausgeschlossen ist. Auch der jahrzehntelange Besitz durch die British Library konnte keinen Eigentumserwerb begründen, weil ein gesetzlicher Eigentumserwerb im Wege der Ersitzung ausgeschlossen ist. Schließlich wäre der Herausgabeanspruch auch nicht verjährt, weil eine Verjährungsfrist für Eigentumsherausgabeansprüche im englischen Recht nicht existiert. Der Rückgabeanspruch wäre also auch im Zivilrechtsweg jederzeit durchsetzbar, wenn in Italien kein gutgläubiger Erwerb stattfand.

Fall 86

NLA

Großbritannien (Schottland)

unbekannte Erben vs. Glasgow City Council (Burrell Collection)

Gemälde, Jean-Baptiste Siméon Chardin zugeschrieben, „Stilleben"

dazu: Bericht des Spolition Advisery Panel vom 24.11.2004;
AAMD-Bericht vom 27.07.2006, S. 19

Fall

Der jüdische Inhaber einer Münchener Kunstgalerie war 1936 gezwungen, seinen gesamten Kunstbesitz zu veräußern, darunter das dem Maler Chardin zugeordnete Stillleben. Unter nicht vollständig aufgeklärten Umständen erwarb das schottische Ehepaar William und Constance Burrell in der Folgezeit das Gemälde und schenkte es später zusammen mit tausenden anderen Kunstobjekten der Stadt Glasgow. Es ist Teil der sog. Burrell Collection im Museum von Glasgow.

Die Erben des Kunstgaleristen machten Rückgabeansprüche bezüglich dieses Gemäldes geltend. Das mit dem Fall betraute Spolition Advisery Panel schlug in seinem Prüfungsbericht vom November 2004 vor, das Gemälde an die Erben zurückzugeben. Anstelle der Rückgabe einigten sich die Erben mit dem Museum auf eine Verkehrswertentschädigung in Höhe von 7.500 bis 10.000 Pfund.

Rechtslage

Soweit das Gemälde 1936 durch Kaufvertrag veräußert und das Eigentum auf den damaligen Käufer übertragen wurde, dürfte der Eigentumsverlust durch Zwangsverkauf eingetreten sein. Nach deutschem Zivilrecht ist nur ganz ausnahmsweise ein unter wirtschaftlichem Druck bzw. in persönlicher Zwangssituation erfolgter Verkauf unwirksam. Es besteht grundsätzlich nur die Möglichkeit, einen solchen Veräußerungsvertrag nachträglich anzufechten und die Rückgabe des Gemäldes zu verlangen. Ob allerdings spätestens nach dem Kriege unverzüglich eine solche Anfechtung erklärt wurde, ist unbekannt. Deshalb ist davon auszugehen, dass die Eigentumsübertragung im Rahmen des Zwangsverkaufes 1936 nach deutschem Zivilrecht wirksam war. Dann konnte aber auch der Erwerber oder Dritte das Eigentum an dem Gemälde auf die Eheleute Burrell übertragen. Es kommt insoweit nicht mehr auf deren Gutgläubigkeit beim Erwerb an. Zivilrechtliche Rückgabeansprüche dürften damit ausgeschlossen sein.

Offensichtlich ist, dass der Zwangsverkauf 1936 ein NS-verfolgungsbedingter Vermögensverlust war, weil die vormaligen jüdischen Eigentümer der Münchener Galerie vom NS-Regime verfolgt wurden und der Verkauf in dieser rassischen Verfolgung begründet lag. Durch die Gemälde-Schenkung der Eheleuten Burrell an das Glasgower Museum war der Anwendungsbereich der Washingtoner Prinzipien eröffnet, weil danach staatliche Museen die Verpflichtung übernahmen, für in ihrem Eigentum stehende Kunstwerke, die NS-verfolgungsbedingt abhanden kamen, einen fairen und gerechten Ausgleich vorzunehmen. Dies ist vorliegend durch die Zahlung des Verkehrswertes des Gemäldes zugunsten der Alteigentümer-Erben erfolgt.

Irland
Simon Wiesenthal Center vs. Hunt Museum, Limerick
Museumssammlung

Fall 87
NLA

dazu: Irish Times vom 07.02.2004; Statement on Behalf of the Hunt Museum Evaluation Group vom 22.06.2006; Press Release Hunt Museum vom 23.06.2006; Restitutionsbericht des AAMD vom 27.07.2006, Anlage A, S. 18

Fall

Das im irischen Limerick gelegene Hunt Museum wurde im Januar 2004 durch das Simon Wiesenthal Center öffentlich angeklagt, Raubkunst in seinem Bestand zu haben.

Der 1900 in London geborene John Hunt hatte sich auf den Handel mittelalterlicher Kunst spezialisiert. 1933 heiratete er die Deutsche Gertrude Hartmann. Beide verlegten Anfang der 30er Jahre den Schwerpunkt ihres Kunsthandels auf antike Kunstwerke. Ab Ende der 30er Jahre waren sie als Berater und Kunsteinkäufer für Auktionshäuser (z. B. Sotheby's) und private Sammler tätig (z.B. William Randolph Hearst, Aga Khan und den schottischen Kunstsammler William Burrell, dessen Sammlung sich heute im Städtischen Museum von Glasgow befindet und aus der gemäß Empfehlung des Spolition Advisery Panel dem Alteigentümer ein Stillleben von Chardin zurückgegeben werden soll - s. Fall 86).

John und Gertrude Hunt verlegten ihren Wohnsitz 1940 nach Irland, als sie vom britischen Geheimdienst verdächtigt wurden, Spionage zugunsten des NS-Regimes zu betreiben. Während der Kriegszeit war es den Eheleuten Hunt möglich, mehrfach nach Nazi-Deutschland zu reisen und dort Kunsthandelsgeschäfte abzuwickeln. Sie unterhielten in den 40er Jahren enge persönliche und geschäftliche Beziehungen zu dem österreichischen NS-Kunsthändler Adolf Mahr, dem späteren Direktor des Irischen National Museums. Es wird vermutet, dass John und Gertrude Hunt den Handel mit Nazi Looted Art auch in der Nachkriegszeit fortsetzten.

1958 wurde ihre vor allem in den 40er und 50er Jahren aufgebaute Kunstsammlung erstmals öffentlich gezeigt. Die Hunts beschlossen, sie dauerhaft auszustellen. 1978 stellte die Universität Limerick dafür Räumlichkeiten zur Verfügung. Seit 1997 befindet sich die Sammlung im Customs House, einem restaurierten Gebäude aus dem 18. Jahrhundert und ist dort der Öffentlichkeit zugänglich. Nach dem Tode der Eltern vermachten die Kinder dem Museum einen Großteil der Sammlung und sind dort maßgebliche Förderer.

Die Nachforschungen des Simon Wiesenthal Center und dessen Schreiben an die damalige Präsidentin von Irland, es möge der Bestand des Hunt Museums auf Nazi Looted Art untersucht werden, veranlassten die Museumsleitung, sich erstmalig mit den Museumsgründern und deren Kunstwerken zu beschäftigen. Das Hunt Museum war bereit, seinen Sammlungsbestand überprüfen zu lassen. Die Recherchen erfolgten auf der Grundlage des 2001 von der amerikanischen Museumsvereinigung erlassenen AAM-Guide durch eine Expertengruppe von Fachleuten der Royal Irish Academy, der American Museums Association und anderen Spezialisten unter dem Vorsitz eines ehemaligen Richters des irischen Supreme Court. Alle legten jedoch im Februar 2005 ihre Ämter nieder, weil die unabhängige Finanzierung ihrer Tätigkeit nicht mehr gewährleistet war.

Im Oktober 2005 wurde der Sammlungsbestand des Museums auf einer Website veröffentlicht. Jedem Interessierten ist es somit möglich, Nachforschungen über die dort vorhandenen Kunstwerke anzustellen. Binnen eines Jahres wurde die Website bereits über vierzigtausend Mal besucht.

In einer öffentlichen Erklärung vom 22.06.2006 verlautbarte das Hunt Museum erneut die Überprüfung des Sammlungsbestandes nach den AAM-Grundsätzen. Jedes Kunstwerk, das als NS-verfolgungsbedingter Vermögensverlust festgestellt wird, soll an den Alteigentümer bzw. dessen Erben zurückgehen. Zwischenzeitlich sollen gegenüber dem Museum mehrere Ansprüche geltend gemacht worden sein.

Rechtslage

Ob Rückgabeforderungen von Alteigentümern gegenüber dem Hunt Museum zivilrechtlich durchsetzbar sind, kann derzeit nicht beurteilt werden. Die bisher bekannt gewordenen Sachverhalte geben dies nicht her.

John und Gertrude Hunt waren aufgrund ihrer Wohnsitzverlegung nach Irland offensichtlich auch während des 2. Weltkrieges in der Lage, auf das europäische Festland zu reisen und dort – u. a. mit NS-Kunsthändlern – Geschäfte zu machen. Ob und unter welchen Umständen Alteigentümern NS-verfolgungsbedingt abhanden gekommene Kunstwerke von den Eheleuten Hunt erworben wurden, ist bisher unbekannt. Es ist allerdings zu vermuten, dass sie die besondere Drehscheibenfunktion Irlands als eines der am 2. Weltkrieg nicht beteiligten Länder nutzten, um ihre Handelstätigkeit fortzuführen.

Irland nahm an der Washingtoner Konferenz im Dezember 1998 nicht teil und hat die dort verabschiedeten Prinzipien nicht unterzeichnet. Allerdings erklärte sich das Hunt Museum in einer Selbstverpflichtung bereit, seinen Sammlungsbestand nach den auf diesen Prinzipien fußenden Richtlinien der AAM zu überprüfen, öffentlich zu machen und Kunstwerke, die NS-verfolgungsbedingt verloren gingen, herauszugeben.

Spanien
Lily Cassirer-Neubauer-Erben vs. Museo Thyssen-Bornemisza, Madrid
Gemälde von Camille Pissarro, „Rue Saint Honoré, Après Midi, Effet de Pluie"

Fall 88
NLA

dazu: Restitutionsbericht der AAMD vom 27.07.2006, Anlage A, S. 16 f.;
FAZ vom 18.11.2006, S. 50

Fall

Kurz nach seiner Entstehung 1897 erwarb der Berliner Kunsthändler Paul Cassirer das Gemälde über die Pariser Galerie Durand-Ruel. Es gelangte später in das Eigentum der Schwiegertochter Lily Cassirer-Neubauer, die in München lebte und 1939 nach Großbritannien emigrierte. Sie war gezwungen, das Kunstwerk zurückzulassen.

Nach dem 2. Weltkrieg bemühte sich Frau Cassirer-Neubauer erfolglos, das Gemälde aufzufinden und zurückzuerhalten. 1958 erhielt sie von der Bundesrepublik Deutschland für den Verlust des Gemäldes Schadensersatz in Höhe von 120.000 DM.

Das Gemälde soll in der Kriegs- und Nachkriegszeit auf dem Kunstmarkt gehandelt worden sein. 1976 erwarb es Baron Hans Heinrich Thyssen-Bornemisza in der New Yorker Galerie von Joseph Hahn. Thyssen veräußerte 1993 seine Kunstsammlung an den spanischen Staat, der sie in dem neu gegründeten Thyssen-Bornemisza Museum in Madrid vis-à-vis des Prado ausstellt.

Der 84jährige, im kalifornischen San Diego lebende Enkel von Lily Cassirer-Neubauer erhob vor dem US-District Court von Los Angeles eine Klage gegen das Thyssen-Bornemisza Museum Madrid, in der er wegen NS-verfolgungsbedingtem Vermögensverlust die Rückgabe des Pissarro-Gemäldes fordert. Das Museum wies im Februar 2006 die Forderung mit der Begründung zurück, es hätte das Kunstwerk gutgäubig erworben und die Klage wäre im Übrigen wegen der Immunität und Souveränität des spanischen Staates gerichtlich nicht verhandelbar. Der Klage wurde im September 2006 stattgegeben und der Einspruch Spaniens zurückgewiesen. Der Prozess dauert an.

Rechtslage

Der Erfolg einer zivilgerichtlichen Herausgabeklage in Spanien hängt davon ab, ob ein gutgläubiger Eigentumserwerb vom Nichtberechtigten eintrat.

Das Gemälde wurde mutmaßlich von NS-Stellen beschlagnahmt und veräußert. Die Beschlagnahme erfolgte gegen oder ohne den Willen der Eigentümerin Lily Cassirer-Neubauer, so dass es sich im Rechtssinne um ein abhanden gekommenes Kunstwerk handelt. Im deutschen Reich konnte daran grundsätzlich kein Eigentum zugunsten Dritter erworben werden, es sei denn, das Gemälde wurde in einer öffentlichen Versteigerung veräußert, wofür allerdings keinerlei Anhaltspunkte bestehen.

Wenn der damaligen Verkäufer bis zur Veräußerung des Gemäldes 1976 in New York noch nicht rechtswirksam Eigentum erworben hatte, konnte Thyssen-

Bornemisza mit dem Kauf gleichfalls kein Eigentum erwerben, weil dies nach amerikanischem Recht ausgeschlossen ist.

Die Verbringung des Gemäldes in die Schweiz bis zu seiner Veräußerung 1993 an Spanien konnte nur zu einem Eigentumserwerb durch Ersitzung nach Schweizer Recht führen, wenn Thyssen-Bornemisza bei Besitzerwerb 1976 und während der gesetzlichen Fünfjahresfrist gutgläubig war. Die Schweizer Rechtsprechung stellt bei kunstsachverständigen Käufern hohe Anforderungen an den gutgläubigen Erwerb. Vorliegend dürften besondere Nachforschungspflichten Thyssen-Bornemiszas bestanden haben, die Eigentumslage zu klären. Soweit dies nicht geschah, begründet dies die Bösgläubigkeit und schließt einen gutgläubigen Erwerb durch Ersitzung aus.

Der Verkauf des Gemäldes 1993 an den spanischen Staat beurteilt sich nach spanischem Zivilrecht. Nach dem Codigo Civil ist ein gutgläubiger Erwerb grundsätzlich möglich. Vorliegend scheint es jedoch äußerst problematisch, eine Gutgläubigkeit Spaniens bzw. der für das Land handelnden besonders kunstsachverständigen Museumsfachleute anzunehmen. Zu prüfen ist, ob der Herausgabeanspruch nach spanischem Recht verjährt ist. Grundsätzlich besteht eine Frist von drei Jahren nach Erwerb, so dass der Anspruch 1997 bereits verjährt wäre. Die Verjährung ist allerdings nach spanischem Zivilrecht ausgeschlossen, wenn der Verlust im Rahmen so genannter Genozid-Verbrechen eintrat. Dies könnte vorliegend der Fall sein, so dass Chancen bestehen, in Spanien eine Herausgabe im Zivilrechtsweg durchzusetzen.

Auch das amerikanische Gericht muss nach der Situs-Regel mögliche rechtswirksame Eigentumserwerbe in europäischen Staaten, z. B. Deutschland und der Schweiz, nach deren Rechtsordnungen prüfen. Insoweit gilt das oben für eine Klage in Spanien Dargelegte entsprechend.

Sinnvoll scheint es, den Anspruch gegenüber dem spanischen Staat auf der Grundlage der auch von Spanien anerkannten Washingtoner Prinzipien zu erheben. Der Verlust des Gemäldes trat zweifelsfrei NS-verfolgungsbedingt ein. Die Alteigentümerin Lily Cassirer-Neubauer gehörte zu den vom NS-Regime aus rassischen Gründen kollektiv verfolgte Personen. Sie verlor das Eigentum an dem Gemälde durch eine staatliche Zwangsmaßnahme.

Kanada

Alfred Lindon-Erben vs. National Gallery of Canada

Gemälde von Edouard Vuillard, „Le Salon de Madame Aron"

Fall 89

NLA

dazu: Francini u.a., „Raubkunst", S. 382 ff.; Buomberg, S. 110; Restitutionsbericht des AAMD vom 27.07.2006, Anlage A, S. 18

Fall

Alfred Lindenbaum (später Lindon), britischer Staatsbürger mit Wohnsitz in Paris, besaß eine Kunstsammlung mit Meisterwerken von Picasso, van Gogh und Vuillard. Zu Kriegsbeginn waren die bedeutendsten Gemälde und Zeichnungen in einem Schließfach der Chase Bank in Paris eingelagert, andere befanden sich in Lindons Pariser Wohnung. Nach dem Einmarsch deutscher Truppen in Paris beschlagnahmte das Devisenschutzkommando alle im Bankschließfach eingelagerten Kunstwerke. Sie wurden offensichtlich mehrheitlich ins Ausland verkauft, so in die Schweiz an den Kunsthändler Theodor Fischer und die Sammler Alexander von Frey und Emil G. Bührle. Mindestens dreizehn Bilder und Miniaturen verschwanden aus der zunächst von deutschen Stellen besetzten Pariser Wohnung Alfred Lindons.

Von den Alliierten nach dem Krieg in Deutschland sichergestellte Kunstwerke erhielt er zurück. Die 1947 auf der Grundlage des schweizerischen Nichtigkeitsbeschlusses erhobenen Rückgabeklagen hatten im Dezember 1948 Erfolg. Bührle musste das van Gogh-Stilleben „Blumen in Vase" und Fischer das Gemälde von Picasso „Frau beim Pferderennen" zurück geben. Lindon verstarb kurz vor der Urteilsverkündung und konnte deshalb keine weiteren Nachforschungen über andere 1940 aus seinem Besitz abhanden gekommenen Kunstwerke mehr anstellen.

1956 befand sich das Vuillard-Gemälde im Besitz der Pariser Galerie Dubourg, von der es die National Gallery of Canada erwarb. Die Galerie überprüfte selbständig ihren Sammlungsbestand auf Verdachtsfälle mit unklarer Provenienz und veröffentlichte dieses Gemälde auf der museumseigenen Website mit Erläuterungen zu Provenienzlücken in der NS-Zeit. Sie nahm Kontakt zu den Lindon-Erben auf, um mögliche Rückgabeansprüche zu klären. Zunächst verneinten die Erben eine Rückgabeforderung, weil das Bild 1940 verkauft worden wäre. Weitere Recherchen ergaben allerdings, dass auch dieses Kunstwerk von deutschen Stellen aus einem Banktresor entwendet und unter unbekannten Umständen veräußert wurde. Die National Gallery verfügte im Sommer 2006 die Rückgabe des Gemäldes an die Erben.

Rechtslage

Die Beschlagnahme durch deutsche Stellen konnte zu keinem Eigentumsverlust führen. Auch mögliche Veräußerungen in Frankreich durch vom NS-Regime beauftragte Kunsthändler bewirkten diesen Verlust nicht, weil aufgrund der seit 1944 erlassenen Restitutionsgesetze und Verordnungen der französischen Regierung solche Rechtsgeschäfte generell als nichtig anzusehen sind. Zu prüfen ist, ob die National Gallery 1956 durch den Ankauf von der Pariser Galerie Dubourg Eigentum an dem Gemälde erwarb. Da die Galerie nicht Eigentümer war, kam nur ein Erwerb vom Nichtberechtigten in Betracht. In Frankreich ist grundsätzlich auch an abhanden gekommenen Gegenständen der Eigentumserwerb möglich, wenn der Erwerber bei Ankauf gutgläubig war. Dem Erwerber wäre bei dem Kauf 1956 möglicherweise eine fahrlässige Unkenntnis vorzuwerfen. Zu einer solchen, ggf. auch gerichtlichen Klärung vor einem kanadischen Zivilgericht kam es nicht, weil das Museum die Nichtigkeit des Eigentumserwerbs anerkannte und die Rückgabe verfügte.

Kanada
Max Stern-Erben vs. 1. unbekannte Besitzer
Gemälde von Emile C.H. Vernet-Lecomte, „Aimee"

Fall 90
NLA

Kanada
Max Stern-Erben vs. 2. unbekannter deutscher Besitzer (Auktionshaus Van Ham)
Gemälde von Matthys Naiveu, „Piazza Navona in Rom" und „Marktszene auf der Piazza del Quirinale in Rom"

dazu: The Canadian Jewish News vom 16.11.2006;
FAZ vom 18.11.2006, S. 49

Fall

Die 1913 von Julius Stern in Düsseldorf gegründete, auf Altmeister spezialisierte Kunsthandlung wurde von seinem Sohn Max Stern erfolgreich weitergeführt. 1935 erhielt Max Stern Berufsverbot. 1937 wurde die Galerie zwangsweise aufgelöst. Das Kölner Auktionshaus Lempertz versteigerte im November 1937 rund 250 der Galerie gehörenden Kunstwerke – darunter das Bild einer jungen Ägypterin von Lecomte. Es war Lempertz' 392. Auktion. Weitere etwa 150 Kunstwerke aus dem Galeriebestand sollen zwangsverkauft worden sein – unter ihnen die beiden Barockgemälde von Naiveu.

Das kinderlose Ehepaar Stern emigrierte nach England. 1941 wurden Max Stern und seine Ehefrau als so genannte feindliche Ausländer in einem Camp im kanadischen Quebec interniert. Nach dem 2. Weltkrieg übernahm Stern die Dominion Gallery in Montreal, der er bis zu seinem Tode 1987 vorstand und in dieser Zeit einer der führenden kanadischen Kunsthändler wurde. Versuche Max Sterns nach dem Krieg, den auf rund 400 Kunstwerke geschätzten Sammlungsbestand seiner Düsseldorfer Galerie zurückzuerhalten, blieben erfolglos.

2001 wurde das Lecomte-Gemälde bei Sotheby's in New York für rund 100.000 US-Dollar versteigert. Erst danach fanden Mitarbeiter des Auktionshauses heraus, dass es in der Versteigerung bei Lempertz im November 1937 zwangsveräußert worden war. In einer vertraulichen Vereinbarung zwischen dem Einlieferer des Gemäldes, dem Erwerber und dem Stern'schen Nachlassverwalter einigte man sich im November 2006 auf eine bedingungslose Rückgabe des Gemäldes.

In Nordamerika, Europa und Israel wird in den nächsten zwei Jahren eine Ausstellung mit dem Titel „Auktion 392" gezeigt, in der das Lecomte-Gemälde und historische Dokumente der Kunsthandlung Stern sowie der damaligen Kölner Auktion präsentiert werden. Die Ausstellung will den Focus auf die Arisierung der jüdischen Kunsthandlung Stern und die Verkaufsumstände durch das Auktionshaus Lempertz richten.

Die beiden Barockgemälde des Malers Naiveu sollten bei dem Kölner Auktionshaus Van Ham in der 250. Jubiläumsauktion am 18.11.2006 versteigert werden. Das routinemäßig von dem Auktionshaus mit der Überprüfung der Kunstwerke beauftragte Art Loss Register stellte fest, dass sie aus dem Besitz von Max Stern stammten und NS-verfolgungsbedingt verkauft worden sein könnten. Die Gemälde sind auch in der für Jedermann unentgeltlich zugänglichen Lost Art Database aufgeführt. Im Vorfeld der Auktion hatten drei Universitäten in Kanada und Israel, denen nach dem Tode von Max Stern Kunstwerke aus seinem Bestand vermacht wurden, den Versuch des Kölner Auktionshauses, die beiden Gemälde versteigern zu lassen, als „eklatante Weigerung, den Zwangsverkauf anzuerkennen und [als] erschreckend" bezeichnet. Das Auktionshaus Van Ham zog daraufhin die Gemälde von der Versteigerung zurück.

Rechtslage

Die Arisierung des Galeriebestandes auf staatliche Anordnung durch ein Auktionshaus bzw. durch freien Verkauf stellt sich nach den von der Nachkriegsrechtsprechung aufgestellten Grundsätzen als unwirksam dar, weil derartige staatlich angeordnete Liquidierungen jüdischen Besitzes als nichtig angesehen werden. Mithin sind die versteigerten und verkauften Gemälde dem Eigentümer Max Stern als abhanden gekommen anzusehen. Grundsätzlich kann an solchen Gegenständen kein Eigentum erworben werden.

Ausnahmsweise ist dies allerdings nach deutschem Zivilrecht möglich, wenn der Erwerb in einer Auktion erfolgte und der Käufer gutgläubig war. Das vom Auktionshaus Lempertz versteigerten Lecomte-Gemälde konnte der Käufer bei Gutgläubigkeit somit als Eigentum erwerben. Die Verkaufsumstände, insbesondere die Person des Erwerbs, sind unbekannt. Deshalb kann keine abschließende Einschätzung darüber getroffen werden, ob bereits durch die Versteigerung in Köln im November 1937 ein Eigentumserwerb durch den unbekannten Käufer eintrat. Ohne einen möglichen zivilrechtlichen Eigentumsrückgabeanspruch zu prüfen, einigte sich der aktuelle Besitzer unter Vermittlung von Sotheby's mit den Max Stern-Erben und gab das Gemälde von Lecomte zurück. Damit erklärte sich der unbekannte Besitzer freiwillig auf der Grundlage der Washingtoner Prinzipien bereit, den NS-verfolgungsbedingten Vermögensverlust rückgängig zu machen.

Die beiden Barockgemälde von Naiveu wurden nicht in der öffentlichen Versteigerung 1937 bei Lempertz in Köln, sondern freihändig an einen Unbekannten verkauft. Die im Rechtssinne als abhanden gekommen geltenden Gemälde konnten nach deutschem Zivilrecht zu keinem Eigentumserwerb des Käufers führen, weil dies nur ausnahmsweise in einer öffentlichen Versteigerung möglich ist. Unbekannt ist, ob in der Folgezeit ein Eigentumserwerb durch Ersitzung eintrat. Dies ist nach deutschem Zivilrecht möglich, wenn der Eigenbesitz mindestens zehn Jahre ununterbrochen ausgeübt wurde und der Käufer gutgläubig war. Selbst wenn sich herausstellt, dass der Eigentumserwerb wegen Bösgläubigkeit des Käufers nicht eintrat, könnte die zivilgerichtliche Durchsetzbarkeit des Eigentumsherausgabeanspruches durch den aktuellen Besitzer vereitelt werden, wenn er sich auf die Verjährung beruft. Denn in Deutschland besteht eine in anderen Ländern (mit Ausnahme der Niederlande) unbekannte Verjährungsregelung, die den bösgläubigen Besitzer begünstigt und den Alteigentümer hindert, sein Eigentum zurückzuverlangen. Nach deutschem Zivilrecht verjährt der Eigentumsherausgabeanspruch dreißig Jahre nach dem Besitzverlust, unabhängig davon, wann der Eigentümer Kenntnis davon erhielt, wo sich die Gemälde befinden. Falls sich der Besitzer auf Verjährung beruft, dürfte deshalb vorliegend in Deutschland der zivilrechtliche Eigentumsherausgabeanspruch nicht mehr durchsetzbar sein. Diese für den Alteigentümer nachteilige Rechtsfolge führte bereits mehrfach zu Gesetzesinitiativen, die das Ziel hatten, eine Unverjährbarkeit dieses Anspruches zu erreichen. Derzeit gilt allerdings nach wie vor die dreißigjährige Verjährungsfrist, die – wie Fachkreise sagen – Deutschland zum „Paradies der Diebe" macht.

Fall 91
NLA

Deutschland
Ismar Littmann-Erben vs.
1. Kunsthalle in Emden (Stiftung Henri und Eske Nannen)
Gemälde von Otto Mueller, „Knabe vor zwei stehenden und einem sitzenden Mädchen"

Ismar Littmann-Erben vs.
2. Museum Ludwig Köln
Gemälde von Otto Mueller, „Zwei weibliche Halbakte"

dazu: Sommer in 1. Buch Koordinierungsstelle, S. 91 ff.; Weiss in ebenda, S. 172 ff.

Fall

zu 1. Das Gemälde „Knabe vor zwei stehenden und einem sitzenden Mädchen" schuf der expressionistische Maler Otto Mueller 1918/19. Es wurde erstmalig 1919 in einer von Paul Cassirer in Berlin veranstalteten Werkschau gezeigt. Otto Mueller erhielt noch im gleichen Jahr einen Ruf an die Breslauer Akademie der Künste, an der er bis zu seinem Tode 1930 tätig war. In Breslau war er oft Gast im Hause des jüdischen Rechtsanwalts Dr. Ismar Littmann, der das Gemälde sowie die gleichfalls 1919 entstandenen „Zwei weiblichen Halbakte" erwarb. Littmann hatte seit 1916 eine der größten Sammlungen expressionistischer Kunst aufgebaut, bestehend aus 344 Gemälden und mehr als 5.700 Grafiken.

Nach der NS-Machtübernahme im Januar 1933 erhielt Ismar Littmann Berufsverbot, seine Familie war Schikanen und Demütigungen ausgesetzt. Littmann beging im Dezember 1934 Selbstmord. Seine Witwe und Alleinerbin Kaethe Littmann war danach aus wirtschaftlichen Gründen gezwungen, im Februar 1935 in der 188. Auktion der jüdischen Kunsthandlung Max Perl in Berlin Teile der Sammlung zu verkaufen. Vor der Versteigerung beschlagnahmte die Gestapo eine „große Anzahl typisch kunstbolschewistischer Darstellungen pornografischen Charakters" (zit. nach Sommer), darunter das Mueller-Gemälde, das 1936 von der Nationalgalerie Berlin als „Zeitdokument" ausgesucht und unter Verschluss genommen wurde.

Eine erneute formelle Beschlagnahme erfolgte im Juli 1937 für die Ausstellung „Entartete Kunst" in München, auf der das Gemälde gezeigt wurde. Nach Ausstellungsende verschwand es im Depot für international verwertbare Werke im Berliner Schloss Hohenschönhausen. Vermutlich aufgrund eines Kommissionsvertrages erwarb der Güstrower Kunsthändler Bernhard H. Boehmer das Gemälde im August 1940 durch Tausch. Der Tauschwert belief sich auf 20 US-Dollar.

Dann verliert sich die Spur des Kunstwerks. Erst 1979 tauchte es in der Londoner Galerie von Achim Moeller auf, der als Provenienz (rheinische) Privatsammlung Deutschland angab. Henri Nannen kauft das Bild, das er selbst 1937 in der Ausstellung in München gesehen hatte, für 260.000 DM. In München war seinerzeit als Besitzer die Nationalgalerie Berlin vermerkt. Das Gemälde wurde in das Eigentum der Henri und Eske Nannen-Stiftung überführt und in der Kunsthalle Emden, am Sitz der Stiftung, öffentlich gezeigt.

Im Dezember 1998 fragten Journalisten die Kunsthalle nach der Herkunft des Gemäldes. Daraufhin wurde die Provenienz untersucht und im Ergebnis die Tochter von Ismar Littmann, Ruth Haller, in Tel Aviv ausfindig gemacht. In der Folgezeit tauchten zwei Inventare des Nachlasses von Ismar Littmann bei dessen Sohn Hans in Texas/USA auf, wodurch die Eigentumslage aufgeklärt wurde. Der Rückgabeempfehlung des Stiftungsrates vom Mai 1999 wurde entsprochen und das Gemälde an die Littmann-Erben zurückgegeben. Der Freundeskreis des Museums organisierte eine Ankaufsaktion, die den Rückkauf des Kunstwerks im August 1999 für 1.200.000 DM bewirkte.

zu 2. Das Gemälde „Zwei weibliche Halbakte" von 1919 erlitt das gleiche Schicksal. Es wurde vor der Auktion bei Perl in Berlin beschlagnahmt, gelangte in die Ausstellung „Entartete Kunst" in München und wurde entschädigungslos eingezogen. Bei der berüchtigten Luzerner Auktion der Galerie Fischer 1939 fiel es durch, kam zurück nach Deutschland, gelangte für 150 US-Dollar an den NS-Kunsthändler Gurlitt (s. zu diesem Fall 23), der es 1942 an den Kunstsammler Josef Haubrich veräußerte. Der Sammler Haubrich schenkte seine Sammlung expressionistischer Bilder 1946 der Stadt Köln, in deren Museum Ludwig das Gemälde gezeigt wurde.

Auch hier wurde der Rückgabeforderung der Littmann-Erben entsprochen und das Gemälde vom Museum zurückgekauft.

Rechtslage

zu 1. Der Eigentumsverlust des Gemäldes trat offensichtlich im Nachgang zu der Ausstellung „Entartete Kunst" durch das Einziehungsgesetz von 1938 ein. Er ist als rechtsunwirksam zu beurteilen, so dass im Zivilrechtssinne das Gemälde als „abhanden gekommen" gilt. Deshalb konnte ein Eigentumserwerb zugunsten des Kunsthändlers Boehmer im August 1940 nicht erfolgen. Nachfolgende rechtswirksame Eigentumserwerbe zugunsten Dritter sind gleichfalls nicht ersichtlich, so dass auch der Verkauf in London 1979 an Henri Nannen nicht dazu führte, dass dieser Eigentümer des Gemäldes wurde. Zu beachten ist, dass der Eigentumserwerb in London englischem Recht unterliegt, wonach ein Eigentumserwerb vom so genannten Nichtberechtigten auch gutgläubig grundsätzlich nicht möglich ist. Als Zwischenergebnis bleibt festzuhalten, dass Henri Nannen 1979 nicht Eigentümer des Bildes wurde.

Auch ein ab diesem Zeitpunkt möglicher Eigentumserwerb durch Ersitzung in Deutschland erscheint zweifelhaft, weil der Erwerber bzw. der heutige Besitzer, die Stiftung, beweisen müssten, dass Nannen bei Erwerb 1979 und während der Besitzzeit gutgläubig war. Entsprechende Feststellungen wurden nicht getroffen. Nach der neueren Rechtslehre zu den Erfordernissen des gutgläubigen Erwerbs ist allerdings anzunehmen, dass dem Kunstsammler Nannen eine Nachforschungspflicht oblag. Es genügte danach sicher nicht, die Angabe der Moeller-Galerie, das Bild stamme aus einer deutschen Privatsammlung, als ausreichend anzusehen. Deshalb kann die Rechtsauffassung vertreten werden, dass der Käufer Nannen bei Besitzerwerb 1979 nicht im guten Glauben im Sinne des deutschen Zivilrechts war. Er hätte ohne Weiteres ermitteln können, dass das Gemälde auf der Ausstellung „Entartete Kunst" gezeigt worden war und durch Nachfrage bei der Nationalgalerie Berlin die Eigentümerschaft und Herkunft klären können. So wäre ohne großen Aufwand deutlich geworden, dass es sich um ein Gemälde aus Privatbesitz handelte. Eine solche Nachforschungsobliegenheitsverpflichtung war unter Berücksichtigung des hohen Wertes und der künstlerischen Qualität des Gemäldes sowie des Zeitpunktes des Erwerbs 1979 und des Sonderwissens des Kunstsammlers Nannen im juristischen Sinne zu fordern. Ohne dass eine zivilgerichtliche Klärung erforderlich war, kam der Stiftungsrat ein halbes Jahr nach Verabschiedung der Washingtoner Prinzipien im Dezember 1998, aber noch vor der von deutschen Museen übernommenen Selbstverpflichtungserklärung vom Dezember 1999 dem Rückgabeersuchen der Littmann-Erben nach und anerkannte den NS-verfolgungsbedingten Vermögensverlust.

zu 2. Auch die „Zwei weiblichen Halbakte" wurden nicht rechtswirksam erworben. Der Kunsthändler Gurlitt war nicht gutgläubig, weil das Gemälde im Rechtssinne als „abhanden gekommen" galt, was den gutgläubigen Erwerb im Rahmen eines Kaufvertrages ausschloss. Der Eigentumsübergang von Gurlitt an den Kunstsammler Haubrich scheiterte aus demselben Grunde. Nach deutschem Zivilrecht käme für Haubrich lediglich ein gutgläubiger Eigentumserwerb durch Ersitzung ab 1942 in Betracht. Dieser bzw. dessen Rechtsnachfolger, das Museum Ludwig in Köln, müssten allerdings zweifelsfrei beweisen, dass sich der Sammler Haubrich bei Besitzerwerb 1942 im guten Glauben befand und während des Ersitzungszeitraumes von zehn Jahren gleichfalls gutgläubig war. Nach den neueren, verschärften Anforderungen an den gutgläubigen Erwerb insbesondere herausragender ehemals „entarteter" Bildern zu geringen Kaufpreisen dürfte es ausgeschlossen sein, für 1942 und die folgenden zehn Jahre den guten Glauben anzunehmen. Selbst wenn der Erwerber keine Kenntnis von den vormaligen Eigentumsverhältnissen hatte, so wäre er doch verpflichtet gewesen, die Herkunft des Gemäldes aufzuklären. Dies ist offensichtlich nicht geschehen, so dass nach den verschärften Maßstäben für sachverständige Kunstsammler ein gutgläubiger Eigentumserwerb ausgeschlossen sein dürfte.

Der zivilrechtliche Eigentumsherausgabeanspruch könnte allerdings an der 30jährigen Verjährungsfrist scheitern, weil diese Frist seit dem Besitzverlust längst abgelaufen war. Die Verjährungseinrede (soweit das Museum sie überhaupt geltend gemacht hätte) wäre allerdings im Zivilprozess unerheblich, weil sich das Museum in der Gemeinsamen Erklärung vom Dezember 1999 verpflichtet hatte, sich nicht auf Verjährungsregelungen zu berufen. Die Rückgabe wurde ohne Notwendigkeit eines zivilgerichtlichen Verfahrens im Wege der Einigung unter Anwendung der Washingtoner Prinzipien und der Gemeinsamen Erklärung möglich.

Deutschland
unbekannte Alteigentümer vs. Karl und Magdalene Haberstock-Stiftung
Gemälde von Philips Wouwerman, „Reitschule im Freien"

Fall 92
NLA

dazu: Keßler in 2. Buch Koordinierungsstelle, S. 91 ff. und S. 163, Jonathan Petropoulos in Berliner Zeitung, Magazin vom 17./18.06.2000

Fall

Der in Augsburg geborene Karl Haberstock war gelernter Bankkaufmann und betrieb nach Ende des 1. Weltkrieges in Berlin eine Kunsthandlung, spezialisiert auf Malerei des 19. Jahrhunderts, später auch Alte Meister und kunstgewerbliche Objekte. Nach 1933 war Haberstock vor allem für kunstfanatische Nazis tätig und beteiligte sich an der Verdrängung seiner zahlreichen, in Berlin tätigen jüdischen Kunsthandelskonkurrenten. Er gehörte der 1938 eingerichteten Kommission an, die mit der Verwertung der über 16.000 beschlagnahmten Werke der „entarteten" Kunst betraut wurde. Aufgrund seines Vorschlages wurde die berüchtigte Auktion in Luzern durchgeführt, für die er die zu versteigernden Kunstwerke aussuchte. Während der NS-Zeit war Haberstock einer der führenden Einkäufer für Adolf Hitler und Hermann Göring und einer der wichtigsten Geschäftspartner des Sonderbeauftragten für das so genannte Führermuseum in Linz.

Nach dem Anschluss Österreichs im März 1938 war er von der NS-Führung beauftragt worden, die dort beschlagnahmten jüdischen Sammlungen zu erfassen und Adolf Hitler Vorschläge für eine Auswahl von Kunstwerken zu unterbreiten. Haberstock erhielt die Sondergenehmigung, nicht nur im besetzten Frankreich und den Niederlanden, sondern auch im Vichy-Frankreich, das von den Deutschen nicht besetzt war, tätig zu werden und dorthin verbrachte Kunstwerke zu erwerben. Nachweislich arisierte er jüdische Kunsthandlungen und liquidierte deren Bestände durch Veräußerungen.

Nach Ende des 2. Weltkrieges wurde Haberstock kurzzeitig inhaftiert und – als Mitläufer eingestuft – bald wieder entlassen. Einer Anklage entging er offensichtlich nur, weil er den Amerikanern für die Nürnberger Kriegsverbrecherprozesse umfassend Auskunft über die Kunstplünderungen der NS-Größen gab. In der Nachkriegszeit verlagerte Haberstock seine geschäftlichen Aktivitäten nach München, wo er jedoch weitgehend nur „hinter den Kulissen" tätig war. Es wird gemutmaßt, dass er aufgrund seiner Kontakte aus der NS-Zeit weiterhin als An- und Verkäufer von Raubkunst fungierte und Sammler im Ausland mit Kunstwerken versorgte.

Kurz nach seinem Tod im September 1956 gründete seine Witwe und Alleinerbin Magdalene Haberstock die Karl und Magdalene Haberstock-Stiftung, die 1957 von der Stadt Augsburg anerkannt und übernommen wurde. Sie umfasst zahlreiche Kunstwerke aus dem 15. bis 17. Jahrhundert, die in den Räumen der Deutschen Barockgalerie im Schaezlerpalais in Augsburg ausgestellt sind, und eine Kunstbibliothek mit mehr als 1.400 Bänden und ca. 4.000 Auktionskatalogen. Mehrere zunächst bei der Stiftung eingelagerte Kisten mit Geschäftskorrespondenz wurden in den 70er Jahren von der Witwe Haberstock vernichtet und gingen so unwiederbringlich verloren. 1983, nach dem Tod von Magdalene Haberstock, gelangten weitere Kunstwerke und kunstgewerbliche Objekte sowie Privat- und Geschäftsunterlagen in den Besitz der Stiftung. Erste Anfragen auf Einsichtnahme wurden 1986 noch unter Hinweis auf den Datenschutz abgelehnt.

Die Stadt Augsburg ließ bis Ende 2001 eine Inventarisierung des gesamten Stiftungsbesitzes durchführen und gab die Auktionskataloge, Geschäftsbücher usw. zur Einsichtnahme frei. Ein einjähriger Auftrag diente der Provenienzerforschung von sechszehn Gemälden der Stiftung. Das Ergebnis der Recherchen wurde der Stadt Augsburg im September 2001 vorgelegt. Weitere Überprüfungen des Stiftungsbesitzes erfolgten bisher nicht.

Die „Reitschule im Freien" von Wouwerman wurde von der Stiftung selbst als Verdachtsfall im Lost Art Register veröffentlicht. Dieses 1665 entstandene Gemälde befand sich offensichtlich seit Ende des 19. Jahrhunderts im Besitz der französischen Linie der Rothschild-Familie und soll spätestens im März 1941 im Eigentum des jüdischen Kunsthändlers Arthur Goldschmidt gestanden haben. Letztgenannter emigrierte Ende der 30er Jahren nach Frankreich. Die Stiftung kann nicht ausschließen, dass der Verkauf dieses Gemäldes im März 1941 an die Galerie Karl Haberstock NS-verfolgungsbedingt erfolgte. Danach befand es sich offensichtlich zeitweise bei der auf Altmeister spezialisierten Münchener Kunsthandlung Julius Böhler und gelangte später wieder in den Bestand von Karl Haberstock zurück. Es befand sich offensichtlich bis zum Tode der Witwe Magdalene Haberstock 1983 in deren Besitz und kam dann in den Bestand der Stiftung. Erst durch die Veröffentlichung des Gemäldes in der Lost Art Datenbank machten vermutlich Rechtsnachfolger des jüdischen Kunsthändlers Arthur Goldschmidt Rückgabeansprüche gegenüber der Stiftung geltend. Diese teilte auf Befragen mit, dass sie grundsätzlich einer Einigung mit den Alteigentümer-Erben aufgeschlossen gegenüberstehe, wenn der NS-verfolgungsbedingte Vermögensverlust zweifelsfrei geklärt ist.

Rechtslage

Sollte das Gemälde in Frankreich 1941 von Arthur Goldschmidt an Karl Haberstock veräußert worden sein, wie die derzeit bekannten Feststellungen vermuten lassen, handelt es sich um ein Rechtsgeschäft, das nach den in den 40er Jahre von der französischen Regierung erlassenen Restitutionsgesetzen auch zivilrechtlich als nichtig anzusehen ist. Deshalb konnte Haberstock an dem Gemälde kein Eigentum erwerben.

Es wurde offensichtlich nach seinem Tod 1957 von seiner Witwe Magdalene Haberstock übernommen. Sie konnte im Wege der Alleinrechtsnachfolge als Erbin nach ihrem verstorbenen Mann aber nicht Eigentümerin werden, weil dieser selbst kein Eigentümer geworden war. Ob ein gutgläubiger Eigentumserwerb durch jahrzehntelangen Besitz eintrat, erscheint zweifelhaft, weil sich die Witwe das Wissen ihres Mannes um die Verkaufsumstände anrechnen lassen muss.

Entscheidend ist also, ob Karl Haberstock beim Kauf von Goldschmidt 1941 gutgläubig war. Dies erscheint zweifelhaft. Der Übergang des Gemäldes an die

Haberstock-Stiftung nach dem Tod der Witwe Magdalene Haberstock 1983 konnte dann auch nicht zu einem gutgläubigen Eigentumserwerb der Stiftung führen. Ein möglicher zivilrechtlicher Herausgabeanspruch wäre noch nicht verjährt, weil erst ab Übergabe des Kunstwerkes 1983 die 30jährige Verjährungsfrist neu begann.

Soweit der Rückgabeanspruch von der Stiftung auf der Grundlage der Washingtoner Prinzipien erfüllt wird, erübrigt sich die Durchführung eines langwierigen und kostenintensiven zivilgerichtlichen Verfahrens. Sollte die Haberstock-Stiftung eine Einigung mit den Erben treffen, wäre dies eine der wenigen, von deutschen Privat-Stiftungen getroffenen Regelungen auf der Grundlage der Washingtoner Prinzipien.

Fall 93
NLA

Deutschland
Ismar Littmann-Erben vs. Ernst-Strassmann-Stiftung
Gemälde von Lucien Adrion, „La Procession"

dazu: Restitutionsbericht der AAMD vom 27.07.2006, Anlage A, S. 18

Fall

Der Rechtsanwalt Dr. Ismar Littmann (s. Fälle 3 und 91) war Eigentümer des Gemäldes. Seine Witwe ließ es 1935 durch das Berliner Auktionshaus Max Perl versteigern.

Unter ungeklärten Umständen gelangte das Kunstwerk in die Sammlung des Richters Ernst Strassmann, der ein aktiver Widerstandskämpfer gegen das NS-Regime war. Später ging das Gemälde in die Ernst-Strassmann-Stiftung ein. Das Holocaust Claims Processing Office of the New York State Banking Department ermittelte es dort. Die Strassmann-Stiftung gab das Gemälde an die Littmann-Erben heraus.

Rechtslage

Die Witwe des Kunstsammlers Ismar Littmann geriet durch die NS-Verfolgung in wirtschaftliche Not und war gezwungen, auch dieses Kunstwerk ihres Ehemannes zu veräußern. Der Verkauf im Rahmen einer Versteigerung 1935 in Berlin erfolgte durch die Eigentümerin und dürfte zu einem rechtswirksamen Eigentumsübergang zugunsten des Käufers geführt haben. Zivilrechtlich sind solche Rechtsgeschäfte wirksam, auch wenn sie wirtschaftliche Gründe haben, die durch NS-Verfolgungsmaßnahmen verursacht wurden. Es ist festzustellen, dass der Erwerber auf der Versteigerung Eigentum an dem Gemälde begründete. Entweder handelte es sich bereits um den langjährigen Besitzer Ernst Strassmann oder dieser erwarb das Kunstwerk rechtswirksam vom Ersteigerer, der selbst Eigentümer war. Zivilrechtliche Herausgabeansprüche konnten die Littmann-Erben gegenüber der Strassmann-Stiftung nicht geltend machen.

Vorliegend besteht die Besonderheit, dass gleichwohl eine Rückgabe des Gemäldes erfolgte, die sich auf die Washingtoner Prinzipien und die in Deutschland verabschiedeten Gemeinsame Erklärung vom 14.12.1999 stützte. Diese Regelungen schließen jedoch privatrechtliche Stiftungen nicht ausdrücklich ein. Die Gemeinsame Erklärung appelliert lediglich an Privatsammler und insbesondere Kunststiftungen, eine entsprechende Selbstverpflichtung einzugehen. Dies ist hier in einem der wenigen bisher bekannt gewordenen Fälle in Deutschland durch eine privatrechtliche Stiftung geschehen.

Der Vermögensverlust 1935 wäre nach alliiertem Rückerstattungsrecht zu beurteilen. Die Witwe Littmann gehörte zu einem Personenkreis, der vom NS-Regime kollektiv verfolgt wurde. Deshalb wird gesetzlich vermutet, dass der Vermögensverlust durch Verkauf in der Auktion in Berlin verfolgungsbedingt war. Der aktuelle Besitzer kann das Gegenteil beweisen, wenn er zweifelsfrei belegt, dass der erzielte Kaufpreis „verkehrsüblich" war und der Witwe vollständig und ungeschmälert zufloss. Dieser Gegenbeweis kam für die Strassmann-Stiftung nicht in Betracht. Angesichts der offensichtlichen Verfolgungssituation und der geschilderten Verlustumstände gab sie das Bild unverzüglich zurück.

Fall 94

NLA

Liechtenstein

Max Silberberg-Erben vs. Ratjen-Stiftung, Vaduz

Zeichnung von Wilhelm Leibl, „Mädchen vor einem Fenster"

dazu: Facts, Heft 3/1999, S. 52 ff.; Balzli, S. 94 ff.

Fall

Der Breslauer Unternehmer Max Silberberg (zu diesem s. Fall 105) musste die in seinem Eigentum stehende Zeichnung NS-verfolgungsbedingt am 12.10.1935 bei einer so genannten Judenauktion im Berliner Auktionshaus Paul Graupe versteigern lassen. Die Zeichnung wurde für 770 RM an einen unbekannten Käufer veräußert. Nach mehreren Besitzwechseln gelangte sie 1975 in die Münchener Kunsthandlung Karl & Faber und wurde dort von der Stiftung Ratjen für 5.500 Sfr. erworben.

Die Stiftung wurde von dem Bankier Adolf Ratjen, Mitinhaber der Berliner Privatbank Delbrück & Co., nach dem Kriege gegründet. Ratjen galt als eine Schlüsselfigur für Finanzgeschäfte Nazi-Deutschlands. Kurz vor Kriegsende setzte er sich nach Liechtenstein ab. Er wurde von dem dortigen Fürsten beauftragt, dessen im Deutschen Reich befindliche Kunstsammlung nach Liechtenstein zu überführen, um sie vor dem Zugriff der Alliierten, insbesondere der UdSSR, zu retten.

Nach dem Krieg stand Ratjen jahrzehntelang der Privatbank Delbrück & Co. vor, die 1955 wieder eröffnet wurde. Seine Kunstsammlung wurde Mitte der 70er Jahre in die Ratjen-Stiftung überführt, die 1975 den Ankauf der Zeichnung im Auktionshaus Karl & Faber tätigte.

Die Erben nach Max Silberberg machten 1999 Rückgabeansprüche gegenüber der Ratjen-Stiftung geltend. Nach Prüfung derselben signalisierte die Stiftung Gesprächs- und Einigungsbereitschaft und zahlte eine Entschädigung in Höhe des aktuellen Verkehrswertes der Zeichnung.

Rechtslage

Der Verkauf der Zeichnung im Oktober 1935 durch das Berliner Auktionshaus Graupe im Auftrag des Eigentümers Max Silberberg führte zum Eigentumserwerb des unbekannten Käufers. Nach deutschem Zivilrecht sind Veräußerungen, die unter wirtschaftlichem oder auch persönlichem Zwang erfolgen, grundsätzlich wirksam und können nur im Ausnahmefall von den Betroffenen angefochten werden. Die Silberberg-Erben taten dies nach dem 2. Weltkrieg nicht. Deshalb ist der Eigentumserwerb zugunsten des Käufers im Oktober 1935 unangreifbar. Weitere Zwischenerwerbe durch andere Käufer und insbesondere der letzte 1975 durch die Stiftung Ratjen begründeten zu deren Gunsten jeweils Eigentum an der Zeichnung. Auf den gutgläubigen Erwerb kommt es nicht an, weil der Veräußerer 1935 Eigentümer war. Zivilrechtliche Rückgabeansprüche sind ausgeschlossen. Die Silberberg-Erben machten einen Rückgabeanspruch auf der Grundlage der Washingtoner Prinzipien geltend.

Bemerkenswert ist dieser Fall in zweifacher Hinsicht: Liechtenstein nahm an der Konferenz in Washington im Dezember 1998 nicht teil und ist damit kein Signatar-Staat der dort verabschiedeten Prinzipien. Die Washingtoner Prinzipien verpflichten staatliche Museen, NS-verfolgungsbedingte Vermögensverluste rückgängig zu machen. Die Leibl-Zeichnung stand jedoch im Eigentum einer privaten Stiftung. Dennoch setzte die Stiftung die Prinzipien um und machte durch eine freiwillige Entschädigung den NS-verfolgungsbedingten Vermögensverlust rückgängig. Neben der deutschen Henri und Eske Nannen-Stiftung (s. Fall 91) ist sie damit weltweit eine der wenigen privaten Stiftungen, die sich – obwohl Liechtenstein nicht Teilnehmer der Washingtoner Konferenz war – deren Prinzipien zu Eigen machte.

Fall 95
NLA

Deutschland
Viktor Bloch-Erben vs. unbekannten Besitzer (Kunsthaus Lempertz, Köln)
Gemälde von Peter Paul Rubens, „Auffindung des kleinen Erichthonios durch die Töchter des Kekrops"

dazu: FAZ vom 18.11.2006, S. 49

Fall

Das ursprünglich im Eigentum des in Wien ansässigen jüdischen Kunstsammlers Viktor Bloch stehende Gemälde wurde im November 1938 vom Auktionshaus Hans W. Lange im Rahmen einer so genannten Judenauktion für lediglich 6.200 RM versteigert. Kurze Zeit später erwarb es der Großvater des jetzigen unbekannten Besitzers für 30.000 RM. Bloch emigrierte Ende 1938 nach England.

Seit Juli 2006 ist das Gemälde in der Lost Art Database als NS-verfolgungsbedingt abhanden gekommenes Kunstwerk erfasst. Trotz dieser Registrierung beabsichtigte das Kölner Auktionshaus Lempertz (zu diesem s. auch Fall 90), das Gemälde als ein Hauptlos in seiner Auktion am 18.11.2006 für einen Schätzpreis von 400 bis 600.000 € zu versteigern. Zehn Tage vor der Auktion machten die Erben von Viktor Bloch Rückgabeansprüche gegenüber dem Auktionshaus geltend. In einer vertraulichen Vereinbarung stimmten die Anspruchsteller der Versteigerung des Gemäldes in der Auktion zu, wo es für lediglich 380.000 € verkauft wurde.

Rechtslage

Sollte es sich bei der Versteigerung im November 1938 um eine staatlicherseits angeordnete Verwertung jüdischen Eigentums aufgrund diskriminierender gesetzlicher Bestimmungen gehandelt haben, wäre die damalige Veräußerung nach der von der Rechtswissenschaft aufgestellten so genannten Radbruch'schen Formel als unwirksam anzusehen. Der damalige Erwerber hätte dann in der Versteigerung nicht Eigentum an dem Gemälde erlangen können.

Der Verkauf des Bildes an den Großvater des jetzigen Besitzers konnte auch nicht zu einem Eigentumsübergang führen, weil es im Rechtssinne als dem Eigentümer abhanden gekommen einzuordnen ist. An solchen Gegenständen kann vom Nichtberechtigten selbst bei unterstellter Gutgläubigkeit grundsätzlich kein Eigentum erworben werden.

Somit käme ausschließlich ein gesetzlicher Eigentumserwerb im Wege der Ersitzung in Betracht. Dann hätte der Großvater des jetzigen Besitzers bei Erwerb des Gemäldes Ende der dreißiger Jahre und in der fortlaufenden gesetzlichen Besitzzeit von zehn Jahren gutgläubig sein müssen. Ob die Voraussetzungen der Gutgläubigkeit vorliegen, d.h. also der damalige Erwerber nicht wusste, dass das Gemälde aus beschlagnahmtem jüdischen Besitz stammte oder dies zumindest hätte wissen müssen, ist unbekannt.

Selbst wenn wegen möglicher Bösgläubigkeit des damaligen Erwerbers der gesetzliche Eigentumserwerb im Wege der Ersitzung nicht eintrat, würde eine zivilgerichtliche Herausgabeklage gegenüber dem aktuellen Besitzer in Deutschland scheitern, weil seit Besitzverlust mehr als dreißig Jahre vergangen sind und der aktuelle Besitzer sich auf die Verjährung des Eigentumsherausgabeanspruches berufen könnte. Es wäre dann möglicherweise festzustellen, dass der derzeitige Besitzer zwar nicht Eigentümer des Gemäldes wurde, der Alteigentümer aber wegen Verjährung des Herausgabeanspruches die Rückgabe des Gemäldes nicht verlangen kann. Dies ist eine absolute rechtliche Besonderheit des deutschen Rechtssystems. Der aktuelle Besitzer könnte also das Gemälde in rechtswirksamer Weise an einen Dritten verkaufen. Dann besteht aber die gleichfalls im deutschen Rechtssystem einmalige Besonderheit, dass der gesamte Kaufpreis von dem aktuellen Besitzer an den Alteigentümer gezahlt werden müsste, so dass der Alteigentümer wirtschaftlich gesehen im Ergebnis den vollständigen Wert bzw. Kaufpreis des Gemäldes erhalten würde. Dies war dann offensichtlich der Grund für den aktuellen Besitzer, eine Einigung mit den Erben des Alteigentümers zu suchen und eine Regelung über die Verteilung des Kaufpreises zu treffen.

Fall 96
NLA

Deutschland
Clara Freund-Erben vs. Bundesrepublik Deutschland
drei Gemälde von Karl Blechen und ein Aquarell von Anselm Feuerbach

dazu: Das Parlament, Nr. 8/2005; Wendland, „Moralische Erwägungen waren entscheidend"; UEK Schweiz, S. 227 ff., Buomberger, S. 361 ff.

Fall

Das in Berlin lebende jüdische Ehepaar Clara und Julius Freund war Eigentümer einer aus mehreren hundert Gemälden, Zeichnungen, Radierungen bestehenden Sammlung, insbesondere deutscher Grafik des 19. und 20. Jahrhunderts, darunter Arbeiten von Blechen, Feuerbach, Graff und Menzel sowie zahlreicher Werke der deutschen Romantik und der Münchener Schule. Die seit 1931 überwiegend in Italien lebenden Eheleute erreichten, dass 383 Gemälde, Zeichnungen und Radierungen von Berlin in die Schweiz nach Winterthur gelangten, wo einige von ihnen 1934 in einer Adolf von Menzel gewidmeten Ausstellung gezeigt wurden. Weitere Ausstellungen mit Kunstwerken aus der Sammlung Freund folgten im gleichen Jahr im Kunstmuseum Basel und im Sommer 1940 in der Kunsthalle Bern.

Unmittelbar nach der Machtergreifung der Nationalsozialisten im Jahr 1933 floh die Tochter Gisela Freund nach Paris, weil sie mit unmittelbaren Verfolgungsmaßnahmen aus rassischen und auch aus politischen Gründen rechnen musste. Die Eltern lebten von da an in Italien, zeitweise in der Schweiz, die ihnen jedoch keine dauerhafte Aufenthaltsgenehmigung erteilte. Im Februar 1939 wanderten die Eheleute Freund nach Großbritannien aus. Darauf hin wurde ihnen die deutsche Staatsbürgerschaft aberkannt. Julius Freund starb im März 1941 in London bei einem deutschen Bombenangriff.

Seine Witwe Clara Freund beauftragte den in die Schweiz emigrierten deutschen Kunsthändler Fritz Nathan, mit dem die Familie seit Anfang der 30er Jahre befreundet war, die dort befindliche Kunstsammlung zu veräußern. Die Versteigerung fand im März 1942 im Auktionshaus Fischer in Luzern statt. Der Auktionskatalog enthält ein Vorwort der Tochter Gisela Freund, die kurz zuvor aus dem besetzten Frankreich nach Argentinien geflohen war, in dem sie erklärt, dass die Sammlung Freund eigentlich in Gänze einem Berliner Museum vermacht werden sollte, sie nun aber wegen der Judenverfolgung durch das NS-Regime versteigert werden müsse. Die Eigentümerin Clara Freund erhielt den Versteigerungserlös, den sie zum Unterhalt für das Leben im Exil dringend benötigte, offensichtlich ungeschmälert.

An der Auktion nahm der für das so genannte Führermuseum Linz zuständige Hans Posse teil, der 113 Gemälde und Zeichnungen des 19. Jahrhunderts ersteigerte. Ein Werk von Karl Blechen erwarb der Kunsthändler Alexander von Frey aus Luzern, das er zwei Monate später mit Posse gegen französische Impressionisten, die in Paris beschlagnahmt worden waren, tauschte, wodurch auch dieses Blechen-Gemälde in den Sammlungsbestand des Linzer Museums gelangte.

Sämtliche vom Deutschen Reich erworbenen oder später eingetauschten Werke wurden kriegsbedingt in Weesenstein bei Dresden eingelagert. Sowjetische Trophäenbrigaden beschlagnahmten sie zu Kriegsende und brachten sie in die UdSSR. Andere ausgelagerte Kunstwerke wurden von den Westalliierten sichergestellt und treuhänderisch der Bundesrepublik Deutschland übergeben – darunter die Gemälde von Blechen und das Aquarell von Feuerbach. Sie hingen als Leihgabe des Staates jahrzehntelang in Museen.

Auf gemeinsamen Antrag der Erben von Clara Freund und der Besitzerin der Bilder, der Bundesrepublik Deutschland, vertreten durch das Bundesamt zur Regelung offener Vermögensfragen, wurde im Juli 2003 erstmalig die „Beratende Kommission" angerufen. Sie sprach nach Prüfung des Falles im Frühjahr 2005 die Empfehlung aus, die Kunstwerke zurückzugeben, weil in der Versteigerung 1942 in der Schweiz ein NS-verfolgungsbedingter Vermögensverlust zu sehen wäre, da die damalige Eigentümerin Clara Freund sich infolge ihrer Auswanderung im Exil in Existenznot befand und gezwungen war, deshalb die Kunstwerke zu veräußern.

Rechtslage

Der Verkauf der Bilder in einer Auktion in Luzern im Jahre 1942 beurteilt sich hinsichtlich der zivilrechtlichen Wirksamkeit nach Schweizer Recht. Damals veräußerte die Alteigentümerin Bilder, so dass die Erwerber in rechtswirksamer Weise das Eigentum an diesen erlangen konnten. Soweit sich die Alteigentümerin in einer wirtschaftlichen Zwangslage befand, dürfte dies allein noch nicht genügen, nachträglich den damaligen Kaufvertrag anzufechten. Im Übrigen wären die kurzen Anfechtungsfristen längst abgelaufen. Nach 1945 machte Clara Freund, als ihr eine entsprechende Anfechtungserklärung rechtlich und tatsächlich möglich gewesen wäre, davon keinen Gebrauch. Es ist daher nicht ersichtlich, dass heute noch zivilrechtliche Eigentums- oder Besitzherausgabeansprüche bestehen.

Nach den alliierten Rückerstattungsbestimmungen, die ab 1945 erlassen wurden, stellten Clara Freund bzw. ihre Tochter offensichtlich auch keinen Rückübereignungsantrag. Lässt man die unterlassene, fristwahrende Geltendmachung eines Rückübertragungsantrages außer Betracht und prüft allein die materiellen Voraussetzungen der alliierten Rückerstattungsregelungen, beispielsweise der Anordnung BK/O (49) 180 vom 26.07.1949, ist zunächst festzustellen, dass die Eheleute Freund zu einer vom NS-Regime kollektiv verfolgten Personengruppe gehörten. Auf eine Individualverfolgung kommt es insoweit nicht an. Fraglich ist allerdings, ob die gesetzliche Vermutungsregelung, dass Vermögensverluste von so genannten Kollektivverfolgten im Zeitraum vom 30.01.1933 bis 08.05.1945, die generell als NS-verfolgungsbedingtes Unrecht anzusehen sind, auch Verluste erfassen, die nicht im Deutschen Reich oder in vom NS-Regime besetzten Ländern erfolgten und sich der Verfolgte im Zeitpunkt des Verlustes nicht in einem Gebiet befand, das unter der Herrschaft des NS-Regimes stand. So verhält es sich vorliegend. Clara Freund befand sich im Zeitpunkt der Versteigerung in England und die Veräußerung erfolgte in der Schweiz. Dehnt man den Anwendungsbereich des alliierten Rückerstattungsrechts allerdings auch auf diese Sachverhalte aus, ist auf der zweiten Stufe zu prüfen, ob die gesetzliche Vermutung des NS-verfolgungsbedingten Vermögensverlustes widerlegt werden kann durch die gesetzlichen Regelbeispiele. Danach müssten folgende Voraussetzungen gegeben sein:

- Erzielung eines verkehrsüblichen, marktgerechten Kaufpreises und
- Abschluss des Kaufvertrages auch ohne die Herrschaft des NS-Regimes.

Es kann angenommen werden, dass der seinerzeit erzielte Kaufpreis verkehrsüblich war und der Eigentümerin Clara Freund ungeschmälert zufloss, was auch die Beteiligten des Verfahrens offensichtlich nicht anzweifelten. Entscheidende Bedeutung kam der Klärung der hypothetisch zu stellenden Frage zu, ob Clara Freund auch ohne die Existenz des NS-Regimes gleichwohl die Bilder 1942 hätte versteigern lassen. Diesen Nachweis muss der aktuelle Besitzer führen. Ist dies nicht möglich, geht die so genannte Unerweislichkeit (non liquit-Lage) zu seinen Lasten und es bleibt bei der gesetzlichen Vermutung eines NS-verfolgungsbedingten Vermögensverlustes.

Die Freund-Erben beriefen sich auf die von der Bundesrepublik Deutschland bestätigten Washingtoner Prinzipien und die Gemeinsame Erklärung vom 14.12.1999. Darin verpflichtete sich die Bundesrepublik Deutschland, unabhängig von bereits abgelaufenen Antragsfristen und möglicher Verjährung von Ansprüchen, eine Einigung mit dem Antragsteller zu finden, wenn ein NS-verfolgungsbedingter Vermögensverlust vorliegt. Für die Beurteilung eines solchen Verlustes sollen die früheren alliierten Rückerstattungsregelungen und die dazu ergangene Rechtsprechung herangezogen werden – so wie es vorstehend geschehen ist. Juristische Kernfrage bleibt, ob das alliierte Rückerstattungsrecht überhaupt für Vermögensverluste Anwendung finden kann, die außerhalb des Deutschen Reichs oder der vom NS-Regime besetzten Gebieten erfolgten und der Eigentümer sich im Zeitpunkt des Verlustes gleichfalls außerhalb befand. Dies ist grundsätzlich zu verneinen.

Mit ihrer Empfehlung ging die Gemeinsame Kommission erstmals über die bisherige alliierte Rückerstattungspraxis hinaus. Sie beurteilte allein die besonderen Umstände des Einzelfalls – hier die Veräußerung aufgrund der existenzbedrohenden wirtschaftlichen Notlage der Clara Freund im Exil und der Erwerb durch Nazi-Deutschland – und stellte den unwiderlegbare Zusammenhang fest, dass ohne das NS-Regime der Verkauf der Bilder nicht erfolgt wäre. Im Ergebnis bedeutet diese Empfehlung, dass Kunstverkäufe infolge einer wirtschaftlichen Notlage des Verfolgten NS-verfolgungsbedingt sind, selbst wenn sich der Verkäufer nicht im Einflussgebiet des NS-Regimes befand und die Veräußerung im nicht besetzten Ausland unter marktüblichen Bedingungen erfolgte. Für maßgeblich hielt die Kommission jedoch zudem, dass das (im Ausland) verkaufte Kunstwerk dort von Nazi-Deutschland erworben wurde. Nach den in der Gemeinsamen Erklärung vom 14.12.1999 festgelegten Grundsätzen müssten im Falle der Rückgabe die seinerzeit erlangten Kaufpreise zurückgezahlt bzw., soweit nach dem 2. Weltkrieg Entschädigungsleistungen empfangen wurden, diese zurückgewährt werden. Dadurch wird eine doppelte Entschädigung ausgeschlossen. Entsprechende gesetzliche Regelungen existieren bereits im VermG und den dazu ergangenen Nebengesetzen und können ohne weiteres herangezogen werden.

Fall 97

NLA

Deutschland

Martin Brunn-Erben vs. Stiftung Preußischer Kulturbesitz (Alte Nationalgalerie)

Gemälde von Caspar David Friedrich, „Der Watzmann"

dazu: Art Magazine 2005, S. 102; Caspar David Friedrich – Der Watzmann in der Alten Nationalgalerie Berlin, Berlin/Köln 2004

Fall

Der jüdische Unternehmer und Mitinhaber der Berliner Gesellschaft für Metalle, Erze und Hüttenerzeugnisse Martin Brunn war Eigentümer des „Watzmann" von Caspar David Friedrich. 1937 musste er das Gemälde für 25.000 RM an die Nationalgalerie in Berlin verkaufen, um seine Emigration zu finanzieren. Offiziell bezeichnete der Direktor der Nationalgalerie den Ankaufpreis „als sehr niedrig", inoffiziell wurde er als angemessen eingeschätzt. Er floss dem Verkäufer Brunn zu. Inwieweit daraus neben den Emigrationskosten weitere diskriminierende Abgaben zu bestreiten waren, ist unbekannt.

Die Brunn-Erben machten 2001 eine Rückgabeforderung auf dieses Gemälde geltend. Nach Prüfung ihres Antrages durch die SPK stellte diese einen verfolgungsbedingten Vermögensverlust und somit eine grundsätzliche Anspruchsberechtigung der Erben des Alteigentümers fest. 2003 wurde das Kunstwerk an sie zurückerstattet. Die Erbengemeinschaft stimmte danach einem erneuten Verkauf zu. Die Deka-Bank erwarb den „Watzmann" und stellte ihn der Nationalgalerie als Dauerleihgabe zur Verfügung.

Rechtslage

Zivilrechtlich hat Martin Brunn durch den Verkauf des Gemäldes an die Berliner Nationalgalerie 1937 das Eigentum verloren. Auch wenn die Veräußerung durch die persönliche Verfolgung des Alteigentümers durch das NS-Regime zumindest mitverursacht wurde, begründet dies nach deutschem Zivilrecht grundsätzlich keine Nichtigkeit des Verkaufsgeschäftes. Soweit es ausschließlich aufgrund des persönlichen Zwangs erfolgte, hätte die Möglichkeit der nachträglichen Anfechtung bestanden, um die Rückübereignung des Gemäldes zu verlangen. Offensichtlich war dies unverzüglich nach Kriegsende, als tatsächlich und rechtlich für Verfolgte des NS-Regimes die Möglichkeit bestand, vor deutschen Gerichten Ansprüche durchzusetzen, nicht erfolgt. Damit steht fest, dass die Eigentumsübertragung 1937 zivilrechtlich wirksam war und nachträglich nicht mehr angreifbar ist.

Der Alteigentümer hätte nach den alliierten Rückerstattungsbestimmungen erfolgreich einen öffentlich-rechtlichen Rückübertragungsanspruch geltend machen können, weil der Gemälde-Verkauf 1937 erfolgte und der Verkäufer Martin Brunn zu einer Personengruppe gehörte, die kollektiv vom NS-Regime verfolgt wurde. Scheinbar kam es bis Ende der 40er Jahre nicht zu einer entsprechenden fristgemäßen Anmeldung.

Die erstmalig 2001 geltend gemachte Rückgabeforderung stützte sich allein auf die Washingtoner Prinzipien. Die Stiftung Preußischer Kulturbesitz (SPK), der auch die Alte Nationalgalerie untersteht, beschloss am 04.06.1999, Kunstwerke aus ehemals jüdischem Eigentum, die Alteigentümern verfolgungsbedingt entzogen wurden und sich heute in Einrichtungen der SPK befinden, an diese bzw. deren Erben zurückzugeben. Die Beurteilung eines Rückgabeanspruches stützt sich auf das frühere alliierte Rückerstattungsrecht, insbesondere die Anordnung BK/O (49) 180 vom 26.07.1949, und die Handreichung vom Februar 2001. In Anwendung dieser gesetzlichen Regelungen gilt der Vermögensverlust als NS-verfolgungsbedingt, wenn der Alteigentümer zu einer Personengruppe gehörte, die vom NS-Regime kollektiv verfolgt wurde. Rechtsfolge ist, dass sämtliche während der NS-Zeit erfolgten Vermögensverluste rückgängig zu machen sind. Nur ausnahmsweise ist durch den aktuellen Besitzer der Nachweis möglich, dass es sich bei dem Vermögensverlust um ein verkehrsübliches, auch ohne die Herrschaft des NS-Regimes durchgeführtes Rechtsgeschäft handelte.

Die SPK hätte vorliegend zweifelsfrei den Beweis erbringen müssen, dass der Kaufpreis in Höhe von 25.000 RM verkehrsüblich war, dem Alteigentümer ungeschmälert zugefloss und dass Martin Brunn auch ohne die NS-Herrschaft diesen Kaufvertrag abgeschlossen hätte. Die Feststellungen ergaben, dass das Verkaufsgeschäft ausschließlich durch die Umstände der rassischen Verfolgung verursacht war. Es lag ein eindeutiger NS-verfolgungsbedingter Vermögensverlust im Sinne des alliierten Rückerstattungsrechts vor. Deshalb erfolgte die Rückgabeentscheidung der SPK auf der Grundlage der Washingtoner Prinzipien, der Gemeinsamen Erklärung vom 14.12.1999 und der Bevollmächtigung des Stiftungsvorsitzenden mit SPK-Beschlusses vom 04.06.1999.

Fall 98

NLA

Deutschland

Ottmar Strauss-Erben vs. Bayerische Staatsgemäldesammlungen

Gemälde von Hans Thoma, „Dämmerung am Gardasee"

dazu: Art Magazine 2005, S. 107

Fall

Der jüdische Unternehmer Ottmar Strauss besaß eine umfangreiche Gemäldesammlung. Das Thoma-Bild befand sich spätestens seit 1922 in seinem Eigentum.

Aufgrund von NS-Verfolgungsmaßnahmen war Strauss gezwungen, Teile seiner Sammlung 1934 und 1935 in Frankfurt am Main versteigern zu lassen. Das Gemälde von Thoma fand auf den Auktionen keinen Käufer. 1936 emigrierte Strauss unter Zurücklassung seines Vermögens einschließlich der noch nicht veräußerten Kunstwerke in die Schweiz. 1943 wurde die „Dämmerung am Gardasee" über einen Mittelsmann durch den Reichsleiter der NSDAP Martin Bormann von dem Münchener Galeristen Brettschneider für 60.000 RM erworben. Wie und wann der Galerist in den Besitz des Bildes kam, ist unbekannt.

Nach dem Krieg stellte die amerikanischen Besatzungsmacht das Gemälde sicher und übertrug es als vorgebliches NSDAP-Eigentum dem Freistaat Bayern zwecks Inventarisierung bei den Bayerischen Staatsgemäldesammlungen.

Die Strauss-Erben hatten unter Bezugnahme auf die Washingtoner Prinzipien und die Gemeinsame Erklärung Ansprüche geltend gemacht. Das Gemälde wurde im Oktober 2004 an die Erben herausgegeben, obwohl zunächst das bayerische Kultusministerium erhebliche Einwände gegen die Rückgabe erhoben hatte.

Rechtslage

Das Thoma-Gemälde wurde offensichtlich von staatlichen Stellen beschlagnahmt und augenscheinlich entschädigungslos zugunsten des Staates enteignet. Soweit es staatlicherseits nach diesem Vermögensentzug 1943 an den Galeristen Brettschneider veräußert wurde ist festzustellen, dass diese Eigentumsübertragung wirksam ist, wenn man davon ausgeht, dass die entschädigungslose Einziehung des Gemäldes zugunsten des Deutschen Reichs wirksam war.

Im Nachkriegsdeutschland wurde allerdings die Rechtslehre nach der sog. Radbruch'schen Formel entwickelt, die solche staatlicherseits angeordneten entschädigungslosen Enteignungen bei rassisch Verfolgten als unwirksam ansieht. Das Gemälde ist im Rechtssinne als abhanden gekommen anzusehen. Der Erwerb durch den Galeristen Brettschneider konnte dann nicht zu einem Eigentumsübergang führen, weil dies nach deutschem Recht grundsätzlich, selbst bei unterstellter Gutgläubigkeit, nicht möglich ist. Die Ausnahme eines gutgläubigen Erwerbs in einer öffentlichen Versteigerung ist vorliegend nicht belegt. Der Weiterverkauf von Brettschneider an Bormann 1943 konnte aus den gleichen Gründen nicht zu einem wirksamen Eigentumserwerb durch Bormann führen. Auf die mögliche Gutgläubigkeit des Käufers Bormann kommt es nicht an.

Die Übergabe an die Bayerischen Staatsgemäldesammlungen durch die Alliierten erfolgte treuhänderisch, so dass nicht erkennbar ist, wie die Bayerischen Staatsgemäldesammlungen Eigentümer des Gemäldes geworden sein könnten. Soweit sie bei Übernahme und in der fortlaufenden Besitzzeit glaubten, das Gemälde hätte im Eigentum des Deutschen Reiches gestanden, käme zumindest ein gutgläubiger Erwerb durch Ersitzung in Betracht, so dass spätestens nach Ablauf der gesetzlichen Ersitzungsfrist von zehn Jahren die Bayerischen Staatsgemäldesammlungen Eigentümer des Gemäldes geworden wären.

Ob allerdings bei einer staatlichen Gemäldesammlung Gutgläubigkeit anzunehmen ist allein aufgrund der Rückgabe des Gemäldes durch die Alliierten und der Tatsache, dass es aus staatlichem Besitz kam, erscheint äußerst zweifelhaft. Die Alliierten übergaben sichergestellte Kunstwerke deutschen Stellen grundsätzlich treuhänderisch und mit der Verpflichtung aufzuklären, in wessen Eigentum sie vormals standen. Ganz offensichtlich unterblieb vorliegend eine Provenienzforschung durch die Bayerischen Staatsgemäldesammlungen. Die von der Rechtsprechung verlangten Nachforschungspflicht wurde verletzt. Da die Gutgläubigkeit bei der Ersitzung vom aktuellen Besitzer bewiesen werden muss, bestünden begründete Erfolgsaussichten, den gesetzlichen Eigentumserwerb im Wege der Ersitzung zurückzuweisen. Allerdings wäre der dann noch bestehende Eigentumsherausgabeanspruch nach deutschem Recht längst verjährt, weil die Verjährungsfrist von dreißig Jahren grundsätzlich mit Verlust des Gemäldes beginnt.

Ausnahmsweise könnte allerdings auch ein verjährter Herausgabeanspruch gegenüber den Bayerischen Staatsgemäldesammlungen zivilrechtlich geltend gemacht werden, wenn diese sich nicht auf die Einrede der Verjährung berufen. Da sich die staatlichen deutschen Museen, so auch die Bayerischen Staatsgemäldesammlungen, verpflichteten, sich nicht auf Verjährungsvorschriften zu berufen, könnte der Eigentumsherausgabeanspruch im Zivilrechtsweg geltend gemacht werden.

Die Beteiligten einigten sich einvernehmlich und vereinbarten auf der Grundlage der Washingtoner Prinzipien und der Gemeinsamen Erklärung vom 14.12.1999 die Rückgabe des Gemäldes an die Strauss-Erben vereinbart. Dies ist offensichtlich gerechtfertigt, weil der Verlust des Kunstwerkes NS-verfolgungsbedingt eingetreten war und im Sinne der alliierten Rückerstattungsbestimmungen insoweit ein eindeutiger Restitutionsfall vorlag.

Fall 99

NLA

Deutschland

Gustav Kirstein-Erben vs. Sprengel Museum Hannover

Gemälde von Lovis Corinth, „Walchensee, Johannisnacht"

dazu: Krempel in 1. Buch Koordinierungsstelle, S. 145 ff.; Braun in ebenda, S. 218 ff.

Fall

Der in Leipzig ansässige Dr. Gustav Kirstein war Eigentümer des Verlages Kirstein & Co. (später Seemann & Co.). Er hatte eine umfangreiche Kunstsammlung mit Werken der Maler Lovis Corinth, Édouard Manet, Adolf von Menzel, Carl Spitzweg, Thomas Klinger, Max Liebermann und der Bildhauer Käthe Kollwitz und Georg Kolbe aufgebaut. Das 1920 entstandene Gemälde von Lovis Corinth wurde im selben Jahr in einer Ausstellung der Berliner Sezession gezeigt und von Kirstein direkt vom Künstler erworben.

Nach dessen Tod 1934 erbte seine Ehefrau sein Privatvermögen. Am Tage vor der angekündigten Deportation beging sie im Juni 1939 Selbstmord (s. ergänzend Fall 58). Ihre Töchter waren rechtzeitig in die USA emigriert. Der Verlag Kirstein & Co. wurde arisiert, die Kunstsammlung unter staatliche Zwangsverwaltung gestellt und in der Leipziger Kunstgalerie C. G. Boerner eingelagert.

Später erwarb der Kriegsberichterstatter und Kunstsammler Lothar-Günther Buchheim das Corinth-Gemälde, möglicherweise in der Berliner Kunsthandlung Roemer. Buchheim verkaufte es 1949 an Dr. Bernd Sprengel, der es 1979 der Stadt Hannover schenkte, wo es in dem dortigen Sprengel Museum ausgestellt war.

Die "Commission for Art Recovery of the World Jewish Congress" machte im März 1999 namens der Kirstein-Erben Ansprüche geltend und ersuchte um einen Herkunftsnachweis, weil sich aus dem Werkverzeichnis von Corinth ergäbe, dass das Gemälde aus der Sammlung Dr. Kirstein, Leipzig, stamme. Der Rückgabeforderung der Kirstein-Erben wurde mit Beschluss des Rats der Landeshauptstadt Hannover im Juni 2000 stattgegeben und das Gemälde an die Erben herausgegeben.

Rechtslage

Die Beschlagnahme des Gemäldes 1939 und die möglicherweise entschädigungslose Einziehung in der Folgezeit konnte nicht zu einem Eigentumserwerb durch das Deutsche Reich führen, weil diese „Erwerbungen" als nichtig angesehen werden. Das Gemälde ist im Rechtssinne als „abhanden gekommen" einzuordnen. Mit weitgehender Sicherheit konnte auch Lothar-Günther Buchheim deshalb kein Eigentum an dem Gemälde erwerben. Der Verkauf 1949 führte gleichfalls nicht zu einem Eigentumserwerb durch Dr. Sprengel, weil ein gutgläubiger Erwerb an abhanden gekommenen Kunstwerken nicht möglich ist. Es ist hier also gar nicht mehr zu prüften, ob Sprengel 1949 beim Erwerb gutgläubig war. Auch die schenkweise Übertragung des Gemäldes 1979 an die Stadt

Hannover bzw. das Sprengel Museum konnte keinen Eigentumserwerb begründen. Es bleibt als Zwischenergebnis festzustellen, dass durch die rechtsgeschäftlichen Erwerbe in den 40er bzw. 70er Jahren kein Eigentum begründet werden konnte.

Ein zivilrechtlich wirksamer Eigentumserwerb wäre allerdings durch Ersitzung möglich. Danach müsste der Käufer Sprengel bei Erwerb des Gemäldes 1949 und in der Folgezeit gutgläubig gewesen sein, d.h. er wusste nicht oder hätte nicht wissen müssen, dass das Gemälde nicht im Eigentum des Veräußerers Buchheim stand. Der gutgläubige Erwerb durch Ersitzung wäre von Sprengel bzw. dem nachfolgenden Besitzer, dem Sprengel Museum in Hannover, zu beweisen. Ob der Kunstsammler Sprengel 1949 und in der folgenden Besitzzeit nicht zumindest hätte wissen müssen, dass das Gemälde ursprünglich im Privateigentum (von Dr. Kirstein) stand und in der Folgezeit von Buchheim gar nicht rechtswirksam erworben und an ihn weiterveräußert werden konnte, hängt von den Umständen des Einzelfalls ab. Nach den heutigen, insbesondere von der Rechtsprechung aufgestellten Maßstäben dürfte zumindest eine Nachforschungsobliegenheitspflicht des Sammlers Sprengel über die Herkunft des Gemäldes bestanden haben. Soweit er dieser Pflicht nicht genügte, scheidet ein gutgläubiger Erwerb aus. Als Zwischenergebnis könnte somit festzustellen sein, dass die Kirstein-Erben ihr Eigentum an dem Gemälde bis zum heutigen Tage noch gar nicht verloren hatten.

Ihr Eigentumsherausgabeanspruch könnte allerdings dann scheitern, wenn der aktuelle Besitzer, das Sprengel Museum Hannover, sich auf dessen Verjährung beruft. Der Besitzverlust war 1939 eingetreten. Möglicherweise beginnt die Verjährungsfrist wegen gesetzlicher Sonderregelungen erst Ende der 40er Jahre. Aber selbst dann wäre diese 30jährige Frist längst abgelaufen. Die deutschen öffentlichen Museen übernahmen allerdings in der Gemeinsamen Erklärung vom 14.12.1999 die Selbstverpflichtung, sich nicht auf Verjährungsregelungen zu berufen, so dass im Zivilrechtswege der Eigentumsherausgabeanspruch erfolgreich hätte durchgesetzt werden können.

Die Rückgabe wurde vorliegend ohne gerichtliche Entscheidung durch Beschluss der Stadt Hannover vom Juni 2000 auf der Grundlage der Washingtoner Prinzipien und der auch vom Sprengel Museum Hannover mit der Gemeinsamen Erklärung übernommenen Selbstverpflichtung möglich.

Fall 100
NLA

Deutschland
Paul Stern-Erben vs. Städel Museum Frankfurt/Main
Gemälde von Jan van der Heyden, „Landhaus an einem Fluss"
Gemälde von Charles Daubigny, „Normannische Küstenlandschaft"
Gemälde von Egbert Lievensz van der Poel, „Edelschmied in der Werkstatt"

dazu: FAZ vom 28.06.2006; FR vom 13.11.2006; FAZ vom 17.11.2006

Fall

Die in Frankfurt am Main ansässige Familie Stern gehörte bereits im 19. Jahrhundert zum aufgeklärten und fortschrittlichen jüdischen Bürgertum der Stadt. Der Vater Theodor Stern war bis zu seinem Tode 1900 als maßgeblicher Kommunalpolitiker tätig, seine Witwe Wilhelmine Stern stiftete 500.000 RM für die Gründung der späteren Universitätsklinik. Sein Sohn, der Jurist Dr. Paul Stern war Inhaber des 1805 gegründeten Bankhauses Jacob S. H. Stern. Der kinderlose und alleinstehende Paul Stern betätigte sich wie seine Eltern in karitativen Stiftungen und Forschungseinrichtungen. Stern war leidenschaftlicher Kunstsammler mit einer Vorliebe für barocke niederländische Meister, Landschaftsmaler des 19. Jahrhunderts und die Düsseldorfer Malerschule. Im Vorstand des Städel'schen Museumsvereins hatte er die Funktion des Schriftführers inne.

Nach der NS-Machtübernahme unterlag Paul Stern ab 1933 beruflichen und persönlichen Verfolgungsmaßnahmen. Er wollte nach England auswandern. Im Januar 1939 beantragte Stern die Genehmigung zum Versand seines Umzugsgutes einschließlich seiner Gemäldesammlung. Paul Stern starb noch im selben Jahre in Frankfurt am Main. Sein jüdischer Testamentsvollstrecker versuchte erfolglos, das bei einer Spedition eingelagerte Umzugsgut ins Ausland zu transferieren. 1941 wurde sein Nachlass von der Gestapo beschlagnahmt und auf deren Anweisung hin verkauft – darunter die Gemälde von van der Heyden, van der Poel und Daubigny. Das Städelsche Kunstinstitut erwarb die drei Kunstwerke, zum Teil mit Unterstützung der Carl Schaub'schen Stiftung. Sie verblieben dort 60 Jahre und wurden der Öffentlichkeit gezeigt.

Von 1938 bis 1962 war Ernst Holzinger der Direktor des Städel. Seine Verstrickung in An- und Verkäufe aus Sammlungsbeständen von Verfolgten des NS-Regimes sind bis heute nicht nachhaltig erforscht. Bekannt ist, dass er so genannte entartete Kunst schützte, indem er z. B. die umfangreiche Expressionisten-Sammlung (darunter Kirchners „Straßenszene von 1913" – s. Fall 2) des Frankfurter Kunstliebhabers Carl Hagemann nach dessen Tod vor der Vernichtung bewahrte. Auf der anderen Seite war Holzinger als Städel-Direktor von 1941 bis 1945 offizieller Sachverständiger für die „Sicherung und Verwertung von Kulturgut aus jüdischem Besitz für Zwecke des Reiches" zuständig. Dokumente aus diesem Tätigkeitszeitraum sollen heute beim Städel nicht mehr vorhanden sein. Es wird gemutmaßt, er hätte sie nach dem Kriege vernichtet. Ob Holzinger direkt an dem Ankauf der drei Gemälde aus dem beschlagnahmten Nachlass von Paul Stern beteiligt war, ist unbekannt.

Rückübertragungsansprüche der Stern-Erben auf der Grundlage des VermG rückte auch die verloren gegangene Kunstsammlung in ihr Bewusstsein. Auf der Grundlage der Washingtoner Prinzipien erhoben sie gegenüber dem Städel Anspruch auf die drei Gemälde. Das Städel gab in Umsetzung der Prinzipien die Gemälde von van der Poels und van der Heyden an die Erben zurück und zahlten für das Gemälde von Daubigny eine Abfindung. Die Erben erstatteten die nach dem 2. Weltkrieg von Deutschland erhaltene Entschädigung zurück.

Das kleine van der Heyden-Gemälde wurde im Januar 2006 in New York von Sotheby's versteigert und erreichte einen Rekorderlös von 1,15 Millionen US-Dollar.

Rechtslage

Die Beschlagnahme der Gemälde 1941 durch die Gestapo und der anschließende staatlich angeordnete Verkauf stellten eine hoheitliche Eigentumsentziehung dar. Diese gegen rassisch Verfolgte gerichteten Maßnahmen werden als nichtig angesehen. Nach der von der Rechtswissenschaft nach Ende des 2. Weltkrieges entwickelten sog. Radbruch'schen Formel sind solche hoheitlichen Entziehungsakte, selbst wenn sie auf der Grundlage damaliger gesetzlicher Regelungen erfolgten, wegen der Schwere ihres Unrechts unwirksam. Dies würde bedeuten, dass die Paul Stern-Erben, die seit dem Tode des Kunstsammlers 1939 Eigentümer der Gemälde waren, diese nicht durch die Beschlagnahme oder den späteren Verkauf verloren hätten.

Die als abhanden gekommen anzusehenden Gemälde konnten dann vom Städel Museum auch nicht erworben werden. Damit kommt ein Eigentumserwerb nur noch im Wege der Ersitzung zugunsten des Museums in Betracht, wenn das Museum bei Erwerb 1941 und im fortlaufenden gesetzlichen Ersitzungszeitraum von zehn Jahren gutgläubig war. Die Gutgläubigkeit scheint hier zweifelhaft. Das Städel kannte das frühere Mitglied seines Museumsvereins und dessen Gemäldesammlung. Das Museum wusste also, aus wessen Besitz die Gemälde stammten. Ob es seinerzeit darauf vertrauen durfte, dass die Veräußerung des Nachlasses von Paul Stern rechtswirksam war, weil sie auf der Grundlage damaliger gesetzlicher Bestimmungen erfolgte, wird in der Rechtswissenschaft unterschiedlich beantwortet.

Eine zivilgerichtliche Herausgabeklage könnte im Übrigen an der Verjährung scheitern. Nach deutschem Recht kann der Alteigentümer nach Ablauf von dreißig Jahren ab Besitzverlust 1941 die Rückgabe nicht mehr durchsetzen, wenn sich der aktuelle Besitzer auf die Verjährung beruft. Diese Frist war in den 90er Jahren längst abgelaufen.

Vorliegend machten die Paul Stern-Erben Rückgabeansprüche nach den Washingtoner Prinzipien geltend. Das Städel anerkannte den NS-verfolgungsbedingten Vermögensverlust infolge der Beschlagnahme und Veräußerung der Gemälde. Die Erben waren damit einverstanden, dem Museum eines der Gemälde gegen Abfindung zu überlassen. Gemäß den Richtlinien in der Handreichung vom Februar 2001 erstatteten sie die nach dem Kriege gezahlte Entschädigung zurück. Dadurch wurde eine Doppelentschädigung vermieden.

Fall 101
NLA

Deutschland
Goudstikker-Erben vs. Staatliche Kunstsammlungen Dresden
Gemälde von Rachel Ruysch, „Blumenstilleben auf Steintisch"

dazu: s. 2. Kapitel, S. 149 f.; Pressemitteilung der Staatlichen Kunstsammlungen Dresden vom 30.05.2006

Fall

Das 1690 entstandene „Blumenstilleben auf Steintisch" der Amsterdamer Malerin Rachel Ruysch stand im Eigentum des holländischen Kunsthändlers Jacques Goudstikker. Goudstikker floh nach dem Überfall Nazi-Deutschlands auf Holland 1940 nach England. Er musste mehr als 1000 Gemälden und Zeichnungen zurücklassen. Die Kunsthandlung wurde arisiert. Hermann Göring kaufte eine Vielzahl der Kunstwerke, darunter offensichtlich auch das Gemälde von Ruysch. Möglicherweise wurde es während der NS-Zeit von Göring weiterveräußert oder getauscht.

1953 befand es sich im Besitz eines Dresdner Kunsthändlers, der das Gemälde den Staatlichen Kunstsammlungen Dresden verkaufte. Seither befand es sich im dortigen Sammlungsbesitz.

Die Goudstikker-Erben machten Rückgabeansprüche geltend. Die Provenienzrecherche erfolgte mit Unterstützung der Fritz Thyssen Stiftung, die finanzielle Mittel zur Erforschung der Geschichte insbesondere der Altmeister der Dresdner Gemäldegalerie zur Verfügung stellte. Anfang Februar 2006 ging das Kunstwerk zurück an die Goudstikker-Erben.

Rechtslage

Ob gegenüber den Staatlichen Kunstsammlungen Dresden hätten zivilrechtliche Herausgabeansprüche geltend gemacht werden können, hängt von den verschiedenen Erwerbsvorgängen ab, beginnend 1940 in Holland und dann mutmaßlich im Deutschen Reich sowie 1953 in der DDR. Der Verkauf der Kunstwerke an Hermann Göring 1940 ist grundsätzlich als rechtswirksam anzusehen, weil der Treuhänder bzw. Verwalter der Firma zu Veräußerungen berechtigt war. Dessen Verkaufsberechtigung kann jedoch dahin stehen, weil aufgrund der von der niederländischen Regierung bereits in den 40er Jahren erlassenen Dekrete, denen Gesetzesrang zukommt, sämtliche Eigentumsübertragungen als nichtig anzusehen sind, soweit sie auf NS-verfolgungsbedingten Vermögensverlusten beruhen. Dies ist hier der Fall. Jacques Goudstikker wurde aus rassischen Gründen verfolgt, sein Unternehmen arisiert und sein Vertreter gezwungen, die Kunstsammlung zu veräußern. Die Nichtigkeit aufgrund diskriminierender gesetzlicher Sonderregelungen müsste auch von deutschen Gerichten bei der Prüfung des Eigentumsherausgabeanspruches im Zivilrechtswege berücksichtigt werden.

Das Gemälde, das im Rechtssinne als abhanden gekommen anzusehen ist, weil es gegen den Willen des Alteigentümers veräußert wurde, konnte im Dritten Reich nicht wirksam von einem Dritten erworben werden, selbst wenn dieser bei Erwerb gutgläubig war. Gutgläubiger Erwerb an abhanden gekommenen Sachen ist gesetzlich ausgeschlossen.

Gleiches gilt für die Veräußerung des Gemäldes 1953 durch einen Dresdner Kunsthändler an die Staatlichen Kunstsammlungen. In der Folgezeit könnte nur durch gutgläubigen Eigenbesitz Eigentum erworben worden sein, solange in der DDR noch das BGB galt. Der Eigentumsherausgabeanspruch, soweit das BGB und nicht das Zivilgesetzbuch der DDR maßgeblich ist, wäre dreißig Jahre nach Besitzverlust verjährt, die Frist also längst abgelaufen. Aber auch hier könnte wegen der Unmöglichkeit der Rechtsverfolgung in der DDR angenommen werden, dass die Verjährungsfrist gehemmt war und erst nach Wiederherstellung rechtsstaatlicher Verhältnisse in der DDR begann, also der Herausgabeanspruch noch nicht verjährt wäre.

Dieser Fall, bei dessen zivilrechtlicher Prüfung holländisches, deutsches, DDR- und dann wiederum (gesamt)deutsches Zivilrecht zu prüfen wäre, zeigt, dass auch noch nach Jahrzehnten die Möglichkeit besteht, zivilrechtliche Herausgabeansprüche geltend zu machen.

Daneben bestand ein Restitutionsanspruch nach dem VermG. Das Bild befand sich in der DDR. Das VermG räumt für solche Gegenstände in einem öffentlich-rechtlichen Verfahren die Rückgabe ein, wenn der Vermögensverlust NS-verfolgungsbedingt eintrat. Dies ist hier unzweifelhaft der Fall. Goudstikker gehörte zu einer vom NS-Regime kollektiv verfolgten Personengruppe, so dass die gesetzliche Verfolgungsvermutung gilt. Es kann nicht festgestellt werden, dass der Verkauf auch ohne die Herrschaft des NS-Regimes erfolgt, ein angemessener Kaufpreis erzielt und Goudstikker ungeschmälert zugeflossen wäre. Ein Gegenbeweis dürfte ausgeschlossen sein. Vorliegend wurde das Gemälde offensichtlich auf der Grundlage des VermG restituiert.

Zudem hätte die Möglichkeit bestanden, die Rückgabe des Kunstwerkes auf der Grundlage der Washingtoner Prinzipien zu erreichen.

Fall 102

NLA

Deutschland

Alfred Sommerguth-Erben vs.

1. Von der Heydt-Museum Wuppertal

Pastell von Adolf von Menzel, „Erinnerung vom Dampfboot auf der Donau"

Alfred Sommerguth-Erben vs.

2. Bundesrepublik Deutschland

Aquarell von Adolf von Menzel, „Blick aus dem Dachfenster"
(„Blick aus dem Atelier des Künstlers, Marienstraße")

dazu: Joel Levi, Vortrag im Centrum Judaicum Berlin am 07.07.2005;
Junge Welt vom 17.03.2004; Enderlein, S. 26 und 121

Fall

Der Berliner Regierungsrat Alfred Sommerguth (s. zu diesem Fall 107) emigrierte 1939 aus Nazi-Deutschland. Zuvor war er gezwungen, seine über hundert Werke umfassende Kunstsammlung am 09.02.1939 im Auktionshaus Hans W. Lange in Berlin zu veräußern. Zu ihr gehörten etwa 28 Arbeiten von Menzel – darunter die „Erinnerung vom Dampfboot auf der Donau" und der „Blick aus dem Dachfenster".
Das Aquarell wurde offensichtlich für die Kunstsammlung von Adolf Hitler erworben, nach Kriegsende von den Alliierten in Treuhandverwaltung gegeben und kam so in den Bundesbesitz. Das Pastell erzielte bei Lange 8.000 RM. Es gelangte in der Folgezeit in den Besitz des Barons Eduard von der Heydt.

Von der Heydt, seit 1937 Schweizer Staatsbürger, war während des 2. Weltkrieges maßgeblich für den Finanztransfer der Spionageabwehr der deutschen Wehrmacht und für die Beschaffung von Devisen zuständig. Auch in Raubgoldgeschäfte für Nazi-Deutschland war er verwickelt. Wegen seiner Tätigkeit für das NS-Regime wurde ihm nach Kriegsende die Schweizer Staatsbürgerschaft aberkannt und ein Strafverfahren wegen „nachrichtendienstlicher Tätigkeit" durchgeführt.

Von der Heydt besaß eine umfangreiche Kunstsammlung, die er 1956 größtenteils dem Wuppertaler Museum stiftete, das sich wenige Jahre später seinen Namen gab.

Als die Erben auf der Grundlage der Washingtoner Prinzipien die Rückgabe des Adolf von Menzel-Pastells verlangten, lehnte die damalige Museumsdirektorin Sabine Fehlemann dies u.a. mit folgender Begründung ab: „Meine Aufgabe ist es, die Bilder im Museum zu halten". Daraufhin wurde ihr mit Beschluss vom Dezember 2003 die Kompetenz entzogen, über Ansprüche auf der Grundlage der Washingtoner Prinzipien zu entscheiden und diese Befugnis dem Rat der Stadt Wuppertal übertragen. Dieser ordnete die Rückgabe an. Das Museum bestritt gleichwohl in einer Presseerklärung deren Rechtmäßigkeit und sprach von einem „falsch verstandenen Wiedergutmachungseifer".

Das Von der Heydt-Museum sah sich trotz der jahrelangen, zum Teil erbittert geführten öffentlichen Auseinandersetzungen nicht veranlasst, den von seinem

Namensgeber übernommenen Sammlungsbestand angemessen zu erforschen. Die Erben waren nicht mehr bereit, eine Regelung, die den Verbleib des Kunstwerkes im Museum hätte sicherstellen können, zu treffen. Das Pastell wurde im Juni 2005 in London versteigert und erzielte einen Erlös von 70.000 Pfund.

Völlig anders verhielt es sich bei der Rückgabe des im Bundesbesitz befindlichen Menzel-Aquarells „Blick aus dem Dachfenster". Aufgrund eigener Recherchen stellte die den Bundesbesitz verwaltende Behörde fest, dass sich darunter eine Arbeit von Menzel aus dem früheren Besitz von Alfred Sommerguth befindet. Dies teilte sie den Sommerguth-Erben mit und signalisierte die Rückgabebereitschaft, wenn die Erben ihre Berechtigung dokumentieren. Nachdem dies geschehen war, erfolgte die Herausgabe des Bildes an die Erben auf der Grundlage der Washingtoner Prinzipien.

Rechtslage

Soweit die Versteigerung der Kunstwerke durch das Berliner Auktionshaus Lange auf staatliche Anordnung hin erfolgte, könnte der Eigentumserwerb durch den Käufer rechtsunwirksam sein. Zwar basierten solche auf staatliche Anordnung hin durchgeführten Auktionen auf der damaligen deutschen Rechtsordnung. Nach dem Kriege hat allerdings die Rechtswissenschaft angenommen, dass nach der sog. Radbruch'schen Formel staatliche Zwangsmaßnahmen, die zu einem Eigentumsverlust wegen rassischer Verfolgung des Eigentümers führten, generell unwirksam sind. Folgt man dieser Rechtsmeinung, wäre ein wirksamer Eigentumserwerb durch den Käufer/Ersteigerer 1939 nicht eingetreten.

Ein gesetzlicher Eigentumserwerb ist aber in der Folgezeit möglich, wenn der Besitzer die Kunstwerke mindestens zehn Jahre im Eigenbesitz hatte und bei Erwerb und während der Besitzdauer gutgläubig war. Ob dem Erwerber ein Bösgläubigkeit vorgeworfen werden kann allein aufgrund der Tatsache, dass er wusste oder hätte wissen müssen, dass er Kunstwerken aus jüdischem Besitz erwarb, dürfte zweifelhaft sein. Im Auktionskatalog war der Alteigentümer nicht namentlich genannt worden, sondern lediglich der Auftraggeber, ein Berliner Bankhaus.

Sollte von der Heydt durch Ersitzung bis 1956, als er das Pastell dem Wuppertaler Museum schenkte, noch nicht Eigentümer geworden sein, konnte das Museum an dem im Rechtssinne als abhanden gekommen geltenden Kunstwerk auch nicht durch Schenkung Eigentum begründen. Für das Museum wäre erst beginnend ab 1956 ein gesetzlicher Eigentumserwerb im Wege der Ersitzung möglich. Mitte der 50er Jahre hätte aber dem als besonders fachkundig geltenden Museum bekannt sein müssen, dass das Kunstwerk aus zwangsversteigertem jüdischen Besitz stammte, so dass insoweit eine Gutgläubigkeit zu seinen Gunsten zweifelhaft erscheint.

Der Eigentumsherausgabeanspruch gegenüber dem Museum wäre allerdings spätestens 1987 verjährt und die Herausgabe im Zivilrechtsweg ausgeschlossen gewesen. Andererseits erklärten die deutschen öffentlichen Museen in der Gemeinsamen Erklärung vom 14.12.1999, dass sie sich auf Verjährungsvorschriften im Zusammenhang mit NS-verfolgungsbedingten Vermögensverlusten nicht berufen werden. Hält man diesen Verzicht auf die Verjährungseinrede für bindend, hätten Aussichten bestanden, den Eigentumsrückgabeanspruch zivilrechtlich geltend zu machen.

Statt dessen sah die Stadt Wuppertal den NS-verfolgungsbedingten Vermögensverlust in der Zwangsversteigerung 1939 und verfügte auf der Grundlage der Washingtoner Prinzipien und der Gemeinsamen Erklärung die Rückgabe an die Sommerguth-Erben.

Bei dem vom Deutschen Reich erworbenen Menzel-Aquarell, das die Westalliierten zu Kriegsende sicherstellten und den deutschen Behörden „treuhänderisch" übergaben und das sich seither im Bundesbesitz befindet, dürfte gleichfalls durch jahrzehntelange Besitzausübung kein gesetzlicher Eigentumserwerb eingetreten sein. Auch hier wäre allerdings die Eigentumsherausgabeklage wegen des Ablaufs der 30jährigen Verjährungsfrist wohl nicht mehr zivilrechtlich durchsetzbar gewesen. Die Rückgabe erfolgte auch hier auf der Grundlage der Washingtoner Prinzipien durch die Bundesrepublik Deutschland, weil der NS-Verfolgungsverlust anerkannt wurde.

Deutschland

Max Steinthal-Erben vs. Staatliche Kunstsammlungen Dresden

Gemälde von Joaquín Sorolla y Bastida „Las tres velas"
und weitere sechzig Kunstwerke

Fall 103
NLA

dazu: Tatzkow/Frost in „Max Steinthal. Ein Bankier und seine Bilder", Berlin 2004; Tatzkow in Osteuropa, S. 173 ff.

Fall

„Also Sie wollen Prokurist der Deutschen Bank werden?" „Nein", ihr Direktor". Mit diesen Worten begann Max Steinthal dreiundzwanzigjährig als jüngstes Führungsmitglied aller Zeiten seine Laufbahn bei der Deutschen Bank. Er widmete sich vor allem der Finanzierung von Industrieunternehmungen, insbesondere der Mannesmannröhren-Werke. In Afrika ist sein Name eng verbunden mit dem größten kolonialen Projekt des Deutschen Reiches, dem Bau der 1.300 Kilometer langen Zentralbahnstrecke von Daressalam über Morogoro zum Taganjika-See. Er beförderte gleichermaßen den Bau der Anatolischen und Bagdadbahn.

In seiner Heimatstadt Berlin eröffnete er mit der Gesellschaft für elektrische Hoch- und Untergrundbahnen die erste U-Bahn-Strecke. Die Stadt ehrte ihn mit einer Gedenktafel an der Station Berlin-Alexanderplatz. Steinthals Aktionsradius ging jedoch über den reinen Bahnbau hinaus. Er verband ihn erstmalig mit Besiedlungsprojekten der anliegenden Gebiete.

Berufliches Engagement schloss für Max Steinthal stets soziale Verantwortung ein – gegenüber den Mitarbeitern der Deutschen Bank, in seiner Heimatstadt Berlin und selbst in der Türkei und in Afrika. Auch seine Frau wirkte in vielen gemeinnützigen Einrichtungen.

Max Steinthal war mit der Wiener Pianistin Fanny geb. Lindenthal verheiratet, mit der er sieben Kinder hatte. Ihr gemeinsames Heim in Berlin wollten sie mit Kunstwerken schmückten. Der befreundete Direktor der Gemäldegalerie, Wilhelm von Bode, half bei der Auswahl. Zu Wohlstand gelangt, entstand aus ersten Anschaffungen einiger Alt-Meister eine ansehnliche Sammlung, die auch Werke von Künstlern des 19. Jahrhunderts und moderne Kunst enthielt.

1930 ehrten die Deutsche Bank, Mannesmann, andere Unternehmen, der Reichspräsident und die Presse Max Steinthal zu seinem 80. Geburtstag. Seine Verdienste galten im Nationalsozialismus nichts mehr.

Unmittelbar nach dem Machtantritt der Nazis wurde die Gedenktafel abmontiert. Im Mai 1935 musste der Jude Max Steinthal die Deutschen Bank verlassen, der er über sechzig Jahre gedient hatte, lange Zeit als Vorstands- bzw. Aufsichtsratsvorsitzender. 1938 verlor er seine Aufsichtsratsposten bei den Mannesmannröhren-Werken und in vielen anderen Unternehmen. In der Pogromnacht am 09.11.1938 erlitt Max Steinthal einen Schlaganfall. Seine Ehefrau wurde einige Zeit von der Gestapo inhaftiert.

Das Steinthal-Vermögen zerrann zugunsten der „Judenvermögensabgabe" und anderer diskriminierender Forderungen. Max und Fanny Steinthals Kinder sahen sich gezwungen, Nazi-Deutschland zu verlassen. Für ihre so genannte Reichsfluchtsteuer kamen die Eltern auf. Die Verordnung über den Einsatz des jüdischen Vermögens vom 03.12.1938 bot die Handhabe für den direkten Zugriff auf das übrige Vermögen. Im März 1939 mussten die Gold-, Silber- und Schmucksachen abgeliefert werden. Im November des gleichen Jahres verloren die Eheleute ihren Familiensitz in der Berliner Uhlandstraße. Max und Fanny Steinthal zogen in ein Hotel. Den Hausrat, wertvolle Möbel, Teppiche und die Kunstwerke stellten sie bei Speditionen unter.

Trotz hohen Alters und schlechter Gesundheit wollten die Eltern ihren Kindern ins Exil folgen. Zur Auswanderung kam es nicht mehr. Max Steinthal starb am 08.12.1940, kurz vor seinem 90. Geburtstag. Er hatte seine Ehefrau als Alleinerbin eingesetzt. Um den Zugriff des NS-Regimes auf ihren Nachlass zu verhindern, änderte Fanny Steinthal im Mai 1941 ihr Testament und setzte ausschließlich zwei der sieben Kinder und ihren nichtjüdischen Schwiegersohn als Erben ein. Fanny Steinthal überlebte ihren Mann um weniger als ein Jahr. Sie starb am 05.10.1941.

Allen Steinthal-Kindern war die deutsche Staatsbürgerschaft aberkannt worden. Was sie aus dem elterlichen Nachlass oder an eigenem Vermögen nicht für diskriminierende Forderungen hergeben mussten, wurde entsprechend der 11. Verordnung zum Reichsbürgergesetz beschlagnahmt und konfisziert. Mittellos und unter zum Teil existenzbedrohenden Bedingungen, versuchten sie und ihre Familien in Großbritannien, Frankreich, Peru, Brasilien, den USA und Schweden ihr Leben zu bestreiten. Einer der Söhne wurde in Paris von der Gestapo verhaftet und kam in Auschwitz ums Leben.

Nach dem Zusammenbruch des NS-Regimes erhielten die Steinthal-Kinder Wiedergutmachung und Entschädigung. Dem ging die einvernehmliche Anfechtung des unter NS-Druck entstandenen Testaments der Mutter voraus, in deren Ergebnis nunmehr ausschließlich alle sieben Kinder Erben des Nachlasses wurden.

Die Grundstücke und anderen Vermögenswerte im Osten konnten erst nach dem Fall des „eisernen Vorhangs" 1990 reklamiert werden. Nun war der Nachweis des Steinthal'schen Eigentumsrechts und der Verlustumstände noch weit schwieriger als in den 50er/60er Jahren.

Dies galt insbesondere für die Kunstsammlung. Dem nichtjüdischen Schwiegersohn und Testamentsvollstrecker war es 1941 gelungen, einen beachtlichen Teil zum Schutz vor Kriegszerstörung nach Dresden in sein dortiges Haus zu bringen. Anfang der 50er Jahre floh er nach Westdeutschland und musste auch das von ihm verwahrte Steinthal-Gut zurücklassen. In der DDR unterlag das Vermögen von so genannten Republikflüchtlingen der entschädigungslosen Enteignung. Der Zugriff auf die Kunstwerke wurde jedoch durch eine beherzte Nachbarin verhindert, die um die Steinthal-Herkunft wußte. Deshalb gelangten die Kunstwerke mit dem Hinweis auf ein „angebliches" Ausländereigentum in die treuhänderische Verwaltung der Staatlichen Kunstsammlungen Dresden. Von den Steinthal-Erben eingeschaltete Historiker kamen ihnen auf die Spur. Im April 2004 übergaben die Staatlichen Kunstsammlungen Dresden den Erben etwa sechzig Ölgemälde, Zeichnungen und Lithographien. Nach Maßgabe des VermG hatte auch die JCC Ansprüche auf die Kunstsammlung angemeldet, die sie jedoch an die Erben abtrat.

Das Jüdische Museum in Berlin zeigte im September 2004 die Kunstwerke zusammen mit vielen Steinthal-Fotos und Dokumenten in einer eigens dafür organisierten Ausstellung.

Rechtslage

Das nach dem Tod von Max Steinthal im Dezember 1940 zunächst auf die Witwe Fanny Steinthal übergegangene Eigentum erwarben mit deren Tod im Oktober 1941 im Erbwege deren sieben Kinder. Da diese sich im Zeitpunkt des Erbfalles bereits außerhalb des Deutschen Reiches befanden, wurde das im Deutschen Reich vorhandene Vermögen, so auch die Gemäldesammlung, nach der berüchtigten 11. Verordnung zum Reichsbürgergesetz entschädigungslos enteignet. Von der Rechtswissenschaft ist nach Ende des 2. Weltkrieges die sog. Radbruch'sche Formel entwickelt worden, nach der entschädigungslose Enteignungen, die gegen vom NS-Regime Verfolgte angeordnet wurden, als nichtig anzusehen sind. Demnach hätten die Steinthal-Kinder das Eigentum an der Gemäldesammlung nicht verloren. Der Testamentsvollstrecker war ausschließlich Verfügungsbefugter und Treuhänder der Sammlung – nicht Eigentümer. Im Übrigen wurde die Testamentsvollstreckerbestellung, die zum Schutz des Nachlasses einschließlich der Sammlung angeordnet war, angefochten und das so genannte Verfolgtentestament unwirksam.

Mit der Flucht des Treuhänders und Besitzers aus der DDR wurde zwar dessen Eigentum nach der Vermögenssicherungsverordnung vom 17.07.1952 entschädigungslos enteignet. Da die Gemäldesammlung aber nicht in seinem Eigentum stand, konnte sie nach DDR-Vorschriften nicht enteignet werden. Die DDR-Behörden übten nach der Beschlagnahme der Sammlung und ihrer Sicherstellung in einem Dresdner Museumsdepot keinen Eigentumszugriff aus, sondern eine „treuhänderische" Verwaltung. Demnach haben die Steinthal-Kinder das Eigentum an der Gemäldesammlung zivilrechtlich zu keinem Zeitpunkt verloren.

Der Eigentumsherausgabeanspruch dürfte auch nicht verjährt gewesen sein, weil die dreißigjährige Verjährungsfrist, soweit sie Kunstwerke betrifft, die sich in der DDR befanden und auf die bis zum Fall des „Eisernen Vorhangs" Ende 1989 gar keine Rückgabeansprüche geltend gemacht werden konnten, gehemmt war. Die Frist war im Zeitpunkt der Anspruchsanmeldung somit noch nicht verjährt. Es hätte die Möglichkeit bestanden, die Ansprüche zivilrechtlich geltend zu machen. Ein fristgemäßer, bis 30.06.1993 zu stellender vermögensrechtlicher Rückübertragungsantrag wurde von den Steinthal-Erben versäumt. Jedoch hatte ihn die JCC geltend gemacht und dann an die Steinthal-Erben abgetreten. Mit Zustimmung des Dresdner Vermögensamtes gaben die Staatlichen Kunstsammlungen Dresden die ehemals Max Steinthal gehörende Kunstsammlung im April 2004 an seine Erben heraus.

Fall 104
NLA

Deutschland
Walter Westfeld-Erben vs. Stadt Burladingen
Gemälde von Franz von Lenbach, „Bildnis des Restaurators Aloys Hauser"

dazu: Herbert Schmidt, „Der Elendsweg der Düsseldorfer Juden", Düsseldorf 2005, S. 273 ff.

Fall

Walter Westfeld betrieb seit 1920 in Wuppertal-Elberfeld eine überregional renommierte Kunsthandlung. Mitte 1935 musste er sein Gewerbe zwangsweise aufgeben, weil jüdischen Kunsthändlern gemäß staatlicher Anordnung fortan der Verkauf von Gemälden verboten war. Mitte 1937 wurde Westfeld von der Gestapo Düsseldorf überprüft und aufgefordert, Angaben über seinen Bilder-Bestand zu machen. Er reichte eine 45seitige Liste ein, die auch das Gemälde von Lenbach enthielt.

Westfeld sah sich angesichts der gegen ihn gerichteten antijüdischen Repressionen gezwungen, ins Exil zu gehen. Er verbrachte deshalb 1938 einige seiner Kunstwerke ins Ausland, um sich dort eine neue Existenz aufzubauen. Den NS-Behörden blieb dies nicht verborgen. Am 15.11.1938 wurde Westfeld verhaftet. Sein in Deutschland verbliebenes Vermögen – darunter die umfangreiche Kunstsammlung im Wert von etwa 500.000 RM – wurde am gleichen Tage von der Devisenfahndungsstelle beschlagnahmt. Die Sammlung einschließlich des Ölbildes von Lenbach kam im Auftrag des Generalstaatsanwalts zur Sicherung der zu erwartenden Geldstrafe am 12./13.12.1939 im Auktionshaus Math. Lempertz in Köln zur Versteigerung. Das Auktionshaus verwies sowohl in Anzeigen als auch im Katalog darauf, dass es Kunstwerke „aus nichtarischem Besitz" anbot. Das Lenbach-Gemälde fand auf der Versteigerung für 5.000 RM einen Käufer.

Unmittelbar nach der Auktion erhob der Generalstaatsanwalt Klage gegen den „jüdischen Devisenschieber". Das Landgericht Düsseldorf verurteilte Westfeld zu dreieinhalb Jahren Gefängnis und zur Zahlung einer Geldstrafe von 300.000 RM.

Walter Westfeld kam nach Ablauf der Haftzeit und dem Entzug all seines Vermögens nicht in Freiheit. Die Gestapo verfügte die anschließende „Inschutzhaftnahme", weil seine Freilassung „den Bestand und die Sicherheit des Volkes und Staates" gefährde. Gestapo und Staatsanwaltschaft waren sich nicht sicher, tatsächlich alle Kunstwerke Westfelds vereinnahmt zu haben. Dies versuchten sie mit scharfen Vernehmungen, jedoch erfolglos, zu klären. Der Hauptankläger Generalstaatsanwalt Dr. Schiffer war wütend und bezeichnete Westfeld „als ekelhaften Gauner und typischen Vertreter des Judentums, der im Falle einer Freilassung die Menschheit weiter durch Betrug und Schieberei drangsalieren würde". Die Staatsanwaltschaft hätte „an Westfeld kein Interesse mehr und hält dessen Einweisung in ein Konzentrationslager für notwendig". Schiffer musste sich in der Nachkriegszeit für seine antisemitischen Exzesse verantworten.

Walter Westfeld wurde nach Theresienstadt „abgeschoben", womit – wie die Gestapo zynisch festhielt – seine „Schutzhaftangelegenheit ihre Erledigung gefunden" hatte. Er verlor im Vernichtungslager Auschwitz sein Leben.

Alleinerbin sollte seine Verlobte Emilie Scheulen sein. Dafür hatte er mit seinem Testament gesorgt, das er auf ein kleines Stoffstück schrieb und aus der Haft hinaus schmuggeln konnte. Es ist noch heute erhalten. Den Anfeindungen der „Rassenschande" zum Trotz hatte Emilie Scheulen als Nichtjüdin in der NS-Zeit zu ihrem Verlobten gestanden. Sie half ihm bei der Sicherung seines Vermögens und wurde damals ebenfalls inhaftiert. 1956 erhielt ihre Ehe mit Walter Westfeld mit Wirkung vom 01.10.1935 rechtsgültige Anerkennung.

Das OLG Düsseldorf hob das NS-Urteil gegen Walter Westfeld 1952 auf, weil das Urteil wegen „Devisenvergehen" ausschließlich auf rassischen Gründen beruhte. Dies schloss auch die Zwangsauktion ein.

Emilie Westfeld hatte nach dem Zusammenbruch des NS-Regimes Wiedergutmachungsansprüche angemeldet – so auch wegen des Verlustes der s. Zt. bei Lempertz versteigerten Kunstwerke einschließlich des Lenbach-Gemäldes. Die Ansprüche wurden von der Wiedergutmachungskammer Düsseldorf anerkannt. Einige wenige damals aufgefundene Kunstwerke wurden restituiert. Der Verlust des Hauptteiles der Kunstsammlung Westfeld – darunter auch das Lenbach-Porträt – konnte wegen Unauffindbarkeit nur mit einem allgemeinen Vergleich geregelt werden.

Das Porträt befand sich nach der Lempertz-Auktion zunächst in deutschem Privatbesitz. 1952 erwarb es die Gemeinde Burladingen. Seit 1998 hängt es auf Beschluß des Gemeinderates als Dauerleihgabe in der dortigen Sparkasse in der Kundenhalle.

Im Jahre 2005 erhoben die Westfeld-Erben unter Bezugnahme auf die Washingtoner Prinzipien Anspruch auf das Lenbach-Gemälde. Die Gemeinde Burladingen lehnte entgegen der mit der Gemeinsamen Erklärung vom 14.12.1999 abgegebenen Selbstverpflichtung den Anspruch ab.

Rechtslage

Die vom NS-Regime angeordnete Beschlagnahme und Einziehung der Kunstsammlung von Walter Westfeld wird aufgrund der nach dem 2. Weltkrieg von der Rechtswissenschaft entwickelten so genannten Radbruch'schen Formel als nichtig angesehen. Im Zeitpunkt der Versteigerung im Dezember 1939 waren im zivilrechtlichen Sinne die dort veräußerten Kunstwerke als abhanden gekommen anzusehen. Grundsätzlich kann an solchen, gegen den Willen des Eigentümers weggenommenen Gegenständen von Dritten wirksam kein Eigentum erworben werden. Etwas anderes gilt für öffentliche Auktionen. Um eine solche handelte es sich bei der Versteigerung durch das Auktionshaus Lempertz in Köln. Der damalige unbekannte Käufer des Lenbach-Gemäldes konnte allerdings nur Eigentum erwerben, wenn er gutgläubig war. In den Auktionsunterlagen war aufgrund der damals erlassenen gesetzlichen Bestimmungen jüdisches Voreigentum vermerkt. Der Käufer wusste also oder konnte zumindest wissen, dass es sich um jüdischen Besitz handelte. Nach den damaligen vom Deutschen Reich erlassenen gesetzlichen Bestimmungen waren Beschlagnahmen und zwangsweise Versteigerungen gesetzlich zulässig. Deshalb konnte im Zeitpunkt des Erwerbes ein Käufer grundsätzlich davon ausgehen, dass diese Bestimmungen wirksam waren und somit eine Veräußerungsberechtigung bestand. Deshalb dürfte der unbekannte Käufer in der Versteigerung 1939 rechtswirksam Eigentum erworben haben.

Nach Ende des 2. Weltkrieges hätte nach den von den westlichen Alliierten erlassenen Restitutionsbestimmungen und den in den 50er Jahren von der Bundesrepublik Deutschland erlassenen gesetzlichen Regelungen auch gegenüber dem „gutgläubigen" Käufer ein öffentlich-rechtlicher Rückübertragungsanspruch bestanden. Er lief allerdings leer, weil der Besitzer nicht identifiziert und innerhalb der gesetzlichen Ausschlussfristen ihm gegenüber keine Rückerstattungsansprüche geltend gemacht werden konnten.

Der Verkauf des Bildes 1952 an die Gemeinde Burladingen konnte zu einem Eigentumserwerb führen, weil der Verkäufer als Berechtigter, also Eigentümer, auf der Versteigerung im Dezember 1939 Eigentum erworben hatte. Gleiches gilt für mögliche Zwischenerwerber. Es kommt somit nicht auf eine Gutgläubigkeit der Gemeinde Burladingen an. Ein zivilrechtlicher Herausgabeanspruch ihr gegenüber dürfte nicht bestehen.

Allerdings hatte sich im Nachgang zu den in Washington im Dezember 1998 verabschiedeten Prinzipien auch der Deutsche Städte- und Gemeindetag in der Gemeinsamen Erklärung von 14.12.1999 in einer Selbstverpflichtung bereit erklärt, NS-verfolgungsbedingte Vermögensverluste rückgängig zu machen und grundsätzlich die Rückgabe von Kunstwerken anzuordnen. Ein NS-verfolgungsbedingter Vermögensverlust liegt eindeutig vor und wurde gerichtlich bereits im Wiedergutmachungsverfahren der Westfeld-Erbin nach dem Kriege bestätigt. Warum die Stadt Burladingen die vom Deutschen Städte- und Gemeindetag übernommene Selbstverpflichtung nicht umsetzt und eine Rückgabe des Gemäldes ablehnt, bleibt unerklärlich. Stattdessen hängt ein eindeutig aus einem gravierenden NS-verfolgungsbedingten Vermögensverlust stammendes Raubkunstwerk in öffentlich zugänglichen Räumen einer Stadtsparkasse, ohne dass das entsetzliche Verfolgungsschicksal des Alteigentümers Walter Westfeld bekannt gemacht wird.

Deutschland
Max Silberberg-Erben vs. Stiftung Preußischer Kulturbesitz
Zeichnung von Vincent van Gogh, „L'Olivette"

Fall 105
NLA

dazu: Kathmann in 1. Buch Koordinierungsstelle, S. 26 ff.;
Zimmermann in 2. Buch Koordinierungsstelle, S. 313 ff.;
Tatzkow/Hinz in Osteuropa, S. 155 ff.

Fall

Der erfolgreiche Breslauer Unternehmer Max Silberberg war einer der herausragenden deutschen Kunstsammler. Seine über 200 Werke umfassende Kollektion genoss internationalen Ruf. Die van Gogh-Zeichnung „L'Olivette" besaß er seit den 20er Jahren.

Mit der Machtübernahme der Nationalsozialisten bekam Silberberg sofort die Verfolgung aus rassischen Gründen zu spüren, indem er all seine öffentlichen Ämter verlor. 1935 vertrieb der Sicherheitsdienst der NSDAP (SD) ihn und seine Familie aus seiner Villa, gleichzeitig verschlechterte sich die wirtschaftliche Situation seiner Firma durch Devisenkappung, Kreditkündigung und andere Repressionen des NS-Regimes. Silberberg sah sich gezwungen, 1935/36 in mehreren Versteigerungen des Berliner Auktionshauses Paul Graupe den Großteil seiner Sammlung, seine Bibliothek, wertvolle Teppiche und Antiquitäten zu veräußern – in den überlieferten Aufträgen an Graupe mit der bitteren Begründung „Entbehrlichkeit". Etwa 160 Kunstobjekte wurden angeboten – darunter die Zeichnung von van Gogh. Der Verein der Freunde der Nationalgalerie ersteigerte sie am 23.03.1935 bei Graupe und stellte sie der Galerie zur Verfügung. Der Versteigerungskatalog nannte als Herkunftsnachweis „Sammlung S. Schlesien". U. a. das Israelistische Familienblatt nannte den Einlieferer und schrieb Mitte April 1935: „Wer das gepflegte Interieur des Silberbergschen Hauses in Breslau kannte, wird mit Bedauern gerade die Zerstreuung dieses schönen Besitzes in alle Winde als ein Minus buchen". In Erwartung der Auswanderung hatte das reichsübergreifend kontrollierende Landesfinanzamt Berlin gegen Silberberg eine Steuerfahndung eingeleitet und Reichsfluchtsteuerforderungen geltend gemacht.

Während des Novemberpogroms wurde Silberbergs Sohn Alfred verhaftet und ins Konzentrationslager Buchenwald verschleppt. Max Silberberg war 1939 gezwungen, seine Firma weit unter Wert zu verkaufen und den Schmuck abzuliefern. Schließlich wurden die Silberberg verbliebenen Kunstwerke beschlagnahmt.

Max Silberberg und seine Ehefrau Johanna wurden im Oktober 1941 zunächst in das Zwischenlager Grüssau bei Landeshut „umgesiedelt". Am 29.4.1942 fertigte Max Silberberg dort wegen „Auswanderung" die so genannte Vermögenserklärung, die ihn als besitzlos ausweist. Mit dem III. Transport kamen er und seine Frau in das Konzentrationslager Theresienstadt und von dort nach Auschwitz. Ihr Sohn, Alfred Sally Silberberg, dem mit seiner Ehefrau 1939 die Flucht nach England gelungen war, ließ seine Eltern zum 8.5.1945 für tot erklären.

Die van Gogh-Zeichnung überstand die Kriegswirren unbeschädigt, war später auf der Museumsinsel in Ostberlin auf dem Territorium der DDR verwahrt und gelangte nach der Wiedervereinigung Deutschlands und Zusammenführung der Ost- und Westberliner Sammlungen in den Bestand des Berliner Kupferstichkabinetts, einer Abteilung der Stiftung Preußischer Kulturbesitz. Erstmalig ergab sich durch eine Anfrage der JCC im Februar 1997 ein Hinweis auf die Sammlung Silberberg. 1998 erhob die Alleinerbin Anspruch auf Herausgabe der Zeichnung.

Rechtslage

Die Einlieferung der Zeichnung durch den damaligen Eigentümer Max Silberberg ist zivilrechtlich nicht mehr angreifbar. Silberbergs durch NS-Verfolgungsmaßnahmen entstandene wirtschaftliche Notlage begründet keine Unwirksamkeit der Veräußerung. Eine in engen Grenzen des Zivilrechts mögliche Anfechtung von rechtsgeschäftlichen Erklärungen wegen Drohung, Ausnutzung einer Zwangslage o.ä. kann, wenn überhaupt einschlägig, nicht geltend gemacht werden, weil die dafür vorgesehenen kurzen Anfechtungsfristen längst verjährt sind. Als Zwischenergebnis ist somit festzustellen, dass die in der Auktion veräußerte Zeichnung rechtswirksam durch den Verein der Freunde der Nationalgalerie erworben und dieser Eigentümer der Zeichnung wurde. Auf eine Klärung des gutgläubigen Erwerbs (vom Nichtberechtigten) kommt es vorliegend nicht mehr an.

Davon zu trennen sind die öffentlich-rechtlichen Rückerstattungsansprüche. Die Zeichnung befand sich bei Inkrafttreten des VermG im September 1990 auf dem Gebiet der DDR (Ostberlin), so dass für diese Ansprüche das VermG einschlägig ist. Ein verfolgungsbedingter Vermögensverlust wird nach § 1 Abs. 6 VermG i. V. m. der Alliierten Rückerstattungsanordnung gesetzlich vermutet, weil die Familie Silberberg zu einem Personenkreis gehörte, der vom NS-Regime kollektiv verfolgt wurden. Grundsätzlich wäre deshalb der Rückgabeanspruch nach dem VermG ohne weiteres gegeben. Nur ausnahmsweise kann, gegenbeweislich, durch den aktuellen Besitzer die Rückgabe verhindert werden, wenn zweifelsfrei zu dessen Gunsten festgestellt wird, dass der Kaufpreis, der am 23.03.1935 bei der Versteigerung erzielt wurde, verkehrsüblich und marktüblich war und dem Verkäufer ungeschmälert zufloß. Kann dies zweifelsfrei nicht belegt werden, bestehen also auch nur Zweifel an diesen Tatsachen bzw. sind sie nicht unzweifelhaft belegt, geht die so genannte Unerweislichkeit (non liquit-Lage) zu Lasten des Besitzers. Die Vermutung des verfolgungsbedingten Vermögensverlustes greift dann durch und die Zeichnung wäre nach dem VermG rückzuerstatten.

Davon zu trennen ist die prozessuale Frage, ob eine fristgemäße Anmeldung nach dem VermG vorgelegen hat. Eine solche wurde offensichtlich innerhalb der Frist bis zum 30.06.1993 durch die Silberberg-Erben nicht vorgenommen. Die hilfsweise Antragstellung durch die JCC im Rahmen der Globalanmeldung ist fristgemäß, wenn sie unter Bezugnahme auf die 1992er Global-Angaben auf andere Unterlagen in „zielführender Weise" 1997 konkretisiert wurde.

Im Ergebnis zog die Stiftung Preußischer Kulturbesitz in Anwendung der Gemeinsamen Erklärung vom Dezember 1999 aus der Gesamtschau der konkreten

Verfolgungsumstände den Schluss, dass unabhängig von einer formaljuristischen Verfristung des Antrages dem Rückgabebegehren stattzugeben war. Die dagegen von einer (bei der Oberfinanzdirektion Berlin beschäftigten) Historikerin vorgebrachte Einwendung, die Auktion 1935 sei rechtmäßig gewesen und deshalb stelle die Rückgabe der van Gogh-Zeichnung eine leichtfertige Verschleuderung dar, verkennt die Rechtslage nach dem VermG (die Unerweislichkeit der Erzielung des marktgerechten Preises und Verfügbarkeit des Kaufpreises gehen zu Lasten des Erwerbers) und lässt die in der Gemeinsamen Erklärung vom Dezember 1999 aufgestellten Grundsätze außer Acht, in denen gerade die formaljuristische und enge Auslegung früherer Rückerstattungsregelungen außer Betracht bleiben soll, wenn die Gesamtschau der Ereignisse die Rückgabe geboten erscheinen lässt. Dies ist angesichts der ermittelten Verfolgungs- und Verlustumstände offensichtlich.

Fall 106
NLA

USA
George Grosz-Erben vs. Museum of Modern Art, New York
Werke von George Grosz, „Maler und Modell", „Republikanische Automaten", „Bildnis Max Hermann-Neisse"

dazu: Vienna online vom 12.03.2006; Mitteilung der Anlaufstelle der israelitischen Kultusgemeinde für jüdische NS-Verfolgte in und aus Österreich vom 10.04.2006; SZ 16.11.2006

Fall

Die drei Arbeiten befinden sich heute im Besitz des Museum of modern Art (MoMA). Sie gehörten ursprünglich George Grosz, der sie seinem Kunsthändler Alfred Flechtheim kommissionsweise überlassen hatte. Grosz floh Anfang 1933 in die USA, Flechtheim emigrierte wenig später nach England (zu beiden s. Fall 64). Einige der Bilder gehörten vermutlich zu einem Konvolut, das Flechtheim in die Niederlande schaffte. Er lieh sie 1936 für eine Grosz-Ausstellung in Amsterdam dem holländischen Galeristen Carel van Lier.

Als Flechtheim überraschend 1937 in London starb und Grosz im US-amerikanischen Exil unerreichbar war, unterschlug van Lier die ihm leihweise überlassenen Bilder und übergab sie Anfang Februar 1938 dem Amsterdamer Auktionshaus Mak van Waay. Dort wurden sie in einer offensichtlich inszenierten Versteigerung an einige wenige eingeweihte Kunsthändler verkauft – darunter die „Republikanischen Automaten" und das Gemälde „Maler und Modell". Van Lier erwarb das letztgenannte Bild selbst und verkaufte es wenig später. 1950 wurde es bei Parke-Bernet in New York zur Auktion angeboten, fand jedoch keinen Käufer. Es gelangte 1954 als Geschenk von Mr. und Mrs. Leo Lionni in das MoMA.

Das „Bildnis Max Hermann-Neisse" gehörte offensichtlich ebenso wenig zu den von van Lier unterschlagenen Kunstwerke wie zu jenen in der Flechtheim-Galerie beschlagnahmten Stücken. Flechtheim schenkte es zusammen mit acht anderen Grosz-Werken Anfang 1937 aus Dankbarkeit der deutschen Kunsthistorikerin und -publizistin Charlotte Weidler, weil sie ihm aus einer prekären Devisenschwierigkeit geholfen und sich um Flechtheims von den Nazis stark angefeindete Frau Betty gekümmert hatte. Weidler ging 1939 in die USA, denn sie war – wenngleich nicht jüdisch – wegen ihrer Tätigkeit für „entartete" Kunst gefährdet. Sie hatte seit 1923 für die jährlichen Ausstellungen des Carnegie Institute in Pittsburgh aus Deutschland, der Schweiz, Frankreich und der Tschechoslowakei Werke moderner Künstler beschafft und dadurch Zugang zu den einschlägigen Kunstkreisen – so auch zu Alfred Flechtheim. Betty Flechtheim vergiftete sich im Angesicht der Deportation und starb am 15.11.1941 im jüdischen Krankenhaus in Berlin.

Die Schenkung des Hermann-Neisse-Bildnisses wirft Fragen auf im Hinblick auf die Kommissionsware Grosz-Flechtheim. Es fällt schwer anzunehmen, dass der Kommissionär Flechtheim im englischen Exil dem in den USA befindlichen Künstler dieses Bildnis veruntreute und es unbefugt verschenkte. Das Gemälde könnte nach der Schließung der Galerie in die Berliner Flechtheim-Wohnung gelangt sein. Der Kunsthändler schenkte es der Berlinerin Charlotte Weidler. Er betrachtete das Kunstwerk ganz offensichtlich als sein Eigentum. 1952 verkaufte Charlotte Weidler das Bild über den Kunsthändler Curt Valentin für 850 US-Dollar an das MoMA. Als es Anfang der 50er Jahre dort öffentlich gezeigt wurde, beschwerte sich George Grosz gegenüber seinem Schwiegersohn im Januar 1953: „Modern Museum stellt ein mir gestohlenes Bild aus (bin machtlos dagegen). Sie haben's von jemand gekauft, der's gestohlen". Zumindest letztgenannte Feststellung entspricht nicht den Tatsachen.

In jahrelanger mühevoller Arbeit recherchierte der Nachlassverwalter Ralph Jentsch im Auftrag der Grosz-Söhne die Verlustumstände und machte 2003 gegenüber dem MoMA Rückgabeansprüche geltend. Das MoMA lehnt eine vollständige Einsicht in die Verkaufsunterlagen, insbesondere Dokumente über den Verkauf von Charlotte Weidler an das MoMA, ab und beharrt auf seinem Standpunkt, der damalige Eigentumswechsel wäre nicht NS-verfolgungsbedingt erfolgt. Wegen der ungeklärten Verlustumstände des „Bildnisses Max Hermann-Neisse" zog das Metropolitan Museum of Arts sein Ersuchen an das MoMA, dieses Gemälde für eine große Ausstellung „Glitter and Doom – deutsche Porträts aus den 20er Jahren" Ende 2006 auszuleihen, zurück. Der Grosz-Nachlassverwalter kündigte an, gegen das MoMA Klage auf Rückgabe der Bilder einzureichen.

Rechtslage

Die in der Amsterdamer Auktion im Februar 1938 versteigerten Gemälde „Maler und Modell" und „Republikanische Automaten" standen offensichtlich zu diesem Zeitpunkt noch im Eigentum von George Grosz. Sie waren von Grosz kommissionsweise dem Kunsthändler Alfred Flechtheim übergeben worden, der sie in die Niederlande schaffte. Der holländische Galerist Carel van Lier hatte von Flechtheim lediglich die Erlaubnis erhalten, diese Bilder in einer Ausstellung zu zeigen. Einen Verkaufsauftrag besaß er nicht. Durch die Einlieferung dieser Gemälde in die Auktion unterschlug van Lier die Bilder. Sie gelten im Rechtssinne als abhanden gekommen. Auch nach niederländischem Zivilrecht kann ausnahmsweise an abhanden gekommenen Gegenständen von Käufern Eigentum erworben werden, wenn diese bei Ankauf gutgläubig waren. Da van Lier selbst das Gemälde „Maler und Modell" erwarb, ist er als bösgläubig anzusehen, weil er wusste, dass keine Verkaufsbefugnis bestand. Wer die „Republikanischen Automaten" erwarb, ist unbekannt. Mutmaßlich handelte es sich um einen Erwerber, der ebenso wie van Lier über die Verkaufsumstände informiert war und somit gleichfalls als bösgläubig anzusehen ist. Es dürften demnach beide Gemälde in der Versteigerung nicht wirksam erworben worden sein. Grosz hatte zu diesem Zeitpunkt das Eigentum an den Bildern nicht verloren.

Ob der Zweiterwerber, an den van Lier wenig später das Gemälde „Maler und Modell" weiterveräußert haben soll, gutgläubig war, ist nicht bekannt. Sollte dies nicht der Fall sein, konnte auch durch den Verkauf des Bildes in den USA kein

Eigentum erworben werden. Nach amerikanischem Recht ist dies bei abhanden gekommenen Gegenständen selbst bei unterstellter Gutgläubigkeit ausgeschlossen. Auch die Schenkung an das MoMA 1954 begründet keinen Eigentumserwerb zugunsten des Museums.

Das Bild wurde allerdings jahrzehntelang vom MoMA öffentlich gezeigt, so dass die Möglichkeit der Kenntnisnahme durch die Grosz-Erben bestand und diese einen möglichen zivilrechtlichen Rückgabeanspruch hätten geltend machen können. Nach den im Bundesstaat New York geltenden zivilrechtlichen Bestimmungen verjährt der Eigentumsherausgabeanspruch nach Ablauf von drei Jahren, wenn der Alteigentümer den aktuellen Besitzer aufgefordert hat, das Kunstwerk zurückzugeben und dieser die Rückgabe ablehnt. Im Jahre 2003 lehnte das MoMA die Rückgabe ab. Um die Verjährungsfrist zu unterbrechen, soll gegenüber dem MoMA Ende 2006 die zivilrechtliche Klage durch die Grosz-Erben eingereicht worden sein. In diesem Verfahren wäre zu klären, ob der Herausgabeanspruch bereits verwirkt ist, weil die Rückgabeforderung jahrzehntelang nicht geltend gemacht wurde. Hinsichtlich des Gemäldes „Republikanische Automaten" ist aufklärungsbedürftig, wer in der Auktion das Gemälde erwarb und unter welchen Umständen es in den Besitz des MoMA gelangte.

Zivilrechtlich differenzierend zu betrachten ist die Rechtslage für das „Bildnis Max Hermann-Neisse". Sollte es von George Grosz an Alfred Flechtheim verkauft worden, also nicht bloß Kommissionsware gewesen sein, konnte Alfred Flechtheim in rechtswirksamer Weise das Eigentum an dem Bild auf Charlotte Weidler Anfang 1937 übertragen und diese bereits zu diesem Zeitpunkt Eigentümerin des Bildes werden. Der Weiterverkauf des Bildes von Weidler in den USA 1952 unter Vermittlung des Kunsthändlers Curt Valentin an das MoMA konnte dann ohne weiteres einen rechtswirksamen Eigentumserwerb des MoMA begründen. Zivilrechtliche Rückgabeansprüche der Grosz-Erben wären dann offensichtlich unbegründet.

Deutschland
Alfred Sommerguth-Erben vs. unbekannten Besitzer (Auktionshaus Neumeister)
Gemälde von Adolf von Menzel, „Der Schafgraben"
Gouache von Adolf von Menzel, „Blindekuh"
Aquarell von Adolf von Menzel „Überlandfahrt in der 1. Bahnklasse"

Fall 107
NLA

dazu: Levi, Vortrag im Centrum Judaicum Berlin am 07.07.2005; Junge Welt vom 17.03.2004; kunstmarkt.com vom 23.11.2003; Enderlein, S. 26 und 121

Fall

Der Berliner Jude Alfred Sommerguth (s. Fall 102) besaß eine umfangreiche Kunstsammlung mit Werken deutscher Malerei des 19. Jahrhunderts, französischen Impressionisten und insbesondere vielen Arbeiten von Adolf von Menzel – darunter das Gemälde „Der Schafgraben", die Gouache „Blindekuh" das Aquarell „Überlandfahrt in der 1. Bahnklasse".

Nach dem Pogrom der Nationalsozialisten 1938 entschloss sich Sommerguth zur Auswanderung. Um die „Judenvermögensabgabe" entrichten zu können, musste er seine Kunstsammlung im Berliner Auktionshaus Hans W. Lange am 09.02.1939 versteigern lassen. Auch die drei Menzel-Arbeiten kamen unter den Hammer. Der „Schafgraben" erbrachte einen Spitzenpreis von 41.000 RM. Auch die anderen erzielten Erlöse bewegten sich auf hohem Niveau, was u.a. auf der Tatsache beruhte, dass die angebotenen Künstler beim NS-Regime besonders begehrt waren. Der Versteigerungskatalog verheimlichte den Eigentümer und nannte nur den Auftraggeber für die Versteigerung, ein Berliner Bankhaus.

Die drei Kunstwerke sollen von einem deutscher Privatmann erworben worden sein, in dessen Besitz sie sich jahrzehntelang befanden. Alfred Sommerguth emigrierte über die Schweiz und Kuba in die USA.

Die Menzel-Werke wurden im September 2002 bei dem Münchner Auktionshaus Neumeister für eine Versteigerung angekündigt. Als die Sommerguth-Erben wenige Tage vor dem Versteigerungstermin davon erfuhren, legten sie dem Auktionshaus die Umstände des NS-verfolgungsbedingten Verlustes dar und konnten erreichen, dass die Bilder zurückgezogen wurden. Es drohte jedoch ihre Ausfolgung an den wohl amerikanischen Einlieferer. Die Sommerguth-Erben erwirkten beim zuständigen Landgericht in München, dass die Bilder nicht an den Besitzer zurückgingen. In dem anschließenden gerichtlichen Verfahren einigten sich die Beteiligten vergleichsweise. Über den Inhalt der Regelungen wurde nichts verlautbart.

Ein Jahr später wurden die drei Menzel-Bilder in der Novemberauktion der Villa Grisebach in Berlin versteigert. „Der Schafgraben" erzielte mit 1.000.000 € den bisherigen Höchstpreis für ein Menzel-Gemälde.

Rechtslage

Soweit die Versteigerung der Kunstwerke durch das Berliner Auktionshaus Lange auf staatliche Anordnung hin erfolgte, könnte der Eigentumserwerb durch den Käufer rechtsunwirksam sein. Grundsätzlich basieren solche staatlich angeordneten Auktionen auf der damaligen deutschen Rechtsordnung. Nach dem Kriege hat allerdings die Rechtswissenschaft angenommen, dass nach der sog. Radbruch'schen Formel staatliche Zwangsmaßnahmen, die zu einem Eigentumsverlust aus rassischen Gründen führten, generell unwirksam sind. Folgt man dieser Rechtsmeinung, trat ein wirksamer Eigentumserwerb durch den Käufer 1939 nicht ein.

Ein gesetzlicher Eigentumserwerb war aber in der Folgezeit möglich, wenn der Besitzer die Kunstwerke mindestens zehn Jahre im Eigenbesitz hatte und bei Erwerb und während der Besitzdauer gutgläubig war. Ob ihm Bösgläubigkeit vorgeworfen werden kann allein aufgrund der Tatsache, dass er wusste oder hätte wissen müssen, dass er Kunstwerken aus jüdischem Besitz erwarb, dürfte zweifelhaft sein. Im Auktionskatalog war der Alteigentümer nicht namentlich genannt, sondern lediglich der Auftraggeber.

Nach deutschem Recht ist allerdings ein Eigentumsherausgabeanspruch nicht mehr durchsetzbar, wenn seit dem Besitzverlust mindestens dreißig Jahre vergingen. Diese Verjährungsfrist war im Jahre 2002 längst abgelaufen. Deshalb wäre voraussichtlich eine Eigentumsherausgabeklage im Hauptsacheverfahren erfolglos. Die von den Sommerguth-Erben erwirkte einstweilige Verfügung, die es dem Auktionshaus verbot, die Kunstwerke an den Besitzer herauszugeben, bot lediglich einen vorläufigen Rechtsschutz, der noch keine abschließende Entscheidung darstellte. Es ist zweifelhaft, ob die Sommerguth-Erben bei Fortsetzung des Zivilrechtsstreites den Eigentumsherausgabeanspruch hätten erfolgreich durchsetzen können.

Statt dessen einigten sich die Beteiligten mit einer nicht öffentlich gemachten Vereinbarung. Dadurch konnten die Kunstwerke ein Jahr später zu Spitzenpreisen versteigert werden. Das Spitzenlos „Der Schafgraben" ging nach New York.

Österreich

Oskar Hirsch-Erben vs. unbekannten Besitzer (Auktionshaus im Kinsky)

Zeichnung von Egon Schiele, „Sitzende"

Fall 108

NLA

dazu: Der Standard vom 23.11., 27.11. und 29.11.2006;
Die Welt vom 13.01.2007

Fall

Der Wiener Universitätsprofessor und Hals-Nasen-Ohren-Arzt Oskar Hirsch war passionierter Kunstsammler. Zu seiner Sammlung gehörte auch die 1914 entstandene Zeichnung von Egon Schiele.

Nach dem Anschluss Österreichs im März 1938 und der einsetzenden rassischen Verfolgung entschloss sich die Familie im Juli 1938 zur Auswanderung in die Vereinigten Staaten. Für über hundert Ölbilder, Grafiken und Zeichnungen erteilte die zuständige staatliche Stelle die Ausfuhrbewilligung. Die Umzugscontainer befanden sich bereits zur Verschiffung in Hamburg, als sie von der Gestapo beschlagnahmt und nach Wien zurückgebracht wurden. Oskar Hirsch, seiner Ehefrau und dem Sohn Erwin Hirsch gelang die Flucht in die USA. Die von der Gestapo beauftragte Verwertungsstelle „Vugesta" versteigerte 1943 die beschlagnahmten Objekte, darunter auch die Schiele-Zeichnung, mit einem Gesamterlös von 28.000 RM. Der Ort der Versteigerung (mutmaßlich das Dorotheum) und der Erwerber der Schiele-Zeichnung sind unbekannt.

Bei dem derzeitigen Besitzer befindet sich die Schiele-Zeichnung seit 1950. Es soll sich um einen in Mexiko lebenden Erben des ursprünglichen Erwerbers handeln, der über seinen Wiener Anwalt mitteilen ließ, die Zeichnung hätte sich mehr als fünfzig Jahre im Familienbesitz befunden. Er gab sie in die Versteigerung des Auktionshauses im Kinsky am 21.11.2006. Das Auktionshaus warb im Vorfeld für die Verkaufsveranstaltung – u. a. mit der Schiele-Zeichnung. Erwin Hirsch las am 13.11.2006 per Zufall die Tageszeitung „Die Presse", sah die Information über die Auktion und die abgebildete Schiele-Zeichnung. Er verlangte unverzüglich telefonisch vom Leiter des Auktionshauses die Zurückziehung der Zeichnung aus der Versteigerung. Dieser, selbst Rechtsanwalt, lehnte eine Rücknahme des Bildes mit der Begründung ab, der Einlieferer bestünde auf einem Verkauf und das Auktionshaus müsse vertragsgemäß handeln. Im Übrigen hätte Erwin Hirsch den verfolgungsbedingten Vermögensverlust nicht hinreichend glaubhaft gemacht. Eine Anfrage im Art Loss Register hätte ergeben, dass die Zeichnung dort nicht registriert sei. Die Versteigerung wurde am 21.11.2006 durchgeführt und erzielte für die Zeichnung einen Erlös von 160.000 €.

Zwei Tage später erließ das zuständige Zivilgericht in Wien eine einstweilige Verfügung, die es dem Auktionshaus im Kinsky untersagte, die Zeichnung bis zum Abschluss des Gerichtsverfahrens an den Erwerber auszuhändigen. Nach der Veröffentlichung dieses Falls in der Tagespresse kommentierte das Auktionshaus im Kinsky zu seiner Rechtfertigung: „Wir verlangen keine lückenlosen Provenienzangaben". Es hätte zwar Kenntnis davon gehabt, dass die Schiele-

Zeichnung ursprünglich im Eigentum des jüdischen Arztes Oskar Hirsch stand. Die Forderung seines Sohnes, die Zeichnung nicht zu versteigern, da sie dem Vater verfolgungsbedingt abhanden kam, genüge jedoch nicht, das berechtigte Interesse des Verkäufers unbeachtet zu lassen.

Zwischenzeitlich ist der Rechtsstreit in der Hauptsache zwischen dem Sohn Erwin Hirsch, dem Auktionshaus im Kinsky und der Einlieferin der Zeichnung Eva Merkel anhängig. Die Großeltern von Frau Merkel waren gleichfalls der NS-Verfolgung ausgesetzt, flohen 1938 nach Südfrankreich und kehrten Anfang der 70er Jahre nach Wien zurück. Wann ein Familienmitglied, möglicherweise der in Wien zurückgebliebene Vater der Einlieferin Karl Merkel, die Zeichnung erwarb, ist unbekannt. Auch ist offensichtlich noch nicht hinreichend geklärt, ob die Schiele-Zeichnung zu den von der Gestapo beschlagnahmten Kunstwerken von Oskar Hirsch gehörte.

Rechtslage

Der staatlich angeordneten Versteigerung 1943 ging die entschädigungslose Eigentumsentziehung nach der 11. Verordnung zum Reichsbürgergesetz voraus. Danach verfiel das gesamte Vermögen von Juden, die das Reichsgebiet verlassen und deshalb ihre deutsche Staatsbürgerschaft verloren hatten, dem Deutschen Reich. Diese gesetzliche Regelung wird wegen ihres gravierenden Unrechtscharakters in der Rechtswissenschaft nach der sog. Radbruch'schen Formel als generell unwirksam angesehen. Im Zeitpunkt der Versteigerung des Bildes hatte Hirsch das Eigentum an der Schiele-Zeichnung somit noch nicht verloren. Sie gilt im Rechtssinne als abhanden gekommen.

Der Verkauf der Zeichnung in der Auktion konnte nur zu einem Eigentumserwerb des Käufers führen, wenn dieser gutgläubig war. Die Verkaufsumstände und insbesondere die Person des Käufers sind unbekannt. Erwerbern in Versteigerungen, in denen „Vugesta"-Objekte angeboten wurden, konnte allerdings bekannt sein, dass diese aus beschlagnahmtem jüdischen Besitz stammten. Ob allein diese Tatsache eine Bösgläubigkeit begründet und damit einen Eigentumserwerb ausschließt, wurde rechtlich noch nicht abschließend entschieden. Die österreichische Nachkriegsrechtsprechung billigte selbst notorischen NS-Kunsthändlern Gutgläubigkeit zu (s. Fall 23).

Unterstellt man, dass der Käufer 1943 kein Eigentum an der Schiele-Zeichnung erworben hatte, wäre zu prüfen, ob der aktuelle Besitzer, dem sie nach eigenen Angaben seit 1950 gehörte, im Zeitpunkt des Ankaufes gutgläubig war. Fünf Jahre nach Kriegsende war die Plünderung jüdischer Sammlungen in Österreich allgemein bekannt. Klärungsbedürftig ist, von welchem, möglicherweise sachverständigen Käufer die Zeichnung 1950 erworben wurde und ob dieser Nachforschungen über deren Herkunft angestellt hatte. Erst wenn die gesamten Verkaufsumstände aufgeklärt sind, ist eine abschließende Einschätzung möglich, ob 1950 ein Eigentumserwerb zugunsten des aktuellen Besitzers eintrat.

Unterstellt man weiter, dass dies seinerzeit wegen der Bösgläubigkeit des Käufers ausgeschlossen war, konnte auch ein gesetzlicher Eigentumserwerb durch Ersitzung nicht eintreten. Verneint man nämlich die Gutgläubigkeit bereits beim Ankauf, kann sie auch bei der Ersitzung nicht bejaht werden.

Da in Österreich, anders als in Deutschland, der Eigentumsherausgabeanspruch unverjährbar ist, besteht grundsätzlich auch heute noch die Möglichkeit, die Eigentumsherausgabe zu verlangen. Vorliegend wird sich nunmehr ein Hauptsacheverfahren anschließen müssen, in dem von den Hirsch-Erben zu beweisen ist, dass ein Eigentumsverlust bisher nicht eintrat. Dabei trifft die Erben grundsätzlich die Beweislast dafür, dass durch die Versteigerung 1943 und den nachfolgenden Erwerb 1950 die jeweiligen Käufer bösgläubig waren. Die bisherige gerichtliche Anordnung, die ein vorläufiges Verbot der Herausgabe an den Erwerber anordnet, stellt noch keine Vorwegnahme der Hauptsacheentscheidung dar. Sie erging wegen der Eilbedürftigkeit allein nach summarischer Prüfung der zunächst vorgetragenen Sachverhalte. Eine vergleichbare Regelung hatte ein Münchener Zivilgericht bereits 2002 bei einer Versteigerung des Auktionshauses Neumeister in München angeordnet (s. Fall 107).

Fall 109

NLA

USA

Paul von Mendelssohn-Bartholdy-Erben vs.
Sir Andrew Lloyd Webber Art Foundation (Christie's)

Gemälde von Pablo Picasso, „Portrait de Angel Fernández de Soto"
(„Der Absinth-Trinker")

dazu: Christie's-Katalog Sale 1722, Lot 47; FAZ vom 22.11.2006

Fall

Das 1903 von Picasso auf dem Höhepunkt seiner blauen Periode gemalte Porträt seines Freundes Angel Fernández de Soto gehörte ursprünglich dem Berliner Bankier und Königlich Dänischen Generalkonsul Paul von Mendelssohn-Bartholdy, der auch bedeutende Gemälde von Vincent van Gogh, Georges Braque, Henri Matisse und Frühwerke von Pablo Picasso besaß. Der Kunstsammler Paul von Mendelssohn-Bartholdy war seit Beginn des 20. Jahrhunderts mit dem Galeristen Heinrich Thannhauser und später mit dessen Sohn Justin befreundet, auf deren Rat hin er die seinerzeit weitgehend unbekannten modernen Künstler erwarb. Auch andere Mitglieder der Mendelssohn-Familien, so die Brüder Robert und Franz von Mendelssohn, besaßen hochkarätige Kunstsammlungen, u.a. mit Werken von van Gogh, Monet und Corot.

Paul von Mendelssohn-Bartholdy war Mitinhaber einer der größten deutschen Privatbanken, Mendelssohn & Co. in Berlin. Nach der Trennung von seiner ersten Frau, der namhaften Picasso-Sammlerin Charlotte geb. Reichenheim, heiratete er 1927 die wesentlich jüngere Französin Elsa von Lavergne-Peguilhen und lebte mir ihr im Gartenhaus des Theater-Tycoons Max Reinhardt im Schloßpark Bellevue.

Nach der Machtübernahme der Nazis blieb die Mendelssohn-Bank zunächst insbesondere aufgrund ihrer Auslandskontakte unbehelligt. Ihre Verdrängung setzte 1936 ein, zunächst mit dem Verlust von Geschäftsverbindungen, Aufsichtsratsposten und Unternehmensbeteiligungen. Sie führte 1938 zur Arisierung und Übernahme des privaten Bankhauses durch die Deutsche Bank.

Paul von Mendelssohn-Bartholdy starb 59jährig und kinderlos am 10.05.1935 in Berlin an den Folgen eines Herzinfarktes. Mit Erbvertrag vom 08.02.1935 hatte er seine zweite Ehefrau Elsa ausdrücklich zur befreiten Vorerbin auf Lebenszeit eingesetzt und hervorgehoben, dass die zum Haushalt gehörenden Gegenstände, insbesondere die Gemälde, bereits im Zeitpunkt der Eheschließung schenkungsweise der Gattin übergeben worden waren. Damit war die Witwe Elsa von Mendelssohn-Bartholdy doppelt berechtigt, über die Kunstwerke zu verfügen. Seine vier Schwestern hatte Paul von Mendelssohn-Bartholdy zu Nacherben berufen, wobei er eine Bindung an die Nacherbeneinsetzung erbvertraglich ausschloß. Die Nacherbinnen gingen somit zunächst leer aus und erbten erst nach Elsas Tod am 11.03.1986 den noch vorhandenen Nachlass.

Die deutsch-schwedische Erbengemeinschaft nach Paul von Mendelssohn-Bartholdy trägt vor, der Bankier hätte kurz vor seinem Tod seine testamentarische Verfügung zugunsten seiner nichtjüdischen Ehefrau Elsa von Mendelssohn-Bartholdy geändert, um eine drohende Beschlagnahme seines Vermögens durch das NS-Regime zu verhindern. Sie hält diese Verfügung für ein Verfolgtentestament und mutmaßt, der Verkauf des Gemäldes an Thannhauser wäre noch zu Lebzeiten von Paul von Mendelssohn-Bartholdy im Oktober 1934 NS-verfolgungsbedingt erfolgt, wobei ein Kaufpreis nicht gezahlt worden wäre. Die Geschäftsunterlagen des Thannhauser-Archivs widerlegen dies. Dort ist als Ankaufsdatum des Gemäldes der 31.08.1935 vermerkt, als Verkaufsdatum der 02.09.1936. Damit dürfte feststehen, dass die Witwe Elsa als Eigentümerin und Vorerbin in rechtlich zulässiger Weise das Gemälde nach dem Tod von Paul von Mendelssohn-Bartholdy veräußerte. Sein Verkauf an den Berliner Kunsthändler Justin K. Thannhauser stellt sich ausschließlich als ein Verkaufsgeschäft der Witwe Elsa von Mendelssohn-Bartholdy dar.

Die Witwe Elsa von Mendelssohn-Bartholdy war keine Jüdin. Mit Beschluß des Reichsinnenministers vom 27.01.1939 wurde ihr genehmigt, wieder ihren französischen Mädchennamen zu führen. 1940 heiratete sie Graf Kesselstadt und überstand das NS-Regime, ohne persönlichen Verfolgungsmaßnahmen ausgesetzt gewesen zu sein.

Thannhauser veräußerte das Gemälde am 02.09.1936 an die New Yorker Kunsthandlung Knoedler & Co. Nach mehrfachem Besitzwechsel ersteigerte es die Sir Andrew Lloyd Webber Art Foundation 1995 bei Sotheby's in New York für 26,5 Millionen US-Dollar. Der Verkauf in der für den 08.11.2006 in New York vorgesehenen Versteigerung bei Christie's war seit Monaten publik gemacht worden und die Beteiligten gingen von einem möglichen Verkaufspreis von 40 bis 60 Millionen US-Dollar aus.

Das Gemälde war in keinem der einschlägigen deutschen oder internationalen Verlustregister als NS-verfolgungsbedingt abhanden gekommen veröffentlicht worden. Erst einen Tag vor der Auktion wurde im Auftrage der Erbengemeinschaft ein US-amerikanischer Anwalt tätig und versuchte, die Versteigerung des Bildes zu stoppen. Nach einer elfstündigen Anhörung wies der Bundesrichter in Manhattan den Antrag zurück, weil keine Zuständigkeit des angerufenen Gerichtes gegeben sei. Die Klage müsse vor einem Gericht des Bundesstaates New York erhoben werden. Somit war der Versuch der Erbengemeinschaft gescheitert. Gleichwohl sahen Christie's und die Lloyd Webber Art Foundation zugunsten einer endgültigen gerichtlichen Klärung von der Versteigerung des Gemäldes ab. Der Presse erklärten sie, dass der geltend gemachte Rückgabeanspruch unbegründet sei. Das Art Loss Register bedauerte die Aktion der Erbengemeinschaft mit den Worten „This is a sad day for the claiment community", weil über sechzig Jahre lang keinerlei Rückgabeforderungen gestellt wurden, obwohl das Bild unter Angabe der Mendelssohn-Bartholdy Provenienz wiederholt öffentlich gezeigt wurde (zuletzt 2006) und der aktuelle Besitzer bekannt war. Auch die Direktorin der jüdischen Gemeinde Wiens, Erika Jakubovits, kritisierte das Vorgehen in letzter Minute, für das jahrelang Gelegenheit bestanden habe.

Zwischenzeitlich ist bei dem zuständigen höchsten New Yorker Bundesgericht eine Herausgabeklage eingereicht worden. Zu ihrer Begründung wird im Wesentlichen ausgeführt, der Verkauf des Bildes wäre mutmaßlich schon 1934 unter NS-Druck durch Paul von Mendelssohn-Bartholdy selbst erfolgt; soweit er nach dessen Tod durch die Witwe Elsa vorgenommen wurde, handele es sich um einen typischen Zwangs- bzw. Notverkauf, da das jüdische Bankhaus, dessen Mitinhaber Paul von Mendelssohn-Bartholdy war, nach der Machtübernahme der Nationalsozialisten infolge der gegen die Bank gerichteten Boykottmaßnahmen in wirtschaftliche Schwierigkeiten geraten wäre.

Rechtslage

Vor dem New Yorker Bundesgericht wurde Klage im Rahmen eines zivilgerichtlichen Verfahrens erhoben. Die Kläger können ihren Besitzanspruch auf das Gemälde nur begründen, wenn sie nachweisen, dass sie nach wie vor Eigentümer des Bildes sind. Es wurde allerdings entweder von Paul von Mendelssohn-Bartholdy 1934 selbst oder, was wahrscheinlicher ist, von seiner Witwe Elsa nach seinem Tod Ende August 1935 an den Kunsthändler Thannhauser verkauft. Das Verkaufsgeschäft ist grundsätzlich zivilrechtlich wirksam und führte zu einem Eigentumsübergang zugunsten der Galerie Thannhauser. Selbst wenn man unterstellt, dass der Verkauf unter wirtschaftlichem oder persönlichem Druck in einer durch das NS-Regime hervorgerufenen Zwangssituation erfolgte, würde dies nicht zur Unwirksamkeit des Eigentumserwerbs zugunsten der Galerie führen. Damit steht fest, dass nach deutschem Zivilrecht – Veräußerungsort Berlin – das Gemälde seinerzeit in rechtswirksamer Weise veräußert worden ist. Das deutsche Zivilrecht müsste unter Einbeziehung der auch in den USA anerkannten Situs-Regel herangezogen werden, wonach mögliche Eigentumserwerbe in anderen Ländern nach der dortigen Rechtsordnung zu berücksichtigen sind.

Sollte sich das amerikanische Gericht nicht auf eine Klärung des Eigentumsverlustes im Deutschen Reich einlassen und allein amerikanisches Recht anwenden, wäre folgendes zu beachten: Lloyd Webber bzw. seine Art Foundation erwarb das Gemälde 1995 in einer Auktion in New York. Sollten bis dahin die Veräußerer Donald und Jean Stralem, New York, noch nicht Eigentümer des Bildes geworden sein, so konnte auch der Erwerber 1995 kein Eigentum an dem Gemälde erlangen, weil nach US-amerikanischem Recht grundsätzlich, selbst bei einer unterstellten Gutgläubigkeit des Käufers, ein Eigentumserwerb vom Nichtberechtigten, also einer Person, die nicht selbst Eigentümer des Bildes ist, generell ausgeschlossen ist. Lloyd Webber bzw. seine Art Foundation übten jedoch seit 1995 einen offenen Besitz aus, d.h. jedermann konnte sich Kenntnis darüber verschaffen, in wessen Besitz sich das Gemälde befindet. Der Ankauf des Bildes zu einem damals sehr hohen Preis von 26,5 Millionen US-Dollar hatte bereits große Aufmerksamkeit erregt. Die Andrew Lloyd Webber Collection wurde, einschließlich des Picasso-Bildes, mehrfach auf Londoner Ausstellungen präsentiert. Auch die Vorbesitzer gaben das Kunstwerk nach 1945 wiederholt in Ausstellungen (1946, 1947, 1960, 1962, 1964, 1967, 1968, 1971, 1975, 1990, 1991).

Nach den Verjährungsbestimmungen des Staates New York kann grundsätzlich ein Herausgabeanspruch binnen einer Frist von drei Jahren geltend gemacht werden, die erst läuft, wenn der Alteigentümer ein Rückgabeverlangen gegenüber dem aktuellen Besitzer geltend macht und dieser die Rückgabe ablehnt (demand and refusal rule). Ein solches Rückgabebegehren wurde erst kurz vor der Christie's-Auktion im November 2006 erhoben, so dass die Verjährungsfrist gerade erst begonnen hat. Der Herausgabeanspruch ist jedoch verwirkt, wenn vom Alteigentümer jahrelang keine erforderlichen Anstrengungen unternommen wurden, einen Rückgabeanspruch geltend zu machen, er es also in vorwerfbarer Weise unterließ, seinen Anspruch durchzusetzen. Dies dürfte vorliegend der Fall sein, weil nach 1945 fortlaufend und spätestens seit dem Erwerb von Lloyd Webber 1995, also vor mehr als zehn Jahren, die Möglichkeit der Kenntnisnahme über den Besitzer des Bildes bestand und eine Rückforderung hätte erhoben werden können (s. auch Fall 33). Die erst jetzt eingereichte Herausgabeklage erscheint unbegründet, weil der Anspruch verwirkt ist.

Davon zu trennen ist ein gegenüber der Webber-Stiftung ggf. bestehender Anspruch auf der Grundlage der Washingtoner Prinzipien. Danach sollen NS-verfolgungsbedingte Vermögensverluste grundsätzlich rückgängig gemacht werden. Dieser Selbstverpflichtung unterwarfen sich die 44 Unterzeichnerstaaten, jedoch keine Privatpersonen bzw. privaten Stiftungen. Soweit im Einzelfall in der Vergangenheit gemäß den Washingtoner Prinzipien auch von Privatpersonen, privaten Stiftungen und Gesellschaften Einigungen mit Alteigentümern erreicht wurden, erfolgten diese auf freiwilliger Basis. Ob vorliegend die Voraussetzungen dafür erfüllt sind, kann in Anlehnung an die alliierte Rückerstattungsgesetzgebung der Nachkriegszeit wie folgt beantwortet werden:

Sollte, was bisher unbewiesen ist, das Gemälde von Paul von Mendelssohn-Bartholdy selbst 1934 im Deutschen Reich verkauft worden sein, wäre grundsätzlich ein NS-verfolgungsbedingter Vermögensverlust zu vermuten. Paul von Mendelssohn-Bartholdy gehörte zu einer Personengruppe, die kollektiv vom NS-Regime verfolgt wurde. Hier gilt nach alliiertem Rückerstattungsrecht grundsätzlich die Verfolgungsvermutung, d.h. alle Vermögensverluste, insbesondere auch Verkäufe von Vermögenswerten rassisch Verfolgter nach dem 30.01.1933 sind davon betroffen. Der aktuelle Besitzer kann allerdings den Gegenbeweis erbringen, wenn er nachweist, dass im Zeitraum vor dem 15.09.1935 (Inkrafttreten der Nürnberger Gesetze) ein verkehrsüblicher Kaufpreis vereinbart wurde und die Kaufsumme dem Verkäufer ungeschmälert zufloss. Diese Umstände sind bisher nicht aufgeklärt.

Die nichtjüdische Ehefrau Elsa wurde im Sinne der NS-Rassenideologie aufgrund ihrer Heirat mit dem Juden Paul von Mendelssohn-Bartholdy als „jüdisch Versippte" betrachtet. Auch nichtjüdische Ehepartner in einer „Mischehe" unterlagen der NS-Verfolgung und galten als Kollektivverfolgte (ständige Rückerstattungsrechtsprechung, zuletzt Bundesverwaltungsgericht im Urteil vom 13.09.2000, VIZ 2001, S. 35 ff.). Mit dem Tod ihres jüdischen Ehemannes gehörte die nichtjüdische Witwe Elsa von Mendelssohn-Bartholdy nicht mehr zu der kollektiv verfolgten Personengruppe. Ihre Vermögensverfügungen unterfielen nicht mehr der Verfolgungsvermutung. Die heutigen Anspruchsteller müssen für die Witwe eine Individualverfolgung nachweisen, in deren Zusammenhang die Veräußerung des Kunstwerkes erfolgte. Entsprechendes wurde bisher offensichtlich nicht vorgetragen.

Soweit es sich beim dem Erbvertrag vom 08.02.1935 tatsächlich um ein sog. Verfolgtentestament handelte, mit dem der Erblasser die drohende Beschlagnahme seines Nachlasses abwenden wollte und deshalb jüdische Erben ausschloss, wäre – wie in vielen anderen Fällen praktiziert – von den ausgeschlossenen jüdischen Erben nach dem Kriege die Anfechtung des Testaments, der Einzug des Verfolgten-Erbscheins und die Erteilung eines neuen Erbscheins zu erwarten gewesen. Dies war jedoch nicht erfolgt. Offensichtlich bestand zwischen der Erbin und den Nacherben im Zeitpunkt der Testamentseröffnung und Jahrzehnte danach Einhelligkeit über die letztwillige Verfügung von Paul von Mendelssohn-Bartholdy zugunsten seiner Witwe.

England

Ludwig Kainer-Erben (Norbert Levy) vs. unbekannte Besitzer (Sotheby's)

Gemälde von Claude Monet, „Au Parc Monceau"

Fall 110

NLA

dazu : BBC News vom 26.06.2001; Axel Reiserer in NU September 2004, S. 12 ff.

Fall

Monet malte 1878 mehrere Bilder des Stadtparks Monceau. Der in Berlin ansässige jüdische Kunstsammler Norbert Levy erwarb nach 1903 eines dieser Bilder. Über eine Schenkung an seine Tochter Margret Levy-Kainer gelangte es in den Besitz ihres Ehemannes Ludwig Kainer, der als Maler, Illustrator und Entwurfsdesigner für das russische Ballet und die Berliner Oper tätig war.

Das Ehepaar flüchtete kurz nach der Machtergreifung der Nationalsozialisten 1933 nach Paris und musste seine gesamte Kunstsammlung zurücklassen. Sie wurde 1935 vom NS-Regime beschlagnahmt und im Auktionshaus „Union" (Inhaber Leo Spik) versteigert. Darunter befand sich auch das Monet-Gemälde. An wen das Bild seinerzeit veräußert wurde und wo es sich danach befand, ist unbekannt.

1998 wandte sich der aktuelle Besitzer des Bildes an das Auktionshaus Sotheby's, um es verkaufen zu lassen. Sotheby's untersuchte die Provenienz des Gemäldes und stellte fest, dass es sich um Raubkunst handelte. Der Besitzer bat Sotheby's, die Erben des Alteigentümers zu ermitteln. Mit ihnen kam es zum Abschluss einer Vereinbarung, über deren Eckpunkte Stillschweigen bewahrt wurde. Im Ergebnis dieser zwischen Alteigentümer und aktuellem Besitzer getroffenen Regelung versteigerte Sotheby's das Gemälde am 26.06.2001 in London für 3.743.500 Pfund.

Rechtslage

Durch die Beschlagnahme des Bildes konnte Ludwig Kainer sein Eigentum nicht verlieren. Nach der so genannten Radbruch'schen Formel, die von der Rechtswissenschaft nach dem 2. Weltkrieg in Deutschland entwickelt wurde, sind solche Vermögensentziehungen unwirksam. Das Gemälde gilt im Rechtssinne als abhanden gekommen.

Ausnahmsweise ist allerdings ein Eigentumserwerb nach deutschem Recht möglich, wenn das Bild in einer öffentlichen Versteigerung verkauft wurde. Dies ist hier der Fall. Erforderlich ist lediglich, dass der Käufer bei Erwerb gutgläubig war. Vorliegend konnte der Käufer darauf vertrauen, dass eine Verkaufsbefugnis aufgrund öffentlich-rechtlicher Vorschriften bestand. Er konnte und musste nicht wissen, dass diese Vorschriften später als unwirksam bewertet wurden. Der Eigentumsverlust trat in der Auktion 1935 ein. Zivilrechtliche Rückgabeansprüche sind somit ausgeschlossen.

Ob und wem gegenüber nach Kriegsende öffentlich-rechtliche Rückgabeansprüche geltend gemacht wurden, ist unbekannt.

Die Einigung der Alteigentümer-Erben mit dem aktuellen Besitzer ermöglichten die Versteigerung des Bildes, dessen Verkauf ansonsten durch die Geltendmachung von Rückgabeansprüchen faktisch ausgeschlossen gewesen wäre.

Fall 111
NLA

Frankreich
Karl Grünwald-Erben vs. unbekannter Besitzer (Christie's)
Gemälde von Egon Schiele, „Herbstsonne II"

dazu: Lillie Handbuch, S. 434 ff.; Christie's Presseveröffentlichungen vom 21.04.2006; FAZ vom 13.05.2006

Fall

1914 malte Egon Schiele das Stilleben „Herbstsonne", möglicherweise als eine Hommage an die Sonnenblumen von Vincent van Gogh. Erstmalig 1914 in Brüssel gezeigt und sofort von dem Kunstsammler Xaver Gmür erworben, verkaufte dieser es Anfang der 20er Jahre an den Förderer und Freund Egon Schieles, den Wiener Textilhändler und Kunstsammler Karl Grünwald (s. auch Fall 46). Grünwald unterstützte den vor dem 1. Weltkrieg noch weitgehend unbekannten Schiele finanziell und setzte sich maßgeblich dafür ein, dass Schiele vom Frontdienst befreit in der „Etappe" den Krieg überlebte.

Nach der Besetzung Österreichs durch deutsche Truppen im März 1938 floh Karl Grünwald zunächst nach Frankreich und versuchte, seine zurückgelassene Kunstsammlung nachzuholen. Fünfzig Gemälde konnten in das seinerzeit französische Straßburg überführt werden. Dort wurden sie jedoch im Sommer 1940 von deutschen Truppen beschlagnahmt und bei drei Auktionen im Juni 1942 und möglicherweise auch 1943 versteigert.

Grünwald emigrierte mit drei seiner Kinder 1942 in die USA. Die Flucht seiner Ehefrau Steffany und der Tochter Lena scheiterte. Sie wurden in einem Konzentrationslager ermordet.

Nach 1946 suchte Grünwald seine in Straßburg verloren gegangene Sammlung, insbesondere das „Bildnis Karl Grünwald" und „Stadtende", beide von Schiele, und weitere Schiele-Zeichnungen, ein Klimt-Gemälde, Bilder von Harta, Huber, Boeckel und Lithografien von Daumier. Mehr als zwanzig Jahre lang bis zu seinem Lebensende fahndete er nach den Werken, weitgehend ohne Erfolg.

Erst sein Sohn Frederic, der nach des Vaters Tod 1964 die Suche fortsetzte, konnte 1970 ein Schiele-Porträt von Karl Grünwald in einer Auktion ausfindig machen. Aktueller Besitzer war das Toyota-Museum in Japan. Das Gemälde „Die Erfüllung" (s. Fall 46) wurde in einem Zivilrechtsstreit zurückerlangt, der gegen ein Straßburger Museum geführt wurde. Das Schicksal des Schiele-Bildes „Herbstsonne" von 1914 blieb ungeklärt.

Kurz vor seinem Tod im September 2004 mahnte Frederic Grünwald seine Kinder, die Enkel des früheren Sammlers Karl Grünwald, weiter nach dem Verbleib der bislang nicht aufgefundenen Bilder, insbesondere dem Schiele-Hauptwerk „Herbstsonne II" zu suchen und nichts unversucht zu lassen.

Ende 2005 ließ ein unbekannter französischer Bürger, vertreten durch einen französischen Rechtsanwalt, bei Christie's die „Herbstsonne II" auf Echtheit prüfen und schätzen, offensichtlich zum Zwecke des Verkaufs. Der Besitzer soll Christie's gegenüber erklärt haben, das Bild wäre von ihm einige Jahre zuvor zusammen mit der Wohnungseinrichtung beim Kauf einer Eigentumswohnung erworben worden. Er wäre kein ausgeprägter Kunstkenner und daher über die Geschichte des Bildes nicht informiert gewesen. Unter bisher unbekannten Umständen erhielt Christie's von den Grünwald-Erben einen Verkaufsauftrag und konnte das Bild mit Zustimmung des Besitzers am 21.06.2006 in London versteigern. Der Erlös betrug mit 17,2 Millionen € mehr als das Doppelte des Schätzpreises.

Rechtslage

Der Eigentumserwerb auf der Straßburger Auktion im Juni 1942 war nach der im November 1944 von der französischen Exilregierung erlassenen so genannten Restitutionsverordnung unwirksam. Diese Nichtigkeit könnte auch gerichtlich festgestellt werden (s. Fälle 45 und 46). Ob nach französischem Zivilrecht ausnahmsweise ein gutgläubiger Erwerb des aktuellen Besitzers in Betracht kommt, hängt von den besonderen Umständen des Einzelfalles ab, insbesondere davon, ob dieser bei Besitzerwerb gutgläubig war. Diese Umstände sind unbekannt. Die veröffentlichten Erklärungen des Besitzers deuten nicht darauf hin, dass er im Rechtssinne gutgläubig war. Der Herausgabeanspruch wäre in Frankreich zivilrechtlich durchsetzbar gewesen. Daneben wäre noch eine strafrechtliche Einziehung des Bildes wegen „Handel mit gestohlenen Sachen" in Betracht gekommen, wie dies der Fall 49 zeigt.

Fall 112
NLA

Deutschland
Robert Graetz-Erben vs. unbekannten Erwerber (Auktionshaus Villa Grisebach)
Gemälde von Conrad Felixmüller, „Apfelblüte – Klotzsche Dorf" und „Selbstbildnis (in Sportmütze vor der Staffelei)"

dazu : Enderlein, S. 224 ff.

Fall

Der jüdische Textilunternehmer Robert Graetz aus Berlin gelangte durch berufliche Erfolge zu Wohlstand und baute sich mit der Hilfe seines Bruders, des Galeristen Hugo Graetz, eine respektable Kunstsammlung auf. Sie enthielt zahlreiche Werke von Liebermann, Slevogt, Ury, Schmidt-Rottluff, Pechstein, Modersohn-Becker, Heckel, Nolde und mehrere Gemälde von Conrad Felixmüller. Einige seiner Bilder wurden in der 1928 im Kronprinzenpalais von dem Direktor der Nationalgalerie Ludwig Justi organisierten Ausstellung „Neuere deutsche Kunst aus Berliner Privatbesitz" gezeigt. Das Gemälde „Apfelblüte – Klotzsche Dorf" erwarb Graetz im Juni 1931 direkt vom Künstler. Sein Selbstbildnis verschenkte Felixmüller an Robert Graetz im Juni 1934 als Dank für geleistete Hilfe.

Nach der Machtübernahme der Nationalsozialisten wurde das mittelständische Textilunternehmen durch die NS-Boykottmaßnahmen schwer beeinträchtigt und musste zeitweise enorme Gewinnrückgänge hinnehmen. Graetz war gezwungen, seine Villa in Wohneinheiten umzubauen und diese möbliert zu vermieten. Aufgrund der Verschärfung der antijüdischen Repressionsmaßnahmen stellte Graetz den Geschäftsbetrieb seines Textilunternehmens Anfang 1939 endgültig ein. Die auf mehr als 200 Kunstwerke angewachsene Privatsammlung wurde ab 1936 sukzessive verkauft. Einen Teil konnte der 1939 nach Südamerika emigrierte Bruder Wilhelm Graetz mitnehmen. Ein Restbestand kam in der staatlich angeordneten Versteigerung des gesamten Inventars der Graetz-Villa am 25.02.1941 im Auktionshaus Gerhard Harms unter den Hammer. Wenige Stücke waren bei einer Berliner Spedition eingelagert. Einige tauchten nach dem Krieg wieder auf. Durch Zwangsabgaben genötigt löste Graetz ab 1939 sein sonstiges Vermögen auf und verkaufte seine Villa für den Bruchteil des Verkehrswertes. Nach der Versteigerung seines Hausrates im Februar 1941 war er nahezu vollständig verarmt. Robert Graetz und seine Frau Bluma lebten dann in einer Zweizimmerwohnung. Die Lettin und somit als feindliche Ausländerin eingestufte Bluma Graetz wurde nach dem Überfall auf die Sowjetunion im Juni 1941 verhaftet und nach Russland deportiert, wo sie bis Kriegsende in einem Arbeitslager schuftete. Robert Graetz wurde am 14.04.1942 in das Arbeitslager Trawniki bei Lublin deportiert und umgebracht.

Seine Tochter machte nach den alliierten Rückerstattungsbestimmungen u.a. Ansprüche auf die Kunstsammlung geltend. Sie wurden im Ergebnis wegen Verfristung und anderer Formalien abgelehnt. Schadensersatzansprüche für den Verlust der Villa, der Einrichtungsgegenstände und der Kunstwerke wurden nach mehr als zehnjährigen Verhandlungen gleichfalls abgelehnt. Erst 1973 konnte in einem Vergleich eine Summe von 10.000 DM (!) für die gesamte Einrichtung und die Gemälde vom Entschädigungsamt erstritten werden.

Das Gemälde „Apfelblüte – Klotzsche Dorf" wollte das Auktionshaus Grisebach am 27.05.1995 unter dem unrichtigen Titel „Radebeul" zu einem Preis von 30-40.000 DM versteigern. Da es keinen Käufer fand, versuchte Sotheby's es in München am 02.12.1997 für lediglich 20-30.000 DM zu veräußern. Auch hier fand sich kein Käufer. Das Gemälde ging an den unbekannten Einlieferer zurück. Weder Grisebach noch Sotheby's wiesen in ihren Auktionskatalogen auf die Herkunft des Gemäldes aus der Sammlung Graetz hin.

Am 29.11.1997 versteigerte das Auktionshaus Grisebach in Berlin das „Selbstbildnis" von Felixmüller für 26.450 DM. Diesmal gab das Auktionshaus als Provenienz den „ehemaligen Besitzer Robert Graetz" im Katalog an. Nachträgliche Versuche, unter Vermittlung des Auktionshauses eine Einigung mit dem namentlich unbekannten Erwerber des Gemäldes herbeizuführen, blieben nach mehr als vierjährigen Bemühungen bisher ergebnislos.

Rechtslage

Sollten die Gemälde auf staatliche Anordnung hin aufgrund diskriminierender antijüdischer Rechtsvorschriften versteigert worden sein, wäre ein Eigentumsverlust aufgrund der nach dem 2. Weltkrieg von der Rechtswissenschaft entwickelten so genannten Radbruch'schen Formel nicht eingetreten. Das gesetzliche NS-Unrecht wird danach als unbeachtlich angesehen. Die Gemälde sind dann im Rechtssinne als abhanden gekommen anzusehen. An ihnen ist nach deutschem Recht grundsätzlich ein wirksamer Eigentumserwerb unmöglich. Auch ein gesetzlicher Eigentumserwerb im Wege der Ersitzung ist an abhanden gekommenen Gegenständen ausgeschlossen. Allerdings wäre die Eigentumsherausgabeklage der Graetz-Erben gegenüber den aktuellen Besitzern in Deutschland nicht mehr durchsetzbar, wenn diese sich auf die dreißigjährige Verjährung (Fristbeginn ab Besitzverlust) berufen. Hinsichtlich des 1997 versteigerten Gemäldes könnte ein Eigentumserwerb ausnahmsweise eingetreten sein, weil der Verkauf im Rahmen einer öffentlichen Auktion stattfand. Nur in dieser Fallkonstellation ist auch an abhanden gekommenen Gegenständen bei Gutgläubigkeit des Ersteigerers ein wirksamer Eigentumserwerb möglich.

Entscheidungserheblich ist also, ob der Erwerber gutgläubig war. Der seinerzeitige Auktionskatalog wies eine lückenlose Provenienz des Gemäldes für den Zeitraum 1933 bis 1945 nicht nach. Er enthielt jedoch den Hinweis auf die ehemalige Sammlung Robert Graetz. Auch 1997 konnte allerdings ohne Weiteres bereits aus allgemein zugänglichen Quellen ermittelt werden, dass Robert Graetz Verfolgter des NS-Regimes war und seine Vermögenswerte auf staatliche Anordnung verlor. Ob diese aufklärbaren Umstände genügen, dem

Versteigerer die nach deutschem Recht erforderliche grob fahrlässige Unkenntnis über die tatsächlichen Eigentumsverhältnisse anzulasten, hängt von weiteren Tatsachen wie z. B. der Fachkenntnis des Erwerbers ab. Unterstellt man zu seinen Gunsten, dass er gutgläubig war, erwarb er am 29.11.1997 erstmalig das Eigentum an dem Gemälde. Dann steht dem Alteigentümer aufgrund der Rechtsvorschriften zur so genannten ungerechtfertigten Bereicherung allerdings ein Anspruch auf den Verkaufserlös zu. Voraussetzung für die Durchsetzung dieses Erlösauskehranspruches ist die Identifizierung der Person des Einlieferers des Gemäldes. Ob das Auktionshaus Grisebach den Graetz-Erben hier hilft, ist unbekannt.

ANHANG

A-B-C der Fachbegriffe

Abhandenkommen
Kunstwerke sind dem Eigentümer bzw. Besitzer abhanden gekommen, wenn sie gegen oder ohne seinen ausdrücklichen Willen aus seinem Besitz gestohlen, unterschlagen, beschlagnahmt, enteignet oder auf sonstige Weise weggenommen wurden und er den Besitz und die Verfügungsbefugnis darüber verloren hat.

Alliiertes Rückerstattungsrecht
Von den Westalliierten nach 1945 erlassene gesetzliche Bestimmungen, in denen die Voraussetzungen für die Rückgabe von NS-verfolgungsbedingt abhanden gekommenen Vermögenswerten geregelt wurden. Zugunsten von individuell und kollektiv Verfolgten gilt bei Vermögensverlusten im Zeitraum zwischen dem 30.01.1933 und 08.05.1945 die gesetzliche Vermutung, dass der Vermögenswert verfolgungsbedingt verloren ging und deshalb zurückzugeben ist.

Alteigentümer
Eigentümer und Besitzer eines Kunstwerkes, das ihm durch eine Schädigungsmaßnahme NS-verfolgungsbedingt abhanden kam.

Arisierung
Jede Art von Eigentumsentziehung gegenüber Personen, die vom NS-Regime aus rassischen Gründen verfolgt wurden.

Art Loss Register
Gebührenpflichtiges Register einer von internationalen Auktionshäusern und Versicherungen gegründeten Gesellschaft, bei der man Verlustfälle von Kunstwerken melden oder anfragen kann, ob solche dort registriert sind.

Ausfuhrverbotsgesetz
Gesetzliche Sonderregelung in Österreich, die grundsätzlich die Ausfuhr von Kulturgütern verbot oder nur gegen Zahlung einer Steuer zuließ. Das Gesetz blockierte während der NS-Herrschaft die Ausfuhr von Kulturgütern aus Österreich. Es fand auch nach dem 2. Weltkrieg Anwendung und verhinderte, dass Verfolgte des NS-Regimes ihre Kunstwerke ohne gesetzliche Beschränkungen ausführen konnten.

Beutekunst
Kunstwerke, die zu Kriegsende von alliierten Streitkräften beschlagnahmt, geraubt, geplündert und in deren Heimatländer geschafft wurden. Nach einigen nationalen Gesetzen osteuropäischer Staaten blieben auf staatliche Veranlassung hin erfolgte Beschlagnahmen von Kunstwerken wirksam. Die Werke wurden Eigentum dieser Staaten. Wegnahmen einzelner Kunstwerke durch Soldaten oder andere Personen, die nicht staatlich autorisiert waren, bewirken grundsätzlich keinen Eigentumsverlust. Bei Beutekunst kann es sich um Kunstwerke handeln, die

zuvor den Alteigentümern NS-verfolgungsbedingt abhanden kamen. Beutekunst kann also auch Raubkunst sein.

Beschlagnahme
Hoheitliche Zwangsmaßnahme staatlicher Stellen oder Einzelpersonen, die (auch nachträglich) staatlich gebilligt wurde und zu einem Besitzverlust beim Alteigentümer führte.

Beweislast
In den unterschiedlichen nationalen Rechtsordnungen geregelte Verpflichtung, nach der bei einem Rückgabeverlangen gegenüber dem aktuellen Besitzer die Verpflichtung des Alteigentümers besteht, Tatsachen vorzutragen, die belegen, dass sein Anspruch begründet ist. Bei Eigentums- und Besitzherausgabeverlangen ist grundsätzlich der Kläger gegenüber dem aktuellen Besitzer beweisbelastet. Nicht der Besitzer muss beweisen, dass ihm die Sache gehört, sondern der Kläger, dass er einen Anspruch auf Rückgabe hat.

Central Collecting Point (CCP)
Im Mai 1945 von den US-Amerikanern eingerichtete Stellen (Hauptsitz München), die den Auftrag zur Sicherstellung und Rückführung NS-verfolgungsbedingt abhanden gekommener Kunstwerke an die ursprünglichen Eigentümer hatten. Oft erfolgten die Rückgaben treuhänderisch an die Länder, aus denen die Kunstwerke geraubt worden waren. In deren Sammlungsbestand befinden sich heute noch zahlreiche treuhänderisch übergebene Werke.

Commission for looted Art in Europe (CLAE)
Gemeinnützige europäische Organisation mit Sitz in London, die Alteigentümer bei der Rückführung von Kunstwerken, die NS-verfolgungsbedingt abhanden kamen, unterstützt.

Emigrantenauktion/Emigrantenverkauf
Veräußerung von Kunstwerken in einer privatrechtlichen Auktion oder durch freihändigen Verkauf außerhalb des Deutschen Reiches oder der von ihm besetzten Ländern durch den Alteigentümer, der aus rassischen, politischen, religiösen oder weltanschaulichen Gründen durch das NS-Regime verfolgt wurde.

Entziehung, Einziehung
Hoheitliche, staatliche Maßnahme, i.d.R. aufgrund von Gesetzen, Verordnungen oder staatlichen Anweisungen, wodurch das Eigentum an dem Kunstwerk dem Alteigentümer entschädigungslos entzogen und es dadurch Staatseigentum wurde (vgl. „entartete" Kunst).

Entartete Kunst
Kunstwerke, die vom NS-Regime aufgrund der herrschenden Kunstauffassung abgelehnt wurden (insbesondere expressionistische Kunst), auf staatliche Anord-

nung hin während der NS-Zeit aus öffentlichen Museen und Sammlungen entfernt und aufgrund eines besonderen Gesetzes zugunsten des Deutschen Reiches entschädigungslos enteignet wurden.

Ersitzung
Nach einigen nationalen Rechtsordnungen möglicher gesetzlicher Eigentumserwerb von Kunstwerken durch den Besitzer innerhalb eines besonders geregelten Ersitzungszeitraumes (regelmäßig drei bis zehn Jahre), wenn der Besitzer bei Erwerb und während der Besitzdauer gutgläubig war.

Fluchtgut
Kunstwerke, die aus dem Deutschen Reich oder den besetzten Gebieten vom Alteigentümer in ein sicheres Drittland geschafft wurden, um sie vor dem Zugriff des NS-Regimes zu schützen.

Führermuseum Linz
Museumsprojekt des NS-Regimes mit dem Ziel, in Linz – Österreich – ein zentrales Kunstmuseum („Führermuseum") zu errichten. Zu diesem Zwecke wurden auf der Grundlage des Führerbefehls rund 1.000 herausragende Meisterwerke der Renaissance, des Barock und des 19. Jahrhunderts u. a. aus geplünderten und enteigneten Sammlungen von den Sonderbeauftragten (Hans Posse, nach dessen Tod 1942 Hermann Voss) im Deutschen Reich und in den besetzten Gebieten Europas zusammengetragen. Die „Sonderbeauftragten" erwarben zahlreiche Kunstwerke auch in der Schweiz zur Vervollständigung des Linzer Sammlungsbestandes. Ein Teil dieser zusammengerafften Kunstwerke gelangte zu Ende des 2. Weltkrieges als Beutekunst in die UdSSR. Die von den Westalliierten sichergestellten Werke wurden den Alteigentümern oder zum Zwecke der Identifizierung der Eigentümer österreichischen und westdeutschen Behörden übergeben. Raubkunstwerke aus diesem Bestand befinden sich noch in Museen.

Führervorbehalt
Anordnung bzw. Befehl von Adolf Hitler vom 18.06.1938, der gesetzesgleich befolgt wurde und festlegte, dass bei geplünderten und beschlagnahmten Kunstsammlungen, insbesondere in Österreich, den Niederlanden und Frankreich, Adolf Hitler ein Ersterwerbsrecht an allen Kunstwerken besaß.

Gemeinsame Erklärung
Erklärung vom 14.12.1999, mit der sich in Deutschland die staatlichen Museen und Sammlungen verpflichteten, auf der Grundlage der Washingtoner Prinzipien NS-verfolgungsbedingte Vermögensverluste rückgängig zu machen.

Guter Glauben/Gutgläubigkeit
Grundsätzlich kann Eigentum an einem Kunstwerk nur vom Eigentümer erworben werden. Veräußert der Nichtberechtigte an den Käufer/Erwerber ein Kunstwerk, ist nur ausnahmsweise in einigen Rechtsordnungen ein gutgläubiger Erwerb möglich.

Gutgläubig ist, wer nicht wusste oder nicht wissen musste, dass der Veräußerer Nichtberechtigter ist. Der Maßstab der Gutgläubigkeit bzw. des Guten Glaubens beurteilt sich nach den jeweiligen nationalen Rechtsordnungen unterschiedlich. Üblicher Maßstab ist, dass der Käufer bei Erwerb des Kunstwerkes und trotz Aufbringung der erforderlichen Sorgfalt keine positive Kenntnis davon hatte, dass der Veräußerer Nichtberechtigter und somit nicht Eigentümer war.

Gutgläubiger Erwerb
Die Eigentumsübertragung von einem Nichtberechtigten auf einen Käufer/Erwerber ist in den verschiedenen Rechtsordnungen unterschiedlich geregelt. Grundsätzlich kann nur der Alteigentümer das Eigentum an einem Kunstwerk auf den Neu-Eigentümer übertragen. Es bestehen unterschiedliche gesetzliche Ausnahmen, aufgrund derer auch vom Nichtberechtigten wirksam das Eigentum an einem Kunstwerk auf den Neu-Eigentümer übertragen werden kann (z.B. Auktionen).

Handreichung
Die im Februar 2001 vom Beauftragten der Bundesregierung für Kultur und Medien herausgegebene über 100seitige Arbeitsanleitung, die als „Handreichung" bezeichnet wird, wurde von führenden Museumsfachleuten, Vertretern der Länder und kommunalen Spitzenverbände ausgearbeitet und von allen maßgeblichen staatlichen Museums-, Städtetags- und Gemeindeorganisationen verabschiedet. Sie legt u.a. fest, dass ein NS-verfolgungsbedingter Vermögensverlust am Maßstab des früheren alliierten Rückerstattungsrechts geprüft und entschieden werden soll.

Individualverfolgte
Personen, die nicht allein aus politischen, rassischen oder weltanschaulichen Gründen vom NS-Regime verfolgt wurden, sondern einer individuellen Verfolgungsmaßnahme, z.B. Verhaftung, Erpressung, unterlagen und aufgrund dessen NS-verfolgungsbedingte Vermögensverluste erlitten.

Infizierte Kunstwerke
Kunstwerke, die aus NS-verfolgungsbedingten Vermögensverlusten stammen, von Besitzern erworben und von diesen an staatliche Museen und Sammlungen im Wege der Schenkung, Erbfolge oder als Leihgabe übergeben wurden. Sie führten in dem dortigen Sammlungsbestand zur Infizierung mit NS-verfolgungsbedingt abhanden gekommenen Kunstwerken.

Judenauktionen
Öffentliche Auktionen privater Kunsthandels- bzw. Auktionsfirmen während der NS-Zeit, auf denen rassisch Verfolgte Kunstwerke wegen ihrer persönlichen Verfolgungssituation veräußern mussten.

Kollektivverfolgte
Kollektivverfolgte sind Personen, die aus rassischen, politischen, religiösen oder weltanschaulichen Gründen vom NS-Regime generell verfolgt wurden. Nach den

alliierten Rückerstattungsgesetzen und anderen nationalen gesetzlichen Sonderregelungen werden Eigentumsverluste dieser Personengruppen grundsätzlich als NS-verfolgungsbedingt angesehen.

Kompensatorische Restitution
In verschiedenen nationalen Rechtsordnungen ehemaliger Ostblockstaaten (z.B. Polen, UdSSR) angeordnete entschädigungslose Enteignung von Kunstwerken zugunsten des Staates als materieller Ausgleich für die Eigentumsverluste, die diese Staaten durch das NS-Regime erlitten hatten. Darunter befindet sich auch Raubkunst, die zuvor NS-Verfolgten entzogen wurde.

Koordinierungsstelle
Von den sechzehn deutschen Bundesländern und der Bundesrepublik Deutschland gemeinsam finanzierte Einrichtung mit Sitz in Magdeburg, die Such- und Fundmeldungen von NS-verfolgungsbedingt abhanden gekommenen (Raubkunst) und kriegsbedingt verlagerten (Beutekunst) Kulturgütern entgegennimmt und im Internet kostenlos in der Lost Art Datenbank veröffentlicht.

Kunstrückgabegesetz
Österreichisches Kunstrückgabegesetz vom Dezember 1998, in dem spezialgesetzlich geregelt ist, unter welchen Voraussetzungen NS-verfolgungsbedingte Kulturgutverluste vom Alteigentümer gegenüber den aktuellen Besitzern, soweit es sich um bundesstaatliche Museen und Sammlungen handelt, geltend gemacht werden können.

Londoner Erklärung
Erklärung der seinerzeit im Kriegszustand mit dem Deutschen Reich befindlichen Staaten und Exilregierungen vom 05.01.1943, in der alle Länder und Privatpersonen gewarnt wurden, dass Plünderungen, Zwangsverkäufe und sonstige NS-verfolgungsbedingte Vermögensverluste von Kunstwerken nicht anerkannt werden und rückgängig zu machen sind.

Lost Art Internet Database
Unentgeltlich jedermann zugängliche Recherche-Datenbank, die Kulturgutverluste während und nach Ende der NS-Herrschaft (Raubkunst und Beutekunst) aufführt und Suchmeldungen von jedermann aufnimmt. Eine rechtliche Prüfung über die Begründetheit der dort veröffentlichten Such- und Fundmeldungen findet nicht statt.

Mehrfachschädigungen
Verliert der Alteigentümer NS-verfolgungsbedingt sein Kunstwerk und erwirbt dies eine Person, die es in der Folgezeit selbst aus den gleichen Gründen verliert, liegt eine Doppel- bzw. Mehrfachschädigung vor, weil mehrere Personen das Eigentum an dem Kunstwerk NS-verfolgungsbedingt verloren haben.

Nichtberechtigter

Besitzer eines Kunstwerkes, der dies einem anderen rechtsgeschäftlich überträgt (Verkauf, Schenkung, Tausch o.ä.) und selbst nicht Eigentümer ist. Der Nichtberechtigte kann nur ausnahmsweise in einigen Ländern das Eigentum an dem Kunstwerk auf den Käufer/Erwerber übertragen, wenn ein gutgläubiger Erwerb möglich ist. Im angelsächsischen Rechtssystem ist der gutgläubige Erwerb generell ausgeschlossen.

Nürnberger Gesetze

Gesetzliche Bestimmungen, die ab 15.09.1935 regelten, wer vom NS-Regime als Jude, also aus rassischen Gründen als verfolgt anzusehen ist. Seit diesem Zeitpunkt gilt in alliierten Rückerstattungsbestimmungen eine verschärfte Vermutung der NS-verfolgungsbedingten Vermögensverluste.

NS-verfolgungsbedingter Vermögensverlust

Eigentums- und/oder Besitzverlust von Kunstwerken des Alteigentümers in der Zeit zwischen 30.01.1933 und 08.05.1945, der durch Maßnahmen des NS-Regimes verursacht wurde, die sich gegen den Alteigentümer richteten. Nach der von der Rechtswissenschaft entwickelten Kausalitätsformel – Conditio sine qua non – kann bei wertender Betrachtung aller maßgeblichen Umstände die Herrschaft des NS-Regimes nicht hinweggedacht werden, ohne dass der Eigentums-/Besitzverlust am Kunstwerk eingetreten wäre. Welcher Grad der Kausalität nach dieser Formel erforderlich ist, um einen Anspruch auf Rückgabe eines Kunstwerkes zu begründen, hängt von den jeweiligen nationalen Rechtsordnungen ab. In den Washingtoner Prinzipien ist keine Legaldefinition dieses Begriffes erfolgt. In Deutschland beispielsweise werden regelmäßig die Grundsätze des Alliierten Rückerstattungsrechts herangezogen.

Öffentlich-rechtliche Rückgabeansprüche

Ansprüche auf Rückgabe von Kunstwerken zugunsten des Alteigentümers, die aufgrund gesetzlicher Sonderregelungen festgelegt wurden und einen Rückgabeanspruch gegenüber dem Besitzer begründen. Regelmäßig bestanden solche Rückgabeansprüche aufgrund der alliierten Rückerstattungsbestimmungen und nationaler gesetzlicher Sonderregelungen. Die Fristen für die Geltendmachung solcher öffentlich-rechtlichen Ansprüche sind regelmäßig seit Jahrzehnten abgelaufen und verjährt.

Grundsätzlich können von dem Alteigentümer keine Ansprüche gegenüber Privatpersonen, Stiftungen oder sonstigen juristischen Personen des Privatrechts geltend gemacht werden, sondern nur gegenüber dem jeweiligen Staat, der das Gesetz erlassen hat.

Ansprüche nach den Washingtoner Prinzipien, die auch als öffentlich-rechtliche Ansprüche betrachtet werden, können gleichfalls grundsätzlich nur gegenüber den Teilnehmerstaaten der Konferenz bzw. deren staatlichen Institutionen, Museen und öffentlichen Sammlungen, geltend gemacht werden.

Provenienzrecherche/Provenienzforschung
Wissenschaftliche Forschung über die Herkunft und ehemaligen Eigentumsverhältnisse von Kunstwerken und Kulturgütern, die den Nachweis ihrer lückenlosen Eigentumsfolge bis zum aktuellen Besitzer zum Ziel hat.

Situs-Regel
Allgemeiner Grundsatz des internationalen Privatrechts, wonach der Eigentumserwerb/-verlust an einem Kunstwerk beurteilt wird nach der Rechtsordnung des Landes, in dem das Kunstwerk erworben wurde. Trat der Eigentumserwerb/-verlust in einem anderen Land ein als in jenem, in dem sich das Kunstwerk bei Herausgabe befindet, muss grundsätzlich auch die Rechtsordnung des Landes, in dem das Kunstwerk erworben wurde, berücksichtigt werden.

Verfolgungsvermutung
Aufgrund gesetzlicher Bestimmungen, insbesondere Alliierter Rückerstattungsregelungen, definierte Sachverhalte, aufgrund derer dem Alteigentümer aus rassischen, politischen, religiösen oder weltanschaulichen Gründen Kunstwerke abhanden kamen. Liegen diese gesetzlich definierten Sachverhalte vor, gilt die gesetzliche Vermutung, dass der Vermögensverlust NS-verfolgungsbedingt eintrat. Nur ausnahmsweise und unter besonderen gesetzlichen Voraussetzungen kann der Gegenbeweis dafür erbracht werden, dass der Vermögensverlust auch ohne die Herrschaft des NS-Regimes eingetreten wäre.

Verjährung
Öffentlich-rechtliche Rückgabeansprüche nach den alliierten Rückerstattungsbestimmungen oder nationalen gesetzlichen Regelungen konnten nur innerhalb kurzer gesetzlicher Ausschlussfristen geltend gemacht werden. Nach Ablauf dieser Fristen ist grundsätzlich keine Geltendmachung mehr möglich. Die Ansprüche sind verjährt.

Auch zivilrechtliche Ansprüche, die auf Rückgabe von abhanden gekommenen Kunstwerken geltend gemacht werden, unterliegen in verschiedenen Rechtsordnungen einer Verjährung, d.h. nach Ablauf der gesetzlichen Fristen verliert entweder der Alteigentümer endgültig das Eigentum an dem Kunstwerk oder er kann zumindest keinen Herausgabeanspruch gegenüber dem aktuellen Besitzer mehr geltend machen.

In den Washingtoner Prinzipien haben sich die Unterzeichnerstaaten verpflichtet, bei NS-verfolgungsbedingten Vermögensverlusten auf die Geltendmachung von Verjährungsfristen zu verzichten.

Verwirkung
Bei zivilgerichtlichen Herausgabeverfahren kann der aktuelle Besitzer unter besonderen Voraussetzungen geltend machen, dass der Herausgabeanspruch verwirkt ist. Dies ist beispielsweise in angelsächsischen Rechtsordnungen möglich, wenn der Alteigentümer jahrzehntelang keine erforderlichen Anstrengungen unternahm, das Eigentum zurückzuerhalten und/oder Umstände vorliegen, die

einen dauerhaften Anspruch des aktuellen Besitzers begründen, das Kunstwerk behalten zu dürfen.

Washingtoner Konferenz

In Washington im Dezember 1998 abgehaltene „Conference on Holocaust-Era Assets", an der Regierungsdelegationen aus 44 Ländern und einige nichtstaatliche Organisationen teilnahmen. Zum Abschluss der Konferenz am 03.12.1998 verabschiedeten sie die so genannten Washingtoner Prinzipien.

Washingtoner Prinzipien

Erklärung vom 03.12.1998 von 44 Staaten und einigen nichtstaatlichen Organisationen zu Ende der Washingtoner Konferenz, die mit Prinzipien die Selbstverpflichtung der Teilnehmer regelt, NS-verfolgungsbedingte Vermögensverluste an Kunstwerken rückgängig zu machen und mit dem Alteigentümer einen fairen und gerechten Interessenausgleich zu finden.

Zwangsverkauf

Jede Art von rechtsgeschäftlicher Übertragung des Eigentums eines Kunstwerkes auf einen Dritten, die vom Alteigentümer oder einer von ihm bevollmächtigten Person erfolgte, aber durch Androhung von rechtlich unzulässigen Zwangsmaßnahmen gegen den Alteigentümer, seine Familienangehörigen oder ihm nahe stehende Personen oder sein Vermögen verursacht wurde. Nach den nationalen Rechtsordnungen sind solche unter Zwang erfolgten Eigentumsübertragungen grundsätzlich wirksam. Sie können nur ausnahmsweise innerhalb kurzer gesetzlicher Fristen angefochten werden. Regelmäßig sind heute bei solchen Eigentumsverlusten nur noch öffentlich-rechtliche Rückgabeansprüche möglich.

Künstlerverzeichnis

Namensindex

Literaturüberblick

Fundstellen für die Einzelfälle sind ausschließlich beim jeweiligen Fall angegeben.

Aalders, Gerard: Geraubt! Die Enteignung jüdischen Besitzes im Zweiten Weltkrieg, Den Haag 1999

Akinscha, Konstantin, Grigori Koslow und Clemens Toussaint (Hg.): Operation Beutekunst. Die Verlagerung deutscher Kulturgüter in die Sowjetunion nach 1945, Nürnberg 1995

Akinsha, Konstantin und Grigori Koslow: Beutekunst. Auf der Schatzsuche in russischen Geheimdepots, München 1995

Aly, Götz: Hitlers Volksstaat: Raub, Rassenkrieg und nationaler Sozialismus, Frankfurt/Main 2005

American Association of Museums (Hg.): Vitalizing Memory. International Perspectives on Provenance Research, Washington D. C. 2005

Anderl, Gabriele, Edith Blaschitz, Sabine Loitfellner, Mirjam Triendl und Niko Wahl: „Arisierung" von Mobilien (Veröffentlichungen der Österreichischen Historikerkommission, Bd. 15) Wien und München 2004

Anderl, Gabriele und Alexandra Caruso (Hg.): NS-Kunstraub in Österreich und die Folgen, Innsbruck 2005

Armbrüster, Christian: Privatrechtliche Ansprüche auf Rückführung von Kulturgütern ins Ausland, NJW, S. 3581 ff., Frankfurt/Main 2001

Asam, Herbert: Rechtsfragen des illegalen Handels mit Kulturgütern - Ein Überblick, Festschrift für Erik Jayme, S. 1651 ff. , Heidelberg 2004

Balzli, Beat: Treuhänder des Reichs. Die Schweiz und die Vermögen der Naziopfer: Eine Spurensuche, Zürich 1997

Barron, Stephanie (Hg.): „Entartete Kunst". Das Schicksal der Avantgarde im Nazi-Deutschland, München 1992

Blume, Eugen und Dieter Scholz (Hg.): Überbrückt: Ästhetische Moderne und Nationalsozialismus. Kunsthistoriker und Künstler 1925-1937, Köln 1999

Bopf, Britta: „Arisierung" in Köln. Die wirtschaftliche Existenzvernichtung der Juden 1933 – 1945, Köln 2004

Brückler, Theodor (Hg.): Kunstraub, Kunstbergung und Restitution in Österreich 1938 bis heute, Wien, Köln und Weimar 1999

Brühl, Georg: Die Cassirers. Streiter für den Impressionismus, Leipzig 1991

Bruhns, Maike: Kunst in der Krise, Bd. 1: Hamburger Kunst im „Dritten Reich", Bd. 2: Künstlerlexikon Hamburg 1933-1945, Hamburg 2001

Buchholz, Godula: Karl Buchholz. Buch und Kunsthändler im 20. Jahrhundert. Sein Leben und seine Buchhandlungen und Galerien Berlin, New York, Bukarest, Lissabon, Madrid, Bogotá, Köln 2005

Buomberger, Thomas: Raubkunst – Kunstraub. Die Schweiz und der Handel mit gestohlenen Kulturgütern zur Zeit des Zweiten Weltkriegs, Zürich 1998

Caspers, Eva, Wolfgang Henze und Hans-Jürgen Lwowski (Hg.): Nolde, Schmidt-Rottluff und ihre Freunde. Die Sammlung Martha und Paul Rauert. Hamburg 1905-1958, Hamburg 1999

Delfs, Hans, Mario-Andreas von Lüttichau und Roland Scotti (Hg. und kommentiert): Kirchner, Schmidt-Rottluff, Nolde, Nay ... Briefe an den Sammler und Mäzen Carl Hagemann. 1906-1940, Ostfildern-Ruit 2004

Elderfield, John (Hg.): Das MoMA in Berlin. Meisterwerke aus dem Museum of Modern Art, New York, Berlin 2004

Enderlein, Angelika: Der Berliner Kunsthandel in der Weimarer Republik und im NS-Staat. Zum Schicksal der Sammlung Graetz, Berlin 2006

Feilchenfeldt, Rahel E. und Thomas Raff (Hg.): Ein Fest der Künste. Paul Cassirer. Der Kunsthändler als Verleger, München 2006

Feilchenfeldt, Walter: „By Appointment Only". Schriften zu Kunst und Kunsthandel, Cézanne und Van Gogh, Wädenswil am Zürichsee 2005

Feliciano, Hector: Das verlorene Museum. Vom Kunstraub der Nazis, Berlin 1998

Fischer, Hermann J. und Steven A. Reich: Wem gehören die als „entartete Kunst" verfemten, von den Nationalsozialisten beschlagnahmten Werke?, NJW, S. 1417 ff., Frankfurt/Main 1993

Frehner, Matthias (Hg.): Das Geschäft mit der Raubkunst. Fakten Thesen, Hintergründe, Zürich 1998

Friedländer, Saul: Das Dritte Reich und die Juden. Die Jahre der Verfolgung 1933-1939, München 2000

Friemuth, Cay: Die geraubte Kunst. Der dramatische Wettlauf um die Rettung der Kulturschätze nach dem zweiten Weltkrieg (Entführung, Bergung und Restitution europäischen Kulturgutes 1939-1948), Braunschweig 1989

Gaehtgens, Thomas W. und Martin Schieder (Hg.): Mäzenatisches Handeln. Studien zur Kultur des Bürgertums in der Gesellschaft. Festschrift für Günther Braun zum 70. Geburtstag, Bd. 1, Berlin 1998

Geismeier, Irene: Gemäldegalerie. Dokumentation des Fremdbesitzes. Verzeichnis der in der Galerie eingelagerten Bilder unbekannter Herkunft, Berlin 1999

Genieva, Ekaterina Ju., Claus Michaletz und Olaf Werner, Olaf (Hg.): Gesten des guten Willens und Gesetzgebung. Dokumentation der internationalen Konferenz zur Problematik kriegsbedingt verlagerter Kulturgüter Moskau 24. und 25. April 2001, Berlin und Moskau 2001

Girardet, Cella-Margaretha: Jüdische Mäzene für die Preußischen Museen zu Berlin, Engelbach, Frankfurt/Main und Washington 1997

Goldmann, Klaus und Günter Wermusch: Vernichtet? Verschollen? Vermarktet. Kunstschätze im Visier von Politik und Geschäft, Asendorf 1992

Goschler, Constantin und Jürgen Lillteicher (Hg.): „Arisierung" und Restitution: Die Rückerstattung jüdischen Eigentums in Deutschland und Österreich nach 1945 und 1989, Göttingen 2002

Goschler, Constantin und Philipp Ther (Hg.): „Arisierung" und Rückerstattung des jüdischen Eigentums in Europa, Frankfurt/Main 2003

Graf, Hans-Jörg: Rückgabe von Vermögenswerten an Verfolgte des nationalsozialistischen Regimes im Beitrittsgebiet. Eine Untersuchung zur entsprechenden Anwendung westalliierten Rückerstattungsrechts im Beitrittsgebiet aufgrund rechtsvergleichender Ergebnisse zwischen dem US-Rückerstattungsgesetz und dem Vermögensgesetz, Berlin 1999

Haase, Günther: Kunstraub und Kunstschutz. Eine Dokumentation, Hildesheim 1991

Haase, Günther: Die Kunstsammlung des Reichsmarschalls Hermann Göring. Eine Dokumentation, Berlin 2000

Haase, Günther: Die Kunstsammlung Adolf Hitler. Eine Dokumentation, Berlin 2002

Handreichung zur Umsetzung der „Erklärung der Bundesregierung, der Länder und der Kommunalen Spitzenverbände zur Auffindung und zur Rückgabe NS-verfolgungsbedingt entzogenen Kulturgutes, insbesondere aus jüdischem Besitz" vom Dezember 1999, Berlin 2001

Hartung, Ulrike (Hg.): Verschleppt und verschollen. Eine Dokumentation deutscher, sowjetischer und amerikanischer Akten zum NS-Kunstraub in der Sowjetunion, 1941 – 1948 (Dokumente zu Kultur und Geschichte im östlichen Europa, 9) Bremen 2000

Herkomst gezocht. Rapport van het proefonderzoek naar de herkomst van de onder beheer van het Rijk gebleven uit Duitsland gerecupereerde Kunstwerken. Publicatie van de Commissie-Ekkart, Den Haag 1998

Heuer, Carl-Heinz: Die Kunstraubzüge der Nationalsozialisten und ihre Rückabwicklung NJW, S. 2558 ff., Frankfurt/Main 1999

Heuss, Anja: Kunst- und Kulturgutraub. Eine vergleichende Studie zur Besatzungspolitik der Nationalsozialisten in Frankreich und der Sowjetunion, Heidelberg 2000

Hockerts, Hans Günter und Christiane Kuller (Hg.): Nach der Verfolgung. Wiedergutmachung nationalsozialistischen Unrechts in Deutschland? Göttingen 2003

Ilatkowskaja, Tatjana (Hg.): Meisterzeichnungen in der Eremitage. Wiederentdeckte Werke aus deutschen Privatsammlungen, München 1996

Jaenecke, Joachim: Erwerbungen der Preußischen Staatsbibliothek aus jüdischem Besitz, Mitteilungen der Staatsbibliothek Berlin (Preußischer Kulturbesitz), S. 266-279, Berlin 1999

Jayme, Erik: "Entartete Kunst" und Internationales Privatrecht, IPRax, S. 66 f., Köln 1994

Kerschbaumer, Gert: Meister des Verwirrens. Die Geschäfte des Kunsthändlers Friedrich Welz, Wien 2000

Kienle, Florian und Marc-Philippe Weller: Die Vindikation gestohlener Kulturgüter im IPR, IPRax, S. 290 ff., Köln 2004

Knyschewskij, Pawel Nikolaewitsch: Moskaus Beute. Wie Vermögen, Kulturgüter und Intelligenz nach 1945 aus Deutschland geraubt wurden, München und Landsberg a. L. 1995

Koordinierungsstelle für Kulturgutverluste Magdeburg (Hg., Bd. 1): Beiträge öffentlicher Einrichtungen der Bundesrepublik Deutschland zum Umgang mit Kulturgütern aus ehemaligem jüdischen Besitz, Magdeburg 2002

Koordinierungsstelle für Kulturgutverluste Magdeburg (Hg., Bd. 2): Museen im Zwielicht. Ankaufspolitik 1933-1945, die eigene Geschichte, Provenienzforschung an deutschen Kunstmuseen im internationalen Vergleich, Magdeburg 2002

Koordinierungsstelle für Kulturgutverluste Magdeburg (Hg., Bd. 3): Entehrt. Ausgeplündert. Arisiert. Entrechtung und Enteignung der Juden, Magdeburg 2005

Kubin, Ernst: Sonderauftrag Linz - Die Kunstsammlung Adolf Hitler, Wien 1989

Kuhrau, Sven: Der Kunstsammler im Kaiserreich. Kunst und Repräsentation in der Berliner Privatsammlerkultur, Kiel 2005

Kunst im Konflikt. Kriegsfolgen und Kooperationsfelder in Europa (Themenheft), osteuropa, 56. Jg., Januar-/Februarheft , Berlin 2006

Kunstmuseum Düsseldorf: Alfred Flechteim. Sammler. Kunsthändler. Verleger, Düsseldorf 1987

Kurz, Jakob: Kunstraub in Europa 1938 – 1945, Hamburg 1989

Lehmann, Klaus-Dieter und Günther Schauerte (Hg.): Kulturschätze - verlagert und vermisst, Berlin 2004

Lerner, Ralph E. und Judith Bresler: Art Law: The Guide for Collectors, Investors, Dealers and Artists, New York 2005

Lillie, Sophie: Was einmal war. Handbuch der enteigneten Kunstsammlungen Wiens, Wien 2003

Löhr, Hanns Christian: Das Braune Haus der Kunst. Hitler und der „Sonderauftrag Linz“. Visionen, Verbrechen, Verluste, Berlin 2005

Luckhardt, Ulrich und Uwe M. Schneede (Hg.): Private Schätze. Über das Sammeln von Kunst in Hamburg bis 1933, Hamburg 2001

Mai, Ekkehard und Peter Paret (Hg.): Sammler, Stifter und Museen. Kunstförderung in Deutschland im 19. und 20. Jahrhundert, Köln, Weimar und Wien 1993

Ministerium für Kultur der Russischen Föderation, Staatliche Bibliothek für Ausländische Literatur Rudomino Moskau, Secco-Pontanova – Stiftung zur Förderung des Dialogs in Wissenschaft und Kultur Berlin (Hg.): Kulturgüter: Möglichkeiten und Perspektiven einer gesamteuropäischen Zusammenarbeit. Materialien der internationalen Konferenz „Kulturelle Zusammenarbeit in Europa: Fragen der Erhaltung und des Schutzes von Kulturgütern St. Petersburg, 12.05.2003, Moskau 2004

Ministerium für Kultur der Russischen Föderation, Staatliche Bibliothek für Ausländische Literatur Rudomino moskau, S.E.C.co – Gesellschaft zur Förderung des internationalen Informationsaustausches Berlin (Hg.): Das schwierige Schicksal von Kulturgütern. Materialien der internationalen Konferenz „Privatrecht und Probleme der Restitution von kriegsbedingt verbrachten Kulturgütern“ Moskau 27. und 28.05. 2002, Moskau 2002

Mönninghoff, Wolfgang: Enteignung der Juden. Wunder der Wirtschaft, Erbe der Deutschen, Hamburg und Wien 2001

Mühlen, Ilse von zur: Die Kunstsammlung Hermann Görings. Ein Provenienzbericht der Bayerischen Staatsgemäldesammlungen, München 2004

Müller-Katzenburg, Astrid: Besitz- und Eigentumssituation bei gestohlenen und sonst abhanden gekommenen Kunstwerken, NJW, S. 2551 ff., Frankfurt/Main 1999

Müller-Katzenburg, Astrid: Internationale Standards im Kulturgüterverkehr und ihre Bedeutung für das Sach- und Kollisionsrecht, Berlin 1996

Nicholas, Lynn H.: Der Raub der Europa. Das Schicksal europäischer Kunstwerke im Dritten Reich, München 1995

Pawlowsky, Verena und Harald Wendelin (Hg.): Enteignete Kunst. Raub und Rückgabe – Österreich von 1938 bis heute, Wien 2006

Petropoulos, Jonathan: Kunstraub und Sammelwahn. Kunst und Politik im Dritten Reich, Berlin 1999

Petropoulos, Jonathan: The Faustian Bargain. The Art World in Nazi Germany, London 2000

Pophanken, Andrea und Felix Billeter (Hg.): Die Moderne und ihre Sammler. Französische Kunst in deutschem Privatbesitz vom Kaiserreich zur Weimarer Republik, Berlin 2001

Prinz von Hohenzollern, Johann Georg und Peter-Klaus Schuster (Hg.): Manet bis Van Gogh. Hugo von Tschudi und der Kampf um die Moderne, Berlin und München 1997

Reich, Steven A. und Hermann J. Fischer: Wem gehören die als „entartete Kunst" verfemten, von den Nationalsozialisten beschlagnahmten Werke, NJW, S. 1417 ff., Frankfurt/Main 1993

Renold, Marc-André: Claims for the Restitution of Looted Art, Zürich 2004

Rewald, Sabine, Ivan Buruma und Matthias Eberle (Hg.): Glitter and Doom. German Portraits from the 1920s (The Metropolian museum of Art), New York 2006

Ritter, Waldemar: Kulturerbe als Beute? Die Rückführung kriegsbedingt aus Deutschland verbrachter Kulturgüter – Notwendigkeit und Chancen für die Lösung eines historischen Problems, Nürnberg 1997

Röhling, Kerstin: Restitution jüdischer Kulturgüter nach dem Zweiten Weltkrieg, Baden-Baden 2004

Rossi, Matthias und Elena Syssoeva: Kulturgüter zwischen russischem Verfassungsrecht und Völkerrecht: Anmerkung zur Entscheidung des russischen Verfassungsgerichts vom 20. Juli 1999 (Archiv des Völkerrechts), Tübingen 2000

Sammler der frühen Moderne in Berlin (Themenheft), Zeitschrift des Deutschen Vereins für Kunstwissenschaft, Bd. 42, Berlin 1988

Schneede, Uwe M. (Hg.): Kunstdiktatur im Dritten Reich, von Paul Ortwin Rave, Berlin 1987

Schoen, Susanne: Der rechtliche Status von Beutekunst, Berlin 2004

Schoeps, Julius H. (Hg.): Juden als Träger bürgerlicher Kultur in Deutschland, Stuttgart und Bonn 1989

Schwarz, Birgit: Hitlers Museum. Die Fotoalben. Gemäldegalerie Linz. Dokumente zum „Führermuseum", Wien, Köln und Weimar 2004

Schwarz, Walter: Zur Einführung: Das Recht der Wiedergutmachung und seine Geschichte. In: JuS-Juristische Schulung, S. 433 ff., München 1986

Schuster, Peter-Klaus (Hg.): George Grosz. Berlin – New York, Berlin 1995

Schuster, Walter: Die „Sammlung Gurlitt" der Neuen Galerie der Stadt Linz, Linz 1999 (online www. linz.at/archiv/gurlitt)

Schweizerisches Institut für Kunstwissenschaften (Hg.): Die Kunst zu sammeln. Schweizer Kunstsammlungen seit 1848, Zürich 1998

Siehr, Kurt: Verjährung der Vindikationsklage? In: ZRP-Zeitschrift für Rechtspolitik, S. 346 ff., München 2001

Simpson, Elisabeth (Hg.): The Spoils of War. World War II and Its Aftermath: The Loss, Reappearence, and Recovery of Cultural Property, New York 1997

Sprecher, Jörg: Beschränkungen des Handels mit Kulturgut und die Eigentumsgarantie (Schriften zum Kulturgüterschutz), Berlin 2004

Stiftung Jüdisches Museum Berlin und Stiftung Haus der Geschichte der Bundesrepublik Deutschland: Heimat und Exil - Emigration der deutschen Juden nach 1933, Frankfurt/Main 2006

Syssoeva, Elena: Kunst im Krieg. Eine völkerrechtliche Betrachtung der deutsch-russischen Kontroverse um kriegsbedingt verbrachte Kulturgüter, Berlin 2004

Thieme, Helga und Volker Probst (Hg.): Berlin SW – Victoriastraße 35: Ernst Barlach und die Klassische Moderne im Kunstsalon und Verlag Paul Cassirer, Güstrow 2003

Trenkler, Thomas: Der Fall Rothschild. Chronik einer Enteignung, Wien 1999

Unabhängige Expertenkommission Schweiz – Zweiter Weltkrieg (Hg.), Esther Tisa Francini, Anja Heuss und Georg Kreis: Fluchtgut – Raubgut. Der Transfer von Kulturgütern in und über die Schweiz 1933-1945 und die Frage der Restitution, Zürich 2001

Unabhängige Historikerkommission Liechtenstein Zweiter Weltkrieg (Hg.), Esther Tisa Francini: Liechtenstein und der internationale Kunstmarkt 1933-1945. Sammlungen und ihre Provenienzen im Spannungsfeld von Flucht, Raub und Restitution, Zürich 2005

Volkert, Natalia: Kunst- und Kulturgutraub im zweiten Weltkrieg. Versuch eines Vergleichs zwischen den Zielsetzungen und Praktiken der deutschen und der sowjetischen Beuteorganisationen unter Berücksichtigung der Restitutionsfrage, Frankfurt/Main 2000

Walter-Ris, Anja: Kunstleidenschaft im Dienst der Moderne. Die Geschichte der Galerie Nierendorf Berlin/New York 1920-1995, Zürich 2003

Werner, Margot und Michael Wladika: Die Tätigkeit der Sammelstellen, Wien und München 2004

Werner, Olaf: „Das Beutekunstgesetz": Kulturgüterrückführung als zwischenstaatliches Problem, www.initiativefortbildung.de/pdf/provenienz2004/werner.pdf

Werner, Petra: Der Fall Feininger, Leipzig 2006

Yeide, Nancy H., Konstantin Akinsha und Amy L. Walsch: The AAM Guide to Provenance Research, Washington D. C. 2001

Youngblood Reyhan, Patricia: A chaotic Palette: Conflict of Laws in Litigation between original Owners and good-faith Purchasers of stolen Art, Durham 2001

Zuschlag, Christoph: „Entartete Kunst". Ausstellungsstrategien im Nazi-Deutschland, Worms 1995

Abkürzungen/Zeitungen und Zeitschriften in den Fall-Fundstellen

AAMD Association of Art Museum Directors, USA

Art Magazine US-amerikanisches Kunstmagazin

Art News US-amerikanische Kunstzeitschrift

Artperfect Kunst-Internetportal

BBC News Internetplattform von British Broadcasting Corporation

Berliner Zeitung deutsche Tageszeitung

BGH Bundesgerichtshof für Zivilsachen, Deutschland

Boston Globe US-amerikanische Tageszeitung

Canadian Jewish kanadische jüdische Zeitung

Das Parlament Veröffentlichungsblatt des deutschen Bundestages

Der Standard österreichische Tageszeitung

Der Tagesspiegel deutsche Tageszeitung

Die Welt deutsche Tageszeitung

Die Zeit deutsches Wochenmagazin

Facts Schweizer Magazin

FAZ Frankfurter Allgemeine Zeitung – deutsche Tageszeitung

FR Frankfurter Rundschau – deutsche Tageszeitung

Hamburger Abendblatt deutsche Tageszeitung

IPRax Praxis des internationalen Privat- und Verfahrensrechts – deutsche Rechtszeitschrift

Irish Times irische Tageszeitung

Junge Welt deutsche Tageszeitung

JZ Juristenzeitung – deutsche Fachzeitschrift

KG Kammergericht Berlin für Zivilsachen, Deutschland

Kulturzeit deutsches TV-Magazin

Kunstmarkt.com Kunst-Internetportal

LG Landgericht für Zivilsachen, Deutschland

NJW Neue Juristische Wochenschrift – deutsche Fachzeitschrift

NU Mitteilungsblatt der israelitischen Kultusgemeinde, Österreich

NZZ Neue Zürcher Zeitung - Schweizer Tageszeitung

OLG Oberlandesgericht für Zivilsachen, Deutschland

Osteuropa deutsche Monatszeitschrift

RJW Recht der internationalen Wirtschaft - deutsche Fachzeitschrift

SZ Süddeutsche Zeitung - deutsche Tageszeitung

TAZ Die Tageszeitung - deutsche Tageszeitung

The Artnewspaper englische Kunstzeitschrift

The Australian australische Tageszeitung

UEK Liechtenstein Unabhängige Historikerkommission Liechtenstein Zweiter Weltkrieg

UEK Schweiz Unabhängige Expertenkommission Schweiz – Zweiter Weltkrieg

Vienna online Nachrichten-Internetportal der Stadt Wien

Wallstreet Journal US-amerikanische Tageszeitung

Weltkunst deutsche Kunstzeitschrift